Litigation

增訂第二版

智慧財產權訴訟實戰

陳群顯◆著

五南圖書出版公司 印行

推薦序

人類智慧文明之啓蒙已有數千年，甚至數萬年之久遠。惟人類心智思想之價值被定義爲「智慧財產」一詞，據悉源自於根據1883年之「保護工業財產權之巴黎公約」所設立之「國際局」（International Bureau）與根據1886年之「保護文學及藝術創作之伯恩公約」所設立之另一「國際局」的融合，結果創設了「保護智慧財產的聯合國際局」（United International Bureaux for the Protection of Intellectual Property），即BIRPI（Bureaux internationaux reunis pour la protection de la propriete intellectuelle），也就是「世界智慧財產組織」（The World Intellectual Property Organization, WIPO）的前身，於焉更確立了一個人類文明的重要指標與共識，就是智慧的結晶具有經濟價值。

晚近數十年，人類科技文明躍進之速，一日千里。二十世紀後期至今，網路、通訊、資訊工業、數位化技術、光電、半導體、綠能科技等等技術的推陳出新，不僅大幅改變人類生活的方式與面貌，也創造出驚人的商機。

有形的物質終究有限，無形的智慧資產則實際無窮，影響所及，國內外企業的競爭，除了傳統的追求優質經營策略及精良管理，以高效率之服務、物美價廉之商品取得商場優勢外，智慧財產權的抗衡已經成爲國內外多數企業無可迴避的另一個決戰點，常常也是商業競爭中的勝敗關鍵。智慧財產權整體態勢之優劣，更已成爲評價各個國家於國際間之競爭力排序的考量因素之一。

因應此一趨勢，美國於1982年10月1日正式成立「聯邦巡迴上訴法院」（CAFC），歐洲多年來亦在醞釀設立跨國之專利法院，我國則於2008年7月1日正式設立智慧財產法院，並正式施行智慧財產案件審理法，這些變化在在向世人宣告，商場上的競爭已逐漸被導入一個不同的生態，必須適用一個不同的遊戲規則，才能確保競爭時的優勢。

本書作者與本人有十多年的同事之誼，其不僅具備電機工程與法律之雙背景，更難能可貴的是在十多年的執業初期，本書作者在通過律師考試後，竟仍願意委身於當時國內規模最大之法律事務所的專利部門，擔任數年專利工程師的全職工作，舉凡國內外專利申請、專利說明書的撰寫、申復答辯、異議舉發、行政救濟、專利檢索、侵權分析、迴避設計或智權規劃管理，無不熟稔之後，緊接著代理國內外廠商處理各種智慧財產爭訟案件。此種扎扎實實的經驗累積過程，在國內的智慧財產領域尚屬罕見。

由於具備精熟的專利實務經驗，加上國內外的踏實法學歷練，使本書作者多年來在智慧財產爭訟案件的處理上如虎添翼，眞正達到科技法律結合，理論實務兼備的境界。本書作者在公務之餘，有感業界人士對智慧財產爭訟案件的處理，或因新制之施行時日不夠久遠，或由於各人之經驗不足，以致於若干訴訟作爲常與智慧財產案件之審理法規不合，或與法院的智慧財產案件審理實務相違背。因而不僅有損當事人之合法權益、亦有礙智慧財產律師之專業形象，同時也減損我國採行智慧財產訴訟新制之良法美意。基於此，本書作者特依據多年來之執業經驗，配合國內外智慧財產訴訟之學理與實務，編撰此書，以享同業。此一發心，令人振奮，也十分感佩。

作者完成初稿之際，特囑託爲序。有此因緣，讓本人有機會先睹爲快，深感快慰與榮幸。本書共分五大專章，論述涵蓋專利、商標、著作權及其他類型智慧財產權之訴訟，上至法令與相關程序之解說，下至智慧財產訴訟之各類書狀示範，因此本書實可謂是智慧財產訴訟之精彩實戰指南、教戰手冊。對法律實務工作者、訴訟制度研究者、企業公司法務人員、訴訟代理人、智慧財產權案件參與者，都非常具有參考價值。

本人忝爲專利實務工作者與專利實務教師多年，深盼我國的智慧財產制度發展能迎頭趕上先進國家，並有濟於整體國家競爭力的提升，而此有賴更多先進、精英投入研究之行列，並有更多的文獻產出，以助智慧財產制度的日益完備。晚秋時節，欣見作者大作初成，本人欣悅之餘，特贅數語，衷表支持，並希望推薦此書予智慧財產領域的工作者及有志研習此一問題的人士，俾大家能藉由精確、快速的途徑，正確地理解與妥善地運用智慧財產訴訟制度。

洪瑞章　董事長
瑞智　專利　商標　法律
2012年1月1日

二版序

本書自2012年3月出版以來，承蒙智慧財產權界及律師界先進之厚愛，初版業已銷罄，五南初版社劉靜芬副總編輯特別囑託本人研究改版可能，以饗讀者。基於法規更新，同時便於讀者參照與應用，本書特別重新檢視相關內容並增訂二版，以確保相關法規與實務見解均爲現行適用之狀態。

此外，我國智慧財產法院第2008年7月1日成立以來，亦已累積相當數量之法院判決與實務見解，而成立智慧財產法院之目的之一即是在於累積智慧財產案件之經驗，同時加速解決智慧財產訴訟紛爭，雖近來迭有論者對智慧財產法院判決提出不同意見，然與其認爲是批評或質疑法院專業或公正性，筆者毋寧相信是基於精益求精之善意建言。另一方面，本書增訂二版以較大幅度增補實務判解，從各該實務判解所論及之爭點及法律見解，應可看出智慧財產法院對於各法律爭點確實提出較以往於普通法院無法論及之專業見解，對於提升法院審判之專業度、透明度以及判決可預測性，著實向前邁進一大步，相較於鄰近各國或歐美國家之同類型判決，實不遑多讓。

我國科技業界之研發創新能力，已無可質疑，然而，如果我國法院對於科技業界間之爭議訴訟，可以提供一快速、有效率、專業、可預測性、以及可確保兩造權益之智慧財產權訴訟制度，將可使業者無須跨海遠赴他國在不熟悉之國度與制度下耗費大量資源進行訴訟，即可有效率地獲得同類型訴訟爭議之初步結論，進而爲各地爭議進行後續之整體協商與和解，相信對於爭議兩造確有其節省資源而紛爭一次解決之益處，然此絕對是需要建立在一個值得信賴、專業之智慧財產權訴訟制度上，有待智慧財產權業界之努力。

本書增訂二版之修訂工作，有賴許凱婷律師於處理律師業務之餘大力協助，使得本書之完成可以銜接上法令之變動與修正，且增補更多實務判解，以利讀者理解，特此致謝。

智慧財產權訴訟制度之良窳，決定智慧財產權之保護力度，更對日後研發創新產生極重要之影響。我國智慧財產權訴訟相較於其他類型訴訟，已採取較爲積極與正面之改革，筆者樂於參與其中，將智慧財產權訴訟制度藉由本書介紹予社會大眾，筆者相信藉由智慧財產權訴訟制度之改革，將可營造一更爲鼓勵研發創新之環境。

陳群顯 律師
於瑞智 專利 商標 法律
2014年2月25日
電話：(02)2713-1060 分機：300
E-mail：alan.chen@richip.com

自序

回顧十多年來執業經驗，智慧財產權之研究與爭議處理有著極大的轉變，從法律學院的邊緣選修課程，到目前各科技法律研究所或智慧財產法律研究所的主要必修課程，已儼然成為知識經濟下必須瞭解的課程；從以往一般普通法院兼辦智慧財產權訴訟，到目前由智慧財產法院優先管轄智慧財產權訴訟；從以往事務所通常並無專門成立智慧財產法律部門處理智慧財產權訴訟，到目前多有專辦智慧財產權訴訟之配置。在在均顯示智慧財產權訴訟係集法律專業、技術專業、商業專業等面向於一身之重要訴訟類型，不論對於權利人如何適法順利地行使權利具有重要意義，對於被控侵權人如何依法抗辯保障其適法權益，亦有重要且決定性影響。

雖然成文法系之法律係以修法之方式來因應社會需求，然而，很少有如同智慧財產權法律修法之頻率與幅度，幾乎每隔3、5年都面臨大幅度調整之情形。本書之撰寫雖然自2007年即開始發想與著手，然而，在2008年7月1日起，智慧財產權訴訟程序與法院管轄，已在「智慧財產法院組織法」、「智慧財產案件審理法」之正式施行下，有了根本性之變化，因而，本書之出版不得不推遲、並融入新訴訟制度之相關規定與實務變化。

筆者有幸參與到智慧財產權法律與訴訟制度遞嬗之完整階段，因此，希望藉由本書整理，將智慧財產法律做一系統性之法令介紹，將各法律與訴訟相關之部分參酌實務見解予以體系分析，並以實例予以解說如何運用各該法律規定，同時輔以相關主張與抗辯所需之必備書狀，以及撰寫要旨，並依據目前智慧財產法院審理計畫與書狀先行程序所要求之要件與格式，提供各該主要書狀之撰寫範例，最後佐以相關重要實務判解，以期讀者得以充分理解與運用智慧財產權訴訟以保障其權益。

本書之撰寫，主要係針對法律實務工作者、訴訟制度研究者、企業公司法務工作者、訴訟代理人、智慧財產權案件參與者（如技術審查官、智慧財產局審查委員、參與訴訟之專家等）、各科技法律研究所或智慧財產研究所之學習者，希望可以藉由本書之介紹，使之瞭解如何從法令認識、起訴狀撰擬、答辯狀撰擬、訴訟程序進行、相關準備書狀撰擬、相關補充答辯書狀撰擬、實務判解之檢索與運用等，並進而規劃出最爲適宜之訴訟策略，以確保訴訟參與人之最佳權益，希望可以彌補目前智慧財產領域專業書籍中，通常僅爲理論性、抽象性與介紹性書籍之不足，俾得藉由訴訟實戰與全盤策略規劃，希望增強讀者對於智慧財產權訴訟之掌握。

本書之完成，其過程一波三折，期間遇有多次智慧財產法令之全盤修正，更遇有智慧財產權訴訟制度之巨幅變動，爲能將所有內容均納入本書，多有賴於瑞智法律事務所之同仁協助整理與蒐集本書相關資料，早期有呂聿雙律師、後期得力於朱玉文律師，更重要是有許凱婷律師於最後階段之大力鼎助，使得本書之完成可以銜接上法令之變動與修正，相信將可賦予本書更多價值。

最末，感謝出版社多位編輯悉心協助，作爲首批介紹智慧財產權訴訟之書籍，雖筆者已竭力貢獻所學，然仍不免有疏漏不足之處，望能拋磚引玉，並盼先進不吝賜教。

陳群顯　律師
於瑞智　專利　商標　法律
電話：(02)2713-1060 分機：300
E-mail：alan.chen@richip.com

目錄

緒論　論智慧財產權

智慧財產權係一以人類智慧經驗累積，並由國家法律賦予創設之新類型權利，由於此一權利與傳統債權、物權、親屬權、繼承權性質上均有不同，復由於工業化之演變與需求，相關人類產業活動已由單純人力密集、資本密集產業，轉變爲技術密集、知識密集之社會型態，因此國家有必要針對以人類智慧經驗累積之成果，於符合一定法律要件之前提下，賦予相當權能之保護，以利社會交易秩序之穩定以及鼓勵研發創新，增進社會國家之福祉。

一、智慧財產權法之範圍

智慧財產權所涵蓋之範圍，依據國際條約之規範如下：

依據1967年「成立世界智慧財產權組織公約」（Convention Establishing the World Intellectual Property）的規定，「智慧財產權」包含與下列事項有關的權利：

1. 文學、藝術及科學之著作
2. 演藝人員之演出、錄音物以及廣播
3. 人類之任何發明
4. 科學上之發現
5. 產業上之新型及設計
6. 製造標章、商業標章及服務標章，以及商業名稱與營業標記
7. 不正競爭之防止
8. 在產業、科學、文學及藝術領域中，由精神活動所產生之權利

另依據1994年所簽署之「與貿易有關之智慧財產權協議」（TRIPS），被列入規範的有：

1. 著作權及相關權利
2. 商標
3. 產地標示

4. 工業設計
5. 專利
6. 積體電路之電路布局
7. 未公開資訊之保護
8. 對授權契約中違反競爭行爲之管理

依據上述國際條約對於智慧財產權之界定，可以清楚發現，智慧財產權之領域，除典型保護「人類運用精神力所創作之成果」，更已擴及「產業之正當競爭秩序」之保障。

值得注意的是，由於智慧財產權係由一國國內法律所創設，並於該國司法管轄權之範圍內予以保護，因此具有強烈的屬地主義。亦即相同之研發創新，必須藉由各國國內法律分別創設保護，於該國受侵害時，復需依據各該國法律之規定於該國有權管轄之法院予以訴追執行。因而，於我國進行智慧財產權訴訟，實有必要理解在不同領域劃分下，我國智慧財產權之種類及其權利來源。而依據現行有效之法律，智慧財產權於我國可分爲：

1. 專利權：係經由專利法創設並保護之權利。
2. 商標權：係經由商標法所創設並保護之權利。
3. 著作權：係經由著作權法所創設並保護之權利。
4. 光碟衍生之相關權益：係經由光碟管理條例所保護之相關權益。
5. 積體電路布局權：係經由積體電路電路布局保護法所創設之權利。
6. 營業秘密：係指依據營業秘密保護法所保護之權益。
7. 植物新品種：係指由植物品種及種苗法所創設之權利。
8. 公平交易法所保護之智慧財產權益：係指依據公平交易法所保護與智慧財產權相關之權益。

我國於2008年7月1日所正式成立之智慧財產法院，即係爲了保障前揭法律所創設及保護之智慧財產權，藉由「智慧財產案件審理法」中強化的訴訟規定與制度，以妥適處理智慧財產案件所創設之專業法院。該專業法院成立之目的在於促進國家科技與經濟發展，依據「智慧財產法院組織法」第3條之規定，該法院所管轄之案件包含有依據前述各該法律所涉及之民事訴訟案件、刑事訴訟案件以及行政訴訟案件。

二、智慧財產權之特性

智慧財產權所保護之客體並非有形存在之物體，而係人類經驗累積之抽象精神創作，因此，又被稱爲「無體財產權」，此外，智慧財產權亦同時具有「人格權」與「財產權」，二者伴隨相生。因此，智慧財產權與一般財產權之不同即在於：一、具有人格權；二、保護客體係無形物。

（一）人格權

關於智慧財產權之「人格權」，係基於人類精神創作所特別賦予之權利，因此必須與該精神有人格關連性之創作人始能享有，除有法律特別規定之情形外，原則上人格權不得讓與，該人格權主要適用於表彰該創作者之姓名表示與相關人格權益，相較於民法一般人格權，係屬於特別規定，應優先適用，因此於智慧財產相關法律所未規範者，民法仍有補充適用之餘地。

（二）財產權－屬於無體財產權

關於智慧財產權之「財產權」，除其可以爲一般財產權之處分收益外，於受侵害時，通常亦可有下列二大類之請求權：一、損害賠償請求權；二、排除侵害請求權，此一請求權通常依據侵害之程度可細分爲已發生侵害之「侵害排除請求權」、有侵害之虞之「侵害防止請求權」。

（三）保障正當競爭秩序

相較於以法律賦予權利之智慧財產權，尙有部分係與智慧財產相關之權益，仍有保護之必要，例如公平交易法所保護與智慧財產相關之權益、營業秘密等，其目的在於保障正當之競爭秩序。

三、智慧財產權之發展與需求

智慧財產權隨著人類經濟活動之演變與發展，前揭相關法律明訂的智慧財產權法律將不足以充分保護所有新形態的人力精神創作，因此越來越多新形態的精神創作將會有需要訂立新的法律來予以保障之必要，例如網域名稱、地理標示、傳統文化等，然而，一個國家是否需要保護特定精神創作，尙須要考慮到一國的經濟發展策略，以及與國際間條約的調和。

此外，關於智慧財產權的保護，也因爲其與一般財產權的特性有諸多不同，例如涉及科技專業協助、涉及產品生命週期短暫、涉及營業秘密之保護等，因此，其訴訟程序相較於一般訴訟程序也有予以調整、強化之必要，爲此，我國於2008年7月1日正式施行的「智慧財產法院組織法」以及「智慧財產案件審理法」，將智慧財產權之訴訟從普通法院及一般訴訟程序中抽離，同時提供一強化保護智慧財產權之專業法院以及特殊訴訟制度，以避免普通法院依據一般訴訟程序於審理智慧財產訴訟時所面臨之困境與不足。

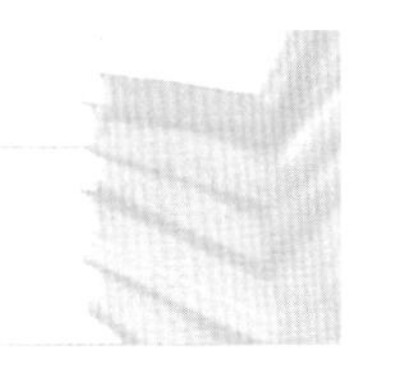

第一章　智慧財產權訴訟之介紹

第一節　前言

我國已於2008年7月1日正式成立「智慧財產法院」，而該法院之設立對於我國智慧財產案件之爭訟將產生巨大而直接之影響，而攸關該法院成敗之主要關鍵——「智慧財產法院組織法」及「智慧財產案件審理法」等二法案，其中「智慧財產案件審理法」業已於2007年3月9日經立法院三讀通過、2007年3月28日制定公布（以下亦簡稱為「審理法」），而「智慧財產法院組織法」亦已於2007年3月5日經立法院三讀通過、2007年3月28日制定公布（以下亦簡稱為「組織法」），而二法案均已於2008年7月1日正式施行。易言之，日後所有智慧財產權之爭訟，將會優先於「智慧財產法院」並以「智慧財產案件審理法」作為審理訴訟程序之依據，因此我們有必要於本章先逐一瞭解以往舊制訴訟程序之缺失以更能瞭解新制度所提出之解決方案，同時再輔以介紹智慧財產法院之相關運作規定，並逐一介紹前揭「智慧財產案件審理法」之重要規定，以協助讀者瞭解目前我國智慧財產權訴訟應注意之事項，同時作為閱讀後續個別智慧財產權訴訟（如專利訴訟、商標訴訟以及著作權訴訟）章節之基礎。

一、現行制度之缺失與新法的回應

（一）關於智慧財產權「有效性」問題

在智慧財產法院成立前，我國智慧財產權訴訟採嚴格公私法二元體制，亦即民事法院對於據以提起訴訟之智慧財產權之有效性不得逕為認定與判斷，當事人如有爭執，必須循行政救濟之管道，向經濟部智慧財產局提起專利舉發案、商標評定案或廢止案，同時循訴願、行政訴訟之方式確認該智慧財產權之有效性。換言之，智慧財產權訴訟中，如涉及智慧財產權有效性之爭執，將會同時有民事訴訟與行政訴訟於不同法院依據不同訴訟法律之規定同時並進。

此一方式固然充分尊重智慧財產局授予智慧財產權行政處分之效力，但是對於民事法院之審理，將會實質於審理程序構成障礙。蓋智慧財產權之有效性係為原告得以合法提起民事訴訟之前提要件，如該行政處分有應撤銷之原因，且被告於民事訴訟中強烈爭執，法院如不予審酌該重要之防禦方法逕予作成對被告不利之判決，倘日後該智慧財產權果遭行政救濟之程序認定應由智慧財產局撤銷權利之授予，則對於已受不利民事判決之被告恐需再為特別救濟程序予以救濟，不僅造成司法資源無端消耗、更徒增人民對於司法之不信賴，同時對於司法尋求真實發現亦無助益。

為此，智慧財產權相關實體法中之專利法舊法第90條第1項（舊法第108條、舊法129條第1項準用）（按：102年1月1日施行之專利法【下稱現行法】已將前揭條文刪除）、商標法舊法第49條（舊法第56、80條準用）（按：101年7月1日施行之商標法【下稱現行法】已將前揭條文刪除）、植物品種及種苗法第42條，或訴訟法中民事訴訟法第182條第2項及行政訴訟法第12條均有規定，法院於此前提事項尚有爭執之情形下，裁定「停止審判程序」，以等待智慧財產權之有效性於行政救濟程序確定，始得繼續進行民事訴訟。

此一方式或許具有「權利有效性判斷」較為嚴謹之優點，但卻可能因為權利有效性之行政救濟期間之冗長、被告策略性反覆提出權利有效性行政救濟等原因，反造成民事侵權之救濟程序期間因停止審判程序遲遲無法有效進行，故而形成智慧財產權人行使權利之障礙，以及當事人無法獲得即時有效之司法救濟之弊病，此亦為外國智慧財產權人批評我國智慧財產權保護制度無效率的理由之一。為此，智慧財產法院成立後，得依據審理法第16條及第17條之配套規定（詳參後述法令解說），逕予判斷智慧財產權之有效性，以大幅增進智慧財產民事訴訟之審理效率。

（二）關於訴訟程序「停止審判」問題

由於智慧財產法院成立前，法院常因訴訟當事人提起智慧財產權之有效性抗辯，在未予審酌案件實體之情形下即依據相關法令裁定「停止訴訟」，可以想見「停止審判」之裁定將使得智慧財產權之民事訴訟於提起後懸而不決，造成智慧財產權人及被指控侵權者之長期困擾，對於生命週期短暫之智慧財產權商品將造成於製造、銷售時之重大障礙。

有鑑於此，於智慧財產法院成立後，依據智慧財產案件審理法第16條第1項之規定，民事法院對於被告所提出智慧財產權之有效性抗辯應自為判斷，且不得適用民事訴訟法、行政訴訟法、商標法、專利法、植物品種及種苗法或其他法律有關停止訴訟程序之規定，以求有效解決以往該等裁定所造成訴訟延滯之問題。

（三）關於「鑑定」問題

由於智慧財產權常涉及專業技術問題，於智慧財產法院成立前，普通法院之法官對於法律以外之技術專業較爲欠缺，無法充分掌握，多以送請專業機構「鑑定」之方式以補法官之不足，爲此司法院亦會同行政院指定了50餘所專業機構協助專利侵害之鑑定（參司法院網址http://www.judicial.gov.tw/work/work01/work01-35.asp），然而，由於鑑定機構所作成之鑑定報告書面繁簡及表達充分與否各有不同，實務上常造成法院在無從發現鑑定報告實質內容是否有瑕疵之情形下，逕予採納鑑定結論，此等過度依賴鑑定報告結論之情形，將不免造成鑑定機關之判斷大幅取代法院判斷之現象，無助於優化法院認定事實、適用法律之眞實發現過程，且將可能造成人民對於法院審理案件之不信賴。蓋鑑定機關所提供之鑑定服務應屬協助針對技術問題的專家諮詢意見，至於如何適用法律以及適用之結果是否構成法律上之侵權行爲，仍須由法院參酌鑑定之技術意見後，依法判斷之，倘全然依據鑑定結論來認定侵權與否，並非妥適。

智慧財產法院成立後，爲有效解決法官之相關技術諮詢資源之不足，已設有各技術領域之技術審查官，以供法官於審理案件時依據審理法第4條指定技術審查官協助審理案件（詳參後述法令解說），如此一來，將可於一定程度下解決以往法院過度依賴「鑑定」結論所造成之問題。

（四）關於原告「舉證」問題

於智慧財產法院成立前，權利人於提起民事侵權訴訟時，囿於民事訴訟程序中缺乏有效命對造「證據開示」之制度設計，遇到當事人拒絕提出證據之情形，法院並無強制處分權，導致如果證明侵權所需之相關重要證據、文書均掌握在對造控制範圍之情形下，權利人將因無法充分舉證證明侵權行爲之成立，不僅導致訴訟無法有效率進行，甚至可能權利人所提出之訴訟亦將遭法院予以駁回。

智慧財產法院成立後，智慧財產權人對於重要攻擊防禦方法所需之證據、文書倘掌握在對造手中，將得依據審理法第10條之規定，聲請法院命其提出，並於必要時，得由法院以裁定命爲強制處分（詳參後述法令解說），以促使當事人協助法院爲適正之裁判。

（五）關於訴訟程序「時間冗長」問題

由於智慧財產法院成立前，智慧財產權訴訟遭遇到前述「法院不得審酌有關智慧財產權之有效性抗辯」、「法院通常於訴訟中裁定停止訴訟」、「法院過度依賴鑑定結果」、「原告舉證困難」等問題，導致訴訟進行之效率嚴重受到延滯，在進入案件實體審理前，當事人與法院必須耗費諸多時間在解決前揭程序上之問題，即便進入實體審查也常常無法有效調查與辯論，因而導致許多智慧財產權訴訟審理時間過於冗長，此即爲我國成立智慧財產法院之目的，希望能有效提升法院審理效率，使得訴訟當事人可以儘速解決紛爭。

（六）關於「保全程序」問題

於智慧財產法院成立前，智慧財產權訴訟之保全程序係由各地方法院之民事執行處審理，基於保全處分之迅速性、機密性及非本案化等特點，許多保全處分之相對人在無法充分陳述意見之情形下受到相關不利之裁定，對於產業競爭秩序造成重大影響，實有必要嚴格規範定暫時狀態處分等保全程序之聲請要件，避免人民之財產權受到不當之限制（詳參後述法令解說）。

（七）關於攻擊防禦方法涉及「營業秘密」問題

智慧財產訴訟審理過程中，當事人所提出之攻擊防禦方法，倘涉及「營業秘密」而需要特別予以保護，然由於法院係採公開審理程序，且提出攻擊防禦方法的一方與對造間通常是商業上競爭對手，一旦一方之「營業秘密」爲對造知悉，恐有不公，然如因此不於訴訟程序中提出該重要之攻擊防禦方法，對於發現眞實之法院審理程序亦有重大障礙。

爲此，智慧財產法院成立後，提出「營業秘密」之一方得依據審理法第9條向法院聲請不公開審理或限制對訴訟資料之閱覽、抄錄或攝影，如有必要，亦可依據審理法第11條向法院請求對訴訟關係人發出「秘密保持命令」，以確保提出之訴訟資料能保有機密性，並促進訴訟程序之有效進行（詳參後述法令解說）。

二、智慧財產法院之介紹

由於近年來因科技不斷推陳創新所衍生之智慧財產權保護，逐漸成爲各國在推動經濟發展與貿易自由化過程中日益重視之課題，甚至被認爲是一國國家競爭力之重要指標，而智慧財產權競爭所帶來之商機與巨大經濟利益，伴隨而來的是智慧財產權之相關糾紛層出不窮，由於各國之訴訟程序規定、訴訟成本不一，不僅糾紛解決之時間、訴訟解決之費用難以預期、甚至訴訟結果亦難爲當事人所預期，已有先進國家將該等訴訟程序之障礙視爲貿易障礙。

爲此，當有必要藉由加入國際組織，簽訂國際條約，使各國智慧財產權之相關法律規範在實體上或程序上能夠具有一定程度之共同性及一致性，以增進當事人對於智慧財產權保護之信賴感。然而法律規範之實踐，最後仍有賴司法機關作爲最後之仲裁者與執行者。爲此，我國實有致力於智慧財產保護與相關訴訟制度之強化與調整之必要，主要的方向有二：其一爲加入國際組織；其二爲成立智慧財產法院。

在與國際接軌部分，我國自2002年1月1日加入世界貿易組織（World Trade Organization, WTO），成爲該組織第144個會員國，當然必須受到世界貿易組織協定中之一附件——即「與貿易有關之智慧財產權協定」（Agreement on Trade-Related Aspects of Intellectual Property Rights, TRIPS）之拘束。因而，爲能符合TRIPS之相關規定，實有必要全面檢視我國對於智慧財產權之相關法律規範，而事實上，早在正式加入WTO之前，我國已陸續著手修正智慧財產權之相關法律，使得我國相關智慧財產之法律規範基本上已符合世界主要條約或協定之標準。爲因應近年來國際上保護智慧財產權之浪潮，並提昇我國司法機關處理智慧財產案件之專業性及效率，我國更設立智慧財產專業法院以達上開目的。

我國於2008年7月1日起，依據「智慧財產法院組織法」之規定，正式成立智慧財產法院，該法院成立之目的在於：

- 避免民、刑事案件停止訴訟之延滯，加速解決訴訟紛爭
- 累積審理智慧財產案件之經驗，達成法官專業化需求
- 促進國家經濟發展

以下即針對「智慧財產法院」之相關組織、受理案件及審判體系逐一介紹，以利瞭解智慧財產法院之全貌：

（一）法院所在地

智慧財產法院，設立於新北市板橋區縣民大道二段七號三至五樓（下方爲板橋車站，即高鐵、台鐵、捷運共構大樓），由於該法院管轄之智慧財產案件之當事人遍布於全國，因而其初期設立地點對於全台各地智慧財產訴訟之當事

人來說應屬便利，計畫中之永久設立地點在林口司法園區，該司法園區目前仍在研議規劃階段。

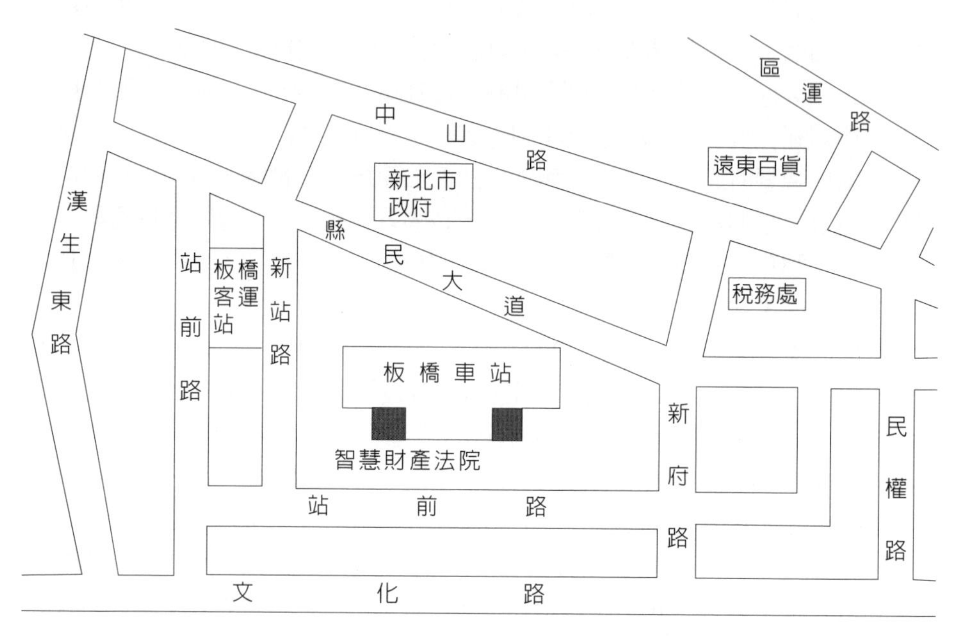

智慧財產法院地理位置圖

（二）法院組織

智慧財產法院之組織與普通法院類似，較爲特殊的是目前具有約十五名（含法官兼院長一名）受過智慧財產案件實務課程及實務審理訓練之資深法官，目前共分爲四庭來進行智慧財產案件之審理。

此外，智慧財產法院更有針對智慧財產案件特性所增設之技術審查官，目前共有十三名，其中十二名係從智慧財產局中，對於訴訟程序及智慧財產案件較爲熟稔資深審查委員中選派借調爲智慧財產法院之技術審查官，另有一名爲法院視案件所涉技術類別需要特別對外甄選具有技術專業及智慧財產專業之資深人員，技術審查官主要負責協助法院進行案件審理，依據「智慧財產案件審理法」第4條，法院得命技術審查官執行下列職務：

1. 爲使訴訟關係明確，就事實上及法律上之事項，基於專業知識對當事人說明或發問。

2. 對證人或鑑定人爲直接發問。

3. 就本案向法官爲意見之陳述。

4. 於證據保全時協助調查證據。

但須特別注意的是，技術審查官就本案向法官所爲之言詞或書面陳述，性質上屬諮詢之意見，法院如欲採爲審判之基礎，仍應依據智慧財產案件審理法第8條第1項之規定：「法院已知之特殊專業知識，應予當事人有辯論之機會，始得採爲裁判之基礎。」給予當事人有辯論之機會，以求案件審理之公允與正確。

（三）受理案件

依據「智慧財產法院組織法」第3條規定，智慧財產法院掌理關於智慧財產之民事訴訟、刑事訴訟及行政訴訟之審判事務，其管轄範圍如下：

1. 民事訴訟事件（參智慧財產法院組織法第3條第1款）

亦即依專利法、商標法、著作權法、光碟管理條例、營業秘密法、積體電路電路布局保護法、植物品種及種苗法或公平交易法所保護之智慧財產權益所生之第一審及第二審民事訴訟事件。

具體言之，依據智慧財產案件審理細則（以下簡稱「審理細則」）第2條所載，智慧財產民事訴訟事件，係依智慧財產法院組織法第3條第1款、第4款及審理法第7條規定，其範圍爲：

一、智慧財產權權利歸屬或其申請權歸屬及其報酬爭議事件。

二、契約爭議事件。

（一）智慧財產權授權契約事件。

（二）智慧財產權讓與、設質、信託、同意註冊、申請權讓與及其他契約爭議事件。

三、侵權爭議事件。

（一）侵害智慧財產權有關財產權爭議事件。

（二）侵害智慧財產權有關人格權爭議事件。

四、使用智慧財產權所生補償金、權利金爭議事件。

五、公平交易法有關智慧財產權益保護事件。

六、智慧財產權保全證據及保全程序事件。

七、其他依法律規定或經司法院指定由智慧財產法院管轄之事件（參後述指定管轄案件）。

2. 刑事訴訟案件（參智慧財產法院組織法第3條第2款）

亦即因刑法第253條至第255條、第317條、第318條之罪或違反商標法、著作權法、公平交易法第35條第1項關於第20條第1項及第36條關於第19條第5款案件，不服地方法院依通常、簡式審判或協商程序所爲之第一審裁判而上訴或抗告之刑事案件，但少年刑事案件除外。另參酌審理細則第3條所載，智慧財產刑事訴訟案件係包含前開案件及其附帶民事訴訟案件，以及其他依法律或經司法院指定由智慧財產法院管轄之案件及其附帶民事訴訟案件。

3. 行政訴訟事件（參智慧財產法院組織法第3條第3款）

亦即因專利法、商標法、著作權法、光碟管理條例、積體電路電路布局保護法、植物品種及種苗法或公平交易法涉及智慧財產權所生之第一審行政訴訟事件及強制執行事件。

具體言之，依據審理細則第4條所載，智慧財產行政訴訟事件，係依智慧財產法院組織法第3條第3款、第4款及審理法第31條第1項第1款之規定，其訴訟標的以專利法、商標法、著作權法、光碟管理條例、積體電路電路布局保護法、植物品種及種苗法或公平交易法有關智慧財產權之規定爲內容，其範圍爲：

一、對於專責機關有關專利、商標、積體電路電路布局、品種及製版申請之駁回行政處分，所提起之行政訴訟事件。

二、對於專責機關有關專利權、商標權、積體電路電路布局權及品種權之撤銷或廢止行政處分，所提起之行政訴訟事件。

三、對於專責機關有關智慧財產申請權之行政處分，或其他智慧財產權利登記申請之行政處分，所提起之行政訴訟事件。

四、對於專責機關有關智慧財產權強制許可利用之行政處分，所提起之行政訴訟事件。

五、對於海關直接依據智慧財產法令查扣侵害智慧財產權標的物之行政處分，所提起之行政訴訟事件。

六、對於專責機關依智慧財產法令所爲獎勵、管制之行政處分，所提起之行政訴訟事件。

七、代替第1款至第6款之行政處分而訂定行政契約。

八、本法所定其他公法上法律關係所生之撤銷訴訟、給付訴訟或確認訴訟事件。

九、涉及違反公平交易法仿冒智慧財產權標的爲不公平競爭，所生之公法上爭議事件。

十、上述第1款至第9款之公法上爭議之聲請停止執行事件、證據保全及保全程序事件。

十一、其他依法律規定或經司法院指定由智慧財產法院管轄之事件（參後述指定管轄案件）。

此外，一行爲違反智慧財產法律及其他行政法上義務規定而均應處罰鍰者，其智慧財產法律所定之罰鍰額度較高時，爲智慧財產行政訴訟事件；其另有沒入或其他行政罰之處罰者，除其處罰之種類相同，經從一重之非智慧財產法律處罰者外，亦爲智慧財產行政訴訟事件。

4. 指定管轄案件

亦即其他依法律規定或經司法院指定由智慧財產法院管轄之案件，目前於2008年4月24日經司法院之院台廳行一字第0970009021號「司法院指定智慧財產法院管轄事件令」，所指定下列訴訟事件由智慧財產法院管轄：

民事訴訟事件部分：

(1)不當行使智慧財產權權利所生損害賠償爭議事件。

(2)當事人以一訴主張單一或數項訴訟標的，其中主要部分涉及智慧財產權，如係基於同一原因事實不宜割裂者，均爲智慧財產法院管轄之智慧財產權訴訟。

行政訴訟事件部分：

(1)不當行使智慧財產權妨礙公平競爭所生行政訴訟事件。

(2)海關依海關緝私條例第39條之1規定，對報運貨物進出口行爲人侵害智慧財產權標的物之行政處分，所提起之行政訴訟事件。

另請特別注意，智慧財產法院之管轄屬於優先管轄，而非專屬管轄。換言之，並不排除當事人可以約定將智慧財產權糾紛由特定普通法院管轄之情形，因而，如當事人有於契約中特別約定該智慧財產權之糾紛由特定普通法院管轄，則一旦糾紛產生，當事人仍得向該已約定之普通法院提起訴訟。

（四）審判體系

智慧財產法院所審理的案件包含有智慧財產權訴訟之民事訴訟、刑事訴訟及行政訴訟，此一三合一於同一法院之訴訟制度，係一全球首創之新制度，然而各訴訟程序之審判體系仍有其本質上之差異，可簡述及圖示如後：

1. 關於民事訴訟

智慧財產法院審理的民事訴訟事件有，因相關智慧財產法所生的第一審民事訴訟事件，以及不服第一審民事訴訟判決而上訴第二審之民事訴訟事件，此部分即智慧財產權訴訟與普通案件民事訴訟於制度上較不相同的部分。

其中一審民事訴訟由法官一人獨任審判（智慧財產案件審理法第19條第1項），且不再分爲小額、簡易或通常訴訟程序，一律適用通常訴訟程序。對於不服第一審民事判決之第二審民事訴訟之審判或是抗告，則以法官三人組成合議庭的方式審理（智慧財產案件審理法第19條第2項）。

於現階段如應向智慧財產法院起訴之事件，當事人仍向普通法院提起，普通法院將會裁定移送該案件至智慧財產法院審理。同樣的，如當事人間智慧財產權糾紛約定由普通法院管轄，但卻誤向智慧財產法院起訴，智慧財產法院亦會將案件裁定移送至約定管轄之普通法院審理。

至於不服智慧財產法院所爲第二審民事判決之上訴，則係回歸最高法院審理，此部分與普通案件民事訴訟之規定相同。

2. 關於刑事訴訟

由於刑事訴訟之第一審涉及大量檢察官偵查、證據搜索、扣押及調查等隱密中進行之事項，基於就近由各地方法院檢察署進行偵查，而偵查、審判具有對應性，故各地方法院檢察署所爲之偵查行爲應對應於各地方法院之審判，故依據人力配置與事務分配，智慧財產權所生之刑事訴訟第一審審判業務，仍劃歸由各地方法院審理。

因此，智慧財產法院審理之刑事訴訟，僅包含不服各地方法院對刑法、商標法、著作權法或公平交易法關於智慧財產權益保護而上訴第二審之刑事訴訟案件。

至於不服智慧財產法院所爲第二審刑事判決之上訴，則係回歸最高法院審理，此部分與普通案件刑事訴訟之規定相同。

3. 關於行政訴訟

關於智慧財產法院所審理之行政訴訟，主要是針對不服經濟部訴願委員會作成之訴願決定所提其行政訴訟之事實審（即第一審），該行政訴訟事實審審判業務以往係由台北高等行政法院所管轄，依據新的規定，將移轉由智慧財產法院管轄。

至於不服智慧財產法院所爲第一審行政判決之上訴，則係回歸最高行政法院審理，此部分與普通案件行政訴訟之規定相同。

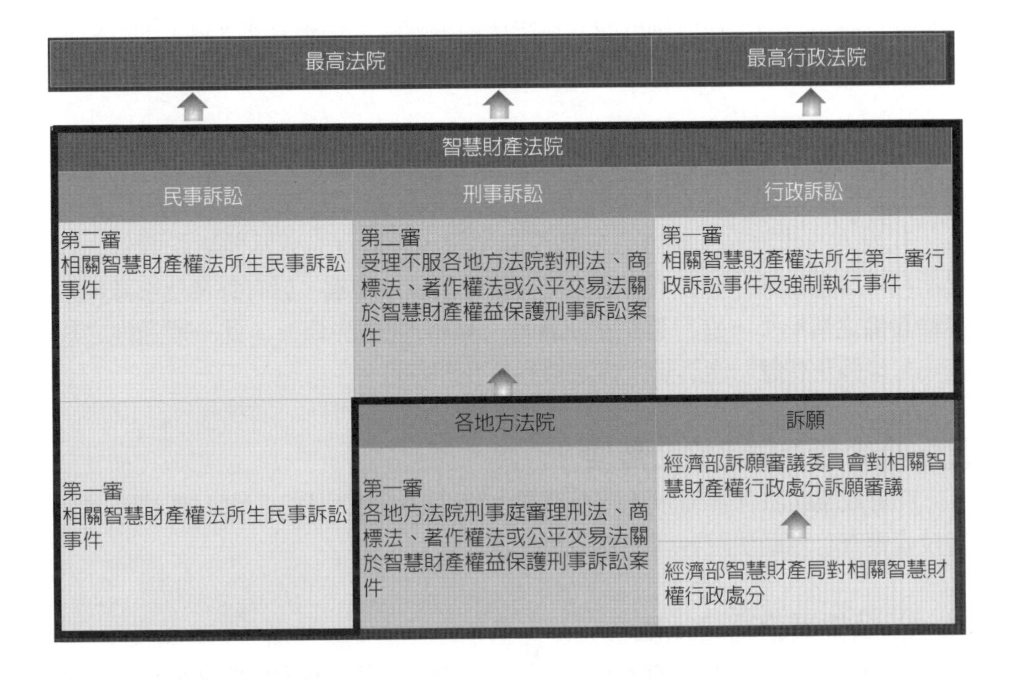

智慧財產法院審判體系表

第二節　法令解說——智慧財產案件審理法下的新訴訟程序

智慧財產案件審理法（下稱審理法）係自2008年7月1日起正式施行，該法共有39條條文，此外，司法院更依據審理法第38條之授權規定，制定有「智慧財產案件審理細則」（下稱審理細則），以進一步落實審理法之相關規定，該審理細則共計有42條，審理法與審理細則制定的目的在於解決以往民事訴訟法、刑事訴訟法以及行政訴訟法等程序法，以及智慧財產個別實體法之不足，所造成諸如證據蒐集手段欠缺、舉證困難，以及法官未具備法律以外之專業知識、過度依賴鑑定結果以致拖延訴訟、且裁判專業性不足等等缺點，且由於該等問題將導致智慧財產案件之審理常未能符合社會之期待，除造成智慧財產訴訟於法院審理時之障礙外，甚至更造成產業發展之障礙，因此，上開法律即係用以解決以往智慧財產訴訟所面臨的問題。為便於讀者瞭解審理法及審理細則之重要內容及各該法律於制度設計以解決前述障礙之具體方式，以下即針對重要之規定分述如下：

一、遠距審理方式

由於現階段因智慧財產法院未於全國普設，為顧及處於遠隔處所之當事人、代表人、代理人、辯護人、輔佐人、證人、鑑定人或其他訴訟關係人等之便利，審理法第3條第1項明定法院得依聲請或依職權，於有聲音及影像相互傳輸設備之情形下，進行遠距視訊審理（參審理法第3條）。此一變通性之規定，可以強化智慧財產訴訟所需之機動性及即時性。

二、技術審查官之協助審理

為有效協助法官審理涉及技術專業之智慧財產權訴訟，智慧財產法院增設有技術審查官協助法院審理，相關應注意程序有：

（一）技術審查官之指定

智慧財產法院辦理智慧財產案件認有必要時，得以裁定指定技術審查官，執行審理法第4條所定之職務（參審理細則第11條第2項），由於技術審查官係協助法官從事相關技術問題之判斷，對於訴訟案件事實認定或法律適用之結果有重大影響，此一規定係讓當事人知悉各該訴訟案件中執行職務之技術審查官之身分。

（二）技術審查官之迴避

技術審查官之迴避，依其所參與審判之程序，分別準用民事訴訟法、刑事訴訟法、行政訴訟法關於法官迴避之規定（參審理法第5條），以求案件審理之公正性。對於技術審查官迴避之問題，目前實務上見解認為，技術審查官僅係就訴訟資料、證據及技術性爭點提供意見供法官參考，至於各該案件之裁判仍由法官綜合卷內證據資料，依自由心證與論理法則，本於法律之確信而為審認（智慧財產法院98年度民聲字第9號裁定參照）。另外，依智慧財產案件審理法第5條準用行政訴訟法第20條，再準用民事訴訟法第33條第1項第2款規定，足認技術審查官執行職務有偏頗之虞者，得聲請其迴避。此「足認有執行職務有偏頗之虞」，係指技術審查官於訴訟標的有特別利害關係，或與當事人之一造有密切之交誼，或有其他情形客觀上足疑其為不公平之執行職務而言（最高行政法院98年度裁字第3362號裁定參照）。是以，於訴訟進行中，一方當事人若僅因技術審查官於與本件相關之其他訴訟中，提供意見予法官參考，使其受不利判決，因恐於本案再受不利判決，進而謂技術審查官於本案訴訟執行職務有偏頗之虞，因而聲請技術審查官迴避，實務上見解認為，此顯係以他案之訴訟結果，臆測技術審查官於本案執行職務有偏頗之虞，並無客觀足疑其為不公平執行職務之情事，自難謂其技術審查官迴避之聲請有理由。

（三）技術審查官執行之職務

技術審查官係承法官之命，辦理案件之技術判斷、技術資料蒐集、分析及提供技術意見，並參與訴訟程序，則技術審查官經指定協助訴訟審理後，應即詳閱卷證資料，依下列方式執行職務：（參審理細則第13條）

1. 就訴訟書狀及資料，基於專業知識，分析及整理其論點，使爭點明確，並提供說明之專業領域參考資料。
2. 就爭點及證據之整理、證據調查之範圍、次序及方法，向法官陳述參考意見。
3. 於期日出庭，經審判長或有調查證據權限之受命法官許可後，得向當事人本人、訴訟代理人、證人或鑑定人為必要之發問，並就當事人本人、訴訟代理人、證人及鑑定人等之供述中不易理解之專業用語為說明。
4. 在勘驗前或勘驗時向法院陳述應注意事項，及協助法官理解當事人就勘驗標的之說明，並對於標的物之處理及操作。
5. 協助裁判書附表及圖面之製作。
6. 在裁判評議時，經審判長許可列席，陳述事件有關之技術上意見。審判長並得命技術審查官就其擬陳述之意見，預先提出書面。

（四）技術審查官之發問與當事人之意見陳述權

技術審查官於期日參與審理時，得經審判長或受命法官之許可，對當事人、證人或鑑定人爲說明或直接發問，相關事由應記載於筆錄（參審理細則第14條第2項），通常藉由技術審查官說明或發問，可以協助兩造簡化爭議、減少不必要之爭議，具有促進訴訟之效果。同時，基於當事人平等利用訴訟制度、訴訟權平等保護原則，亦允許當事人對於技術審查官於期日所爲之說明，得向法院陳述意見（參審理細則第15條），以確保技術審查官相關陳述對於案件審理之正確性。

（五）技術審查官之報告書及技術審查官所為陳述之效力

由於技術審查官得向承審法官陳述意見，基於智慧財產案件所涉技術之複雜性，當有以書面製成技術報告之必要，惟基於技術審查官係輔助法官作成相關技術問題之判斷，性質上屬受諮詢意見之人員，尚非鑑定人，因此技術審查官所製作之報告書不予公開（參審理細則第16條第2項），惟法官如欲將技術審查官之意見採爲判斷之基礎，應將該等技術意見列爲法院已知之特殊專業知識，給予當事人有辯論之機會，始得採爲日後裁判之基礎，避免對當事人造成突襲（參審理法第8條第1項）。

此外，技術審查官所爲之陳述，法院不得直接採爲待證事實之證據，因而當事人就訴訟中待證之事實，仍應依各訴訟法所定之證據程序提出證據，以盡其舉證責任，不得逕行援引技術審查官之陳述而爲舉證（參審理細則第18條）。

（六）已指定技術審查官之撤銷與改定

由於技術審查官係承法官之命辦理案件，如法院下裁定指定後有相關變動，得以裁定撤銷原先之指定，並爲必要之改定技術審查官（參審理細則第17條）。

三、案件審理過渡規定

審理法施行前尚未終結之智慧財產民事事件、行政訴訟事件，依程序從新原則，應由原繫屬法院依審理法所定程序終結之。關於審理法第23條所定智慧財產刑事案件及其附帶民事訴訟，基於管轄恆定及程序從新原則，由原繫屬法院依審理法之規定終結之（審理法第37條）。

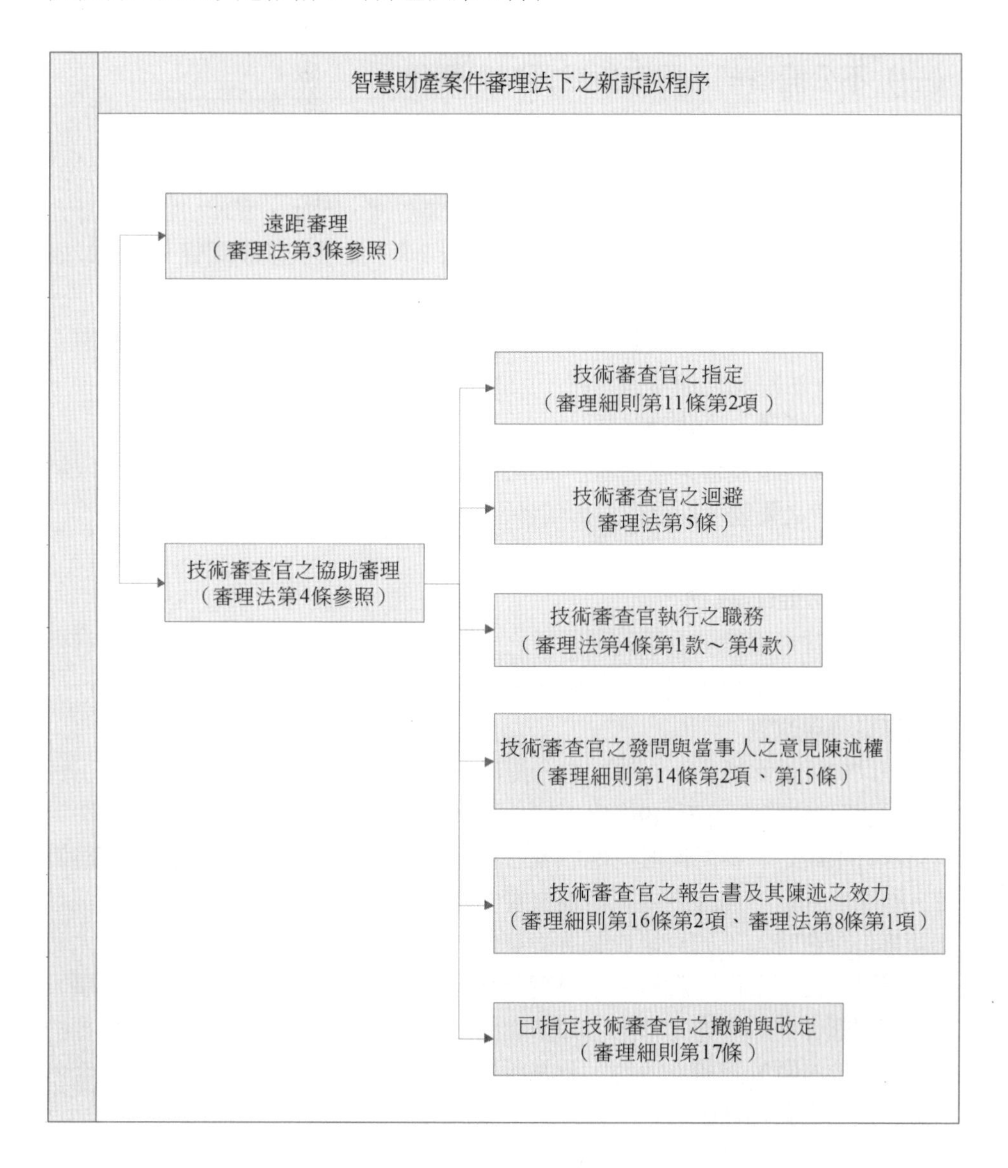

三、民事訴訟之特別規定

（一）不公開審判、限制訴訟資料之閱覽

由於智慧財產權訴訟中之進行，當事人所提出之訴訟資料或攻擊防禦方法常涉及有一造當事人之營業秘密，如不提出常無法以實其說，然如提出，於公開法庭審理時將不免使該等營業秘密易喪失機密性，因此，審理法特別設計允許當事人聲請「不公開審判」或聲請訴訟資料「不准予或限制閱覽、抄錄或攝影」，分述如下：

1. 如當事人提出之攻擊或防禦方法，涉及當事人或第三人營業秘密，經當事人聲請，法院認爲適當者，得不公開審判；其經兩造合意不公開審判者，亦同（參審理法第9條第1項）。
2. 如訴訟資料涉及營業秘密者，法院得依聲請或依職權裁定不予准許或限制訴訟資料之閱覽、抄錄或攝影（參審理法第9條第2項）。

（二）強制提出義務

如智慧財產權訴訟攻擊防禦所需之文書或物品明顯存在於一造，但該造拒絕提出，常使得舉證出現重大困難，造成智慧財產權訴訟進行之重大困難，法院也無從發現眞實。

而以往訴訟當事人不從法院之命提出文書或勘驗標的物時，並無法援引民事訴訟法第367條準用第349條之規定，強制當事人提出，僅得依民事訴訟法第345條第1項規定，審酌情形認他造關於該證據之主張或依該證據應證事實爲眞實。惟法院究竟於何程度得認定爲眞實？係屬不確定的判斷，易生爭議。況且如證據仍存在時，不如直接或間接強制促其得於訴訟中顯現，更爲有效。尤其於智慧財產民事事件，就侵害之事實及其損害所及範圍之證據，在訴訟當事人間具有明顯存在於一方之情形，如未能促使證據提出於法院，法院於事後審酌情形認定他造關於證據之內容，及其所憑證明之侵害事實及損害範圍，是否可信爲眞實，仍有相當困難。

故審理法第10條明定文書或勘驗物之持有人，包括當事人及第三人，無正當理由不從法院之命提出文書及勘驗物時，法院得科處罰鍰及必要時命爲強制處分，以促使當事人協助法院爲適正之裁判。

（三）秘密保持命令

於智慧財產權訴訟進行中，當事人間所應提出之文書或勘驗物，或是有利一方之攻擊防禦方法，常可能另涉及一造之營業秘密，因此審理法仍有配套規定保障該被要求開示證據者之權益，規定如下：

1. 審理有不提出之正當理由，得以不公開之方式行之

文書或勘驗物之持有人有不從法院之命提出文書及勘驗物之正當理由時，應免其提出之義務，然而於審理有無不提出之正當理由，有時尚須命其提出以為判斷，故審理法第10條第4項特別規定法院應以不公開之方式進行有無提出該等文書及勘驗物之正當原因。

2. 聲請發秘密保持命令

其次，證據持有人亦得依據審理法第11～15條之規定聲請發秘密保持命令，以確保營業秘密因提出於法院而致外洩之風險。

對於違反本法秘密保持命令者，得處三年以下有期徒刑、拘役或科或併科新臺幣十萬元以下罰金（參審理法第35條）。

（四）法院得認定權利有效性

由於智慧財產權係由一國法律於符合一定法定要件後所創設，因而智慧財產權民事侵權訴訟之提起，應以該智慧財產權符合法定要件且具有「有效性」為前提。然而，例如專利權或商標權之授與，業經智慧財產局之行政處分之核准，依據以往公私法訴訟二元體制之規定，民事法院自不得對於業經行政機關合法授權之智慧財產權之有效性予以論斷。

然而授與智慧財產權之行政處分，倘具有應撤銷之原因，任何人仍得循行政救濟之管道提起專利權之舉發或商標權之評定或廢止，以撤銷該智慧財產權之授予，惟該等行政爭訟尚可能需再經由訴願、行政訴訟之途徑予以審理判斷，其審理結果曠日廢時，以往民事法院多以停止民事訴訟之審理，等待行政訴訟之結果處理，造成智慧財產權訴訟之延滯，無法達到提供即時司法救濟之目的。為避免訴訟當事人藉由相關停止訴訟之規定（行政訴訟法第12條、專利法舊法第90條第1項（舊法第108條、第129條第1項準用）（現行法已將前揭條文刪除）、商標法舊法第49條（舊法第56條、第80條準用）（現行法已將前揭條文刪除）、植物品種及種苗法第42條、民事訴訟法第182條第2項）來延滯訴訟。

爲有效解決此一訴訟程序延滯之問題，審理法第16條第1項特別規定：「當事人主張或抗辯智慧財產權有應撤銷、廢止之原因者，法院應就其主張或抗辯有無理由自爲判斷，不適用民事訴訟法、行政訴訟法、商標法、專利法、植物品種及種苗法或其他法律有關停止訴訟程序之規定。」換言之，本條規定正式賦予智慧財產法院於民事侵權訴訟中，可以逕予判斷各該智慧財產權之有效性，不得再以停止訴訟之方式等待行政爭訟之結果。

一旦法院認定據以提起訴訟之智慧財產權並無應撤銷之原因，當得儘速進入下一階段之民事訴訟審理，此對權利人獲得即時司法救濟有莫大助益；同樣地，一旦法院認定據以提起訴訟之智慧財產權具有應撤銷之原因時，權利人於該民事訴訟中將不得對於他造主張權利（審理法第16條第2項），法院得據以駁回權利人之訴訟，對於被控侵權者可以即時獲得澄清，不需再如同以往纏訟數年仍可能並無結果。

惟需要特別注意的是，審理法第16條賦予智慧財產法院於民事侵權訴訟中，可以逕予判斷各該智慧財產權於個別民事訴訟中之有效性，以決定權利人得否於該民事訴訟中行使權利；但對於該智慧財產權之效力終局存否，仍應循行政訴訟之途徑確定之，因此智慧財產法院之民事判決就權利有效性之判斷，僅於該訴訟中發生拘束力，權利人對於其他第三人之權利行使，仍非該訴訟之判決效力所及。

此外，法院爲判斷當事人依前條第一項所爲之主張或抗辯，於必要時，得以裁定命智慧財產專責機關參加訴訟（參審理法第17條第1項），此規定立意甚佳，然實際運行上，因智慧財產專責機關內部事務分配以及其對各該智慧財產權舉發、評定或廢止案件之審理進度問題，實際上智慧財產專責機關參加訴訟對於法院審理之助益尚未具體呈現。

（五）保全證據

於智慧財產權訴訟中，相關證據之開示與提出對於訴訟發現眞實有莫大助益，而關於侵害事實及損害範圍之證據，極易滅失或隱匿，常造成權利人於訴訟上無法舉證，而不能獲得有效之救濟，因此，智慧財產權之民事事件，其起訴前證據之保全，較之其他訴訟，更有必要，爲此審理法第18條特別強化智慧財產權訴訟之證據保全相關規定如下：

1. 得命技術審查官到場執行職務，以補充法官就智慧財產權應行保全之客體及範圍之專業知識，以達證據保全之實效。

2. 法院於實施證據保全時，對於無正當理由拒絕證據保全之實施者，法院得以強制力排除之，以避免民事訴訟法中於實施保全證據時，即便相對人無正當理由仍拒絕時，法院並不得實施強制處分之弊病。

（六）保全程序

關於智慧財產權之侵害行爲，如仍持續進行中，則爲免侵害行爲及其範圍持續擴大，權利人得向法院聲請爲定暫時狀態處分，以禁止相對人持續爲涉及侵害智慧財產權之行爲，此一規範對於權利人來說，毋寧是一立即而有效之措施，然而，以往依據民事訴訟法進行定暫時狀態處分之審理，承審之地方法院民事執行處對於涉及高度智慧財產權專業知識，並無法有效於短時間內作成判斷，無論准否對於當事人之權益影響甚巨，爲此，審理法第22條特別爲如下規定：

1. 聲請定暫時狀態之處分時，聲請人就其爭執之法律關係，爲防止發生重大之損害或避免急迫之危險或有其他相類之情形而有必要之事實，應釋明之。其釋明有不足者，法院應駁回聲請（第2項）。
   關於前揭之釋明，所稱爲防止發生重大之損害或避免急迫之危險，而有保全必要之事實，法院應審酌之事項有：
   聲請人將來勝訴可能性，包括權利有效性及權利被侵害之事實；法院若否准定暫時狀態之處分，聲請人是否受到無可彌補之損害；法院若否准定暫時狀態之處分，造成聲請人之困境是否大於相對人；以及法院准否定暫時狀態之處分，對公衆利益（例如醫藥安全或環境問題）造成如何之影響等。
2. 聲請之原因雖經釋明，法院仍得命聲請人供擔保後爲定暫時狀態之處分（第3項）。
3. 法院爲定暫時狀態之處分前，應令兩造有陳述意見之機會。但聲請人主張有不能於處分前通知相對人陳述之特殊情事，並提出確實之證據，經法院認爲適當者，不在此限（第4項）。
4. 定暫時狀態之處分，自送達聲請人之日起三十日內未起訴者，法院得依聲請或依職權撤銷之（第5項）。
5. 定暫時狀態之裁定，因自始不當或債權人聲請，或因第5項之情形，經法院撤銷時，聲請人應賠償相對人因處分所受之損害（第7項）。

（七）其他應注意之規定

1. 智慧財產之民事事件，不分訴訟標的之金額或價額，一律適用通常訴訟程序（審理法第6條）。
2. 為避免突襲性裁判及平衡保護訴訟當事人之實體利益及程序利益，明定法院就訴訟事件公開心證之範圍，包括闡明並確認該訟爭法律關係之事實上、法律上及證據上爭點，另就待證事實存否及適用特殊經驗法則所獲得之階段性心證及法律見解，亦得適時為適當之揭露，以保障訴訟當事人之聽審機會及衡量有無進而為其他主張及聲請調查證據之必要（審理法第8條第2項）。
3. 智慧財產事件支付命令之聲請與處理，依民事訴訟法第六編督促程序之規定。債務人對支付命令提出合法異議者，發支付命令之法院應將卷證移送智慧財產法院處理（審理法第21條）。

民事訴訟之特別規定

- 不公開審判、限制訴訟資料之閱覽（審理法第9條）
- 強制提出義務（審理法第10條）
- 秘密保持命令（審理法第11條～第15條、第35條）
- 法院得認定權利有效性（審理法第16條）
- 法院裁定智慧財產專責機關參加訴訟（審理法第17條）
- 保全證據（審理法第18條）
- 保全程序（審理法第22條）
- 其他注意規定（審理法第6條、第8條第2項、第21條）

四、刑事訴訟之特別規定

（一）不公開審判、限制訴訟資料之閱覽

關於智慧財產權之刑事訴訟，其訴訟資料涉及營業秘密者，法院得依聲請不公開審判；亦得依聲請或依職權限制卷宗或證物之檢閱、抄錄或攝影（參審理法第24條）。

（二）附帶民事訴訟

關於智慧財產權之刑事訴訟所衍生之附帶民事訴訟，審理法特別有如下規定：

1. 法院認爲附帶民事訴訟不合法，或刑事訴訟諭知無罪、免訴或不受理者，應以判決駁回原告之訴。（參審理法第27條第1項）
2. 於審理附帶民事訴訟，除第三審法院依刑事訴訟法第508條至511條規定裁判，及第一、二審法院依刑事訴訟法第489條第2項規定諭知管轄錯誤及移送者外，應自爲裁判。（參審理法第27條第2項）
3. 審理法第23條案件行簡易程序時，其附帶民事訴訟應與刑事訴訟同時裁判。但有必要時，得於刑事訴訟裁判後60日內裁判之。（參審理法第29條第1項）

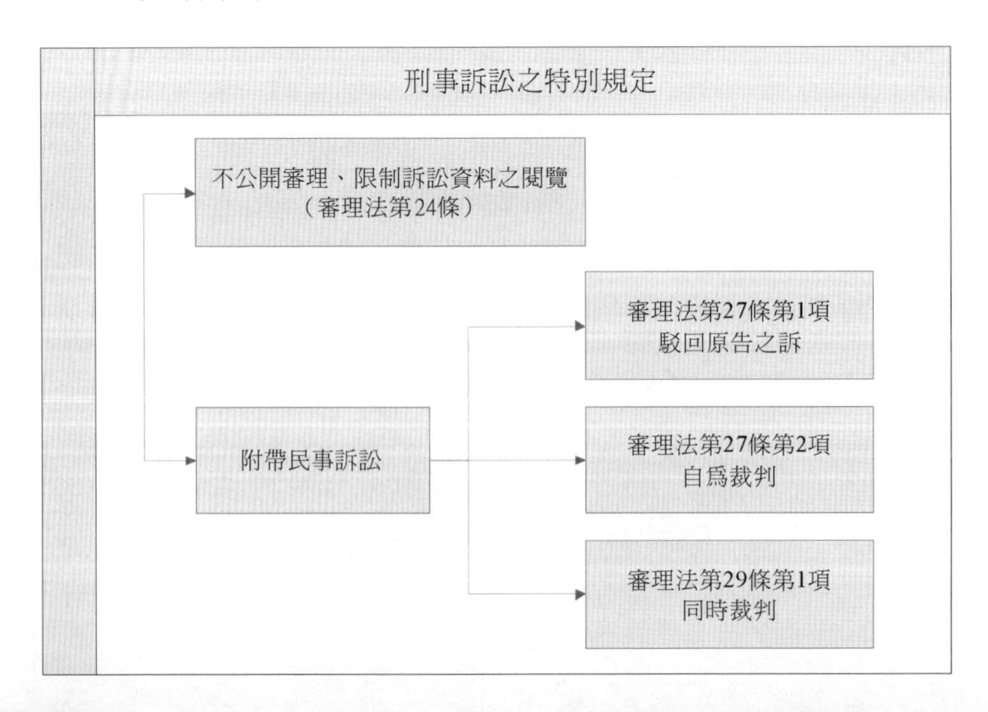

五、行政訴訟之特別規定

（一）專利商標案件新證據之容許提出

關於撤銷、廢止商標註冊或撤銷專利權之行政訴訟中，當事人於言詞辯論終結前，就同一撤銷或廢止理由提出之新證據，智慧財產法院仍應審酌之（參審理法第33條第1項）。

此一規定之目的在於避免針對未能即時提出之新證據，舉發人或評定申請人再為舉發或評定，並因而衍生另一行政爭訟程序，致使同一商標或專利權之有效性爭議，得發生多次之行政爭訟，難以終局確定，甚而影響其他相關民刑事訴訟之終結。

而於智慧財產法院成立後，審理關於舉發、評定及異議事件等行政訴訟事件之法官，其智慧財產專業知識得以強化，並有技術審查官之輔助，應有充分之能力在訴訟中就新證據為斟酌判斷。爰設容許新證據提出之規定，容許在行政訴訟中，就同一撤銷或廢止理由之範圍內（審理細則第40條第1項），仍得補提關於撤銷、廢止理由之新證據，以期減少就同一商標或專利權有效性之爭執，因循環發生行政爭訟，而拖延未決之情形。

（二）智慧財產專責機關之答辯義務

智慧財產專責機關就前項新證據應提出答辯書狀，表明他造關於該證據之主張有無理由（審理法第33條第2項）。

此一規定之理由在於關於在行政訴訟中所提出之新證據，並未經智慧財產專責機關先行判斷，自宜責令其就該新證據提出答辯書狀，對於應否據以認定確有撤銷、廢止商標註冊或撤銷專利權之理由，為具體之表明。

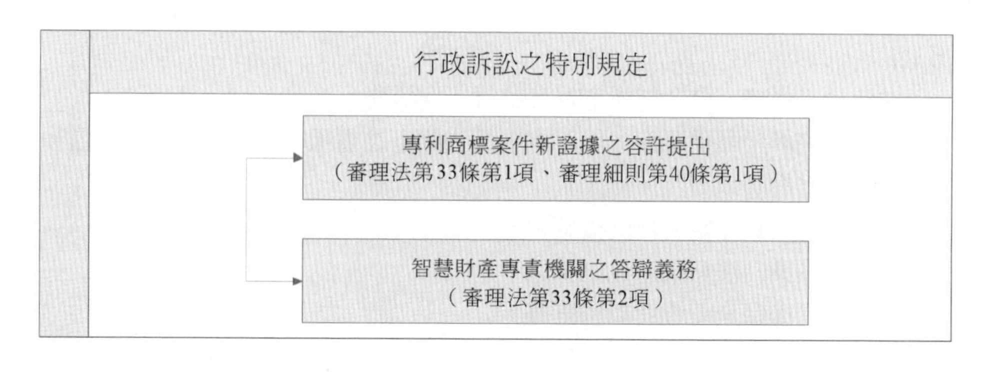

六、智慧財產案件審理法條文

智慧財產案件審理法

（民國96年03月28日公布；97年7月1日施行）
（民國100年11月23日總統令增訂公布第30-1條條文；101年9月6日施行）

第一章　總則

第1條

智慧財產案件之審理依本法之規定；本法未規定者，分別依民事、刑事或行政訴訟程序應適用之法律。

第2條

本法所稱營業秘密，係指營業秘密法第二條所定之營業秘密。

第3條

當事人、代表人、代理人、辯護人、輔佐人、證人、鑑定人或其他訴訟關係人之所在處所與法院間有聲音及影像相互傳送之科技設備而得直接審理者，法院得依聲請或依職權以該設備爲之。

前項情形，法院應徵詢當事人之意見。

第一項情形，其期日通知書或傳票記載之應到處所爲該設備所在處所。

依第一項進行程序之筆錄及其他文書，須受訊問人簽名者，由訊問端法院傳送至受訊問人所在處所，經受訊問人確認內容並簽名後，將筆錄以電信傳真或其他科技設備傳回訊問端法院。

第一項之審理及前項之文書傳送作業辦法，由司法院定之。

第4條

法院於必要時，得命技術審查官執行下列職務：

一、爲使訴訟關係明確，就事實上及法律上之事項，基於專業知識對當事人爲說明或發問。

二、對證人或鑑定人爲直接發問。

三、就本案向法官爲意見之陳述。

四、於證據保全時協助調查證據。

第5條

技術審查官之迴避，依其所參與審判之程序，分別準用民事訴訟法、刑事訴訟法、行政訴訟法關於法官迴避之規定。

第二章　民事訴訟

第6條

民事訴訟法第二編第三章、第四章規定，於智慧財產之民事訴訟不適用之。

第7條

智慧財產法院組織法第三條第一款、第四款所定之民事事件，由智慧財產法院管轄。

第8條

法院已知之特殊專業知識，應予當事人有辯論之機會，始得採為裁判之基礎。

審判長或受命法官就事件之法律關係，應向當事人曉諭爭點，並得適時表明其法律上見解及適度開示心證。

第9條

當事人提出之攻擊或防禦方法，涉及當事人或第三人營業秘密，經當事人聲請，法院認為適當者，得不公開審判；其經兩造合意不公開審判者，亦同。

訴訟資料涉及營業秘密者，法院得依聲請或依職權裁定不予准許或限制訴訟資料之閱覽、抄錄或攝影。

第10條

文書或勘驗物之持有人，無正當理由不從法院之命提出文書或勘驗物者，法院得以裁定處新臺幣三萬元以下罰鍰；於必要時並得以裁定命為強制處分。

前項強制處分之執行，準用強制執行法關於物之交付請求權執行之規定。

第一項裁定，得為抗告；處罰鍰之裁定，抗告中應停止執行。

法院為判斷第一項文書或勘驗物之持有人有無不提出之正當理由，於必要時仍得命其提出，並以不公開方式行之。

前項情形，法院不得開示該文書及勘驗物。但為聽取訴訟關係人之意見而有向其開示之必要者，不在此限。

前項但書情形，法院於開示前，應通知文書或勘驗物之持有人，持有人於受通知之日起十四日內聲請對受開示者發秘密保持命令者，於聲請裁定確定前，不得開示。

第11條

當事人或第三人就其持有之營業秘密，經釋明符合下列情形者，法院得依該當事人或第三人之聲請，對他造當事人、代理人、輔佐人或其他訴訟關係人發秘密保持命令：

一、當事人書狀之內容，記載當事人或第三人之營業秘密，或已調查或應調查之證據，涉及當事人或第三人之營業秘密。

二、為避免因前款之營業秘密經開示，或供該訴訟進行以外之目的使用，有妨害該當事人或第三人基於該營業秘密之事業活動之虞，致有限制其開示或使用之必要。

前項規定，於他造當事人、代理人、輔佐人或其他訴訟關係人，在聲請前已依前項第一款規定之書狀閱覽或證據調查以外方法，取得或持有該營業秘密時，不適用之。

受秘密保持命令之人，就該營業秘密，不得為實施該訴訟以外之目的而使用之，或對未受秘密保持命令之人開示。

第12條

秘密保持命令之聲請，應以書狀記載下列事項：

一、應受秘密保持命令之人。

二、應受命令保護之營業秘密。

三、符合前條第一項各款所列事由之事實。

第13條

准許秘密保持命令之裁定，應載明受保護之營業秘密、保護之理由，及其禁止之內容。

准許秘密保持命令之聲請時，其裁定應送達聲請人及受秘密保持命令之人。

秘密保持命令自送達受秘密保持命令之人，發生效力。

駁回秘密保持命令聲請之裁定，得為抗告。

第14條

受秘密保持命令之人，得以其命令之聲請欠缺第十一條第一項之要件，或有同條第二項之情形，或其原因嗣已消滅，向訴訟繫屬之法院聲請撤銷秘密保持命令。但本案裁判確定後，應向發秘密保持命令之法院聲請。

秘密保持命令之聲請人得聲請撤銷該命令。

關於聲請撤銷秘密保持命令之裁定，應送達於聲請人及相對人。

前項裁定，得為抗告。

秘密保持命令經裁定撤銷確定時，失其效力。

撤銷秘密保持命令之裁定確定時，除聲請人及相對人外，就該營業秘密如有其他受秘密保持命令之人，法院應通知撤銷之意旨。

第15條

對於曾發秘密保持命令之訴訟，如有未經限制或不許閱覽且未受秘密保持命令之人，聲請閱覽、抄錄、攝影卷內文書時，法院書記官應即通知聲請命令之人。但秘密保持命令業經撤銷確定者，不在此限。

前項情形，法院書記官自聲請命令之當事人或第三人受通知之日起十四日內，不得將卷內文書交付閱覽、抄錄、攝影。聲請命令之當事人或第三人於受通知之日起十四日內，聲請對請求閱覽之人發秘密保持命令，或聲請限制或不准許其閱覽時，法院書記官於其聲請之裁定確定前，不得為交付。

聲請秘密保持命令之人，同意第一項之聲請時，第二項之規定不適用之。

第16條

當事人主張或抗辯智慧財產權有應撤銷、廢止之原因者，法院應就其主張或抗辯有無理由自為判斷，不適用民事訴訟法、行政訴訟法、商標法、專利法、植物品種及種苗法或其他法律有關停止訴訟程序之規定。

前項情形，法院認有撤銷、廢止之原因時，智慧財產權人於該民事訴訟中不得對於他造主張權利。

第17條

法院為判斷當事人依前條第一項所為之主張或抗辯，於必要時，得以裁定命智慧財產專責機關參加訴訟。

智慧財產專責機關依前項規定參加訴訟時，以關於前條第一項之主張或抗辯有無理由為限，適用民事訴訟法第六十一條之規定。

民事訴訟法第六十三條第一項前段、第六十四條規定，於智慧財產專責機關參加訴訟時，不適用之。

智慧財產專責機關參加訴訟後，當事人對於前條第一項之主張或抗辯已無爭執時，法院得撤銷命參加之裁定。

第18條

保全證據之聲請，在起訴前，向應繫屬之法院爲之，在起訴後，向已繫屬之法院爲之。

法院實施證據保全時，得爲鑑定、勘驗及保全書證。

法院實施證據保全時，得命技術審查官到場執行職務。

相對人無正當理由拒絕證據保全之實施時，法院得以強制力排除之，但不得逾必要之程度。必要時並得請警察機關協助。

法院於證據保全有妨害相對人或第三人之營業秘密之虞時，得依聲請人、相對人或第三人之請求，限制或禁止實施保全時在場之人，並就保全所得之證據資料命另爲保管及不予准許或限制閱覽。

前項有妨害營業秘密之虞之情形，準用第十一條至第十五條之規定。

法院認爲必要時，得囑託受訊問人住居所或證物所在地地方法院實施保全。受託法院實施保全時，適用第二項至第六項之規定。

第19條

第一審智慧財產事件，由法官一人獨任審判。

對於智慧財產事件之第一審裁判，得上訴或抗告於智慧財產法院，其審判以合議行之。

第20條

對於智慧財產事件之第二審裁判，除別有規定外，得上訴或抗告於第三審法院。

第21條

智慧財產事件支付命令之聲請與處理，依民事訴訟法第六編之規定。

債務人對支付命令提出合法異議者，發支付命令之法院應將卷證移送智慧財產法院處理。

第22條

假扣押、假處分或定暫時狀態處分之聲請，在起訴前，向應繫屬之法院為之，在起訴後，向已繫屬之法院為之。

聲請定暫時狀態之處分時，聲請人就其爭執之法律關係，為防止發生重大之損害或避免急迫之危險或有其他相類之情形而有必要之事實，應釋明之；其釋明有不足者，法院應駁回聲請。

聲請之原因雖經釋明，法院仍得命聲請人供擔保後為定暫時狀態之處分。

法院為定暫時狀態之處分前，應令兩造有陳述意見之機會。但聲請人主張有不能於處分前通知相對人陳述之特殊情事，並提出確實之證據，經法院認為適當者，不在此限。

定暫時狀態之處分，自送達聲請人之日起三十日內未起訴者，法院得依聲請或依職權撤銷之。

前項撤銷處分之裁定應公告，於公告時生效。

定暫時狀態之裁定，因自始不當或債權人聲請，或因第五項之情形，經法院撤銷時，聲請人應賠償相對人因處分所受之損害。

第三章　刑事訴訟

第23條

刑法第二百五十三條至第二百五十五條、第三百十七條、第三百十八條之罪或違反商標法、著作權法或公平交易法第三十五條第一項關於第二十條第一項及第三十六條關於第十九條第五款案件之起訴，應向管轄之地方法院為之。檢察官聲請以簡易判決處刑者，亦同。

第24條

訴訟資料涉及營業秘密者，法院得依聲請不公開審判；亦得依聲請或依職權限制卷宗或證物之檢閱、抄錄或攝影。

第25條

不服地方法院關於第二十三條案件依通常、簡式審判或協商程序所為之第一審裁判而上訴或抗告者，除少年刑事案件外，應向管轄之智慧財產法院為之。

與第二十三條案件有刑事訴訟法第七條第一款所定相牽連關係之其他刑事

案件，經地方法院合併裁判，並合併上訴或抗告者，亦同。但其他刑事案件係較重之罪，且案情確係繁雜者，智慧財產法院得裁定合併移送該管高等法院審判。

前項但書之裁定，除另有規定外，得為抗告。

第26條

對於智慧財產法院關於第二十三條案件所為之裁判，除別有規定外，得上訴或抗告於第三審法院。

第27條

審理第二十三條案件之附帶民事訴訟，認為原告之訴不合法，或刑事訴訟諭知無罪、免訴或不受理者，應以判決駁回之；其刑事訴訟經裁定駁回者，應以裁定駁回原告之訴。

審理第二十三條案件之附帶民事訴訟，除第三審法院依刑事訴訟法第五百零八條至第五百十一條規定裁判者外，應自為裁判，不適用刑事訴訟法第五百零四條第一項、第五百十一條第一項前段之規定。但依刑事訴訟法第四百八十九條第二項規定諭知管轄錯誤及移送者，不在此限。

第28條

不服地方法院關於第二十三條案件依通常或簡式審判程序之附帶民事訴訟所為裁判，提起上訴或抗告者，應向管轄之智慧財產法院為之。

第29條

就第二十三條案件行簡易程序時，其附帶民事訴訟應與刑事訴訟同時裁判。但有必要時，得於刑事訴訟裁判後六十日內裁判之。

對於簡易程序之附帶民事訴訟第二審裁判上訴或抗告於第三審法院者，準用民事訴訟法第四百三十六條之二至第四百三十六條之五之規定。

第30條

第八條第一項、第十一條至第十五條、第十六條第一項規定，於審理第二十三條案件或其附帶民事訴訟時，準用之。

第30-1條

行政訴訟法第二編第二章簡易訴訟程序規定，於智慧財產之行政訴訟不適用之。

第四章　行政訴訟

第31條

下列行政訴訟事件由智慧財產法院管轄：

一、因專利法、商標法、著作權法、光碟管理條例、積體電路電路布局保護法、植物品種及種苗法或公平交易法有關智慧財產權所生之第一審行政訴訟事件及強制執行事件。

二、其他依法律規定由智慧財產法院管轄之行政訴訟事件。其他行政訴訟與前項各款訴訟合併起訴或為訴之追加時，應向智慧財產法院為之。

智慧財產法院為辦理第一項第一款之強制執行事務，得設執行處或囑託地方法院民事執行處或行政機關代為執行。

債務人對於前項囑託代為執行之執行名義有異議者，由智慧財產法院裁定之。

第32條

對於智慧財產法院之裁判，除法律別有規定外，得上訴或抗告於終審行政法院。

第33條

關於撤銷、廢止商標註冊或撤銷專利權之行政訴訟中，當事人於言詞辯論終結前，就同一撤銷或廢止理由提出之新證據，智慧財產法院仍應審酌之。

智慧財產專責機關就前項新證據應提出答辯書狀，表明他造關於該證據之主張有無理由。

第34條

第八條至第十五條、第十八條及第二十二條之規定，於有關智慧財產權之行政訴訟，準用之。

辦理智慧財產民事訴訟或刑事訴訟之法官，得參與就該訴訟事件相牽涉之智慧財產行政訴訟之審判，不適用行政訴訟法第十九條第三款之規定。

第五章　附則

第35條

違反本法秘密保持命令者，處三年以下有期徒刑、拘役或科或併科新臺幣十萬元以下罰金。

前項之罪，須告訴乃論。

第36條

法人之負責人、法人或自然人之代理人、受雇人或其他從業人員，因執行業務犯前條第一項之罪者，除處罰其行爲人外，對該法人或自然人亦科以前條第一項之罰金。

對前項行爲人告訴或撤回告訴者，其效力及於法人或自然人。對前項法人或自然人告訴或撤回告訴者，其效力及於行爲人。

第37條

本法施行前已繫屬於地方法院及高等法院之智慧財產民事事件，其法院管轄及審理程序依下列規定：

一、依其進行程度，由該法院依本法所定程序終結之，其已依法定程序進行之訴訟程序，其效力不受影響。

二、地方法院已爲之裁判，經上訴或抗告，其卷宗尚未送上訴或抗告法院者，應送智慧財產第二審法院。

第二十三條案件及其附帶民事訴訟於本法施行前已繫屬於各級法院者，其以後之訴訟程序，應由各該繫屬法院依本法之規定終結之。但本法施行前已依法定程序進行之訴訟程序，其效力不受影響。

本法施行前，已繫屬於高等行政法院之智慧財產行政訴訟事件，依其進行程度，由該法院依本法所定程序終結之，其已進行之程序，不失其效力。

第38條

本法施行細則及審理細則，由司法院定之。

第39條

本法施行日期，由司法院定之。

七、智慧財產案件審理細則條文

智慧財產案件審理細則

【公布日期】97.04.24【公布機關】司法院

【法規沿革】

1.中華民國97年4月24日司法院院台廳行一字第0970009012號令訂定發布全文42條；並自智慧財產案件審理法施行之日施行（該法施行日期，由司法院定爲97年7月1日）

【法規內容】

第1條

本審理細則依智慧財產案件審理法（以下簡稱本法）第三十八條規定訂定之。

第2條

智慧財產民事訴訟事件，依智慧財產法院組織法第三條第一款、第四款及本法第七條規定，其範圍爲：

一、智慧財產權權利歸屬或其申請權歸屬及其報酬爭議事件。

二、契約爭議事件。

（一）智慧財產權授權契約事件。

（二）智慧財產權讓與、設質、信託、同意註冊、申請權讓與及其他契約爭議事件。

三、侵權爭議事件。

（一）侵害智慧財產權有關財產權爭議事件。

（二）侵害智慧財產權有關人格權爭議事件。

四、使用智慧財產權所生補償金、權利金爭議事件。

五、公平交易法有關智慧財產權益保護事件。

六、智慧財產權保全證據及保全程序事件。

七、其他依法律規定或經司法院指定由智慧財產法院管轄之事件。

第3條

智慧財產刑事訴訟案件，依智慧財產法院組織法第三條第二款、第四款，本法第二十三條、第二十五條第二項規定，其範圍爲：

一、刑法第二百五十三條至第二百五十五條、第三百十七條、第三百十八條之罪或違反商標法、著作權法、公平交易法第三十五條第一項關於第二十條第一項及第三十六條關於第十九條第五款之案件及其附帶民事訴訟案件。

二、其他依法律規定或經司法院指定由智慧財產法院管轄之案件及其附帶民事訴訟案件。

第4條

智慧財產行政訴訟事件，依智慧財產法院組織法第三條第三款、第四款及本法第三十一條第一項第一款之規定，其訴訟標的以專利法、商標法、著作權法、光碟管理條例、積體電路電路布局保護法、植物品種及種苗法或公平交易法有關智慧財產權之規定爲內容，其範圍爲：

一、對於專責機關有關專利、商標、積體電路電路布局、品種及製版申請之駁回行政處分，所提起之行政訴訟事件。

二、對於專責機關有關專利權、商標權、積體電路電路布局權及品種權之撤銷或廢止行政處分，所提起之行政訴訟事件。

三、對於專責機關有關智慧財產申請權之行政處分，或其他智慧財產權利登記申請之行政處分，所提起之行政訴訟事件。

四、對於專責機關有關智慧財產權強制許可利用之行政處分，所提起之行政訴訟事件。

五、對於海關直接依據智慧財產法令查扣侵害智慧財產權標的物之行政處分，所提起之行政訴訟事件。

六、對於專責機關依智慧財產法令所爲獎勵、管制之行政處分，所提起之行政訴訟事件。

七、代替第一款至第六款之行政處分而訂定行政契約。

八、本法所定其他公法上法律關係所生之撤銷訴訟、給付訴訟或確認訴訟事件。

九、涉及違反公平交易法仿冒智慧財產權標的爲不公平競爭，所生之公法上爭議事件。

十、上述第一款至第九款之公法上爭議之聲請停止執行事件、證據保全及保全程序事件。

十一、其他依法律規定或經司法院指定由智慧財產法院管轄之事件。

一行爲違反智慧財產法律及其他行政法上義務規定而均應處罰鍰者，其智慧財產法律所定之罰鍰額度較高時，爲智慧財產行政訴訟事件；其另有沒入或其他行政罰之處罰者，除其處罰之種類相同，經從一重之非智慧財產法律處罰者外，亦爲智慧財產行政訴訟事件。

第5條

本法第三十一條第一項第一款所稱強制執行事件，係指前條智慧財產行政訴訟事件所爲命債務人爲一定給付裁判經確定後，債務人不爲給付，債權人以之爲執行名義，聲請強制執行之事件。

第6條

下列事件非屬智慧財產行政訴訟事件：

一、行政訴訟事件之當事人雖爲智慧財產專責主管機關，但該行政訴訟事件非以智慧財產法律規定爲請求基礎者。

二、行政行爲雖與智慧財產權有關，但非依智慧財產法律或其授權訂定之法規命令爲直接根據者，不服其處分所提起之訴訟。

第7條

非屬智慧財產法院管轄之民事、行政訴訟事件，當事人誤向智慧財產法院起訴，智慧財產法院應依民事訴訟法第二十八條第一項、行政訴訟法第十八條規定裁定移送管轄法院。

第8條

第一審法院就檢察官起訴犯罪事實變更法條爲應適用智慧財產法院組織法第三條第二款規定之刑事案件裁判，當事人不服該裁判而上訴或抗告時，第一審法院應將其上訴或抗告之刑事案件送交智慧財產法院。

第9條

智慧財產民事、行政訴訟事件非專屬智慧財產法院管轄，其他民事、行政法院就實質上應屬智慧財產民事、行政訴訟事件而實體裁判者，上級法院不得以管轄錯誤爲由廢棄原裁判。

第10條

其他法院審理非智慧財產之事件時，誤爲適用智慧財產訴訟之特別規定，爲違背法令，上級法院得據以廢棄或撤銷原裁判。

第11條

智慧財產法院辦理智慧財產案件認有必要時，得以裁定指定技術審查官，執行本法第四條所定之職務；合議案件應由合議庭裁定之。

經指定於期日執行職務之技術審查官，其姓名應與法官、書記官之姓名一併揭示於庭期表。

第12條

智慧財產法院以外之法院辦理智慧財產案件，有指定技術審查官協助之必要時，應洽由智慧財產法院指派技術審查官後，以裁定指定之。

第13條

技術審查官經指定協助訴訟審理後，應即詳閱卷證資料，依下列方式執行職務：

一、就訴訟書狀及資料，基於專業知識，分析及整理其論點，使爭點明確，並提供說明之專業領域參考資料。

二、就爭點及證據之整理、證據調查之範圍、次序及方法，向法官陳述參考意見。

三、於期日出庭，經審判長或有調查證據權限之受命法官許可後，得向當事人本人、訴訟代理人、證人或鑑定人爲必要之發問，並就當事人本人、訴訟代理人、證人及鑑定人等之供述中不易理解之專業用語爲說明。

四、在勘驗前或勘驗時向法院陳述應注意事項，及協助法官理解當事人就勘驗標的之說明，並對於標的物之處理及操作。

五、協助裁判書附表及圖面之製作。

六、在裁判評議時，經審判長許可列席，陳述事件有關之技術上意見。審判長並得命技術審查官就其擬陳述之意見，預先提出書面。

第14條

技術審查官於期日參與審理時，其姓名應載明於筆錄。

技術審查官於期日中，經審判長或受命法官之許可，對於當事人、證人或鑑定人爲說明或直接發問時，其事由應記明於筆錄。

第15條

當事人對於技術審查官於期日所為之說明，得向法院陳述意見。

第16條

審判長或受命法官得命技術審查官就其執行職務之成果，製作報告書。如案件之性質複雜而有必要時，得命分別作成中間報告書及總結報告書。

技術審查官製作之報告書，不予公開。

第17條

法院於必要時，得撤銷指定技術審查官之裁定，或改定其他技術審查官執行職務。

第18條

技術審查官之陳述，不得直接採為認定待證事實之證據，且當事人就訴訟中待證之事實，仍應依各訴訟法所定之證據程序提出證據，以盡其舉證責任，不得逕行援引技術審查官之陳述而為舉證。

第19條

法院對於證據提出命令之聲請，得命文書或勘驗物之持有人陳述意見，持有人如為營業秘密抗辯時，法院得命持有人釋明其秘密之種類、性質及範圍，以及因開示所生不利益之具體內容及程度，並經他造陳述意見後定之。

法院認為必要時，亦得命持有人以不公開方式提出證據，由法院審酌之。

如法院認有聽取訴訟關係人意見之必要，除有不向本人開示即難達其目的之情形外，以向訴訟代理人開示為原則，並得曉諭持有人對受開示者聲請發秘密保持命令。

法院為判斷證據持有人有無拒絕提出之正當理由時，應斟酌營業秘密事項與待證事實之關聯性、有無代替證明之方法或事實推定之規定、聲請秘密保持命令之可能性等情況而為認定。

第20條

當事人或第三人依本法第十二條規定，提出聲請狀，聲請發秘密保持命令時，應注意下列事項：

一、聲請狀記載之受秘密保持命令人應為自然人，並應記載其個人住所或居所。

二、聲請狀中記載應受命令保護之營業秘密，得以間接引用方式揭露，以供法院判斷是否符合營業秘密要件爲已足，無須揭露營業秘密之內容。

前項聲請狀中應明確記載下列要件事實：

一、書狀記載或證據內容，涉及當事人或第三人之營業秘密。

二、營業秘密如經開示，或供該訴訟進行以外之目的使用，有妨害當事人或第三人基於該營業秘密之事業活動之虞，而有限制其開示或使用之必要。

三、至秘密保持命令聲請時止，應受秘密保持命令之人並未自閱覽書狀或調查證據以外方法，取得該營業秘密。

實行公訴之檢察官及參與訴訟之公務員，有公務上之保密義務，不爲應受秘密保持命令之人。

第21條

關於應受秘密保持命令之人，以得因本案接觸該營業秘密之人爲限。如他造已委任訴訟代理人，其代理人宜併爲受秘密保持命令之人。

法院爲前項裁定前，得通知兩造協商確定之。

第22條

記載營業秘密之文書或物件，不宜作爲聲請狀附件，應由當事人另行向法院提出，於審理終結或已無留存之必要時返還之，不得附卷。

第23條

法院就秘密保持命令之聲請，於裁定前得詢問當事人、應受秘密保持命令之人、關係人或爲其他必要之證據調查。

第24條

關於秘密保持命令之聲請，法院於裁定確定前，得暫停本案訴訟關於該營業秘密部分之審理。

第25條

法院認爲秘密保持命令之聲請有理由者，應爲准許之裁定；認爲無理由者，應以裁定駁回。

前項裁定，就該營業秘密不得揭露。其裁定主文及理由中宜以間接引用方式，確定應受保護之營業秘密。

第26條

法院就秘密保持命令聲請之裁定原本，應與記載營業秘密之文書一併保存。

法院就秘密保持命令聲請之裁定正本，不得以記載營業秘密之文書為附件。

第27條

秘密保持命令經送達於相對人時對其發生效力，且法院對於秘密保持命令不得為公示送達。

法院依第二十一條第二項通知協商時，得曉諭兩造協議由應受命令之人到院領取秘密保持命令。

受秘密保持命令之人，其住所或居所有遷移時，應向法院陳明。

第28條

智慧財產民事及刑事訴訟中，當事人主張或抗辯智慧財產權有應撤銷、廢止之原因，且影響民事及刑事裁判之結果者，法院應於判決理由中，就其主張或抗辯認定之，不得逕以智慧財產權尚未經撤銷或廢止，作為不採其主張或抗辯之理由；亦不得以關於該爭點，已提起行政爭訟程序，尚未終結為理由，裁定停止訴訟程序。

關於智慧財產權有無應撤銷、廢止原因之同一事實及證據，業經行政爭訟程序認定舉發或評定不成立確定，或已逾申請評定之法定期限，或其他依法已不得於行政爭訟程序中主張之事由，於智慧財產民事訴訟程序中，不得再行主張。

第29條

智慧財產民事訴訟當事人，就智慧財產權之效力或有無應撤銷、廢止之爭點，提起獨立之訴訟，或於民事訴訟中併求對於他造確認該法律關係之判決，或提起反訴者，與本法第十六條規定之意旨不符，法院應駁回之。

第30條

智慧財產民事訴訟繫屬中，當事人或第三人關於同一智慧財產權之撤銷、廢止，已提起行政爭訟程序時，法院爲判斷該智慧財產權有無應予撤銷、廢止之原因，得斟酌行政爭訟之程度，及兩造之意見，爲訴訟期日之指定。

前項民事訴訟業經依本法第十七條第一項規定命智慧財產專責機關參加訴訟者，其期日之指定，宜參酌該機關意見，必要時得協商兩造、參加人，訂定審理計畫。

第一項民事訴訟，法院不能依當事人提出之證據，判斷該智慧財產權有無應予撤銷或廢止之原因，於必要時，得依職權向智慧財產專責機關及其上級訴願機關調取證據資料。

第31條

智慧財產民事訴訟，當事人主張或抗辯智慧財產權應撤銷或廢止，而影響裁判之結果時，法院應依當事人舉證及職權調查所得資料判斷之。但該爭點所涉及之專業知識或法律原則，有使智慧財產專責機關表示意見之必要時，得依本法第十七條第一項規定，命智慧財產專責機關參加訴訟。

智慧財產專責機關依前項規定參加訴訟時，以關於智慧財產權有無應撤銷或廢止之原因爲限，得獨立提出攻擊防禦方法。

第32條

關於專利權侵害之民事訴訟，當事人主張或抗辯專利權有應撤銷之原因，且專利權人已向智慧財產專責機關申請更正專利範圍者，除其更正之申請顯然不應被准許，或依准許更正後之請求範圍，不構成權利之侵害等，得即爲本案審理裁判之情形外，應斟酌其更正程序之進行程度，並徵詢兩造之意見後，指定適當之期日。

第33條

智慧財產民事訴訟中，關於智慧財產權應予撤銷或廢止之原因，當事人意圖延滯訴訟，或因重大過失逾時始行提出攻擊或防禦方法，有礙訴訟之終結者，法院宜依民事訴訟法第一百九十六條第二項規定駁回之。

關於智慧財產權應予撤銷或廢止之攻擊或防禦方法，未於第一審主張或抗辯，或曾行準備程序之事件，未於準備程序中主張或抗辯者，除法律別有規定者外，於上訴審或準備程序後之言詞辯論，均不得再行主張或抗辯。

第34條

智慧財產民事訴訟之確定判決，就智慧財產權有應撤銷、廢止之原因，業經爲實質之判斷者，關於同一智慧財產權應否撤銷、廢止之其他訴訟事件，同一當事人就同一基礎事實，爲反於確定判決判斷意旨之主張或抗辯時，法院應審酌原確定判決是否顯然違背法令、是否出現足以影響判斷結果之新訴訟資料及誠信原則等情形認定之。

第35條

關於智慧財產權侵害之民事訴訟，其損害額之審理，應於辯論是否成立侵害後行之。但法院認爲就損害之內容，有先行或同時辯論之必要者，不在此限。

第36條

依本法第二十二條第一項之聲請，於起訴前，向應繫屬之法院爲之；於起訴後，應向本案訴訟繫屬之法院爲之。但本案訴訟繫屬於最高法院者，應向原繫屬之第一審法院爲之。

前項聲請於刑事附帶民事訴訟事件，應向受理該刑事附帶民事訴訟事件之法院爲之。

第37條

聲請人就有爭執之智慧財產法律關係聲請定其暫時狀態之處分者，須釋明該法律關係存在及有定暫時狀態之必要；其釋明不足者，應駁回聲請，不得准提供擔保代之或以擔保補釋明之不足。

聲請人雖已爲前項釋明，法院爲定暫時狀態處分之裁定時，仍得命聲請人提供相當之擔保。

法院審理定暫時狀態處分之聲請時，就保全之必要性，應審酌聲請人將來勝訴可能性、聲請之准駁對於聲請人或相對人是否將造成無法彌補之損害，並應權衡雙方損害之程度，及對公衆利益之影響。

前項所稱將來勝訴可能性，如當事人主張或抗辯智慧財產權有應撤銷或廢止之原因，並爲相當之舉證，法院認有撤銷或廢止之高度可能性時，應爲不利於智慧財產權人之裁定。

第38條

法院為定暫時狀態之處分前，除聲請人主張有不能於處分前通知相對人陳述之特殊情事，並提出確實之證據，經法院認為適當者外，應令相對人有陳述意見之機會。

定暫時狀態處分之方法，由法院酌量情形定之，不受聲請人聲請之拘束。但其方法應以執行可能者為限，不得悖離處分之目的而逾越其必要之程度。

第39條

本法第二十二條第五項規定之依聲請或依職權撤銷定暫時狀態之處分時，法院應向聲請人及其他法院查詢有無提起訴訟。

第40條

關於撤銷、廢止商標註冊或撤銷專利權之行政訴訟中，當事人於言詞辯論終結前，就同一撤銷或廢止理由之範圍內，所提出之新證據，法院仍應審酌。但當事人意圖延滯訴訟，或因重大過失，未依訴訟進行程度，於言詞辯論終結前之適當時期提出新證據，而有礙訴訟之終結者，法院得依行政訴訟法第一百三十二條準用民事訴訟法第一百九十六條第二項規定駁回之。

智慧財產專責機關就前項新證據依本法第三十三條第二項規定應提出答辯書狀時，得請求法院酌留相當之準備期間。

第41條

關於同一基礎事實之智慧財產權民事或刑事訴訟之上訴、抗告案件，以及行政訴訟事件，同時或先後繫屬於智慧財產法院時，得分由相同之獨任或受命法官辦理。前案已終結者，亦同。

第42條

本審理細則自本法施行之日施行。

第三節　必備書狀及撰寫要旨－以專利案件為例

一、民事起訴狀

民事起訴狀係向智慧財產法院表明起訴之聲明、訴訟之原因事實以及所用之證據爲何，應以司法院指定之格式及記載方式表明，目前司法院制定之「民事訴訟書狀規則」中規定，司法狀紙大小規格，應爲A4尺寸（寬21公分、高29.7公分），並應以中文直式橫書書寫。再者，依據民事訴訟法第116條之規定，起訴狀應記載之事項如後：

（一）當事人姓名及住所或居所；當事人爲法人、其他團體或機關者，其名稱及公務所、事務所或營業所。

（二）有法定代理人、訴訟代理人者，其姓名、住所或居所，及法定代理人與當事人之關係。

（三）訴訟事件。

（四）應爲之聲明或陳述。

（五）供證明或釋明用之證據。

（六）附屬文件及其件數。

（七）法院。

（八）書狀撰擬之時間（年、月、日）。

書狀內宜記載當事人、法定代理人或訴訟代理人之性別、出生年月日、職業、國民身分證號碼、營利事業統一編號、電話號碼及其他足資辨別之特徵。

此外，依據目前實務作法，當事人得以電信傳真或其他科技設備將書狀傳送於法院指定之電子郵件信箱與傳真電話號碼，效力與提出書狀同。

以上敘述之書狀規則適用所有民事訴訟中使用之書狀，另外針對民事專利侵權訴訟之起訴狀，需要特別注意的是：

（一）訴之聲明

訴之聲明是當事人向法院表明希望法院爲如何判決之聲明，其首要必須具有明確性，不得記載有抽象不明確或缺乏法律依據之文字，較爲合適之記載方式如下：

1. 被告應給付原告新台幣○○元，及自起訴狀繕本送達之翌日起至清償日止，按年利率百分之五計算之利息。（損害賠償請求）
2. 被告應停止製造及銷售型號「XX-○○」之產品。（排除侵害請求）
3. 被告應將本案最後事實審原告勝訴確定判決書主文刊登於○○報乙日。（刊登判決書主文）

然而，實務上常見訴之聲明記載不明確之情形有：

1. 僅記載「被告應停止製造及銷售其他侵害系爭專利之產品」，此時，請求排除侵害之標的並不明確，應予修正。
2. 僅記載「被告應將本案判決書全文刊登於XX報頭版」，此時由於本案判決書並非確定判決書，且案件尚未確定，前揭聲明恐有不明確無法執行之虞，應予修正。

（二）起訴之原因事實

起訴之原因事實必須簡明扼要記載提起本案之原因與事實，通常以民事專利侵權訴訟為例，最好可敘明下列事項：

1. 據以提起訴訟之專利權號碼、名稱，以及專利權證明（如專利權公告本全文，可自智慧財產局之網站下載），同時必須敘明專利權之起迄時間，於必要時，需敘明主張權利受侵害之起迄期間。
2. 侵害專利權之系爭產品，其來源證明及相關證明為被告所製造或銷售之證據。
3. 專利權人主張權利受侵害之態樣，例如被告係為製造侵權、或販賣侵權、販賣要約侵權或使用侵權等。
4. 專利權受侵害之申請專利範圍請求具體項次，同時敘明權利受侵害之理由（即受侵害請求項與系爭產品依據專利侵害鑑定要點所規定流程之比對），以及主張系爭產品落入特定請求項之具體理由，例如：
   (1)主張系爭產品落入原告專利申請專利範圍第1項及第2項，均為文義侵害；或
   (2)主張系爭產品落入原告專利申請專利範圍第1項及第2項，第1項為符合文義讀取而無逆均等論適用之文義侵害，第2項為符合均等論之均等侵害。

   必要時可以檢附司法院與行政院建議之專業機構所出具之鑑定報告，請注意該等報告仍須確實踐行專利侵害鑑定要點所規定之流程為宜。
5. 專利權人有於專利物品或包裝上標示專利證書號數（專利標示），或有任何事證證明侵權人明知或有事實足證其可得而之為專利物品者。
6. 請求損害賠償時，被告侵害系爭專利權之主觀要件，有何故意或過失之行為，例如於起訴前已對被告發出警告信函，被告仍持續為侵權行為者屬之。

7. 請求排除侵害時，被告有何持續爲侵權行爲之說明與證據。
8. 損害賠償之計算方法，即專利權人選擇依據現行專利法第97條何款規定之計算依據及方式。

（三）請求權基礎

應於起訴狀中記載專利權人提起本件訴訟之請求權基礎（即法律依據），例如：

1. 依據現行專利法第96條第1項之規定，請求被告不得爲製造、販賣、販賣之要約、使用或爲上述目的而進口侵害系爭專利之系爭產品（型號○○-XX）。
2. 依據民法第184條第1項前段之規定，主張成立故意之侵權行爲，並選擇以現行專利法第97條第2款之規定以被告因侵害行爲所得利益作爲損害賠償計算之方式，請求損害賠償新台幣○○元。

（四）所用之證據方法及證據

應於起訴狀中載明專利權人之主張，以及證明該等主張之證據方法及證據。例如系爭產品之樣品乙件、購買系爭產品（載有品名及型號）之發票乙張、系爭專利之說明書公告本全文、侵權鑑定報告乙份等。

二、民事聲請狀——聲請不公開審理或限制訴訟資料閱覽、抄錄或攝影狀（審理法第9條、第24條）

民事聲請狀應記載之基本格式同前所述民事起訴狀，針對請求不公開審理或限制訴訟資料閱覽、抄錄或攝影之民事聲請狀，需特別注意的是應敘明聲請不公開或限制使用訴訟資料之具體理由，例如該等訴訟資料之機密性，保管方式、對造與訴訟資料提出者之競爭關係，以及爲何不公開審判或限制使用爲適當之理由。

三、民事聲請狀——命提出文書或勘驗物（審理法第10條）

針對請求法院命對造提出文書或勘驗物之民事聲請狀，應敘明主張該文書及勘驗物爲何明顯存於對造之理由（必要時應爲釋明），以及該文書或勘驗物與本案審理（待證事實）之關連性，以及爲何沒有其他可行之舉證替代方案而有命對造有提出之必要。

四、民事秘密保持命令聲請狀（審理法第11～12條）

針對請求法院發秘密保持命令之聲請狀，應記載下列事項：

（一）應受秘密保持命令之人。

（二）應受命令保護之營業秘密。

（三）符合下列事由之事實：

1. 當事人書狀之內容，記載當事人或第三人之營業秘密，或已調查或應調查之證據，涉及當事人或第三人之營業秘密。
2. 爲避免因前款之營業秘密經開示，或供該訴訟進行以外之目的使用，有妨害該當事人或第三人基於該營業秘密之事業活動之虞，致有限制其開示或使用之必要。

五、民事答辯狀——專利有效性抗辯（審理法第16條）

針對專利權有效性之抗辯，被告應於民事答辯狀中，具體敘明此一主張以及其證據方法與證據，不得以籠統方式主張專利有應撤銷原因，否則將會被認爲未爲專利權有效性之抗辯，建議於民事答辯狀中應記載例如：

（一）系爭專利申請專利範圍第1項、第2項，因引證案1（具體出處，例如第○○頁第○○行）與引證案2（具體出處，例如第○○頁第○○行）之組合，不具進步性，具有應撤銷原因。

（二）系爭專利申請專利範圍第1項，因未明確記載其實施之必要技術特徵，違反現行專利法第26條第2項，具有應撤銷原因。

（三）系爭專利申請專利範圍第5項，因引證案3（具體出處，例如第○○頁第○○行），違反核准審定時專利法第22條第1項第1款，不具新穎性，具有應撤銷原因。

另爲明確相關主張敘述，亦可將專利有效性抗辯之主張以表格之方式列出，並於其後逐一詳述引證案相關引證內容之具體出處。

六、民事聲請狀——聲請命智慧財產局參加訴訟（審理法第17條）

針對請求法院命智慧財產局參加訴訟之民事聲請狀，應敘明智慧局參加訴訟對於本案審理具有必要性之理由。

七、民事保全證據聲請狀（審理法第18條）

保全證據之聲請，在起訴前，向應繫屬之法院爲之，在起訴後，向已繫屬之法院爲之，其聲請狀應表明下列各款事項：

（一）他造當事人，如不能指定他造當事人者，其不能指定之理由。

（二）應保全之證據。

（三）依該證據應證之事實。

（四）應保全證據之理由。

其中，前項第一款及第四款之理由，應釋明之。

關於應保全證據之理由，需證據有滅失或礙難使用之虞或就確定事、物之現狀有法律上利益並有必要時始得爲之，且請求證據保全之聲請人必須提出可供法院爲即時調查及信其主張爲眞實之證據以爲適當之釋明。所謂有滅失之虞，如證人身患疾病，有死亡之可能，或證物將因天然或因他造當事人之行爲消滅或變更之虞之謂，而所謂礙難使用，如證人即將遠行，或證物即將爲他造當事人或第三人攜帶出國，雖尙非到滅失之程度，但已難以使用之謂；所謂確定事、物之現狀有法律上利益並有必要者，如於醫療糾紛，醫院之病歷表通常無滅失或礙難使用之虞，但爲確定事實，避免遭竄改，即有聲請保全之必要。

八、民事定暫時狀態處分聲請狀（審理法第22條）

關於爭執之法律關係，爲防止發生重大之損害或避免急迫之危險或有其他相類之情形而有必要時，始得聲請爲定暫時狀態之處分。民事定暫時狀態處分之聲請狀，在起訴前，向應繫屬之法院爲之，在起訴後，向已繫屬之法院爲之，其聲請狀應表明下列各款事項：

（一）當事人及法定代理人。

（二）請求及其原因事實。

（三）應爲定暫時狀態處分之原因。

（四）法院。

應注意者，聲請人應就爭執之法律關係爲防止發生重大損害或避免急迫之危險，即如不准許定暫時狀態之處分，其所受損害將難以回復，而有保全必要之事實，提出得即時調查之證據釋明之。且就定暫時狀態處分之請求原因，如未爲充分釋明，亦不應遽准供擔保以補釋明之不足。而就應爲定暫時狀態處分之原因，即前開所稱爲防止發生重大之損害或避免急迫之危險，而有保全必要之事實，法院應審酌聲請人將來勝訴可能性，包括權利有效性及權利被侵害之事實，法院若否准定暫時狀態之處分，聲請人是否受到無可彌補之損害，其造成聲請人之困境是否大於相對人，以及對公衆利益（例如醫藥安全或環境問題）造成如何之影響等，聲請人自應充分於聲請狀中逐一敘明之。

九、原告行政訴訟補充理由狀——提出新證據（審理法第33條）

對於當事人依據審理法第33條所欲提出對於同一撤銷或廢止理由之新證據，應於行政訴訟補充理由狀中具體敘明其新證據對於同一撤銷或廢止理由如何補強之理由。

第四節　書狀範例——以民事專利侵權訴訟爲例

範例一、民事起訴狀

民事起訴狀			
案　　號	年度　字第　號	承辦股別	
訴訟標的金額或價額	新台幣　元		
稱　　謂	姓名或名稱	依序填寫：國民身分證統一編號或營利事業統一編號、性別、出生年月日、職業、住居所、就業處所、公務所、事務所或營業所、郵遞區號、電話、傳真、電子郵件位址、指定送達代收人及其送達處所。	
原　　告	○○○公司	設○○市○○路○○號○○樓	
法定代理人	○○○	住同上	
訴訟代理人	○○○律師	○○法律事務所 ○○市○○路○○號○○樓 電話：○○-○○○○○○○○	
被　　告	○○○公司	設○○市○○路○○號○○樓	
兼法定代理人	○○○	住同上	

請求侵權行為損害賠償，依法起訴事：

訴之聲明

一、被告○○○公司暨被告○○○應連帶給付原告新台幣（以下同）○○○元及自本件起訴狀繕本送達翌日起至清償日止按年利率百分之五計算之利息。

二、訴訟費用由被告等共同負擔。

三、原告願供擔保，請准宣告假執行。

事實及理由

一、原告為中華民國發明第○○○○○○○號專利「○○○○○○」之發明專利權人，享有專利法賦予對專利權之保護：

（一）原告○○○公司係成立於民國（以下同）○○年，為台灣業界結合藝術與軟體開發科技之先驅。成立迄今，原告○○○公司結合電腦科技與視覺藝術，創造消費者接受且享受的娛樂與教育軟體產品，透過承接無數電視、電影、企業與政府專案，累積技術、創意與設計上強勢的多媒體研發能力，並屢獲國內外獎項與專利肯定。

（二）承上，原告公司之○○○○○○○○○產品技術，業經取得中華民國發明第○○○○○○○號（下稱系爭專利），專利權期間分別為民國○○年○○月○○日至民國○○年○○月○○日，該等發明專利迄今仍屬合法有效，有專利證書及專利說明書可稽（原證1號），系爭專利申請專利範圍共有10項，其中第1項為獨立項，其餘第2-9項為依附第1項之附屬項。

二、被告所製造、販賣之型號○○○○○○○○○產品，業經分析比對確認侵害原告所有之上開專利權：

查被告○○○公司係從事電腦週邊產品之製造、銷售與服務業者，其中包含具動畫特效之型號○○○○○○○○○產品（下稱系爭產品）。詎被告未經原告同意或授權，竟為圖不法之利益，擅自實施原告所有之上開發明專利，並不法製造、販賣侵害原告上開專利之產品。原告業自公開市場購得被告上開型號之侵權產品，並進行比對分析，依據專利侵害鑑定要點之相關流程，得到系爭產品落入系爭專利申請專利範圍第1項之文義範圍，以及落入系爭專利申請專利範圍第2項之均等範圍，故而確認該等侵權產品確實已然侵害原告所有之上開專利在案（原證2號）。

三、原告之請求權基礎：

（一）按發明專利權受侵害時，專利權人得依專利法第96條之規定請求損害賠償，並得自專利法第97條所定之方式中擇一計算其損害，侵害行為如屬故意，專利權人尚得依法請求損害額三倍以內之賠償；又按損害賠償之請求，原告於起訴時得僅表明全部請求之最低金額，民事訴訟法第244條第4項亦定有明文。

（二）次按「因故意或過失，不法侵害他人之權利者，負損害賠償責任。」民法第184條第1項前段定有明文。

（三）再按「公司負責人對於公司業務之執行，如有違反法令致他人受有損害時，對他人應與公司負連帶賠償之責。」公司法第23條第2項定有明文。

（四）本件原告於起訴前已針對系爭產品侵害系爭專利之情事，以存證信函檢附侵權分析報告敘明被告公司之侵權情事（原證3號），並由被告公司收受在案，惟被告公司仍繼續銷售系爭產品，並有購得樣品產品及銷售發票（原證4號），被告○○○係被告○○○公司之負責人，有被告公司登記資料可稽（原證5號），其為被告○○○公司之代表人，於執行被告公司○○○○○○○○○產品之製造、販賣業務時違反前開規定，侵害原告之專利權，致原告受有損害，自應依法與被告○○○公司負連帶損害賠償責任。

四、損害賠償計算：

（一）查被告○○○公司不法侵害原告上開專利權，造成原告受有營業利益之損害，原告謹依專利法第97條第1項第2款之規定暫予計算自原告取得第○○○○○○○號專利權之日（○○年○○月○○日）起至○○年○○月○○日之損害賠償如下，並依民事訴訟法第244條第4項之規定暫表明全部請求之最低金額新台幣○○○萬元，並保留日後補充聲明之權利：

1. 侵權產品數量：查被告製造、販賣之○○○○○○○○○產品，每月約為○○○○台（原證6號）。
2. 侵權產品單價：侵權產品單價為○○○○元（原證7號）。
3. 侵權產品淨利率：以財政部公布之「○○年度營利事業各業所得額暨同業利潤標準」中「其他電腦組件製造業」淨利率○○%計算（原證8號）。

<table>
<tr><td colspan="2">
4. 綜上，被告因侵害原告專利權所得之利益，初估至少已達新台幣○○○萬元（計算式：侵權產品數量×侵權產品單價×侵權產品同業利潤標準）。
5. 另查關於被告公司前揭侵權行為，原告業於○○年○○月○○日寄發敬告信函通知被告公司在案（原證3號），可證被告公司早已知悉其產品侵害原告專利權之事實。詎被告公司並無任何善意回應，仍持續銷售前開侵權產品，益證被告之侵害專利行為係出於故意，原告謹依專利法第97條第2項之規定，請求損害額三倍以內之賠償（按：100年12月21日修正之專利法曾將本條項刪除，但102年6月13日施行之專利法再次將本項納入）。
（二）原告謹初步敘明請求之損害賠償數額如上，並暫表明全部請求之最低金額新台幣○○○萬元，謹請　鈞院鑒核，並保留日後補充聲明之權利。
五、綜上所述，被告產品確有侵害原告專利權之情事，致原告受有損害，為此，謹請　鈞院鑒核，賜判決如訴之聲明，以維權益，實感德便。
謹　狀
智慧財產法院民事庭　公鑒
中　華　民　國　○　○　年　○　○　月　○　○　日
</td></tr>
<tr><td>附件及證據列表</td><td>
附件：民事委任狀正本乙份
原證1號：原告中華民國發明第○○○○○○○○號專利證書暨說明書影本乙份。
原證2號：專利侵害分析比對報告乙份。
原證3號：原告○○年○○月○○日敬告函影本乙份。
原證4號：系爭產品銷售發票及樣品乙份。
原證5號：被告公司登記資料影本乙份。
原證6號：○○○網站新聞報導網頁影本乙份。
原證7號：被告公司產品網頁影本乙份。
原證8號：財政部○○年度營利事業各業所得額暨同業利潤標準節本乙份。
</td></tr>
<tr><td colspan="2">具狀人：原告○○○公司
法定代理人：○○○</td></tr>
<tr><td colspan="2">撰狀人：訴訟代理人○○○律師</td></tr>
</table>

範例二、民事聲請狀——聲請不公開審理或限制訴訟資料閱覽、抄錄或攝影狀（審理法第9條、第24條）

民事聲請狀				
案號	年度　　字第　　號		承辦股別	
聲　請　人 （即被告）	○○○公司	設○○市○○路○○號○○樓 送達代收人：○○○律師		
兼法定代理人	○○○	住同上		
訴訟代理人	○○○律師	○○法律事務所 ○○市○○路○○號○○樓 電話：○○-○○○○○○○○		

為上列當事人間請求侵權行為排除及損害賠償等事件，依法提出民事聲請狀事：

壹、本件當事人提出之攻擊或防禦方法，涉及當事人營業秘密，懇請　鈞院不公開審判：

一、按當事人提出之攻擊或防禦方法，涉及當事人或第三人營業秘密，經當事人聲請，法院認為適當者，得不公開審判，智慧財產案件審理法第9條第1項定有明文。

二、查本件訴訟進度即將進入審理損害賠償金額之階段，兩造應就系爭產品之進貨與銷售等價格與數量分別提出攻擊防禦方法，以證明被告因銷售系爭產品之所得利益。惟該等攻擊防禦方法牽涉被告公司內部銷售等機密資訊之曝光，影響被告利益甚鉅，懇請　鈞院不公開審判。

貳、商業帳簿之提出涉及被告之其他營業秘密，懇請　鈞院限制原告或第三人閱覽、抄錄或攝影之：

一、按訴訟資料涉及營業秘密者，法院得依聲請或依職權裁定不予准許或限制訴訟資料之閱覽、抄錄或攝影，智慧財產案件審理法第9條第2項訂有明文。

二、查　鈞院命被告所提商業帳簿，其上所載者，除聲請人（即被告）關於系爭產品之進貨資料外，更包括其他非系爭產品之進貨資料（包含型號、規格、數量、價格等）。由於其他非系爭產品之進貨資料並非本件兩造爭執標的，而係被告所需特別保護之營業秘密，不應由原告藉口閱覽系爭產品進貨資料而一併取得，故懇請　鈞院限制原告或第三人閱覽之。

謹狀 智慧財產法院民事庭　公鑒 中　華　民　國　○　○　年　○　○　月　○　○　日
具狀人：○○○公司 兼法定代理人：○○○
撰狀人：訴訟代理人○○○律師

範例三、民事聲請狀——命提出文書或勘驗物（審理法第10條）

民事聲請狀				
案號	年度　字第　號		承辦股別	
聲請人（原告）	○○○公司	設○○市○○路○○號○○樓 送達代收人：○○○律師		
法定代理人	○○○	住同上		
訴訟代理人	○○○律師	○○法律事務所 ○○市○○路○○號○○樓 電話：○○-○○○○○○○○○		
相對人（被告）	○○○公司	設○○市○○路○○號○○樓		
兼法定代理人	○○○	住同上		

為上列當事人間請求侵權行為排除及損害賠償等事件，依法提出民事聲請狀事：

壹、損害賠償之計算：

一、按發明專利權受侵害時，專利權人得依專利法第96、97條之規定，請求損害賠償，並得自專利法第97條所定之方式中擇一計算其損害，侵害行為如屬故意，專利權人尚得請求損害額三倍以內之賠償；又按損害賠償之請求，原告於起訴時得僅表明全部請求之最低金額，民事訴訟法第244條第4項亦定有明文。

二、查被告侵害原告專利權之侵權行為，造成原告受有營業利益之損害，原告謹請求依專利法第97條第1項第2款暫予計算原告民國○○年度自取得專利權之日（○○月○○日）起至該年年底之損害賠償。經查被告於○○年度在台灣地區販賣侵權產品扣除成本所得之利益，侵權產品銷售量以○○萬台計，平均銷售以單價○○○○元，淨利率以財政部公佈之○

○年度「電腦製造類」同業利潤標準○○%計算，乘以原告專利權生效期間，共計○○○○萬元，茲以被告上開所得之利益做為原告所受損害之金額，又因被告之侵害行為顯屬故意，原告謹依法請求損害額三倍以內之賠償。原告就所受之損害謹依據民事訴訟法第244條第4項之規定暫表明全部請求之最低金額新台幣壹佰伍拾萬元，並保留日後補充聲明之權利。

貳、如前所述，本件損害賠償確實數額之計算，尚需以被告保管之商業帳簿為據，為此爰依據民事訴訟法第342、344條第1項與智慧財產案件審理法第10條之規定，請求　鈞院准予命被告提出商業帳簿：

一、應提出之文書：

（一）自○○年○○月○○日起之外來憑證如提貨單、進貨發票、收據等。

（二）自○○年○○月○○日起之對外憑證：如報價單、營業稅申報書及統一發票明細等。

（三）自○○年○○月○○日起迄今之內部憑證：如請購單、驗收單、銷貨明細、日記簿及總分類帳簿等。

二、該文書應證事實：

依上述商業會計文書，可用以計算被告等人販售侵權產品之數量及金額，據此可計算原告所得請求之賠償金額。

三、文書之內容：

被告銷售侵害系爭專利產品之銷售日期、數量及金額。

四、文書為被告所執之事由：

該文書為相關稅捐法令及商業會計法規定，被告依法需製作保存之文書，故被告依法需持有該文書。

五、被告有提出文書義務之原因：

依據民事訴訟法第344條第1項第4款與智慧財產案件審理法第10條之規定，被告有提出商業帳簿之義務。

參、查關於被告於民國○○年間所銷售之侵權產品確實數量以及銷售金額，需待被告提出其所保管之○○年間關於銷售侵權產品之商業帳簿與會計憑證始能明瞭，按上開文書係由被告所製作與保管，原告實無從取得，是被告自有提出上開文書之義務。為此原告謹聲請　鈞院命被告提出上開文書，以利原告特定損害賠償之範圍，以維權益，實感德便。

謹狀 智慧財產法院民事庭　公鑒 中　華　民　國　○　○　年　○　○　月　○　○　日
具狀人：○○○公司 法定代理人：○○○
撰狀人：訴訟代理人○○○律師

範例四、民事聲請狀——秘密保持命令（審理法第11～12條）

民事聲請狀				
案　號	年度　字第　號		承辦股別	
聲請人（被告）	○○○公司	設○○市○○路○○號○○樓 送達代收人：○○○律師		
兼法定代理人	○○○	住同上		
訴訟代理人	○○○律師	○○法律事務所 ○○市○○路○○號○○樓 電話：○○-○○○○○○○○		
相對人（原告）	○○○公司	設○○市○○路○○號○○樓		
法定代理人	○○○	住同上		
為上列當事人間請求侵權行為排除及損害賠償等事件，依法提出民事聲請狀事： 壹、第三人○○○持有之供貨契約，涉及被告就系爭產品進貨之數量與價格等營業秘密，懇請　鈞院對第三人○○○與原告○○○發秘密保持命令： 一、按當事人或第三人就其持有之營業秘密，經釋明符合下列情形者，法院得依該當事人或第三人之聲請，對他造當事人、代理人、輔佐人或其他訴訟關係人發秘密保持命令，智慧財產案件審理法第11條訂有明文： （一）當事人書狀之內容，記載當事人或第三人之營業秘密，或已調查或應調查之證據，涉及當事人或第三人之營業秘密。 （二）為避免因前款之營業秘密經開示，或供該訴訟進行以外之目的使用，有妨害該當事人或第三人基於該營業秘密之事業活動之虞，致有限制其開示或使用之必要。				

二、復按，受秘密保持命令之人，就該營業秘密，不得為實施該訴訟以外之目的而使用之，或對未受秘密保持命令之人開示，智慧財產案件審理法第11條第3項亦訂有明文。

三、查第三人○○○長期為被告系爭產品之供應廠商，與被告合作時間已長達數十年之久，其持有被告因系爭產品之進貨所簽訂之供貨契約，涉及被告就系爭產品之進貨數量與價格等營業秘密，為符合上開條文第1項第1款規範者。今因訴訟需要而提出，是該等供貨契約僅可於合理範圍內，供　鈞院審酌參考，不應藉由本次訴訟流出致業界等其他競爭對手知悉，故懇請　鈞院依法對第三人○○○與原告○○○核發秘密保持命令。

貳、茲依智慧財產案件審理法第12條，陳報以下資料俾利　鈞院核准發秘密保持命令：

一、應受秘密保持命令之人：

（一）第三人○○○，住○○○市○○路○○號○○樓。

（二）原告○○○，住○○○市○○路○○號○○樓。

二、應受命令保護之營業秘密：被告與第三人○○○就系爭產品之進貨所簽訂之供貨契約，涉及被告就系爭產品之進貨數量、價格，相關規格與設計等營業秘密。

三、符合智慧財產案件審理法第11條第1項發秘密保持命令之事實：如第壹點所述。

參、綜上所述，懇請　鈞院命第三人○○○與原告○○○就該營業秘密不得為實施該訴訟以外之目的而使用之，或對未受秘密保持命令之人開示，以維權益，實感德便。

謹狀

智慧財產法院民事庭　公鑒

中　華　民　國　○　○　年　○　○　月　○　○　日

具狀人：○○○公司

兼法定代理人：○○○

撰狀人：訴訟代理人○○○律師

範例五、民事答辯狀──專利有效性抗辯（審理法第16條）

民事答辯狀─專利有效性抗辯			
案　　號	年度　　字第　　號	承辦股別	
訴訟標的金額			
被　　告	○○○公司	設○○市○○路○○號○○樓 送達代收人：○○○律師	
兼法定代理人	○○○	住同上	
訴訟代理人	○○○律師	○○法律事務所 ○○市○○路○○號○○樓 電話：○○-○○○○○○○○	
原　　告	○○○公司	設○○市○○路○○號○○樓	
法定代理人	○○○	住同上	

為提呈專利有效性抗辯意見事：

壹、原告起訴所據之中華民國發明第○○○○○○○號專利，經被告查證發現，根本為早於系爭專利申請日十多年之前，所屬技術領域一般通用教科書中即已記載之習知基礎○○○技術，要非原告所首創或研發之創新發明；此外，原告上揭專利業經第三人於民國○○年○○月○○日向經濟部智慧財產局提起舉發在案，足見其有效性顯有疑問。系爭專利獨立項第1項之技術內容，均已見於該領域通用教科書，係屬於該領域公有共知基礎知識之事實，比對說明如後。

貳、引證證據1－西元○○○○年出版之「○○○○○○」教科用書，○○○著（被證1號）：

查引證證據1－西元○○○○年出版之「○○○○○○」教科書（○○○著），係熱傳領域中廣為使用之參考教科書，其出版日遠在原告第○○○○○○○號專利申請日之○年前，其中第○章第○○節「○○」中，即已完全敘明原告前揭專利請求項第1項之所有技術特徵，茲以引證證據1第○○頁第○○圖示之內容說明如次：

一、引證證據1第○○頁第○○圖：

圖

二、引證證據1第○○頁第○段：

「○○○」

參、引證證據1已揭示原告第○○○○○○○號專利請求項1之所有技術特徵：

一、原告第○○○○○○○號專利第1項之技術特徵：

「一○○，包括：一○○，○○○○○○○○○○○○○○○○○○○○○○○○○○○○○○○○○○○○○○；以及一○○，○○○○○○○○○○○○○○○○○○○○○○○○○○○○○○○○○○○○○○。」

二、原告第○○○○○○○號專利第1項與引證證據1之比對：

申請專利範圍第1項	引證證據1之揭示內容	出處
一○○，包括：一○○及一○○	一種○○，包括：一○○及一○○	第○○頁、第○○圖
一○○，係○○○○○○○○○○○○○○○○	一○○，係○○○○○○○○○○○○○○○○	第○○頁、第○○圖
一○○，係○○○○○○○○○○○○○○○○	一○○，係○○○○○○○○○○○○○○○○	第○○頁、第○○圖

三、綜上，原告前揭專利申請專利範圍第1項之所有技術特徵，均已見於引證證據1，早於系爭專利申請日○年前即已為該技術領域具有通常知識者習用之通用教科書清楚載明及教示，核屬公用共知之基礎知識，當無任何新穎性可言，顯已違反專利法第22條第1項第1款之規定，具有法定應撤銷專利權之原因。

肆、綜上所述，系爭專利確具應撤銷專利權之原因，祈請　鈞院自為系爭專利具有應撤銷事由之認定，駁回原告之訴，以維權益，實為德感。

謹狀

智慧財產法院民事庭　公鑒

中　華　民　國　○　○　年　○　○　月　○　○　日

附件及證據列表	被證1號：西元○○○○年出版之「○○○○○○」教科書（○○○著）節錄影本。
	具狀人：被告○○○ 兼法定代理人：○○○
	撰狀人：訴訟代理人○○○律師

範例六、民事答辯狀——不侵權抗辯

民事答辯狀—不侵權抗辯				
案　號	年度　字第　號		承辦股別	
訴訟標的金額				
被　告	○○○公司	設○○市○○路○○號○○樓 送達代收人：○○○律師		
兼法定代理人	○○○	住同上		
訴訟代理人	○○○律師	○○法律事務所 ○○市○○路○○號○○樓 電話：○○-○○○○○○○○		
原　告	○○○公司	設○○市○○路○○號○○樓		
法定代理人	○○○	住同上		

為提呈不侵權抗辯意見事：

壹、系爭產品並未落入系爭專利申請專利範圍第1項之專利權範圍：

一、系爭產品並未落入系爭專利申請專利範圍第1項之文義範圍：

系爭專利第1項之技術特徵	系爭產品之技術特徵	是否符合文義讀取
一○○，包括：一○○及一○○	系爭產品並未具備○○之技術特徵。	不符合（原告之侵害分析比對報告判斷有誤）
一○○，係○○○○○○○○○○○○○○○○○	系爭產品並未具備「○○○○○○○○」之技術特徵。	不符合
一○○，係○○○○○○○○○○○○○○○	系爭產品並未具備「○○○○○○○○」之技術特徵。	不符合（原告之侵害分析比對報告判斷有誤）

由上表所示，系爭產品與系爭專利申請專利範圍第1項之差異包括：1.系爭產品並未具備○○之技術特徵；2.系爭產品並未具備「○○○○○○○○」之技術特徵；3.系爭產品並未具備「○○○○○○○○○」之技術特徵。是以，系爭產品並未落入系爭專利申請專利範圍第1項之文義範圍，當無文義侵權之可能。

二、系爭產品並未落入系爭專利申請專利範圍第1項之均等範圍：

系爭專利第1項之技術特徵	全要件比對	均等論比對
一○○，包括：一○○、一○○、一○○	不符合文義侵權	系爭產品欠缺系爭專利第1項「○○」之技術特徵，按專利侵害鑑定要點第41頁之規定，不適用「均等論」，應判斷系爭產品未落入系爭專利第1項之專利權範圍。
一○○，係○○○○○○○○○○○○○○○○○	不符合文義侵權	系爭產品與系爭專利第1項之技術手段實質上已有不同，當無均等論適用之可能。
一○○，係○○○○○○○○○○○○○○○	不符合文義侵權	系爭產品與系爭專利第1項之技術手段實質上已有不同，當無均等論適用之可能。

由上表所示，系爭產品不但欠缺系爭專利第1項之技術特徵，且技術手段與系爭專利第1項亦有實質不同，自未落入系爭專利申請專利範圍第1項之均等範圍。

三、綜上，系爭產品並未落入系爭專利申請專利範圍第1項之專利權範圍。

貳、原告所提出之侵害分析比對報告（原證2號）結論不足採：

承上所述，系爭產品並未落入系爭專利申請專利範圍第1項之專利權範圍，原告所提出之侵害分析比對報告於判斷有無文義侵權之部分，即有疏漏而不足採。再者，於均等論之判斷階段，亦忽略系爭產品欠缺系爭專利第1項之技術特徵，且技術手段亦與系爭專利第1項實質不同，當無均等論適用之可能。

參、綜上所述，系爭產品確實未落入系爭專利第1項之文義範圍及均等範圍，自不構成對系爭專利第1項之侵權行為，祈請　鈞院駁回原告之訴，以維權益，實為德感。 謹狀 智慧財產法院民事庭　公鑒	
中　華　民　國　○　○　年　○　○　月　○　○　日	
附件及證據列表	
	具狀人：被告○○○公司 兼法定代理人：○○○
	撰狀人：訴訟代理人○○○律師

範例七、民事聲請狀──聲請命智慧財產局參加訴訟（審理法第17條）

民事聲請狀			
案號	年度　字第　號	承辦股別	
聲請人（被告）	○○○公司	設○○市○○路○○號○○樓 送達代收人：○○○律師	
兼法定代理人	○○○	住同上	
訴訟代理人	○○○律師	○○法律事務所 ○○市○○路○○號○○樓 電話：○○-○○○○○○○○	
為上列當事人間請求侵權行為排除及損害賠償等事件，依法提出民事聲請狀事： 壹、本件系爭專利有應撤銷之原因，將對判決之結果造成影響，懇請　鈞院裁定命經濟部智慧財產局參加訴訟： 一、按系爭專利係由原告與訴外人○○○、○○○等三人所共有，惟系爭專利之申請，係由原告自行提出申請，並非由共有人全體為之者，故系爭專利具有應撤銷之事由。 二、因系爭專利具有應撤銷之事由，且將影響裁判之結果，影響被告利益甚鉅，再者，就該爭點所涉及之專業知識或法律原則，有使智慧財產專責機關表示意見之必要，故懇請　鈞院依智慧財產案件審理法第17條第1項之規定，裁定命經濟部智慧財產局參加訴訟。			

<table>
<tr><td>謹狀
智慧財產法院民事庭　公鑒
中　華　民　國　○　○　年　○　○　月　○　○　日</td></tr>
<tr><td>具狀人：○○○公司
兼法定代理人：○○○</td></tr>
<tr><td>撰狀人：訴訟代理人○○○律師</td></tr>
</table>

範例八、民事保全證據聲請狀（審理法第18條）

<table>
<tr><td colspan="4">民事保全證據聲請狀</td></tr>
<tr><td>案　　號</td><td>年度　　字第　　號</td><td>承辦股別</td><td></td></tr>
<tr><td>訴訟標的金額</td><td colspan="3">新台幣　　　　元</td></tr>
<tr><td>聲　請　人
（原　告）</td><td>○○○公司</td><td colspan="2">設○○市○○區○○路○○號○○樓
送達代收人：○○○律師</td></tr>
<tr><td>法定代理人</td><td>○○○</td><td colspan="2">同上</td></tr>
<tr><td>訴訟代理人</td><td>○○○律師</td><td colspan="2">○○法律事務所
○○市○○路○○號○○樓
電話：○○-○○○○○○○○</td></tr>
<tr><td>相　對　人
（被　告）</td><td>○○○公司</td><td colspan="2">住○○市○○區○○路○○號○○樓</td></tr>
<tr><td>兼法定代理人</td><td>○○○</td><td colspan="2">住同上</td></tr>
<tr><td colspan="4">為侵權行為請求損害賠償事件，依法聲請保全證據事：
一、原告謹依民事訴訟法第368條第1項之規定，聲請　鈞院對於被告○○○公司所持有之下述（準）文書證據進行保全：
（一）被告○○○公司與其代工廠針對附表1所示型號筆記型電腦所簽訂之代工製造合約書、訂單暨其附件。
（二）被告○○○公司內部之產品資料管理系統中，關於附表1所示型號筆記型電腦之軟硬體配備資訊。
（三）被告○○○公司如附表1所示型號及發佈日期版本之筆記型電腦使用手冊。
二、待證事實：被告○○○公司確有以多種不同型號銷售具有與系爭專利範圍相同技術特徵侵權產品之事實，並作為計算侵權產品數量之依據。</td></tr>
</table>

（一）代工製造合約書、訂單暨其附件：查被告○○○公司為委託代工廠製造各種型號筆記型電腦，均訂有代工製造合約書，被告○○○公司並針對各種型號之筆記型電腦擬定其「軟硬體配備」之清單，作為各該代工製造合約之附件，俾代工廠日後依其訂單指示製造及出貨。上開文件足可證明○○○公司確有以多種不同型號銷售具有與系爭專利範圍相同技術特徵侵權產品之事實，並作為計算侵權產品數量之依據。

（二）產品資料管理系統中軟硬體配備之資訊：查被告公司內部獨立開發並設置有一產品資料管理系統，此係一種文件管理之系統，可儲存產品在設計、製造、銷售，以及售後服務與維修過程之中之所有相關資訊，用以管理、歸類並保存所有產品資料。是上開資料管理系統中產品軟硬體配備之資訊，足可證明被告公司確有以多種不同型號銷售具有與系爭專利範圍相同技術特徵侵權產品之事實，並作為計算侵權產品數量之依據。

（三）筆記型電腦使用手冊：按一筆記型電腦是否具有內建之網路攝影機以及○○視訊外掛功能，均可輕易自該產品之使用手冊中得知，而被告公司現將筆記型電腦使用手冊之電子檔案公佈在其位於台灣之客戶服務官方網站，並有註明發佈之日期，原告暫先針對2006年左右發佈之使用手冊進行調查，即發現有38種型號（如附表1清單所示）之產品使用手冊中，有對於網路攝影機及○○視訊外掛功能之操作說明（各該使用手冊之網址連結與電子檔案均已下載並燒錄於聲證1號光碟以便　鈞院查閱）。原告謹將各檔案中關於網路攝影機及○○視訊外掛功能之操作說明以及各檔案之下載網頁頁面悉數列印（聲證2號），該等說明充分支持聲請人起訴所主張侵權產品具有對應系爭專利範圍技術特徵（即內建網路攝影機並安裝○○視訊外掛功能之筆記型電腦），係有所本而非無從特定，當可供　鈞院卓參。以聲證2-1號之中文產品手冊為例，其中第32到35頁為網路攝影機之操作與設定說明，第36到39頁為如何開啓臉部追蹤功能以及選擇視訊效果之○○外掛功能之操作說明，其餘產品手冊中網路攝影機及○○視訊外掛功能操作說明之頁數，亦已詳列於附表1，足證附表1所列型號之筆記型電腦，確實具有「內建之網路攝影機」以及「○○視訊外掛功能」等對應到系爭專利範圍技術特徵之要件，均屬於侵權產品之範圍。

三、應保全之理由：被告有否認上開文書之存在或主張營業秘密拒不提出，甚至加以偽造、變造或隱匿，妨礙原告舉證之虞。

（一）如前所述，上開（準）文書證據為證明被告之侵權行為事實並計算產品數量等損害賠償範圍之決定性證據，如未能保全，日後當有滅失、礙難使用之虞；倘獲得保全，被告日後將難再否認其侵權及其範圍等事實。且被告對於本案訴訟，已明顯採取無事不爭、不經查證即一概否認之策略。因此，對於上開書證，被告必定以一貫之態度否認之或主張營業秘密拒不提出，甚至在調查證據期日之前即予以偽造、變造或隱匿，其日後原封不動、遵從　鈞院提出文書命令之可能性，實微乎其微。

（二）尤其被告產品資料管理系統中之資訊及其官方網站上之產品使用手冊均為電子檔案，內容極易變更替代，實有確認其現狀之必要，以避免日後被告竄改或提出較新版本之檔案以混淆　鈞院，是為防止日後證據之滅失或礙難使用，原告聲請　鈞院立即進行證據之保全，實具有必要性與急迫性，懇請　鈞院明鑑。

（三）又為表明原告請求保全證據之目的，純係保全將來訴訟進行所必須之舉證，絕無獲取被告營業機密之意，原告謹此聲明，在鑑定結果尚未確認被告產品落入原告專利權前，原告同意不閱覽上開已蒙　鈞院保全之證據，並請　鈞院將保全之證據封存，以同時兼顧被告之營業秘密。

四、綜上所述，上開文書證據如不予保全，顯有滅失或礙難使用之虞，亦有立即確認其現狀之法律上利益及必要，亟需　鈞院惠予保全上開證據。原告謹聲請如上，懇請　鈞院鑒核，惠賜如上裁定，以維權益，實感德便。

謹狀

智慧財產法院民事庭　公鑒

中　華　民　國　○　○　年　○　○　月　○　○　日

附件及證據列表	附表1：被告公司「具有網路攝影機及○○視訊外掛功能」之筆記型電腦型號清單。 聲證1號：自被告公司官方網站下載之產品使用手冊檔案光碟乙片。 聲證2號：被告公司如附表1清單所示型號使用手冊節錄本以及下載檔案之網頁頁面影本共○○份。

	具狀人：○○○公司 法定代理人：○○○
	撰狀人：訴訟代理人○○○律師

範例九、民事定暫時狀態處分聲請狀（審理法第22條）

<table>
<tr><td colspan="5">民事定暫時狀態處分聲請狀</td></tr>
<tr><td>案　　號</td><td colspan="2">年度　　字第　　號</td><td>承辦股別</td><td></td></tr>
<tr><td>訴訟標的金額或價額</td><td colspan="4"></td></tr>
<tr><td>稱　　謂</td><td>姓名或名稱</td><td colspan="3">依序填寫：國民身分證統一編號或營利事業統一編號、性別、出生年月日、職業、住居所、就業處所、公務所、事務所或營業所、郵遞區號、電話、傳真、電子郵件位址、指定送達代收人及其送達處所。</td></tr>
<tr><td>聲　請　人</td><td>○○○公司</td><td colspan="3">設○○市○○區○○路○○號○○樓
送達代收人：○○○律師</td></tr>
<tr><td>法定代理人</td><td>○○○</td><td colspan="3">住同上
送達代收人：○○○律師</td></tr>
<tr><td>訴訟代理人</td><td>○○○律師</td><td colspan="3">○○法律事務所
○○市○○路○○號○○樓
電話：○○-○○○○○○○○</td></tr>
<tr><td>相　對　人</td><td>○○○公司</td><td colspan="3">設○○市○○區○○路○○號○○樓</td></tr>
<tr><td>兼法定代理人</td><td>○○○</td><td colspan="3">住同上</td></tr>
<tr><td colspan="5">為聲請定暫時狀態之處分事：

請求事項
一、相對人公司以及向相對人公司購買系爭侵權零件之下游廠商（○○○公司、○○○公司、○○○公司），均應停止製造、販賣及銷售該系爭侵權零件。
二、聲請程序費用由相對人公司負擔。

事實及理由
一、按就爭執之法律關係，為防止發生重大之損害或避免急迫之危險或有其他相類之情形而有必要之事實，應釋明聲請定暫時狀態之處分。智慧財產案件審理法第22條第2項定有明文。</td></tr>
</table>

二、首查，聲請人係中華民國發明第○○○○○○○號（下稱系爭專利）專利之專利權人，申請日為民國90年1月1日，系爭專利之專利權期間為民國94年1月1日至民國100年12月31日，系爭專利迄今仍屬合法有效，有專利證書及專利說明書可稽（聲證1號）。

三、兩造當事人為同一產業的競爭對手，相對人公司所生產之零件侵害原告之專利權，詎相對人未經聲請人同意或授權，竟為圖不法之利益，擅自實施聲請人所有之上開發明專利，並不法製造、販賣侵害聲請人上開專利之產品。聲請人業自公開市場購得被告上開型號之侵權產品，並進行比對分析，依據專利侵害鑑定要點之相關流程，得到系爭產品落入系爭專利申請專利範圍第1項之文義範圍，故而確認該等侵權產品確實已然侵害聲請人所有之上開專利在案（聲證2號）。

四、本件聲請人於起訴前已針對系爭產品侵害系爭專利之情事，以存證信函檢附侵權分析報告敘明相對人公司之侵權情事（聲證3號），並由相對人公司收受在案，相對人公司以一信函回覆表示雖不否認系爭產品落入系爭專利申請專利範圍第1項，惟相對人公司認為系爭專利具有應撤銷原因，更檢附一公開日為92年6月1日之學術論文，主張該先前技術可證明系爭專利不具進步性，故而相對人公司仍繼續銷售系爭產品，並有購得樣品產品及銷售發票（聲證4號）。

五、經查相對人公司不否認系爭產品落入系爭專利申請專利範圍第1項，是以本件聲請人應具有專利侵權之勝訴可能性。又查系爭專利之申請日為90年1月1日，然相對於主張系爭專利有應撤銷原因之先前技術之公開日竟遲於92年6月1日，該證據顯不具有作為證明系爭專利不具有進步性之證據能力，相對於所主張之唯一證據無法用於證明系爭專利具有法定應撤銷原因，故而本件聲請人應具有專利有效性之勝訴可能性。

六、再查相對人公司復將該零件以較低之價格銷售予其他下游廠商，擾亂市場價格，已有聲請人購得之樣品及銷售發票為據（聲證4號），其售價竟僅為聲請人產品售價之十分之一，如任由相對人公司持續為此侵權行為，聲請人公司之專利產品將可能完全退出市場，此將對聲請人公司造成無可彌補之重大之損害。

七、末查，相對人公司銷售侵權產品之數量甚微，然其低價銷售行為對於聲請人公司廣大數量之產品銷售造成滯銷之重大影響，倘　鈞院不予核發定暫時狀態處分與聲請人公司，其造成聲請人公司之營運及損害甚鉅（預估影響金額

<table>
<tr><td colspan="2">　　為新台幣3000萬元），相較於　鈞院核發定暫時狀態處分，由於相對人公司銷售數量甚微，其對於相對人公司不至產生過大影響（預估影響金額為新台幣200萬元），二者相較，不予核發定暫時狀態處分，所造成聲請人公司困境遠大於核發定暫時狀態處分對於相對人公司所造成之困境。
八、故懇請鈞院裁定准許定暫時狀態之假處分，命相對人公司及○○○公司、○○○公司、○○○公司等下游廠商停止製造、販賣及銷售該零件，以維護聲請人公司之權益，實為德感。

謹狀
智慧財產法院民事庭　公鑒

中華民國○○年○○月○○日</td></tr>
<tr><td>附件及
證據列表</td><td>附件：民事委任狀正本乙份
聲證1號：原告中華民國發明第○○○○○○○號專利證書暨說明書影本乙份。
聲證2號：專利侵害分析比對報告乙份。
聲證3號：原告○○年○○月○○日敬告函影本乙份。
聲證4號：系爭產品銷售發票及樣品乙份。</td></tr>
<tr><td colspan="2">具狀人：○○○公司
法定代理人：○○○</td></tr>
<tr><td colspan="2">撰狀人：訴訟代理人○○○律師</td></tr>
</table>

範例十、爭點整理狀（以被告提出為例，原告提出之情況亦同）

<table>
<tr><td colspan="5">民事爭點整理狀</td></tr>
<tr><td>案　　號</td><td colspan="2">年度　　字第　　號</td><td>承辦股別</td><td></td></tr>
<tr><td>訴訟標的金額</td><td colspan="4"></td></tr>
<tr><td>被　　告</td><td>○○○公司</td><td colspan="3">設○○市○○路○○號○○樓
送達代收人：○○○律師</td></tr>
<tr><td>兼法定代理人</td><td>○○○</td><td colspan="3">住同上</td></tr>
<tr><td>訴訟代理人</td><td>○○○律師</td><td colspan="3">○○法律事務所
○○市○○路○○號○○樓
電話：○○-○○○○○○○○</td></tr>
<tr><td>原　　告</td><td>○○○公司</td><td colspan="3">設○○市○○路○○號○○樓</td></tr>
</table>

<table>
<tr><td>法定代理人</td><td>○○○</td><td>住同上</td></tr>
<tr><td colspan="3">為上列當事人間請求侵權行為排除及損害賠償事件，提呈爭點整理事：
壹、兩造不爭執事項：
一、原告中華民國發明專利第○○○○○○○號「○○○」專利（下稱系爭專利），係於民國（以下同）○○年○○月○○日申請，○○年○○月○○日核准公告。
二、被告所提出之引證1，於○○年○○月○○日即已公開，其公開日早於系爭專利之優先權日及申請日。
貳、兩造爭執事項：
一、專利有效性爭點：系爭專利是否具有應撤銷之原因
（一）被告主張
系爭專利申請專利範圍第1項之技術特徵均為引證1所揭露，故系爭專利具有應撤銷之原因。（被告答辯○狀第○頁第○行～第○行參照）
（二）原告主張
引證1之內容不足以證明系爭專利申請專利範圍第1項具有應撤銷之原因。（原告民事準備○狀第○頁第○行～第○行參照）
二、侵權爭點：系爭產品是否落入系爭專利申請專利範圍
（一）被告主張
系爭產品並未落入系爭專利申請專利範圍第1項之文義範圍及均等範圍。（被告答辯○狀第○頁第○行～第○行參照）
（二）原告主張
系爭產品落入系爭專利申請專利範圍第1項之文義範圍。退萬步言，縱認系爭產品並未落入系爭專利申請專利範圍第1項之文義範圍，系爭產品亦落入系爭專利申請專利範圍第1項之均等範圍。（原告民事準備○狀第○頁第○行～第○行參照）
三、被告有無侵權之故意或過失
（一）被告主張
被告並無侵害原告專利權之故意或過失。（被告答辯○狀第○頁第○行～第○行參照）</td></tr>
</table>

（二）原告主張

被告明知原告之專利存在，仍故意侵害原告之專利權。（原告民事準備○狀第○頁第○行～第○行參照）

四、被告因侵害所得利益是否具有○○○萬元

（一）被告主張

原告所提出之資料不足以證明被告因侵害所得利益有○○○萬元。（被告答辯○狀第○頁第○行～第○行參照）

（二）原告主張

原告所提出之資料足以證明被告因侵害所得利益有○○○萬元。（原告民事準備○狀第○頁第○行～第○行參照）

參、綜上所述，原告專利確具應撤銷專利權之原因，祈請　鈞院自為原告專利具有應撤銷事由之認定，駁回原告之訴，以維權益，實為德感。

謹狀

智慧財產法院民事庭　公鑒

中　華　民　國　○　○　年　○　○　月　○　○　日

附件及證據列表	

具狀人：被告○○○

撰狀人：訴訟代理人○○○律師

附件：爭執及不爭執事項表格

不爭執事項附表

編號	主張之內容及出處	對造不爭執之出處	支持主張內容之證據或法律見解及出處
1.	原告中華民國發明專利第○○○○○○號專利（下稱系爭專利），係於民國○○年○○月○○日申請，○○年○○月○○日核准公告。		原證2

2.	被告所提出之美國專利US○○○○○○○號（引證1，被證1號）於○○○○年○○月○○日公告，其公開日早於系爭專利之優先權日及申請日。	原告於○○年○○月○○日民事爭點整理狀(1)及○○年○○月○○日民事準備狀(1)中均未予爭執	被證1號

爭執事項附表

編號	爭點	原告之主張及出處	被告之答辯及出處	支持本造主張之證據或法律見解及出處
1.專利有效性爭點	系爭專利第1項有無違反專利法第22條第2項之規定	引證1不足以證明系爭專利第1項不具進步性（原告○○年○○月○○日民事準備狀(1)第○○頁第○○行～第○○頁第○○行）	引證1足以證明系爭專利第1項不具進步性（被告○○年○○月○○日民事答辯（二）狀第○○頁第○○行～第○○頁第○○行；被告○○年○○月○○日民事答辯（四）狀第○○頁第○○行～第○○頁第○○行）	引證1說明書第○○欄第○○行、第○～○行、第○～○行；第○○欄第○～○行、第○～○行；第○○欄第○～○行
2.專利侵權爭點	被控侵權產品有無落入系爭專利申請專利範圍第1項	被控侵權產品落入系爭專利第1項（原告○○年○○月○○日爭點整理狀(1)第○○頁第○○點）	系爭分析報告對待鑑定對象是否落入系爭專利第1項之判斷，與專利侵害鑑定要點之規定不符（被告○○年○○月○○日民事答辯（三）狀第○○頁第○○行～第○○頁第○○行）	專利侵害鑑定要點： (i)第38頁判斷「文義讀取」之注意事項第1點 (ii)第41頁第（三）點第1行～第7行 (iii)第41頁第（四）3.點

編號	爭點	原告之主張及出處	被告之答辯及出處	支持本造主張之證據或法律見解及出處
3.故意過失爭點	被告有無侵權之故意或過失	被告故意侵害原告專利權之意圖至為明顯（原告○○年○○月○○日爭點整理狀(1)第○○頁第○○點）	被告並無故意侵害原告專利權之行為（被告○○年○○月○○日民事答辯（一）狀第○○頁第○○行～第○○頁第○○行）	最高法院93年度台上字第2292號判決
4.損害賠償爭點	被告因侵害所得利益是否有○○○元	被告因侵害原告專利權所得利益逾○○○元（原告○○年○○月○○日爭點整理狀(1)第○○頁第○○點）	原告對於被控侵權產品之販賣方式、販售金額及預期獲利，以及損害賠償金額之部分，均僅係空言指摘，毫無憑據，被告謹予否認之（被告○○年○○月○○日民事答辯（一）狀第○○頁第○○行～第○○頁第○○行）	民事訴訟法第277條

第五節　實務判解

一、智慧財產法院之管轄

（一）智慧財產法院98年度民專訴字第13號裁定

查本件原告於民國98年1月22日起訴聲明求為判決：就被告96年1月1日起之侵害原告中華民國第I220973號發明專利（下稱第973號專利）行為，被告應給付原告新臺幣（下同）伍佰萬元，暨自起訴狀繕本送達翌日起至清償日止，按週年利率百分之五計付之利息，惟原告前於96年6月22日向臺灣新竹地方法院訴請被告負侵害專利權之損害賠償責任（案號：臺灣新竹地方法院96年度重智字第3號，下稱前訴訟）前訴訟依智慧財產案件審理法第37條第1項1款規定，自應由臺灣新竹地方法院依該法所定程序終結，其訴之聲明第2項原主張：被告應給付原告伍佰萬元，暨自起訴狀繕本送達翌日起至清償日止，按週年利率百分之五計付之利息（下稱前訴訟第1次訴之聲明），嗣於98年1月23日聲請將前訴訟第一次訴之聲明變更為：就被告侵害第973號專利之行為起至95年12月31日止，被告應給付原告伍佰萬元，暨自起訴狀繕本送達翌日起至清償日止，按週年利率百分之五計付之利息（下稱前訴訟第2次訴之聲明），因前訴訟與本件訴訟之請求權基礎均係基於被告產品侵害原告第973號專利之事實，其當事人、訴訟標的均相同，且參酌民事訴訟法第253條之意旨，本件訴訟與前訴訟分由不同法院或不同法官審理將可能導致裁判矛盾、不利訴訟經濟、被告應訴麻煩等情，而本件訴之聲明為前訴訟第2次訴之聲明之追加，實應為同一事件，自仍應由臺灣新竹地方法院管轄。

（二）智慧財產法院98年度民著訴字第13號判決

依智慧財產案件審理法第7條規定，智慧財產法院組織法第3條第1款、第4款所定之民事事件，由智慧財產法院管轄。本案既屬因著作權法所保護之智慧財產權益所生之第一審民事案件，符合智慧財產法院組織法第3條第1款規定，本院依法自有管轄權。

（三）最高法院97年度台上字第3767號刑事判決

本件原判決認上訴人牽連犯違反商標法及著作權法罪部分，雖均屬智慧財產法院組織法第3條第2款所列而歸智慧財產法院管轄之刑事案件。但智慧財產法院組織法、智慧財產案件審理法、智慧財產案件審理法施行細則等相關法令，就非屬智慧財產法院管轄，而與屬智慧財產法院管轄案件具有裁判上一罪關係，依法從一重之非屬智慧財產法院管轄罪名處斷之案件，究否應一併交由智慧財產法院審判，則未有明文。然依上所述，與違反商標法、著作權法案件基本事實較無密切關係之刑事訴訟法上相牽連案件，本於智慧財產案件具高度專業性，且為節省被告至不同法院應訴之負擔，原則上既均歸智慧財產法院管轄，例外始由智慧財產法院裁定移送該管高等法院審判，基此法理，與違反商標法、著作權法案件具有裁判上一罪之牽連關係，依修正前刑法第55條規定，從一重之非屬智慧財產法院管轄罪名處斷之案件，自亦應歸智慧財產法院管轄。

（四）最高法院97年度台上字第3634號刑事判決

智慧財產案件審理法於96年3月28日制定公布，自97年7月1日施行；智慧財產法院亦於97年7月1日成立。關於智慧財產刑事訴訟之審判事務，由智慧財產法院依智慧財產法院組織法之規定掌理之。又依智慧財產案件審理法第1條前段之規定，智慧財產案件之審理，依該法之規定。本件於該法施行前已繫屬於本院，智慧財產法院組織法第3條第2款規定：「因刑法第二百五十三條至第二百五十五條、第三百十七條、第三百十八條之罪或違反商標法、著作權法、公平交易法第三十五條第一項關於第二十條第一項及第三十六條關於第十九條第五款案件，不服地方法院依通常、簡式審判或協商程序所為之第一審裁判而上訴或抗告之刑事案件。但少年刑事案件，不在此限。」本件原判決認上訴人二人牽連犯商標法，即未經商標權人同意於同一商品使用相同之註冊商標、明知為未經商標權人同意而使用相同註冊商標於同一商品而販賣部分，及刑法第255條第1項、第2項，即對商品為虛偽標記、販賣有虛偽標記之商品部分，均屬智慧財產法院組織法第3條第2款所列，屬智慧財產法院所管轄之刑事案件。雖智慧財產法院組織法及智慧財產案件審理法等相關法令，就屬及非屬智慧財產法院管轄，而具有裁判上一罪關係，依法從一重之非屬智慧財產法院管轄罪名處斷之案件，俱未規定究應由智慧財產法院或高等法院審判。然稽諸智慧財產案件審理法第25條第1項、第2項規定：「不服地方法院關於第二十三條案件依通常、簡式審判或協商程序所為之第一審裁判而上訴或抗告者，除少年刑事案件外，應向管轄之智慧財產法院為之」、「與第二十三條案件有刑事訴訟法第七條第一款所定相牽連關係之其他刑事案件，經地方法院合併裁判，並合併上訴或抗告者，亦同。但其他刑事案件係較重之罪，且案情確係繁雜者，智慧財產法院得裁定合併移送該管高等法院審判。」即刑事訴訟法第7條第1款所列一人犯數罪之相牽連案件，原則上歸智慧財產法院管轄，例外始由智慧財產法院裁定移送該管高等法院。而事實較無同一基礎關係之刑事訴訟法第7條第1款所列之相牽連案件，既原則上歸智慧財產法院管轄，則基於同一法理，事實較有同一原因基礎關係之屬及非屬智慧財產法院管轄，而具有裁判上一罪關係，依法從一重之非屬智慧財產法院管轄罪名處斷之案件，關涉以智慧財產權利是否受法律上肯認為前提之專業上判斷，自亦應歸智慧財產法院管轄。

（五）智慧財產法院102年度民專上字第33號判決

按民事事件涉及外國人或外國地者，為涉外民事事件，內國法院應先確定有國際管轄權，始得受理，次依內國法之規定或概念，就爭執之法律關係予以定性後，決定應適用之法律（即準據法），而涉外民事法律適用法並無明文規定國際管轄權，應類推適用民事訴訟法之規定（最高法院98年度臺上字第2259號判決要旨參照）。查本件上訴人即原告德商矢倫德國股份有限公司、被上訴人即被告日商島野股份有限公司（下稱島野公司）均係外國法人，故本件具有涉外因素，而為涉外事件。再者，上訴人主張被上訴人於我國境內侵害其專利權，而應負損害賠償責任，依上訴人主張之事實，本件應定性為專利侵權事件，經類推民事訴訟法第15條第1項「因侵權行為涉訟者，得由行為地之法院管轄。」之規定，應認上訴人主張之侵權行為地之我國法院有國際管轄權。另依專利法所保護之智慧財產權益所生第一、二審民事訴訟事件，為本院管轄案件，智慧財產法院組織法第3條第1款、智慧財產案件審理法第7條、智慧財產案件審理細則第2條第1項第3款定有明文，故本院自得就本件專利侵權事件為審理。

（六）智慧財產法院102年度民商上字第13號判決

按涉外因素係指本案有涉外之部分，如當事人或行為地之一方為外國者。涉外民事訴訟事件，管轄法院應先確定有國際管轄權，始得受理，須以原告起訴主張之事實為基礎，先依法庭地法或其他相關國家之法律為「國際私法上之定性」，以確定原告起訴事實究屬何種法律類型，再依涉外民事法律適用法定其準據法（最高法院92年度台再字第22號、98年度台上字第2259號判決參照）。又涉外民事法律適用法規定「實體」法律關係所應適用之「準據法」，與因「程序上」所定「法院管轄權」之誰屬係屬二事（最高法院83年度台上字第1179號判決參照）。

我國涉外民事法律適用法乃係對於涉外事件，就內國之法律，決定其應適用何國法律之法，至法院管轄部分，無論是民國100年5月26日修正施行前、後之涉外民事法律適用法均無明文規定，故就具體事件受訴法院是否有管轄權，得以民事訴訟法關於管轄之規定及國際規範等為法理，本於當事人訴訟程序公平性、裁判正當與迅速等國際民事訴訟法基本原則，以定國際裁判管轄。又合意定外國法院管轄，雖非單純定訴訟管轄之問題，而係排除受中華民國法院審判之權利，但衡諸處分權主義之原則，應無不許之理。惟應審酌是否並無民事訴訟法第402條第1項第1、4款規定之消極要件，及調查合意選擇管轄法院有無違背我國之專屬管轄，資為判斷（最高法院98年度台上字第1933號判決參照）。

本件涉訟之當事人，其中被上訴人為外國法人，具有涉外因素。又被上訴人於原審起訴主張上訴人於我國境內侵害其商標權，應負損害賠償責任，依被上訴人主張之事實，本件應定性為商標侵權事件，經類推民事訴訟法第15條第1項規定，應認上訴人主張侵權行為地之我國法院有國際管轄權。再者，依商標法所生之第一、二審民事訴訟事件，智慧財產法院有管轄權，智慧財產案件組織法第3條第1款、智慧財產案件審理法第7條定有明文。是本院對本件涉外事件有管轄權，並適用涉外民事法律適用法以定涉外事件之準據法。

二、技審官之職務與迴避

（一）智慧財產法院98年度民聲字第9號裁定

又依智慧財產案件審理法第4條、審理細則第18條等規定，技術審查官僅係就訴訟資料、證據及技術性爭點提供意見供法官參考，至於各該案件之裁判仍由法官綜合卷內證據資料，依自由心證與論理法則，本於法律之確信而為審認，是技術審查官縱曾參與聲請人對相對人聲請之定暫時狀態處分事件，其就本件民事訴訟事件仍僅是就訴訟資料、證據及技術性爭點提供意見供法官參考，難認其執行職務會有偏頗之虞，而聲請人亦未舉任何證據足以證明技術審查官有何偏頗之情事，故本件聲請技術審查官迴避為無理由，應予駁回。

（二）最高行政法院98年度裁字第3362號裁定

技術審查官參與行政訴訟審判程序，依智慧財產案件審理法第5條規定，準用行政訴訟法關於法官迴避之規定。而智慧財產行政訴訟法官之迴避，除智慧財產案件審理法有特別規定外，應適用行政訴訟法關於法官之迴避規定。智慧財產案件審理法第34條第2項規定：「辦理智慧財產民事訴訟或刑事訴訟之法官，得參與就該訴訟事件相牽涉之智慧財產行政訴訟之審判，不適用行政訴訟法第19條第3款之規定。」此屬關於智慧財產行政訴訟法官迴避規定之一部分。換言之，行政訴訟法關於法官迴避之規定，在智慧財產行政訴訟，行政訴訟法第19條第3款已不在其中。再技術審查官僅係法官之輔助人，輔助法官從事相關技術事項之了解及判斷（參見智慧財產法院組織法第15條第4項及智慧財產案件審理法第4條），其應自行迴避之需要，斷無高於法官。是以技術審查官參與行政訴訟審判程序，依智慧財產案件審理法第5條所準用行政訴訟法關於法官迴避之規定，應解為如同關於智慧財產行政訴訟法官迴避之規定，即行政訴訟法第19條第3款已不在其中。……依智慧財產案件審理法第5條準用行政訴訟法第20條，再準用民事訴訟法第33條第1項第2款規定，足認技術審查官執行職務有偏頗之虞者，得聲請其迴避。此「足認有執行職務有偏頗之虞」，係指技術審查官於訴訟標的有特別利害關係，或與當事人之一造有密切之交誼，或有其他情形客觀上足疑其為不公平之執行職務而言。

（三）最高行政法院102年度裁字第528號裁定

又按「法官有下列情形之一者，應自行迴避，不得執行職務：……三、曾參與該訴訟事件相牽涉之民刑事裁判。」「技術審查官之迴避，依其所參與審判之程序，分別準用民事訴訟法、刑事訴訟法、行政訴訟法關於法官迴避之規定。」行政訴訟法第19條第3款及智慧財產案件審理法第5條固分別定有明文。惟「辦理智慧財產民事訴訟或刑事訴訟之法官，得參與就該訴訟事件相牽涉之智慧財產行政訴訟之審判，不適用行政訴訟法第19條第3款之規定。」復為智慧財產案件審理法第34條第2項所明定，可知就智慧財產行政訴訟之審判，關於法官之應迴避事由，並無所謂「曾參與該訴訟事件相牽涉之民刑事裁判」者，則本於法律解釋應整體觀察不得割裂為之之意旨，是同屬參與智慧財產行政訴訟審判相關事項之技術審查官，針對其應迴避事項，智慧財產案件審理法第5條所稱準用「行政訴訟法關於法官迴避之規定」，自係指關於審理智慧財產案件法官之迴避規定。準此，非屬審理智慧財產行政訴訟事件法官迴避事由之「曾參與該訴訟事件相牽涉之民刑事裁判」，自亦非屬技術審查官之應迴避事由。加以智慧財產案件審理法第34條第2項係基於「智慧財產法院管轄之案件，包括智慧財產民事訴訟、刑事訴訟事件，而關於同一智慧財產權所生之各種訴訟，如得由相同之法官辦理，有助於避免裁判之歧異。行政訴訟法第19條第3款有關辦理行政訴訟事件之法官，曾參與該訴訟事件相牽涉之民刑事裁判者，應自行迴避之規定，如適用於智慧財產行政訴訟案件，顯非妥適」之理由而制定，而依智慧財產法院組織法第15條第4項及智慧財產案件審理法第4條規定，技術審查官復僅係輔助法官為技術判斷、技術資料之蒐集分析，及提供技術意見作爲參考。即各該案件仍係由法官斟酌全辯論意旨及調查證據之結果爲之，並不受技術審查官技術分析見解之拘束。益見關於智慧財產案件之審理，於立法意旨上，亦不應認技術審查官之應迴避事由有行政訴訟法第19條第3款所規定之「曾參與該訴訟事件相牽涉之民刑事裁判」。而據此亦證技術審查官之應迴避事由不含行政訴訟法第19條第3款所規定者，既無涉當事人之訴訟權保障，亦與審判之公平無影響。

三、就專利有效性智慧財產法院得裁定命智慧局參加訴訟

（一）智慧財產法院97年民專上字第9號判決

本件被上訴人抗辯系爭專利權有應撤銷之原因，而影響裁判之結果，該爭點所涉及之專業知識或法律原則，有使經濟部智慧財產局表示意見之必要，爰依智慧財產案件審理法第17條第1項之規定，裁定命經濟部智慧財產局參加訴訟，以關於系爭專利權有無應撤銷之原因爲限，得獨立提出攻擊防禦方法。

（二）智慧財產法院102年度民專上字第2號判決

當事人主張或抗辯智慧財產權有應撤銷、廢止之原因者，法院應就其主張或抗辯有無理由自爲判斷，智慧財產案件審理法第16條第1項前段固有明文。又法院爲判斷當事人依前條第一項所爲之主張或抗辯，於必要時，得以裁定命智慧財產專責機關參加訴訟，此復爲智慧財產案件審理法第17條第1項所明定。是以，依上開規定，原則上法院得就智慧財產權是否有應撤銷、廢止之原因自行判斷，又法院於判斷智慧財產權是否有應撤銷或廢止之原因時，「得」裁定命智慧財產局參加訴訟，由上開規定意旨可知，法院於判斷是否有命智慧財產局參加訴訟，自有裁量之權，非謂不論情形如何，均「應」一律命智慧財產局參加訴訟，蓋智慧財產法院於審酌專利權是否有應撤銷之原因時，於聽聞兩造之攻擊防禦，佐以技術審查官適時提出問題詢問兩造，由兩造充分攻防後，自得就兩造所爭執之技術問題爲取捨，倘法院認爲事證已臻明確，自無再通知智慧財產局參加訴訟之必要。此在行政訴訟中，舉發人請求法院判決撤銷智慧財產局所爲舉發不成立之處分（撤銷訴訟），並命智慧財產局爲舉發成立，撤銷專利權之處分時（課予義務訴訟），智慧財產法院仍得自行就專利權是否有無效事由自爲判斷，無庸再命智慧財產局參加訴訟即明，蓋此際智慧財

產局通常即爲被告，自無再命被告參加訴訟之必要。同理，倘智慧財產法院專利侵權民事訴訟程序中，經由兩造充分攻防，業已獲得專利具有無效事由之心證，自無再通知智慧財產局參加訴訟之必要，否則即易生究竟係由智慧財產局抑或智慧財產法院判斷專利有效性之疑義。系爭專利經被上訴人提出舉發雖尚未經智慧財產局審定，但原審法院於詢問兩造意見後認無必要而未裁定智慧財產局參加，於本件第二審審理時，兩造亦表示沒有必要命智慧財產局參加訴訟（見本院卷第205至206頁），且本院認爲於審酌系爭專利是否有應撤銷之原因時，在聽聞兩造之攻擊防禦，佐以技術審查官適時提出問題詢問兩造，由兩造充分攻防後，自得就兩造所爭執之技術問題爲取捨，而認爲本件事證已臻明確，故自無再通知智慧財產局參加訴訟之必要，爰不裁定智慧財產局參加本件訴訟，附此敘明。

四、上訴智慧財產法院之程序性注意事項

（一）智慧財產法院97年度民專抗字第4號

按對於智慧財產事件之第一審裁判，得上訴或抗告於智慧財產法院，其審判以合議行之。對於智慧財產事件之第二審裁判，除別有規定外，得上訴或抗告於第三審法院。除以抗告不合法而駁回者外，對於抗告法院之裁定再爲抗告，僅得以其適用法規顯有錯誤爲理由，並經原法院之許可者爲限。前項許可，以原裁定所涉及之法律見解具有原則上之重要性者爲限。智慧財產案件審理法第19條第2項、第20條、民事訴訟法第486條第4、5項定有明文。

（二）智慧財產法院97年度附民上更（一）字第1號判決

按審理智慧財產案件審理法第23條案件之附帶民事訴訟，認爲原告之訴不合法，或刑事訴訟諭知無罪、免訴或不受理者，應以判決駁回之，智慧財產案件審理法第27條第1項前段定有明文。原審判決以被上訴人被訴違反著作權法刑事案件，業經原審諭知無罪判決，並依刑事訴訟法第503條第1項前段規定，判決駁回上訴人之訴。檢察官提起上訴後，復經本院97年度刑智上更（一）字第20號駁回檢察官之上訴，維持被告無罪之判決。揆諸前揭規定，原審駁回上訴人在第一審之訴，經核並無不合。

五、智慧財產法院就專利有效性得自為判斷

（一）智慧財產法院98年度民專上易字第7號判決

被上證一、二之組合可證明系爭專利申請專利範圍第1項不具進步性；被上證一、二、三之組合可證明系爭專利申請專利範圍第2項不具進步性；被上證二、三之組合可證明系爭專利申請專利範圍第3項不具進步性。亦即系爭專利依被上訴人所提上述證據足以證明其有得撤銷之原因，則依智慧財產案件審理法第16條第2項規定，上訴人之系爭專利於本件民事訴訟中自不得對於被上訴人主張權利。

（二）智慧財產法院98年度民專訴字第35號判決

綜上所述，被告抗辯系爭專利申請專利範圍第1至3項不具進步性爲可採，依系爭專利申請核准時之專利法（即現行法）第94條第4項規定，即不得取得專利權，而具有應予撤銷之原因，故依上揭智慧財產案件審理法第16條第2項規定，原告即不得於本件民事訴訟中對被告主張系爭專利權，是其主張被告產品侵害其系爭專利權，而依專利法第84條第1項前段、第85條第1項第2款、第108條、民法第184條第1項前段及公司法第23條第2項之規定，聲明求爲判決被告益○公司不得自行或委託他人製造、爲販賣之要約、販賣或使用如附件所示之螺絲，爲無理由，應予駁回。

（三）智慧財產法院97年度民專訴字第36號判決

本件被告辯稱系爭專利不具新穎性及創作性，而有應予撤銷其專利之事由，依智慧財產案件審理法第16條第1項規定，本院應就此抗辯有無理由自爲判斷。

六、智慧財產法院於民事訴訟中認定專利有效性之相對效

（一）智慧財產法院97年度民專訴字第34號判決

專利法第94條第4項規定：「新型雖無第一項所列情事，但爲其所屬技術領域中具有通常知識者依申請前之先前技術顯能輕易完成時，仍不得依本法申請取得新型專利。」經查，系爭專利申請專利範圍第1至4項，爲其所屬技術領

域中具有通常知識者依組合被證四、八、十一之先前技術顯能輕易完成，不具進步性。依專利法第94條第4項規定，即不得取得專利權，而具有應予撤銷之原因，故依智慧財產案件審理法第16條第2項規定，原告即不得於本件民事訴訟中對被告主張系爭專利權。

（二）智慧財產法院97年度民專上字第9號判決

民國83年1月21日修正公布之專利法第98條第2項規定「新型係運用申請前既有之技術或知識，而爲熟習該項技術者所能輕易完成且未能增進功效，雖無前項所列情事，仍不得依本法申請取得新型專利」之規定，一般稱爲不具進步性規定。對於新型是否爲「輕易完成且未能增進功效」依當時所適用之經濟部智慧財局專利審查基準之說明，係指運用未優於熟習該項技術者以能預期的一般性技術發展，輕易由先前技術可推論完成者。經查，系爭專利申請範圍第1項乃運用申請前既有之技術或知識，爲熟習該項技術所能輕易完成且未能增進功效，而不具進步性，而有違系爭專利申請時之專利法第98條第2項規定，具有得撤銷之原因，上訴人於訴訟中即不得對被上訴人主張專利權。

（三）智慧財產法院98年度民專上字第8號判決

專利法第94條第1項第1款規定：「凡可供產業上利用之新型，無下列情事之一者，得依本法申請取得新型專利：一、申請前已見於刊物或已公開使用者。……」同條第4項規定：「新型係運用申請前既有之技術或知識，而爲熟習該項技術所能輕易完成且未能增進功效時，雖無前項所列情事，仍不得依本法申請取得新型專利。」，若有上開事由存在，即構成專利權撤銷之事由，而此爲上訴人對被上訴人求償有無理由之前提條件，是依上開規定意旨，自應先就上訴人系爭專利之有效性問題先爲判斷。經查，……系爭專利申請範圍乃運用申請前既有之技術，爲熟習該項技術所能輕易完成且未能增進功效，而不具進步性，而有違專利法第94條第4項規定，應認系爭專利有應撤銷之原因存在，依智慧財產案件審理法第16條第2項規定，上訴人於民事訴訟程序中不得對被上訴人主張系爭專利權利。

（四）智慧財產法院101年度民專上字第20號判決

民事訴訟當事人主張或抗辯智慧財產權有應撤銷、廢止之原因者，法院應就其主張或抗辯有無理由自爲判斷，不適用民事訴訟法、行政訴訟法、商標法、專利法、植物品種及種苗法或其他法律有關停止訴訟程序之規定，智慧財產案件審理法第16條第1項固定有明文。惟按該條之規定，主要係爲避免侵害行政機關所授予之智慧財產權之民事訴訟，因審理該權利有效與否之行政訴訟而停止，導致該民事訴訟程序延宕所爲之規定，其用語「應…自爲判斷」，主要係爲呼應「不適用…有關停止訴訟程序之規定」，其本意並非審理侵權之民事訴訟必需先判斷行政機關授予之智慧財產權是否有應撤銷或廢止之理由，而係被控侵權人有此抗辯時，不適用相關法律停止訴訟之規定，然此無礙當事人間之合意停止，或因其他法律規定與權利有效與否無關而得停止之情形。且於民事訴訟中，只要權利人無法證明被控侵權人有侵權之事實，權利人亦不得對被控侵權人主張權利。因此，於民事侵權訴訟中，縱使當事人有抗辯，亦無非判斷行政機關授予之智慧財產權有無應撤銷或廢止理由之必要。且按民事判決之主觀效力係採相對效，亦即原則上僅對訴訟之當事人間產生效力，故智慧財產案件審理法第16條第2項規定，前項情形，法院認有撤銷、廢止之原因時，智慧財產權人於該民事訴訟中不得對於他造主張權利，亦即民事侵權訴訟中所爲行政機關授予之智慧財產權是否有應撤銷或廢止理由之認定，原則上亦僅於該民事訴訟發生拘束力。然權利有效與否之行政訴訟，因行政訴訟法第216條第1項規定，撤銷或變更原處分或決定之判決，就其事件有拘束各關係機關之效力，亦即行政訴訟所爲行政機關授予智慧財產權有無違法或不當之判決，對各該行政機關均生確定效力，再依同法第215條規定，對第三人亦有效力，故通說均認爲行政訴訟對行政機關授予之智慧財產權利有效與否之行政判決，具有對世效力。一方面民事訴訟中所爲行政機關授予智慧財產權有效與否之判斷，僅生訴訟相對效力，且行政機關授予智慧財產權之決定，於未經具對世效之行政爭訟確定前，亦有其形式存續力，即所謂構成要件效力。

七、秘密保持命令

智慧財產法院97年度民事抗字第18號裁定

爲合理核定訴訟標的價額，抗告人之相關財務報表乃重要之證據資料，且抗告人有權閱覽之，以確保其訴訟權之行使，況智慧財產案件審理法第11條至第15條之規定，設有秘密保持命令制度，兼顧當事人之訴訟權利及營業秘密持有人之保護，相對人理應循此途徑尋求營業秘密之保護。既相對人未能提出完整之財務報表以供本院判斷，本院即依職權以其他客觀證據資料予以認定相對人之淨利率。

八、智慧財產訴訟之失權效

（一）智慧財產法院97年度民專訴字第6號判決

(1)發明說明及圖式雖可且應作爲解釋申請專利範圍之參考，但申請專利範圍方爲定義專利權之根本依據，因此發明說明及圖式僅能用來輔助解釋申請專利範圍中既有之限定條件（文字、用語），而不可將發明說明及圖式中的限定條件讀入申請專利範圍，亦即不可透過發明說明及圖式之內容而增加或減少申請專利範圍所載的限定條件。

(2)查97年8月22日兩造與本院約定，被告應於45日內（即97年10月7日以前）提出抗辯系爭專利無效之理由及證據，此有本院97年8月22日準備程序筆錄在卷可稽，被告遲至97年12月12日始以民事準備書（二）狀提出上開被證17至21之證據，顯有重大過失，而有礙訴訟之終結，依智慧財產案件審理細則第33條規定，本院爰予駁回上開被證17至21證據之審酌，併此說明。

（二）智慧財產法院101年度民專訴字第156號判決

按未於準備程序主張之事項，除該事項爲法院應依職權調查或不甚延滯訴訟，或因不可歸責於當事人之事由不能於準備程序提出，或依其他情形顯失公平者外，於準備程序後行言詞辯論時，不得主張之，民事訴訟法第276條第1項定有明文。本規定對於當事人未盡適時提出攻擊防禦方法之協力義務，課以失權效果之目的，乃爲充實第一審之事實審理功能，合理分配司法資源，以維護當事人之程序利益。所謂未於準備程序主張之事項，係指未經當事人於準備程序提出攻擊或防禦之陳述或該當事人之聲明（同法第271條規定參照）。

原告雖主張被告自101年8月10日起訴至102年5月23日歷時9月未適時時提出專利有效性之證據，有礙訴訟之終結，應不得再以逾時提出之證據主張系爭專利無效等語。惟被告就系爭專利認有得撤銷之事由，於102年1月25日即提出被證7至10之新聞、廣告網頁與美國052、061專利，嗣於102年5月14日再聲請本院向訴外人○○公司、○○公司、○○○公司等，調查認證資料與Apacer

及Kin-ston之產品，至102年7月23日提出被證36至38美國專利及被證39之我國專利證據，被告之訴訟代理人係為強化其所提出被證9、10美國052、061專利等語（見本院卷五第153頁），故被告於本件準備程序中非未提出攻擊防禦方法，其嗣後提出之證據與其先提出之被證9、10證據等相關，應認無礙本件訴訟之終結，被告之後所提出之證據應得作本件審酌之證據。

九、智慧財產案件之定暫時狀態處分

（一）智慧財產法院97年度民專抗字第19號判決

按法院審理定暫時狀態處分之聲請時，就保全之必要性，應審酌聲請人將來勝訴可能性、聲請之准駁對於聲請人或相對人是否將造成無法彌補之損害，並應權衡雙方損害之程度，及對公眾利益之影響，智慧財產案件審理細則第37條第3項定有明文。依上開規定，法院於審酌是否准許定暫時狀態處分之聲請時，應審酌聲請人本案訴訟勝訴之可能性，為判斷本案勝訴之可能性，於是定暫時狀態處分之審理程序乃趨近本案化，亦即法院應調查證據，聽取雙方意見之陳述，相對人並得就專利之有效性為爭執（參同條第4項），倘法院認為聲請人本案勝訴可能性不高時，縱然聲請人表示願提供擔保，或聲請人已證明其可能遭受無法彌補之損害，仍應為駁回之裁定。

（二）智慧財產法院99年度民公上字第3號判決

有關假扣押、假處分、定暫時狀態處分規定固然均屬法律賦予權利人於保護權利時得行使之司法手段，惟上開司法手段之發動必須具有相當之證據，且其證據於客觀上必須予人確信侵權行為之存在，始足當之。換言之，此一證據並非任由權利人主觀上恣意解釋評價，作為減免自己責任之護身符，該證據仍需經由客觀綜合判斷，藉以評價權利人聲請保全程序當時之主觀態度，以及其所指稱之侵權行為是否確實存在，倘其證據價值可任由權利人恣意解釋，則上開民事訴訟法關於權利人損害賠償責任以及民法有關侵權行為損害賠償責任就此部分之規定，將永無適用餘地，對於因此遭受損害之債務人（保全程序相對人），其平白所受之損害將無從彌補，而對於恣意曲解證據、利用法律正當程序者，將可遊走法律規範，遂其牟取私利目的。

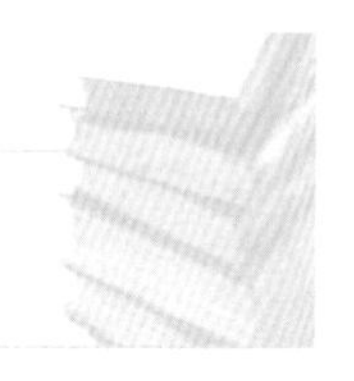

第二章　專利法訴訟

第一單元　專利侵權民事訴訟

第一節　前言

案例

> 甲公司近日推出之A產品，於市場上獲得熱烈迴響，惟一位業餘發明家乙發現，A產品所使用之技術侵害其專利權，因而向甲公司寄發律師函，惟甲公司對該律師函置之不理，乙憤而向智慧財產法院提起訴訟，請求甲公司應：(1)賠償其損害；(2)停止生產、製造、販賣A產品；(3)登報道歉。甲公司則以：(1)A產品所使用之技術於乙之專利權申請日前早已公諸於世，乙之專利權欠缺新穎性及進步性，應予撤銷；(2)A產品並未落入系爭專利之專利權範圍；(3)甲公司並無侵害系爭專利之故意過失；(4)系爭專利欠缺專利標示；(5)系爭專利應為乙丙丁三人共有，惟系爭專利之申請僅由乙單獨提出，以為抗辯。
>
> 問題：(1)甲公司主張乙之專利權有應撤銷之原因、A產品不侵害乙之專利權等抗辯，智慧財產法院民事庭應如何處理？
>
> (2)本件民事侵權損害賠償應如何計算？
>
> (3)原告乙，及被告甲公司應注意事項為何？

專利法係爲鼓勵、保護、利用發明與創作，以促進產業發展所制定之法律，專利制度之健全與專利權之保護對產業之發展具有相當之重要性，我國專利法於近年來因應產業發展、爲能與國際條約規定調和與接軌，已陸續進行多次修法，而對於專利權之保護，在民國90、92年陸續修法之前，原對侵害專利權之行為尚同時設有應負擔民事責任與刑事責任之規定，惟因專利權之爭執實與商業競爭較為相關，如動輒以刑事程序介入，由於可能涉及刑事訴訟程序中之搜索、扣押等強制處分，如有不慎，對產業之公平競爭與健全發展反而可能造成不利之影響，更恐有矯枉過正之可能，因此在歷經多次之修法後，現今的專利法已經將刑事責任全面除罪化，於2003年3月31日起，侵害專利權之責任已完全回歸民事救濟程序之範疇。故而專利侵權民事救濟程序與專利權之保護實屬息息相關、更形重要，以下將完整介紹專利權人在面臨專利權遭到侵害時，所能主張之各種民事救濟與相關法律程序。

以下介紹原則上以102年6月13日施行之專利法為準，若有論及舊法之必要，會一併註明之。

第二節　法令解說—專利法與民事救濟程序相關之規定

一、請求權人

（一）專利權人

專利權人，即專利權之歸屬主體，專利權人取得專利權之方式有二，其一為依專利法所規定之申請程序，針對其創作備具申請書、說明書及必要圖式，向專利專責機關（即經濟部智慧財產局）提出專利申請，經審查認無不予專利之情事者，予以核准公告而取得專利權；其二為從自前述申請人處依法繼受取得專利。依上開二途徑所取得專利權者，均為專利權人，依專利法第96條第1、2項，發明專利權受侵害時，專利權人得請求賠償損害，並得請求排除侵害（新型專利依第120條、設計專利依第142條第1項準用之）。於排他權部分，依專利法第58條（發明）、第120條準用第58條之規定（新型）、第136條（設計專利）之規定，為專有排除他人未經同意而實施專利權之人，亦即專利權人得專有排除他人未經其同意而製造、販賣、為販賣之要約、使用及為上述目的而進口等行為。於損害賠償請求權部分，專利權人得向侵害人請求賠償，並依據專利法第97條第1項計算其損害賠償數額。專利權人業務上信譽因侵害行為而有減損部分，因100年12月21日修正之專利法已將此請求權基礎刪除，故專利權人業務上之信譽受損時，其請求權基礎應回歸民法第195條第1項。據此，專利權人依法爲得行使各種民事請求權之權利主體，自不待言。

值得注意的是，專利權人如自行實施或依專利法第62條第1項之規定，授權他人實施其自身專利技術，於實施該專利技術之過程中，其行爲仍不排除可能落入他人專利權之範圍中，因而仍有可能構成對於他人專利權之侵害，尚不得僅以實施自身專利權爲由，作爲不侵害他人專利權之抗辯。

（二）專屬被授權人

專屬被授權人係指與專利權人定有授權契約，專屬取得實施專利權之人。依據專利法第96條第4項之規定，除專利權人之外，專利之被授權人，在符合某些要件時，專利法亦賦予其行使各種民事請求權之權利。由於專利權透過實施常可充分展現其在產業上之價值，但專利權之實施又往往需要資金、市場經營能力等商業上條件，專利權人未必熟稔或具有能力自行經營各該商業活動，故專利權人不自行實施其專利權，而選擇將其專利權授權予他人實施，以收取權利金作爲收益之方式，亦是實務上相當常見之商業型態。

惟值得特別注意的是，授予他人實施專利權，係指專利權人同意該被授權人實施該專利技術，且同意對被授權人不請求任何專利法上賦予專利權人之權利；然而，倘該被授權人實施該專利技術之行爲倘有落入任何第三人之專利權利時，仍可能構成對第三人專利之侵權行爲，亦即，專利權人授予被授權人實施一專利技術，該被授權人仍應注意是否於實施該專利技術時並無侵害第三人之權利，否則尚不得僅以已獲得授權爲由，作爲不侵害第三人專利之抗辯。

關於專利之授權，依其授權內容之不同，大致可分爲兩種類型：

1. 非專屬授權：非專屬授權係指專利權人將其專利之實施權授權予被授權人，被授權人僅在授權範圍內取得實施該專利之權利，但除此之外，被授權人並未取得專有之實施權，專利權人仍得自由將該專利權授權予其他人，非專屬被授權人對於其他第三人的合法實施行爲或不法侵害專利權之行爲，均不得對之主張排他權。因此，專利權之非專屬被授權人，尚非爲得行使本節各種民事請求權之權利主體。
2. 專屬授權：專屬授權係指專利權人將其專利之實施權專屬授權予被授權人外，使其取得一類似專利權人之「專用權」，被授權人於授權範圍內，取得具排他性的專屬實施權，因而專屬被授權人依此一授權之性質，當亦取得專利之排他權。因而，專利權人在專屬授權他人後，當不得再授權予任何第三人（惟在專屬授權前之其他非專屬授權，如經向智慧財產局爲授權登記，則該非專屬授權不受影響），而依據當事人約定之情形，通常在專屬授權之情形，雙方甚至會約定專利權人本人亦無實施權，以確保專屬被授權人之獨家實施權。而對於不法侵害專利權之行爲，專屬被授權人係專利權人外，得行使本節各種民事請求權之另一權利主體（專利法第96條第4項）。

在專屬授權之情形，因專屬被授權人可獨享專利實施權，並排除、禁止他人之實施該專利，其法律上地位已與專利權人十分接近，爲貫徹專利權之保護、保障並鼓勵專利之實施，專利之專屬被授權人自應具有獨立主張救濟之權。我國專利法第96條第1、2項爲專利權受侵害時專利權人請求損害賠償和排除、防止侵害之依據，同條第4項則特別規定：「專屬被授權人亦得爲前項請求。但契約另有約定者，從其約定。」

又專利權權利之移轉或變更，特別強調「登記」之公示方法，專利之授權依據專利法第62條第1項規定：「發明專利權人以其發明專利權讓與、信託、授權他人實施或設定質權，非經向專利專責機關登記，不得對抗第三人。」係採登記對抗主義，亦即向智慧財產局辦理授權登記雖然並非授權行爲本身之生效要件，縱未登記，專利授權行爲仍然有效；惟未辦理登記時，則不能對專利權人與被授權人以外之第三人主張有專利授權之事實。然而，當第三人爲侵害專利權之人時，若專利授權之事實未經登記，該第三人是否可以主張專利專屬被授權人尚未經登記，因而不得對抗該侵權之第三人？實務上曾有爭議。按專利法第62條第1項所稱的第三人，因條文本身並未規定爲善意第三人，解釋上似乎應包含善意及惡意之第三人，如被授權人未辦理授權登記，均不得對抗之，然而，此一解釋似乎將會不當保護該侵權之第三人，蓋不論專利權人究屬何人，該第三人都不應有侵權行爲產生，故解釋上，尚未經登記之專屬被授權人似乎仍得對侵權之第三人主張權利，然爲杜爭議，且授權登記並非繁雜程序，智慧財產局處理該登記程序亦屬速捷，專屬被授權人宜儘速完成授權登記，以減少不必要之爭議。

二、專利之侵害

專利權，係國家法律授予專利權人在法定有效期間內，享有一獨占地位之權利，依其本質論，除爲得自行實施該專利技術之權外，主要爲一種排除他人實施之排他權，以我國專利法第58條第1項（發明專利）爲例：「物品專利權人，除本法另有規定者外，專有排除他人未經其同意而製造、爲販賣之要約、販賣、使用或爲上述目的而進口該物品之權。方法專利權人，除本法另有規定者外，專有排除他人未經其同意而使用該方法及使用、爲販賣之要約、販賣或爲上述目的而進口該方法直接製成物品之權。」由此條文之內容可知，專利權權利之內涵主要展現在「排除他人未經同意之實施行爲」之排他性權利上，因此，對於一有效之專利權，在其專利權效力範圍內，如有任何人未經專利權人同意，但卻有實施專利權之行爲時，即構成對該專利權之侵害。

對專利權之侵害行爲，其構成要件如下：

（一）專利權須有效且存續

專利權係有法定有效期限之權利，除得依法申請延長之情形外，發明專利爲自申請日起算二十年（專利法第52條第3項），新型專利爲自申請日起算十年（專利法第114條），設計專利自申請日起算十二年（專利法第135條），如超過上述期限，自無法再受專利權之保護。此外，專利權之申請，必須符合專利法所規定之專利要件，並經行政機關審查核准，在專利核准之後，亦可能遭到舉發撤銷，使專利權自始無效，因此，如專利權嗣後有任何消滅或應撤銷之原因（專利法第70、71條），例如遭到智慧財產局審定舉發成立而撤銷專利權或行爲時已超過專利之法定有效期限而當然消滅，或專利權人逾期未補繳專利年費導致專利權消滅等情形，由於專利權已不存在，專利權人當不得再主張專利權之相關權利。

（二）侵害人無合法實施專利權之權限

專利權之實施，除專利所有權人外，被授權人、受讓與之人、契約約定得實施專利之質權人、信託人或繼承人等，均同爲有權實施專利權之人，其實施專利權之行爲，自不構成對專利權之侵害。

（三）侵害人具有實施專利權之行為

專利法下侵害專利之實施行爲，依專利法第58條第2項（發明）、新型依第120條之規定準用之、136條（設計專利）之規定，共有製造、爲販賣之要約、販賣、使用或爲上述目的而進口等幾種行爲態樣，且各該行爲亦因所涉專利爲物品專利或方法專利而有所不同，故而所保護之範圍亦因所涉專利之類別而有相異，因此對於各該實施行為之規定亦應特別注意。按物品專利保護的對象為「專利物品」本身，而方法專利所保護的則是「方法」以及「使用該方法所直接製成之物品」，其中，為避免方法專利權之效力過度擴張，「直接製成之物品」指依照該專利方法，實施後所直接生產出來之產品，如將該產品再行加工生產成為其他產品，即不屬於「直接製成之物品」，並非方法專利之效力所及。

1. 製造專利物品：製造係指一切生產加工產出產品之行為，包含加工、組合、組裝、改造等行為。當專利為物品專利時（發明、新型、設計專利等三種專利均有可能），因物品專利保護的對象為「專利物品」本身，故不論侵害人係採取何種製造方法，製造物品之行為本身即可構成侵害專利行為；然而，在專利為製造方法專利時（僅有發明專利始有可能以方法專利保護之），因專利權所保護的是「方法」以及「使用該方法所直接製成之物品」，故僅有「使用」該專利方法之概念，並無從以製造之方式侵害方法專利。
2. 販賣專利物品或依專利方法直接製成之物品：所謂販賣，與銷售之概念相同，指有償之讓與所有權行為，完整的「販賣」行為應包含自形成買賣合意、交付移轉所有權、支付或允諾支付價金之契約全部過程。據此，其他無償行為或並未移轉所有權之行為，如贈與、出租、借貸等行為，應不包含在販賣之概念內。當專利為物品專利時（三種類型專利均有可能），販賣之標的即為「專利物品」本身；而在方法發明專利，販賣之標的應為「使用該專利方法直接製成之物品」。
3. 為販賣之要約（專利物品或依專利方法直接製成之物品）：販賣之要約，係販賣行為之前的要約引誘行為，不論係以何種形式（口頭、實物展示、書面、網頁等）明確表示販賣意思之行為均屬之，例如將貨物標訂賣價陳列、於網路上廣告、散發產品型錄、宣傳單等行為。販賣之要約概念上係販賣之前的準備行為，無法被販賣所涵蓋，但專利權人必須有此權利方可禁止他人在實際將產品銷售出去前之推銷行為，才能及時制止侵權行為，防止侵權產品持續流通擴散，以減少損害，為加強保障對專利權人之保障及配合TRIPS之規定，我國專利法於2003年修法時已增列「為販賣之要約」之侵害行為態樣。當專利為物品專利時（三種專利均有可能），販賣要約之標的即為「專利物品」本身；而在方法發明專利，販賣要約之標的應為「使用該專利方法直接製成之物品」。

4. 進口專利物品或依專利方法直接製成之物品：進口，係指將在國外製造之產品運入我國境內之行爲，惟進口行爲必須是爲上述目的（製造、爲販賣之要約、販賣、使用）而進口，始足構成侵害專利之行爲。當專利爲物品專利時（三種專利均有可能），進口之標的即爲「專利物品」本身；而在方法發明專利，進口之標的應爲「以該專利方法直接製成之物品」。
5. 使用專利物品或依專利方法直接製成之物品：使用之意義爲依物品之用途，加以利用獲得利益之行爲，包含單獨使用該物品或是將物品作爲其他產品之零件，均屬於使用之範疇。當專利爲物品專利時（三種類型專利均有可能），使用之標的爲「專利物品」本身；而在方法發明專利，使用之標的應爲「以該專利方法直接製成之物品」。
6. 使用專利方法：當專利爲方法專利時（僅有發明專利始有可能以方法專利保護之），專利所保護之對象與物品專利頗有不同，應爲「方法」本身（包含製造方法、處理方法及使用方法）以及「依該方法所直接製成之物品」（限於製造方法專利）。未經同意使用直接製成物品之部分，已如上述；而所謂使用專利方法，係指實施與專利方法（包含製造方法、處理方法及使用方法等）所界定相同的每一個步驟，將專利方法予以實現之行爲。故若有他人使用專利方法以外之方法，製造出與專利方法相同之產品時，或是未完全使用與專利方法所界定之相同步驟流程，並不構成對方法專利之侵害。

另上開侵害專利之實施行爲，係指侵權行爲人所爲之行爲態樣是否落入專利權人之申請專利範圍中，此一部份涉及技術判斷問題，目前司法機關多遵循司法院函轉各級法院參考之「專利侵害鑑定要點」，用於檢視當事人呈送之侵害鑑定報告或是經法院指定鑑定機構所作成之鑑定報告是否具有鑑定流程上的瑕疵，而法院判決亦常以鑑定報告違反鑑定流程而作爲不採用該鑑定意見之理由。

（四）侵害行為須在專利權有效之國家管轄權境內

專利權因係由各國行政機關依專利法之規定所核准授與，既爲各國主權之展現，其效力自無法及於授予專利權以外之國家，此亦稱爲專利之屬地原則。因此，專利權人如欲行使專利，自應以侵害行爲係在專利權有受到保護之國家境內進行爲前提，否則亦不構成專利侵害行爲（智慧財產法院98年度民專訴字第85號判決參照）。

（五）專利權效力所不及之事由

專利權之效力，在某些特殊之情形下，受有限制，如專利法第59-61條（新型專利依專利法第120條準用第59條，設計專利依專利法第142條準用第59條：

1. 爲研究、教學或試驗實施其發明，而無營利行爲者（第59條第1項第1、2款）：按專利制度之目的，本即在鼓勵專利發明人公開其技術，以促進全體社會的進步與科技發展，故他人若基於學術研究之目的而實施專利權，且無以之爲營利行爲時，即無使專利權人之利益受到損害之可言，因此專利法特別明定此種實施行爲，並非專利權效力之所及。同理，藥事法第40條之2第5項規定：「新藥專利權不及於藥商申請查驗登記前所進行之研究、教學或試驗。」亦爲獎勵學術研究之規定。
2. 申請前已在國內使用，或已完成必須之準備者。但在申請前六個月內，於專利申請人處得知其製造方法，並經專利申請人聲明保留其專利權者，不在此限（第59條第1項第3款）：本條亦被稱爲「先使用權」，因我國係採取先申請主義，取得專利權之人不一定是首先使用發明技術之人，首先使用之人在他人將該技術申請專利前可能已投入之許多人力、物力實施或已完成使用必須之準備，若因嗣後他人申請專利獲准，造成先使用者無法繼續使用該技術之結果，顯然即有失公平，亦會造成社會資源之浪費。專利法爲衡平此種狀況，特賦予先使用人一「先使用權」，爲專利權之效力所不及，先使用人在原有事業範圍內有先使用權，得以繼續利用該專利技術。而先使用權之效力，依專利法第59條第1項第3款、同條第2項之規定，僅限於原有事業內繼續利用，其範圍係根據先使用權人於專利權人申請之際現存或已完成必要準備的規模，允許先使用權人繼續生產、利用。
3. 僅由國境經過之交通工具或其裝置（第59條第1項第4款）：按僅經過國境之交通工具或其裝置，即便使用到物品專利或方法專利，然而其經過之目的僅係往來交通且時間短暫，不至於對專利權人過度損害，爲避免妨礙國際交通與經貿往來，此種情形亦屬非專利權之效力所及。
4. 非專利申請權人所得專利權，因專利權人舉發而撤銷時，其被授權人在舉發前以善意在國內使用或已完成必須之準備者（第59條第1項第

5款）：當不具有專利申請權之人，申請專利獲准，並將之授權給善意不知情之被授權人時，如該專利事後遭到撤銷，而由眞正專利權人取得專利權時，如被授權人已開始實施專利或已完成必須之準備，實不應使善意被授權人驟然面臨其先前已取得之授權因專利被撤銷而無效，實施授權技術之相關行爲反而變成侵害他人專利之行爲，否則將可能造成交易秩序之不安，對善意被授權人之保障亦顯然不足，故本款特別規定，善意被授權人之行爲，並不構成專利之侵害，惟被授權人僅限於在其原有事業內得繼續利用，且自收到專利權人書面通知之日起，應支付專利權人合理之權利金（第59條第2、3項）。

5. 專利權人所製造或經其同意製造之專利物品販賣後，使用或再販賣該物品者。上述製造、販賣不以國內爲限（第59條第1項第6款）：本款有認爲係「耗盡原則」與「平行輸入」之相關規定，按專利權之效力僅在於排除他人違法的實施行爲，如係專利權人自行製造或同意製造之人所製造之物品，即屬合法得以使用或流通之物品，該物品如再經過合法之販賣在市場上流通後，受讓人依法取得該物品之所有權，對該物品縱爲任何之處分或利用行爲，亦已不需經過專利權人之允許，換言之，專利權人對該物品之販賣、使用權在販賣後即已耗盡。由於本款後段規定「上述製造、販賣不以國內爲限」，似可認爲我國專利法係採取「國際耗盡原則」，亦即對於國外市場的第一次銷售行爲，亦承認專利權之耗盡，由此可知，在我國專利法下，或可解釋平行輸入之行爲並非侵害專利之行爲。
6. 混合二種以上醫藥品而製造之醫藥品或方法，其專利權效力不及於醫師之處方或依處方調劑之醫藥品（第61條）：本條係爲保障醫師與病患之權益，使醫師能隨病患之症狀，開立最適切之處方，以確保醫療行爲與調劑行爲之順暢。

三、民事請求權

專利權人於其專利權受到不法之侵害時，依據專利法以及民法之相關規定，具有以下之請求權：

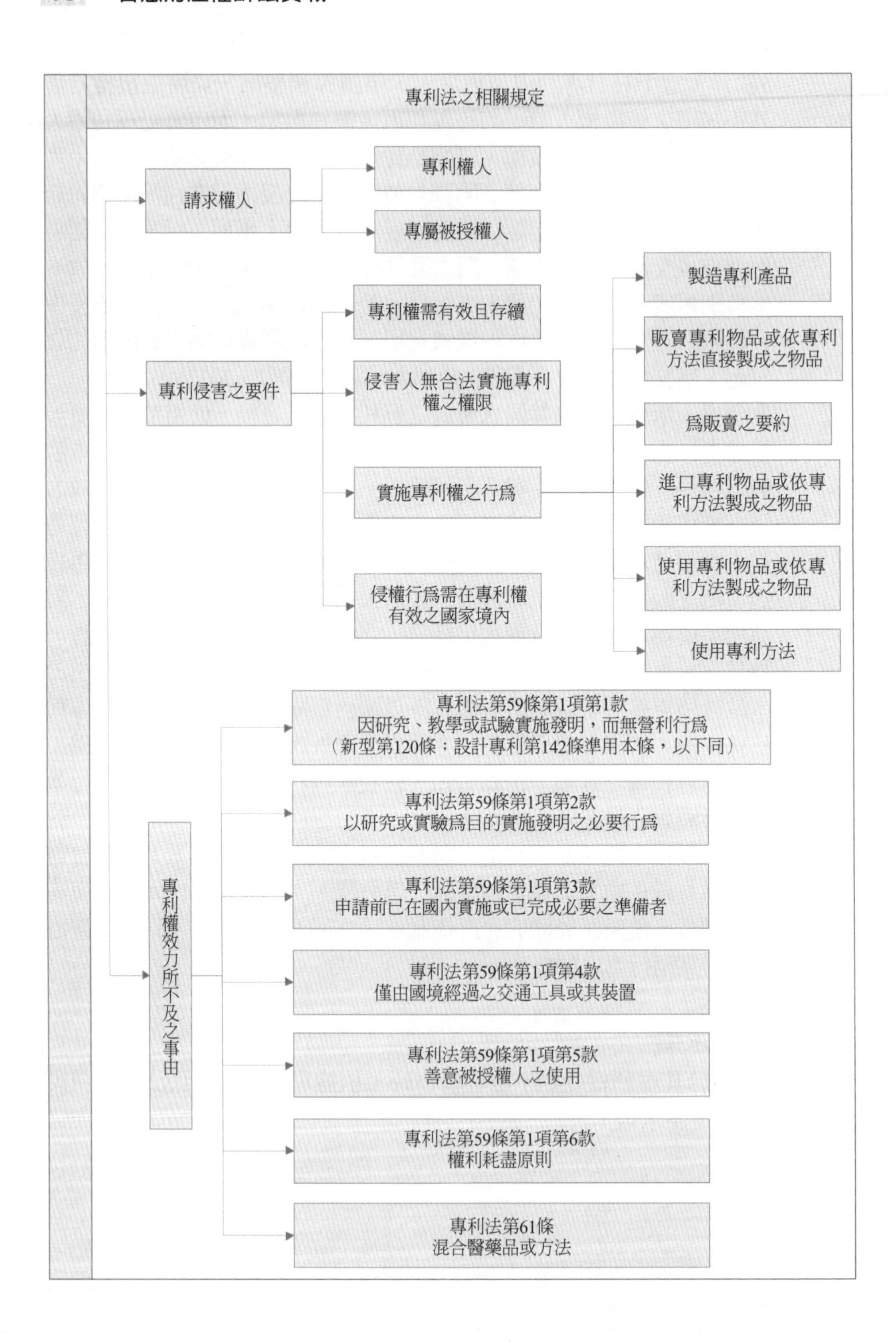
專利法之相關規定
請求權人
專利權人
專屬被授權人
專利侵害之要件
專利權需有效且存續
侵害人無合法實施專利權之權限
實施專利權之行爲
侵權行爲需在專利權有效之國家境內
製造專利產品
販賣專利物品或依專利方法直接製成之物品
爲販賣之要約
進口專利物品或依專利方法製成之物品
使用專利物品或依專利方法製成之物品
使用專利方法
專利權效力所不及之事由
專利法第59條第1項第1款
因研究、教學或試驗實施發明，而無營利行爲
（新型第120條；設計專利第142條準用本條，以下同）
專利法第59條第1項第2款
以研究或實驗爲目的實施發明之必要行爲
專利法第59條第1項第3款
申請前已在國內實施或已完成必要之準備者
專利法第59條第1項第4款
僅由國境經過之交通工具或其裝置
專利法第59條第1項第5款
善意被授權人之使用
專利法第59條第1項第6款
權利耗盡原則
專利法第61條
混合醫藥品或方法

（一）損害賠償請求權

專利法第96條第1、2項規定：「發明專利權受侵害時，專利權人得請求賠償損害。」此爲專利權人請求損害賠償之依據；專利之專屬被授權人依專利法第96條第4項，亦得獨立爲本項請求。凡因故意或過失不法侵害他人專利權致生損害，且侵害行爲與損害間有因果關係之人，即須對專利權人之損害負賠償責任。金錢損害賠償亦是專利侵權爭議事件中，請求權人最常見的請求，關於侵權行爲之損害賠償請求，除前述之侵害專利權行爲外，其餘構成要件原則上均與一般的侵權行爲相同：

1. 故意過失之舉證責任分配與認定

專利侵權行爲，在體系上仍屬於侵權行爲之體系，必須以行爲人主觀上具有故意過失爲要件，此點並無爭議，惟關於故意過失之舉證責任分配，實務上卻有不同之見解，一說認爲專利侵權行爲之性質仍爲侵權行爲，訴訟中原告仍須對被告之主觀故意或過失負舉證責任，此說以最高法院93年台上字第2292號判決爲代表；另一說認爲，專利法之條文屬於民法第184條第2項的「保護他人之法律」，故產生推定侵權人具有過失之效果，須由侵權人舉證證明其無過失，此說以最高法院94年台上字第1340號判決爲代表，而關於此一爭議，目前的實務見解中兩說均各獲不少之判決支持，尙未出現統一之見解，惟目前司法院98年度智慧財產法院座談時，關於此一問題，即曾以民事訴訟類第14號法律問題進行討論，結論係以「專利侵害事件之場合，專利權人應舉證證明被控侵權行爲人有故意或過失」爲多數見解。

又關於「故意過失」之認定，雖原則上應根據個案事實具體認定之，但實務上仍得歸納出一些法院曾採行認定之標準：

在「故意」的認定標準上，如侵權人在收受警告函之後仍持續進行侵權之行爲，通常均會被評價爲「故意」之侵權行爲（高等法院台中分院94年度智上易字第3號判決參照），實務上亦有判決認爲在法院實施證據保全之後，被告即應已知侵害專利權之事實，如仍繼續生產銷售，即屬故意之侵害行爲（台灣高等法院93年度上字第1074號判決參照）。

在「過失」的認定標準上，因專利權係屬無體財產權，並非有實體物之存在，雖有專利之公告，仍非一般人所經常接觸之資訊，因此許多被告在訴訟中會主張不知道專利權存在，或知悉可能侵權後已立刻停止製造販賣等無過失之抗辯，實務見解對於此種無過失抗辯之認定，亦發展出許多不同之標準，有以被告之身分爲製造商或通路商區分者，認爲被告如爲製造商，自不能對專利權之存在諉爲不知（智慧財產法院98年度民專上字第54號判決、高等法院台中分院94年度智上更字第1號判決參照），反之，如非生產製造者，僅爲進口、銷售商，即難苛責其了解是否有侵害他人專利，而認定被告爲無過失（智慧財產法院98年度民專上字第54號判決、台灣高等法院94年度智上易字第12號、高等法院台中分院94年度智上易字第12號、台北地方法院95年度智字第106號判決參照）；亦有實務判決以是否屬於相關產業爲標準，認爲從事相關產業之業者應能知悉專利權之公示效果，自不得諉爲不知（台灣高等法院94年度智上字第59號判決參照）；此外，新型專利技術報告之提出，亦有認爲會影響對於故意過失之認定，有判決即認爲，上訴人僅以律師函通知被上訴人，並未附上新型專利之技術報告，故在專利權人即上訴人爲上開警告前，難謂被上訴人有何故意或過失（台灣高等法院94年度智上易字第12號判決參照），此外，如侵權人雖知悉他人專利權之存在，但有合理之確信認爲並未構成均等侵害他人專利權時，例如取得專業機構的不侵權鑑定報告或不侵權之保證書，倘符合一般人之經驗法則，亦有認爲或可阻卻故意或過失（智慧財產法院98年度民專上字第3號判決參照）。

2. 損害

按「專利權受侵害者，仍以客觀上受有損害爲限，始得依據專利法第85條第1項各款規定，定其賠償金額。」（台灣高等法院94年度智上字第26號判決、最高法院19年度上字第2316號判例參照），亦即專利權人需就其客觀受有損害予以舉證證明。次就損害賠償額之計算，專利法第97條訂有特別規定，原告提起訴訟請求時，可選擇其主張之計算方式（詳如後述）。又關於損害賠償，一般而言，依據民法第216條之規定，包含所受損害與所失利益，前者指因侵害行爲造成之固有利益損失；後者指依合理預期原可獲得，但因侵害行爲而無法獲得之利益。然在侵害專利權之情形，因對專利之侵害，主要爲「未經同意之實施行爲」，原則上並不會損及專利權人之固有利益（亦即不至於對專利權本身造成任何減損），而係以實施專利權的方式，與專利權人進行競爭，影響專利權人之收益，故專利受侵害時之損害，原則上係以所失利益爲準。

3. 專利證書號數之標示

專利侵權之損害賠償請求，在專利法第98條另定有一項特別要件：「發明專利權人應在專利物品或其包裝上標示專利證書號數；不能於專利物上標示者，得於標籤、包裝或其他足以引起他人認識之顯著方式標示之；其未附加標示者，於請求損害賠償時，應舉證證明侵害人明知或可得而知為專利物」因專利權本身並非有體財產權，僅有專利公告之公示方法，因此專利法特別課予專利權人標示專利證書號之義務，其目的在於保護不知情之侵權者免於遭受損害賠償之訴追，未為專利標示之法律效果為不得請求損害賠償，無論係主張專利法下之侵權行為，或民法侵權行為，均不得請求（智慧財產法院98年度民專上易字第18號判決、97年度民專訴字第47號判決、99年度民專訴字第117號判決、台灣高等法院95年度智上字第17號判決參照）。惟如侵權人明知或有事實足證其可得而知為專利物品時，則例外不需專利證書號之標示，例如專利權人已寄發警告函通知侵權人之情形。

4.　消滅時效

專利侵權行為，在本質上仍屬於民法侵權行為的一種，專利權人因專利侵權行為主張行使損害賠償請求權，自亦應遵守時效之規定，專利法第96條第6項規定：「本條所定之請求權，自請求權人知有行為及賠償義務人時起，二年間不行使而消滅；自行為時起，逾十年者，亦同。」本條規定與一般民事侵權行為請求損害賠償之消滅時效規定相同（民法第197條第1項）。簡言之，當專利權人知悉有侵害專利權之行為及行為人時，損害賠償請求權之消滅時效即開始起算，如專利權人兩年內未行使，請求權將因時效而消滅；縱然專利權人始終不知侵害專利權之行為及行為人，至遲自侵權行為時起滿十年者，請求權亦因時效而消滅，侵權人得主張時效消滅之抗辯。（智慧財產法院99年度民專上更（一）字第9號判決、98年度民專訴第152號判決參照）

（二）侵害排除、防止請求權

當專利權遭受侵害時，除前述損害賠償請求外，專利權人亦得依專利法第96條第1項：「發明專利權人對於侵害其專利權者，得請求除去之。有侵害之虞者，得請求防止之。」請求排除或防止侵害，而專利之專屬被授權人依專利法第96條第4項，亦得獨立為本項請求。因專利權之運用經常附隨龐大的財產價值、商業利益及市場戰略考量，僅以事後的損害賠償請求權，有時並不能完全達到維持專利權人獨占地位或利益最大化之目的，因此藉由賦予專利權人類似物上請求權之排除、防止侵害請求權，俾使侵權人將來完全不得再為任何侵害行爲甚至退出市場，因而，侵害排除或防止請求權之影響將比金錢之損害賠償請求權更深更廣。據此，凡不法侵害他人專利權之人，不論有無故意過失，專利權人均得請求其停止及排除正在持續中的侵害行爲與狀態，或針對將來可能發生之侵害，預先防止侵害行爲之實現。所謂專利權受侵害，係指實際上已有侵害專利權之行爲存在，此時專利權人得請求侵害人停止一切製造、販賣要約、販賣、使用或爲上述目的進口侵權產品等行爲；而所謂有侵害之虞，則係指專利權有被侵害之具體危險，此時專利權人可請求侵害人不爲製造、販賣要約、販賣、使用或爲上述目的進口侵權產品等行爲。

（三）請求銷毀或為其他必要之處置

依專利法第96條第3項：「發明專利權人爲第一項之請求時，對於侵害專利權之物品或從事侵害行爲之原料或器具，得請求銷毀或爲其他必要之處置。」爲了徹底防止侵權人將來繼續從事侵害行爲之可能或是防止侵權產品持續在市場流通，專利法賦予專利權人請求銷毀侵害專利權之物品或從事侵害行爲之原料或器具或爲其他必要之處置之權利，以保護其專利權。惟請求銷毀侵害專利權之物品或從事侵害行爲之原料或器具之範圍，仍非毫無限制，如性質上爲專供侵害行爲所用之物品，可請求銷毀之自無疑義；如本質上非專供侵害行爲所用，但也可用於侵害行爲之物品，則須視具體情形，如將來仍會被作爲侵害行爲之用的可能性極高時，始可請求銷毀。又如該侵害專利權之物品，爲第三人所有或已合法轉移至無關之第三人時（例如：消費者），此時如仍請求加以銷毀，其執行上恐有有困難，亦不甚合理，於考量此等請求時，應斟酌侵權之嚴重性及對第三人利益之保護，以及是否有其他可行之處置方式。專利法第96條第3項所稱「其他必要之處置」，衡量立法目的，應限於使侵害人不得再爲商業競爭之方法，例如請求侵權人提供擔保金保證日後不再侵害，如日後仍有侵害行爲即將擔保金充作賠償金、或禁止使用侵害行爲所用之器具、或請求交付侵權產品等方式，然並不及於其他過當或無必要性之處置。

（四）請求回復名譽

專利法第96條第5項：「發明人之姓名表示權受侵害時，得請求表示發明人之姓名或爲其他回復名譽之必要處分。」按專利之發明人有於專利證書上記載其姓名之權利，此係無體財產權中之人格權，亦即爲發明人之姓名表示權。

然而，此亦可再細分爲下列兩種情形：第一種是非實際發明人卻申請取得專利之情形，實際發明人除得依專利法第35條第1項之規定申請舉發，以回復其權益外，亦得依據專利法第96條第5項請求回復名譽，以公告周知；第二種情形是對於發明有實質貢獻之共同發明人，得請求將其姓名列於發明人之列或請求其他回復名譽之必要處分。上開回復名譽請求與一般的專利權受侵害之情形有明顯差別。

關於何謂對於發明有實質貢獻，實務上見解爲：「按，發明人係指實際進行研究發明之人，創作人係指實際進行研究創作新型或新式樣（現行法之設計）之人，發明人或創作人之姓名表示權係人格權之一種，故發明人或創作人必係自然人，而發明人或創作人須係對申請專利範圍所記載之技術特徵具有實質貢獻之人，當申請專利範圍記載數個請求項時，發明人或創作人並不以對各該請求項均有貢獻爲必要，倘僅對一項或數項請求項有貢獻，即可表示爲共同發明人或創作人。所謂「實質貢獻之人」係指爲完成發明而進行精神創作之人，其須就發明或新型所欲解決之問題或達成之功效產生構想（conception），並進而提出具體而可達成該構想之技術手段。惟因發明係保護他人爲完成發明所進行之精神創作，而非保護創作之商品化，是以使用他人所構思之具體技術手段實際製造物品或其部分元件之人，縱然對物品之製造具有貢獻，仍難謂係共同發明人。」（智慧財產法院98年度民專上字第39號判決參照）

（五）信譽減損賠償請求權

現行專利法已將此請求權基礎之條文刪除，故專利權人業務上信譽受損時，其請求權基礎應回歸民法第195條第1項。專利權人如欲爲本項之請求，必須具體證明其業務上信譽因侵害行爲而有如何之減損，惟專利權之侵害與商標權之侵害尙有不同，因專利權通常並不會與專利權人之營業信譽有直接之連結，因此信譽減損之賠償請求，應限於侵權產品品質低劣，減損專利產品或是專利權人在消費者心中之形象之情形。

關於發明專利權人業務上信譽因侵害而致減損，實務上見解爲：「（一）法院在具體專利侵害事件中，酌定專利權人業務上信譽損害，應綜合兩造所提出之相關證據，斟酌本案一切之客觀情況，即以被害人企業規模大小、營業額多寡及社會大衆給予之評價等因素，斟酌核定侵害人所應負專利權人信譽減損之賠償責任。例如，侵害專利權之行爲人出售之仿造品之品質低劣，且價格遠低於專利權人出售價格，致不知情之相關消費者誤認專利權人產品售價偏高，品質不良，對專利權人產品之信賴感劇減，其業務上之信譽遭受減損至明。（二）原告雖主張被告應賠償其業務之信譽減損之損害，惟參諸上揭專利法第85條第2項（現行法將本條項刪除，而應回歸適用民法第195條第1項）之規定，原告應舉證證明其業務之信譽因被告侵害系爭專利而有減損之事實。然原告迄未提出確實證據供本院斟酌，足以認定被告販賣系爭支架之行為，致有減損其業務之信譽之事實。況商譽權為經濟上信用之保護，商譽受侵害係在社會上的評價受有低落之程度，始足相當，尚不得僅憑被告有販賣系爭支架，而遽行認定原告業務之信譽即有受減損之損害。是原告請求被告賠償其業務之信譽因而減損之損害云云，即無理由，不應准許。」（智慧財產法院98年度民專訴字第96號判決參照）

（六）聲請判決書登報

現行專利法將此請求權基礎之條文刪除，故此部分仍應回歸民法第195條第1項規定之適用。

此外，實務上法院在裁量判決書登報時，由於此為回復專利權人信譽方法之一，因此法院通常會斟酌判決書登報以回復名譽之必要性及其範圍，加之判決書全文通常具有相當篇幅，將判決書全部登報在實際上似不易達成，且亦非合理，較為常見之方式是將最後事實審之當事人名稱及主文，以特定大小字體（例如14級字體）於特定報紙（例如經濟日報）或網頁之特定版面或欄位（例如全國版A版）刊登特定期間（例如一日）。再者，判決書登報部分，因具有一次性之效果，具有不可回復之特性，於勝訴判決確定前不宜為假執行之實施。（智慧財產法院98年度民專上字第21號判決參照）

（七）民法不當得利請求權

按專利侵權人並無法律上之原因，卻實施專利權人之專利，因此獲得利益，除符合專利法侵權行為之要件外，亦已符合民法侵權行為與不當得利之構成要件，故如專利權人因請求權時效消滅而不得依侵權行為請求損害賠償時，應仍有民法第197條第2項：「損害賠償之義務人，因侵權行為受利益，致被害人受損害者，於前項時效完成後，仍應依關於不當得利之規定，返還其所受之利益於被害人。」之適用，此時專利權人雖不得主張侵權行為，仍得對侵權人主張民法上的不當得利請求權。

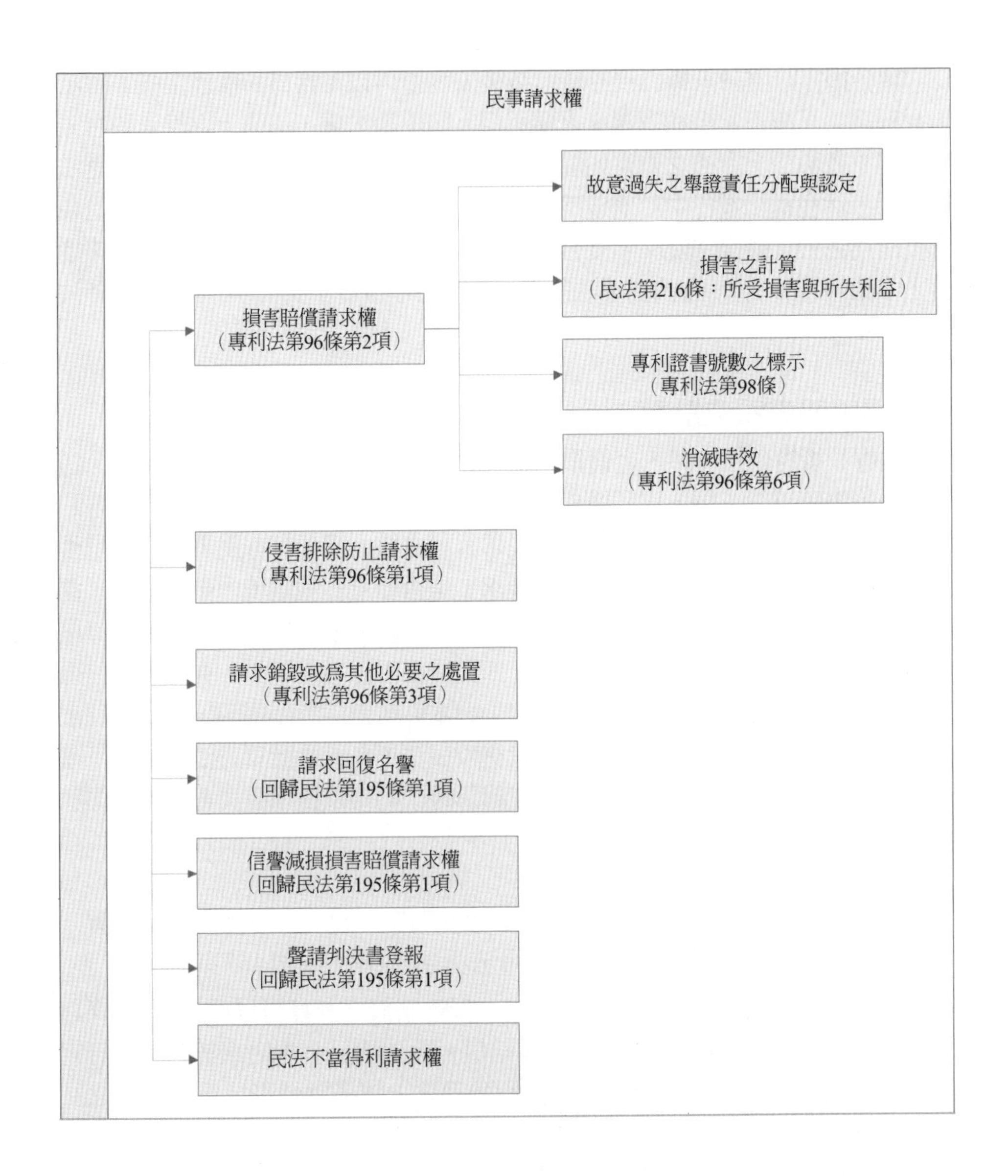
民事請求權
損害賠償請求權
（專利法第96條第2項）
故意過失之舉證責任分配與認定
損害之計算
（民法第216條：所受損害與所失利益）
專利證書號數之標示
（專利法第98條）
消滅時效
（專利法第96條第6項）
侵害排除防止請求權
（專利法第96條第1項）
請求銷毀或爲其他必要之處置
（專利法第96條第3項）
請求回復名譽
（回歸民法第195條第1項）
信譽減損損害賠償請求權
（回歸民法第195條第1項）
聲請判決書登報
（回歸民法第195條第1項）
民法不當得利請求權

關於損害賠償請求權已罹於時消滅後，可否再以不當得利而爲主張，實務上見解爲：「按不當得利返還請求權與損害賠償請求權，法律上之性質雖有未同，但二者訴訟上所據之事實如屬同一，則原告起訴時雖係基於侵權行爲之法律關係，然在訴訟進行中於他造爲時效之抗辯後，亦不妨再基於不當得利之請求權而爲主張（最高法院56年度台上字第3064號判例）。」（最高法院96年度台上字第992號判決、台灣高等法院台中分院93年度智上更（一）字第1號判決參照）

四、損害賠償額之計算

當專利權遭受侵害時，金錢損害賠償之請求是專利權人最常見之主張，透過此一損害賠償請求權，專利權人得以直接得到一定程度補償，然而，損害賠償之數額應如何計算，即屬專利侵權民事訴訟之核心事項，亦爲專利權人是否有意願於智慧財產法院進行損害賠償請求，是否願意在我國境內申請專利、遇有侵權時是否有意願依法尋求司法保護之重要考量因素。按權利人若無法舉證證明損害賠償數額或只能證明極少數，即便侵權訴訟獲得勝訴，亦非屬已獲得完整之保護。惟專利權遭到侵害時之損失，本即較難估計與證明，因此專利法對於損害賠償額之計算，於立法時已設有較民法更多元之計算方法，雖然不盡理想與待改進之處仍多，但專利權人在起訴時，仍得依據事實與證據的掌握狀況，自行選擇較有利之計算方式：

（一）依民法第216條規定，以「所受損害」與「所失利益」之數額為損害賠償之數額（專利法第97條第1項第1款前段）

專利法第97條第1項第1款前段規定，損害賠償之計算得以民法第216條之規定，而民法第216條係規定：「損害賠償，除法律另有規定或契約另有訂定外，應以塡補債權人所受損害及所失利益爲限。依通常情形，或依已定之計劃、設備或其他特別情事，可得預期之利益，視爲所失利益。」惟因專利權本身並非有體物權，他人對專利權之侵害並不直接造成專利權本身之減損，而係妨礙專利權人對該專利權之收益，例如：專利權人無法收取權利金之利益損失、侵權人或其客戶因侵權產品之存在而不向專利權人購買專利產品之利益損失、專利權人因侵權產品存在而無法售出之產品利益損失等，故專利侵權之損害，原則上即係指「所失利益」而言，「所受損害」之情形較難想像。

（二）差額說（專利法第97條第1項第1款後段）

專利法第97條第1項第1款後段規定，若專利權利人不能提供足夠之證據證明其損害時，權利人得就其實施專利權通常所可獲得之利益，減除受害後實施同一專利權所得之利益，以其差額爲所受損害之數額，此亦被稱爲「差額說」。本款立法目的雖係減輕權利人之舉證責任，較前述民法第216條之主張方式容易舉證，然其缺點在於，因侵權行爲和損害之發生間，必須具有相當之因果關係，此爲侵權行爲成立的法定要件之一，然影響專利權人獲利之因素衆多，期間營業數額之增減是否均是因爲侵害行爲所致，並無法一概而論，例如專利權人本身之市場經營能力、產品市場變遷、或多數侵權者之存在等，此時差額法顯然即難以反映眞實之損害數字，此爲本條立法頗受批評之處。甚至當專利權人因市場擴大、經營能力提昇等因素，受侵害後比受侵害前獲利更豐時（惟如無侵權人存在，專利權人可獲利更多，故實際上仍是有利益之損失），或是當專利權人尙未進入市場時，差額法即無法適用。本款因具有上述缺點，法院實際依據本款而核定損害賠償數額之判決仍非多見。

（三）銷售總利益說（專利法第97條第2款）

專利法第97條第2款規定，得以侵害人因侵害行爲所得之利益作爲專利權利人所受損害之數額。本款之立法目的亦在於減輕權利人舉證責任及嚇阻侵權行爲，將侵權人藉由侵害專利權之方式所獲得之不當利益擬制爲專利權利人之損害。由於此款規定無庸考量專利權人之收益情形或揭露自身之銷售情形，因此，實務上專利權人多主張本款計算方式以計算損害，原則上僅須計算「侵害人因侵害行爲所得之利益」即可，具體計算方法爲例如將侵權人所販售之侵權產品總數量乘以產品單價（或利益）。採用本款計算方法時，專利權人仍必須設法獲取侵權人製造或銷售侵權產品之資訊，當侵權人爲稍具規模或上市上櫃公司之事業時，因該等公司之財務報表依法必須公開，資訊之取得或許較爲容易，通常可藉由侵權人之公開財報、公司簡介、網頁資訊、產品型錄、宣傳廣告單、或是報章雜誌之報導、官方或產業協會之統計資料獲得此類資料，當侵權人爲出口商時，亦可向經濟部國際貿易局查詢侵權人之總出口實績或請求法院向財政部國稅局調取侵權人之出口報單或發票以證明侵權人出口之侵權產品數量，以計算侵權產品之數量與利益。此種計算方法相對於差額說之計算方式較易於計算且具體，故而實務上亦爲原告常主張的計算方式，法院判決對於原告此等主張亦多維持。惟前述各種證明方式所得出之數字仍是一種推估，畢竟不是實際且精確之數據，於訴訟中仍有許多不確定性及爭執。而實務上專利權人（原告）亦得依民事訴訟法第342～345條之規定，主張證明所需之文書資料均為侵權人（被告）所持有，請求法院命侵權人提出其營業資料，否則法院得審酌情形認他造關於該文書之主張或依該文書應證之事實為眞實，亦即以原告所主張之計算方式及計算出來之數額為眞正，據以認定損害賠償數額。

民事訴訟法第342條：「聲明書證，係使用他造所執之文書者，應聲請法院命他造提出。前項聲請，應表明下列各款事項：一、應命其提出之文書。二、依該文書應證之事實。三、文書之內容。四、文書為他造所執之事由。五、他造有提出文書義務之原因。前項第一款及第三款所列事項之表明顯有困難時，法院得命他造為必要之協助。」

民事訴訟法第343條：「法院認應證之事實重要，且舉證人之聲請正當者，應以裁定命他造提出文書。」

民事訴訟法第344條：「下列各款文書，當事人有提出之義務：一、該當事人於訴訟程序中曾經引用者。二、他造依法律規定，得請求交付或閱覽者。三、為他造之利益而作者。四、商業帳簿。五、就與本件訴訟有關之事項所作者。前項第五款之文書內容，涉及當事人或第三人之隱私或業務秘密，如予公開，有致該當事人或第三人受重大損害之虞者，當事人得拒絕提出。但法院為判斷其有無拒絕提出之正當理由，必要時，得命其提出，並以不公開之方式行之。」

民事訴訟法第345條：「當事人無正當理由不從提出文書之命者，法院得審酌情形認他造關於該文書之主張或依該文書應證之事實為眞實。前項情形，於裁判前應令當事人有辯論之機會。」

（四）銷售總額說（現行法已將此種計算方式刪除）

舊法第85條第1項第2款後段規定，若侵害人不能就其成本或必要費用舉證時，權利人得以銷售該項物品之全部收入作為所得利益。現行法將此計算方式予以刪除之原因在於：此計算方式顯然將系爭之專利產品視為獨占該產品市場。然一方面專利並非必然是產品市場之獨占，侵權人之所得利益，亦有可能是來自第三者之競爭產品與市場利益，非皆屬權利人應得之利益。另一方面如果侵權行為人原有之通路或市場能力相當強大時，因為侵權而將該產品全部收益歸於權利人，其所得之賠償顯有過當之嫌。爰刪除該款後段，於請求損害賠償時，依實際個案情況衡量計算之。

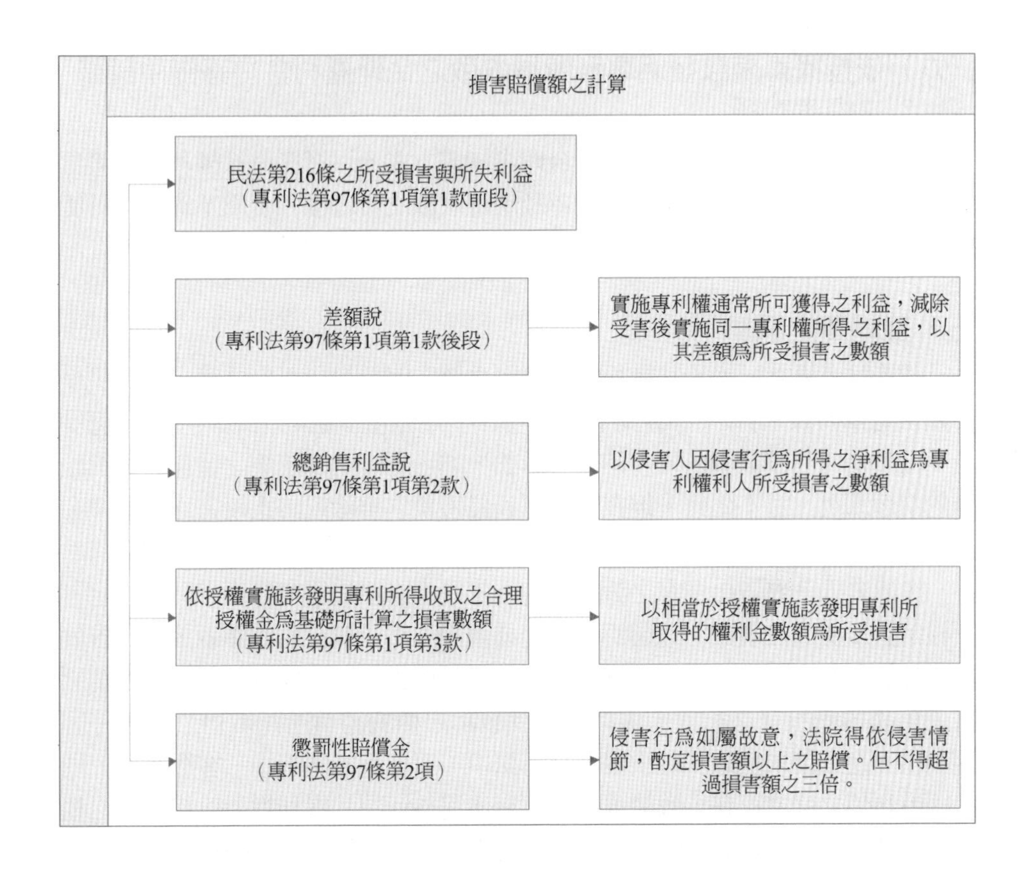

（五）懲罰性賠償金（專利法第97條第1項第3款）

此外，因專利法刑事責任之除罪化，為加強保護專利權利人、嚇阻及懲罰故意侵害專利權之惡意行為，專利法第97條第1項第3款亦增訂加重懲罰（懲罰性賠償）之規定：「依前二項規定，侵害行為如屬故意，法院得依侵害情節，酌定損害額以上之賠償。但不得超過損害額之三倍。」以達嚇阻侵害之效果。本條成立之前提係故意之侵害行為，例如侵權人明知專利權之存在、或收到專利權利人之警告函後，置之不理繼續為侵權行為之情形，即可構成故意之要件，而過失侵害之情形則不能適用本條（此計算方式曾於100年12月21日修正公布之版本予以刪除，刪除理由在於，我國一般民事損害賠償係採損害之填補，並非懲罰性之賠償，因而將此種計算方式刪除；然而，102年6月11日修正公布，102年6月13日施行之現行法再度將此計算方式納入）。

（六）依授權實施該發明專利所得收取之合理權利金為基礎所計算之損害數額

立法目的在於設立一個法律上合理之補償方式，以適度免除權利人舉證責任之負擔。而依據授權實施該發明專利所得收取之合理權利金爲基礎，將可使權利人得以取得之賠償數額高於授權關係下之權利金數額。

五、裁判費之繳納

關於財產權之訴訟，其訴訟標的價額之核定與訴訟費用之計算，我國民事訴訟法自第77條之1以下，定有核定之標準，原則上多數之情形均不致有何爭議，即使是專利侵權請求損害賠償之訴訟，亦僅需以請求賠償之金額計算訴訟標的價額即可，並不困難。惟在對於專利侵害請求排除或防止侵害之訴訟中，其訴訟標的之價額應如何計算，則成爲至今仍困擾實務界之艱難課題。

按請求排除或防止侵害之訴訟標的，依民事訴訟法第77條之1第2項規定：「核定訴訟標的之價額，以起訴時之交易價額爲準；無交易價額者，以原告就訴訟標的所有之利益爲準。」應以原告就訴訟標的所有之利益計算之。所謂原告就訴訟標的所有之利益，係指原告就該訴訟標的勝訴所能取得之直接、客觀利益，而在請求排除、防止侵害之訴訟中，原告所得之直接、客觀利益，則指因專利權之侵害存在，致使專利權人無法完整行使其專利權而直接喪失之利益，惟該利益不僅難以估算，實務上所曾採行過之計算方式亦多有不同，未有定論，惟上開利益之計算，其所依據之相關數據與計算方式，雖非明顯亦極不容易，但尚非客觀上所不能計算及核定，仍非屬訴訟標的價額不能核定之情形，應特別注意，此爲目前實務多數所採之見解。惟在部分情形，例如專利權人並未正式實施其專利，法院或仍可據以認定訴訟標的價額不能核定，而以民事訴訟法第77條之12之規定計算之。

次就以原告請求被告停止製造販賣侵權產品之情形加以分析，原告所得之利益係爲「被告停止製造販賣後因而使原告製造販賣之數量回復或上升所得之利益」，因此實務上多有原告主張以被告所製造販賣之產品數量，乘上其利潤比，作爲原告因被告停止實施行爲而可獲得之利益，惟此法對於何謂「原告之利益」似乎有所誤解，按被告縱然停止其實施專利權之行爲，其原本享有之利益，並不當然會全數轉移予原告，尤其在市場上尚有其他競爭者之情形更是如此，故而此種計算方式之主張似有待商榷。

又關於「原告所得利益之期間」應如何計算，實務上亦常見原告主張以

「判決確定之合理訴訟期間」爲準（依各級法院辦案期限實施要點第2條，此期間如經三審約爲四年三個月），法院亦多據此計算期間，惟此見解之合理性亦有疑問，按在此訴訟審理期間內，如原告並未聲請定暫時狀態處分，則被告仍得自由從事製造販賣等實施行爲，侵害之狀態仍在持續中，原告自無獲得任何「因被告停止實施而使原告製造販賣之產品數量上升之利益」可言，是實務上以訴訟審理期間作爲原告所得利益之期間之作法，實非精確；反面言之，原告如請求被告不得爲製造販賣等實施行爲而獲得勝訴，則自原告獲得勝訴判決之日（判決後即可聲請假執行，不以確定判決爲限）起，在專利權有效之期間內，被告均不得從事任何實施行爲，此段期間，始可謂與「原告所得利益之期間」相當，然而專利產品視其市場或性質之不同，產品之生命週期各異，通常不會與專利之有效期間相當，此時，原告亦得提出證據說明產品生命週期較專利期間爲短之情形，將「原告所得利益之期間」限定於勝訴判決後之一段時間。

此外，當專利權人同時主張「專利侵權排除請求權」與「專利侵權損害賠償請求權」時，由於此二請求權係可獨立行使，且於訴訟價額核定時基礎與核定結果二者並不一致，因此法院於核定時產生諸多困擾。再者，二請求權之訴訟費用是否需要同時併予繳納，於智慧財產法院成立之初，仍屬難解之程序問題。對此，智慧財產法院於97年度民專抗字第4號裁定認爲該二請求權彼此間應獨立存在，應予分別加計訴訟標的價額，此一見解亦曾爲當時各級法院之多數見解。然而，該裁定嗣經再抗告至最高法院，最高法院以97年度台抗792號裁定具體表明其法律見解爲：「按民事訴訟法第七十七條之二第二項規定，以一訴附帶請求其孳息、損害賠償、違約金或費用者，不併算其價額。該條項所稱之「以一訴附帶請求」者，凡是附帶請求與主位請求間有主從、依附或牽連關係者，即有該條項規定之適用。本件再抗告人上列（一）排除侵害（不作爲）、（三）防止侵害（作爲）及（五）賠償損害之請求，雖係依專利法第八十四條第一項、第三項規定所爲之三項不同方法之聲明，但其所據以請求之訴訟標的法律關係則同源於侵害專利權而來，該三項請求間復有相依附或牽連關係存在，依上說明，自有上揭條項「不併算其價額」規定之適用。」亦即，該二請求權具有相依附或牽連關係存在，因而不應併算其價額。然而，該見解近來似乎有變更之趨勢。智慧財產法院於101年度民專上字第21號裁定中認爲：損害賠償請求與排除、防止侵害請求各自獨立，其間並無主從之附帶關係，應依民事訴訟法第77條之2第1項前段規定併算其訴訟標的價額（最高法院

102年度第3次民事庭會議決議、102年度台上字第317號裁定參照）。而智慧財產法院此見解亦經最高法院以102年度台抗字第734號裁定予以肯認，最高法院亦明確指出：專利權人對於侵害其專利權者，以一訴本於專利法第九十六條第一項前段規定請求侵權行爲人不得依系爭專利再爲製造、販賣等行爲，暨依同條第二項規定，請求賠償已生損害，因前者係在提起訴訟後，防止發生因專利權繼續受侵害所生之損害，後者則爲侵害專利已生損害之塡補，故二者請求之經濟上法律利益，並不相同，復無主從之附帶關係，應依民事訴訟法第七十七條之二第一項規定合併計算其訴訟標的價額。由此觀之，目前實務見解似乎已改採「併算其價額」之計算方式。

六、新型專利技術報告之提出

專利權人之專利如爲新型專利，在行使專利權時，與發明及設計專利不同，尙有一特殊要件，即專利法第116條之特別規定：「新型專利權人行使新型專利權時，如未提示新型技術報告，不得進行警告。」由於新型專利自民國93年修法後開始改採形式審查制，因此新型專利即使獲准，也不代表該專利已具備新穎性、進步性等專利要件，由於並未經過實體審查，其不具備專利要件之可能性極高，若未設限制即允許新型專利權人任意向他人主張權利，極有可能成爲有心人士濫用之工具，顯然造成對新型專利權人之過度保護，有失公平。而專利法在新型專利改採形式審查時，也同時引進新型專利技術報告之概念，依專利法第115條第1項之規定，除專利權人外，任何人均得向智慧財產局對新型專利申請技術報告，由智慧財產局之審查人員評價該新型專利有無欠缺各種專利要件，作爲該新型專利有效性之參考，惟需注意，新型專利技術報告僅爲一種觀念通知，並非行政處分，即便不服亦不得對其提起行政救濟（專利法第115條第1項立法理由參照），且不論技術報告結論如何，並不會對專利之效力發生直接之影響，在專利被舉發撤銷前，專利之效力仍然存在。

依現行專利法之規定，新型專利權人如欲行使其專利權，應先向智慧財產局申請新型專利技術報告，如智慧財產局審查之結果認爲該新型專利並未欠缺專利法第120條準用第22條之規定（新穎性、進步性）、第120條準用第23條之規定（擬制新穎性）、第120條準用第31條第1項至第4項（先申請原則）等要件，亦無說明書記載不明瞭等情形，該技術報告即可作爲專利權並未欠缺專利要件之明證；如審查結果認爲專利有欠缺專利要件之情形，專利權人即應考慮是否對專利進行更正或放棄對專利之主張，被告亦可輕易根據技術報告之內容提出舉發並於訴訟中主張該專利具有應撤銷之事由，以減少新型專利未經實體審查造成的在專利有效性方面之不確定性。尤其在智慧財產法院成立後，依照智慧財產案件審理法第16條之規定，法院在個案審理中，對於專利權之有效性應自為判斷，則新型專利技術報告之結果，或可成為法院衡量專利有效性之重要依據。

應注意者，專利法第116條並非專利權人行使專利權之必要條件，亦即若未提示新型專利技術報告，亦非不得提起民事侵權訴訟，此觀專利法第116條之立法理由即明：「由於新型專利未經實體審查，為防範新型專利權人濫用其權利，影響第三人對技術之利用及開發，其行使權利時，應有客觀之判斷資料，亦即應提示新型專利技術報告。核其意旨，並非在限制人民訴訟權利，僅係防止權利之濫用，縱使新型專利權人未提示新型專利技術報告，亦非不得提起民事訴訟，法院就未提示新型專利技術報告之案件，亦非當然不受理。」由此可知，專利權人即使未出具技術報告，其法律效果亦非不得行使專利權，只是有可能負擔損害賠償責任而已，專利法第117條規定：「新型專利權人之專利權遭撤銷時，就其於撤銷前，因行使專利權所致他人之損害，應負賠償之責。但其係基於新型專利技術報告之內容，且已盡相當注意而行使權利者，不在此限。」詳言之，為防止權利人不當行使權利或濫用權利，致他人遭受不測之損害，明定新型專利權人行使權利後，若該新型專利權遭到撤銷，除新型專利權人證明其行使權利係基於新型專利技術報告之內容，且已盡相當之注意者外，應對他人所受損害負賠償責任。

七、警告函之寄發

專利權受到侵害時，專利權人可採取的攻擊行動，除直接依民事訴訟程序提起訴訟外，先行寄發警告函予侵權人及其客戶亦是常見之行為，如侵權人因此而停止侵害行為，或其客戶停止購買侵權人之產品，即可立即達到某種程度之排除侵害效果；或者侵權人如在收受警告函之後，前來與專利權人洽談授權事宜，專利權人亦可藉由收取權利金之方式彌補其損失。另一方面，如侵權人於收受警告函後仍置之不理、不願尋求私下之和解，而繼續其侵害行為，則於日後之訴訟程序中，專利權人亦可據此主張侵權人於收受警告函後之行為屬於故意侵害，可請求損害額三倍以內之懲罰性賠償金；甚至在專利權人未於專利物品上或其包裝上標示專利證書號碼之情形，亦得以警告函之寄發作為侵權人明知或有事實足證其可得而知之證明，對權利人而言具有相當實益。

專利權人爲維護其專利權而向侵害專利權之人寄發警告信函，依公平交易法第45條之規定：「依照著作權法、商標法或專利法行使權利之正當行爲，不適用本法之規定。」原屬正當行使專利權之行爲，惟如專利權人寄發警告函之對象並非僅限於侵權人，尚包含侵權人之客戶（或潛在交易相對人），甚至於警告信中要求侵權人之客戶（或潛在交易相對人）不得與侵權人繼續交易時，即必然對市場秩序造成相當程度之影響，若毫無限制，極可能遭到濫用成爲不公平競爭之手段，此種行爲實應受到公平交易法之規範，因此，行政院公平交易委員會即對此類散發警告函之行爲，訂有「行政院公平交易委員會對於事業發侵害著作權、商標權或專利權警告函案件之處理原則」，作爲散發警告函行爲之規範。

專利權人散發警告函之行爲如違反上述處理原則，即非行使權利之正當行爲，依其情節，可能分別違反以下公平交易法之規定：

公平交易法第19條第1、3款：「有左列各款行爲之一，而有限制競爭或妨礙公平競爭之虞者，事業不得爲之：一、以損害特定事業爲目的，促使他事業對該特定事業斷絕供給、購買或其他交易之行爲。……三、以脅迫、利誘或其他不正當方法，使競爭者之交易相對人與自己交易之行爲。」

公平交易法第22條：「事業不得爲競爭之目的，而陳述或散布足以損害他人營業信譽之不實情事。」

公平交易法第24條：「除本法另有規定者外，事業亦不得爲其他足以影響交易秩序之欺罔或顯失公平之行爲。」

專利權人散發警告函之行爲，如確實不符合「行政院公平交易委員會對於事業發侵害著作權、商標權或專利權警告函案件之處理原則」以及上述公平交易法之規定，被害人得請求專利權人除去或防止侵害以及損害賠償（公平交易法第30、31條）。而公平交易委員會亦得依法命專利權人限期停止、改正其行爲或採取必要更正措施並處以新台幣五萬元以上兩千五百萬以下之罰鍰。逾期仍不停止、改正其行爲或未採取必要更正措施者，得繼續限期命其停止、改正其行爲或採取必要更正措施，並按次連續處新台幣十萬元以上五千萬元以下罰鍰，至停止、改正其行爲或採取必要更正措施爲止（公平交易法第41條）。尤應注意，專利權人違反公平交易法第19條規定，經公平交易委員會限期命其停止、改正其行爲或採取必要更正措施，而逾期未停止、改正其行爲或未採取必要更正措施，或停止後再爲相同或類似違反行爲者，以及違反同法第22條規定者，均構成刑事責任，得處行爲人二年以下有期徒刑、拘役或科或併科新台幣五千萬元以下罰金（公平交易法第36、37條），不可不慎。因此，專利權人欲維護其專利權而散發警告函時，應特別注意上述警告函處理原則以及公平交易法之規定，以免遭到對方之反擊，在尙未自侵權人處獲得任何賠償前，反而自身先受處罰。

另一方面，當被控侵權人收到此類警告信函時，爲避免將來遭到專利權人於訴訟上主張係「故意」侵害而請求三倍之損害賠償，應審愼處理之，並視個案情形以及後續處理之目的，採取以下法律動作：

（一）回覆警告函：內容大致爲收到警告函後正進行了解中，並請專利權人進一步特定侵害專利權之具體事實、侵權產品之範圍、要求提出侵害鑑定報告或是技術報告（新型專利）等，以利被控侵權人進行評估等語。此動作可爭取一段時間，被控侵權人可在此段時間，進行以下步驟，分析是否侵害他人專利權以及決定將來要採取反擊或是和解之處理方式。

（二）分析專利權人之專利，提起舉發：包括研究系爭專利之專利公報、說明書等，如發現專利權人之專利可能有依法應不予專利之事由時，即可著手準備對專利權人之專利提起舉發，此舉不但日後可在專利侵權訴訟中主張專利具有應撤銷原因，且如主管機關智慧財產局最後作成撤銷專利之決定，更可釜底抽薪，使專利權自始無效，如此自無所謂侵害他人專利權之可能。

（三）研究是否侵害專利權人之專利：可自行研究或委請專業機構研判是否確實有侵害他人之專利權，如經專業鑑定機構認定爲不侵害時，應請鑑定機構作成一份「不侵權鑑定報告」，以供將來訴訟中提出「不侵權」以及「非故意」抗辯之用。

（四）考慮停止製造販售、回收被控侵權之產品：如評估結果認爲侵權之可能性極大時，被控侵權人應考慮停止製造販售、回收侵權產品。此舉有三層意義：在某些情形，被控侵權人可主張一收到警告函即停止侵害，故其「無過失」（詳參前述侵權行爲故意過失要件之分析）；縱然被認定有過失，亦可避免專利權人主張故意侵害；最後，因實務上專利權人多採用專利法第97條第1項第2款之「銷售利益說」來計算損害賠償之數額，故停止侵權產品之製造銷售，亦有避免損害賠償額持續擴大之效果。

（五）研究專利權人之警告函是否符合前述「行政院公平交易委員會對於事業發侵害著作權、商標權或專利權警告函案件之處理原則」以及公平交易

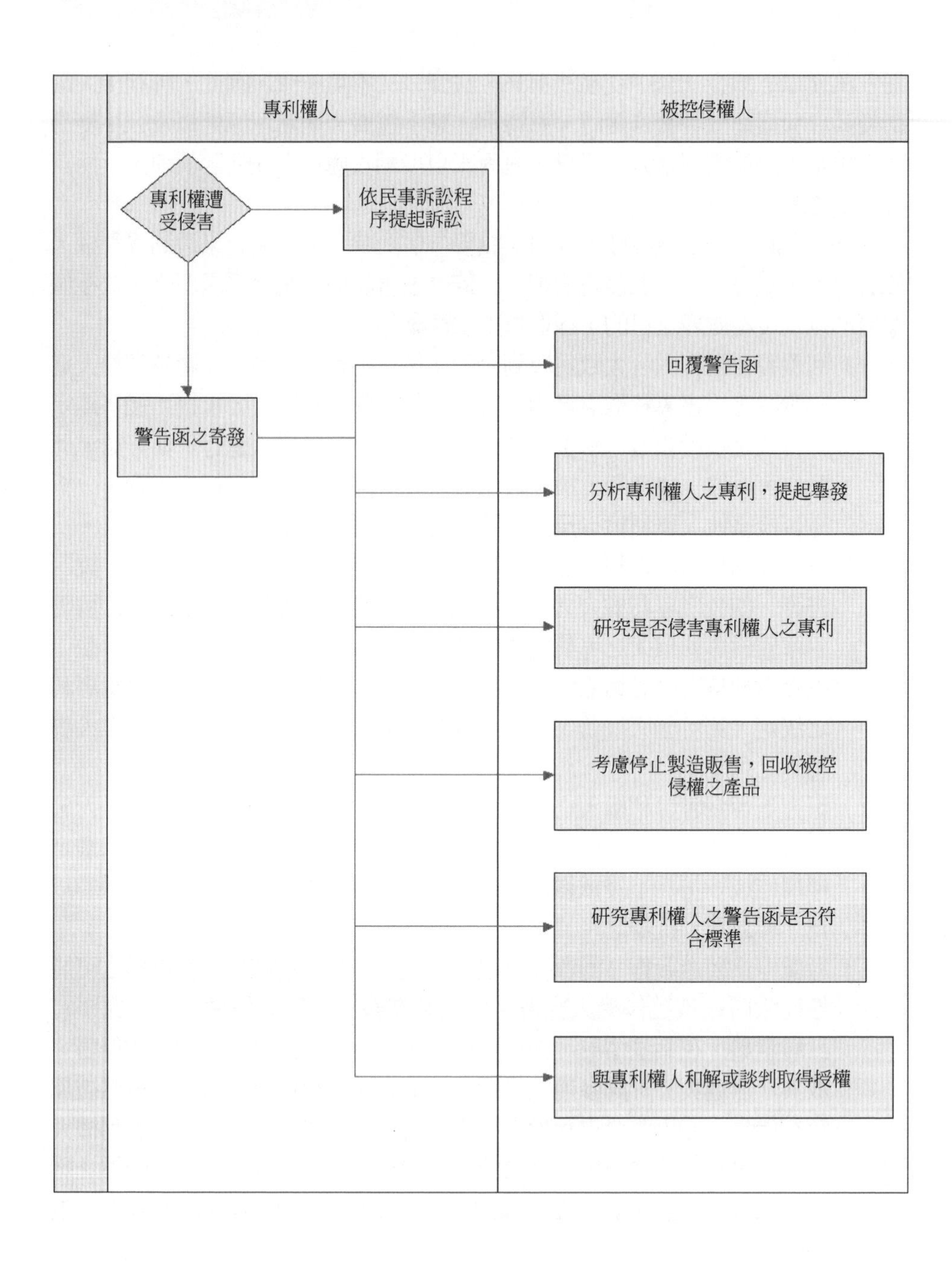
專利權人
被控侵權人
專利權遭受侵害
依民事訴訟程序提起訴訟
警告函之寄發
回覆警告函
分析專利權人之專利，提起舉發
研究是否侵害專利權人之專利
考慮停止製造販售，回收被控侵權之產品
研究專利權人之警告函是否符合標準
與專利權人和解或談判取得授權

法之規定：如有，即可向公平交易委員會提出檢舉，以遏阻專利權人之行爲並使其受到公平會之處分。

（六）與專利權人和解或談判取得授權。

八、保全程序

前述專利法上賦予專利權人之請求權，均須經確定終局判決後方得執行、實現，惟民事訴訟程序往往曠日費時，權利人多有在訴訟進行前與進行中即對侵權人之財產進行保全、禁止其爲一定之行爲或不行爲、或維持或暫定狀態之保全執行之必要。故專利權人亦可依現行民事訴訟法的規定，採取以下保全程序：

（一）假扣押

假扣押係對於原告主張之金錢或得易爲金錢之請求（如損害賠償），主張日後有不能強制執行或甚難執行之虞之相關事由，請求法院預先扣押侵權人之財產，使其不得處分，以作爲保全日後勝訴強制執行之方式（民事訴訟法第522條以下參照）。

假扣押之聲請，應釋明「請求之原因」及「假扣押之原因」（民事訴訟法第526條第1項參照），所謂「釋明」者，係使法院就某事實之存否，得到「大致爲正當」之心證已足，與「證明」係當事人提出之證據方法，足使法院產生堅強心證，可以確信其主張爲眞正者，尙有不同。又「請求之原因」之釋明，係指釋明該損害賠償請求之存在，提出相關證據，使法院相信該主張爲眞實者，釋明證據例如專利證書、侵權產品、侵權鑑定報告等；而「假扣押之原因」之釋明，係指釋明日後有不能強制執行或甚難執行之虞，或應在外國爲強制執行之情形，如債務人浪費財產，增加負擔，或就其財產爲不利益之處分，將成爲無資力之狀態，或將移住遠地、逃匿無蹤、隱匿財產等情事（最高法院96年度台抗字第893號裁定參照）。

値得注意者，「債權人就假扣押之原因，依法有釋明之義務，亦即須提出可使法院信其主張爲眞實之證據，必待釋明有所不足，而債權人陳明願供擔保或法院認爲適當者，法院始得定相當之擔保，命供擔保後爲假扣押，若債權人未釋明假扣押之原因，即不符假扣押之要件。」（最高法院96年度台抗字第893號裁定參照），在實務上，常見假扣押聲請遭駁回者，多因僅對「請求之原因」提出證據釋明，但對於「假扣押之原因」卻完全未提出任何證據以爲釋明，則此時並不符合民事訴訟法第526條第2項有關釋明不足得陳明願供擔保以代釋明之規定，故而遭法院依法駁回假扣押之聲請。倘原告在聲請假扣押時，業已提出證據釋明假扣押之原因，然因法院認爲釋明仍有不足。則法院通常可裁定於原告提供擔保後准予假扣押，實務上裁定之金額通常爲請求扣押金額之三分之一；反之，被告如欲免爲假扣押或撤銷假扣押，亦可提供擔保，惟其所需提供之反擔保金額則爲假扣押金額之全額。

另在專利侵權訴訟中，因涉訟金額較大，而假扣押既可保全日後損害賠償請求權之實現，亦可牽制被告之營業與財務狀況，故而假扣押之聲請在實務上是原告常思考提出運用之手段，實際上在專利訴訟中其運用往往亦兼有商業上競爭之目的，有時不免逾越其假扣押制度設計之目的，例如原告所請求扣押之標的，可以爲動產或不動產，故而有時並不純是資金方面之扣押，而是對被告從事生產之工具或原料等進行扣押，倘針對該等標的進行假扣押，則極有可能斷絕被告繼續生產營運；或是選擇保全被告對其客戶之應收帳款，使客戶形成關於被告財務狀況不佳之疑慮，上開假扣押標的之選擇，依法係爲債權人之權利，即便法院受理假扣押執行之聲請時或有疑慮，然依法仍應准許之，故而實務上仍有部分案件可能藉由假扣押程序之名，行不當商業競爭之實之情形，此一制度於專利侵權訴訟之運用，似仍有改良之空間。

另由於假扣押之聲請與執行，具有迅速性及秘密性，因而並不開庭審理，被告於面臨執行之際，始得知假扣押聲請與執行之存在，常面臨措手不及之衝擊。被告僅能針對法院准許假扣押之裁定，向上級法院提出抗告以救濟之。

（二）假處分

假處分係對於原告主張之金錢以外之請求，因恐現狀變更，主張日後有不能或難以執行事由，對於請求標的爲某種強制處分之保全程序（民事訴訟法第532條以下參照）。假處分之聲請，應釋明「請求之原因」及「假處分之原因」，其中「假處分之原因」係指請求標的之現狀變更，有日後不能強制執行，或甚難執行之虞等情事。然在專利侵權訴訟中，單純假處分之運用較爲少見。

（三）定暫時狀態處分

定暫時狀態之處分係因防止發生重大損害或避免急迫危險，對爭執之法律關係定暫時之狀態之程序（民事訴訟法第538條以下參照），定暫時狀態處分之聲請，應釋明「請求之原因」及「定暫時狀態處分之原因」，其中「定暫時狀態處分原因」（或稱定暫時狀態處分之必要性）係指聲請人就其爭執之法律關係，為防止發生重大損害或避免急迫之危險或有其他相類之情形而有必要之事實。又前開所稱為防止發生重大之損害或避免急迫之危險，而有保全必要之事實，法院應審酌聲請人將來勝訴可能性，包括權利有效性及權利被侵害之事實，法院若否准定暫時狀態之處分，聲請人是否受到無可彌補之損害，其造成聲請人之困境是否大於相對人，以及對公眾利益（例如醫藥安全或環境問題）造成如何之影響等（智慧財產案件審理法第22條立法理由參照）。

定暫時狀態處分之特色在於係暫時但立即的實現權利而非僅為保全將來之執行，並且不限於訴訟中之原告可聲請，被告亦可聲請此種定暫時狀態處分。因其效果直接且迅速，在專利侵權訴訟中，原告常聲請禁止被告繼續從事製造銷售等實施專利權之侵權行為（即排除侵害）之定暫時狀態處分（正向假處分）；被告亦得利用此程序聲請禁止原告持續散佈被告侵權言論之行為或請求原告容許被告繼續從事製造銷售等行為（反向假處分）。

惟因智慧財產權涉訟之案件，多涉及市場之競爭，被告之產品如遭到禁止製造銷售，顯然即與退出市場無異，對被告之營業與存續必然產生重大影響，即使最後被告獲得勝訴也亦無法回復。因此法院對於定暫時狀態處分之聲請，理應衡量專利權受侵害時迅速獲得救濟之利益及相對人被迫退出市場之衝擊，與市場公平競爭之維護等因素審慎決定之。故而智慧財產案件審理法第22條第2項明訂，關於定暫時狀態處分之原因，聲請人應釋明之，如釋明有不足者，法院應駁回其聲請，不得再以擔保金之方式代替釋明，其立法意旨即係因智慧財產案件中定暫時狀態處分之影響力過於強大，其要件自需較為嚴格，以昭慎重。

九、證據保全之聲請

專利侵權事件，如前所述，其侵害行為主要係以「未經專利權人同意之實施行為」之方式進行，因此，關於侵害人究竟如何進行侵害行為、其侵害行為之程度、態樣與侵權產品之數量、獲得之利益等等相關事實與證據，均完全圍繞著侵害人而存在，相對於專利權人而言，此類之證據通常均會面臨無法調查、無從取得之窘境，從而造成提起訴訟請求後之困境。

在侵害專利行為尚未除罪化之時代，專利權人之首選即是對侵權人提起刑事告訴，並請求檢察官發動搜索、扣押等強制處分，以達到蒐集、保全證據之目的，然在專利法全面刪除刑事責任之規定後，專利權人在民事訴訟中，如欲對證據進行保全，則需依賴民事訴訟中證據保全之制度。

在專利侵害之民事訴訟中，即使專利權人已提起訴訟，但因訴訟程序之進行有其時程，可能在進行到調查證據之前，證據即有滅失或礙難使用之虞，此時原告即有聲請證據保全之必要。民事訴訟法第368條規定：「當證據有滅失或礙難使用之虞，或經他造同意者，得向法院聲請保全；就確定事、物之現狀有法律上利益並有必要時，亦得聲請爲鑑定、勘驗或保全書證。」原告得依該條之規定，向法院聲請保全證據，常見的保全標的有：侵權產品本身（以免被告變更產品）、產品文件、與他人訂立之合約、銷售紀錄、發票、出貨單、帳簿等等與製造或販賣相關之文件。

如前所述，縱然專利權人可依前述民事訴訟法第342條以下之規定請求法院命被告提出相關之文書，但即使如此，因相關證據係掌握在侵權人之手中，侵權人自然極有可能加以隱匿、變更或銷毀，或抗辯爲其營業秘密不予提出，原告亦無可奈何。因此，在專利侵害之訴訟中，聲請證據保全，極具有相當之重要性。

關於民事訴訟法第368條第1項規定：「證據有滅失或礙難使用之虞，或經他造同意者，得向法院聲請保全；就確定事、物之現狀有法律上利益並有必要時，亦得聲請爲鑑定、勘驗或保全書證」，所謂有滅失之虞，如證人身患疾病，有死亡之可能，或證物將因天然或因他造當事人之行爲消滅或變更之虞之謂，而所謂礙難使用，如證人即將遠行，或證物即將爲他造當事人或第三人攜帶出國，雖尚非到滅失之程度，但已難以使用之謂，其立法意旨，係鑑於證據之調查，本應於訴訟繫屬後已達調查之程度，且有調查必要者，始得爲之，但於此之前，如該證據有滅失或有礙難使用之虞，卻不能立即調查，將因證據之滅失或情事變更而礙難使用，致影響日後裁判之正確性，故特設此制以爲預防。

又按民事訴訟法第368條於民國89年2月9日修正公佈，增訂後段擴大容許聲請保全證據之範圍，所謂確定事、物之現狀有法律上利益並有必要者，如於醫療糾紛，醫院之病歷表通常無滅失或礙難使用之虞，但爲確定事實，避免遭竄改，即有聲請保全之必要。其立法趨勢爲擴大聲請保全證據之範圍與適用機會，保障當事人接近資訊或公平使用資訊之權利，以因應特殊類型訴訟（如環境汙染、產品製造人責任、醫療紛爭等事件）中，當證據資料完全集中於某一造當事人時，他造當事人得藉由證據保全之制度，獲得接近資訊、接近眞實之程序保障，賦予當事人實質之武器平等，俾主張權利之人，於提起訴訟前即得蒐集事證資料，以瞭解事實或物體之現狀，將有助於當事人研判紛爭之實際狀況，進而成立調解或和解，以消弭訴訟，達到預防訴訟之目的；此外亦得藉此賦予當事人於起訴前充分蒐集及整理事證資料之機會，而有助於法院於審理本案訴訟時發現眞實及妥適進行訴訟，以達審理集中化之目的。（台灣高等法院96年度抗字第450號裁定參照）

十、專利侵權之鑑定

專利侵權鑑定在專利侵權訴訟中的重要地位，是專利侵權案件與一般侵權案件頗爲不同之處，因專利侵權訴訟的攻防重點，在於被控侵權之物究竟有無落入專利權之申請範圍內，而專利之內容又往往涉及複雜之原理與技術，法官通常難以直接判斷。因此，法院爲作成判斷，實有參考鑑定人或相關機關依據專利侵害鑑定要點所示之鑑定流程所作成鑑定報告之意見作爲輔助之必要。

雖然最高法院之見解認爲：鑑定報告之可採與否，仍應踐行調查證據之程序而後綜合判斷之，不得不具理由而遽採爲裁判之依據。但對技術之認定往往顯有困難之法官而言，侵害鑑定報告若符合相關專利鑑定原則，亦無明顯之瑕疵，法官通常即無不予採信之理由。而自反面言之，若是侵害鑑定報告具有瑕疵，無法獲得法官之採信，通常即導致敗訴之結果。由此可見專利侵權鑑定報告品質之重要性，當事人在選擇出具鑑定報告時，實不可不愼。

在以往專利訴訟實務中，因雙方當事人重要攻擊防禦方法係指摘他造之鑑定報告，並視情形提出對己方有利之鑑定報告，而法院通常會也要求雙方合意或由法院指定選出第三鑑定機構進行侵害鑑定，如該第三鑑定機構之鑑定報告符合「專利侵害鑑定要點」所示之相關專利鑑定原則與流程，於經兩造充分陳述對鑑定報告之意見且爲能推翻該鑑定結論後，通常法官有可能會參酌該鑑定報告做出判決。新通過之智慧財產案件審理法增設技術審查官一職，而技術審查官之其中一項重要工作即在於協助法院重新檢視該鑑定報告於鑑定流程之合法性與鑑定推論之妥適性，並非用以完全取代鑑定機關，因此可以想見，專業鑑定機構之鑑定報告在未來的專利訴訟中，仍有一定的地位。

在智慧財產法院成立後，法院對於專利侵害鑑定之相關技術問題得藉由技術審查官之設置協助釐清爭點，提供技術諮詢意見已如前述，故而對於鑑定報告之提出之形式上要求不似以往，故而亦得以當事人自行依據專利侵害鑑定要點相關鑑定原則與流程製作之技術比對報告代替之。

專利法第103條規定司法院得指定侵害專利鑑定專業機構，而法院受理專利訴訟案件時，即得囑託前開具公信力之專業機構協助鑑定。據此，司法院即以司法院秘書處93年秘台廳民一字第0930016881號函列出共五十餘所願意且適宜擔任侵害專利鑑定之機構供當事人與法院選擇；另關於專利鑑定應遵行之原則部分，亦另以司法院秘書處93年秘台廳民一字第0930024793號函提供「專利侵害鑑定要點」予各級法院參考，同時亦爲鑑定人或鑑定機構進行鑑定時之參考依據，因此目前實務上，法院對於鑑定報告之審查，絕大多數係以「專利侵害鑑定要點」中所列之原則爲主要參考依據。

（一）發明、新型專利侵害鑑定

以下簡要說明「專利侵害鑑定要點」中，發明與新型專利侵害鑑定之流程與重要原則：

發明與新型專利侵害之鑑定流程：專利侵害之分析比對對象，是專利權利範圍（以申請專利範圍爲準）與侵權產品（實體或物品）之比對，並非專利權人產品與侵權產品之比對，此點須特別注意。因此，鑑定之首要步驟就是在系爭專利用語有定義上不明確處進行解釋申請專利之範圍之流程，而申請專利之範圍之界定，原則上應以說明書中所載「申請專利範圍」爲準，於專利範圍所載之文字意義有不清楚時，得參酌內部證據（如發明說明書及圖式、申請歷史檔案資料與維護專利權過程中之相關文件）作爲解釋，仍有不足得再參酌外部證據（如字典、工具書、外部專家證人之意見等）作爲解釋，以明確申請專利範圍之文字意義。第二步驟是解析待鑑定對象之技術內容，最後再予比對分析待鑑定對象是否在全要件原則下構成文義侵害，或是在全要件原則下構成均等侵害，以及在適用均等論擴張申請專利範圍時有無禁反言或先前技術之阻卻事由。相關流程請參下流程圖：

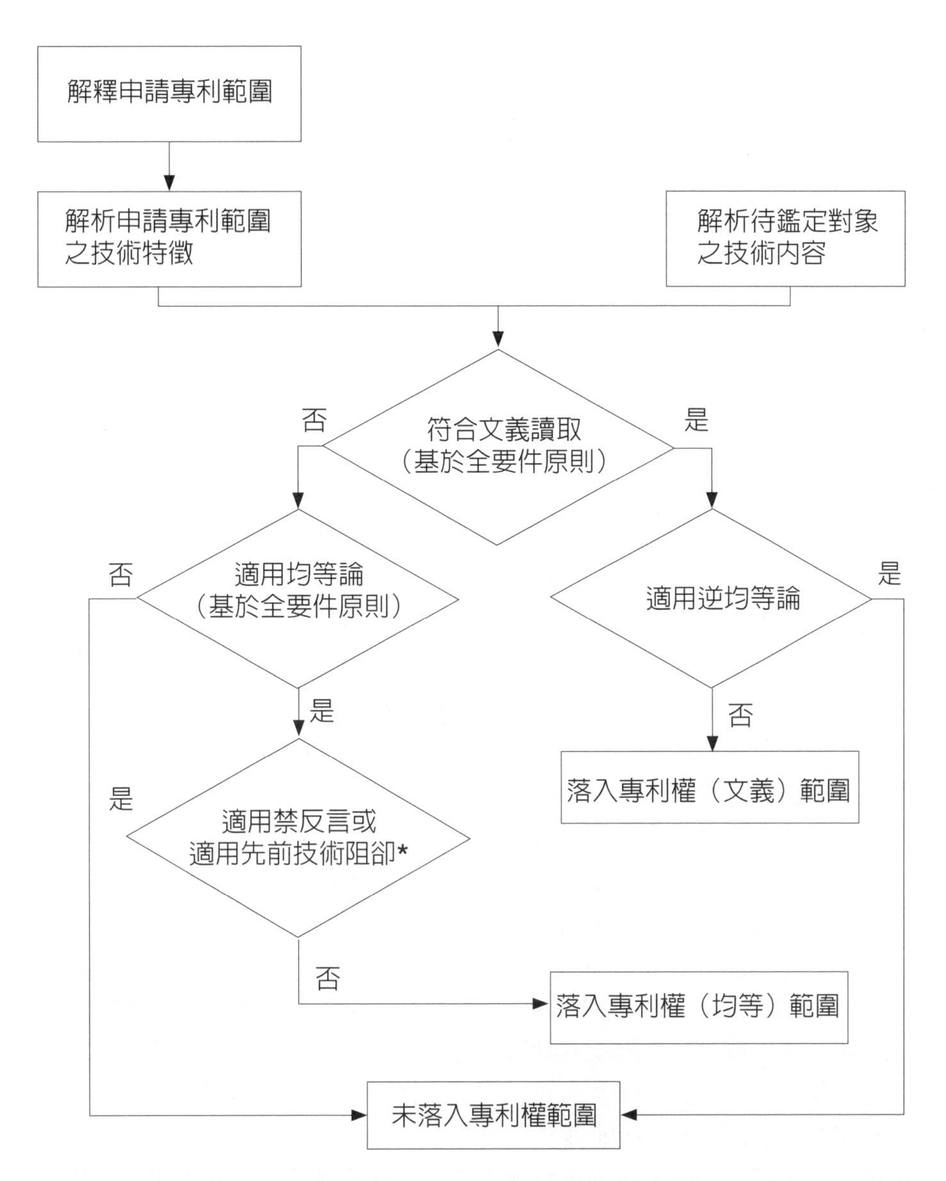

*被告可擇一或一併主張適用禁反言或適用先前技術阻卻，判斷時，兩者無先後順序關係

發明與新型專利侵害之鑑定原則：

1. 「文義讀取」：「文義讀取」係確認解釋後申請專利範圍中之技術特徵的文字意義是否完全對應表現在待鑑定對象中。「文義讀取」之成立要件在於至少一項提出告訴之請求項所有技術特徵完全對應表現在待鑑定對象中，始符合「文義讀取」。符合「文義讀取」須先符合「全要件原則」，始有成立可能。

   換言之，係指依據專利範圍內所有構成要件爲基礎，逐一比對待鑑定對象中解析後之相對應構成要件，若待鑑定物中包含申請專利範圍的每一個構成要件，即係基於全要件原則下符合文義讀取，此時，端視被告之主張爲何，如被告主張適用「逆均等論」時，應再比對待鑑定對象是否適用「逆均等論」；如被告未主張適用「逆均等論」時，應判斷待鑑定對象落入專利權之文義範圍。如缺少任何一項構成要件，基本上即不構成文義侵害，此時應繼續進行「均等論」原則之檢視。

2. 「均等論」：「均等論」係基於保障專利權人利益的立場，避免他人僅就其申請專利範圍之技術特徵稍作非實質之改變或替換，而規避專利侵權的責任。由於以文字精確、完整描述申請專利範圍，實有其先天上無法克服的困難，故專利權範圍得擴大至申請專利範圍之技術特徵的均等範圍，不應僅侷限於申請專利範圍之文義範圍。

   因此，均等論係爲救濟文字有時而窮，無法以文字完全涵蓋所有申請專利範圍之實質技術內容，導致專利侵權責任易於被規避之弊。因此，雖然待鑑定對象之構成要件未完全包含專利範圍內所有構成要件，然該特定構成要件間之不同點倘若係以實質相同的技術手段（way），達成實質相同的功能（function），而產生實質相同的結果（result）時，應判斷待鑑定對象之對應元件、成分、步驟或其結合關係與申請專利範圍之技術特徵無實質差異，適用「均等論」。「實質相同」係指兩者之差異爲該發明所屬技術領域中具有通常知識者所能輕易完成者。

   亦即對於文義上不同但技術內容並未產生實質差異者，爲避免他人刻意以非實質的改善或替換規避專利侵權之責任，此時專利權範圍即得擴大到申請專利之技術特徵的均等範圍，而使待鑑定對象仍落入專利申請範圍內。

   均等論之判斷準則爲「置換可能性」與「置換容易性」，即待鑑定對象與專利申請範圍之不同點，在功能、方法及效果均實質上相同，且其置換之技術是所屬技術領域具有通常知識之人易於推知或顯而易知，應注意者，應參考「侵權行為發生」當時的技術水準、社會背景等綜合判斷之。待鑑定對象如符合均等論，即進入下一步驟，檢視禁反言原則與先前技術之阻卻，如無阻卻事由，即構成專利之侵害。茲以一例說明之：有一果汁機改良結構之專利，其專利範圍之特徵在於底部之榨汁盤中央設有排列為十字型之弧狀切刀，其中一把切刀跨越榨汁盤之中心點，可消除研磨時之死角；而待鑑定對象除其榨汁盤中央之弧狀切刀為一字型排列外，其餘均與專利果汁機相同，雖兩者構成要件非完全相同，不符合全要件原則下之文義侵害，然進入均等論之審查後可知，十字型與一字型排列之弧狀切刀，不論在技術手段、功能、效果上，均實質相同，依照均等論，待鑑定對象即已構成專利權之均等侵害。

3. 「禁反言原則」：「禁反言」為「申請歷史禁反言」之簡稱，係防止專利權人藉「均等論」重為主張專利申請至專利權維護過程任何階段或任何文件中已被限定或已被排除之事項。申請專利範圍為界定專利權範圍之依據，一旦公告，任何人皆可取得申請至維護過程中每一階段之文件，基於對專利權人在該過程中所為之補充、修正、更正、申復及答辯的信賴，不容許專利權人藉「均等論」重為主張其原先已限定或排除之事項。因此，「禁反言」得為「均等論」之阻卻事由。

   於檢視「禁反言」之成立要件時，應注意若待鑑定對象適用「均等論」，而其適用部分係專利權人已於申請至維護過程中放棄或排除之事項，則適用「禁反言」。禁反言原則之檢驗，是我國專利侵權鑑定報告中較常被忽視的部分，主要是在於當事人未充分提供資訊予鑑定機關審酌，因此在檢視鑑定報告之正確性時，實應特別留意。最高法院93年度台上字第71號判決即認為：「上訴人既於上開舉發案件中自行限縮專利範圍，限於軸心部外形呈前端外徑小而後端外徑大之直線傾斜式圓錐形，並不包括如炮彈型等之軸心略呈直線傾斜式圓錐形，則其對於除直線傾斜式圓錐形以外之產品類型，依禁反言原則，已放棄其權利，不得再主張此類之產品侵害其專利權。上開機械工程學會、智慧財產研究所、海洋大學之鑑定，雖認送鑑定之產品與上訴人之專利範圍實質上相同，但渠等均僅提及均等論，就禁反言隻字未提，或認為直線僅形容詞或為文字上修正，可見該等鑑定報告顯有疏漏，不足採信。」可資參照。

4. 「先前技術阻卻」：「先前技術」係涵蓋申請日（主張優先權者，則為優先權日）之前所有能為公眾得知之資訊，不限於世界上任何地方、任何語言或任何形式，例如書面、電子、網際網路、口頭、展示或使用等。先前技術屬於公共財，任何人均可使用，不容許專利權人藉「均等論」擴張而涵括先前技術。因此，「先前技術阻卻」得爲「均等論」之阻卻事由。

按先前技術係屬公共財產，任何人均得自由利用，專利權人自不得藉均等論之擴張，將專利權之範圍向外涵蓋到專利申請日前已公開之先前技術。因此，落入先前技術阻卻之部分，會產生阻卻均等論適用之效果。於檢視「先前技術阻卻」之成立要件時，應注意即使待鑑定對象適用「均等論」，若被告主張適用「先前技術阻卻」，且經判斷待鑑定對象與某一先前技術相同，或雖不完全相同，但爲該先前技術與所屬技術領域中之通常知識的簡單組合，則適用「先前技術阻卻」。

（二）設計專利侵害鑑定

設計專利係對物品之形狀、花紋、色彩或其結合，透過視覺訴求之創作，與利用自然法則之技術思想爲創作之發明與新型有異，因此鑑定之原則稍有不同，以下簡要說明「專利侵害鑑定要點」中，設計專利侵害鑑定之流程與重要原則：

設計專利侵害之鑑定流程：首先應解釋設計專利權之範圍，以及待鑑定物品之設計內容，以進行比對。設計專利範圍，係以公告圖面之物品外觀整體設計爲準，解釋時另得參考創作說明，而設計專利權以視覺設計爲範圍，故專利物品中非透過視覺訴求的功能性設計及內部結構，應排除於專利範圍之外（相關流程請參下流程圖）。再以下述原則，比對待鑑定物品之設計內容是否落入專利權之範圍。

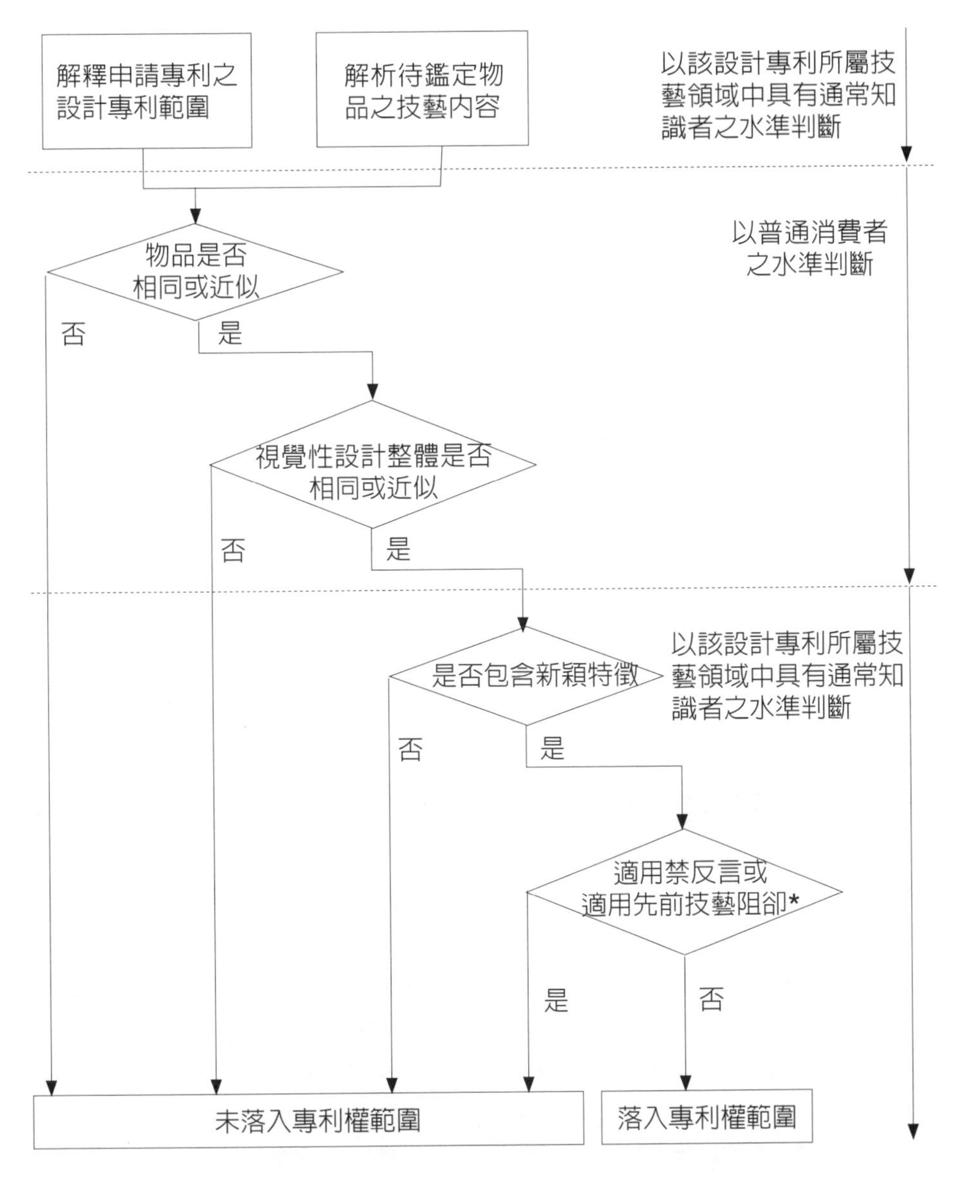

* 被告可擇一或一併主張適用禁反言或適用先前技藝阻卻，判斷時，兩者無先後順序關係

設計專利侵害之判斷原則：

1. 待鑑定物品與設計專利物品之用途或功能是否相同或近似：以普通消費者之水準判斷是否相同或近似。如有，則繼續進行下一步之檢視。
2. 待鑑定物品與設計專利物品之整體視覺性設計是否相同或近似：以普通消費者之水準判斷是否相同或近似。如有，則繼續進行下一步之檢視。
3. 相同或近似之部分，是否包含設計專利的新穎特徵：所謂新穎特徵，係指設計專利與先前技藝不同，因而具有新穎性、創作性等專利要件之創新內容，亦即設計專利之價值所在，必須是透過視覺性訴求之視覺性設計，不得爲功能性設計，故待鑑定物品必須包含該項設計特徵，否則不足以認爲落入專利權範圍。本項應以所屬技藝領域中具有通常知識者之水準判斷。
4. 禁反言原則或先前技藝阻卻：當待鑑定物品與設計專利視覺性設計整體相同或近似，且包含其新穎特徵時，除非有禁反言原則或先前技藝之阻卻，則待鑑定物品即落入設計專利範圍。此處之禁反言原則與發明、新型之禁反言原則相同；而先前技藝阻卻與發明、新型的先前技術之阻卻相當。

十一、專利權具有應撤銷原因之抗辯

在我國的公私法二元體制下，專利、商標等智慧財產權，係經由行政機關（經濟部智慧財產局）之核准取得，其核准之處分是否具有瑕疵應予撤銷（即專利、商標之有效性爭執），則需循行政救濟之管道，向經濟部智慧財產局提起專利舉發案、商標評定案或廢止案，同時循訴願、行政訴訟之方式確認該智慧財產權之有效性；然而智財權本身仍屬私權，關於其權利行使之爭訟，則是由普通法院民事庭所管轄，則普通法院並無法審理專利有效性之爭執。故而專利權之侵害雖以專利權有效爲其先決要件，然在以往智慧財產案件審理法施行前，假設專利侵權案件之被告主張原告之專利權具有應撤銷事由，從而無法構成專利權侵害時，因受理訴訟之普通民事法院並不具有對專利有效與否之認定權限，法院只有逕以權利有效爲前提下作出判決，或是裁定停止訴訟等待舉發案行政救濟之結果（專利法第101條）兩種選擇。惟前者可能造成日後認定歧異以及錯誤判決之後果，而後者又有審理時程拖延、對當事人而言緩不濟急保護不周之缺點，不論選擇發現眞實或是訴訟經濟均各有所偏，往往令法院與當事人皆陷入兩難。而爲順應同一智慧財產權之爭議於同一訴訟程序中解決之世界潮流，以及提供有效率之司法救濟，在智慧財產法院成立後，依據目前施行之智慧財產案件審理法第16條第1項之規定，在當事人提出權利有應撤銷原因之抗辯時，智慧財產法院應就權利之有效性之抗辯自爲判斷，即不再適用以往民事訴訟法第182條第2項、專利法第101條或其他法律有關停止訴訟的規定。

十二、被控侵權人（被告）之相關反擊與抗辯

如前所述，專利權人對於被控侵害專利之人，可採取諸多不同面向之法律行動以保障其合法權益，而近年來之專利侵權訴訟，亦不免多帶有濃厚的商業競爭色彩，因而自散發警告信、聲請假扣押、定暫時狀態處分甚至起訴等法律行動之提起，在各種程度上，均不免造成被控侵權者經營事業之壓力及影響。然從對被控侵權方之角度而言，當專利權人採取前述行動時，除了必須背負侵害他人專利權之惡名外，輕則失去客戶訂單、影響產品銷售，重則資金遭到凍結、面臨鉅額賠償甚至必須全面退出市場，影響亦不可謂不大。但其實被控侵權人面對專利權人所提出的侵權指控與其他法律行動，也並非全然處在只能消極因應之局面，在訴訟程序中及程序外，被控侵權人均可思考進行以下的抗辯與反擊行動，使專利權人面臨難以舉證、或疲於應付，或遭受處罰，以增加於整個訴訟中有利之談判地位以及勝訴之機會：

（一）專利權具有應撤銷事由之抗辯

於智慧財產案件審理法施行前，受理專利侵權訴訟之民事法院，並不得對專利之有效性逕行做出無效之認定，被告如欲主張專利欠缺法定要件應爲無效之抗辯時，必須配合舉發案之提出，並聲請停止訴訟，然此將導致專利訴訟案件無法迅速終結。而在2008年7月1日成立智慧財產法院後，智慧財產法院民事庭依據智慧財產案件審理法第16條第1項之規定，必須對專利有應撤銷事由之抗辯自爲判斷，不再適用停止訴訟之相關規定，故而對於專利侵權行爲是否成立之重要前提要件，亦即該專利是否具有應撤銷事由，幾乎成爲現今專利侵權民事訴訟中最爲重要及常見之抗辯事由，倘智慧財產法院認爲專利確實具有應撤銷之事由，依據智慧財產案件審理法第16條第2項之規定，在該訴訟中，專利權人即不得對被告主張權利，法院將會迅速駁回原告提起之訴訟。

（二）未落入專利權範圍之抗辯

被告在專利侵權之爭議中，最直接、最根本之主張即是主張侵權產品之技術特徵並未落入專利權範圍之抗辯，此即是不侵權之抗辯。按如被指控之產品技術特徵未落入他人專利權之範圍內，當無侵害他人專利權之可能，自不待言。又由於被控侵權之產品究竟有無落入專利權人專利權之範圍，通常可以提出符合「專利侵害鑑定要點」流程之鑑定報告或技術分析報告來佐證，因此被控侵權人如欲主張未落入專利權範圍之抗辯，通常可以提出一份符合「專利侵害鑑定要點」流程之「不侵害專利權之鑑定報告」，或是針對鑑定結論爲落入專利權範圍之鑑定報告（可能爲專利權人所提出者，亦可能爲訴訟中法院指定或雙方合意之鑑定機構所做成者）之程序、實質內容與證明力等層面，針對有何不符合「專利侵害鑑定要點」流程之處，提出具體之指摘與爭執，實務上亦不乏因原告提出鑑定報告因不符合「專利侵害鑑定要點」流程，其實質內容與證明力遭到質疑，最終法院認爲該鑑定報告之結論不可採，原告因而敗訴之實例。

（三）主張其他法定抗辯事由

專利侵權行爲，亦屬民法上侵權行爲之一種，亦得主張無故意過失之抗辯，其他之抗辯如主張原告依專利法第102條並無提起訴訟之當事人能力、其實施行爲有合法之權源、專利權人未依專利法第98條標示專利證書號數、專利有效之期間已期滿、實施行爲並未在我國境內之專利之屬地主義抗辯、專利侵權行爲之請求權因時效而消滅、有專利法第59條專利權效力所不及之事由等。

（四）爭執損害賠償金額

對侵害專利權請求損害賠償訴訟之被告而言，除了提出前述種種抗辯以對抗侵權行爲之成立外，縱使最後仍被認定成立侵權行爲，仍可視案情提出相關損害賠償數額計算上之抗辯，按原告除須證明侵權行爲之存在外，對於損害賠償之數額，亦負舉證之責，實務上亦不乏見到原告雖獲得勝訴，但損害賠償金額因難以證明，故而僅獲判極低之賠償數額之實例。因此被告在面對專利權人關於損害賠償金額之指控，亦可視實際情形提出相關意見與爭執，由於原告究竟並非實際從事侵害行爲之人，其對於損害賠償金額之舉證並不容易，如係以推估之方式爲之，則被告自可對損害賠償之計算方式依據實際情形加以爭執。

（五）聲請停止訴訟

如前所述，在智慧財產案件審理法未施行前，被告如欲爭執專利之有效性，應先提出舉發，並可向法院聲請停止訴訟，依專利法第101條，關於專利之民事訴訟在申請案、舉發案、撤銷案確定前，法院得裁定停止審判。但智慧財產案件審理法施行後，法院將不得再裁定停止審判，而對於先前裁定停止審判之案件，亦必須撤銷先前裁定，依據智慧財產案件審理法之相關規定續行審理。因而，原則上聲請停止訴訟之情形將不會再出現於日後之專利侵權民事訴訟中。

（六）提起舉發

專利之舉發，係指在一專利獲得核准生效後，任何人如認爲該專利有欠缺法定要件，不應獲准或延長專利之情形，均可向專利專責機關提出專利舉發申請書檢舉，載明舉發之理由，由專利專責機關對於被舉發之專利重新審查，如審查結果認爲舉發有理由者，即可由專利專責機關將該專利撤銷。我國因採取公私法二元之系統，在專利侵權爭議中，被告方欲使原告之專利權遭到終局撤銷，歸於自始無效之方式，只有舉發一途。即便智慧財產法院成立，其對於專利效力判斷，亦僅有個案之效力而已，欲使專利權確定終局地遭到撤銷，仍須經由舉發之途徑。詳細之舉發要件及流程，詳見本章第四單元之介紹。

（七）對專利權人散發警告函之行為向公平會提出檢舉

如前所述，專利權人散發警告函之行爲，必須符合「行政院公平交易委員會對於事業發侵害著作權、商標權或專利權警告函案件之處理原則」及公平交易法之規定，否則其本身將有遭受處罰之可能，被控侵權人可對其提出檢舉。

（八）聲請反向假處分

所謂反向假處分，係相對於專利侵權訴訟之原告對於被告所聲請之禁止被告繼續從事製造銷售等侵權行爲（即排除侵害）之定暫時狀態處分而言，原告雖得向法院聲請禁止被告繼續製造、銷售等侵害專利權之行爲，但被告也並非僅能消極困坐愁城、毫無預防之方法。按定暫時狀態之處分係因防止發生重大損害或避免急迫危險，對爭執之法律關係定暫時之狀態之程序，對被告而言，請求原告不得再散佈被告侵害其專利權之言論或請求容忍被告繼續製造、銷售等行為，亦是一種「對爭執之法律關係定暫時之狀態之程序」，被告自可對原告提出此類之定暫時狀態處分，請求原告不得為干擾被告營業之行為，為便於區分原告及被告所提出之兩種不同內容之定暫時狀態處分，通常將原告所提者稱為正向假處分，被告提出者稱為反向假處分。反向假處分之內容，大致為：「債權人（即被控侵權方）得繼續製造、販賣、為販賣之要約、使用、進口某某產品之行為，債務人（即專利權人）應容忍之，不得為任何妨礙、阻擾之行為，亦不得散佈債權人侵害其專利權之言論。」被控侵權人如欲先發制人，聲請反向之假處分時，應當釋明專利權人有何妨礙、阻擾其營業之行為，如以專利權人之警告函為證，此外亦應提出不侵權之鑑定報告，以證明其並未侵害專利權。

由於依照目前較多數實務見解，如果原被告雙方均各自提出正向與反向假處分之聲請，造成兩種假處分效果牴觸無法並存時，應以先獲裁定者為優先。最高法院94年度台抗字第380號裁定：「……惟按學說所稱單純不作為處分係指單純要求債務人不為一定積極之行為；容忍不作為處分則為命債務人容忍債權人一定之行為。二者均係基於權利行使之法律關係，尚難認後者之效力應優先於前者。債權人就爭執之法律關係，聲請為定暫時狀態之處分，不論係單純不作為處分，或容忍不作為處分，法院為裁定時，對於當事人雙方因准否處分所受利益及可能發生之損害，應依利益權衡原則予以審酌而為准駁，一經裁定准許，不待確定即有執行力，債務人僅得循抗告程序或聲請撤銷假處分之途徑以謀救濟；於該裁定未失其效力前，不得另行聲請內容相牴觸之處分，以阻卻其執行力。」即係此旨。

（九）起訴請求損害賠償

如前所述，當專利權人散發警告函或散佈被控侵權人侵害專利權之言論時，被控侵權方得依公平交易法或民法侵權行為之規定，對專利權人起訴請求損害賠償，假扣押或定暫時狀態處分自始不當時，依民事訴訟法第531條之規定，亦得向專利權人請求損害賠償，惟本項之損害通常難以證明，實務上實際運用之情形並不多見。

被控侵權人之反擊與抗辯
專利權有應撤銷之事由
（有效性抗辯）
未落入專利權之範圍
（不侵權抗辯）
其他法定抗辯事由
爭執損害賠償金額
聲請停止訴訟
（目前較無空間）
提起舉發
無故意過失
原告無當事人能力
（專利法第102條）
實施行爲有合法權源
專利權人未標示專利證書號數
（專利法第98條）
專利之有效期間
專利之屬地主義
專利侵權行爲之請求權因時效而消滅
有專利法第57條專利權效力所
不及之事由
對專利權人散發警告函之行爲向公平會提出檢舉
聲請反向假處分
起訴請求損害賠償

十三、專利法上常見之錯誤觀念

專利法上常見之錯誤觀念，主要有以下數種：

（一）產品如係經由本身之獨立研發，即不會侵害別人之專利權？

此爲最容易出現且最常見之錯誤觀念，按專利權與著作權之保護對象不同，係保護一被他人申請揭示之技術思想，並不在於保護獨立之創造，只要是與他人專利權所揭示之技術特徵相同，落入專利權之申請範圍內，即構成專利之侵害，與是否是獨立之開發並無關係。此類型唯一之例外是「先使用權」，如該產品確實係獨立研發，若屬私密使用該技術，因爲早於專利之申請日，可例外主張「先使用權」而不構成專利之侵害；若屬公開使用該技術，則尙可據以作爲主張該專利有應撤銷原因之證據。

（二）擁有相對應於產品技術之專利或取得授權，即不會侵害別人之專利權？

在本身亦有專利權之情形，其實並非就不可能侵害他人之專利，按一產品本身，可能涉及多方面之技術，縱使其中之某些技術思想已經獲得專利或取得授權，其他部分之技術特徵仍有可能落入他人之專利權申請範圍，構成專利之侵害。

（三）專利之侵害與請求項之關係

申請專利範圍，係由逐項之專利請求項所構築，而在鑑定侵權產品有無侵害專利時，如前所述，係將侵權產品之技術特徵，與專利之所有請求項逐一比對，並判斷是否落入各個請求項中。如鑑定結果認爲侵權產品技術特徵有落入任何一項專利請求項中，不論係獨立項或附屬項（惟依邏輯論之，如落入附屬項中，亦必然落入其依附之獨立項中），均構成專利之侵害，以往曾有被告以其產品之技術特徵並未落入所有之請求項，故主張未落入專利範圍之抗辯，實有誤解，據此而論，當被控侵權方欲提出不侵權鑑定報告時，其鑑定報告之結論必須是產品技術特徵完全未落入專利權人專利權之任何一項請求項內，始足以作爲其產品未侵害專利權之佐證。

案例解說

本單元前述案例中，應注意之事項包括：

1. 專利權人乙應注意之事項：
   (1)乙於寄發律師函時，亦應注意須符合「行政院公平交易委員會對於事業發侵害著作權、商標權或專利權警告函案件之處理原則」之規定。
   (2)損害賠償方面，乙得主張專利法第97條第2款之利益說之損害計算方式，如甲公司不能就其成本或必要費用舉證時，即以銷售該項物品之全部收入作為所得利益；排除侵害方面，乙得請求甲公司停止或不得為一切自行或委託他人為製造、販賣、為販賣之要約、使用或為上述目的而進口之侵害專利權行為。
   (3)請求登報道歉部分，依舊法第89條之規定，乙得於勝訴判決確定後，聲請法院將判決書全部或一部登報，其費用由敗訴人負擔。是以，乙應於其獲得本案勝訴判決確定後，始得為此主張，故乙於起訴時即表明此主張，似有未妥。然現行法已將得請求登報道歉之依據刪除，而應回歸民法第195條第1項規定之適用。
2. 甲公司應注意之事項：
   (1)甲公司主張系爭專利不具新穎性與進步性等應撤銷事由，關於不具新穎性之部分，甲公司應舉證證明A產品所使用之技術於系爭專利申請日及優先權日前已見於刊物或已公開使用、或已為公衆所知悉；關於不具進步性之部分，甲公司應舉證證明A產品所使用之技術為所屬技術領域中具有通常知識者依申請前之先前技術所能輕易完成。
   (2)A產品有無落入系爭專利之專利權範圍，應針對乙主張之申請專利範圍特定項次，於全要件原則下，依是否文義讀取、均等侵害等流程逐一檢視之。
   (3)在有無故意過失之部分，甲公司得主張其有合理的確信未侵害乙之專利權。另外，甲公司亦得主張系爭專利並無專利標示，故不得請求損害賠償。
   (4)甲公司亦可主張系爭專利之專利權為乙丙丁三人共有，然乙丙丁卻未依專利法第12條第1項之規定提出專利權申請，故應依專利法第71條第1項第3款之規定，撤銷其專利。
3. 本案中，甲公司主張乙之專利權有應撤銷之原因，按智慧財產案件審理法第16條第1項規定，法院應就其主張或抗辯有無理由自為判斷。另按智慧財產案件審理法第17條第1項規定，法院於判斷甲公司之主張或抗辯有無理由，於必要時，得以裁定命智慧財產專責機關（即智慧財產局）參加訴訟。此參加訴訟以關於智慧財產權有應撤銷或廢止之原因為限，就當事人主張智慧財產權有效性之爭點，在與當事人之訴訟行為不牴觸之範圍內，智慧財產案件審理細則第31條特別規定，應許其得獨立提出攻擊防禦方法，故適用民事訴訟法第61條有關從參加之規定。

4. 按「智慧財產案件審理法新制問答彙編」第三十一項第（一）點明確闡釋智慧財產案件之審理須符合訴訟經濟原則，法院就各爭點之審理次序，應依其論理上之先後次序審理之，無需將所有爭點均調查完畢後才為判決：「以往的智慧財產民事侵權訴訟審理過程中，法官多將被告有無侵害行為、原告之損害額多寡等均調查完畢後，才為判決，而判決之理由可能係被告無侵害原告智慧財產權之抗辯可採，但法官因擔心心證被猜出，或因未為完整調查，經上訴至上級審時，遭上級審指摘，故將被告全部抗辯調查完畢後，才做出判決。此種作法不符訴訟經濟原則，且易使當事人進行與訴訟結果無關之攻擊及防禦方法。」故若法院已認定乙之專利權有應撤銷之原因，即無需再對「侵權與否」及「損害賠償之爭點」予以審理，以維訴訟經濟。惟爭點調查之順序，仍屬法院職權行使與決定之項目。
5. 損害賠償之計算標準，按專利法第97條規定，計算方式包括：(1)民法第216條之所受損害與所失利益；(2)差額說；(3)銷售總利益說；(4)懲罰性賠償金；(5)相當於授權金。惟專利權人應就其實施專利權通常可獲得之利益為何或侵害人因侵害行為所獲利益為何負舉證責任，然實務上欲就損害額為充分之舉證，實屬不易，若不能證明其數額或證明顯有重大困難者，應請求法院依民事訴訟法第222條第2項規定，由法院審酌一切情況，依所得心證定其數額。

第三節　必備書狀及撰寫要旨——以民事專利侵權訴訟爲例

審理流程

·原告起訴，法院受理，訴訟繫屬

·分案

·法官閱覽卷宗，批示：

—指定庭期

—調閱卷證

—命當事人提出涉嫌侵權之產品及相關證明

·開庭審理

—準備程序

依據智慧財產法院目前公布之審理流程來看，目前智慧財產法院進行專利侵權訴訟案件審理時，通常會將爭點分爲三部分，即「專利有效性之爭點」、「被控侵權產品有無侵權之爭點」、「損害賠償計算之爭點」，依序就該爭點進行審理，惟目前實務上亦有認爲「有效性之爭點」與「侵權與否之爭點」，於審理計畫上並無一定之先後順序，其審理上之先後順序可由法院視案件性質自行決定。

—言詞辯論程序

·言詞辯論終結

·宣示裁判

詳細審理流程，智財法院定有「智慧財產民事訴訟事件審理模式」在案（如下圖所示），可一併參酌：

智慧財產民事訴訟事件審理模式—以專利侵權事件為例
（以下各項程序進行所需時間係供參考，實際所需時間應視個案情況並參酌兩造當事人意見予以調整）
1. 一審民事訴訟
2. 二造均為本國人（原告為專利權人，被告為行為人）
3. 原告未申請更正申請專利範圍
4. 被告為專利權有效性抗辯
5. 配合案件流程管理制度

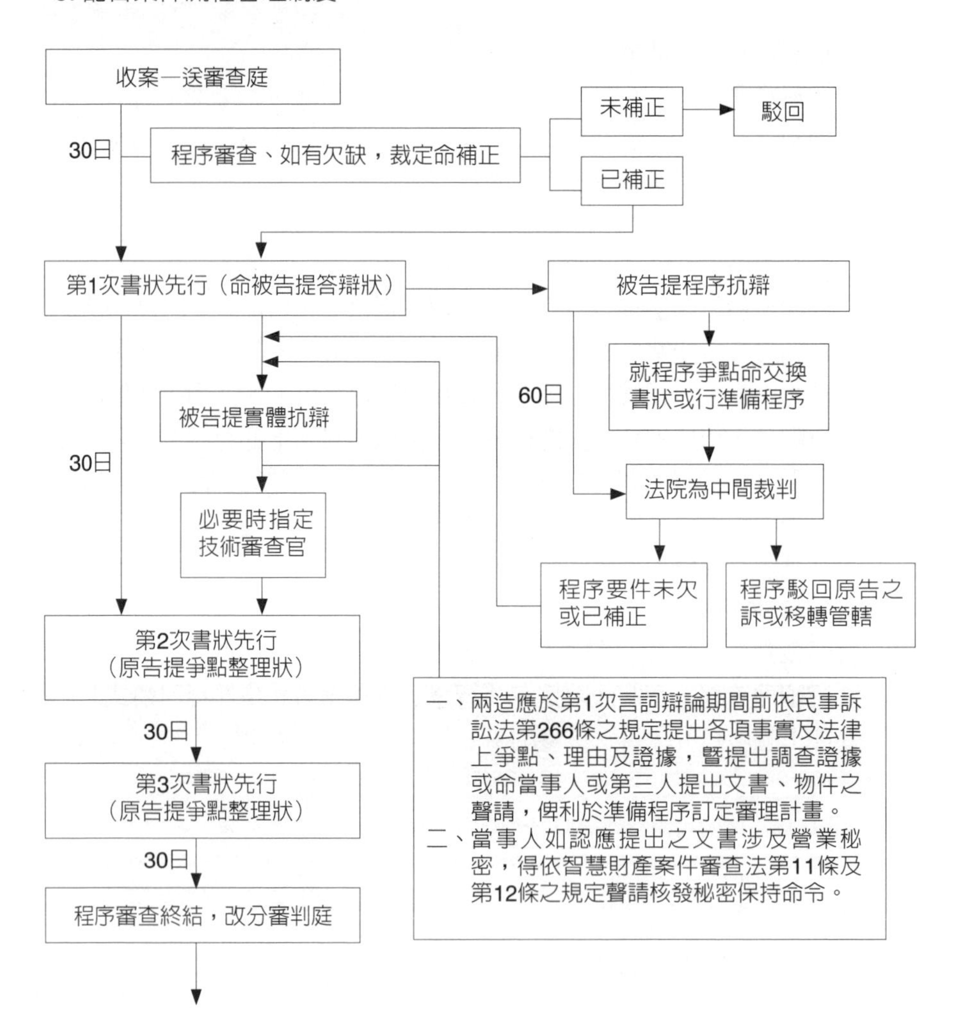

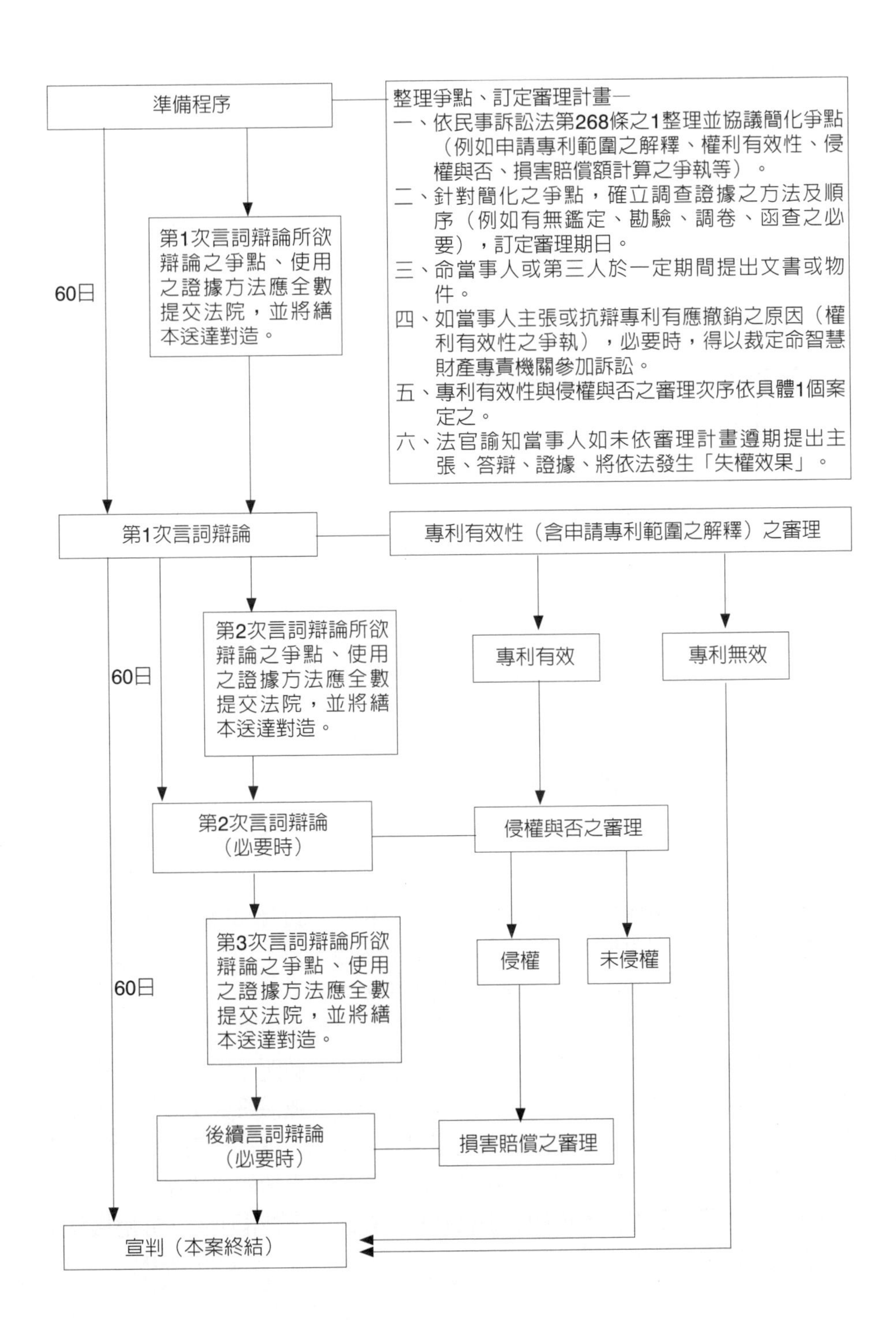
準備程序
整理爭點、訂定審理計畫—
一、依民事訴訟法第268條之1整理並協議簡化爭點（例如申請專利範圍之解釋、權利有效性、侵權與否、損害賠償額計算之爭執等）。
二、針對簡化之爭點，確立調查證據之方法及順序（例如有無鑑定、勘驗、調卷、函查之必要），訂定審理期日。
三、命當事人或第三人於一定期間提出文書或物件。
四、如當事人主張或抗辯專利有應撤銷之原因（權利有效性之爭執），必要時，得以裁定命智慧財產專責機關參加訴訟。
五、專利有效性與侵權與否之審理次序依具體1個案定之。
六、法官諭知當事人如未依審理計畫遵期提出主張、答辯、證據、將依法發生「失權效果」。
60日
第1次言詞辯論所欲辯論之爭點、使用之證據方法應全數提交法院，並將繕本送達對造。
第1次言詞辯論
專利有效性（含申請專利範圍之解釋）之審理
60日
第2次言詞辯論所欲辯論之爭點、使用之證據方法應全數提交法院，並將繕本送達對造。
專利有效
專利無效
第2次言詞辯論（必要時）
侵權與否之審理
60日
第3次言詞辯論所欲辯論之爭點、使用之證據方法應全數提交法院，並將繕本送達對造。
侵權
未侵權
後續言詞辯論（必要時）
損害賠償之審理
宣判（本案終結）

依據前述案例，本節提供原告所應撰擬之起訴書狀，以及被告之答辯書狀，以及專利侵權民事訴訟常用之書狀之撰寫要旨：

一、原告起訴狀

專利侵權民事訴訟之原告起訴狀，應載明訴之聲明、起訴之原因事實、請求權基礎及損害賠償之計算方式。（詳參第一章第三節有關民事侵權起訴狀之撰寫要旨）

二、被告答辯狀——有效性抗辯、不侵權抗辯、損害賠償數額之否認與抗辯

專利侵權民事訴訟之被告答辯狀，應載明答辯聲明、抗辯理由及其證據、對於原告主張否認之事項等。

其中關於抗辯理由，可依下列方式敘述：

1. 關於專利具有應撤銷事由之抗辯

應檢具先前技術證據、敘明系爭專利具有應撤銷事由之項次、違反之法條，以及具有應撤銷事由之具體理由。最好可以先列表簡述，再具體敘明理由。（詳參第一章第三節民事答辯狀－專利有效性抗辯之撰寫要旨）

2. 關於未落入專利權範圍之不侵權抗辯

應敘明對於原告所提侵害鑑定報告或技術比對報告有何違反專利侵害鑑定要點所載原則或流程之具體理由，如有逆均等論適用之抗辯或禁反言、先前技術阻卻之抗辯，亦應檢具證據並敘明理由。亦得檢具自身認為符合專利侵害鑑定要點之原則與流程之比對分析報告補強前開論述，但不得僅以鑑定機構出具不侵權報告之結論有利於己作為唯一抗辨理由。

於敘明不侵權抗辯時，最好可以依據專利侵害鑑定要點之原則與流程，例如否認系爭產品具有文義侵害之情形，可以具體列表敘明系爭產品相對專利範圍之所有技術特徵之比對，於哪一個技術特徵或要件無法符合文義讀取，並具體敘明理由。又如否認系爭產品具有均等侵害之情形，可以具體列表敘明究竟系爭產品與專利範圍之特定要件於技術手段、欲發揮之功能或欲達成之結果有何異同，並具體敘明理由。再如主張具有禁反言或先前技術阻卻，亦應檢具證據具體敘明理由。

3. 關於為專利權所不及之抗辯：

例如主張有專利法第59條第1項第3款先用權之抗辯，應檢附被告在專利申請日前已在國內使用，或已完成必須之準備之相關證據，並具體敘明理由。

4. 關於損害賠償數額之抗辯

針對原告所主張損害賠償計算數額，被告可針對原告主張於不符合事實之處予以否認，於必要時，亦可檢具相關銷售數據之證據或證明有關成本及必要費用之證據補強被告之抗辯。

三、假扣押聲請狀

假扣押之聲請，由本案管轄或假扣押標的所在地之地方法院管轄（民事訴訟法第524條第1項參照），其聲請狀應表明下列各款事項（民事訴訟法第525條第1項參照）：

（一）當事人及法定代理人。

（二）請求及其原因事實。

（三）假扣押之原因。

（四）法院。

其中需特別注意的是假扣押之聲請狀，務必針對「請求之原因」與「假扣押之原因」分別檢具證據釋明之，不得籠統併述，避免受理法院認爲未就各該原因提出任何證據釋明而逕予駁回聲請。

四、定暫時狀態處分聲請狀

定暫時狀態處分之聲請狀，應特別載明「請求之原因」與「定暫時狀態之原因」，並分別檢具證明釋明之，如未能充分釋明，受理法院應駁回其聲請（智慧財產案件審理法第22條第2項後段）。（詳參第一章第三節有關民事定暫時狀態處分聲請狀之撰寫要旨）

五、保全證據聲請狀

保全證據之聲請狀，應特別載明「應保全之理由」，並檢具證據釋明之（民事訴訟法第370條第1項參照）。（詳參第一章第三節有關民事保全證據聲請狀之撰寫要旨）

六、限期起訴聲請狀

針對於起訴前即已遭到專利權人聲請假扣押、定暫時狀態處分或保全證據聲請之當事人，得依法向法院聲請命專利權人提起本案訴訟，聲請狀應特別記載其聲請之依據爲何，以及法院應命限期起訴之當事人爲何。

第四節　書狀範例——以民事專利侵權訴訟爲例

範例一：原告起訴狀

<table>
<tr><td colspan="5">民事起訴狀</td></tr>
<tr><td>案　　號</td><td colspan="2">年度　　字第　　號</td><td>承辦股別</td><td></td></tr>
<tr><td>稱　　謂</td><td>姓名或名稱</td><td colspan="3">依序填寫：國民身分證統一編號或營利事業統一編號、性別、出生年月日、職業、住居所、就業處所、公務所、事務所或營業所、郵遞區號、電話、傳真、電子郵件位址、指定送達代收人及其送達處所。</td></tr>
<tr><td>原　　告</td><td>乙</td><td colspan="3">住台北市○○區○○路○○號○○樓</td></tr>
<tr><td>訴訟代理人</td><td>○○○律師</td><td colspan="3">○○法律事務所
○○市○○路○○號○○樓
電話：○○-○○○○○○○○○</td></tr>
<tr><td>被　　告</td><td>甲公司</td><td colspan="3">設台北市○○區○○路○○號○○樓</td></tr>
<tr><td>兼法定代理人</td><td>○○○</td><td colspan="3">住同上</td></tr>
<tr><td colspan="5">為請求損害賠償與排除、防止侵害，依法起訴事：

訴之聲明
一、被告甲公司暨被告○○○應連帶給付原告新台幣（以下同）○○○元及自起訴狀繕本送達翌日起至清償日止按年利率百分之五計算之利息。
二、被告甲公司暨被告○○○，不得為一切製造、為販賣之要約、販賣、使用、或為上述目的而進口A產品及其他同種類侵害中華民國發明專利第○○○○○○號之行為。
三、訴訟費用由被告等共同負擔。
四、原告願供擔保，請准宣告假執行。</td></tr>
</table>

事實及理由

一、原告乙為中華民國發明第○○○○○○○號專利「○○○○○○○」之專利權人：查原告乙就其研發之發明專利，已獲中華民國經濟部智慧財產局審定核准中華民國新型第○○○○○○○號專利在案，專利權期間自2004年○月○日至2016年○月○日止，有專利證書與專利說明書為證（原證一），依專利法第96條，專有排除他人未經同意而製造、為販賣之要約、販賣、使用、或為上述目的而進口該專利物品之權，並得對侵害專利之人請求損害賠償與排除、防止侵害。

二、被告甲公司所製造、販賣之「A產品」，明顯侵害原告所有之系爭專利權：查原告之「○○○○○○○」專利內容為：「○○」，被告甲公司所製造、販賣之「A產品」，經原告送請司法院所建議之鑑定機構工業技術研究院鑑定，做成專利侵害鑑定報告（原證二），鑑定意見為被告產品確實侵害原告專利權第1項之文義範圍，足證被告公司確有文義侵權之事實。

三、損害賠償部分

（一）按發明專利權受侵害時，專利權人得依專利法第96、97條之規定，請求損害賠償，並得自專利法第97條所定之方式中擇一計算其損害，又按損害賠償之請求，原告於起訴時得僅表明全部請求之最低金額，民事訴訟法第244條第3項亦定有明文。

（二）查被告甲公司之侵害專利權行為，造成原告受有損害，原告謹請求依專利法第97條第2款計算損害賠償。經查被告公司販賣侵權產品所得收入，迄今約達新台幣○○○元，茲以被告公司上開所得之利益做為原告所受損害之金額。原告就所受之損害謹暫於○○○元範圍內先行請求，並保留日後擴張之權利。

（三）另按「公司負責人對於公司業務之執行，如有違反法令致他人受有損害時，對他人應與公司負連帶賠償之責。」公司法第23條第2項定有明文。查被告○○○係被告公司之董事長，為被告公司之負責人，其於執行業務違反專利法侵害原告之專利權，致原告受有損害，自應依法與被告甲公司負連帶損害賠償責任。

<table>
<tr><td colspan="2">四、排除、防止侵害部分
按發明專利受有侵害時，專利權人得請求排除侵害，有侵害之虞者，得請求防止之，為專利法第96條所明定。查原告為中華民國發明第○○○○○○○號專利之專利權人，自得依上開法條，對侵害專利權之被告公司請求如訴之聲明第二項所示之排除、防止侵害行為。
五、綜上所述，懇請　鈞院鑒核，賜判決如訴之聲明，以維權益，實感德便。
謹狀
智慧財產法院民事庭　公鑒</td></tr>
<tr><td>證物名稱及件數</td><td>原證一號：原告所有之中華民國發明第○○○○○○○號發明專利證書及專利說明書影本各乙份。
原證二號：工業技術研究院專利侵害鑑定報告影本乙份。</td></tr>
<tr><td colspan="2">中　華　民　國　○　○　年　○　○　月　○　○　日</td></tr>
<tr><td colspan="2">具狀人：乙</td></tr>
<tr><td colspan="2">訴訟代理人：○○○律師</td></tr>
</table>

範例二：被告答辯狀

<table>
<tr><td colspan="5">民事答辯狀—有效性抗辯</td></tr>
<tr><td>案　　　號</td><td colspan="2">年度　　字第　　號</td><td>承辦股別</td><td></td></tr>
<tr><td>訴訟標的金額</td><td colspan="4"></td></tr>
<tr><td>被　　　告</td><td>甲公司</td><td colspan="3">設○○市○○路○○號○○樓
送達代收人：○○○律師</td></tr>
<tr><td>兼法定代理人</td><td>○○○</td><td colspan="3">住同上</td></tr>
<tr><td>訴 訟 代 理 人</td><td>○○○律師</td><td colspan="3">○○法律事務所
○○市○○路○○號○○樓
電話：○○-○○○○○○○○</td></tr>
<tr><td>原　　　告</td><td>乙</td><td colspan="3">設○○市○○路○○號○○樓</td></tr>
<tr><td colspan="5">為提呈專利有效性抗辯意見事：
壹、原告起訴所據之中華民國發明第○○○○○○○號專利，經被告查證發現，早已於○○年○○月○○日見於刊物，成為習知技術，故原告之專利欠缺新穎性，具有應撤銷事由。此外，原告上揭專利業經被告於民國○○年○○月○○日向經濟部智慧財產局提起舉發在案，足見其有效性顯有疑問。</td></tr>
</table>

貳、引證證據1－西元○○○○年出版之○○○雜誌第○○期第○○頁（被證1號）：查引證證據1－西元○○○○年出版之「○○○雜誌」，係該領域中可輕易取得之期刊雜誌，其出版日遠在原告第○○○○○○○○號專利申請日之三年前，其中第○章第○○節「○○」中，即已完全敘明原告前揭專利請求項第1項之所有技術特徵，茲以引證證據1第○○頁第○○圖示之內容說明如次：

一、引證證據1第○○頁第○○圖：

圖

二、引證證據1第○○頁第○段：

「○○○」

參、引證證據1已揭示原告第○○○○○○○號專利請求項1之所有技術特徵：

一、原告第○○○○○○○號專利第1項之技術特徵：

「○○」

二、原告第○○○○○○○號專利第1項與引證證據1之比對：

Claim 1	引證證據1之揭示內容	出處
○○○○○○	○○○○○○	第○○頁、第○○圖
○○○○○○	○○○○○○	第○○頁、第○○圖
○○○○○○	○○○○○○	第○○頁、第○○圖
○○○○○○	○○○○○○	第○○頁、第○○圖

<table>
<tr><td colspan="2">三、綜上，原告前揭專利請求項第1項之所有技術特徵，均已見於引證證據1，早於系爭專利申請日三年前即已為該技術領域具有通常知識者習用之通用刊物雜誌清楚載明及教示，核屬公用共知之基礎知識，當無任何新穎性可言，顯已違反專利法第22條第1項第1款之規定，具有法定應撤銷專利權之原因。
肆、原告上揭專利業經被告於民國○○年○○月○○日向經濟部智慧財產局提起舉發在案，足見其有效性顯有疑問。
伍、綜上所述，系爭專利確具應撤銷專利權之原因，祈請　鈞院自為系爭專利具有應撤銷事由之認定，駁回原告之訴，以維權益，實為德感。

謹狀
智慧財產法院民事庭　公鑒</td></tr>
<tr><td colspan="2">中　華　民　國　○　○　年　○　○　月　○　○　日</td></tr>
<tr><td>附件及
證據列表</td><td></td></tr>
<tr><td colspan="2">具狀人：被告甲公司
兼法定代理人：○○○</td></tr>
<tr><td colspan="2">撰狀人：訴訟代理人○○○律師</td></tr>
</table>

範例三：被告答辯狀

<table>
<tr><td colspan="5">民事答辯狀─不侵權抗辯</td></tr>
<tr><td>案　　　號</td><td colspan="2">年度　　　字第　　　　號</td><td>承辦股別</td><td></td></tr>
<tr><td>訴訟標的金額</td><td colspan="4"></td></tr>
<tr><td>被　　　告</td><td>甲公司</td><td colspan="3">設○○市○○路○○號○○樓
送達代收人：○○○律師</td></tr>
<tr><td>兼法定代理人</td><td>○○○</td><td colspan="3">住同上</td></tr>
<tr><td>訴 訟 代 理 人</td><td>○○○律師</td><td colspan="3">○○法律事務所
○○市○○路○○號○○樓
電話：○○-○○○○○○○○</td></tr>
<tr><td>原　　　告</td><td>乙</td><td colspan="3">設○○市○○路○○號○○樓</td></tr>
<tr><td colspan="5">為提呈不侵權抗辯意見事：
壹、系爭產品並未落入系爭專利申請專利範圍第1項之專利權範圍：
一、系爭產品並未落入系爭專利申請專利範圍第1項之文義範圍：</td></tr>
</table>

系爭專利第1項之技術特徵	系爭產品之技術特徵	是否符合文義讀取
一○○，包括：一○○及一○○	系爭產品並未具備○○之技術特徵。	不符合（原告之侵害分析比對報告判斷有誤）
一○○，係○○○○○○○○○○○○○○○○	系爭產品並未具備「○○○○○○○○」之技術特徵。	不符合
一○○，係○○○○○○○○○○○○○○	系爭產品並未具備「○○○○○○○○」之技術特徵。	不符合（原告之侵害分析比對報告判斷有誤）

由上表所示，系爭產品與系爭專利申請專利範圍第1項之差異包括：1.系爭產品並未具備○○之技術特徵；2.系爭產品並未具備「○○○○○○○○」之技術特徵；3.系爭產品並未具備「○○○○○○○○」之技術特徵。是以，系爭產品並未落入系爭專利申請專利範圍第1項之文義範圍，當無文義侵權之可能。

二、系爭產品並未落入系爭專利申請專利範圍第1項之均等範圍：

系爭專利第1項之技術特徵	全要件比對	均等論比對
一○○，包括：一○○、一○○、一○○	不符合文義侵權	系爭產品欠缺系爭專利第1項「○○」之技術特徵，按專利侵害鑑定要點第41頁之規定，不適用「均等論」，應判斷系爭產品未落入系爭專利第1項之專利權範圍。
一○○，係○○○○○○○○○○○○○○○○○	不符合文義侵權	系爭產品與系爭專利第1項之技術手段實質上已有不同，當無均等論適用之可能。
一○○，係○○○○○○○○○○○○○○○	不符合文義侵權	系爭產品與系爭專利第1項之技術手段實質上已有不同，當無均等論適用之可能。

<table>
<tr><td colspan="13">由上表所示，系爭產品不但欠缺系爭專利第1項之技術特徵，且技術手段與系爭專利第1項亦有實質不同，自未落入系爭專利申請專利範圍第1項之均等範圍。
三、綜上，系爭產品並未落入系爭專利申請專利範圍第1項之專利權範圍。
貳、原告所提出之侵害分析比對報告（原證二號）結論不足採：
承上所述，系爭產品並未落入系爭專利申請專利範圍第1項之專利權範圍，原告所提出之侵害分析比對報告於判斷有無文義侵權之部分，即有疏漏而不足採。再者，於均等論之判斷階段，亦忽略系爭產品欠缺系爭專利第1項之技術特徵，且技術手段亦與系爭專利第1項實質不同，當無均等論適用之可能。
參、綜上所述，系爭產品確實未落入系爭專利第1項之文義範圍及均等範圍，自不構成對系爭專利第1項之侵權行為，祈請　鈞院駁回原告之訴，以維權益，實為德感。

謹狀
智慧財產法院民事庭　公鑒</td></tr>
<tr><td>中</td><td>華</td><td>民</td><td>國</td><td>○</td><td>○</td><td>年</td><td>○</td><td>○</td><td>月</td><td>○</td><td>○</td><td>日</td></tr>
<tr><td colspan="2">附件及
證據列表</td><td colspan="11"></td></tr>
<tr><td colspan="13">具狀人：被告甲公司
兼法定代理人：○○○</td></tr>
<tr><td colspan="13">撰狀人：訴訟代理人○○○律師</td></tr>
</table>

範例四：假扣押聲請狀

<table>
<tr><td colspan="4">民事假扣押聲請狀</td></tr>
<tr><td>案　　號</td><td colspan="2"></td><td>承辦股別</td></tr>
<tr><td>訴訟標的金額或價額</td><td colspan="3">新臺幣　元</td></tr>
<tr><td>稱　　謂</td><td>姓名或名稱</td><td colspan="2">依序填寫：國民身分證統一編號或營利事業統一編號、性別、出生年月日、職業、住居所、就業處所、公務所、事務所或營業所、郵遞區號、電話、傳真、電子郵件位址、指定送達代收人及其送達處所。</td></tr>
</table>

聲請人（原告）	乙	設○○市○○區○○路○○號○○樓 送達代收人：○○○律師
相對人（被告）	甲公司	設○○市○○區○○路○○號○○樓
相對人（被告）	○○○	住同上

為聲請假扣押事：

請求事項

一、聲請人請求裁定對被告所有財產於新臺幣○○○元之範圍內為假扣押。

二、聲請費用由相對人負擔。

事實及理由

一、假扣押之聲請，在起訴後，向已繫屬之法院為之。智慧財產案件審理法第22條第1項定有明文。

二、本案被告所販售之A產品，侵害原告之專利權，此為雙方當事人所不爭執。對於損害賠償之計算，聲請人主張採舊法第85條第1項第2款後段（現行法已將本條款刪除）之總銷售額說，即以銷售該項物品全部收入為計算損害賠償之標準。

三、經由上述之方法計算後，原告應向被告請求新臺幣○○○元之損害賠償。近來聽聞被告正在將變賣其財產並於大陸地區以第三人名義擴大營業（聲證1號），造成日後有難以強制執行之可能。聲請人為保全執行，依智慧財產案件審理法第22條第1項之規定，懇請　鈞院裁定准許假扣押，實感德便。

謹狀

智慧財產法院民事庭　公鑒

中　華　民　國　○　○　年　○　○　月　○　○　日

附件及證據列表	聲證1號：被告變賣財產資料影本乙份。

具狀人：原告乙

撰狀人：訴訟代理人○○○律師

範例五：定暫時狀態處分聲請狀

<table>
<tr><td colspan="4">民事定暫時狀態處分聲請狀</td></tr>
<tr><td>案　　號</td><td colspan="2">年度　　字第　　號</td><td>承辦股別</td></tr>
<tr><td>訴訟標的金額或價額</td><td colspan="3"></td></tr>
<tr><td>稱　　謂</td><td>姓名或名稱</td><td colspan="2">依序填寫：國民身分證統一編號或營利事業統一編號、性別、出生年月日、職業、住居所、就業處所、公務所、事務所或營業所、郵遞區號、電話、傳真、電子郵件位址、指定送達代收人及其送達處所。</td></tr>
<tr><td>聲　請　人
（原　告）</td><td>○○○公司</td><td colspan="2">設○○市○○區○○路○○號○○樓
送達代收人：○○○律師</td></tr>
<tr><td>法定代理人</td><td>○○○</td><td colspan="2">住同上
送達代收人：○○○律師</td></tr>
<tr><td>訴訟代理人</td><td>○○○律師</td><td colspan="2">○○法律事務所
○○市○○路○○號○○樓
電話：○○-○○○○○○○○○</td></tr>
<tr><td>相　對　人
（被　告）</td><td>○○○公司</td><td colspan="2">設○○市○○區○○路○○號○○樓</td></tr>
<tr><td>兼法定代理人</td><td>○○○</td><td colspan="2">住同上</td></tr>
</table>

為聲請定暫時狀態之處分事：

請求事項

一、相對人公司以及向相對人公司購買系爭侵權零件之下游廠商（○○○公司、○○○公司、○○○公司），均應停止製造、販賣及銷售該系爭侵權零件。

二、聲請程序費用由相對人公司負擔。

事實及理由

一、按就爭執之法律關係，為防止發生重大之損害或避免急迫之危險或有其他相類之情形而有必要之事實，應釋明聲請定暫時狀態之處分。智慧財產案件審理法第22條第2項定有明文。

二、首查，聲請人係中華民國發明第○○○○○○○○號（下稱系爭專利）專利之專利權人，申請日為民國90年1月1日，系爭專利之專利權期間分別為民國94年1月1日至民國100年12月31日，系爭專利迄今仍屬合法有效，有專利證書及專利說明書可稽（聲證1號）。

三、兩造當事人為同一產業的競爭對手，相對人公司所生產之零件侵害原告之專利權，經詎相對人未經聲請人同意或授權，竟為圖不法之利益，擅自實施聲請人所有之上開發明專利，並不法製造、販賣侵害聲請人上開專利之產品。聲請人業自公開市場購得相對人上開型號之侵權產品，並進行比對分析，依據專利侵害鑑定要點之相關流程，得到系爭產品落入系爭專利申請專利範圍第1項之文義範圍，故而確認該等侵權產品確實已然侵害聲請人所有之上開專利在案（聲證2號）。

四、本件聲請人於起訴前已針對系爭產品侵害系爭專利之情事，以存證信函檢附侵權分析報告敘明相對人公司之侵權情事（聲證3號），並由相對人公司收受在案，相對人公司以一信函回覆表示雖不否認系爭產品落入系爭專利申請專利範圍第1項，惟相對人公司認為系爭專利具有應撤銷原因，更檢附一公開日為92年6月1日之學術論文，主張該先前技術可證明系爭專利不具進步性，故而相對人公司仍繼續銷售系爭產品，並有購得樣品產品及銷售發票（聲證4號）。

五、經查相對人公司不否認系爭專利已落入系爭專利申請專利範圍第1項，是以本件聲請人應具有專利侵權之勝訴可能性。又查系爭專利之申請日為90年1月1日，然相對於主張系爭專利有應撤銷原因之先前技術之公開日竟遲於92年6月1日，該證據顯不具有作為證明系爭專利不具有進步性之證據能力，相對人所主張之唯一證據無法用於證明系爭專利具有法定應撤銷原因，故而本件聲請人應具有專利有效性之勝訴可能性。

六、再查相對人公司復將該零件以較低之價格銷售予其他下游廠商，擾亂市場價格，已有聲請人購得之樣品及銷售發票為據（聲證4號），其售價竟僅為聲請人產品售價之十分之一，如任由相對人公司持續為此侵權行為，聲請人公司之專利產品將可能完全退出市場，此將對聲請人公司造成無可彌補之重大之損害。未查，相對人公司銷售侵權產品之數量甚微，然其低價銷售行為對於聲請人公司廣大數量之產品銷售造成滯銷之重大影響，倘　鈞院不予核發定暫時狀態處分與聲請人公司，其造成聲請人公司之營運及損害甚鉅（預估影響金額為新台幣3000萬元），相較於　鈞院核發定暫時狀態處分，由於相對人公司銷售數量甚微，其對於相對人公司不至產生過大影響（預估影響金額為新台幣200萬元），二者相較，不予核發定暫時狀態處分，所造成聲請人公司困境遠大於核發定暫時狀態處分對於相對人公司所造成之困境。故懇請

<table>
<tr><td colspan="2">鈞院裁定准許定暫時狀態之處分，命被告公司及○○○公司、○○○公司、○○○公司等下游廠商停止製造、販賣及銷售該零件，以維護原告公司之權益，實為德感。
謹狀
智慧財產法院民事庭　公鑒
中　華　民　國　○　○　年　○　○　月　○　○　日</td></tr>
<tr><td>附件及
證據列表</td><td>附件：民事委任狀正本乙份
聲證1號：原告中華民國發明第○○○○○○○○號專利證書暨說明書影本乙份。
聲證2號：專利侵害分析比對報告乙份。
聲證3號：原告○○年○○月○○日敬告函影本乙份。
聲證4號：系爭產品銷售發票及樣品乙份。</td></tr>
<tr><td colspan="2">具狀人：○○○公司
法定代理人：○○○</td></tr>
<tr><td colspan="2">撰狀人：訴訟代理人○○○律師</td></tr>
</table>

範例六：保全證據聲請狀

<table>
<tr><td colspan="5">民事保全證據聲請狀</td></tr>
<tr><td>案　號</td><td colspan="2">年度　字第　號</td><td>承辦股別</td><td></td></tr>
<tr><td>訴訟標的金額</td><td colspan="4">新台幣　元</td></tr>
<tr><td>聲　請　人
（原　告）</td><td>乙</td><td colspan="3">設○○市○○區○○路○○號○○樓
送達代收人：○○○律師</td></tr>
<tr><td>訴訟代理人</td><td>○○○律師</td><td colspan="3">○○法律事務所
○○市○○路○○號○○樓
電話：○○-○○○○○○○○</td></tr>
<tr><td>相　對　人
（被　告）</td><td>甲公司</td><td colspan="3">住○○市○○區○○路○○號○○樓</td></tr>
<tr><td>兼法定代理人</td><td>○○○</td><td colspan="3">住同上</td></tr>
<tr><td colspan="5">為侵權行為請求損害賠償事件，依法聲請保全證據事：
一、原告謹依民事訴訟法第368條第1項之規定，聲請　鈞院對於被告甲公司所持有之下述文書證據進行保全：</td></tr>
</table>

（一）被告甲公司與其代工廠針對附表1所示A產品零件所簽訂之代工製造合約書、訂單暨其附件。

（二）被告甲公司內部之產品資料管理系統中，關於附表1所示A產品配備資訊。

（三）被告甲公司如附表1所示A產品使用說明手冊。

二、待證事實：被告甲公司確有以與系爭專利範圍相同技術特徵之A產品侵害原告專利權之事實。

（一）代工製造合約書、訂單暨其附件：查被告甲公司為委託代工廠製造A產品零件，均訂有代工製造合約書，並有相關清單，作為各該代工製造合約之附件，俾代工廠日後依其訂單指示製造及出貨。上開文件足可證明甲公司確有與系爭專利範圍相同技術特徵侵權產品之事實，並作為計算侵權產品數量之依據。

（二）產品資料管理系統中A產品配備資訊：查被告公司內部獨立開發並設置有一產品資料管理系統，此係一種文件管理之系統，可儲存產品在設計、製造、銷售，以及售後服務與維修過程之中之所有相關資訊，用以管理、歸類並保存所有產品資料。是上開資料管理系統中產品軟硬體配備之資訊，足可證明被告公司確有與系爭專利範圍相同技術特徵侵權產品之事實，並作為計算侵權產品數量之依據。

（三）A產品使用說明手冊：按A產品之配備技術與功能，均可輕易自該產品之使用說明手冊中得知，而被告公司現將該使用說明手冊之電子檔案公佈在其位於台灣之客戶服務官方網站，並有註明發佈之日期，原告暫先針對○○○○年左右發佈之使用說明手冊進行調查，即發現有對於A產品功能之操作說明（各該使用手冊之網址連結與電子檔案均已下載並燒錄於聲證1號光碟以便　鈞院查閱）。

三、應保全之理由：被告有否認上開文書之存在或主張營業秘密拒不提出，甚至加以偽造、變造或隱匿，妨礙原告舉證之虞。

（一）如前所述，上開文書證據為證明被告之侵權行為事實並計算產品數量等損害賠償範圍之決定性證據，如未能保全，日後當有滅失、礙難使用之虞；倘獲得保全，被告日後將難再否認其侵權及其範圍等事實。且被告對於本案訴訟，已明顯採取無事不爭、不經查證即一概否認之策略。因此，對於上開書證，被告必定以一貫之態度否認之或主張營

<table>
<tr><td colspan="2">
業秘密拒不提出，甚至在調查證據期日之前即予以偽造、變造或隱匿，其日後原封不動、遵從 鈞院提出文書命令之可能性，實微乎其微。
（二）尤其被告產品資料管理系統中之資訊及其官方網站上之產品使用說明手冊均為電子檔案，內容極易變更替代，實有確認其現狀之必要，以避免日後被告竄改或提出較新版本之檔案以混淆　鈞院，是為防止日後證據之滅失或礙難使用，原告聲請　鈞院立即進行證據之保全，實具有必要性與急迫性，懇請　鈞院明鑑。
（三）又為表明原告請求保全證據之目的，純係保全將來訴訟進行所必須之舉證，絕無獲取被告營業機密之意，原告謹此聲明，原告同意以不公開之方式進行本案訴訟，並同意被告就與本案無關之營業秘密予以已遮掩，以同時兼顧被告之營業秘密。
四、綜上所述，上開文書證據如不予保全，顯有滅失或礙難使用之虞，亦有立即確認其現狀之法律上利益及必要，亟需　鈞院惠予保全上開證據。原告謹聲請如上，懇請　鈞院鑒核，惠賜如上裁定，以維權益，實感德便。

謹狀
智慧財產法院民事庭　公鑒

中　華　民　國　○　○　年　○　○　月　○　○　日
</td></tr>
<tr><td>附件及
證據列表</td><td>附表1：被告公司「具有網路攝影機及○○視訊外掛功能」之筆記型電腦型號清單。
聲證1號：自被告公司官方網站下載之產品使用說明手冊檔案光碟乙片。</td></tr>
<tr><td colspan="2">具狀人：乙</td></tr>
<tr><td colspan="2">撰狀人：訴訟代理人○○○律師</td></tr>
</table>

範例七：限期起訴聲請狀

民事限期起訴聲請狀			
案　號	年度　字第　號	承辦股別	
訴訟標的金額或價額	新臺幣　元		
稱　謂	姓名或名稱	依序填寫：國民身分證號碼或營利事業統一編號、性別、出生年月日、職業、住居所、就業處所、公務所、事務所或營業所、郵遞區號、電話、傳真、電子郵件位址、指定送達代收人及其送達處所。	
聲請人（債務人）	甲公司	設○○市○○區○○路○○號○○樓 送達代收人：○○○律師	
法定代理人	○○○	住同上	
訴訟代理人	○○○律師	○○法律事務所 ○○市○○路○○號○○樓 電話：○○-○○○○○○○○	
相對人（債權人）	乙	設○○市○○區○○路○○號○○樓	
為聲請裁定命相對人於一定期間內起訴事： 相對人向　鈞院聲請假扣押聲請人之財產，經　鈞院以　年度裁全字第　號裁定將聲請人之財產在新臺幣　元之範圍內假扣押查封在案，但相對人尚未向法院提起本案訴訟，爰依民事訴訟法第529條第1項之規定，聲請　鈞院裁定命相對人於一定期間內起訴。 謹狀 智慧財產法院民事庭　公鑒 中華民國○○年○○月○○日			
		具狀人：甲公司 法定代理人：○○○	
		撰狀人：訴訟代理人○○○律師	

第五節　實務判解

一、專利之申請專利範圍

（一）智慧財產法院97年度民專訴字第6號判決

發明說明及圖式雖可且應作為解釋申請專利範圍之參考，但申請專利範圍方為定義專利權之根本依據，因此發明說明及圖式僅能用來輔助解釋申請專利範圍中既有之限定條件（文字、用語），而不可將發明說明及圖式中的限定條件讀入申請專利範圍，亦即不可透過發明說明及圖式之內容而增加或減少申請專利範圍所載的限定條件。

（二）智慧財產法院102年度民專上字第33號判決

專利權範圍主要取決於申請專利範圍中之文字，若申請專利範圍中之記載內容明確時，應以其所載之文字意義及該發明所屬技術領域中具有通常知識者所認知或瞭解該文字在相關技術中通常所總括的範圍予以解釋。而用於解釋申請專利範圍之證據包括內部證據與外部證據。其中，內部證據包括請求項之文字、發明（或新型）說明、圖式及申請歷史檔案。而外部證據係指內部證據以外之其他證據，包括發明人（或創作人）之其他論文著作、發明人（或創作人）之其他專利、相關前案（如追加案之母案、主張優先權之前案等）、專家證人之見解、該發明（或新型）所屬技術領域中具有通常知識者之觀點或該發明（或新型）所屬技術領域之權威著作、字典、專業辭典、工具書、教科書等。若內部證據足使申請專利範圍清楚明確，則無須考慮外部證據。若外部證據與內部證據對於申請專利範圍之解釋有衝突或不一致者，則優先採用內部證據。

二、專利排他權

（一）最高法院98年度台上字第597號判決

按物品專利權人，除本法另有規定者外，專有排除他人未經其同意而製造、為販賣之要約、販賣、使用或為上述目的而進口該物品之權，為專利法第

56條第1項定有明文。是販賣及製造分屬不同侵害專利權之態樣，應就其各別侵害態樣負不同損害賠償責任。

（二）最高法院97年度台上字第365號判決

專利法第106條第1項規定，新型專利權人，除本法另有規定者外，專有排除他人未經其同意而製造、為販賣之要約、販賣、使用或為上述目的而進口該新型專利物品之權，乃在明定新型專利權人所得請求排除侵害之範圍，而其所得請求排除侵害之依據，則依同法第108條準用第84條第1項中段之規定。準此，新型專利權受侵害時，專利權人得請求排除侵害之保護，似指他人不法妨礙新型專利權之圓滿行使，已現實發生侵害，且繼續存在，而專利權人無忍受之義務時，始有排除之可言，與第84條第1項後段所定，請求防止侵害之情形似屬有別。

（三）智慧財產法院101年度民專訴字第41號判決

新式樣專利權人就其指定新式樣所施予之物品，除本法另有規定外，專有排除他人未經其同意而製造、為販賣之要約、販賣、使用或為上述目的而進口該新式樣及近似新式樣專利物品之權，修正前專利法第123條第1項定有明文。此與同法第56條第1項、第2項發明專利及同法第106條第1項新型專利之規定相同，均於92年2月6日修正，93年7月1日施行，並係參照世界貿易組織（WTO）中「與貿易有關之智慧財產權協定」（Agreement on Trade-Related Aspects of Intellectual Property Rights，TRIPs）第28條第1項規定，將「為販賣之要約」（offering for sale）列為專利權之效力範圍。所稱「為販賣之要約」（offering for sale），除為販賣要約行為外，亦包括意圖銷售專利產品之行為，然不包括提供授權或出租之行為，故應採廣義或擴張解釋，包含要約及要約之誘引，行為人明確表示其販賣意思者即屬之，如於物品上標示售價並陳列、於網路、報章雜誌或其他傳播媒體為廣告等；另為販賣而為價目表之寄送、廣告、陳列、展示，均屬之。至是否為公開之販賣要約、是以口頭或書面為之、是否已經有專利物品製造完成、專利物品是否為販賣要約之人或第三人所製造，均非所問。而其目的在擴大對權利人之保護，使專利權人能及早對欲從事侵權之行為人採取行動，在其準備與他人訂立契約階段，即可防止其干擾專利排他權之行使，故採廣義或擴張之解釋。準此，專利法關於「販賣之要約」之解釋，應著重於能否擴大及完善發明之保護，民法區別「要約」或「要約之引誘」之立法考量並非重點，解釋上自不宜逕採民法之判斷標準，此亦係立法者在立法修正理由中特別指明專利法上「販賣之要約」之意涵源自TRIPs第28條規範之原因所在。

三、專利侵權主觀上之故意、過失要件與認定方式

（一）最高法院93年度台上字第2292號判決

修正前專利法第88條第1項前段規定：「發明專利權受侵害時，專利權人得請求賠償損害」，其性質爲侵權行爲損害賠償，須加害人有故意或過失始能成立。原審爲相反之認定，認侵害專利權之損害賠償，不以行爲人有故意或過失爲成立要件，就上訴人侵害被上訴人之專利權究竟有無故意或過失未予調查審認，遽爲上訴人不利之判決，自有未合。

（二）智慧財產法院97年度民專上字第7號判決

按新型專利權人，除本法另有規定者外，專有排除他人未經其同意而製造、爲販賣之要約、販賣、使用或爲上述目的而進口該新型專利物品之權；新型專利權受侵害時，專利權人得請求賠償損害，專利法第106條第1項、第108條、第84條第1項定有明文，則未經新型專利權人同意，製造、爲販賣之要約、販賣、使用或爲上述目的而進口該新型專利物品者，即屬侵害新型專利權，專利權人自得請求賠償損害。又新型專利損害賠償請求權之性質，與民法侵權行爲損害賠償請求權並無不同，應屬民法侵權損害賠償請求權之特別規定，則侵權行爲損害賠償之要件，在新型專利損害賠償請求權自有適用，即必加害人主觀上有故意或過失，客觀上有不法製造、爲販賣之要約、販賣、使用或爲上述目的而進口該新型專利物品之行爲，致侵害新型專利權人之權利並使其受有損害，始有損害賠償之可言。

（三）最高法院96年度台上字第2787號判決

新型專利權僅就形式審查，並未經實體審查，爲防範新型專利權人濫用其權利，影響第三人對技術之利用及開發，故新型專利權人行使其權利時，應有客觀之判斷資料，亦即應提示新型專利技術報告，核其意旨，僅係防止新型專利權人濫用之權利，並非謂未提示新型專利技術報告，即不得請求損害賠償。

且專利法係爲鼓勵、保護、利用發明與創作，以促進產業發展而制訂（專利法第1條參照），自屬保護他人之法律，如有侵害專利權者，致專利權人受有損害，依民法第184條第2項規定，除證明其行爲無過失外，即應負賠償責任。

（四）高等法院台中分院94年度智上易字第3號判決

上訴人另辯稱上訴人係冷凍設備業者，依顧客需要，將與專利權全要件範圍不相同之冷凍基座元件組合使用，係其正當之營業內容，且爲通常之使用方法，是否涉及專利權侵害，已超過上訴人判斷能力範圍，雖經附帶上訴人以存證信函告知，然因附帶上訴人並未在函內明白就侵害範圍爲說明，上訴人自非故意或過失可言等語。惟查，附帶上訴人於86年2月1日取得系爭專利權後，即與統宇公司簽訂「專利專屬授權契約」，自同年12月1日起至專利權期間屆滿爲止，授與統宇公司製造、銷售、使用系爭專利權物品之權利，上訴人中盛公司之法定代理人爲甲○○，自87年間起即向統宇公司購買系爭專利權之產品一節，已如前述，乃竟於90年5月份起擅自製造侵害系爭專利權之產品並販售他人，經附帶上訴人發現後，於90年12月25日以高雄林華郵局第712號存證信函通知上訴人其已侵害附帶上訴人之系爭專利權一節，亦有前開存證信函影本一份在原審卷可稽，上開存證信函內容爲：「敬啓者：茲據當事人丙○○先生委稱：『永祺冷凍企業股份有限公司甲○○先生爲本人之客戶，數年來均向本人洽購冷凍使用之柵格板、基座等及零配件，今年八月本人發現其生產仿製本人享有專利權之柵格板，曾委託貴所函告其出面處理，惟其收函後置之不理，仍繼續產製，今又發現其變本加厲，再仿製與本人之新型第120655號【冷凍庫專用組合基座之改良】專利案構造類似之組合基座及其零配件（如附件所示）本人認爲該仿製之基座與轉角、分支元件及塞片之構造與本人上述專利案大同小異，僅減少基座之突唇及分支元件崁扣塊之彎鉤部而已，惟其利用各分支元件所設崁扣塊以來掣基座單元體底緣兩側組配之結構、手段、技術、作用，均與本專利案相當，未脫離本人申請專利範圍所揭示之結構與涵蓋技術內容，有侵害專利之嫌，爲上特委請貴所代爲函告，請其於收函五日內出面洽商處理。』等語前來，爰代爲敬告如上。」等語，有存證信函影本一份在原審卷爲證（見原審卷（一）第23-26頁），其存證信函內已詳細敘明附帶上訴人被侵害者爲系爭專利權，並無僅概括敘明不確定之處，上訴人係從事冷凍庫設備業品，對冷凍庫設備具有專業知識，且於87年間起即向統宇公司購買系爭專利權產品，其對系爭專利權產品之內容爲何自不難查知，竟於收受附帶上訴人於90年12月

25日所發之存證信函後，仍未停止其侵害系爭專利權產品之行為，其有侵害系爭專利權之故意，堪以認定，上訴人辯稱其並無判斷是否侵害系爭專利權之能力，及附帶上訴人寄發之存證信函並無明確載明其侵害系爭專利權，上訴人並無侵害系爭專利權之故意或過失等語，自無可採。

（五）台灣高等法院93年度上字第1074號判決

惟按「依前條請求損害賠償時，得就下列各款擇一計算其損害：一依民法第二百十六條之規定。但不能提供證據方法以證明其損害時，發明專利權人得就其實施專利權通常所可獲得之利益，減除受害後實施同一專利權所得之利益，以其差額為所受損害。二依侵害人因侵害行為所得之利益。於侵害人不能就其成本或必要費用舉證時，以銷售該項物品全部收入為所得利益。三法院囑託專利專責機關或專家代為估計之數額。」，又此規定於新型專利準用之，修正前（90年10月24日修正）之專利法第89條第1項、第105條定有明文。依前開規定可知，專利權人請求損害賠償，並不以實際實施專利為請求之要件，亦即專利權受有侵害，但未實施專利、生產或銷售產品，不得謂無損害，只要侵害人因侵害行為而獲有利益，依前開規定，即得請求損害賠償。長立公司於保全証據之後明知悉系爭製造機業經被上訴人主張侵害其新型專利權，仍然繼續使用，即屬故意侵權，則長立公司因使用系爭製造機所生產銷售浪板而獲有利益，即難謂非屬違反專利法所直接造成之損害，此部分其辯解尚不足採，被上訴人依據上開規定，請求損害賠償，自屬於法有據。

（六）智慧財產法院98年度民專上字第54號判決

1. 按新型專利權受侵害時，專利權人得請求損害賠償，並得請求排除其侵害，有侵害之虞者，得請求防止之，專利法第108條準用同法第84條第1項定有明文。該條文雖未規定對專利權受侵害請求損害賠償之主觀要件，惟關於損害賠償之債，係為填補權利人因侵權事實所生之財產上或非財產上損害，在調和個人自由及社會安全之基本價值下，則採有責主義，以有故意或過失不法侵害他人權利為其成立要件，若其行為並無故意或過失，即無賠償可言，且民法第184條第1項規定：「因故意或過失，不法侵害他人之權利者，負損害賠償責任，故意以背於善良風俗之方法，加損害於他人者亦同。」，是以現行專利法未明文規定侵害專利權之損害賠償，毋須論侵害人主觀要件之情形下，專利權受侵害應與其他權利受侵害等同觀之，故須侵害人有故意或過失，專利權人始得對其請求負損害賠償責任。次按，專利法第108條準用第79條規定，新型專利權人應在專利物品或其包裝上標示專利證書號數，並得要求被授權人或特許實施權人爲之；其未附加標示者，不得請求損害賠償。但侵權人明知或有事實足證其可得而知爲專利物者，不在此限。是以不問新型專利權人或其被授權人是否在專利物品或其包裝上標示專利證書號數，倘侵權人明知或有事實足證其可得而知爲專利物者，即得向侵害人請求損害賠償。

2. 經查，上訴人於97年9月11日起訴前即委由南一國際法律事務所以97年7月23日律師函說明「472041莎莉絲420萊卡調整胸罩組」侵害系爭專利權之比對分析，並檢附專利權公告影本、新型技術報告影本、侵權物照片及發票影本，對被上訴人等進行警告，上開律師函亦爲被上訴人等所收受等事實，有律師函附卷可參（見臺南地院卷第24-41頁），且爲兩造所不爭執，堪信爲眞實。
3. 次查，被上訴人明冠公司所製造之「472041莎莉絲420萊卡調整胸罩組」及「483794莎莉絲420萊卡升級調整胸罩組」均係透過被上訴人東森公司販賣，其中「483794莎莉絲420萊卡升級調整胸罩組」係被上訴人明冠公司以明昱公司名義在東森公司之銷售通路販賣之事實，爲兩造所不爭，而被上訴人明冠公司曾於94年12月1日與被上訴人東森公司簽訂商品寄售契約，約定由被上訴人明冠公司供應商品於被上訴人東森公司之電視及其他媒體或通路代爲行銷，此有契約書影本附卷可參（見原審卷第166頁），第三人明昱公司則早於94年9月20日即與被上訴人東森公司簽訂商品寄售契約，約定由明昱公司供應商品於被上訴人東森公司之電視及其他媒體或通路代爲行銷，此有契約書影本附卷可參（見原審卷第177-184頁），被上訴人明冠公司既係內衣製造商，復自94年9月20日起即透過明昱公司在被上訴人東森公司所經營之各該媒體及通路銷售胸罩產品，衡諸常情其對於同業於相同交易平台所提供之其他胸罩商品理應施以相當之注意，俾以推陳出新提供滿足消費者需求之新款商品，並進行銷售價格之調整，俾以吸引消費者之訂購，而上訴人甲○○擔任法定代理人之蔻蒂瑪蓮胸罩有限公司曾於94年9月22日與波菲特企業有限公司（下稱波菲特公司）簽訂代理授權銷售合約書，約定同意波菲特公司於東森電視購物、郵購、網路等通路使用銷售胸罩相關產品，而波菲特公司則於94年9月19日即已向被上訴人東森公司報價銷售「蔻蒂瑪蓮豐盈加大胸罩組」，此有合約書及合作廠商新商品報價單影本附卷可按（見本院卷第227、228頁），此外，依被上訴人東森公司所出版之94年12月份之東森購物型錄所示，上開型錄確有銷售多家廠商不同款式之胸罩，其中第56頁編號〇〇〇〇〇〇〇號商品即為「蔻蒂瑪蓮豐盈加大胸罩組」，商品圖片中已揭示系爭專利說明書第1圖所示背片結構，即於二支撐肋間對應設有輔助抵撐肋條，且該輔助抵撐肋條之兩端分別接設於二支撐肋之頂、底端，而呈N字型之結構特徵，並加註「1.專利N字型撐條」等字樣（見本院卷第145、146頁），則被上訴人明冠公司既自94年9月20日即透過明昱公司在被上訴人東森公司所經營之各該媒體及通路銷售胸罩產品，其就上開實施系爭專利商品之銷售即應有一定之注意與認識，卻仍製造並販賣系爭侵害上訴人新型專利之胸罩產品，縱無侵害系爭專利之故意，亦有能避免損害發生之注意義務，卻有未為注意之過失。況被上訴人明冠公司於收受上訴人97年7月23日律師函後，即已明確知悉系爭專利之內容，而系爭產品均為被上訴人明冠公司所製造，且兩款胸罩之N字型支撐結構均相同，亦為被上訴人明冠公司所不爭，其就系爭產品有侵害系爭專利之虞，即無不知之理，詎上訴人於97年8月14日仍購得「483794莎莉絲420萊卡升級調整胸罩組」，此有發票影本在卷足憑（見原審卷第19頁），足見被上訴人明冠公司於收受上開律師函後仍繼續販賣系爭產品，故上訴人主張被上訴人明冠公司有侵害系爭專利故意及過失，應堪採信。

（七）高等法院台中分院94年度智上更字第1號判決

按新型專利受侵害時，專利權人得請求賠償損害，修正前專利法第105條準用同法第88條第1項定有明文。又因故意或過失，不法侵害他人之權利者，負損害賠償責任。違反保護他人之法律者，推定其有過失。修正前民法第184條第1、2項定有明文。本件為修正前發生之債，依法應適用上開修正前之法規，合先敘明。又而專利法第56條規定：物品專利權人，除本法另有規定者外，專有排除他人未經其同意而製造、販賣、使用或為上述目的而進口該物品之權。旨在保障專利權人之智慧財產權，倘被上訴人未經專利權人之同意而製造專利權之物品，即難謂其未違反保護他人之法律，依前開法條之規定，即應推定其有過失。查被上訴人之新型專利第87262號改良之清潔刷，業於82年11月21日刊登於中華民國專利公報，編號爲216512號，此有被上訴人提出之公告影本爲證（見本院前審被上證一號），已生公示之效果，上訴人未經被上訴人同意，由上訴人肇威公司委託上訴人新達公司製造已公告專利權之清潔刷物品，自已違反上開保護專利權人之專利法，自應推定其有過失。

（八）台灣高等法院94年度智上易字第12號判決

1. 按專利法第104條規定：「新型專利權人行使新型專利權時，應提示新型專利技術報告進行警告。」，其立法理由爲：「由於新型專利權未經實體審查，爲防範新型專利權人濫用其權利，影響第三人對技術之利用及開發，其行使權利時，應有客觀之判斷資料，亦即應提示新型專利技術報告。核其意旨，並非在限制人民訴訟權利，僅係防止權利之濫用，縱使新型專利權人未提示新型專利技術報告，亦非不得提起民事訴訟，法院就未提示新型專利技術報告之案件，亦非當然不受理。此爲新型專利技術報告制度設計之核心。爰參照日本實用新案法第二十九條之二規定，明定新型專利權人行使其權利時，應提示新型專利技術報告進行警告。」，準此，在專利權人爲上開警告之前，難謂有何故意或過失。次按專利權人以專利權受侵害請求損害賠償時，自應就損害發生、責任原因、暨二者間有相當因果關係負舉證責任（最高院89年度台上字第1754號判決意旨參照）。再按修正前專利法第88條第1項（即現行法第84條第1項）前段規定：「發明專利權受侵害時，專利權人得請求賠償損害」，其性質爲侵權行爲損害賠償，須加害人有故意或過失始能成立（最高法院93年台上字第2292號判決意旨參照）。
2. 上訴人雖主張被上訴人爲謀取不當利益，於大陸設廠，大量仿冒系爭專利傾銷台灣各地賣場、商販、公司、商號，時間超過5年以上，且被上訴人資本額高達18,000,000餘元，爲國內經銷皮帶業務量最大之公司，所經銷貨源除自大陸仿冒製造外，多來自大陸走私貨，又無商品完稅證明，自難諉爲過失或不知情，其有仿冒系爭專利之故意甚明云云，惟被上訴人否認之，並辯稱：其僅係從事皮件批發之廠商，包括上訴人所購買的該條皮帶，均係由大陸地區整批進口，有海關進口報單影本可證，上訴人所指被上訴人貨源多來自大陸走私貨，且無完稅證明云云，顯與事實不符，事實上該批貨品進口後，被上訴人發現其中爲數100條左右的皮帶，附有「皮帶頭護套」，斯時被上訴人僅認爲是賣方爲了方便業者懸吊出售而附贈的護套，並未多加思索，直至93年12月份接獲上訴人來函通知皮帶護套侵及其專利，匆忙之間被上訴人僅能委託他人先行表達歉意，並將貨品下架，況上訴人並未依法提示新型專利技術報告進行警告，被上訴人確實無侵害他人專利權之故意、過失可言等語。

3. 經查上訴人就其主張之內容，僅舉出93年9月8日自被上訴人處所購買皮帶乙條之統一發票與93年12月8日上訴人律師函、被上訴人將貨品下架並表示歉意之道歉書各乙份爲證（見原審卷第24至26頁、第16、17、20、22頁），然以該皮 帶一條上僅有之「皮帶頭護套」一個，自難證明被上訴人有大量仿冒製造或傾銷該「皮帶頭護套」之事實，又上訴人對於其僅以律師函告知被上訴人有關侵及系爭專利之事實，並未依法提示新型專利技術報告進行警告，且被上訴人於接獲上訴人上開律師函後，隨即發函表示歉意及將貨品下架乙節，並不爭執，故在專利權人即上訴人爲上開警告之前，自難謂被上訴人有何故意或過失。況從被上訴人道歉書之內容，亦無法認定被上訴人係明知可能侵及系爭專利而仍蓄意銷售該附有「皮帶頭護套」之皮帶。
4. 至於上訴人另舉被上訴人之登記資本額及經銷皮帶業務龐大等事實，並不足以證明被上訴人就前揭侵及系爭專利之事係出於故意過失所爲。又專利制度固有公告之公示程序，惟專利數量如此衆多，被上訴人既非製造「皮帶頭護套」之業者，亦無設計「皮帶頭護套」之專業，實無從期待其熟悉現有已公告之「皮帶頭護套」專利內容，況判斷其所銷售之皮帶上「皮帶頭護套」有無侵及他人專利之可能，此專利公告制度至多僅在便利被上訴人查證系爭專利之內容，亦難認爲被上訴人所爲因而具有故意或過失。
5. 綜上，新型專利依專利法第108條準用發明專利部分之第84條第1項規定，性質仍爲侵權行爲損害賠償，須加害人有故意或過失始能成立，本件上訴人並未依專利法第104條規定提示新型專利技術報告進行警告，復未能就被上訴人侵及系爭專利是否具有故意過失之事實爲充分之舉證，應認上訴人之請求，尙屬無據。

（九）台灣高等法院台中分院94年度智上易字第12號判決

按侵害專利權其本質爲侵權行爲，而依民法第184條之規定，以因故意或過失，不法侵害他人之權利者，始負損害賠償責任。上訴人主張己○○等六人、毅聯公司、壬○○有侵害其專利權，則應就己○○等六人、毅聯公司、壬○○等人有故意或過失之要件負舉證責任。依上訴人之陳述，毅聯公司係承攬金品公司所定作之廠房，而向亞喬公司訂購系爭隔熱浪板，並爲興建廠房，故毅聯公司、壬○○並非隔熱浪板之專業製造商，而僅係爲人搭建廠房之施工公司，而施工所使用之材料，是否有侵害他人之專利，依常情應非施工公司所了解，已難認爲毅聯公司、壬○○知情而爲侵害，又己○○等六人僅係將土地租予金品公司，則金品公司如何蓋廠房，非己○○等六人所能置喙，遑論渠等對興建之廠房有侵害上訴人之專利權乙節知情，亦難認爲己○○等六人知情而爲侵害。而上訴人對於己○○等六人、毅聯公司、壬○○等人有何故意、過失，並未有任何舉證，自難認爲己○○等六人、毅聯公司、壬○○有故意或過失侵害上訴人之專利權，從而上訴人此部份之請求尙屬無據，不應准許，應予駁回。

（十）台北地方法院95年度智字第106號判決

按新型專利權人，除本法另有規定者外，專有排除他人未經其同意而製造、爲販賣之要約、販賣、使用或爲上述目的而進口該新型專利物品之權。專利法第106條定有明文。復按，新型發明專利權受侵害時，專利權人得請求賠償損害。專利法第108條準用同法第84條第1項前段定有明文。次按，因故意或過失，不法侵害他人之權利者，負損害賠償責任。故意以背於善良風俗之方法，加損害於他人者亦同。違反保護他人之法律，致生損害於他人者，負賠償責任。但能證明其行爲無過失者，不在此限。民法第184條亦有明文可參。原告主張被告銷售予昇恆昌公司之系爭產品侵害系爭專利，應負擔損害賠償責任，爲被告所否認，並以前揭情詞置辯，故本件之主要爭點厥爲：耀揚公司是否有侵害系爭專利權，而應負擔損害賠償責任。經查，系爭產品並非爲耀揚公司所生產，而係耀揚公司向他人進口後，再行販售予昇恆昌公司，故本件原告指稱耀揚公司所涉及侵害其所享有之排他性權利係爲未經原告同意而爲販售之行爲（見民事準備書狀，本院卷第159頁）。系爭產品既非耀揚公司生產、製造僅由其進口後再行銷售，故對於系爭產品之結構自不若生產者明瞭。以目前國內新型專利核發之數量而言，實難苛責僅負責銷售之業主，均應檢索相關產品是否有經他人先行取得專利，並自行比對該產品是否確實未落入業經他人取得專利之申請專利範圍中，方可為銷售。故本件耀揚公司僅將系爭產品進口並販售，其情形不能與製造侵害產品之業者同視，況耀揚公司於接獲原告警告函後，即便原告未能提出系爭產品確實有侵權之證明方法，為杜絕紛爭，旋即將系爭產品下架，並無再為販售之行為。殊不論系爭產品是否確實落入系爭專利範圍中，然耀揚公司顯無侵害系爭專利權之故意或過失，自無庸負擔損害賠償責任。又耀揚公司既無庸負擔損害賠償責任，則原告訴請耀揚公司之法定代理人乙○○與耀揚公司負擔連帶賠償責任，亦屬無據。

（十一）台灣高等法院94年度智上字第59號判決

又按「發明專利權受侵害時，專利權人得請求賠償損害……」「……88條規定於新型專利準用之。」「違反保護他人之法律，致生損害於他人者，負賠償責任。但能證明其行為無過失者，不在此限。」92年2月6日修正前專利法第88條第1項前段、第105條、民法第184條第2項定有明文。再專利法係為鼓勵、保護、利用發明與創作，以促進產業發展而制定（專利法第1條參照），故對於專利權人而言，專利法自應屬保護其權利之法律，故有侵害專利權人之行為時，應推定行為人有故意、過失，倘行為人欲免除侵權行為損害賠償責任時，應舉證證明其行為無故意、過失。查矽誠公司業取得系爭117663號專利權，期間自85年11月1日至97年4月1日止，並已經於85年11月1日刊登於中華民國專利公報，並於86年2月27日取得專利證書，有專利證書（見原審卷1第30頁）、專利公報（見原審卷1第31頁至第37頁）可稽，已生公示之效果，丙○○等從事相關產業，自不能諉為不知上開專利權公示效果，其等未經矽誠公司同意，擅自使用矽誠公司享有之專利權以為製造、販賣、進口系爭產品，係屬侵害矽誠公司之專利權而為違反法令之行為，推定其有過失。再普浩公司負責人甲○○從事積體電路之貿易買賣，應注意其所販賣、進口之產品是否侵害他人專利權，此種注意義務不因其販賣進口產品種類之多寡而有所不同，更不因取得沛仕公司不侵害他人智慧財產權之保證而有所減輕，因此所辯並無可採。

（十二）智慧財產法院98年度民專上字第3號判決

1. 按侵害專利權亦屬侵權行爲之一種，以因故意或過失不法侵害他人之專利權，致生損害者，始構成專利法第84條第1項前段之違反，始得請求損害賠償（最高法院93年度台上字第2292號、95年度台上字第1177號判決意旨、司法院98年度智慧財產法律座談會第13、14號法律問題研討結果參照）。
2. 上訴人曾委請律師於民國94年1月14日即發函（見原審卷1第65頁原證七號）給被上訴人慷嘉公司，要求該公司停止侵害系爭專利。該公司承認其有製造販賣系爭產品，但稱其產品並無侵害專利，並回函（見原審卷1第66頁原證八號）以「所提供具有旋轉接頭與螺套結構之支桿設計，係於民國八十二年即已提出專利申請在案」，又稱「本公司所提供之連結座、交叉支桿等相關組配件，大體上爲郭君申請專利前即爲業者習知共用之結構型態者，例如89年核准之公告編號393970專利案……」。可見慷嘉公司對系爭專利之內容知之甚詳，而丙○○爲該公司業務人員，明知上訴人之法定代理人已於91年8月11日取得系爭專利權，並授權上訴人公司實施，經上訴人發函警告惟仍繼續製造販賣，有侵權之故意甚明，並由丙○○於93年10月19日申請M263834號新型專利，嗣於94年5月11日獲准專利，惟該專利內容諸多技術特徵，諸如支桿及斜桿構成之穩固架體、連結座、旋轉接頭等技術特徵，均與上訴人系爭專利雷同，慷嘉公司及丙○○應知悉係利用系爭專利主要技術內容完成，爲系爭專利之再發明，竟未得系爭專利權人之同意，由丙○○提供M263834號新型專利予慷嘉公司繼續製造販賣系爭產品，且本件上訴人起訴後慷嘉公司仍在網站上行銷系爭產品（見本院卷1第164頁上證十），丙○○仍持續授意慷嘉公司實施M263834號新型專利繼續製造販賣系爭產品，其二人有故意侵害系爭專利之共同侵權行爲，應堪認定。
3. 至被上訴人煒僑公司、悅高企業社（即葉天興）、眼經科技公司、眼經廣告公司均係代理慷嘉公司銷售廣告系爭產品或向慷嘉公司購買系爭產品，渠等辯稱係經慷嘉公司及丙○○保證系爭產品不侵害他人專利權，並出示丙○○取得之M263834號新型專利及上揭智慧局核發之新型技術報告、舉發不成立之審定書，認M263834號新型專利確具新穎性及進步性，乃確信依M263834號新型專利製成之系爭產品不侵害他人專利權，並無侵害系爭專利之故意或過失等情。衡諸系爭產品是否具新穎性及進步性，與對系爭專利是否構成均等侵權，事涉專業判斷，不具專業之一般人尙難以判斷，極易誤認系爭產品具新穎性及進步性，即不對系爭專利構成均等侵權，況且系爭產品確有與系爭專利文義不符合之螺件、拉釘（鉚件）等構件之形式上之不同，一般人未受均等侵權判斷之訓練之情況下，極易認爲系爭產品與系爭專利係屬實質不同之產品，上訴人亦未舉證證明被上訴人煒僑公司等確係知悉系爭產品侵害其系爭專利，或渠等具有專業知識足資判斷系爭產品侵害其系爭專利，故被上訴人煒僑公司等上開相信慷嘉公司及丙○○保證不侵權之辯解尙符經驗法則，尙難認渠等有侵害系爭專利權之故意或過失。雖上訴人稱煒僑公司負責人丁○○曾數度到上訴人公司位於新店市○○路四維巷八弄六號二樓的樣品室參訪，並在上訴人公司專利開發完成後，要求提供報價，上訴人公司於92年2月18日提供報價，煒僑公司、丁○○便將本專利品的資訊提供給慷嘉公司，以利其仿冒之用，由此足見煒僑公司及其負責人丁○○之行爲屬故意行爲；眼經科技公司實際負責人己○○在94年5月期間參訪上訴人公司，並表明有意願經銷上訴人公司產品，上訴人公司隨即指派由業務經理王世原與己○○先生洽商合作事，孰料最後己○○卻挖角王世原、業務人員方建中等人，可知眼經科技公司是故意侵權行爲云云。惟未據上訴人舉證以實其說，已不足採信，且是否有挖角上訴人公司人員，與是否有侵害上訴人系爭專利並無直接相當因果關係，況且本件上訴人並非主張丁○○、己○○直接故意侵害系爭專利權，而係主張其二人分別係煒僑公司、眼經廣告公司之法定代理人，應分別與煒僑公司、眼經廣告公司（非眼經科技公司）負連帶賠償責任，故上訴人上開主張尙非可採。

四、專利侵權鑑定步驟

（一）智慧財產法院98年度民專訴字第11號判決

關於專利侵權判斷，應先符合全要件原則，始進而判斷文義讀取或均等論之適用。倘不符合全要件原則，即無須再論究系爭產品是否符合文義讀取或適用均等論。經查，系爭專利與系爭水溝蓋之構造及構件均不同，系爭水溝蓋並未具有系爭專利申請專利範圍第1項之中空殼體及底板之技術特徵，而不符合全要件原則。由於系爭專利申請專利範圍第1項中所有技術特徵於文義上無法完全對應表現於系爭水溝蓋，故系爭水溝蓋未能符合「文義讀取」，自無須繼續探討有無均等論適用之必要。從而，系爭水溝蓋並未落入系爭專利申請專利範圍第1項之權利範圍，原告依專利法第108條、第84條第1項、第85條第1項第2款，請求被告賠償，爲無理由，應予駁回。

（二）最高法院93年度台上字第71號判決

上訴人既於上開舉發案件中自行限縮專利範圍，限於軸心部外形呈前端外徑小而後端外徑大之直線傾斜式圓錐形，並不包括如炮彈型等之軸心略呈直線傾斜式圓錐形，則其對於除直線傾斜式圓錐形以外之產品類型，依禁反言原則，已放棄其權利，不得再主張此類之產品侵害其專利權。上開機械工程學會、智慧財產研究所、海洋大學之鑑定，雖認送鑑定之產品與上訴人之專利範圍實質上相同，但渠等均僅提及均等論，就禁反言隻字未提，或認爲直線僅形容詞或爲文字上修正，可見該等鑑定報告顯有疏漏，不足採信。

（三）智慧財產法院102年度民專上字第6號判決

1. 依全要件原則為文義讀取之分析

先基於全要件原則，判斷系爭產品是否符合「文義讀取」，亦即確認解釋後申請專利範圍中之技術特徵的文字意義是否完全對應表現在系爭產品中。倘系爭產品符合「文義讀取」，而行爲人主張適用「逆均等論」時，應再比對系爭產品是否適用「逆均等論」；如系爭產品符合「文義讀取」，而行爲人未主張適用「逆均等論」時，即應判斷系爭產品落入系爭專利之文義範圍。倘系爭產品欠缺解析後申請專利範圍之任一技術特徵，即不符合「文義讀取」，而進入「均等論」之判斷。

2. 依全要件原則為均等論之分析

倘系爭產品不符合「文義讀取」，應再比對系爭產品是否適用「均等論」，於全要件原則之下，係採「逐一元件（element by element）比對原則」，逐一比對各技術特徵之技術手段、功能及結果是否實質相同，而非就申請專利範圍整體（claim as a whole）爲比對。如其方式、功能或效果有一實質不同時，即不適用「均等論」；如系爭產品係以實質相同之方式（way），產生實質相同之功能（function），而達成實質相同之效果（result）時，系爭產品與系爭專利申請專利範圍並無實質差異，即適用「均等論」。倘系爭產品適用「均等論」，而行爲人主張適用「禁反言」或「先前技術阻卻」時，若此二者均不成立，即應判斷系爭產品落入系爭專利之均等範圍；若此二者有一成立，即應判斷系爭產品未落入系爭專利之均等範圍。倘系爭產品適用「均等論」，而行爲人未主張適用「禁反言」或「先前技術阻卻」時，即應判斷系爭產品落入系爭專利之均等範圍。

五、請求損害賠償以客觀上受有損害者為限

（一）最高法院19年度上字第2316號判例判決

1. 關於侵權行爲賠償損害之請求，以受有實際損害爲要件。
2. 損害賠償之範圍，應以被害人實際所受損害爲衡。

（二）台灣高等法院94年度智上字第26號判決

1. 按「發明專利受侵害時，專利權人得請求賠償損害」，專利法第84條第1項定有明文。而關於損害計算之方法，依專利法第85條第1項之規定，專利權人得就「依民法第216條之規定」或「依侵害人因侵害行爲所得之利益」二項計算方法擇一爲之。又「修正前專利法第82條第1項之規定，純係計算損害之方法，並非損害賠償原則之例外，被上訴人主張損害賠償請求權存在，自仍應舉證證明有損害之發生及有責任原因之事實，並兩者間有相當因果關係，符合損害賠償成立要件後，始得依該條規定計算損害之金額…專利權人以專利權受侵害請求損害賠償時，自應就損害發生、責任原因，暨二者間有相當因果關係負舉證之責，此不因修正前專利法第82條第1項（現行法第85條第1項）計算損害額之特別規定而異」（最高法院89年台上字第1745號判決意旨參照）。是以現行專利法第85條第1項（即修正前之專利法82條第1項）僅係計算損害方法之規定，專利權人若主張其專利權受侵害而欲請求

損害賠償者，仍應就損害發生、責任原因，暨二者間有當因果關係等損害賠償請求權之成立要件事實為舉證。再按「修正前專利法第88條第1項（即現行法第84條第1項）前段規定：『發明專利權受侵害時，專利權人得請求賠償損害』，其性質為侵權行為損害賠償，須加害人有故意或過失始能成立」（最高法院93年台上字第2292號判決意旨參照），又「關於侵權行為賠償損害之請求權，以受有實際損害為成立要件，若絕無損害亦即無賠償之可言。損害賠償之範圍，應以被害人實際所受損害為衡（最高法院19年度上字第2316號判例意旨參照），故專利法第84條、第85條關於專利權之侵害，為侵權行為損害賠償法之範疇，自有民法侵權行為損害賠償法則之適用，是專利權受侵害者，仍應以客觀上受有損害為限，始得依專利法第85條第1項各款規定，定其賠償金額）。是被上訴人就其主張之損害賠償請求權之成立要件事實自應負舉證之責。

2. 本件被上訴人僅泛稱：被上訴人所得請求之損害賠償，涉及被上訴人實施同一專利之損失或上訴人等因侵害行為所得之利益，爰依民事訴訟法第244條第4項規定，為最低額之請求，訴請上訴人連帶賠償損害2,000,000元，並提出原審被證11號，主張每支吉姆賽它賓靜脈注射製劑計有30毫升，每毫升含有吉姆賽它賓38毫克，以此計算，上訴人進口吉姆賽它賓1000公克，則共可製成877隻吉姆賽它賓靜脈注射製劑，每支吉姆賽它賓靜脈注射製劑市價2,000元，上訴人售出此877支吉姆賽它賓靜脈注射製劑後，應可得2,631,000元云云，經查上開證據僅足證明上訴人進口上開藥品之事實，惟上訴人根本未從事「販賣」等營利行為之事實，為兩造所不爭執，被上訴人對於其如何因此（上訴人未為販賣之事實）而受任何損害之事實，則未能舉證以實其說，從而被上訴人主張其受有2,000,000元之損害，即屬無據，尚難准許。

（三）智慧財產法院101年度民專上字第41號判決

上訴人主張依修正前專利法第85條第1項第1款請求賠償，其已舉證證明被上訴人侵害系爭專利受有損害，但不能證明實際損害額，而請求本院依職權審酌其向被上訴人購買系爭侵權產品價額，並參酌系爭專利授權金而酌定適當之賠償金額。按「於侵害智慧財產權之損害賠償事件，得依當事人之聲請囑託主管機關或其他適當機構估算其損害數額或參考智慧財產權人於實施授權時可得收取之合理權利金數額，核定損害賠償之數額」，司法院定頒之辦理民事訴訟應行注意事項第87條第2項定有明文。於102年1月1日修正施行之現行專利法亦於第97條（即修正前第85條）第1項增訂第三款：「以相當於授權實施該發明專利所得收取之權利金數額爲所受損害。」，其立法理由即著眼於「專利權人依第一款規定請求損害賠償額時，常遭遇舉證上之困難，爰參照美國專利法第二百八十四條、日本特許法第一百零二條及大陸地區專利法第六十五條之規定，明定以合理權利金作爲損害賠償方法之規定，就專利權人之損害，設立一個法律上合理之補償方式，以適度免除權利人舉證責任之負擔」，其雖係現行法方增加之規定，然於本件亦可據爲法理參考。次按當事人已證明受有損害而不能證明其數額或證明顯有重大困難者，法院應審酌一切情況，依所得心證定其數額。民事訴訟法第222條第2項亦有明定。上訴人請求本院參酌合理授權金數額酌定本件適當之損害賠償數額，應屬合理。

六、除得證明侵權人明知專利權存在，否則未為專利標示不得請求損害賠償

（一）智慧財產法院98年度民專上易字第18號判決

另專利雖須經專利專責機關審核，並於審核符合法定要件後對外公告，以專利公示制度使任何人得以知悉專利權之存在。惟專利涉及技術之精密判斷，參以已核准專利數量之龐大，專利檢索成本甚高，爲免課以社會公眾過重之注意責任，專利法第79條、第108條、第129條要求專利權人應在專利物品或其包裝上標示專利證書號數，並得要求被授權人或特許實施權人爲之，其未附加標示者，不得請求損害賠償。核其立法意旨在使第三人得經由專利物品或其包裝上之標示得知專利權存在，以保護因不知情而侵害專利權之人。例外對於明知或可得而知他人有專利權，卻仍實施侵害行爲者，即無保護必要，行爲人仍應對專利權人負損害賠償責任，否則專利法保護專利權之意旨將無法實現，且有違公平正義之原則。準此，立法者於制定專利法之際，業已衡酌專利權人行使專利權之難易程度與社會公眾知悉專利權之可能性，妥適地分配專利權人標示義務與社會公眾避免侵害專利權之防制成本。倘若允許專利權人逕自援引民法第184條第2項規定，無須證明行爲人之故意或過失，反要求行爲人爲其侵害專利權行爲之無過失乙節負舉證責任，則上開專利法標示專利號數之規定，即屬贅文，顯非立法者之本意。綜上，專利法第84條第1項前段、第108條、第129

條之損害賠償規定，應結合民法第184條第1項前段規定，採取過失責任主義。故上訴人應就被上訴人泛美達公司、林志源即摩洛兒企業社、網路家庭公司有侵害系爭二專利之故意或過失負舉證之責。

（二）智慧財產法院97年度民專訴字第47號判決

按專利法第79條規定：「發明專利權人應在專利物品或其包裝上標示專利證書號數，並得要求被授權人或特許實施權人爲之；其未附加標示者，不得請求損害賠償。但侵權人明知或有事實足證其可得而知爲專利物品者，不在此限。」依同法第108條規定準用於新型專利。原告雖主張其專利產品有印製PAT字樣，並印製專利證書字號貼紙黏貼於產品外包裝盒上，及第三人文筆國際股份有限公司（下稱文筆公司）刊登之廣告有標示專利證書號數，且東桂公司員工亦有告知被告系爭產品有專利權云云，惟爲被告爭執否認。經查：

1. 被告抗辯稱於收到原告起訴狀後，去找起訴前及起訴後的系爭專利產品包裝，起訴前的產品包裝盒沒有標示專利證書號數，起訴後的產品包裝盒上才有以貼紙黏貼專利證書號數等情，並當庭提出原告系爭專利產品包裝盒二個爲證，原告對該二個包裝盒爲其系爭專利產品之外包裝盒並無爭執，且與原告自行提出之包裝盒一個亦完全相同。經當庭勘驗被告提出之包裝盒其中一個確實未標示系爭專利證書字號，另一個則有以貼紙黏貼專利證書字號，原告亦坦認其中一個包裝盒未標示系爭專利證書號數（見本院98年1月20日言詞辯論筆錄），足認被告上揭抗辯可採。
2. 原告雖主張有於包裝盒以貼紙黏貼專利證書字號，提出訴外人山鷹企業社出具之證明書（原證11號）內容稱自93年8月1日起即承製系爭專利證書字號貼紙，並舉證人即爲原告大嫂前任職東桂公司之業務員丙○○，證稱客人購買時均有告知係專利品，被告前購買產品時亦有告知係專利品，及自92年6月起即於包裝盒以貼紙黏貼專利證書字號云云。惟該證書係私文書，被告否認其爲眞正，依民事訴訟法第357條規定應由舉證人即原告證明其爲眞正，原告並未舉證證明其爲眞正，已非適格之證據。至證人丙○○係原告之大嫂亦爲東桂公司之員工，證言有偏頗原告之虞，且一般爲求程序簡便、節省費用、人工成本、美觀等因素，均於印製包裝盒及其上文字時一併打印專利證書字號，另外印製專利證書字號貼紙，不但增加印製費用，且須另行由人工一一黏貼在產品包裝盒上，甚爲不便，且會增加不少人工成本，此乃爲一般人所知之專利產品生產作業常情及經驗法則。原告主張及上開證人所稱自92年6月以來至今數年間均以另行印製貼紙黏貼專利證書字號於產品包裝盒上等情，顯與常情及經驗法則不符。況且，該證人既稱有以貼紙黏貼專利證書字號於產品包裝盒上，何須復於客人購買時又均告知係專利品云云？又須於客人購買時均告知係專利品，爲何不逕於包裝盒印上專證書字號？所證內容亦矛盾不合理。況被告所舉前任職被告公司經理已於95年底離職之證人戊○○亦證稱向東桂公司產品包裝盒上沒有以貼紙黏貼專利證書字號，東桂公司人員亦未告知係專利產品等情（以上證言見本院卷第252至262頁）。故原告上開主張及證人丙○○證言不足採信。

（三）智慧財產法院99年度民專訴字第117號判決

按發明專利權人應在專利物品或其包裝上標示專利證書號數，並得要求被授權人或特許實施權人爲之；其未附加標示者，不得請求損害賠償，但侵權人明知或有事實足證其可得而知爲專利物品者，不在此限，專利法第79條定有明文，而上開規定，於新式樣專利準用之，同法第129條設有規定。……原告自承其所販售之產品或其外包裝上並無任何專利證號之標示，雖其於本院審理時提出瓦楞紙箱一紙，主張該紙箱上確有標示專利證號云云（參本院卷第60頁）。惟查，該瓦楞紙箱上僅有一組號碼，此外，均無任何其他標示，換言之，從瓦楞紙箱外觀無從知悉內裝何物，此爲原告所自認（參本院卷第60頁），而原告所生產之產品復均以零件型態（即眼鏡空框）銷售，非完整商品，以該瓦楞紙箱所得裝載之鏡框零件可能數以百計之情況以觀，倘構入鏡框零件者未能得見瓦楞紙箱，僅就未標示任何專利證號之眼鏡空框，如何知悉原告所生產銷售之商品具有專利權？是原告主張其產品上已有標示專利證號，被告應已知悉系爭商品具有專利權云云，均屬單方臆測，並無所據。而原告既未在其商品上或商品之直接外包裝（所謂產品包裝，應指其直接外包裝而言，以系爭商品爲例，市場上並無單一鏡框置放於數十倍體積大之瓦楞紙箱內包裝後一併出售予消費者之案例）上標示有專利證號，且未能證明被告明知原告就系爭商品具有專利權之情形下，依專利法第129條準用第79條規定之結果，自不得向被告請求損害賠償。況本件被告交付原告之侵權商品，係應原告輾轉要求後所製作之樣品，原告於公開市場上既未獲任何經由被告所生產銷售之侵權商品，則原告究竟受有如何損害，即有可議之處。綜觀前述，本院認本件原告既無法證明被告確有侵權行爲，復無法證明受有損害，且其產品及產品外包裝上均未標示專利證號，參酌上開意旨，其訴請被告連帶賠償165萬元，及依法定利率計算之利息，並銷毀模具云云，即無理由，應予駁回。

（四）台灣高等法院95年度智上字第17號判決

關於被上訴人有無侵害上訴人專利權之故意或過失爭點部分：新型專利權受侵害時，專利權人依專利法第108條準用同法第84條第1項規定，固得請求損害賠償，惟其性質爲侵權行爲損害賠償，除非有特別規定，應回歸民事損害賠償原則，採過失責任主義，亦即侵權行爲人應有故意或過失時，方應負擔損害賠償責任。此觀新型專利準用同法第79條規定「發明專利權人應在專利物品或其包裝上標示專利證書號數，並得要求被授權人或特許實施權人爲之；其未附加標示者，不得請求損害賠償，除非專利權人能證明侵權人明知或有事實足證其可得而知爲專利物品」即明。又按當事人主張有利於己之事實者，就其事實有舉證之責任，民事訴訟法第277條前段訂有明文。是專利權人需證明在專利物品或其包裝上於起訴前已爲專利號數之標示，始得請求損害賠償，倘專利權人未依此規定妥善盡其專利標示義務，則須證明侵權人係明知或有事實足證其可得而知爲專利物品之情事。本件上訴人既已自承未在專利物品或其包裝上爲專利號數之標示，依前說明，自不得請求損害賠償，除非能證明被上訴人係明知或有事實足證其可得而知爲專利物品之情事，始得請求。……上訴人既未於專利物品或包裝上標示專利證書號數，亦未於起訴前提示新型專利技術報告進行警告，實不得因其已獲得智財局核發專利證書，且與被上訴人間有業務競爭關係，遽認被上訴人有查閱此一專利公告之義務。

七、損害賠償之計算與舉證責任

（一）最高法院69年度台上字第4113號判決

專利權被侵害之損害賠償，係指因仿造人違反專利法所直接造成之損害，並非指第三人使用仿造品可獲得之利益，上訴人請求被上訴人以使用其向林政畜（即協成鐵工廠）購買之機器每月可獲之利益，計算賠償上訴人之損害，尚難謂合。

（二）最高法院96年度台上字第435號判決

按專利權被侵害之損害賠償，係指因仿造人違反專利法所直接造成之損害。而權利人依修正前專利法第88條第1項規定請求損害賠償時，得擇依侵害人因侵害行為所得之利益；於侵害人不能就其成本或必要費用舉證時，以銷售該項物品全部收入為所得利益，計算其損害，修正前專利法第89條第1項第2款定有明文。被上訴人既係依修正前專利法第89條第1項第2款規定，作為計算其損害之依據，自應以上訴人銷售該仿造系爭專利權之物品全部收入之所得利益為憑。

（三）智慧財產法院97年度民專訴字第3號判決

系爭產品落入系爭專利申請專利範圍第1、2項之文義範圍，系爭產品落入系爭專利申請範圍第3項之均等範圍，且因被告並未針對原告主張系爭產品與系爭專利申請專利範圍符合文義讀取及均等論而提出是否適用逆均等、禁反言或先前技術阻卻之抗辯，認系爭產品落入系爭專利之申請專利範圍。又，依專利法第85條第1項第2款之規定，原告本得依法提出被告銷售系爭產品之全部收入，作為損害賠償計算之基礎，待被告就其系爭產品之成本及必要費用提出舉證後，再以兩者之差額作為損害賠償之請求。原告以被告於其發票上所記載之系爭產品進價及銷價等數據，自行計算被告產銷系爭產品之利潤，尚屬合理。況原告既已依專利法前揭規定，提出原告對於損害賠償額度計算之主張，被告就此額度之計算如有意見，自得自負舉證責任，提出證據就專利法前揭「成本」及「必要費用」等事項舉證證明，被告自始未就前開成本及必要費用為何舉證證明，原告為前開請求，自屬可採。

（四）智慧財產法院97年度民專上易字第4號判決

新式樣專利權受侵害時，專利權人得請求賠償損害，並得就下列各款擇一計算其損害：(1)依民法第216條之規定計算其損害，但不能提供證據方法以證明其損害時，新式樣專利權人得就其實施專利權通常所可獲得之利益，減除受害後實施同一專利權所得之利益，以其差額為所受損害。(2)依侵害人因侵害行為所得之利益。於侵害人不能就其成本或必要費用舉證時，以銷售該項物品全部收入為所得利益。被上訴人自92年4月起至93年11月止，販賣涉案嵌燈6,360個，而其出售涉案嵌燈之價格扣除成本後所得之利益為每個21.918元，被上訴人於此段期間因侵害系爭專利權所獲得之利益爲139,398元，故上訴人請求被上訴人賠償上開金額，於法有據。又，按侵害專利權之行爲如屬故意，法院得依侵害情節，酌定損害額以上之賠償，但不得超過損害額之3倍。系爭得請求之懲罰性損害，以被上訴人因侵害行爲所得利益之1.8倍爲適當，即250,916元，專利權人業將其對被上訴人之懲罰性賠償債權讓與上訴人，故上訴人基於所受讓之懲罰性賠償債權請求被上訴人給付懲罰性賠償，亦屬有據。

（五）智慧財產法院97年度民專訴字第22號判決

系爭曬衣架每一要件皆爲系爭專利第1項所對應之各要件文義所讀入，故系爭曬衣架落入系爭專利申請專利範圍第1項請求項之文義範圍，原告以台灣省機械技師公會侵害鑑定分析報告爲據，主張系爭曬衣架落入系爭專利申請專利範圍第1項文義範圍，應爲可採。原告係主張依專利法第108條準用第85條第1項第2款規定計算其害，並依第85條第2項規定酌定損害額3倍之賠償，惟法院計被告販售系爭曬衣架所得之價款爲3700元，被告並未舉證其成本或必要費用，應以上開全部價款爲其所得利益，經審酌被告故意侵害系爭專利之情節，認以酌定2倍損害額之賠償即7400元爲適當。

（六）智慧財產法院102年度民專上字第3號判決

按審定時專利法第84條第1項固賦與專利權人專有排除他人未經其同意而製造、販賣專利物品之權。但專利權人依專利法所賦與之權利，自已製造、販賣或同意他人製造、販賣其專利物品後，已從中獲取利益，如允許其就已販賣之專利物品再主張專利權，將影響專利物品之流通與利用，而與公益有違，故而發展出「權利耗盡原則」（principle of exhaustion），依此原則，專利權人自己製造、販賣或同意他人製造、販賣之專利物品後，專利權人就該專利物品之權利已經耗盡，不得再享有其他權能，即專利權人所製造或經其同意製造之專利物品販賣後，其專利權即耗盡，對於上開專利物品之後續使用或再販賣，均非屬專利權效力所及，即係本諸權利耗盡原則所爲之立法。且專利權利耗盡原則之適用，並不以專利權人之專利產品爲最終產品流入市場爲要件，故專利權人授權於他人製造、販賣後，即不得再對其主張專利權，而我國對於專利權之權利耗盡原則，係採「國際權利耗盡」，即專利權人在一國授予專利權於授權人後，對其製造、販賣之物在全世界皆不得再行主張權利，是以，依專利權利耗盡原則，專利契約之授權區域範圍對於授權金之計算並無實質影響。另被上訴人雖未提出系爭產品之市場佔有率，惟專利侵權訴訟中，實務上甚難期待上訴人即被告願意提供該公司各項銷售資料或財務報表，而民事訴訟法第222條及審定時專利法第85條第1條之規定，本即非定專利侵權損害之實際數額，而係以一衡平概念，授權法院於具體個案中，斟酌上揭一切可能影響之因素綜合判斷。況兩造間本即不存在授權契約，故所有之估算因子均係屬依合理原則所為之假設。是以，本院審酌上開估算及已可證明之侵權事實、期間，並衡量系爭專利在我國尚未授權他人實施，系爭專利技術對系爭產品NEW ER1、ER1A+系列獲利及技術之貢獻程度，被上訴人舉證證明損害賠償額之困難程度等一切情狀，認被上訴人請求上訴人辰驊公司給付36萬元之相當於損害賠償之合理授權金額，為有理由。被上訴人逾此範圍之請求，尚有未合。

八、消滅時效

（一）智慧財產法院99年度民專上更（一）字第9號判決

1. 按民法第197條第1項規定：因侵權行為所生之損害賠償請求權，自請求權人知有損害及賠償義務人時起，2年間不行使而消滅。自有侵權行為時起，逾10年者亦同。該條項所稱自請求權人知有損害時起，於因債權讓與而取得損害賠償請求權之情形，其知悉與否，應以原請求權人主觀認知侵權行為而實際知悉損害賠償義務人時起算。
2. 本件被上訴人於87年5月22日自HCCO.受讓取得系爭專利權及損害賠償請求權，已如上述，則被上訴人之侵權行為損害賠償請求權是否逾2年時效期間，自應依被上訴人之前手即HCCO.主觀之認知而決定，而非依被上訴人之認知以為判斷。被上訴人前手HCCO.之員工陶國樑於81年7月間翻譯上訴人員工陳福隆於化工第39卷第2期（1992）發表「醋酸工場觸媒穩定劑之開發研究與製程改善之經濟評估」一文（見原審卷一第77至83頁），原告亦於原審陳稱：「陳福隆在發表文章時，雖轉任到信昌公司，但在實施原告技術專利方法時是中石化的副總，他的文章上將如何使用原告的專利方法流程，說的很清楚，……他故意掩飾說，他使用原告的方法後才去檢索專利，才知道是原告的專利，……」等情（見原審卷一第113頁言詞辯論筆錄），足見從陳福隆文章已可知悉上訴人反應液水含量低於14wt%等使用系爭專利技術，並於82年3月與上訴人會談，另於84年8月間又將上訴人之醋酸產品送西康公司測試分析，已然知悉上訴人系爭侵權行爲，後據以於88年5月17日向檢察官提起刑事告訴，是HCCO.至少於84年8月前已知悉上訴人系爭侵權行爲，消滅時效應於84年8月以前即因HCCO.知悉而起算，故於86年8月之前，2年消滅時效即已完成。被上訴人雖稱係於89年1月19日檢察官行搜索後始知悉上訴人系爭侵權行爲云云。惟其之前如不知上訴人有系爭侵害專利行爲，何以提起刑事告訴，是被上訴人所稱不足採。

（二）智慧財產法院98年度民專訴第152號判決

被上訴人之侵權行爲損害賠償請求權時效是否已消滅：

1. 按發明專利權受侵害時，發明專利權人得請求賠償損害，並得請求排除其侵害，有侵害之虞者，得請求防止之，專利法第84條第1項定有明文。次按上揭專利法第84條第1項所定之請求權，自請求權人知有行爲及賠償義務人時起，2年間不行使而消滅，自行爲時起逾10年者亦同，同條第5項亦定有明文。再按因侵權行爲所生之損害賠償請求權，自請求權人知有損害及賠償義務人時起，2年間不行使而消滅。自有侵權行爲時起，逾10年者亦同，民法第197條第1項復定有明文。
2. 經查原告原於96年8月2日即就本件事實於台灣板橋地方法院96年度易字第1479號刑事案件中提起附帶民事訴訟，該部分之事實經該院以專利侵權已經除罪，故非爲刑事判決所認定之犯罪事實，故無法提起刑事附帶民事訴訟，且原告經曉諭得於補繳裁判費後追加起訴，亦爲原告所不採，而由台灣板橋地方法院於97年度重智字第9號判決以程序駁回（見該判決理由第3頁），雖原告此部分之事實，尚未爲實體判決而非屬確定判決效力所及，惟依據原告之附帶民事起訴狀第3頁理由二之部分，已提及研竣精機股份有限公司及嘉曜精密機械有限公司欲向原告訂購機器，因被告侵害原告之專利權等原因，致原告無法與上開公司簽訂正式代理契約，並於第4頁中提及立潔紙業有限公司，原欲向原告訂購其研發之油壓機三台，亦因專利權涉訟之原因，而未與原告締約等語（見被證1），足見原告就本件事實於96年8月2日提起附帶民事訴訟時便已請求，係因非屬附帶民事訴訟請求之效力所及，且不願追加起訴，致未於該案一併判決，故原告主張本件之請求權時效應自取得專利證書之98年10月27日起算，並不可採。且本件原告提起訴訟之日期為98年11月30日，如以上述提起附帶民事訴訟之96年8月2日算起，其知悉此部分損害及賠償義務人亦已逾2年，故就原告此部分之請求，被告抗辯其請求權已罹於時效，而不得請求，尚屬可採。

3. 又原告雖就其原擬擴大生產第二代油壓成型機，而承租廠房，租賃期間2年，每月租金15萬元，因無法生產而閒置損失360萬元之部分請求損害賠償。惟查原告所提之租賃契約，係一通常之定型化契約，並不能證明其租賃目的，故自亦難證明係如原告所言係為擴廠，而因無法及時取得專利權致受有損害。又依其契約記載之租賃期間係自94年1月10日至96年1月10日，為期2年（見原證11），而原告提起附帶民事訴訟之日為96年8月2日，晚於租賃契約終止之96年1月10日，而其與前述就原有交易對象立潔公司等取消交易所失利益之部分，其請求之原因事實皆係基於其專利權受侵害，而依據專利法第84條第1項、民法第184條第1項後段請求損害賠償，故原告雖未於該次附帶民事起訴請求廠房租金之部分，惟其租賃契約既於該次起訴前已終止，若果如原告主張，該租金亦為損害之一部分，則實難謂其於提起該次附帶民事訴訟時，就此部分之損害為不知，故縱以該次提起附帶民事訴訟之96年8月2日，作為原告知悉此部分損害及損害賠償義務人之基準，本件原告提起訴訟距離前述其知悉此部分損害及賠償義務人之日起亦已逾2年，故就此部分之請求，亦可認定其請求權已罹於時效，而不得請求。

4. 原告雖主張系爭新型專利，經濟部智慧財產局於98年10月27日方發給原告專利證書，雖專利期間溯及自95年1月11日，然於98年10月27日之前，因被告擅以系爭機器之示意圖申請專利並取得專利權，故原告名義上非為專利權人而無法基於專利權人之地位行使權利或取得利益，故依民法上開規定，消滅時效自尚未起算，原告係於98年11月30日提起本件訴訟，距得行使權利之98年10月27日僅1月餘，自尚未罹於民法第197條第1項之2年時效期間云云。惟查被告自94年10月24日智慧財產局形式審查而准予專利之日起，被告即因惡意申辦系爭專利權之登記，而成為系爭專利之專利權人，並否認原告為系爭專利專利權人之地位，足認原告在私法上權利已有受侵害之危險，故原告於斯時起本即得以原告之地位向被告請求損害賠償，惟該時原告僅得知損害賠償之義務人，關於其知悉所受之損害，縱以其提起前案附帶民事訴訟爲知悉損害時點認定，即96年8月2日，其於98年11月30日提起本件訴訟，亦已逾2年之請求權時效。故原告對於其得基於專利權人之地位向被告請求損害賠償之時點顯有誤會，其主張並不可採。

5. 原告又主張若認原告非於98年10月27日取得系爭新型專利時方得行使權利者，然於此之前，被告仍持續利用系爭新型專利，而原告之專利利用之利益持續受損，依最高法院95台上第736號、95台上字第1177號判決意旨以觀，原告提起本案訴訟應未罹於時效云云。惟查民法第197條第1項所稱「自請求權人知有損害時起」之主觀「知」的條件，如係一次之加害行爲，致他人於損害後尙不斷發生後續性之損害，該損害爲屬不可分（質之累積），或爲一侵害狀態之繼續延續者，固應分別以被害人知悉損害程度呈現底定（損害顯在化）或不法侵害之行爲終了時起算其時效。惟加害人之侵權行爲係持續發生（加害之持續不斷），致加害之結果（損害）持續不斷，若各該不法侵害行爲及損害結果係現實各自獨立存在，並可相互區別（量之分割）者，被害人之損害賠償請求權，即隨各該損害不斷漸次發生，自應就各該不斷發生之獨立行爲所生之損害，分別以被害人已否知悉而各自論斷其時效之起算時點，始符合民法第197條第1項規定之趣旨，且不失該條爲兼顧法秩序安定性及當事人利益平衡之立法目的（94年度台上字第148號民事判決要旨參照）。本件原告所受之損害結果係各自獨立存在，並無不得互相區別之情形存在，故縱如原告所主張因被告持續利用系爭新型專利，惟原告所主張之上開事實，均係一次性損害，僅損害狀態之繼續，非侵權行爲繼續發生，故原告此部分主張亦不足採。綜上所述，原告之損害賠償請求權已罹於時效，自不得再向被告主張。

九、登報道歉（按：現行法已刪除此規定，應回歸民法第195條第1項之適用）

（一）智慧財產法院98年度民專上字第21號判決

判決書登報部分，因具有一次性之效果，具有不可回復之特性，參照專利法第89條之規定，於勝訴判決確定前不宜爲假執行之實施，然原審一併准、免假執行，亦有違誤。

（二）智慧財產法院101年度民專上字第6號判決

按發明人之姓名表示權受侵害時，得請求表示發明人之姓名或為其他回復名譽之必要處分；本條所定之請求權，自請求人知有行為及賠償義務人時起，二年間不行使而消滅；自行為時起，逾十年者，亦同，專利法第84條第4、5項分別定有明文。而不法侵害他人之名譽、信用或不法侵害其他人格法益而情節重大者，被害人雖非財產上之損害，亦得請求賠償相當之金額，其名譽被侵害者，並得請求回復名譽之適當處分，民法第195條第1項規定綦詳。由上開規定條文以觀，可知專利法第84條第4項乃民法第195條之特別規定，而所謂姓名表示權，即為民法第195條第4項所稱之其他人格法益，是人格法益受侵害者，自得請求回復。經查，本件全崴公司違反契約約定將系爭研發成果向智慧財產局申請新式樣專利，一方面係以侵權行為侵害醫電鼎眾公司之姓名表示權外，另方面亦違反契約約定以債務不履行方式損害醫電鼎眾公司之姓名表示權，而有關姓名表示權之回復方式，最主要者即係將登記在全崴公司名下之系爭新式樣專利回復登記為醫電鼎眾公司所有，而此一結果，已因兩造間另案訴訟，以及經濟部智慧財產局依據法院判決結果將系爭專利回復登記為醫電鼎眾公司所有而達到回復原狀之結果，是以，對醫電鼎眾公司而言，其遭侵害之姓名表示權業已回復。況醫電鼎眾公司於96年9月19日將系爭新式樣專利之產品外觀刊登於報紙公開於世，此有經濟日報影本在卷可稽（參本院卷第202頁），其業已向相關業界表示其為系爭創作之所有人，是以，就回復姓名表示權部分，堪認為已獲得適當處分，醫電鼎眾公司要求全崴公司應登報道歉云云，自無必要，不應准許。

十、不當得利與損害賠償請求權之競合

（一）最高法院56年度台上字第3064號判例

不當得利返還請求權與損害賠償請求權，法律上之性質雖有未同，但二者訴訟上所據之事實如屬同一，則原告起訴時雖係基於侵權行為之法律關係，然在訴訟進行中於他造為時效之抗辯後，亦不妨再基於不當得利之請求權而為主張。

（二）台灣高等法院台中分院93年度智上更（一）字第1號判決

惟按不當得利返還請求權與損害賠償請求權，法律上之性質雖有未同，但二者訴訟上所據之事實如屬同一，則原告起訴時雖係基於侵權行爲之法律關係，然在訴訟進行中於他造爲時效之抗辯後，亦不妨再基於不當得利之請求權而爲主張（最高法院56年台上字第3064號判例）。

十一、假扣押

（一）最高法院96年度台抗字第893號裁定

又所謂「請求之原因事實」，即本案請求所由發生之原因事實；「假扣押之原因」，係指日後有不能強制執行或甚難執行之虞，或應在外國爲強制執行之情形，如債務人浪費財產，增加負擔，或就其財產爲不利益之處分，將成爲無資力之狀態，或將移住遠地、逃匿無蹤、隱匿財產等是。債權人就假扣押之原因，依法有釋明之義務，亦即須提出可使法院信其主張爲眞實之證據，必待釋明有所不足，而債權人陳明願供擔保或法院認爲適當者，法院始得定相當之擔保，命供擔保後爲假扣押，若債權人未釋明假扣押之原因，即不符假扣押之要件。查再抗告人於台灣士林地方法院（下稱士林地院）聲請假扣押，固據提出借據、匯款回條等件影本爲證，惟此僅爲「請求原因」之釋明，再抗告人就後者即「假扣押之原因」並未予以敘明，亦未提出可使法院信其主張爲眞實之證據，即未盡釋明之義務，自不符假扣押之要件，其假扣押之聲請尚無從准許等語，爰將士林地院所爲准許再抗告人假扣押聲請之裁定廢棄，改爲駁回其假扣押聲請之裁定，經核於法洵無違誤。

（二）台灣高等法院96年度抗字第450號裁定

惟按須證據有滅失或礙難使用之虞者，始得向法院聲請保全。且保全證據之聲請，應表明應保全之證據，並釋明應保全之理由，此觀民事訴訟法第368條第1項前段、第370條第1項第2款、第4款、第2項之規定自明。而所謂證據有礙難使用之虞，係指證據若不即爲保全，將有不及調查使用之危險者而言（最高法院91年度台抗字第11號、85年台抗字第305號裁判意旨參照）。又按民事訴訟法第368條於民國（下同）89年2月9日修正公布，增訂後段以擴大容許聲請保全證據之範圍，其立法目的在於促使主張權利之人，於提起訴訟前即得蒐集事證資料，以瞭解事實或物體之現狀，將有助於當事人研判紛爭之實際狀況，進而成立調解或和解，以消弭訴訟，達到預防訴訟之目的；此外亦得藉此賦予當事人於起訴前充分蒐集即整理事證資料之機會，而有助於法院於審理本案訴訟時發現眞實及妥適進行訴訟，以達審理集中化之目的。

（三）智慧財產法院102年度民專抗字第6號裁定

關於相對人有何日後不能強制執行或甚難強制執行之虞，而有保全強制執行之必要，抗告人僅空言陳稱：近日前往相對人營業地查看，竟大門深鎖，亦無人應門，抗告人已無法聯絡相對人，其顯有遷移他處或逃匿財產之情，致抗告人日後恐難強制執行相對人財產之情事云云（原審卷第6頁，本院卷第11頁），並於原審提出照片4紙（原審卷第43至44頁），於抗告時提出照片5紙（本院卷第13至15頁）以爲釋明證據。然比對此二部分照片，其中原審卷第43頁下方、本院卷第13頁上方、第14頁上方之照片並不相同，且原審卷內照片並無任何拍攝日期，本院卷內照片卻有「2013/1/17」、「2013/2/7」之日期，是抗告人所提之前開照片，其眞實性即非無疑。縱使前開照片屬實，惟僅憑喬億來商行、相對人公司登記營業處所於抗告人所謂拍攝日期（102年1月17日、2月7日，均爲週四）未開啓大門營業，難認相對人即有日後不能強制執行或甚難執行之虞。況相對人公司營業所大門黏貼有春聯，並於門首懸掛八仙喜帳，呈現使用狀態。至抗告人所謂「無人應門及聲請人（即抗告人）無法聯絡相對人」之事實，僅屬抗告人之主觀臆測。再者，兩造間本案訴訟（本院102年度民專訴字第16號民事事件），經原審按址送達準備程序通知書、起訴狀繕本予相對人，均有合法送達（見本案訴訟卷第32至33、38至39頁之送達回證），難認相對人有抗告人所指遷移他處之情。此外，相對人有何浪費財產、增加負擔、或就財產爲不利之處分，將達於無資力之狀態、或移往遠地、逃匿無蹤或隱匿財產等日後不能強制執行或甚難執行之虞情形，抗告人未能提出其他證據以爲釋明。

十二、登記對抗效力之意涵

（一）台灣高等法院97年度智上字第15號判決

發明專利權人以其發明專利權讓與、信託、授權他人實施或設定質權，非經向專利專責機關登記，不得對抗第三人。此規定於新型專利準用之，專利法第59條、第108條定有明文。被上訴人雖抗辯稱乙○○就專屬授權未向智慧局辦理登記，依前揭規定不得請求損害賠償云云。惟核閱前揭規定僅係專利權讓與未經向智慧局登記，不得對抗第三人，核非不得請求損害賠償之規定。被上訴人據爲熱品公司不得請求損害賠償之規定云云，不足爲採。

（二）最高法院96年度台上字第1658號判決

按專利法第59條所稱之非經登記不得對抗第三人，係指於第三人侵害其專利權時，若未經登記，則專利受讓人不得對侵害者主張其權利；但在當事人間，由於登記並非契約之生效要件，因此，當事人間之專利權讓與仍發生其效力，對於當事人仍有拘束力，甚至對於權利之繼受者亦有其拘束力，亦即繼受人不得以未經登記爲理由，對抗原受讓人，主張其未有效取得專利權之讓與。

（三）智慧財產法院99年度民專上更一字第10號判決

按發明專利權人以其發明專利權讓與、信託、授權他人實施或設定質權，非經向專利專責機關登記，不得對抗第三人，專利法第59條定有明文。所謂登記對抗，係指各種不同權利間，因權利具體行使時會發生衝突、矛盾或相互抗衡之現象，而以登記爲判斷權利歸屬之標準。就專利權而言，就權利重複讓與、讓與與信託、信託與設質、讓與與授權、信託與授權等不同法律行爲與權利變動間，均可能發生對抗之問題，故專利法第59條規定旨在保護交易行爲之第三人，而非侵權行爲人。故條文中所稱非經登記不得對抗第三人，應係指當事人間就有關專利權之讓與、信託、授權或設定質權之權益事項有所爭執時，始有其適用，而非不得對抗任何第三人。且按專利法第84條第2項本文規定，專屬被授權人得以自己名義爲專利權人所得提起之民事救濟訴訟。經查系爭專利之專利權人許繼承已於92年5月5日專屬授權予其身爲法定代理人之熱品公司（見前審卷二第66頁），雖其未向經濟部智慧財產局辦理授權登記，然欣友公司、莊錦月爲本件被控侵權行爲人，並非就有關專利權之讓與、信託、授權或設定質權之權益事項有所爭執，即非屬交易行爲第三人，自無專利法第59條所稱非經登記不得對抗第三人規定之適用。欣友公司等主張熱品公司無訴訟實施權，並不可採。

附錄

行政院公平交易委員會對於事業發侵害著作權、商標權或專利權警告函案件之處理原則

86.5.7.第288次委員會議通過
86.5.14.（86）公法字第01672號函分行
88.6.16.第397次委員會議修正第6點
88.10.27.第416次委員會議修正第3點及第4點
88.11.9.（88）公法字第03239號函分行
90.1.4.第478次委員會議增訂第十點、修正第二點
90.1.15.（90）公法字第00139號函分行
94.1.13.第688次委員會議修正名稱
94.2.24.公法字第0940001278號令發布
94.8.26.公法字第0940006976號令發布修正第2點至第4點及第9點
94.9.2.第721次委員會議修正第2點至第5點及第9點
94.9.16.公法字第0940007480號令發布
96.1.11.第792次委員會議修正第2點
96.1.23.公法字第0960000622號令發布
96.4.26第807次委員會議修正全文
96.5.8公法字第0960003846號令發布

一、（目的）

行政院公平交易委員會（以下簡稱本會）為確保事業公平競爭，維護交易秩序，有效處理事業濫用著作權、商標權或專利權，不當對外發布競爭對手侵害其著作權、商標權或專利權之警告函，造成不公平競爭案件，特訂定本處理原則。

二、（名詞定義）

本處理原則所稱事業發警告函行為，係指事業除依法律程序主張權利或排除侵害外，以下列方式對其自身或其他特定事業之交易相對人或潛在交易相對人，散布並指明特定競爭對手侵害其所有著作權、商標權或專利權之行為者：

（一）警告函。

（二）敬告函。

（三）律師函。

（四）公開信。

（五）廣告啓事。

（六）其他足使其自身或他事業之交易相對人或潛在交易相對人知悉之書面。

三、（依照著作權法、商標法或專利法行使權利之正當行爲之一）

事業踐行下列確認權利受侵害程序之一，始發警告函者，爲依照著作權法、商標法或專利法行使權利之正當行爲：

（一）經法院一審判決確屬著作權、商標權或專利權受侵害者。

（二）經著作權審議及調解委員會調解認定確屬著作權受侵害者。

（三）將可能侵害專利權之標的物送請專業機構鑑定，取得鑑定報告，且發函前事先或同時通知可能侵害之製造商、進口商或代理商，請求排除侵害者。

事業未踐行第一項第三款後段排除侵害通知，但已事先採取權利救濟程序，或已盡合理可能之注意義務，或通知已屬客觀不能，或有具體事證足認應受通知人已知悉侵權爭議之情形，視爲已踐行排除侵害通知之程序。

四、（依照著作權法、商標法或專利法行使權利之正當行爲之二）

事業踐行下列確認權利受侵害程序，且無第五點至第八點規定之違法情形，始發警告函者，爲依照著作權法、商標法或專利法行使權利之正當行爲：

（一）發函前已事先或同時通知可能侵害之製造商、進口商或代理商請求排除侵害。

（二）於警告函內敘明著作權、商標權或專利權明確內容、範圍，及受侵害之具體事實（例如系爭權利於何時、何地、如何製造、使用、販賣或進口等），使受信者足以知悉系爭權利可能受有侵害之事實。

事業未踐行前項第一款排除侵害通知，但已事先採取權利救濟程序，或已盡合理可能之注意義務，或前項通知已屬客觀不能，或有具體事證足認應受通知人已知悉侵權爭議之情形，視爲已踐行排除侵害通知之程序。

五、（不公平競爭之禁止）

事業無論是否踐行第四點規定之先行程序，而爲發警告函行爲，函中內容以損害特定競爭者爲目的，促使競爭者之交易相對人拒絕與該特定競爭者交易，而有限制競爭或妨礙公平競爭之虞者，事業不得爲之。

事業爲前項行爲，使競爭者之交易相對人與自己交易，而有限制競爭或妨礙公平競爭之虞者，事業不得爲之。

六、（眞實表示原則）

事業無論是否踐行第四點規定之先行程序，而爲發警告函行爲，函中內容不得對其商品或服務，有虛僞不實或引人錯誤之陳述。

七、（妨害競爭信譽之禁止）

事業無論是否踐行第四點規定之先行程序，而爲發警告函行爲，函中內容不得以損害競爭者爲目的，陳述足以損害競爭者之營業信譽之不實情事。

八、（其他欺罔或顯失公平行爲之禁止）

事業無論是否踐行第四點規定之先行程序，而爲發警告函行爲，函中內容有下列情形之一，而足以影響交易秩序者，事業不得爲之：

（一）明知未具有著作權或未依法取得商標權或專利權者。

（二）誇示、擴張其著作權、商標權或專利權範圍者。

（三）不實陳述，影射其競爭對手或泛指市場上其他競爭者非法侵害其著作權、商標權或專利權者。

（四）其他欺罔或顯失公平之陳述者。

九、（法律效果）

事業違反第三點或第四點規定之先行程序，逕發警告函，且爲足以影響交易秩序之欺罔或顯失公平行爲者，構成公平交易法第二十四條之違反。但在本會作成處分前，事業提出法院一審判決或著作權審議及調解委員會調解書者，不在此限。

事業違反第五點第一項者，構成公平交易法第十九條第一款之違反。

事業違反第五點第二項者，構成公平交易法第十九條第三款之違反。

事業違反第六點者，構成公平交易法第二十一條第一項或第三項之違反。

事業違反第七點者，構成公平交易法第二十二條之違反。

事業違反第八點者者，構成公平交易法第二十四條之違反。

十、（本處理原則亦適用於事業不當對外發布與其非屬同一產銷階段競爭關係事業侵權之情形）

事業不當對外發布與其非屬同一產銷階段競爭關係之事業侵害其著作權、商標權或專利權之警告函，而造成不公平競爭情事者，亦有本處理原則之適用。

第二單元 其他專利民事訴訟

第一節 前言

案例

甲公司與乙公司訂立一專利授權契約，依授權契約之約定，甲公司將其所有之A專利以非專屬授權之方式授予乙公司，乙公司於台灣得使用甲公司所授權之A專利製造商品並為銷售，然乙公司應向甲公司給付契約所訂之權利金（以每一被授權銷售商品淨銷售價額3%或新台幣5元中較高者計算之）及交付相關權利金報告，若乙公司有遲延給付之情形，應按月利率2%給付原告遲延利息。

乙公司於給付兩季之權利金後，即拒不給付權利金，亦不交付權利金報告，甲公司應如何向乙公司主張權利？而乙公司可能提出之抗辯有哪些？

專利權屬於財產權之一種，專利權人依法雖享有排除他人未經同意而製造、使用、販賣等行爲之權利（參前節專利侵權訴訟），但尚須積極透過專利權之實施，始能彰顯其財產權之價值以及符合專利法鼓勵、保護、利用發明與創作，以促進產業發展之立法目的。關於專利權之實施，專利權人得自行或授權他人爲之，亦即，專利權人亦可不需要親自爲專利技術之所有製造、使用、販賣等行爲。在實務上，除了與企業本身產品有關的技術可能由專利權人親自實施外，在部分案例中，未必具有資金或市場經營能力之專利權人，可藉由讓與或授權方式由受讓人或被授權人實施其專利，或將專利信託，由專業之受託人代爲管理收益；此外，專利權因具有高度財產價值，專利權人亦得將專利權設定質權以供擔保。最後，當專利權人死亡時，其繼承人亦得就專利權予以繼承。

第二節　法令解說—專利法之相關規定

一、專利權之授權

專利權人本身保留專利之所有權但不親自實施，將實施權授與他人，以收取權利金之作爲收益方式，類似民法中租賃之情形，稱爲專利之授權。專利授權因具有授權人不必承擔親自經營產品之成本與風險，又可獲得權利金之收入，可專心致力於專利之改良與研究，或與被授權人共同擴大市場，亦可與被授權人約定回饋授權、交互授權以增加競爭力等優點，專利權人可藉其專利授權策略之調整，選擇以取得維持競爭優勢、擴大市場版圖、降低生產成本或完全以收取權利金爲主要之目標，充分發揮其專利權之價值。專利權之靈活運用，可爲專利權人創造多方面之收益，因此專利授權向來均爲專利權人最常使用的收益方式。

（一）授權之登記

專利法第62條規定，發明專利權人以其發明專利讓與、信託、授權他人實施或設定質權，非經向專利專責機關登記，不得對抗第三人。係採登記對抗主義而非登記生效主義，亦即專利之授權行爲並不因未辦理登記而不生效力，專利權之授權於授權人與被授權人互相表示意思一致時，授權契約即已成立（然通常均會有書面授權契約），且發生授權之效力，但未登記時則不得據以對抗第三人。專利之授權登記，雖然僅是對抗要件，但在重複授權或權利移轉之情形，如未辦理授權登記，縱然是先獲得授權之被授權人，亦極有可能遭到後獲得授權且辦妥登記之專屬被授權人或專利權受讓人之禁止實施，影響甚大。專利授權之登記，應由當事人署名塡寫專利權授權登記申請書，並附上契約，向專利專責機關（即經濟部智慧財產局）辦理授權登記。

（二）授權之種類

專利之授權包括專屬授權、非專屬授權、回饋授權、交互授權等型態：「專屬授權」係指授權人於授權範圍內僅授權予被授權人，被授權人取得具排他性的專屬實施權，不但可實施專利權，尙得據以排除他人之實施，而專利權人亦不得再授權相同內容之實施權予其他第三人，甚至可約定專利權人本人亦不得實施，此時雖專利的所有權仍屬於授權人，但專屬被授權人才是該專利的唯一被授權使用者，授權人和任何第三人均不得在該專利授權範圍內實施該項專利，因專屬被授權人權利極大，此種授權方式已接近專利權之讓與，僅爲權利所有人尚未變更而已，通常被使用於雖無法辦理專利讓與，但實質上已將所有權利售予被授權人行使之情形。

「非專屬授權」則係被授權人在授權範圍內取得一通常實施權，其效力僅在於被授權人得合法實施該專利權，無法排除他人之合法實施，故專利權人仍得將專利自由授權予其他被授權人以外之人。

在專屬／非專屬授權之外，尚有回饋授權與交互授權兩種特殊之授權型態，「回饋授權」係指被授權人獲得專利權人之授權後，如對於該專利有所改良或取得一再發明專利權時，該被授權人亦將該改良技術或再發明專利授權與原授權人，善用回饋授權之約定可促進授權與被授權雙方更緊密的合作，共同取得更佳之競爭優勢，而持續保有其技術上的領先地位。

「交互授權」則係兩專利權人將各自享有的專利授權予對方實施，亦即將自身之專利授權他人以交換他人之專利授權，在雙方專利權互補之情形，可提升彼此專利之應用價值；在雙方專利權互爲阻礙之情形，則可藉此免除彼此互相侵害對方專利權之效果。

（三）授權之限制

不論在專屬授權或非專屬授權之型態，專利權人均得將其專利權「有限度」的授權他人，即對於授權之範圍附加各種限制，常見者如：

1. 時間限制：授權期間通常約定有一定之授權期間，或是約定條件或期限等，並不必完全與專利權之存續期間相符，授權期間可短於專利權存續期間，但不得較其存續期間爲長。
2. 地區限制：專利授權人亦得在專利有效之地區內，加以分割授權被授權人實施之區域，例如僅授權被授權人在台北市及新北市販賣、僅授權被授權人之某一特定工廠生產等。惟須注意，專利權效力具有地域性，專利權人應不得對於專利權效力範圍之外地區加以限制。
3. 內容限制：專利之實施權包含製造、販賣、爲販賣之要約、使用等等行爲態樣，專利權人亦可自由決定保留上述之某些實施行爲，例如專利權人選擇自行生產產品，但將販賣權授權他人；又在一專利權對應多數專利產品時，專利權人亦可僅對其中一種產品授權他人製造銷售；專利權人亦得限制專利產品之製造數量、販賣數量或專利方法之使用次數；在不違反公平交易法之前提下，專利權人尚得對被授權人之銷售價格加以限制。

（四）專利授權契約之內容

專利授權契約之內容，因授權人所欲達到之目標不同，容有許多差異，但主要之約款及應注意之項目大致如下：

1. 當事人。
2. 授權專利清單。
3. 授權範圍：專屬授權或非專屬授權、授權地區。
4. 授權期間與契約更新條款。
5. 權利金之計算與給付方式。
6. 授權人對被授權人之財務稽核權。以避免被授權人謊報實施狀況，規避權利金之支付。
7. 被授權人對專利所做之改良或再發明，是否與如何約定交互授權。
8. 為維持專利權產品之品質，在品質方面與行銷方面之約定。
9. 被授權人製造產品之數量。
10. 被授權人銷售產品之價格。
11. 是否允許被授權人之次授權。
12. 授權人提供專利相關資訊以及被授權人之保密義務。
13. 保證條款：授權人保證其專利不侵害他人之智慧財產權、保證其專利有效、保證如有他人侵害專利時將採取排除侵害之行動。
14. 合約的終止或解除。
15. 違約的處理。
16. 準據法與管轄法院。

以下謹提供授權契約範本，以供讀者參考：

專利非專屬授權契約（範本）

立契約書人　甲方：行政院農業委員會○○○○所（場）

　　　　　　乙方：○○○○○○

甲方爲有效管理及運用研究發展成果之智慧財產權，依據「行政院農業委員會科學技術研發成果歸屬及運用辦法」及「行政院農業委員會農業智慧財產權審議委員會第○○次會議」決議，同意依下列條件授權本技術予乙方，經雙方本於誠信原則同意約定條款如下：

第一條　研發成果來源

本專利係甲方執行○○科技計畫之研發成果，爲提昇產業技術水準及嘉惠國內產業界，甲方同意依下列條件授權本技術予乙方。

第二條　定義

本專利：○○○○○（內容詳如附件一）

本產品：係指乙方於下列授權範圍內使用本專利授權範圍之一部或全部技術內容進行製造、使用、要約販賣或販賣之產品。

第三條　雙方合意

一、實施範圍：

甲方同意乙方得於下述授權區域內，非專屬使用本專利製造、使用並販賣本產品，乙方得於授權區域內製造、使用、爲販賣之要約或販賣本產品。

二、回饋授權：

乙方利用本專利如有改良技術或新應用之方法時，乙方同意優先通知甲方並以：

□全球、無償、非專屬之方式回饋授權予甲方；或，

□給付回饋利益金予甲方

回饋利益包含但不限於乙方利用改良技術或新應用之方法所得之一切利益，如權利金、授權金、衍生利益金等。

三、授權方式：非專屬授權。

乙方並同意：

（一）未經甲方事前書面同意前，乙方不得將本專利之一部或全部再授權予任何第三人進行與前揭相同或類似之行爲，或將本產品輸出入至授權地區以外之地區或國家。

（二）本契約授權範圍不包含本專利將來可能產出之專利權或其他智慧財產權等之明示或默示授權;乙方同意將來甲方於授權地區獲得專利權或其他智慧財產權時，乙方應另行與甲方簽訂授權契約。

四、授權年限：自本契約底頁日期起生效至中華民國○○年○○月○○日止，共計○○年。如乙方有續約意願者，乙方應於本契約屆滿前6個月內以書面通知甲方，經甲方同意後，雙方另行簽訂授權契約。

五、授權地區：中華民國臺灣（指臺灣、澎湖、金門、馬祖及其他附屬島嶼，以下同）。

第四條　本產品上市期限

乙方應於本契約生效後○○年內完成本產品之上市。乙方應擔保其有足夠之財力及營運能力將本產品商品化，並盡力銷售之。如因特殊原因須延後產出本產品，應於前述上市期限屆滿前三個月書面通知甲方，經甲方同意後始得延長本產品上市期限或終止本契約，否則甲方得通知終止本契約。

（說明：若沒有產品純技術或其他情形者本條可以依實務情況調整）

第五條　保密義務與諮詢服務

一、保密義務：

乙方就甲方認為機密之資料，無論甲方以口頭或以書面標示密件等類似字樣（以下簡稱「技術資料」）揭露時，乙方應盡善良管理人之注意義務，妥善保管並維持技術資料之機密性。乙方因本契約而知悉或持有之技術資料時，不得洩漏交付予任何第三人或運往授權地區以外之地區，亦不得挪作他用。如乙方之經銷商、代理商，或與乙方有委任、複委任、僱傭（無論在職或離職）及代理關係者違反本條約定，視為乙方違反本條約定，乙方應與該違約方對甲方負連帶損害賠償責任。

二、諮詢服務：

甲方同意於正常上班時段內提供乙方總計○○小時有關實施本專利之指導與諮詢講解。超過此時限或乙方若要求更詳細之諮詢服務或人員訓練時，應支付技術服務費予甲方，該技術服務費應包括但不限於講師費、保險費、住宿費，交通費及相關費用，該諮詢服務之時間、地點、費用及方式等細節由雙方另行協議之。乙方充分瞭解並同意，甲方並無提供任何相關技術資料予乙方的義務，亦無提供代言或向消費者做任何說明或保證之義務。

第六條　授權金、衍生利益金及付款方式

一、授權金：

爲新台幣（以下同）○○○元整（稅前），加計營業稅（即前揭金額之5%，下同）後之金額爲○○○元整。乙方應於本契約生效後十五日內一次付清。乙方同意本授權金縱因本契約經終止或解除亦不退還。

二、衍生利益金：

乙方應於授權期間內，每年就本產品銷售總額提撥百分之○○，作爲本專利之衍生利益金（稅前）。乙方於每年○○月底前，應彙報前一年內使用本產品之販賣總額，並依前揭計算基準加計營業稅給付稅後之衍生利益金予甲方；互易、贈與、出租或其他類似之行爲於本產品交付時亦視爲銷售，並依本契約之約定，計算衍生利益金。

三、付款方式：

乙方應於本契約生效後，於本條第一項約定之期限（遇例假日順延）內，以現金或即期票據一併給付予甲方。

四、業務檢查：

甲方得視需要指派業務相關人員會同其會計人員，或委託會計師、記帳士或相關會計稽核人員至乙方主營業所查核乙方就本產品之銷貨收入等相關資料，並得影印或抄錄該帳冊、發票、相關憑證及資料，乙方應配合執行，不得因任何理由予以拒絕或阻撓。乙方應保留相關簿冊資料至本契約終止後三年，以便甲方爲必要之查核。

第七條　智慧財產權歸屬及侵權責任

一、甲乙雙方不因本契約創設代理、委任、居間或經銷等其他法律關係。甲方或其所屬機關仍得基於所有權人行使其一切權利。

二、乙方在本契約中所有之權利義務，未經甲方書面同意前，不得讓與一部或全部權利予任何第三人。乙方若有違反，甲方得經通知或催告終止本契約，並有權請求損害賠償。

三、乙方同意本專利如有被侵害應行主張權利或提起訴訟請求之情事時，乙方應立即通知甲方並立即採取證據保全行動，以確保甲乙雙方權益，甲方有權決定是否發動法律行動。

四、乙方自行獨立研發未參考本專利且獲有智慧財產權保護者，其智慧財產權歸屬乙方。如前揭自行研發之智慧財產權有侵害第三人之智慧財產權者，乙方應自行負責並解決糾紛，與甲方無涉。

五、乙方同意銷售本產品時，應於本產品或其包裝上附加專利標示及專利證書號數。乙方應負責要求其經銷商及代理商於銷售本產品時遵守本條之約定。乙方之經銷商或代理商違反本條約定者，視爲乙方違反本條約定。

六、乙方同意因使用本專利而製造、使用、販賣或要約販賣本產品，或因修改本專利，或添加、擴張使用本產品致侵害第三人之專利權、著作權、營業秘密或其他智慧財產權時，或致乙方或第三人發生任何損害時，除甲方有故意或重大過失外，甲方無須負擔任何責任。若因乙方之無權修改或擴張使用本專利致甲方受到任何損害（包括但不限於第三人向甲方主張損害賠償，以及相關之法院及律師費用），乙方應負責賠償甲方。

第八條　無擔保規定

一、本契約技術資料僅按其現有之狀況交付予乙方，甲方就前揭交付無庸負擔任何責任。甲方不保證提供諮詢服務後，乙方就具有生產、繁殖或製造本產品之能力；亦不擔保本專利之授權合乎乙方特定目的之用或具商品化之可能性。

二、甲方就本專利不負任何瑕疵擔保責任，乙方因使用本專利，或使用、生產、繁殖、製造本產品銷售或要約銷售本產品而發生之產品責任、瑕疵擔保、侵權責任等，乙方應自行負責。乙方充分了解並同意，乙方就本產品所爲之生產、繁殖、製造、添附、加工、混合與銷售，乙方應就本產品負商品製造人責任，其所發生之一切費用應由乙方給付，乙方向第三人主張權利時亦同。如乙方產品所造成甲方之損害，包括但不限於甲方因消費訴訟、司法機關或主管機關之調查所支出之賠償、補償、律師費或行政成本等，乙方均應負擔之。

第九條　違約效果

一、乙方未依本契約第六條約定於期限內繳付授權金或衍生利益金，每逾一日應另按總額之萬分之三計付遲延違約金。如逾一個月仍未付清，甲方得終止本契約。

二、乙方若違反本契約第三條第三項第一款、第四條、第五條第一項、第六條第四項及第七條第二項、第三項、第五項與第六項時，願給付○○○元之懲罰性違約金（不含稅）。乙方若違反本契約其他條款，甲方得定合理期限催告乙方終止本契約，並請求損害賠償。

三、如經甲方依本契約第六條第四項查核，乙方短付衍生利益金且短付之金額已達該年度應付之衍生利益金百分之一（含）以上時，乙方除應負擔甲方之查核費用外，並應另行支付甲方按短付金額一倍計算之懲罰性違約金。

第十條　契約期限

本契約自本契約頁底所載之日期起生效至○○年○○月○○日止，惟乙方尚未履行完成之給付義務不因本契約之屆期而失效。

第十一條　契約終止處理

一、乙方於本契約終止，屆期或解除後一個月內應繳回或銷毀由甲方取得之技術資料；如乙方選擇銷毀技術資料者，則應提示銷毀證明予甲方。

二、乙方於本契約終止屆期或解除後，不得自行或委託他人生產、繁殖、製造或銷售本產品，但若乙方有書面具體事實足證本產品係於本契約終止，屆滿或解除前所生產、繁殖或製造完成者，乙方應於本契約終止或屆滿或解除前三十日內提示該書面事證或存貨數量予甲方，經甲方同意後，本產品始得繼續銷售○○個月。並於銷售完○○月後結算衍生利益金。

三、本契約第五條第一項，第六條第四項，第七條，第八條，第十五條及本項，不因本契約終止、解除或屆期而失效。

第十二條　契約修改

本契約得經雙方同意以書面修改增訂，並應將經雙方簽署之書面文件附於本契約之後，作爲本契約之一部分，其增補協議內容補充或取代與本契約相衝突之原條文。

第十三條　合意管轄

一、本契約應依中華民國臺灣之法律予以解釋及規範;對於本契約或因本契約而引起之疑義或糾紛，雙方同意依誠信原則解決之。

二、本契約如有爭議糾紛，雙方同意涉訟時以○○地方法院爲一審管轄法院。

第十四條　聯絡方式

一、本契約有關之通知或要求應以書面送達下列處所及人員（以下簡稱聯絡人），經送達該聯絡人者，即視爲已送達該方當事人。

甲方聯絡人姓名：

職稱：

電郵：

電話：

傳眞：

地址：

乙方聯絡人姓名：

職稱：

電郵：

電話：

傳眞：

地址：

二、雙方聯絡人或聯絡資料有所更動時，應以書面通知另一方，並告知更新內容，自送達對方可支配之範圍時生效。

第十五條　限制使用與注意事項

在未獲得甲方之書面同意前，乙方不得在商業推廣時（如推廣，產品投資說明等）利用甲方之員工、其所屬單位之名稱，如院、場、所徽、商標或以其他任何方式使大眾認知甲方與乙方商業發展之關聯性。

第十六條　完整合意

一、本契約及其附件構成雙方對本案完整的合意。任何於本契約生效前經雙方協議而未記載於本契約或其附件之事項，對雙方皆無拘束力。

二、本契約正本壹式參份，副本壹式參份，由甲方執正本貳份，乙方執正本壹份爲憑，副本由甲方執存參份。

立契約書人
甲方：行政院農業委員會○○○○所（場）　　　　（印信）
　　　代表人：　　　　　　　　　　　　　　　（職章）
　　　地址：
　　　電話：
　　　傳眞：
乙方：○○○○○○【公司名稱】　　　　　　　（印信）
　　　代表人：　　　　　　　　　　　　　　　（簽章）
　　　地址：
　　　電話：
　　　傳眞：
　　　統一編號：
＊如被授權方爲個人時：
乙方：○○○【個人姓名】　　　　　　　　　　（簽章）
　　　國民身份證字號：
　　　住址：
　　　電話：
　　　傳眞：
中　　　華　　　民　　　國　　　年　　　月　　　日

（五）權利金之計算

在專利授權契約中，對契約雙方而言最根本，也往往是談判焦點所在者，就是權利金之計算，權利金的收取方式主要可區分爲定額或計量，同時可搭配不同之支付方式，不同方式之優缺點與須承擔的風險各自不同，授權人在選擇權利金計算方式時，應參考前述專利授權之優點，思考其授權之主要目標以及對整體市場之未來狀況之評估決定之：

1. 定額權利金

(1)定額先付方式（Initial Payment）：即簽約時先支付一定額之權利金，作爲締約的手續費、定金，或是契約訂定前，已先實施部分之補償，其餘部分依未來實際數量計算。此一方式亦有以入場費（entry fee）之方式爲之，該費用於締約時收取，於被授權人有實施專利之行爲時，再依個別契約約定計算計量權利金（running royalty），但日後被授權人未有實施專利之行爲時，雖被授權人毋須支付計量權利金，但該費用亦不退還之，此一方式對於因應未來市場變化較具彈性。

(2)預付款方式（Advanced Royalty）：即契約雖約定以計件方式計算定期權利金，但係先收取一定數額權利金，等到實際應支付計量權利金（running royalty）時，再抵扣或找補。優點在於因專利尚未實施進入市場前，專利之價值及市場潛力難以認定，如採用此方式，被授權人得以較小之負擔換取實施專利、測試市場之機會；對授權人而言，也可先獲得一筆授權金收入，以支應研發專利之費用，不必等待可能需時甚久的產品上市。

(3)一次付清（Lump Sum Payment）：被授權方一次將所有權利金付清，不論以後市場變遷狀況如何，都可以一直使用該專利，雙方各自承擔未來市場開發的風險，但此計算方式之權利金通常會較高，對被授權人一開始之負擔較大。

2. 計量權利金

即依據實施專利之數量計算權利金，方式大致可分爲從量計算或費率法計算定期權利金（Patent Royalties），此時專利權人所得到的權利金即隨著專利商品化後之銷售狀況而定。銷售狀況好時，被授權人獲利高，專利權人之權利金也較多，反之如產品銷售狀況不如預期，則被授權人與專利權人均無法獲得太大收益。

(1)從量計算（fixed amount）：雙方約定按產品銷售數量每件收取固定之權利金。此一方式之優點在於簡便且被授權人易於控制成本，日後計算時如數量已確定，則不易產生爭執，且易於查核；然其缺點在於倘產品之售價大幅下降，極易產生原先約定之固定授權金額佔售價比例變得過大而有不合理之情形。

(2)費率法計算（fixed rate）：雙方約定依照專利產品之產品售價之一定百分比率計算。此一方式相較於從量計算，此一方式更有隨產品售價波動而隨之調整之優點；然而其計算方式較爲複雜且較不易於查核，例如必須要特別約定如何確定銷售淨價（net selling），否則日後價格波動，極易產生爭議。又此一方式亦有以浮動性方式調整權利金費率者，例如以隨產品數量增加而遞減之方式或遞增方式爲之。

3. 技術移轉年費（Technology Fees）

授權方移轉技術製程及Know-how，買賣雙方，在年限內每年支付費用，費用可依據市場銷售價格之百分比決定。

惟不論係以產品數量或以產品售價之百分比作爲權利金計算基準，在雙方計算權利金之收取比例時，都應該衡量授權雙方獲利的可能。一般而言，授權金之比例係隨技術類別而有差異，例如醫藥業之授權金通常較高，實務上亦有百分之二十以上者，而電子機械產業之授權金額較低，例如其權利金通常不超過百分之五，特殊情形下也可能少於百分之一，如授權人之授權策略係維持優勢競爭地位之保護策略時，授權金比例甚至可能高於百分之十。

（六）專利之授權與公平交易法

專利權制度之本質，在於專利權人以公開其技術內容交換取得法律賦予技術獨占權之保護，因此專利權人行使其實施與排他權以及運用授權策略之結果，往往出現取得市場競爭優勢甚至獨占，而對競爭對手予以不當之限制，而落入公平交易法所規範之範圍內，惟專利權人之授權行爲，在何種限度內，係依照專利法行使權利之正當行爲，何種行爲又構成公平交易法中的不正競爭，是專利授權中應認眞探討的問題，我國專利法舊法第60條規定：「發明專利權之讓與或授權，契約約定有下列情事之一致生不公平競爭者，其約定無效：一、禁止或限制受讓人使用某項物品或非出讓人、授權人所供給之方法者。二、要求受讓人向出讓人購取未受專利保障之出品或原料者。」現行法已將本條予以刪除，理由在於：專利權人如藉由市場優勢地位，於專利權讓與或授權契約訂有不公平競爭條款，應認已非屬行使權利之正當行爲，而應受公平交易法第十九條及第三十六條之規範。至於在私法上是否認定其約定無效，則宜由法院於個案中依民法相關規定判斷爲妥，因此予以刪除。

行政院公平交易委員會另訂有「行政院公平交易委員會對於技術授權協議案件之處理原則」以供參考，以下僅就該處理原則之內容及一般原則略述如下：

依專利法行使權利之正當行爲：

1. 按製造、使用、販賣等行爲，區分實施權之授與。
2. 於專利有效期間中限制授權期間；在專利有效地區中限制授權地區。
3. 爲確保授權人之收益，限制專利產品之最低製造數量、販賣數量或專利方法之使用次數。

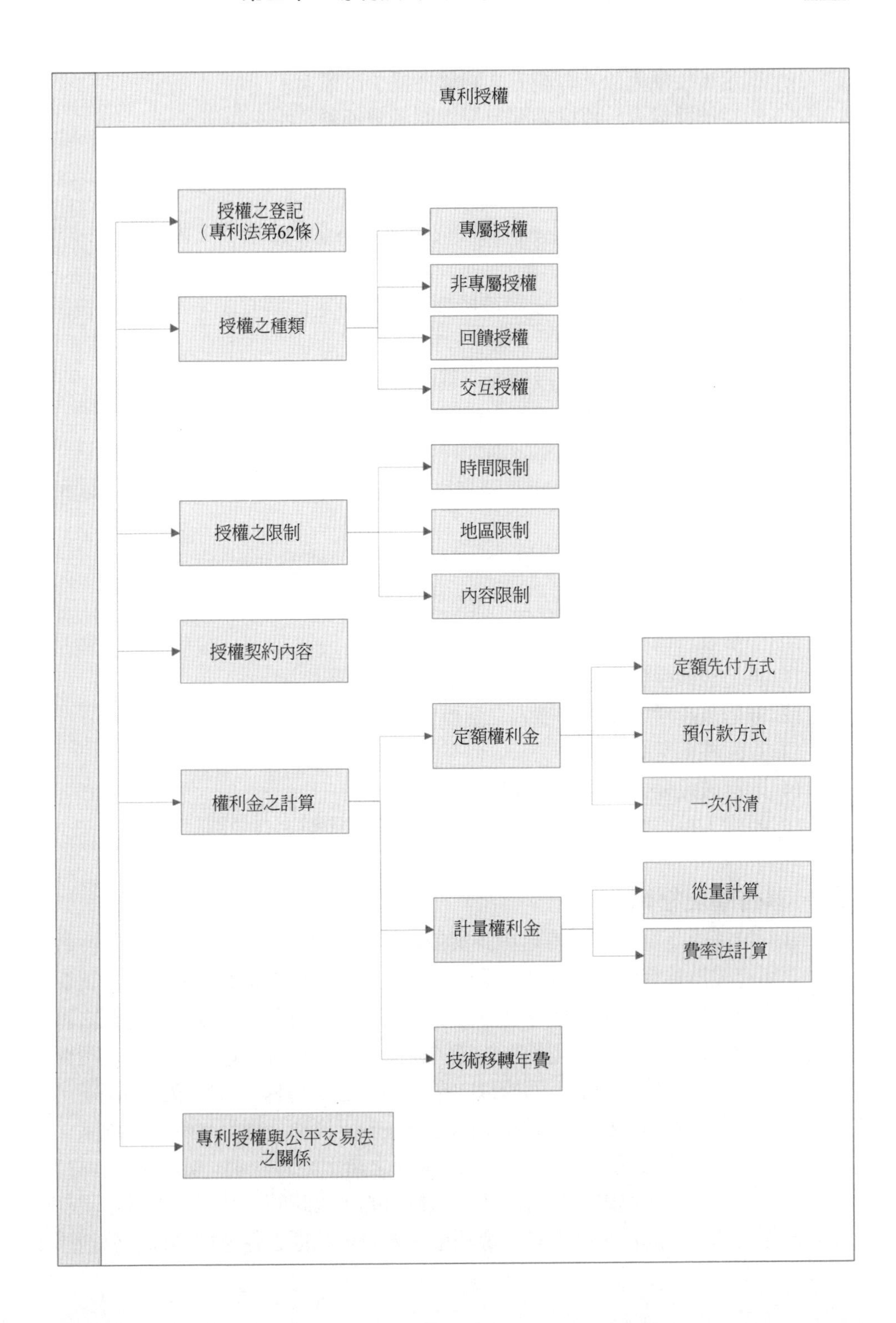
專利授權
授權之登記
（專利法第62條）
授權之種類
專屬授權
非專屬授權
回饋授權
交互授權
授權之限制
時間限制
地區限制
內容限制
授權契約內容
權利金之計算
定額權利金
定額先付方式
預付款方式
一次付清
計量權利金
從量計算
費率法計算
技術移轉年費
專利授權與公平交易法
之關係

4. 約定被授權人以非專屬方式回饋授權予授權人。
5. 約定被授權人於授權期間及授權期滿後仍須負保密義務。

可能構成不正競爭之授權條款：

1. 禁止被授權人採用他人技術。
2. 禁止被授權人或其相關事業，從事對專利產品之研發、製造、使用、銷售等競爭行為。
3. 以區隔顧客之目的，限制被授權人使用特定行銷方式、限制使用技術之範圍或交易對象。
4. 限制原料零件必須自授權人或其所指定之人採購之約款（即搭售）。
5. 限制被授權人須通過授權人或其所指定之人販賣之約款。
6. 要求被授權人於專利有效期間經過後仍須支付權利金。
7. 限制被授權人於授權期間屆滿後，製造、使用、銷售競爭產品或採用競爭技術。
8. 限制被授權人之銷售價格或要求被授權人限制轉售價格。
9. 約定被授權人以專屬方式回饋授權予授權人。
10. 不當收取權利金。
11. 強迫包裹授權其他被授權人不需要之專利或技術。
12. 強迫被授權人使用授權人之商標。
13. 片面終止契約約款。
14. 限制被授權人不得爭執專利權之有效性。
15. 授權人拒絕提供被授權人有關專利內容、範圍、有效期限之資訊。

二、專利權之移轉

專利申請權及專利權，得自由讓與或繼承（專利法第6條），亦得由多數人共同所有成為共有狀態（專利法第64、65條）。專利之讓與，與民法中買賣之概念相似，係將專利所有權移轉於他人，與保留所有權，僅授與實施權之專利授權不同。實務上亦不乏契約未約定清楚或當事人誤解其意義，誤將被授權（非專屬）解為受讓專利權，而據以向侵害專利之人起訴，遭到駁回的例子。而專利之讓與和專利授權另一明顯不同之處在於：專利授權得以時間、地區、內容之限制，分別授權與不同之人；而專利之讓與雖可讓與一定比例之專利權（部份讓與），成為專利共有狀態，但相對的，以時間、地區、內容之限制而分割讓與專利，則為法所不許，專利權人如將專利權之各種實施權能分割讓與，如約定僅讓與製造權而不包含其他使用銷售權等，均為無效的讓與行為。

專利權讓與之要件與一般物權之讓與有異，依專利法第62條之規定，發明專利權人以其發明專利讓與、信託、授權他人實施或設定質權，非經向專利專責機關登記，不得對抗第三人，亦即該權利變更之登記係對抗要件而非生效要件，專利權之讓與於讓與人與受讓人互相表示意思一致時，讓與契約即已成立，且發生權利移轉之效力，不待當事人辦理移轉登記即可生效，惟非經辦理移轉登記，不得對抗第三人。然如同專利授權之情形，未辦理登記，如原專利權人再度讓與或授權他人，或遇有他人進行專利侵害之情形，受讓人均無法對抗之，應特別注意。

專利之讓與，應由當事人署名填寫專利權讓與登記申請書，並附上契約，向專利專責機關（即經濟部智慧財產局）辦理移轉登記。

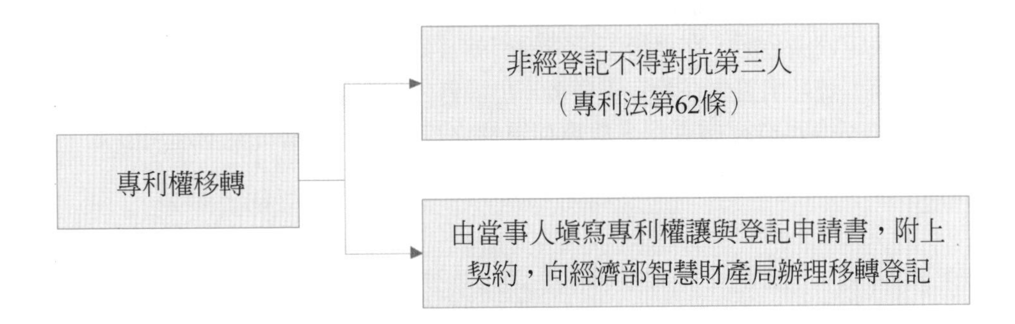

三、專利質權之設定

專利權係財產權之一種，因具有高度財產價值，故專利權人得將之設定質權以供擔保，除專利法有特別規定外，應適用民法物權編質權章之規定。民法第900條：「稱權利質權者，謂以可讓與之債權或其他權利為標的物之質權。」、專利法第62條：「發明專利權人以其發明專利讓與、信託、授權他人實施或設定質權，非經向專利專責機關登記，不得對抗第三人。」即為明例。又專利質權與專利讓與不同，在專利申請權之階段，因尚未確定取得專利權，故專利法第6條第2項明文規定，專利申請權不得為質權之標的。

專利質權之設定，依專利法第62條規定，亦與一般物權之設質不同，係採登記對抗主義，專利權質權之設定於出質人與質權人互相表示意思一致時，設質契約即已成立，且發生設定質權之效力，不待當事人辦理質權登記即可生效，惟非經辦理質權登記，不得對抗第三人。其辦理登記之程序爲：由當事人署名填寫專利權質權登記申請書，並附上契約，向專利專責機關（即經濟部智慧財產局）辦理設定質權登記。

專利質權人之權利，依專利法第6條第3項，除契約另有訂定外，質權人不得實施該專利權。按專利權之實施，往往需投資大量資金與勞力，復因舊物權編條文不承認流質條款之合法性（註：物權編修正條文第873條之1施行後，即已承認流質條款之合法性，僅係「非經登記，不得對抗第三人」），一旦清償期屆至，專利質權或因清償而遭塗銷、或因未清償而遭拍賣追償，質權人關於專利實施之相關投資都將付諸流水，故專利法原則上不准許質權人實施專利權。

專利質權之設定，在實際運用上最大的難處，在於專利價值之認定不易且變化劇烈，因國內鑑價機制不備且產業變遷快速，質權人不僅是在設定質權時即難以決定擔保金額，在事後不能清償而就質權物取償時，亦難以預估能取回多少價值。況且出質人在設定質權後，仍得自由授權他人實施該專利，質權人原則上亦不得親自實施專利，故專利質權之設定，在我國實際上運用度並不高。

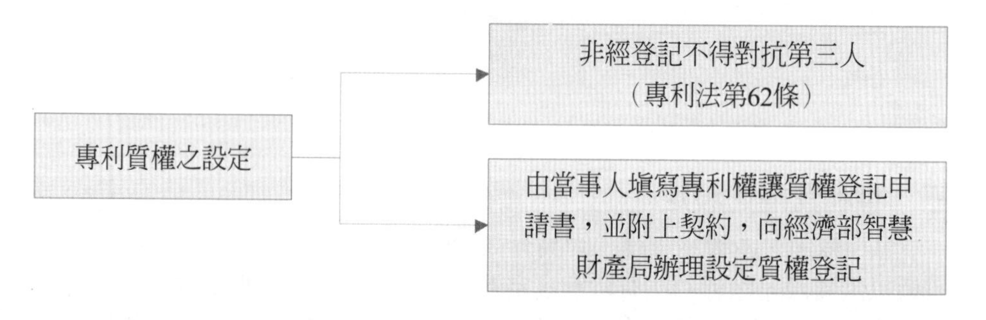

案例解說

甲公司可依債務不履行之規定，主張終止與乙公司間之授權契約，並起訴請求乙公司依據該授權契約之約定，應給付甲公司自○○年第○季至○○年第○季止之權利金、遲延利息以及交付此等期間內尚未交付之權利金報告。

乙公司可提出之抗辯包括：

1. 該授權契約之內容違反公平交易法第10條第4款之規定，因此所生之債權債務關係，亦不得行使請求權。

2. 乙公司與甲公司簽訂授權契約後，因不可歸責於乙公司之事由，導致乙公司以A專利所製造之○○產品售價驟降，若按原先授權契約約定之方式計算權利金，對乙公司顯失公平，故應依情事變更原則減少給付之金額。

第三節　必備書狀及撰寫要旨

審理流程

・原告起訴，法院受理，訴訟繫屬
・分案
・法官閱覽卷宗，批示
・開庭審理
・言詞辯論終結
・宣示裁判

依據前述案例，本節提供原告所應撰擬之起訴書狀，以及被告之答辯書狀，以及民事訴訟常用之書狀之撰擬要旨如後，並檢附範例於本單元第四節：

範例一：原告起訴狀

原告起訴狀，應載明訴之聲明、起訴之原因事實、請求權基礎及損害賠償之計算方式。（詳參第一章第三節有關民事侵權起訴狀之撰寫要旨）

範例二：被告答辯狀

被告答辯狀，應載明答辯聲明、抗辯理由及其證據、對於原告主張否認之事項等。（可參閱第一章第三節或第二章第一單元第三節有關民事答辯狀之撰寫要旨）

第四節　書狀範例

範例一：原告起訴狀

<table>
<tr><td colspan="4">民事起訴狀</td></tr>
<tr><td>案　　號</td><td>年度　　字第　　號</td><td>承辦股別</td><td></td></tr>
<tr><td>稱　　謂</td><td>姓名或名稱</td><td colspan="2">依序填寫：國民身分證統一編號或營利事業統一編號、性別、出生年月日、職業、住居所、就業處所、公務所、事務所或營業所、郵遞區號、電話、傳真、電子郵件位址、指定送達代收人及其送達處所。</td></tr>
<tr><td>原　　告</td><td>甲</td><td colspan="2">住台北市○○區○○路○○號○○樓</td></tr>
<tr><td>訴訟代理人</td><td>○○○律師</td><td colspan="2">○○法律事務所
○○市○○路○○號○○樓
電話：○○-○○○○○○○○○</td></tr>
<tr><td>被　　告</td><td>乙公司</td><td colspan="2">設台北市○○區○○路○○號○○樓</td></tr>
<tr><td>法定代理人</td><td>○○○</td><td colspan="2">住同上</td></tr>
</table>

為請求損害賠償，依法起訴事：

訴之聲明

一、被告應給付原告新台幣○○萬元整，及自附表一所示利息起算日起至清償日止，按月利率百分之二計算之利息。

二、被告應交付原告民國○○年至民國○○年記載如附表二所示事項之書面報告。

三、訴訟費用由被告負擔。

四、原告願供擔保，請准宣告假執行。

事實及理由

一、依據原告與被告所簽訂之授權契約第○條之約定，被告應給付原告自民國（以下同）○○年第○季至○○年第○季止之權利金○○萬元整及自附表一所示利息起算日起至清償日止，按月利率百分之二計算之利息，並交付如附表二所示期間內尚未交付之權利金報告：

（一）本件授權契約於民國○○年○月○日簽訂（原證1號參照），根據本件授權契約第○條之約定，被告應於每一季結束後之次月五日前，給付原告權利金（權利金之計算方式如下第（二）點所述），及交付權利金報告。權利金之給付如有遲延給付，並應按月利率2%給付原告遲延利息。

（二）另依本件授權契約第○條之約定，被告應就其利用被授權專利製造、銷售或使他人製造被授權商品之行為，給付權利金，權利金之計算以每一被授權產品淨銷售價格3%或新台幣5元中較高者計算之。

（三）本件中，被告利用被授權專利所製造之產品，每件售價為新台幣○○元，其淨銷售價格之3%與新台幣5元相較，前者數額為高，故被告應向原告給付之權利金應以前者所計算之價額（即每件○○元）為準。

（四）本件被告自○○年○月起至○○年○月止，均未向原告支付如本件授權契約所訂之權利金，是以，依本件授權契約第○條之約定，原告主張終止本件授權契約，並依本件授權契約第○條及第○條之規定，向被告請求新台幣○○萬元，及自附表一所示利息起算日起至清償日止，按月利率百分之二計算之利息。另依本件授權契約第○條之約定，請求被告交付如附表二所示之書面報告。

二、根據被告自行製作之年報及財務報告（原證2號參照），被告於○○年至○○年就「○○產品」之產銷數量逐年倍數提高，是以，原告合理推估其於○○年至○○年之產銷數量為○○○○○件，故被告自○○年至○○年應給付原告之權利金共○○萬元，毫無疑義。

三、被告或謂「本件系爭授權契約有關月利率2%約定違反民法第205條之規定，故遲延利息之部分應屬無據」云云：

惟查：民法第205條僅規定，「超過20%週年利率部分之利息」，債權人無請求權，然該部分訂約必非無效，故系爭授權契約有關遲延利息以月利率2%計算之約定，自難謂有違公序良俗或民法第205條之規定，故被告之主張顯屬無據。

四、綜上所述，懇請　鈞院鑒核，賜判決如訴之聲明，以維權益，實感德便。

謹狀

智慧財產法院民事庭　公鑒

證物名稱及件數	附件：委任狀正本乙份。 附表一：被告應向原告支付遲延利息之計算表 附表二：被告應向原告提出事項之書面報告 原證1號：兩造當事人間之專利授權契約 原證2號：被告自行製作之年報及財務報告
中　華　民　國　○　○　年　○　○　月　○　○　日	
具狀人：○○○	
訴訟代理人：○○○律師	

範例二：被告答辯狀

被告答辯狀				
案　　號	年度　　字第　　號		承辦股別	
稱　　謂	姓名或名稱	依序填寫：國民身分證統一編號或營利事業統一編號、性別、出生年月日、職業、住居所、就業處所、公務所、事務所或營業所、郵遞區號、電話、傳真、電子郵件位址、指定送達代收人及其送達處所。		
被　　告	乙公司	設○○市○○路○○號○○樓 送達代收人：○○○律師		
法定代理人	○○○	住同上		
訴訟代理人	○○○律師	○○法律事務所 ○○市○○路○○號○○樓 電話：○○-○○○○○○○○		
原　　告	甲	設○○市○○路○○號○○樓		

為上列當事人間損害賠償事件，依法答辯事：

答辯聲明

一、原告之訴駁回。

二、訴訟費用由原告負擔。

三、如獲不利益判決，願供擔保免於假執行。

事實及理由

壹、原告起訴請求給付權利金之授權契約，違反公平交易法第10條第2款及4款之規定，其所生之債權債務關係，亦不能行使請求權：

一、按公平交易法第10條第2款及第4款之規定，獨占之事業不得對商品價格或服務報酬，為不當之決定、維持或變更，亦不得有濫用市場地位之行為。

二、本件原告於○○技術市場之占有率超過二分之一，依公平交易法第5條之1第1項第1款之規定，本件原告為具有獨占地位之事業。是以，原告拒絕提供被授權人有關授權協議之重要交易資訊，且於市場上客觀情勢變更之際，拒絕與被告協商調降權利金之事宜，顯屬濫用市場地位之行為，與公平交易法第10條第2款及第4款之規定有所違背。

三、再者，依公平交易法第10條之立法目的可知，該條規定應屬效力規定，依民法第71條前段規定，違反公平交易法第10條規定之行為，應為無效，是以，本件之授權契約內容應為無效，原告以此向被告請求給付權利金及遲延利息，顯無理由。

貳、本件應有民法第227條之2第1項關於「情事變更原則」之適用：

一、「契約成立後，情事變更，非當時所得預料，而依其原有效果顯失公平者，當事人得聲請法院增、減其給付或變更其他原有之效果」，民法第227條之2第1項訂有明文。

二、本件原告與被告簽訂授權契約後，○○產品於市場上之價額逐年下降，詳細數據如被證1號所示。詳言之，○○產品於○○年時，市場銷售價額約為新台幣○○元，至○○年時，其價額已驟降至新台幣○元，如以原授權契約第○條所訂之金額計算權利金，對被告而言將顯失公平，是以，本件應依情事變更原則之規定減少給付。

參、原告所提出之原證2號並不足以證明被告公司自○○年至○○年止所銷售之金額確實有○○萬元：

原告所提出之原證2號僅為被告公司過去之銷售數據資料，與被告公司○○年至○○年之銷售金額顯無任何關連，亦不足以證明被告公司於該段期間就○○產品之銷售金額有○○萬元，此亦為原告所不爭執。是以，原告僅以原證2號之資料，遽認被告應向原告給付○○萬元之權利金，關於該金額部分，顯屬原告本身之主觀臆測之詞，完全不足為憑。

肆、綜上所述，祈請　鈞院駁回原告之訴，以維權益，實為德感。

謹狀

智慧財產法院民事庭　公鑒

<table>
<tr><td>證號名稱及件數</td><td colspan="12">附件：委任狀正本乙份。
被證1號：○○產品於○○年詳細案件處資料影本乙份。</td></tr>
<tr><td>中</td><td>華</td><td>民</td><td>國</td><td>○</td><td>○</td><td>年</td><td>○</td><td>○</td><td>月</td><td>○</td><td>○</td><td>日</td></tr>
<tr><td colspan="13">具狀人：被告乙公司
法定代理人：○○○</td></tr>
<tr><td colspan="13">撰狀人：訴訟代理人○○○律師</td></tr>
</table>

第五節 實務判解

．專屬授權、非專屬授權

1. 最高法院96年度台上字第1658號判決

按發明專利權人以其發明專利權讓與他人或授權他人實施，非經向專利專責機關登記，不得對抗第三人，專利法第59條定有明文。又專利權之讓與，依法固應由各當事人署名，附具契約申請換發證書，惟此並非讓與之生效要件，苟讓與人與受讓人互相表示意思一致者，其讓與契約即爲成立，且因而發生讓與之效力，縱未向主管機關登記並取得新證書，亦不影響讓與之效力。

按專利法第59條所稱之非經登記不得對抗第三人，係指於第三人侵害其專利權時，若未經登記，則專利受讓人不得對侵害者主張其權利；但在當事人間，由於登記並非契約之生效要件，因此，當事人間之專利權讓與仍發生其效力，對於當事人仍有拘束力，甚至對於權利之繼受者亦有其拘束力，亦即繼受人不得以未經登記爲理由，對抗原受讓人，主張其未有效取得專利權之讓與。

2. 智慧財產法院98年度民專訴字第40號判決

按專利權人將其專利授權他人使用，僅係就其權利內容授予他人實施，就該權利所衍生之侵權行爲事件，並非當然不得爲任何訴訟行爲，此在專屬授權之情形下亦然，非謂專屬授權契約中，授權人即當然不得實施因其權利受侵害所生之訴訟行爲。本件原告甲○○將其系爭專利權授權原告○○公司實施，業經雙方向經濟部智慧財產局完成登記作業，此部分事實有原告提出之專利公報影本在卷可稽（參原證二），而依上開公報所示，本件原告彼此間之授權內容爲專利權之全部授權，除此之外，並無其他保留，是原告甲○○是否不能提起本件訴訟，尚難據此論斷，而本件原告分屬授權人及被授權人，其所爲之請求亦爲同一，理論上而言並無重複獲利之情形，是渠等提起本件訴訟，應無不合，被告有關此部分之程序上爭執，並無理由，先予敘明。

3. 智慧財產法院101年度民專上字第41號判決

按新型專利權受侵害時，專利權人得請求賠償損害，並得請求排除其侵害，有侵害之虞者，得請求防止之。專屬被授權人亦得爲前項請求。但契約另有約定者，從其約定。修正前專利法第108條準用第84條第1、2項定有明文。至於專利權人於專屬授權後能否再實施其專利權，現行專利法並無明文規定，而100年10月21日修正、102年1月1日施行之專利法第62條第3項規定：「專屬被授權人在被授權範圍內，排除發明專利權人及第三人實施該發明。」，同條第2、3項之修正說明謂：「……『專屬授權』者，指專利權人於爲專屬授權後，在被授權人所取得之權利範圍內不得重爲授權第三人實施該發明，倘未特別約定，專利權人在授權之範圍內亦不得實施該發明。……」、「……。專利權人如本身仍有實施發明之需求，應取得專屬被授權人之授權後，始能實施。」，上開修正理由非不得作爲修正前規定適用疑義之參考，準此，專利權人若取得專屬被授權人之授權，亦可實施其專利權。

查上訴人於96年5月20日自訴外人全家寶公司獲得系爭專利之授權，並於98年2月13日向智慧局申請辦理專利權授權之登記，授權期間自96年5月20日起至103年8月29日止，經該局於98年2月25日准予登記並公告在案等情，有智慧局98年2月25日（98）智專一（一）13017字第09820105180號函及專利授權合約書附卷可參（見原審卷第17、283頁），該授權合約書第3條約定「甲方（即訴外人全家寶公司）同意將本約專利授權乙方後，未經乙方同意，不得將本約專利再授權乙方以外第三人」，而證人即全家寶公司負責人許長甲於原審證稱：系爭專利除授權上訴人外，未再授權予第三人，但與上訴人談授權時，上訴人同意全家寶公司可繼續製造販賣專利產品，故全家寶公司於授權上訴人後，仍有繼續製造販賣系爭專利產品予新竹的江先生及桃園的山利實業社，並製造系爭專利產品使用於自己所生產之瓦斯熱水器等語（見原審卷第396至397頁、第399頁），可知專利權人全家寶公司並未將系爭專利授權予上訴人以外之第三人，且其自己實施專利權亦已事先得到上訴人同意，揆諸上開說明，核與專屬授權之規定相符，再者全家寶公司復出具授權書授權上訴人對侵害系爭專利者採取訴訟求償行動（見本院卷（二）第86頁），上訴人自得以專屬被授權人地位提起本件訴訟。

雖上訴人就系爭專利專屬授權向智慧局申請登記時之申請書之授權範圍僅勾選製造、販賣、使用、進口，而未勾選為販賣之要約（登記申請書影本見本院（一）第305頁）。惟系爭專利授權合約書係約定授權乙方（即本件上訴人）生產製造、銷售事宜（合約書影本見本院卷（一）第283頁）。欲為銷售（或販賣）系爭專利產品，其過程勢必須經由買賣雙方之要約、承諾之合致始能成立買賣契約而達銷售（或販賣）系爭專利產品之目的，故販賣之要約應屬銷售（或販賣）之必須過程，因此銷售（或販賣）之授權應解為包括販賣之要約在內。況且修正前專利法第59條規定（現行法第62條）之授權登記僅係對抗要件，並非生效要件，亦即其授權經專利權人與被授權人意思合致即生效，再者修正前專利法第59條規定所謂「不得對抗第三人」，係指就該登記之授權等事項本身有爭執而值得保護之第三人而言，專利之侵權人並非此所謂之不得對抗之第三人，早經實務著有定見。因此，被上訴人抗辯上訴人之授權不包括「販賣之要約」云云，並無可採。

·專利價值之計算

智慧財產法院98年度民專訴字第136號判決

相較有形財產而言，專利權之本身不具實物型態與不易量化之特徵。在侵害專利事件中，欲評估侵害專利之損害賠償數額或專利權之價值，並非易事，其通常須仰賴專業機構加以鑑價。準此，從事侵害專利損害賠償或專利價值之鑑價時，除考量侵害專利人實施專利之現況外，亦應考慮法律因素、技術因素、經濟因素及其他因素。例如，專利權生命週期、市場競爭程度、專利技術創新程度、專利商品化潛在利益、專利授權類型與剩餘專利期限、專利授權條款限制、產業習性與規則、相關法令政策等因素，作為計算專利侵害之損害賠償或專利價值。被告雖抗辯稱系爭專利範圍僅及於寵物籠鎖扣接合裝置，並非整個寵物籠，而寵物籠鎖扣成本，僅占整個寵物籠成本之19.9%云云。然揆諸前揭說明，系爭專利為無體財產權，並非寵物籠鎖扣之實體物，故系爭專利之價值無法等同寵物籠鎖扣成本。職是，被告抗辯原告僅能就各被告於銷售價格與進貨價格差額之19.9%請求損害賠償額云云，洵非正當。

·專利授權契約之合法性

智慧財產法院97年度民專上字第14號判決

公平法第10條第2款之規定，性質上應屬取締規定，而非效力規定，換言之，公平交易委員會所禁止並限期命被上訴人改善者，乃其聯合○○公司、○○公司之將專利授權上訴人之聯合行為，至被上訴人基於與上訴人間簽訂專利授權契約而得據以向上訴人收取授權金之行為，則不在禁止之列，亦即兩造間系爭契約有關授權金之約定仍屬有效，而被上訴人授權上訴人使用專利所得收取之權利金究竟若干為宜，亦非公平交易委員會審酌之範圍，是上訴人自亦不能援引公平交易委員會之決議，作為論斷所謂合理權利金為若干之依據。上訴人將公平交易委員會上開公法上之處分，作為其與被上訴人間私法契約關係效力有無認定之依據，顯係誤將二種不同性質之程序混為一談。

倘被上訴人及其他專利權人各別僅就其專利技術授權上訴人使用，此一授權行為當然有效，惟若「聯合」其他專利權人共同授權，此一「聯合」行為即因違反公平法而須依公平法規定由公平交易委員會限期停止，並依規定接受行政罰鍰之處罰，然此種公法上之處分，非謂「授權」行為為無效。

聯合授權行為與授權金計付二者既係不同二事，自非可因此比附援引，蓋前者行為客體為專利技術，而後者行為客體為權利金，前者之授權行為並非無效，僅其所採取之聯合方式因法律禁止而遭罰，而後者收取權利金乃依約行使權利，聯合行為縱認違反公序良俗，亦不能因此推導出收取權利金係違反公序良俗之行為此種結果。而本件系爭授權金計付之約定既屬習見之市場經濟行為，自難謂有何違反公序良俗之處，上訴人此部分之指摘顯亦毫無所據，不足採信。

智慧財產法院97年度民專訴字第34號判決

原告所提出之與訴外人○○○、○○○之專利授權合約書影本所示（見本院卷第53、54頁），其授權標的係日本專利：特願2004-129012號，並非系爭專利，而專利權係採屬地主義，僅於核發專利國內取得專利權，而不及於其他國家，故該授權標的日本專利並無法於我國內實施；且上開授權書簽署日期為2005年（即民國94年）2月28日，而系爭專利係遲至民國96年2月1日始獲智慧局核准專利（專利期間為2007年2月1日至2024年7月15日），故上開專利授權合約書簽定時，尚無系爭專利存在，原告自無從取得系爭專利之專屬授權。

·專利授權契約之解釋

1. 智慧財產法院98年度民專訴字第144號判決

按解釋意思表示，應探求當事人之眞意，不得拘泥於所用之辭句。民法第98條定有明文。且解釋契約，應於文義上及論理上詳爲推求，以探求當事人立約時之眞意，並通觀契約全文，斟酌訂立契約當時及過去之事實、交易上之習慣等其他一切證據資料，本於經驗法則及誠信原則，從契約之主要目的及經濟價值作全盤之觀察，以爲其判斷之基礎，不能徒拘泥字面或截取書據中一二語，任意推解致失其眞意，最高法院96年度台上字第2631號判決意旨可資參照。次按專利授權金之約定，在契約自治下，有多種型式，有年度總金額預定之方式，有依產品數量約定之方式，亦有最低數量金額再輔以超出數量金額之約定，不一而足，然授權金契約之解釋，仍應依據上開說明，探求當事人之眞意。經查系爭專利授權合約書係由甲方○○○與乙方乙○○○於92年7月7日所簽訂，其中與專利授權金有關之規定爲第2條規定：「乙方須提供保證金30萬元整于甲方，該筆30萬元保證金於第2年可轉抵付專利權利金之用。」，故該30萬元爲簽約之保證金，且可抵付第2年之專利授權金。第3條後段則規定：「乙方向甲方索取IC成品時，須支付專利權利金每顆IC新台幣20元整（每支產品新台幣20元之專利權金）。」，故如以個數計算，1顆授權IC之專利授權金爲20元，此從被告所提陳證1之統一發票上記載「專利金」，單價「20元」亦可爲證。另第9條規定：「自民國93年元月1日起至同年12月31日止，乙方所支付甲方之權利金總金額不得少於新台幣30萬元，不足之部分需補足之。」。自上開合約之文義觀之，該合約並未約定被告乙○○於授權期間內，每年皆須支付權利金30萬元，其中第2條所規定之30萬元乃爲簽約保證金，自文義上解釋，保證金與權利金之文義已有不同；而自內容以觀，保證金之功用，即在保證債權之給付，其於第2年可轉抵付權利金，此處之保證金應係用以擔保被告未支付第2年權利金時，轉爲支付權利金之用，故從契約係92年7月7日簽訂，合約第2條及第9條之配合解釋，被告乙○○於簽約時所給付之保證金30萬元，應解釋爲用以擔保被告乙○○自93年1月1日起至93年12月31日止，無論使用之專利IC個數，至少應給付30萬元之權利金。但合約對94年1月後之權利金，則無此最少授權金額之約定，故應依據該合約第3條之約定，即以每支產品20元之專利授權金計算。且依據合約書第6條前段之規定，系爭合約期限爲專利有效期限內，即至2012年即103年，若果有年度權利金30萬之存在，則累積數年後之金額非小，雙方對此重大事項應於契約中明訂，既未明文約定，則原告僅以第2條規定片面解釋推定有年度權利金30萬元之約定，並不可採。

2. 智慧財產法院101年度民專更一字第1號判決

查系爭契約第4.3條乃約定：「若於生效日後…(b)Lite-On處分其生產授權產品（按指電腦顯示器）部份之營業，所有未來的權利、免除、授權及豁免均因此立即終止…（原文：If after the Effective Date …(b) there is a disposition by Lite-On of the part of its business engaged in manufacturing Licensed Products, all future rights, releases, licenses and immunities hereunder will immediately terminate ipso facto…）」（本院卷一第16反面至17頁）。原告雖主張：自該約款可知，當原告處分其生產授權產品之營業時，「所有」未來的權利等，只要是「依本合約」之權利，不限於原告或日立公司所得享有者，皆應立即終止。尤其該約款後段特別明白保障原告於處分前之權利不受影響（原文：「but in no way shall that affect the rights, releases, licenses and immunities of Lite-On piror to such acquisition or disposition），相較於同條前段「all future rights, releases, licenses and immunities hereunder will immediately terminate ipso facto」，未明白約定該等「權利、免除、授權及豁免」之主體爲何，且特別以「all」及「hereunder」涵蓋「一切」「依本合約」之權利等，應得證該條前段約定應終止者，並非以系爭契約當事人之一方爲限，而應包含雙方當事人之權利等語。惟查，系爭契約第4條標題爲「Further Limitation on Release, License and Immunities」，且條文一開始即表示：「在未影響其他任何條文一般性的規定下，且儘管有其他不同的規定，此處授與的責任免除、授權與豁免需受下列進一步條件限制（原文：Without prejudice to the generality of any other provision hereof, and notwithstanding anything herein to the contrary, the releases, licenses and immunities granted herein are subject to the following further conditions），足見整個第4條之規範或限制對象，僅針對原告依約取得之各項權利，蓋僅有原告始依系爭契約享有「責任免除、授權與豁免」，並非針對日立公司之契約權利而爲規定，是原告上開主張，尚非可採。

原告雖又稱：系爭契約第5.1(d)條約定：「款項四中5,400,000元係前述3條就2009年度授權之對價（原文：$5,400,000 of Payment 4 is in consideration of the license under Clause 3 above for the calendar year 2009）」，依John Polk v. Theodore Mitchell一案中法院表示之美國德拉瓦州法，契約文字使用「in consideration of」，係創設「先決條件」（condition precedent）（，將某一給付義務之發生繫諸該先決條件之成就。亦即，依前揭系爭契約條款，原告給付5,400,000元之義務，係以日立公司於98年「有」授權爲先決條件。今日立公司於98年「沒有」授權予原告，則系爭契約第5.1(d)條所定之「2009年度授權」之先決條件既未滿足，原告自無給付5,400,000元之義務等語，惟美國法院於John Polk v. Theodore Mitchell一案中表示之德拉瓦州法律原文爲「In general if the agreement be that one party shall do an act and that for the doing thereof the other party shall pay a sum of money, the doing of the act is a condition precedent to the payment.」（本院卷三第22頁反面），並未敘及契約文字一旦使用「in consideration of」，即創設「先決條件」，是原告此一主張，尙嫌無據。何況，系爭契約第5.1(d)條固已以文字約定款項四中5,400,000元係前述第3條就西元2009年度授權之對價，被告相異於此之抗辯，稱「in consideration of」並無對價之意思云云，固非可採，然系爭契約第5.1(d)條也僅止於約定西元2009年度授權金爲若干，約款本身對於授權在西元2009年以前即行終止之情形，並未有法律效果之約定，仍須透過其他契約約款或一般契約法原則之適用而決定其法律效果，從而，自不得獨以系爭契約第5.1(d)款本身謂系爭契約就原告所獲之授權因系爭契約第4.3條終止時，其是否仍有授權金給付義務乙節有所約定。

承上，系爭契約第4.3條既僅約定當原告處分其生產授權產品（按指電腦顯示器）部份之營業時，所有未來的權利、免除、授權及豁免均因此立即終止，而未約定此時原告是否仍有給付授權金之義務，且通觀系爭契約亦未就此有所約定，則客觀、理性之第三人，可能將此部分理解爲當事人單純未約定，而應以一般契約法原則予以塡補，亦可能理解爲當事人刻意排除，契約安排有意使原告在因處分電腦顯示器營業致專利授權終止時，仍有繼續給付授權金之義務，是此部分契約文字合理、正當的容有不同解釋或有二種以上之不同涵義，契約文義確有未明，揆諸美國德拉瓦州法律「契約文字不會僅因訴訟中當事人見解不同、或當事人不同意其適當之解釋，即被認定爲不清楚；只有在有爭議之條款，合理或正當地容有不同解釋或有二種以上之不同涵義，契約方爲不清楚」（NBC Universal, Inc. v. Paxson Communications Corporation, No. Civ.A. 650-N.，本院卷三第14至19頁），誠有透過契約解釋探求當事人眞意之必要。

・專利授權金之給付

智慧財產法院97年度民專上易字第9號判決

上訴人固曾經給付被上訴人320,000元，然其給付之時間分別爲93年12月23日前由交付面額120,000元之支票1紙，於94年6月7日前，交付面額各160,000元、40,000元之支票各1紙，爲兩造所不爭執，且有代收票據紀錄簿在卷可證。上開支票委託銀行代收之日分別爲93年12月23日、94年6月7日，足認上訴人係在上開日期或該日期之前即已將支票交付被上訴人。惟系爭授權書則係於94年8月22日始行簽訂，亦爲兩造所不爭者。承上可知，上訴人交付該320,000元之時間，確在兩造簽訂系爭授權書之前，於此時之前，兩造就系爭專利授權之範圍、期間、權利金之計算等均未約明，上訴人如何可能於簽約前8個月，即預先給付系爭專利之授權金，上訴人所爲其係預先給付權利金之抗辯，顯悖於常情，難認上訴人該320,000元之給付與系爭專利授權契約間，有對價關係。

果如上訴人所辯，其320,000元之給付係預先給付系爭專利授權金，然揆諸一般常情，其後兩造既已簽訂書面契約，至少應會在系爭授權書中載明上訴人已給付金額及扣款方式等意旨，以明責任。惟查兩造所訂之系爭授權書，並無關於上訴人已預付款項之記載，是上訴人於簽訂系爭授權書前所爲之給付，難以證認係上訴人就系爭專利授權金所爲之預付款。

上訴人既抗辯其給付320,000元是爲預付系爭專利授權費用，自應就此有利於己之事實，負舉證之責。而查上訴人所提出之（支票）客戶往來交易明細，僅足證明其有給付被上訴人320,000元之事實，尙不足以證明其係給付本件系爭專利授權費用。況兩造間，除曾於94年8月22日簽訂系爭專利及新型第191862號專利之授權書外，亦曾另於92年8月18日就原告所有新型第191862號專利簽訂授權書，及由上訴人與被上訴人之配偶丙○○就其所有新型第M254130號「行李箱體構造改良」專利、新型第M245817號「可任意組合色彩之面板結構」專利簽訂授權書，約定給付授權金等情，有被上訴人提出之授權書在卷可證，顯見兩造間關於專利授權之關係複雜，上訴人雖曾給付被上訴人320,000元，然其給付時間既遠在兩造簽訂系爭授權書之數月前，應不足以證明該給付係供系爭專利授權金之用，此外上訴人並未舉證證明其於兩造簽訂授權書前所給付之320,000元，確係爲支付系爭專利授權金所爲之給付，是其所爲已給付320,000元專利授權金予被上訴人之抗辯，爲不足採。

附錄

行政院公平交易委員會對於技術授權協議案件之處理原則
90.1.18.第481次委員會議訂定
90.1.20.（90）公法字第00222號函分行
94.1.13.第688次委員會議修正名稱、前言、第1點、第2點、第4點及第8點
94.2.24.公法字第0940001290號令發布
94.8.26.公法字第0940006979號令發布修正第6點
96.4.26.第807次委員會議修正全文
96.5.8.公法字第0960003850號令發布
98.2.4.第900次委員會議修正全文
98.2.24.公法字第0980001569號令發布

一、（目的）

行政院公平交易委員會（以下簡稱本會）為處理技術授權案件，使公平交易法相關規範更具體化，期使執法標準更臻明確，俾利業者遵循且利相關案件之處理，特訂定本處理原則。

二、（名詞定義）

（一）本處理原則所稱技術授權協議係指涉及專利授權、專門技術授權、或專利與專門技術混合授權等授權協議類型。

（二）本處理原則所稱專利，係指依我國專利法取得之發明專利或新型專利；未於我國取得專利所為之授權協議，而對我國特定市場產生限制競爭或不公平競爭之影響者，準用本處理原則之規定。

（三）本處理原則所稱專門技術（Know-How），係指方法、技術、製程、配方、程式、設計或其他可用於生產、銷售或經營之資訊，而符合下列要件者：

1. 非一般涉及該類資訊之人所知。
2. 因其秘密性而具有實際或潛在之經濟價值。
3. 所有人已採取合理之保密措施。

（四）本處理原則所稱「商品」之用語亦包括服務。

三、（基本原則）

本會審理技術授權協議案件，並不因授權人擁有專利或專門技術即推定其

在特定市場具有市場力量（market power）。

四、（本處理原則審查分析之步驟）

（一）本會審理技術授權協議案件，將先依公平交易法第四十五條規定檢視之；形式上雖爲依照專利法等行使權利之正當行爲，惟實質上逾越專利權等正當權利之行使範圍，違反專利法等保障發明創作之立法意旨時，仍應依公平交易法及本處理原則處理。

（二）本會審理技術授權協議案件，不受授權協議之形式或用語所拘束，而將著重技術授權協議對下列特定市場（relevant markets）可能或眞正所產生限制競爭或不公平競爭之影響：

1. 利用授權技術而製造或提供之商品所歸屬之「商品市場」（goods markets）。
2. 與該特定技術具有替代性而界定之「技術市場」（technology markets）。
3. 以可能從事商品之研究發展爲界定範圍之「創新市場」（innovation markets）。

（三）本會審理技術授權協議案件，除考量相關授權協議內容之合理性，並應審酌下列事項：

1. 授權人就授權技術所具有之市場力量。
2. 授權協議當事人於特定市場之市場地位及市場狀況。
3. 授權協議所增加技術之利用機會與排除競爭效果之影響程度。
4. 特定市場進出之難易程度。
5. 授權協議限制期間之長短。
6. 特定授權技術市場之國際或產業慣例。

五、（不違反公平交易法事項之例示）

技術授權協議就下列事項所爲之約定，尙不違反公平交易法有關限制競爭或不公平競爭之規定，但依第三點、第四點審酌後有不當情事者，不在此限：

（一）約定被授權人實施範圍限於製造、使用或銷售之限制約款。

（二）在專利有效期間內，對於授權協議所爲期間之限制。專門技術在非可歸責於授權人之事由，致使授權之專門技術喪失營業秘密性而被公開前所爲授權協議期間之限制，亦同。

（三）授權技術係製造過程之一部分或存在於零件，為計算上之方便，以使用授權技術生產之最終商品之製造、銷售數量，或以製造授權技術商品之必要原材料、零件之使用量或使用次數，作為計算授權實施費用之計算基礎。

（四）專利授權實施費用之支付係以分期付款或實施後以後付之方式支付時，約定被授權人於專利期滿後仍應支付其已使用授權技術之實施費用。因非可歸責於授權人之事由致專門技術被公開，被授權人仍須於依約定繼續支付實施費用者。

（五）技術授權協議約定被授權人應將改良技術或新應用之方法以非專屬之方式回饋授權予原授權人。

（六）技術授權協議約定被授權人應盡其最大努力，製造、銷售授權之商品。

（七）專門技術授權協議約定被授權人於授權期間或授權協議期滿後對於仍具營業秘密性之專門技術負有保密義務。

（八）為確保授權人授權實施費用之最低收入，授權人要求被授權人利用授權技術製造商品之最低數量，要求授權技術之最低使用次數，或就銷售商品要求最低數量之約款。

（九）為使授權技術達到一定效用，維持授權商品一定品質之必要範圍內，授權人要求被授權人就授權技術之商品、原材料、零件等應維持一定品質之義務。

（十）被授權人不得就授權技術為移轉或再為授權行為。

（十一）在授權之專利仍為有效或授權之專門技術仍為營業秘密之前提下，被授權人於授權協議期滿後不得繼續實施授權技術。

六、（技術授權協議禁制事項例示）

有競爭關係之技術授權協議當事人間以契約、協議或其他方式之合意，共同決定授權商品之價格，或限制數量、交易對象、交易區域、研究開發領域等，相互約束當事人間之事業活動，足以影響特定市場之功能者，授權協議當事人不得為之。

技術授權協議之內容，有下列情形之一，而對特定市場具有限制競爭或妨礙公平競爭之虞者，授權協議當事人不得為之：

（一）限制被授權人於技術授權協議期間或期滿後就競爭商品之研發、製造、使用、銷售或採用競爭技術。

（二）爲達區隔顧客之目的或與授權範圍無關，而限制被授權人技術使用範圍或交易對象。

（三）強制被授權人購買、接受或使用其不需要之專利或專門技術。

（四）強制被授權人應就授權之專利或專門技術所爲之改良以專屬方式回饋予授權人。

（五）授權之專利消滅後，或專門技術因非可歸責被授權人之事由被公開後，授權人限制被授權人自由使用系爭技術或要求被授權人支付授權實施費用。

（六）限制被授權人就其製造、生產授權商品銷售與第三人之價格。

（七）限制被授權人爭執授權技術之有效性。

（八）拒絕提供被授權人有關授權專利之內容、範圍或專利有效期限等。

（九）專利授權協議在專利有效期間內，於我國領域內區分授權區域之限制；專門技術授權協議在非可歸責於授權人之事由，致使授權之專門技術喪失營業秘密性而被公開前對專門技術所爲區域之限制，亦同。

（十）限制被授權人製造或銷售商品數量之上限，或限制其使用專利、專門技術次數之上限。

（十一）要求被授權人必須透過授權人或其指定之人銷售。

（十二）不問被授權人是否使用授權技術，授權人逕依被授權人某一商品之製造或銷售數量，要求被授權人支付授權實施費用。

技術授權協議授權人要求被授權人向授權人或其所指定之人購買原材料、零件等，而非爲使授權技術達到一定效用，維持授權商品之商標信譽或維護專門技術秘密性之合理必要範圍內，如在特定市場具有限制競爭或妨礙公平競爭之虞者，授權協議當事人不得爲之。

技術授權協議無正當理由，就交易條件、授權實施費用等，對被授權人給予差別待遇之行爲，如在特定市場具有限制競爭或妨礙公平競爭之虞者，授權協議當事人不得爲之。

七、（法律效果）

技術授權協議之當事人爲獨占事業而違反第六點所例示之態樣者，可能構成公平交易法第十條之違反。

事業違反第六點第一項者，構成公平交易法第十四條之違反。

事業違反第六點第二項者，可能構成公平交易法第十九條第六款之違反。

事業違反第六點第三項者，可能構成公平交易法第十九條第一款或第六款之違反。

事業違反第六點第四項者，可能構成公平交易法第十九條第二款之違反。

第三單元　專利申請程序與行政救濟

第一節　前言

案例

丙公司推出一套軟體，已於民國97年8月1日在美國首度申請專利，今該公司完成中文化後打算在台灣申請專利：

(1)如該程式係由該公司所聘請之某A、某B、某C三位工程師所設計撰寫，則依法何人得申請專利？

(2)又丙公司於98年7月1日向我國智慧財產局提出該發明專利之申請案，卻發現已有不肖盜版商搶先於98年5月10日即對該產品提出專利申請，則丙公司是否仍能申請本件專利？

(3)若智慧財產局進行程序審查後，認為丙公司之申請並無欠缺相關文件與應補正之事項，則其後之審查程序為何？

(4)如智慧財產局對該申請案進行實體審查，認為不具新穎性，應予以核駁，該核駁審定書於100年4月15日送達申請人，試問：申請人應如何救濟？

專利權之取得，目前世界各國均有規定其取得保護之相關要件，大多必須向行政專責機關提出申請，經由一連串之審查、再審查與公開、公告等由國家機關核發之行政處分後始能獲得保護，如針對審查過程之處分有不服，甚至必須經由行政救濟程序之過程以確認是否得以取得保護，此與一經創作完成即發生之著作權不同。

故而，當一發明或創作被完成時，其發明人或創作人如欲以公開其技術內容交換特定區域專利權之保護，就必須依據各國法律之規定，分別向各國之專利專責機關提出專利之申請，此即專利權屬地主義之一重要特性。關於專利之申請程序，首應注意的是相關專利申請必要文件之準備，以及專利申請日之確定；此外，由於專利權制度採屬地主義，在中華民國所取得之專利權，其保護效力並不及於其他國家，而在特定國家所取得專利權，其保護效力亦僅及於該特定國家，因此申請人如欲在不同的國家取得專利權之保護，即有必要依照各國之申請程序與專利法規，向各國之專利專責機關提出申請，並應留意國際優先權之適用問題。

第二節　法令解說—專利法之相關規定

一、專利申請人

依專利法第5條第1項規定：「專利申請權，指得依本法申請專利之權利。」而專利申請人，即專利申請權人，係指具有專利申請權，得以自己之名義申請專利，於獲准專利後，成爲專利權人之人。在我國專利法下，專利申請權人，與實際之創造出專利案思想內容之人（發明專利之發明人；新型與新式樣專利之創作人）並非完全相同之概念。發明與創作行爲均爲事實行爲，故其主體需以自然人爲限；而專利申請權因可自由轉讓，故不論自然人或法人均可取得，專利法第5條第2項規定：「專利申請權人，除本法另有規定或契約另有約定外，指發明人、創作人或其受讓人或繼承人。」即爲明證。

簡言之，專利申請權之取得，包含發明人或創作人之原始取得，以及因繼承或受讓而繼受取得之情形，此外，專利法另對僱傭關係或聘雇關係中專利權之歸屬另設有特別規定如下：

1. 專利法第7條規定：「受雇人於職務上所完成之發明、新型或設計，其專利申請權及專利權屬於雇用人，雇用人應支付受雇人適當之報酬。但契約另有約定者，從其約定。前項所稱職務上之發明、新型或設計，指受雇人於僱傭關係中之工作所完成之發明、新型或設計。一方出資聘請他人從事研究開發者，其專利申請權及專利權之歸屬依雙方契約約定；契約未約定者，屬於發明人或創作人。但出資人得實施其發明、新型或設計。依第一項、前項之規定，專利申請權及專利權歸屬於雇用人或出資人者，發明人或創作人享有姓名表示權。」
2. 專利法第8條規定：「受雇人於非職務上所完成之發明、新型或設計，其專利申請權及專利權屬於受雇人。但其發明、新型或設計係利用雇用人資源或經驗者，雇用人得於支付合理報酬後，於該事業實施其發明、新型或設計。受雇人完成非職務上之發明、新型或設計，應即以書面通知雇用人，如有必要並應告知創作之過程。雇用人於前項書面通知到達後六個月內，未向受雇人爲反對之表示者，不得主張該發明、新型或設計爲職務上發明、新型或設計。」

除上列規定外，在非發明人或創作人申請專利之情形，申請人必須附具申請權證明書以證明上開繼受取得或因專利法特別規定而取得專利申請權之事實。

二、先申請主義

專利之申請，在立法例上大致有分先申請主義與先發明主義兩種制度，先申請主義係指對於相同內容但有多數申請人先後提出申請之專利申請案，僅對合法提出且專利申請日在先之申請人授予專利權者，其優點是判斷方式簡單明確，避免爭議，但有可能會有違反眞實，以及申請人爲求迅速提出申請，於文件尚未完備即率行提出申請案以及說明書，造成申請案內容並不完整且極可能必須一再補正、修正等流弊；與之相對的立法例則是先發明主義，不論提出申請之先後，只對得以證明其爲優先完成發明之人授予專利權，其優點在於符合眞實，申請人得安心將申請案確實研究成熟，並撰寫詳盡之說明書之後，才提出申請，可提高專利案之品質，然而先發明主義的致命缺點則是爲了判斷發明日之先後，必須經過許多繁瑣之程序，此將不免增加事後爲證明先發明而生之爭議衝突程序之勞費，此係採取先發明主義之國家難以克服之弊病。因此，先發明主義，目前主要僅有美國一國採用，然其在2011年亦已修改爲先申請主義，而先申請主義則爲今日其餘多數之國家所採，我國專利法之規定即係其中之一。

專利法第31條規定：「同一發明有二以上之專利申請案時，僅得就其最先申請者准予發明專利。但後申請者所主張之優先權日早於先申請者之申請日者，不在此限。前項申請日、優先權日爲同日者，應通知申請人協議定之，協議不成時，均不予發明專利；其申請人爲同一人時，應通知申請人限期擇一申請，屆期未擇一申請者，均不予發明專利。各申請人爲協議時，專利專責機關應指定相當期間通知申請人申報協議結果，屆期未申報者，視爲協議不成。同一發明或創作分別申請發明專利及新型專利者，準用前三項規定。」在多數申請案於異日申請之情形，有先申請主義之適用；而在同日申請之情形，依我國規定，應由申請人間之協議定之，如無法達成協議時，均不予發明專利。另外，實際上亦常見相同內容之申請案，分別申請發明與新型之情形，此時依前述法條，亦有先申請主義之適用。

三、國際優先權

專利權採取屬地主義，申請人如欲取得多數國家之專利權保護，即必須向各國之專利專責機關提出申請，惟不論申請人第一次是向何一國家提出申請，專利之申請案一旦提出，其技術內容即有可能在申請程序中依法成爲公開之資訊，而與專利三要件中之新穎性要件有違，如此一來，除非專利申請人能夠分身有術，同時異地於各國提出專利申請或避免在申請程序中被公開，否則都將因爲在先之申請案技術內容已公開，而喪失新穎性，對專利申請人而言，實過於嚴苛。爲避免得到如此荒謬之結論，各國之專利法均設有國際優先權之制度，規定在首度提出專利申請日後之一定期間內，專利申請人如再向其他國家提出專利申請，則在其他國家之申請日，可以回溯爲申請人首度提出申請之日，避免上開在首度提出專利申請後被公開，而導致後續申請喪失新穎性之困擾，此即稱爲國際優先權。國際優先權制度可以解決前述喪失新穎性之困擾之理由，在於藉由法律規範，於依法主張國際優先權之案件審查新穎性要件時，係以優先權日爲準，同時亦對專利權人提供一段期間之保障，在該優先權期間，如因申請專利後技術內容公開或爲他人知悉，而遭他人盜用且搶先至其他國家申請專利時，專利申請人得主張以優先權日爲申請日，即可享有較早之申請日，排除較後申請之申請人，而取得專利，而主張國際優先權之最大效益在於申請案是否符合新穎性、擬制喪失新穎性、先申請原則、進步性等專利要件的判斷，均以優先權日爲準，但並非將申請日回溯至優先權日，故專利權之存續期間仍應依申請日起算。

我國專利法亦明文採取國際優先權制度，專利法第28條：「申請人就相同發明在與中華民國相互承認優先權之國家或世界貿易組織會員第一次依法申請專利，並於第一次申請專利之日後十二個月內，向中華民國申請專利者，得主張優先權。申請人於一申請案中主張二項以上優先權時，前項期間之計算以最早之優先權日爲準。外國申請人爲非世界貿易組織會員之國民且其所屬國家與中華民國無相互承認優先權者，如於世界貿易組織會員或互惠國領域內，設有住所或營業所者，亦得依第一項規定主張優先權。主張優先權者，其專利要件之審查，以優先權日爲準。」、專利法第29條：「依前條規定主張優先權者，應於申請專利同時聲明下列事項：一、第一次申請之申請日。二、受理該申請之國家或世界貿易組織會員。三、第一次申請之申請案號數。」簡言之，我國主張國際優先權之要件有：

1. 應於法定之優先權期間內主張：我國之國際優先權期間爲，自第一次申請專利之日起算，發明與新型爲十二個月、設計專利爲六個月。
2. 申請人應於申請專利時提出國際優先權之聲明，記載於專利申請書，並備齊相關文件：申請人應在專利申請書中記載先申請之國家以及申請案之申請日，供智慧財產局查核。違反者，喪失優先權。
3. 係對相同之申請案提出：所謂相同申請案，原則上應係指申請案之發明創作思想相同者。申言之，亦即申請案之申請專利範圍在優先權基礎案揭露之範圍內，即可認定爲相同申請案而主張優先權。另上開揭露範圍係指說明書或圖式所揭露的內容，包含已明確記載於原說明書或圖式之全部事項，或該發明所屬技術領域具有通常知識者自原說明書或圖式所記載事項能直接且無歧異得知者。
4. 申請人需符合國民待遇原則或互惠原則或準國民待遇原則：亦即下列申請人始得向我國主張國際優先權：(1)國民待遇原則：即WTO會員國國民；(2)互惠原則：即與我國相互承認優先權之互惠國民；以及(3)準國民待遇原則：即於WTO會員或互惠國境內設有住所或營業所者。而申請人爲複數者，每一申請人均需符合上開條件之一。
5. 第一次之申請案係在他國提出，而第一次申請之他國，須爲世界貿易組織會員國或與我國相互承認優先權：我國之國際優先權制度，帶有平等互惠原則之色彩，因此只有相互承認國際優先權之國家，才有國際優先權之適用，而在我國加入世界貿易組織後，會員國彼此間，亦可主張國際優先權。

四、國內優先權

此外，我國專利法亦導入國內優先權制度，亦即申請人提出專利申請後，在相當期間內加以補充改良，再行申請時，可主張優先權，而以先申請案之申請日作爲審查專利要件之基準日（專利法第30條參照）。

五、我國專利申請程序

在我國申請專利之程序，以發明申請案爲例，依專利法第25條，應由專利申請權人備具專利申請書、說明書及必要圖式，向專利專責機關，即經濟部智慧財產局申請，並繳納規費。如申請權人爲雇用人、受讓人或繼承人時，應敘明發明人姓名，並附具僱傭、受讓或繼承證明文件。而專利法第25條第2項規定：「申請發明專利，以申請書、說明書及必要圖式齊備之日為申請日」，故而申請專利之必備要件，如有缺少，智慧局將會要求申請人予以補正，也會影響到申請日之認定。原則上申請專利之文件齊備且到達專利專責機關之日期，即為專利之申請日，惟因專利之申請日係判斷有無新穎性、進步性、能否主張優先權，以及申請之先後等之根據，對專利權之影響重大，有時數日之差，即天差地別。此外，倘連必要文件都未齊備即驟然申請專利，亦將因上開規定無法順利取得申請日，此均值得專利申請人應特別留意。

我國專利申請書之內容，以發明申請案為例，包含下列事項（參見本單元附錄）：

1. 發明名稱：發明名稱應和申請專利之內容相符，不得附加無關之文字。
2. 申請人之姓名或名稱、代表人、住居所或營業所地址、國籍、聯絡方式。
3. 發明人之姓名與國籍。
4. 專利師之姓名、證書字號與地址。
5. 聲明事項：如有主張專利法第22條第3項例外不喪失新穎性、第28條第1項國際優先權、第30條第1項國內優先權、第27條寄存或不寄存生物材料之情形，應於本項中敘明。
6. 說明書頁數與規費。
7. 附送文件：與申請案相關之附件，應於本項中敘明。
8. 申請權證明書：如申請人並非發明人，而係自發明人受讓取得專利申請權者，應由發明人出具本項轉讓申請權之證明書。
9. 專利說明書。

在前述所有申請文件中最為重要的，係專利說明書，因專利申請案取得專利權之前提，除須符合最基本之專利三要件外，另須符合「說明書充分揭露」及「申請專利範圍明確適當」兩項原則。按專利說明書係主要揭露專利案申請內容、技術思想、專利申請範圍之文件，必須明確且充分揭露該專利申請案之技術內容以及申請專利之範圍，才能使公眾得藉由閱讀該說明書，充分了解該專利之思想內容與其界限，以促進整體社會之進步。因此，專利法第26條即規定：「說明書應明確且充分揭露，使該發明所屬技術領域中具有通常知識者，能瞭解其內容，並可據以實現（第1項）。申請專利範圍應界定申請專利之發明；其得包括一項以上之請求項，各請求項應以明確、簡潔之方式記載，且必須爲說明書所支持（第2項）。摘要應敘明所揭露發明內容之概要；其不得用於決定揭露是否充分，及申請專利之發明是否符合專利要件（第3項）。說明書、申請專利範圍、摘要及圖式之揭露方式，於本法施行細則定之（第4項）。」如專利說明書違反充分揭露或申請專利範圍明確適當之要件，該專利申請案即無法通過審查機關之審查，審查機關即應先命申請人予以申復或補正。

六、專利審查程序

行政機關對於專利申請案之審查，大致分爲形式審查主義與實體審查主義，形式審查主義係指審查機關僅就申請案之形式進行審查，只要申請必要文件已齊備、形式上無違法之處，即可授予專利。至於專利申請案的實質內容是否符合專利法之規定，則藉由舉發程序來監督。而實體審查主義則係指審查機關尚須對專利申請案之內容是否符合專利法之專利要件進行實質之審查，同時亦搭配異議及舉發制度。

我國專利申請案之行政審查，在新型專利部分，立法政策考量因新型專利之產品週期較短，需要快速獲得專利以投入生產，故民國93年專利法已修法改採完全之形式審查主義，不須進行任何實體審查，即可獲得專利。至於發明專利與新式樣專利，則延續一貫之兼採程序審查與實體審查之立場。

以下係我國專利申請之審查流程：

（一）程序審查

審查機關於收受申請案後，應先就文件有無齊備、程序是否合法進行形式之審查，如有欠缺，應先命申請人補正。如申請人爲有關專利之申請及其他程序，延誤法定期間或審查機關指定之補正期間或不繳納費者，審查機關得不受理該申請案。專利申請案必須通過此階段之形式審查，才有進行實體審查之資格。目前實務上，申請文件需要補正之情形，智慧財產局通常給予四個月之補正期間，期間屆滿前，申請人尚得敘明理由申請展期，原則上可展期二個月。

（二）實體審查

在實體審查之階段，審查機關將對發明與設計專利（新型專利不須實體審查，已如前述）之申請案，就其專利要件是否符合專利法之規定，進行實體要件之審查。由於我國採先申請主義，專利申請案之說明書、圖式、申請範圍等，難免出現需要補充或一再修改之情形，故審查機關如認為專利說明書或圖式有需要補充、修正之處，得依職權通知申請人限期為補充與修正，惟須注意，此階段僅容許補充與修正，然並不得對超出原說明書或圖式所揭露之範圍。

此外，專利法下亦設有面詢之制度，如審查機關認為有必要透過言詞陳述才能將專利申請案之內涵表達清楚，審查人員即可依職權通知申請人，或由申請人主動申請至智慧財產局進行面詢；在某些申請案件，審查機關必須進行相關之實驗或檢視申請案之模型或樣品，始能確認是否符合專利要件，此時審查機關可依職權或依申請，命申請人親自到場進行相關實驗或補送模型或樣品，以利專利審查機關之實體審查。

專利申請案實體審查所應遵循之標準，世界上多數之國家均有訂定一套審查基準供審查人員具體操作並作為人民之參考，我國亦不例外，智慧財產局亦有公布我國之「專利審查基準」，內容包含專利要件、說明書、審查標準、舉發程序等等事項之一般規定，其性質屬於內部行政規則，可拘束內部之審查人員，審查人員之決定如違反該審查基準，申請人得以之作為主張該行政處分違法或不當之依據。

（三）早期公開與請求實體審查

我國之發明與設計專利申請案，原則上專利審查機關都應進行實體審查，惟在科技進展日新月異之今日，不論世界各國均難以配置充足之人力應付大量湧入之專利申請案件，也因此造成審查緩慢，無法及時保障專利申請人，或者他人因不知已有專利案之申請，而從事相同之研發，造成資源浪費之弊病。為解決上開問題，我國專利法除在新型專利之部分廢除實質審查外，於發明專利之審查，亦引進早期公開與請求實體審查之制度，而設計專利則不適用早期公開與請求實體審查，仍可直接進入實體審查之階段。

所謂早期公開，係指審查機關在形式審查之後，並不立即進入實體審查，而係自專利申請日或優先權日起算，在一定之期間過後，先將專利申請案之內容予以公開，使社會大眾均能早日得知已有專利案在申請中，避免重複研發之浪費，而申請人在專利公開後亦可提早獲得臨時保護權，對整體社會以及申請人本身均有益處。我國早期公開之時點，依專利法第37條第1項：「專利專責機關接到發明專利申請文件後，經審查認為無不合規定程式，且無應不予公開之情事者，自申請日後經過十八個月，應將該申請案公開之。」原則上爲自申請日起算十八個月後，然同條第2項亦允許專利申請人向審查機關提出提早公開其申請案之申請。發明專利申請案除非有專利法第37條第3項規定之三種情形（自申請日起十五個月內撤回者、涉及國防機密或其他國家安全之機密者、妨害公共秩序或善良風俗者），否則均應適用早期公開程序。

請求實體審查制度，則係規定申請人或任何他人須在申請日後一定之期間內，向審查機關提出進行實體審查之請求，否則審查機關不會主動進行實體審查，此制度目的在於給予申請人重新衡量其專利價值以及確定是否要申請專利之空間，如申請人在衡量後決定放棄該專利申請案，即可選擇不請求實體審查，如該段期間內亦沒有其他人提出實體審查之請求，該申請案即視同撤回。依據專利法第38條第1項規定：「發明專利申請日後三年內，任何人均得向專利專責機關申請實體審查。」故而，請求實體審查之期限，爲自申請日後三年內，另需留意，得申請實體審查者，並不限定於申請人本身，他人亦可能因該專利申請案受有利益或不利益，故亦有請求早日進行實體審查，以解除不確定狀態之需求，故我國專利法允許任何人均得請求實體審查。

（四）審定公告

專利申請案經過實體審查後，可能得到核准授予專利或核駁不予專利之兩種結果，審查人員應將其審定結果作成核准或核駁審定書送達申請人或其代理人，如係經審查核駁不予專利者，該審定書應引用其核駁所依據之條文，並備具理由，以供申請人參考評估，決定是否請求再審查。專利法第46條係我國不予專利事由之明文規定，共有：

1. 與發明之定義不符。（第21條）
2. 欠缺產業可利用性或新穎性或進步性（即專利三要件）。（第22條）
3. 擬制喪失新穎性。（第23條）
4. 法定不予專利事項。（第24條）
5. 說明書內容欠缺、違反充分揭露或申請專利範圍並非明確適當。（第26條）
6. 違反寄存生物材料規定。（第30條）
7. 違反先申請原則。（第31條）
8. 違反發明單一性原則。（第33條）
9. 修正內容超出原說明書或圖式所揭露之範圍。（第43條第2項）

如專利申請案經實體審查，認無上開應不予專利之情形者，審查機關應核准授予專利，將核准審定書送達申請人。專利法第52條第1、2項規定：「申請專利之發明，經核准審定後，申請人應於審定書送達後三個月內，繳納證書費及第一年年費後，始予公告；屆期未繳費者，不予公告。申請專利之發明，自公告之日起給予發明專利權，並發證書。」專利申請人於審定書送達後三個月內繳納證書費和年費後，專利機關始會將申請專利範圍與圖式公告，供公衆閱覽。而自公告日起，專利申請人即正式獲得其專利權並取得證書，如非經舉發以及專利專責機關職權撤銷專利之程序，原則上該專利權在其法定存續期間內，均爲有效。

（五）再審查

再審查係專利法下特有之訴願前之先行程序，專利申請案經過實體審查，遭到審查機關核駁不予專利之申請案，如其申請人對於審查機關不予專利審定之實體理由不服，必須先經過再審查之程序，才能提起訴願。惟新型專利在改採全面形式審查後，已不再準用再審查之規定，故僅有發明與設計專利適用再審查程序，應予留意。再審查之提起應於核駁審定書送達之次日起算六十日內，備具理由向智慧財產局提出申請，以給予專利審查機關就該申請案重新考量、自我更正並保障申請人迅速獲得救濟之機會。

依據專利法第48條規定：「發明專利申請人對於不予專利之審定有不服者，得於審定書送達之日起六十日內備具理由書，申請再審查。但因申請程序不合法或申請人不適格而不受理或駁回者，得逕依法提起行政救濟。經再審查認爲有不予專利之情事時，在審定前應先通知申請人，限期申復。」、第50條規定：「再審查時，專利專責機關應指定未曾審查原案之專利審查人員審查，並作成審定書。前項再審查之審定書，應送達申請人。」

因此，如專利審查機關進行再審查之結果，認爲應核准專利，即應依照前述定公告程序，授與申請人專利；如再審查結果認爲有不予專利之情事時，應給予申請人陳述意見機會之程序保障，審查機關並不得直接予以核駁，必須先以「核駁理由先行通知書」通知申請人限期申復，該通知書內應包含據以核駁之條文、事實和理由，如申請人逾期未申復或仍認爲應核駁申請者，始可作成再審查核駁審定書送達申請人，再審查核駁審定書亦應包含據以核駁之條文、事實及理由，惟其核駁理由不可超出核駁理由先行通知書中曾經出現之理由，否則亦是對申請人之突襲，屬於未實質踐行先行程序之違法處分。專利申請人如對於再審查之結果仍有不服，應即依法尋求行政爭訟之救濟。

簡單而言，發明、新型、設計專利等三種不同專利之審查與救濟程序，我國專利法和相關法規之規定如下表，詳細審查及救濟流程請參下圖所示：

發明	程序審查→早期公開＋請求實體審查→審定→（再審查）→（訴願與行政訴訟）
新型	程序審查→審定→（訴願與行政訴訟）
設計專利	程序審查→直接進入實體審查→審定→（再審查）→（訴願與行政訴訟）

發明專利審查及行政救濟流程圖

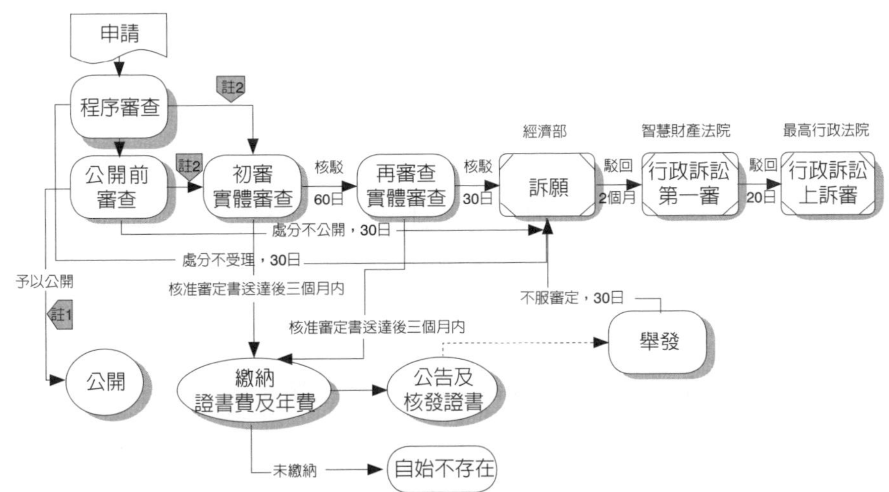

1. 發明專利申請案，經審查認無不合規定程式且無應不予公開之情事者，自申請日（有主張優先權者，自最早優先權之次日）起十八個月後公開之。
2. 發明專利申請案，自申請日起三年內，任何人均得申請實體審查，始進入實體審查。

新型專利審查及行政救濟流程圖

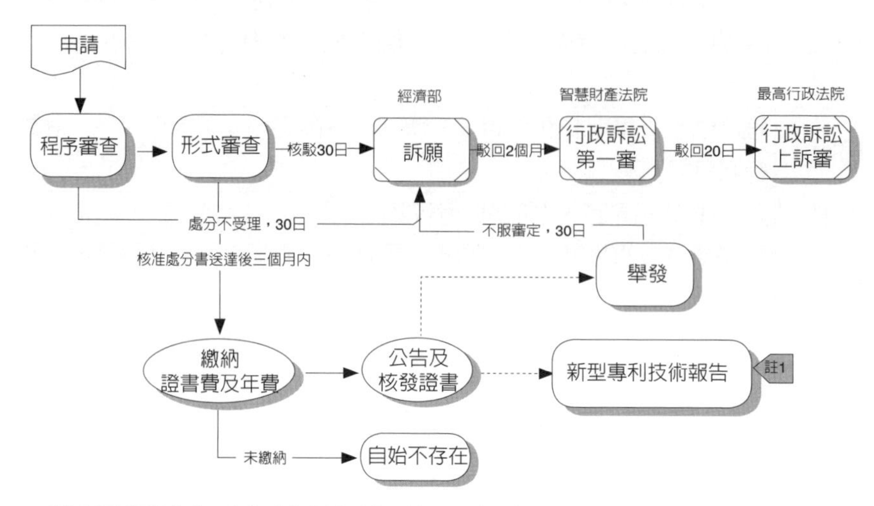

1. 新型專利經公告後，任何人均得申請新型專利技術報告。

設計專利審查及行政救濟流程圖

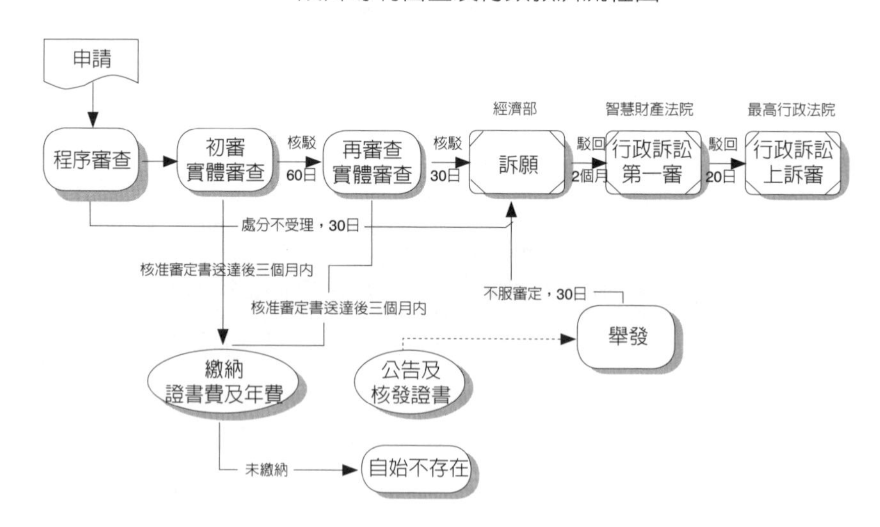

七、專利行政爭訟程序

我國專利之行政爭訟程序，與一般行政爭訟案件相同，包含訴願與行政訴訟兩部分。專利申請人首先應經由作成行政處分之機關向其上級機關提起訴願，如仍不服該訴願決定，其救濟方式爲行政訴訟。

（一）訴願程序

訴願法第1條第1項：「人民對於中央或地方機關之行政處分，認爲違法或不當，致損害其權利或利益者，得依本法提起訴願。但法律另有規定者，從其規定。」如前所述，發明與設計專利在智慧財產局核駁不予專利之行政處分後，必須先依法請求再審查後，方可進行訴願，此即所謂「法律另有規定者，從其規定」之情形，而新型專利以及因申請程序不合法或申請人不適格而不受理或駁回者，則得逕依法進行訴願程序（專利法第48條但書）。又智慧財產局再審查核駁之審定，其性質爲行政處分，受處分人（即專利申請人）如認爲該行政處分有違法或不當之處，得依我國訴願法之規定提起訴願，又因申請人之目的係在請求行政機關撤銷原不予專利之處分且作成核准專利之處分，故其訴願類型屬於請求行政機關撤銷其核駁處分，另爲核准專利之行政處分，屬於兼有撤銷訴願及作成特定內容（即核准專利）行政處分之課予義務訴願。

提起訴願，應自行政處分（核駁審定書或再審查核駁審定書）送達之次日起三十日內，經由原處分機關智慧財產局（亦即應向原處分機關提出訴願），向其上級機關（經濟部）提起訴願，訴願人亦得在訴願期間內先向原處分機關或訴願管轄機關爲不服行政處分之表示，並於三十日內補送訴願書。原處分機關於收受人民之訴願書後，應對該訴願案進行重新審查，如認爲訴願有理由者，得自行撤銷或變更原處分，並陳報上級機關（目的在於給予原處分機關重新審查、自我糾正之機會）；否則應附具答辯書，與訴願相關文書一併送交訴願管轄機關。我國之訴願程序通常係由各行政機關所設置之訴願審議委員會（申請專利案件訴願之處理機關爲經濟部訴願審議委員會）負責審查。

訴願之審理，原則上係採書面審理，惟訴願法第65條另規定：「受理訴願機關應依訴願人、參加人之申請或於必要時，得依職權通知訴願人、參加人或其代表人、訴願代理人、輔佐人及原行政處分機關派員於指定期日到達指定處所言詞辯論。」關於兩者之規定應如何解釋適用，目前最高行政法院99年度判字第89號判決之見解認爲，受理訴願機關對於訴願人之請求，是否有正當理由，本有斟酌之權，非謂一經訴願人申請，訴願機關即應爲言詞辯論，訴願機關未經言詞辯論尚難遽指爲違法，此爲最高行政法院一貫之見解（最高行政法院96年度判字第973號、97年度判字第947號、97年度判字第946號、98年度判字第118號、98年度裁字第2370號裁定參照）。

訴願決定作成之期限，依訴願法第85條之規定，自收受訴願書之次日起，應於三個月內爲之；必要時，得予延長，並通知訴願人及參加人。延長以一次爲限，最長不得逾二個月。補送訴願書者，自補送之次日起算。

訴願之決定，依先程序後實體之原則，應先審查程序要件是否具備，如訴願有程序上違法事項，訴願機關應爲訴願不受理之決定；如訴願程序上合法，但實體內容無理由時，訴願機關應爲實體駁回之決定；至於訴願管轄機關審查之結果，認爲訴願有理由者，則應視情形爲以下之決定：

1. 單純撤銷原核駁處分：此係用於訴願人僅請求撤銷處分之情形，在申請專利之核駁案件中，如僅撤銷原處分，僅能回到專利申請人尚未被行政機關核駁之狀態，並無法達到訴願人請求授予專利之請求，故單純撤銷之決定並不適用專利申請案件。
2. 撤銷原核駁處分，發回原處分機關依訴願決定之意旨另爲處分：在申請專利之核駁案件中，如訴願機關認爲原處分違法或不當，但事實關係未臻明確時，應撤銷原處分，命原處分機關另爲適法之處分。實務上，經濟部在訴願有理由撤銷原處分之情形，多數均是選擇發回原處分機關另爲處分，以示各機關間之尊重。
3. 撤銷原核駁處分，自爲決定：如訴願機關認爲原處分違法或不當，且事實關係已臻明確時，可撤銷原核駁處分，並自爲核准專利之處分。

如專利申請人（即訴願人）對訴願無理由之結果仍有不服，即應依法向智慧財產法院提起行政訴訟請求救濟。

（二）行政訴訟

專利申請人對於訴願結果不服之最後救濟手段，爲向法院提起行政訴訟。行政訴訟事件因主要係針對各種態樣的公法上爭議事件，牽涉到權力分立之課題與專業判斷之要求，且關於行政事件之爭議，爲求專業迅速，如能由行政機關內部自我審查，自行糾正錯誤之行政決定，將係對人民最有效率之解決爭議方式，故我國之行政爭訟制度第一階段，即係向原處分機關之上級機關提起訴願。又因訴願階段已給予當事人第一次之救濟機會，故我國之行政訴訟制度與一般民刑事案件之三級三審制不同，係採取獨立建置之二級二審制行政法院，在掌理民刑事案件的一般法院外，另有獨立之體系。

專利申請人如認為維持核駁專利處分之訴願決定為違法，應於訴願決定送達後，以原處分機關，即智慧財產局為被告，向管轄之高等行政法院（依據智慧財產法院組織法第3條第3款：專利申請之行政訴訟之管轄法院為智慧財產法院）提起行政訴訟。在專利申請之案件，申請人之目的係在請求行政機關作成核准專利之處分，故其訴訟類型屬於請求行政機關為特定內容（即核准專利）行政處分之課予義務之訴訟，故專利申請人應依我國行政訴訟法第5條第2項：「人民因中央或地方機關對其依法申請之案件，予以駁回，認為其權利或法律上利益受違法損害者，經依訴願程序後，得向高等行政法院提起請求該機關應為行政處分或應為特定內容之行政處分之訴訟。」向智慧財產法院提起課予義務之行政訴訟，主張該核駁處分侵害其權利或法律上利益，請求判決一併撤銷訴願決定以及原核駁處分，另為核准專利之適法處分。此處應特別注意，行政訴訟和訴願不同，其審查之主體係司法機關，並非行政機關，只能針對國家機關作為之合法性加以審查，並無法直接判斷行政機關決定的妥當與否，故行政訴訟之提起，只得以原處分係違法為理由，與訴願程序可以主張原行政處分為不當或違法不同，並不得主張原處分為不當，此係司法權與行政權權力分立之結果。

課予義務之訴訟，其提起行政訴訟之法定期間，行政訴訟法並未明文規定，但通說認為應類推適用行政訴訟法第106條，專利申請人應於訴願決定書送達後二個月之不變期間內為之，如訴願人以外之利害關係人知悉在後者，應自知悉時起算二個月內提起行政訴訟，惟自訴願決定書送達訴願人後，已逾三年者，仍不得提起。

現行法下，管轄專利案件行政訴訟之第一審法院為高等行政法院（依據智慧財產法院組織法第3條第3款：專利申請之行政訴訟之管轄法院為智慧財產法院），為事實審法院，採取言詞辯論程序，第二審終審法院稱為最高行政法院，為法律審法院，原則上採取書面審理。行政訴訟之第二審上訴，必須以第一審高等行政法院之判決違背法令為理由，始得上訴最高行政法院，上訴期間為法院判決書送達後二十日之不變期間。惟在智慧財產法院成立後，依據智慧財產法院組織法之規定，智慧財產案件之第一審行政訴訟，將交由智慧財產法院之專業智慧財產行政法庭管轄，與智慧財產法院成立前由台北高等行政法院管轄之設計不同，第二審上訴案件部分，則仍由最高行政法院管轄。

行政訴訟之第一審裁判，依行政訴訟法第200條，亦遵循先程序後實體之原則，如起訴有程序上違法之情形（例如：未經訴願程序、未於法定期間內起訴），法院應裁定駁回之；如程序上合法但實體無理由者，法院應判決駁回之；而在行政訴訟程序合法且有理由時，法院除應判決撤銷原處分決定及訴願決定外，如案件事證明確，法院另應判命行政機關作成原告所申請內容之行政處分，就專利申請之行政訴訟事件，如果確認先前技術僅限於智慧財產局所引證者，且法院復認定該等引證證據均不得證明該專利申請案不具新穎性或進步性，則法院當得將智慧財產局不予專利之核駁審定書予以撤銷，並判命智慧財產局應作成准予專利之處分；然如案件事證尚未臻明確或涉及行政機關之行政裁量決定者，或是尚有諸多引證案尚未經智慧財產局論斷與比對者，法院另應判決命行政機關遵照其判決之法律見解對於原告作成適法之處分決定。

行政訴訟之第二審裁判，於訴訟程序違法之情形，應裁定駁回上訴；上訴無理由者，應判決駁回上訴；如上訴爲有理由，法院應廢棄原判決，並發回更審或自爲判決，實務上最高行政法院自爲判決之情形相當少見，仍以發回更審爲主。

相關法條（均為現行法）

專利法第5條

專利申請權，指得依本法申請專利之權利。

專利申請權人，除本法另有規定或契約另有約定外，指發明人、新型創作人、設計人或其受讓人或繼承人。

專利法第7條

受雇人於職務上所完成之發明、新型或設計，其專利申請權及專利權屬於雇用人，雇用人應支付受雇人適當之報酬。但契約另有約定者，從其約定。

前項所稱職務上之發明、新型或設計，指受雇人於僱傭關係中之工作所完成之發明、新型或設計。

一方出資聘請他人從事研究開發者，其專利申請權及專利權之歸屬依雙方契約約定；契約未約定者，屬於發明人、新型創作人或設計人。但出資人得實施其發明、新型或設計。

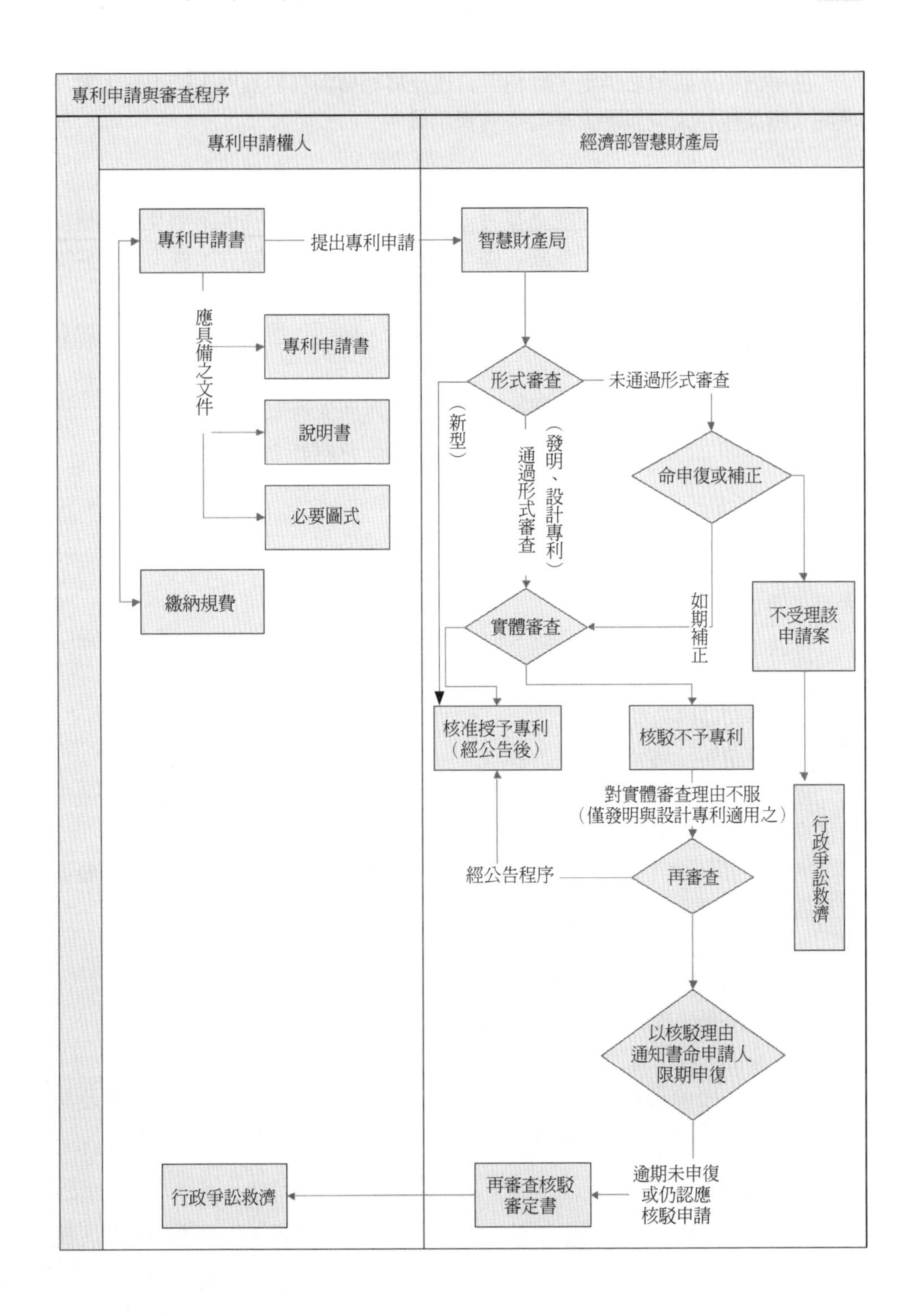
專利申請與審查程序
專利申請權人
經濟部智慧財產局
專利申請書
提出專利申請
智慧財產局
應具備之文件
專利申請書
說明書
必要圖式
繳納規費
形式審查
未通過形式審查
（新型）
通過形式審查
（發明、設計專利）
命申復或補正
如期補正
實體審查
不受理該申請案
核准授予專利（經公告後）
核駁不予專利
對實體審查理由不服（僅發明與設計專利適用之）
行政爭訟救濟
經公告程序
再審查
以核駁理由通知書命申請人限期申復
逾期未申復或仍認應核駁申請
再審查核駁審定書
行政爭訟救濟

依第一項、前項之規定，專利申請權及專利權歸屬於雇用人或出資人者，發明人新型創作人或設計人享有姓名表示權。

專利法第8條

受雇人於非職務上所完成之發明、新型或設計，其專利申請權及專利權屬於受雇人。但其發明、新型或設計係利用雇用人資源或經驗者，雇用人得於支付合理報酬後，於該事業實施其發明、新型或設計。

受雇人完成非職務上之發明、新型或設計，應即以書面通知雇用人，如有必要並應告知創作之過程。

雇用人於前項書面通知到達後六個月內，未向受雇人為反對之表示者，不得主張該發明、新型或設計為職務上發明、新型或設計。

專利法第21條

發明，指利用自然法則之技術思想之創作。

專利法第22條

可供產業上利用之發明，無下列情事之一，得依本法申請取得發明專利：

一、申請前已見於刊物者。

二、申請前已公開實施者。

三、申請前已為公眾所知悉者。

發明雖無前項各款所列情事，但為其所屬技術領域中具有通常知識者依申請前之先前技術所能輕易完成時，仍不得取得發明專利。

申請人有下列情事之一，並於其事實發生後六個月內申請，該事實非屬第一項各款或前項不得取得發明專利之情事：

一、因實驗而公開者。

二、因於刊物發表者。

三、因陳列於政府主辦或認可之展覽會者。

四、非出於其本意而洩漏者。

申請人主張前項第一款至第三款之情事者，應於申請時敘明其事實及其年、月、日，並應於專利專責機關指定期間內檢附證明文件。

專利法第25條

申請發明專利，由專利申請權人備具申請書、說明書、申請專利範圍、摘要及必要之圖式，向專利專責機關申請之。

申請發明專利，以申請書、說明書、申請專利範圍及必要之圖式齊備之日爲申請日。

說明書、申請專利範圍及必要之圖式未於申請時提出中文本，而以外文本提出，且於專利專責機關指定期間內補正中文本者，以外文本提出之日爲申請日。

未於前項指定期間內補正中文本者，其申請案不予受理。但在處分前補正者，以補正之日爲申請日，外文本視爲未提出。

專利法第26條

說明書應明確且充分揭露，使該發明所屬技術領域中具有通常知識者，能瞭解其內容，並可據以實現。

申請專利範圍應界定申請專利之發明；其得包括一項以上之請求項，各請求項應以明確、簡潔之方式記載，且必須爲說明書所支持。

摘要應敘明所揭露發明內容之概要；其不得用於決定揭露是否充分，及申請專利之發明是否符合專利要件。

說明書、申請專利範圍、摘要及圖式之揭露方式，於本法施行細則定之。

專利法第28條

申請人就相同發明在與中華民國相互承認優先權之國家或世界貿易組織會員第一次依法申請專利，並於第一次申請專利之日後十二個月內，向中華民國申請專利者，得主張優先權。

申請人於一申請案中主張二項以上優先權時，前項期間之計算以最早之優先權日爲準。

外國申請人爲非世界貿易組織會員之國民且其所屬國家與中華民國無相互承認優先權者，如於世界貿易組織會員或互惠國領域內，設有住所或營業所，亦得依第一項規定主張優先權。

主張優先權者，其專利要件之審查，以優先權日爲準。

專利法第29條

依前條規定主張優先權者，應於申請專利同時聲明下列事項：

一、第一次申請之申請日。

二、受理該申請之國家或世界貿易組織會員。

三、第一次申請之申請案號數。

申請人應於最早之優先權日後十六個月內，檢送經前項國家或世界貿易組織會員證明受理之申請文件。

違反第一項第一款、第二款或前項之規定者，視爲未主張優先權。

申請人非因故意，未於申請專利同時主張優先權，或依前項規定視爲未主張者，得於最早之優先權日後十六個月內，申請回復優先權主張，並繳納申請費與補行第一項及第二項規定之行爲。

專利法第30條

申請人基於其在中華民國先申請之發明或新型專利案再提出專利之申請者，得就先申請案申請時說明書、申請專利範圍或圖式所載之發明或新型，主張優先權。但有下列情事之一，不得主張之：

一、自先申請案申請日後已逾十二個月者。

二、先申請案中所記載之發明或新型已經依第二十八條或本條規定主張優先權者。

三、先申請案係第三十四條第一項或第一百零七條第一項規定之分割案，或第一百零八條第一項規定之改請案。

四、先申請案爲發明，已經公告或不予專利審定確定者。

五、先申請案爲新型，已經公告或不予專利處分確定者。

六、先申請案已經撤回或不受理者。

前項先申請案自其申請日後滿十五個月，視爲撤回。

先申請案申請日後逾十五個月者，不得撤回優先權主張。

依第一項主張優先權之後申請案，於先申請案申請日後十五個月內撤回者，視爲同時撤回優先權之主張。

申請人於一申請案中主張二項以上優先權時，其優先權期間之計算以最早之優先權日爲準。

主張優先權者，其專利要件之審查，以優先權日爲準。

依第一項主張優先權者，應於申請專利同時聲明先申請案之申請日及申請案號數；未聲明者，視爲未主張優先權。

專利法第31條

相同發明有二以上之專利申請案時，僅得就其最先申請者准予發明專利。

但後申請者所主張之優先權日早於先申請者之申請日者，不在此限。

前項申請日、優先權日為同日者，應通知申請人協議定之；協議不成時，均不予發明專利。其申請人為同一人時，應通知申請人限期擇一申請；屆期未擇一申請者，均不予發明專利。

各申請人為協議時，專利專責機關應指定相當期間通知申請人申報協議結果，屆期未申報者，視為協議不成。

相同創作分別申請發明專利及新型專利者，除有第三十二條規定之情事外，準用前三項規定。

專利法第37條

專利專責機關接到發明專利申請文件後，經審查認為無不合規定程式，且無應不予公開之情事者，自申請日後經過十八個月，應將該申請案公開之。

專利專責機關得因申請人之申請，提早公開其申請案。

發明專利申請案有下列情事之一，不予公開：

一、自申請日後十五個月內撤回者。

二、涉及國防機密或其他國家安全之機密者。

三、妨害公共秩序或善良風俗者。

第一項、前項期間之計算，如主張優先權者，以優先權日為準；主張二項以上優先權時，以最早之優先權日為準。

專利法第38條

發明專利申請日後三年內，任何人均得向專利專責機關申請實體審查。

依第三十四條第一項規定申請分割，或依第一百零八條第一項規定改請為發明專利，逾前項期間者，得於申請分割或改請後三十日內，向專利專責機關申請實體審查。

依前二項規定所為審查之申請，不得撤回。

未於第一項或第二項規定之期間內申請實體審查者，該發明專利申請案，視為撤回。

專利法第46條

發明專利申請案違反第二十一條至第二十四條、第二十六條、第三十一條、第三十二條第一項、第三項、第三十三條、第三十四條第四項、第四十三條第二項、第四十四條第二項、第三項或第一百零八條第三項規定者，應為不予專利之審定。

專利專責機關爲前項審定前，應通知申請人限期申復；屆期未申復者，逕爲不予專利之審定。

專利法第48條

發明專利申請人對於不予專利之審定有不服者，得於審定書送達後二個月內備具理由書，申請再審查。但因申請程序不合法或申請人不適格而不受理或駁回者，得逕依法提起行政救濟。

專利法第50條

再審查時，專利專責機關應指定未曾審查原案之專利審查人員審查，並作成審定書送達申請人。

專利法第52條

申請專利之發明，經核准審定者，申請人應於審定書送達後三個月內，繳納證書費及第一年專利年費後，始予公告；屆期未繳費者，不予公告。

申請專利之發明，自公告之日起給予發明專利權，並發證書。

發明專利權期限，自申請日起算二十年屆滿。

申請人非因故意，未於第一項或前條第四項所定期限繳費者，得於繳費期限屆滿後六個月內，繳納證書費及二倍之第一年專利年費後，由專利專責機關公告之。

案例解說

（一）判斷本件專利申請人為何人之關鍵在於A、B、C與丙公司間有無僱傭關係存在，若A、B、C間存有僱傭關係，A、B、C所完成之發明屬職務上之發明，此時按專利法第7條第1項規定，在契約並無特別約定之情況下，專利申請權及專利權屬雇用人丙公司所有；惟若A、B、C係丙公司出資聘請從事研究開發者，按專利法第7條第3項規定，在契約無特別約定之情況下，專利申請權及專利權屬A、B、C所有，但丙公司得實施其發明。

（二）在同一發明有二個以上之專利申請案之情形，我國係採取先申請主義，僅對最先申請之人准予專利。然先申請主義亦有例外，即在後之申請人主張優先權之情形，如較後申請者所主張之優先權日早於先申請者之申請日者，則該主張優先權之申請人，其優先權效力可排除較早申請之申請人，並獲得專利權。本例中，丙公司已於民國97年8月1日在美國申請專利，尚未超過我國規定之12個月法定優先權期間，故其在台申請專利時，可以據此主張國際優先權，其專利要件審查之基準日即可回溯為申請人首度提出申請之日，即97年8月1日，而非實際送件之98年7月1日，惟前提是申請人應於申請專利時提出國際優先權之聲明，並記載於專利申請書，並備齊相關文件，否則嗣後將不得再主張之。

（三）我國發明專利申請案之審查程序，在程序審查之後，必須經實體審查之申請始進入實體審查階段，實體審查之期限，依專利法第38條，為自發明專利申請日起三年內。

（四）專利申請人如對於核駁審定不服，依專利法第48條，得於審定書送達之日後二個月內備具理由書，申請再審查。又因專利行政程序中，法定期間以日或月計算者均有之，故此處應特別注意救濟期間之計算會因大月小月而有差異，本例中，該核駁審定書於100年4月15日送達，而法定期間為2個月，依專利法第20條：「本法有關期間之計算，其始日不計算在內。」故申請人如欲提出再審查，其期限應為100年6月14日。

第三節　必備書狀及撰寫要旨

審理流程

最高法院		最高行政法院
智慧財產法院		
民事訴訟	刑事訴訟	行政訴訟
第二審 相關智慧財產權法所生民事訴訟事件	第二審 受理不服各地方法院對刑法、商標法、著作權法或公平交易法關於智慧財產權益保護刑事訴訟案件	第一審 相關智慧財產權法所生第一審行政訴訟事件及強制執行事件
	各地方法院	訴願
第一審 相關智慧財產權法所生民事訴訟事件	第一審 各地方法院刑事庭審理刑法、商標法、著作權法或公平交易法關於智慧財產權益保護刑事訴訟案件	經濟部訴願審議委員會對相關智慧財產權行政處分訴願審議
		經濟部智慧財產局對相關智慧財權行政處分

（資料來源：智慧財產法院網站「智慧財產案件審理模式」）

- ·原告起訴，法院受理，訴訟繫屬
- ·分案
- ·法官閱覽卷宗，批示
- ·開庭審理
- ·言詞辯論終結
- ·宣示裁判

依據前述案例，本節提供專利申請過程中，當事人可能面臨法律問題所應撰擬之起訴、答辯書狀，以及行政訴訟常用之書狀之撰擬要旨如後，並檢附範例於本單元第四節：

範例一：原告行政訴訟起訴狀——專利申請案

專利申請案之行政訴訟起訴狀，應載明當事人、起訴之聲明、訴訟標的及其原因事實：

1. 當事人

亦即需載明提起本件行政訴訟之當事人為何。如有訴訟代理人，應載明代理意旨以及檢附委任書狀，依據目前智慧財產法院實務以及行政訴訟法之規定，專利申請行政訴訟之訴訟代理人，其限於律師或專利師，且其人數不得逾三人。

2. 起訴之聲明

亦即當事人希望法院如何判決之聲明，以專利申請案而言，應敘明原處分及訴願決定應撤銷，通常要求法院命智慧財產局作成系爭專利申請案應准予專利之處分，以充分達成其提起其行政訴訟之目的。

3. 訴訟標的及其原因事實

亦即當事人所不服之原處分及訴願決定，以及為何法院應撤銷原處分及訴願決定之具體理由。依據目前智慧財產法院之實務以及行政訴訟法之規定，法院將會要求當事人於起訴時，檢附原處分及訴願決定。

上開原因事實之敘述，如為不服智慧局特定請求項因為特定引證案之組合而證明不具特定專利要件，其技術比對意見，以及引證案之出處與正確之技術解讀與比對意見。必要時，得以表格之方式註明意見，以利法院審查。

範例二：原告起訴狀——職務上發明之適當報酬請求

原告起訴狀，應載明訴之聲明、起訴之原因事實、請求權基礎及損害賠償之計算方式。（可參閱第一章第三節有關民事侵權起訴狀之撰寫要旨）

範例三：被告答辯狀——職務上發明之適當報酬請求

被告答辯狀，應載明答辯聲明、抗辯理由及其證據、對於原告主張否認之事項等。（可參閱第一章第三節或第二章第一單元第三節有關民事答辯狀之撰寫要旨）

範例四：原告起訴狀——專利申請權之歸屬之舉發案行政訴訟

原告起訴狀，應載明訴之聲明、起訴之原因事實、請求權基礎、證據出處

以及請求調查之證據及事項。（詳參上開行政訴訟起訴狀之撰寫要旨）

範例五：參加人答辯狀——專利申請權之歸屬之舉發案行政訴訟

參加人答辯狀，應載明答辯聲明、抗辯理由及其證據、對於原告主張否認之事項、證據出處以及請求調查之證據及事項等。

第四節　書狀範例

範例一：原告起訴狀——專利申請案

<table>
<tr><td colspan="4">行政訴訟起訴狀</td></tr>
<tr><td>案　　號</td><td colspan="2">年度　　字第　　號</td><td>承辦股別</td></tr>
<tr><td>稱　　謂</td><td>姓名或名稱</td><td colspan="2">依序填寫：國民身分證統一編號或營利事業統一編號、性別、出生年月日、職業、住居所、就業處所、公務所、事務所或營業所、郵遞區號、電話、傳真、電子郵件位址、指定送達代收人及其送達處所。</td></tr>
<tr><td>原　　告</td><td>○○○</td><td colspan="2">住台北市○○區○○路○○號○○樓</td></tr>
<tr><td>訴訟代理人</td><td>○○○律師</td><td colspan="2">○○法律事務所
○○市○○路○○號○○樓
電話：○○-○○○○○○○○</td></tr>
<tr><td>被　　告</td><td>經濟部智慧財產局</td><td colspan="2">設台北市○○區○○路○○號○○樓</td></tr>
<tr><td>代 表 人</td><td>○○○</td><td colspan="2">住同上</td></tr>
<tr><td colspan="4">訴之聲明
一、原處分及訴願決定均撤銷。
二、被告機關應就第○○○○○○號專利申請案為准予專利之處分。
三、訴訟費用由被告負擔。

事實及理由
一、緣原告於民國94年6月24日以「○○○○」向被告申請發明專利（下稱系爭案），經被告編為第○○○○○○號審查，不予專利。原告不服，申請再審查，並提出申請專利範圍修正本，經被告再審查，於99年2月20日以（99）智專三（五）○○○○字第○○○○○○○○○○號專利再審查核駁審定書為「本案應不予專利」之處分（原證1號參照）。原告不服，提起訴願，後經經</td></tr>
</table>

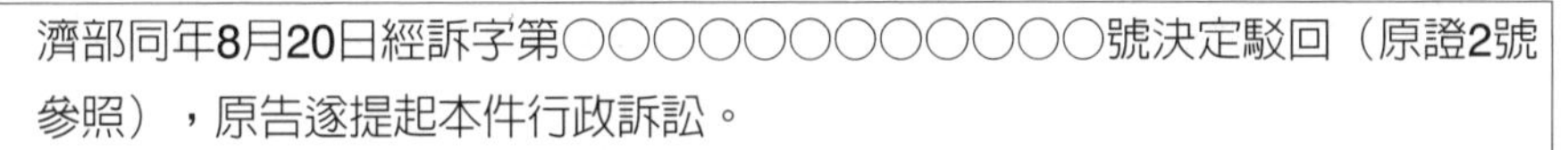

濟部同年8月20日經訴字第○○○○○○○○○○○○○號決定駁回（原證2號參照），原告遂提起本件行政訴訟。

二、系爭案並無違反專利法第26條第2項之規定

（一）系爭案申請專利範圍第1項已在原說明書第○頁實施方式第○段及第○頁第○段記載，故第1項之技術特徵並未超出說明書實施例所合理支持之範圍，且系爭案申請專利範圍第2至7項亦具體記載於原說明書，故系爭案申請專利範圍已獲得發明說明所支持。

（二）系爭案之發明內容部分已記載系爭案相較於先前技術之差異在於「○○○○○○○○○○○○○○○○○○○○○○○○○○○○○○○○○○○○」，從而，系爭案之技術特徵相較於先前技術，具有組成成分簡單、長期穩定性之功效。且系爭案申請專利範圍之組成內容係原告經過多次實驗得出，絕非推測所得。

三、系爭案並無違反專利法第22條第2項之規定

（一）系爭案申請專利範圍第1項中所載之內容包括A、B、C、D、E；惟原處分僅以美國US2004/0000000專利申請案（下稱引證案1），日本JP0-000000專利申請案（下稱引證案2）、日本特開平00-000000號專利申請案（下稱引證案3）、日本特開平00-000000號專利申請案（下稱引證案4）、日本特開平00-000000號專利申請案（下稱引證案5）分別揭露該等之技術特徵，即逕認系爭案具有應撤銷原因，對於所屬領域具有通常知識者是否有組合引證案1、2、3、4、5之動機、組合引證案1至5是否過多，而不足以證明系爭案不具進步性，均未予說明，故原處分對於系爭案有無進步性之判斷顯然不符進步性之判斷標準，訴願決定予以維持，亦有違誤。

（二）系爭案申請專利範圍第2項為第1項之附屬項，其相較於第1項所新增之技術特徵為○○○○○○○○，其所新增之技術特徵亦未見於先前技術，且獨立項第1項既具有進步性，其附屬項第2項當亦具有進步性，原處分對於系爭案第2項新增之技術特徵究竟為何種先前技術所揭露，完全未予以說明，即逕認系爭案第2項亦不具進步性，顯然違反「逐項審查」之原則，訴願決定予以維持，亦有違誤。

（三）系爭案附屬項第3項至第7項之部分，論述方式與第2項相同，茲不贅述。

<table>
<tr><td colspan="2">四、綜上所述，懇請　鈞院鑒核，賜判決如訴之聲明，以維權益，實感德便。
謹狀
智慧財產法院　公鑒</td></tr>
<tr><td>證物名稱及件數</td><td>附件：委任狀正本
原證1號：99年2月20日以（99）智專三（五）○○○○字第○○○○○○○○○○號審定書影本。
原證2號：經濟部訴願委員會99年8月20日經訴字第○○○○○○○○○○○○○號決定影本。</td></tr>
<tr><td colspan="2">中　華　民　國　○　○　年　○　○　月　○　○　日</td></tr>
<tr><td colspan="2">具狀人：○○○</td></tr>
<tr><td colspan="2">撰狀人：訴訟代理人○○○律師</td></tr>
</table>

範例二：原告起訴狀

<table>
<tr><td colspan="5">民事起訴狀</td></tr>
<tr><td>案　　號</td><td colspan="2">年度　　字第　　號</td><td>承辦股別</td><td></td></tr>
<tr><td>稱　　謂</td><td>姓名或名稱</td><td colspan="3">依序填寫：國民身分證統一編號或營利事業統一編號、性別、出生年月日、職業、住居所、就業處所、公務所、事務所或營業所、郵遞區號、電話、傳真、電子郵件位址、指定送達代收人及其送達處所。</td></tr>
<tr><td>原　　告</td><td>○○○、
○○○、
○○○</td><td colspan="3">住台北市○○區○○路○○號○○樓
台北市○○區○○路○○號○○樓
台北市○○區○○路○○號○○樓</td></tr>
<tr><td>訴訟代理人</td><td>○○○律師</td><td colspan="3">○○法律事務所
○○市○○路○○號○○樓
電話：○○-○○○○○○○○○</td></tr>
<tr><td>被　　告</td><td>○○○公司</td><td colspan="3">設台北市○○區○○路○○號○○樓</td></tr>
<tr><td>兼法定代理人</td><td>○○○</td><td colspan="3">住同上</td></tr>
<tr><td colspan="5">為請求損害賠償，依法起訴事：
訴之聲明
一、被告○○○公司暨被告○○○應連帶給付原告新台幣（以下同）一千萬元及自起訴狀繕本送達翌日起至清償日止按年利率百分之五計算之利息。</td></tr>
</table>

二、被告○○○公司暨被告○○○對原告等三人於職務上所完成之發明申請專利，應支付原告等三人適當之報酬。
三、訴訟費用由被告等共同負擔。
四、原告願供擔保，請准宣告假執行。

事實及理由

一、被告於○○年○○月○○日向經濟部智慧財產局申請之A專利（經智慧財產局審定核准中華民國發明第○○○○○○號專利在案），屬原告等三人職務上所完成之發明。
二、原告等三人與被告公司間自○○年○○月○○日至○○年○○月○○日止，有僱傭關係存在，有僱傭契約為證（原證1），故該發明專利A係原告等三人於僱傭期間內所完成之職務上發明。
三、依專利法第7條第1項之規定，受雇人於職務上所完成之發明、新型或設計，其專利申請權及專利權屬於雇用人，雇用人應支付受雇人適當之報酬。但契約另有約定者，從其約定。故發明專利A之專利申請權及專利權雖屬○○○公司，惟○○○公司仍應支付原告等三人適當之報酬，始符合上述條文之意旨。
四、○○○公司並未對原告等三人支付適當之報酬，即將原告等三人於職務上所完成之發明申請並獲准專利，對原告等三人造成損害，故原告等三人請求被告公司負擔損害賠償責任一千萬元，及自起訴狀繕本送達翌日起至清償日止按年利率百分之五計算之利息。
五、另按「公司負責人對於公司業務之執行，如有違反法令致他人受有損害時，對他人應與公司負連帶賠償之責。」公司法第23條第2項定有明文。查被告○○○係被告公司之董事長，為被告公司之負責人，其於執行業務違反專利法侵害原告之專利權，致原告受有損害，自應依法與被告○○○公司負連帶損害賠償責任。
六、綜上所述，懇請　鈞院鑒核，賜判決如訴之聲明，以維權益，實感德便。

謹狀

智慧財產法院民事庭　公鑒

證物名稱及件數	附件：委任狀正本。 原證1：兩造當事人間之僱傭契約

中　華　民　國　○　○　年　○　○　月　○　○　日

具狀人：○○○、○○○、○○○
撰狀人：訴訟代理人○○○律師

範例三：被告答辯狀

<table>
<tr><td colspan="5">民事答辯狀</td></tr>
<tr><td>案　號</td><td colspan="2">年度　　字第　　號</td><td>承辦股別</td><td></td></tr>
<tr><td>稱　謂</td><td>姓名或名稱</td><td colspan="3">依序填寫：國民身分證統一編號或營利事業統一編號、性別、出生年月日、職業、住居所、就業處所、公務所、事務所或營業所、郵遞區號、電話、傳真、電子郵件位址、指定送達代收人及其送達處所。</td></tr>
<tr><td>被　告</td><td>○○○公司</td><td colspan="3">設台北市○○區○○路○○號○○樓</td></tr>
<tr><td>兼法定代理人</td><td>○○○</td><td colspan="3">住同上</td></tr>
<tr><td>訴訟代理人</td><td>○○○律師</td><td colspan="3">○○法律事務所
○○市○○路○○號○○樓
電話：○○-○○○○○○○○</td></tr>
<tr><td>原　告</td><td>○○○、
○○○、
○○○</td><td colspan="3">住台北市○○區○○路○○號○○樓
台北市○○區○○路○○號○○樓
台北市○○區○○路○○號○○樓</td></tr>
<tr><td colspan="5">為上被告被訴請求侵權行為損害賠償事件，依法敬提答辯狀事：

答辯聲明
一、原告之訴及其假執行之申請均駁回
二、訴訟費用由原告等共同負擔。

事實及理由
一、被告於○○年○○月○○日向經濟部智慧財產局申請之A專利（經智慧財產局審定核准中華民國發明第○○○○○○號專利在案，下稱系爭專利），被告自為系爭專利之專利權人。
二、原告主張系爭專利為其職務上完成之發明，因而被告應給付原告適當之報酬云云（原告起訴狀第○頁第○行至第○行參照），顯屬無據：</td></tr>
</table>

<table>
<tr><td colspan="2">

（一）A專利並非原告於職務上所完成之發明：

1. 專利法第7條所謂「受雇人職務上之發明」，係指受雇人與雇用人間基於僱傭契約權利與義務之約定，從事參與或執行雇用人產品開發、生產而言，換言之，僱用人僱用受僱人之目的即在負責從事研發工作。故雇用人專以發明為目的或為改良生產技術，雇用受雇人從事研究發明或改良，受雇人受委託完成發明工作，並使用雇用人之設備、費用等，因而完成其發明、新型或設計之產品，與僱用人付出之薪資及其設施之利用，或團聚之協力，有對價之關係，故專利法規定，受雇人關於職務上之發明、新型或設計，其專利申請權及專利權屬於雇用人。

2. 至於原告○○○等三人其職務為公司之經理，並非專門從事研究發展人員，僅係因職務上知悉公司各開發研究產品之內容及功能，故該發明並非原告等三人為履行其工作契約上之義務所完成者，當非屬專利法第7條所稱「職務上之發明」，故系爭專利之專利權當屬被告所有，被告亦無需依專利法第7條之規定支付適當之報酬予原告等三人。

（二）綜上，原告主張系爭專利為其職務上完成之發明，因而被告應給付原告適當之報酬，顯無理由而不足採。

三、綜上所述，懇請　鈞院鑒核，賜判決如答辯聲明，以維權益，實感德便。

謹狀

智慧財產法院民事庭　公鑒

</td></tr>
<tr><td>證物名稱
及件數</td><td>附件：委任狀正本。</td></tr>
<tr><td colspan="2">中　華　民　國　○　○　年　○　○　月　○　○　日</td></tr>
<tr><td colspan="2">具狀人：○○○公司
兼法定代理人：○○○</td></tr>
<tr><td colspan="2">撰狀人：訴訟代理人○○○律師</td></tr>
</table>

範例四：原告起訴狀——專利申請權之歸屬

<table>
<tr><td colspan="4">行政訴訟起訴狀</td></tr>
<tr><td>案　　號</td><td colspan="2">年度　　　字第　　　　　號</td><td>承辦股別</td></tr>
<tr><td>稱　　謂</td><td>姓名或名稱</td><td colspan="2">依序填寫：國民身分證統一編號或營利事業統一編號、性別、出生年月日、職業、住居所、就業處所、公務所、事務所或營業所、郵遞區號、電話、傳真、電子郵件位址、指定送達代收人及其送達處所。</td></tr>
<tr><td>原　　告</td><td>○○公司</td><td colspan="2">設台北市○○區○○路○○號○○樓</td></tr>
<tr><td>代 表 人</td><td>甲○○</td><td colspan="2">住同上</td></tr>
<tr><td>訴訟代理人</td><td>○○○律師</td><td colspan="2">○○法律事務所
○○市○○路○○號○○樓
電話：○○-○○○○○○○○○</td></tr>
<tr><td>被　　告</td><td>經濟部智慧財產局</td><td colspan="2">設台北市○○區○○路○○號○○樓</td></tr>
<tr><td>代 表 人</td><td>○○○</td><td colspan="2">住同上</td></tr>
<tr><td>參 加 人
（舉發人）</td><td>丙</td><td colspan="2">住台北市○○區○○路○○號○○樓</td></tr>
<tr><td colspan="4">訴之聲明
一、訴願決定及原處分均撤銷。
二、訴訟費用由被告負擔。

事實及理由
一、原告於民國94年8月17日以「○○○○○」（檢送其公司負責人甲○○專利申請權證明書，主張係甲○○職務上發明，專利申請權及專利權屬於原告）向被告申請新型專利，經編為第○○○○○○號進行形式審查准予專利後，發給新型第○○○○○○號專利證書（下稱系爭專利，專利權期間：自西元2006年1月11日至2015年8月16日止）。嗣參加人丙○○於95年10月5日以系爭專利違反核准時專利法第107條第1項第3款之規定，對之提起舉發，案經被告審查，於96年9月28日以（96）智專三○○○○○字第○○○○○○○○號專利舉發審定書為「舉發成立，應撤銷專利權」之處分（原證1號參照）。原告不服，提起訴願，經經濟部97年7月11日經訴字第○○○○○○○○○○○號訴願決定駁回（原證2號參照），原告仍不服，遂提起本件訴訟。</td></tr>
</table>

二、系爭專利為甲○○之構思設計，委託丙製造，故系爭專利之申請權及專利權均為原告所有：

（一）系爭專利係在第一代○○○完成後，甲○○針對第一代○○○產品之缺點，所為具有相當程度改進之第二代產品。

（二）詳言之，第一代○○○完成後，甲○○為增進產能需求，透過實際使用之經驗，構思出將第一代單一油壓缸改為雙油壓缸，單軌輸送帶改為雙軌輸送帶，並將此改良要求與設計告知參加人（此觀參加人與甲○○之電子郵件往來記錄，原證3號即明），參加人再依甲○○之指示製造出第二代○○○產品（即系爭專利）。

（三）參加人明知系爭專利為甲○○所為之創作設計，此觀參加人與甲○○之電子郵件往來記錄（原證4號參照）即明：

由原證3號之內容可知，甲○○於○○年○○月○○日寄送電子郵件給參加人，並於電子郵件中告知參加人，其欲將第二代○○○產品申請專利，參加人並表示知道等語，由此觀之，第二代○○○產品確實為甲○○之創作設計，蓋倘第二代○○○產品並非甲○○之創作設計，則按一般經驗法則，在甲○○告知將對之申請專利時，參加人即應表示反對之意見，或進而與甲○○討論由何人對之申請專利，絕非僅是表示其已知情而已，故從參加人聽聞甲○○告知將申請專利時之反應，亦可知悉系爭專利確實為甲○○之創作設計，並無疑問。

三、綜上，系爭專利顯非屬參加人之創作設計，原處分及訴願決定罔顧原告所提出之證據資料，仍認系爭專利之申請權及專利權均為參加人所有，其認事用法顯有違誤，應予撤銷。

四、綜上所述，懇請　鈞院鑒核，賜判決如訴之聲明，以維權益，實感德便。

謹狀

智慧財產法院　公鑒

證物名稱及件數	附件：委任狀正本 原證1號：被告96年9月28日以（96）智專三○○○○○字第○○○○○○○○○號專利舉發審定書影本。 原證2號：經濟部訴願委員會97年7月11日經訴字第○○○○○○○○○○號決定影本。 原證3號：甲○○與參加人往來之電子郵件內容影本。 原證4號：甲○○與參加人往來之電子郵件內容影本。

中	華	民	國	○	○	年	○	○	月	○	○	日
具狀人：○○○												
撰狀人：訴訟代理人○○○律師												

範例五：參加人答辯狀—專利申請權之歸屬

行政訴訟答辯狀			
案號	年度　字第　號	承辦股別	
稱謂	姓名或名稱	依序填寫：國民身分證統一編號或營利事業統一編號、性別、出生年月日、職業、住居所、就業處所、公務所、事務所或營業所、郵遞區號、電話、傳真、電子郵件位址、指定送達代收人及其送達處所。	
參加人	丙○○	設台北市○○區○○路○○號○○樓	
訴訟代理人	○○○律師	○○法律事務所 ○○市○○路○○號○○樓 電話：○○-○○○○○○○○	
被告	經濟部智慧財產局	設台北市○○區○○路○○號○○樓	
代表人	○○○	住同上	
原告	○○公司	設台北市○○區○○路○○號○○樓	
代表人	甲○○	住同上	

答辯聲明

一、原告之訴駁回。

二、訴訟費用由原告負擔。

事實及理由

一、原告所提出「甲○○與參加人之電子郵件往來記錄」，不足以證明原告取得對系爭專利之申請權：

（一）原告所提出「甲○○與參加人之電子郵件往來記錄」，並謂「甲○○將此改良要求與設計告知參加人，參加人再依甲○○之指示製造出第二代○○○產品（即系爭專利）」云云，惟查：該等電子郵件往來記錄與一般訂購特殊規格機器所為之事前溝通，並無二致，與所謂「創作」顯有不同。詳言之，一創作要取得專利，必須滿足具有「產業利用性」之要求（第120條準用第22條之規定），因此，若所提出之構想，尚不能提供足夠資訊，以於新型說明書記載達成創作目的之技術手段，則該「構思」屬於「未完成之新型」，尚無法取得專利。

（二）本件中，原告代表人甲○○，僅提出該機器所需要之動作、功能及流程，但對於系爭專利之設計及製造工作卻均委諸參加人，甲○○所提出之「設計理念」與「技術需求」實僅屬「未完成之新型」，尚未達可取得專利之階段，既甲○○並非專利法所稱之「創作人」原告即未取得系爭專利之專利權，自不待言。

二、原告既非系爭專利之申請權人，原處分作成「舉發成立，應撤銷專利權」之決定，訴願決定予以維持，自無不合：

（一）系爭專利之機器確實為參加人所著手設計，並逐一委託各協力工廠或材料供應商完成各主要部分之成品，參加人除能完整說明其過程及步驟外，更於先前專利舉發理由書中提供相關之發票、送貨單等為證，足以證明系爭專利確實為參加人所設計、研發，反觀原告自始空言主張系爭專利係由其所構思、設計，至今卻猶未能提出任何事證以實其說，其主張自不足以採憑。

（二）是以，原告既非系爭專利之申請權人，原處分作成「舉發成立，應撤銷專利權」之決定，訴願決定予以維持，自無不合。

三、綜上所述，懇請　鈞院鑒核，賜判決如答辯聲明，以維權益，實感德便。

謹狀

智慧財產法院　公鑒

證物名稱及件數	附件：委任狀正本

中　華　民　國　○　○　年　○　○　月　○　○　日

具狀人：丙○○

撰狀人：訴訟代理人○○○律師

第五節 實務判解

‧專利之申請

1. 最高法院93年度台抗字第563號裁定

國際上專利之申請互惠與訴訟互惠，本質不同，前者屬實體法上之概念，後者則爲訴訟法上之範疇。換言之，專利之申請互惠，乃得否在對方國境依循法律規定申請取得專利權及其效力問題，而訴訟互惠，則爲相互間能否在對方境內依訴訟程序解決紛爭或尋求救濟之問題。依專利法第4條、第91條（修正前第95條）規定之內容觀之，未經我國認許之外國法人或團體，因申請互惠原則之適用，於我國雖能取得專利權，並受保護，惟得否在我國提起民事訴訟，則端視兩國間就此有否訴訟互惠原則而定。

2. 最高行政法院91年度判字第640號判決

二人以上共同申請專利時，其利害與共，必須合一確定，爲避免分別送達發生歧異，無法同法確定，而影響處分之安定，專利法第13條乃明定二人以上共同申請專利，除約定有代表人者外，辦理一切程序，應共同連署，並指定其中一人爲應受送達人。

3. 最高行政法院91年度判字第609號判決

依專利法第105條準用第68條規定係謂新型專利權人將兩個以上新型爲一個申請得有專利權者，得向專利專責機關申請分割爲各別之專利權，若非二個以上之新型，自不得爲分割專利權之申請。而經檢本案說明書所強調之技術特徵兼具空氣清淨與自動清洗之共同組合之創作特徵，且本案申請專利範圍獨立項所記載之元件及連接關係，皆爲達成本案創作目的所需之必要元件，應爲一不可分割之專利權。又新型專利申請需在符合專利單一性要求下爲之，況依申請當時之專利法施行細則第10條之1第2項係規定單一新型之獨立項以一項爲原則，並無限制不得提出二個獨立新型專利申請案。原告若認本案得將空氣清淨與自動清洗二項功能加以分開，則申請當時即應提出二個獨立新型專利申請案，尙非合併爲單一新型專利提出申請。原告歸責於申請當時專利法施行細則第10條之1第2項之規定，容有誤會。

4.　最高行政法院93年度判字第422號判決

本院按：系爭案審查時專利法第44條第1項雖規定被上訴人得依職權或依申請人申請面詢，但並非規定被上訴人於專利案審查時，應接受申請人面詢之請求，不得拒絕。縱本件被上訴人於89年1月17日之專利再審查案核駁理由先行通知書主旨中曾記載「若希望來局當面示範或說明，請於申復說明書內註冊『申請面詢』」，上訴人並根據專利面詢作業要點第三點，於89年3月16日呈送的申復說明書中提出面詢申請。被上訴人未准其面詢之申請，容或有不當，但仍非違法。

・專利權之歸屬

1.　智慧財產法院97年度行專訴字第48號判決

本件原告所指有關系爭專利權誰屬一節，乃民事私權糾紛事項，非得由原處分機關或訴願機關認定，縱原處分機關認為系爭專利權係原告所有，倘參加人對此不服而有爭議，仍需經由民事訴訟程序以為釐清，殆私權歸屬疑慮確定後，眞正權利人自得執法院判決向主管機關申請核發專利證書，非得藉由行政訴訟程序確定私權歸屬。

2.　智慧財產法院97年度行專訴字第43號判決

甲○○並非系爭專利之原始創始人，當無職務上發明可言，且原告亦未能提出其與參加人間具有僱傭關係或專利權讓與等資料，以證明系爭專利之專利申請權及專利權係屬於原告，是原告自隸屬依法得申請系爭專利之專利申請權人。

3.　臺灣高等法院97年度智上易字第3號判決

專利法第7條所謂「受雇人職務上之發明」，係指受雇人與雇用人間基於僱傭契約權利與義務之約定，從事參與或執行雇用人產品開發、生產而言，換言之，僱用人僱用受僱人之目的即在負責從事研發工作。至於公司副總經理，並非專門從事研究發展人員，其所為之創作，並非履行其工作契約上之義務，當非所謂職務上之發明。縱被上訴人原任職該上訴人公司為副總經理，於職務上均完全知悉公司各開發研究產品之內容及功能，充其量僅屬「職務有關之發明」，要非專利法第7條所稱之職務上發明，其專利權非當然由雇用人所有。

4. 智慧財產法院101年度民專上字第40號判決

按「受雇人於職務上所完成之發明、新型或設計，其專利申請權及專利權屬於雇用人，雇用人應支付受雇人適當之報酬。但契約另有約定者，從其約定。」、「前項所稱職務上之發明、新型或新式樣，指受雇人於僱傭關係中之工作所完成之發明、新型或新式樣」，專利法第7條第1、2項分別定有明文。故所謂職務上所完成之發明，必與其受雇之工作有關聯，即依受雇人與雇用人間契約之約定，從事參與或執行與雇用人之產品開發、生產研發等有關之工作，受雇人使用雇用人之設備、費用、資源環境等，因而完成之發明、新型或新式樣專利，其與雇用人付出之薪資及其設施之利用，或團聚之協力，有對價之關係，故專利法規定，受雇人關於職務上之發明、新型或新式樣，其專利申請權及專利權屬於雇用人。其立法意旨在於平衡雇用人與受雇人間之權利義務關係，其重點在於受雇人所研發之專利，是否係使用雇用人所提供之資源環境，與其實際之職稱無關，甚至與其於契約上所約定之工作內容無關，而應以其實際於公司所參與之工作，及其所研發之專利是否係使用雇用人所提供之資源環境為判斷依據。且按當事人主張有利於己之事實者，就其事實有舉證責任，民事訴訟法第277條前段著有明文。若負舉證責任之人先不能舉證，以證實自己主張之事實之真實，則他造就其抗辯事實即令不能舉證，或所舉證據尚有疵累，法院亦不得為負舉證責任之人有利之認定（最高法院17年上字第917號判例、最高法院100年臺上字第1187號判決意旨參照）。

・專利要件

1. 最高行政法院94年度判字第02104號判決

按凡利用自然法則之技術思想之高度創作，而可供產業上利用者，得依系爭專利核准審定時專利法第19條、第20條第1項之規定申請取得發明專利。惟其發明如係運用申請前既有之技術或知識，而為熟習該項技術者所能輕易完成時，雖無欠缺新穎性情事，仍不得申請取得發明專利，為同法第20條第2項所明定。在判斷是否符合「發明」專利之進步性要件時，並不能僅考慮是否有功效之增進，而主要係以技術貢獻之跨幅是否足夠達到如前揭專利法第19條所述之「利用自然法則之技術思想之高度創作」為標準；倘若發明係運用申請前既有之技術或知識，而為熟悉該項技術者所能輕易完成時，縱使具有功效之增進，仍難認已達到高度創作之技術水平而具進步性，即不得核准發明專利。

2. 智慧財產法院97年度行專訴字第52號判決

利用自然法則之技術思想之創作，即爲專利法所謂之「發明」。故凡可供產業上利用之「發明」，於申請前尚未見於刊物，或未公開使用者，即得依專利法申請取得發明專利。然，倘該發明爲其所屬技術領域中具有通常知識者依申請前之先前技術所能輕易完成時，則不得依專利法申請取得發明專利。

3. 最高行政法院95年度判字第01285號判決

發明專利之「新穎性」及「進步性」之適用法規並不相同，應先判斷其發明具「新穎性」後，進而判斷是否具有「進步性」。所謂具「新穎性」者，即無專利法第20條第1項第1款至第3款所列情事之一者，並應採單獨比對方式，以個別獨立的引證資料與請求項所載發明進行比對。倘經判斷發明具「新穎性」後，應再判斷有無「進步性」，即無同條第2項規定之情形，並應依據發明所屬技術領域，以及專利當時之技術水準，以申請前既有之技術作爲引證資料，研判發明之技術手段，其選擇與結合是否爲熟習該項技術者所能輕易完成者。亦即，應將先前技術之各片斷部分相互組合，以判斷申請專利之發明是否具有突出的技術特徵或顯然的進步，此爲判「新穎性」及「進步性」二要件最基本之差異。

4. 最高行政法院98年度判字第644號判決

所謂「申請前之習用技術、知識」，係指同條第1款所規定之申請前已見於刊物或已公開使用之技術知識，「已見於刊物」與已「公開使用」並不相同，「已見於刊物」乃以公開刊物所載之事項作爲判斷之引證，「公開使用」乃公開應用其技術功能之使用行爲，而所謂之「公開」係指先前技術處於公衆有可能接觸並能獲知該技術之實質內容的狀態而言。是以建築施工圖之交付固非「公開使用」，但將該施工圖付諸建築施工，由於建築物或廠房施工時，並非處於封閉之狀態，工程師、建築工人、監工、工程包商人員甚或其他工程雜役等不特定人，均有知悉之可能而實際得知其施工技術，而不能期待其保密者，自應認已公開使用；況系爭技術案係關於使浪板能避雨、隔熱、散熱與排氣之施工法之技術內容，並非高度精密之機器設備，應經拆解始能知悉其內部零件之技術內容者，因此，本件系爭技術內容在不特定人得出入之場所，而加以施工使用，即得認係公開。

5. 智慧財產法院97年度民專訴字第7號判決

所謂新穎性，乃在發明專利申請案之申請日之前，大眾經由刊物公開或使用公開所能得知之先前技術，將使系爭專利不具新穎性。所謂進步性，則爲運用申請前既有之技術或知識，非熟習該項技術者所能輕易完成者。而判斷專利是否具有新穎性或進步性，均以「申請前既有之技術或知識」（先前技術）爲據。關於此二專利要件之判斷，其不同之處在於有關專利要件，新穎性之判斷較進步性爲優先，且判斷新穎性時，係採「單獨對比」原則，即將發明專利申請案之申請專利範圍與每一份引證資料中所公開與該申請案相關的技術內容單獨地進行比較。而判斷進步性時，則應整體判斷申請案之發明解決課題之技術手段、目的及效果，並得將其與數引證資料內容的組合（包含將數引證資料之某部分，或同一引證資料的不同部分加以組合）進行比對判斷。

6. 最高行政法院85年度判字第1357號判決

按凡新發明具有產業上利用價值者，得依法申請專利，固爲當時專利法第1條所規定；惟若未具新穎創作性，即非新發明，自不得申請專利。又運用申請前之習用技術、知識顯而易知未能增進功效者，依同法第2條第5款規定，即不得稱爲新發明。次按發明專利，其性質屬思想上之創作，必須在技術上、知識上及功效上，均有創新之表現始足當之。

7. 智慧財產法院97年度行專訴字第34號判決

按申請專利範圍之請求項有2項以上時，專利審查機關應就每一請求項各別判斷其進步性，因專利創作不易，專利審查機關均應就申請專利範圍各請求項詳加逐項審查，以盡其審定之職權，並增加專利申請獲准之機會。是不論是申請專利範圍中記載申請專利發明之構成之必要技術內容、特點之獨立項，或依附獨立項之附屬項均應逐項審查。而因附屬項包含獨立項所有的技術內容與特徵，如獨立項之發明具有進步性，則該附屬項之發明亦具進步性；倘獨立項之發明不具進步性時，仍應對該附屬項之發明爲進步性之判斷。經逐項審查後，於最終審定時，基於專利整體性之考量，則須全案准駁，無從爲「部分請求項准許、部分請求項核駁」之審定，蓋申請人當初係以專利說明書記載所有請求項之技術內容，以申請專利範圍所有請求項之整體技術特徵申請專利專責機關審定，雖經逐項審查後認定部分請求項符合專利要件，惟此部分無從與其餘不符專利要件之請求項部分分離，於專利審查機關踐行專利法第46條第2項所定之先行通知程序後，倘申請人就不符專利要件部分未予修正，即應爲全案核駁之審定。

・說明書應記載之事項

1.　最高行政法院91年度判字第716號判決

按申請發明專利備具之說明書，依專利法第22條第3項規定除應載明申請專利範圍外，並應載明有關之先前技術、發明之目的、技術內容、特點及功效，使熟習該項技術者能瞭解其內容並可據以實施。旨在彰顯發明之創作內容及可供產業上利用之可專利性。又依同條第4項規定，申請專利範圍應具體指明申請專利之標的、技術內容及特點。旨在確定取得發明專利而受保護之範圍。申請專利範圍指明之技術內容，須使用習知技術者，該習知技術本非取得專利對象，縱未記載指明，於熟習該項技術者而言，仍能瞭解其內容並據以實施，自不影響發明之可專利性及確定取得發明專利之範圍。被告頒布之專利審查基準（1-3-15頁）明示申請專利範圍「獨立項須記載之構成之必要技術內容、特點事項中，若有部分依申請當時之技術知識以觀，係顯而易知的技術內容者，該部分可省略不予記載」，即此之故。是不能以未予記載而駁回發明專利之申請。

2.　最高行政法院85年度判字第2935號判決

專利法第20條第1項規定，凡可供產業上利用之發明，無該項所列三款情事之一者，得依法申請取得發明專利。若不能供產業上利用者，自不得申請取得發明專利。又申請發明專利之說明書，除應載明申請專利範圍，並應載明有關之先前技術、發明之目的、技術內容、特點及功效，使熟習該項技術者能瞭解其內容並可據以實施。申請專利範圍，應具體指明申請專利之標的、技術內容及特點，復爲同法第22條第3項及第4項所明定。

・申請專利範圍之解釋

1.　最高行政法院98年度判字第642號判決

末按92年2月6日修正之現行專利法第56條第3項規定：「發明專利權範圍，以說明書所載之申請專利範圍爲準，於解釋申請專利範圍時，並得審酌發明說明及圖式。」，其立法理由爲：「按發明專利權範圍以說明書所載之申請範圍爲準，申請專利範圍必須記載構成發明之技術，以界定專利權保護之範圍；此爲認定有無專利侵權之重要事項。在解釋申請專利範圍時，發明說明及圖式係屬於從屬地位，未曾記載於申請專利範圍之事項，固不在保護範圍之內；惟說明書所載之申請專利範圍僅就請求保護範圍之必要敘述，既不應侷限於申請專利範圍之字面意義，也不應僅被作爲指南參考而已，實應參考其發明及圖式，以瞭解其目的、作用及效果，...。」，可知判斷進步性時，仍應以申請案之申請專利範圍請求項所載爲準，若申請專利範圍請求項並未記載，而僅在說明書記載，仍不容許之。

2. 臺灣臺南地方法院92年度智字第11號判決

關於專利技術保護範圍之界定，學說上固有：(1)中心限定主義：專利權所保護之客體爲該專利原理之基本核心，縱使其在專利請求之文義中並未具體表現出來，於參酌其所附之詳細說明書、圖式等所記載或標示之事物，亦受到保護。(2)周邊限定主義：申請專利所受保護範圍，以申請專利範圍爲最大限度，未記載於申請專利範圍之事項，不受保護。(3)折衷主義：專利權所賦與之保護範圍，應依申請專利範圍之文義而決定，而說明書之記載及圖式，於解釋申請專利範圍時，應予使用。此說於專利保護範圍之解釋上，非拘泥於申請專利範圍單純之文字解釋，而容許均等原則之適用。我國專利法第105條準用同法第22條之規定：申請新型專利，由專利申請權人備具申請書、說明書、必要圖式及宣誓書，向專利專責機關申請之；又前開之說明書，除應載明申請專利範圍外，並應載明有關之先前技術、發明之目的、技術內容、特點及功效，使熟習該項技術者能瞭解其內容並可據以實施。另同法第103條第2項規定：新型專利權範圍，以說明書所載之申請專利範圍爲準，必要時得審酌說明書及圖式。是以，我國專利法針對專利技術保護範圍之界定，係採取折衷主義，即明文規定專利之保護範圍應以申請專利範圍之內容及對前開專利範圍之解釋爲依據，既不以專利說明書之全部，亦不僅以申請專利範圍之文義爲其範圍。

3. 智慧財產法院97年度民專訴字第6號判決

發明說明及圖式雖可且應作爲解釋申請專利範圍之參考，但申請專利範圍方爲定義專利權之根本依據，因此發明說明及圖式僅能用來輔助解釋申請專利範圍中既有之限定條件（文字、用語），而不可將發明說明及圖式中的限定條件讀入申請專利範圍，亦即不可透過發明說明及圖式之內容而增加或減少申請專利範圍所載的限定條件。

4. 智慧財產法院102年度行專訴字第30號判決

按申請專利範圍之解釋爲法院之職權，且依據92年2月6日修正公布、93年7月1日施行之專利法第56條第3項：「發明專利權範圍，以說明書所載之申請專利範圍爲準，於解釋申請專利範圍時，並得審酌發明說明及圖式。」之規定，可知解釋申請專利範圍雖以其所載之文字爲準，但亦有空間得審酌發明說明及圖式。因此，法院自得以衡平公衆與發明人權益之取捨下，並以符合專利法第1條：「爲鼓勵、保護、利用發明與創作，以促進產業發展，特制定本法。」之立法目的，自行判斷解釋申請專利範圍審酌發明說明及圖式之程度。亦即，對於申請專利範圍之解讀，應將據以主張權利之該項申請專利範圍文字，作爲界定專利權之依據，除不可讀入（read into）專利說明書或摘要之內容外，亦不可將任何部分之內容予以移除。倘有含混或未臻明確之用語，可參酌發明說明或圖式，以求其所屬技術領域中具有通常知識者得以理解及認定之意涵。而解釋申請專利範圍，得參酌內部證據與外部證據，前者係指請求項之文字、發明說明、圖式及申請歷史檔案；後者指內部證據以外之其他證據。例如，創作人之其他論文著作與其他專利、相關前案、專家證人之見解、該發明所屬技術領域中具有通常知識者之觀點、權威著作、字典、專業辭典、工具書、教科書等。關於內部證據與外部證據之適用順序，係先使用內部證據解釋申請專利範圍，倘足使申請專利範圍清楚明確，即無考慮外部證據之必要。反之，內部證據有所不足，始以外部證據加以解釋。倘內部證據與外部證據對於申請專利範圍之解釋有所衝突或不一致者，以內部證據之適用爲優先。準此，有關系爭專利申請專利範圍第1項之解釋，悉依系爭專利之申請專利範圍爲準，原則上應以系爭專利申請專利範圍第1項中所記載之文字意義及文字在相關技術中通常總括的範圍，予以認定。對於申請專利範圍中之記載有疑義而需要解釋時，始應一併審酌發明說明、圖式，並以內部證據爲優先（參照最高行政法院99年度判字第1271號判決）。

・誤記事項之判斷

臺北高等行政法院94年度訴字第00357號判決

所謂「誤記之事項」，一般泛指熟習該項技術者根據其普遍共同具備的知識，就能客觀的從專利說明書的整體內容及上下文中立即識別出有明顯不正確的錯誤內容，同時亦不需多加思考就知道如何更正和回復該錯誤的原意，因此解讀時亦不致影響瞭解實質內容者之此等事項，即屬誤記事項。

・訴願決定有無違法之判斷

1. 最高行政法院99年度判字第89號判決判決

受理訴願機關對於訴願人之請求，是否有正當理由，本有斟酌之權，非謂一經訴願人申請，訴願機關即應爲言詞辯論，訴願機關未經言詞辯論尙難遽指爲違法。

2. 最高行政法院96年度判字第973號判決

依訴願法第65條之規定，於訴願程序是否行言詞辯論，端視受理訴願機關認定有無必要爲斷，非謂一經訴願人申請，訴願機關即應爲言詞辯論，本件經濟部未行言詞辯論程序，尙難遽指爲違法。

3. 最高行政法院97年度第947號判決、最高行政法院97年度第946號判決

依訴願法第63條第1項規定，原則上，訴願係就書面審查決定之，且訴願法第63條第2項及第65條之規定，訴願機關依職權「得」給予當事人陳述及言詞辯論之機會，而非規定訴願機關「應」給予當事人陳述及言詞辯論之機會，又訴願法第63條第3項規定「訴願人或參加人請求陳述意見而有正當理由者，應予到達指定處所陳述意見之機會。」是以受理訴願機關對於訴願人之請求，是否有正當理由，本有斟酌之權，本件訴願機關斟酌結果，未通知上訴人到場說明，並於訴願理由書載明：「另訴願人補充理由書申請言詞辯論乙節，經查本案事證明確，參據行政院85年5月19日台89訴字第14299號令發布修正『行政院及各級行政機關訴願審議委員會審議規則』第10條及第14條規定，經依職權審酌後，認定所請尙無理由，核無必要，併此敘明。」等語，足見訴願決定已就現有資料依職權審酌，以上訴人所訴並無理由，認無必要行言詞辯論，揆諸

前開說明，訴願決定係因有正當理由拒絕訴願人即本件上訴人之申請，不行言詞辯論，所踐行之審議程序尚與法無違。

4. 最高行政法院98年度判字第118號判決

末按訴願法第65條規定：「受理訴願機關應依訴願人、參加人之申請或於必要時，得依職權通知訴願人、參加人或其代表人、訴願代理人、輔佐人及原行政處分機關派員於指定期日到達指定處所言詞辯論。」，查上開規定之立法理由爲：「現行法爲簡易迅速處理訴願案件而採書面審理原則，但書面審理經常不易發現事實，且有關訴願爭點不易理清，故爲保障當事人權益，並促進發現事實，爰仿效日本行政不服審查法第25條規定，修正規定在訴願人、參加人有請求言詞辯論的情形，應給予言詞辯論的機會。」，是以受理訴願機關倘認爲依現有資料，相關事實及法律關係已臻明確，自得本於合目的性之考量拒絕行言詞辯論之請求。本件訴願決定理由末已載明，本件案情已臻明確，訴願人所請進行言詞辯論，核無必要，自無違法可言，縱原判決未予說明，於判決結果不生影響。

5. 最高行政法院98年度裁字第2370號裁定

至上訴意旨另稱，訴願機關對於本件事實及法律關係不明瞭，卻無正當理由拒絕申請言詞辯論，其踐行之審議程序有瑕疵等語。惟按「受理訴願機關應依訴願人、參加人之申請或於必要時，得依職權通知訴願人、參加人或其代表人、訴願代理人、輔佐人及原行政處分機關派員於指定期日到達指定處所言詞辯論。」訴願法第65條定有明文。基此，訴願機關對於當事人申請言詞辯論者，本得依法予以考量，如認無行言詞辯論之必要者，非不得不進行言詞辯論。本件訴願決定以事實已臻明確，並無行言詞辯論之必要，並記明在理由，與法並無不合。

附錄

發明專利申請須知

＊個人資料保護注意事項：

一、依專利法第37條、專利法第47條第2項（第120條、第142條準用）規定，經公開或公告後之專利案，任何人均得申請閱覽、抄錄、攝影或影印其全部檔案資料。本局開放民眾線上調閱依法公開或公告之專利案件審查資訊，惟為落實個人資料保護，申請書中不屬於專利公報及公開公報應刊載之個人資料（如身分證統一號碼、電話、傳真、E-MAIL、印鑑及簽名），本局將不予公開。

二、除申請書所列各項欄位外，請避免填寫不必要之個人資料，並請勿於申請書以外之附件中填寫不同意公開之個人資料或簽章，以免專利資訊公開時損及個人權益。

壹、應備文件

申請發明專利，應備具申請規費、申請書1份、說明書與必要圖式各一式3份及相關證明文件。

貳、申請書

一、申請人應簽名或蓋章，如有委任代理人者，得僅由代理人簽名或蓋章。申請人指定送達代收人者，申請人仍應簽名或蓋章。

二、本表應使用繁體中文填寫，不得以簡體字或日、韓文漢字，表中文字應以墨色打字或印刷。

三、本表中方格□填表人自行選用，若有方格□所述內容，請於方格□內為標記。

四、本表※部分，填表人不必填寫；惟已有申請案號者請填寫。

五、發明名稱應明確、簡要，有英文者，亦請一併填寫。

六、申請人應填寫姓名或名稱、ID、住居所或營業所、國籍；如為法人、機關、學校者，並應填寫代表人姓名。

ID欄，申請人

（一）如為本國自然人者，填寫其國民身分證統一編號。

（二）如為本國公司、財團法人、機關、學校者，填寫其統一編號（扣繳編號）。

（三）如為外國人者，由本局統一編給識別碼。

七、申請人為多數時，請自行編號依序填寫，如未委任代理人或委託代收人，請指定其中一人為應受送達人，如未指定者，以第一順序申請人為應受送達人。

八、申請人（發明人）之外文姓名或名稱應以英文書寫為限，且其英文字體應以大寫為之。

九、發明人應是自然人，如爲多數時，請自行編號依序塡寫。

十、本案有委任代理人者，請塡寫代理人姓名等資料，並簽名或蓋章。證書字號欄位，請代理人就所具備專利代理資格擇一塡寫，例如專利師證書字號、專利代理人證書字號或律師證書字號。代理人多數時，請自行編號依序塡寫（不得超過3人）。本案如有委任文件代收人者，得以本欄依實際情事修改塡寫。

十一、申請人主張新穎性優惠期者，應於聲明事項方格□內爲標記，並載明事實發生日期，且應檢附證明文件。

十二、申請人主張優先權者，應於聲明事項方格□內爲標記，並視依據法條，分別於方格□內爲標記，

（一）依專利法第28條第1項主張優先權，應載明在世界貿易組織會員或互惠國第一次依法申請專利之申請日及受理申請之國家或地區，且應檢附證明文件（如有申請案號，請一併塡寫）。

（二）依專利法第30條第1項主張優先權，應載明先申請案之申請日及申請案號。

十三、申請案屬於生物材料或利用生物材料之發明專利，應於聲明事項方格□內爲標記，並視是否必須寄存，分別於方格□內爲標記，如必須寄存，應載明國內寄存機構名稱、寄存日期及寄存號碼；申請前如已於國外寄存機構寄存者，並應載明國外寄存機構名稱、寄存日期及寄存號碼。

十四、申請人如同時檢附中文說明書及圖式，請載明說明書頁數、圖式頁數、合計頁數及申請專利範圍之請求項數。

十五、申請人應按實際附送書件，於方格□內爲正確標記。

參、發明專利說明書及圖式

一、本表應使用繁體中文塡寫，不得以簡體字或日、韓文漢字，表中文字應以墨色打字或印刷。

二、本表※部分，塡表人不必塡寫。

三、發明名稱應明確、簡要，有英文者，亦請一併塡寫。

四、說明書應明確具體記載發明之技術內容，其科學名詞之譯名經國立編譯館編譯者，應以該譯名爲原則；未經編譯或專利專責機關認有必要時，得通知申請人附註外文原名。說明書採用之用語須前後一致。

五、發明摘要應敘明發明所揭露內容之概要，包含所欲解決之問題、解決問題

之技術手段以及主要用途，字數以不超過250字爲原則。發明摘要不得記載商業性宣傳詞句。如有英文發明摘要，請按中文發明摘要翻譯。

六、指定代表圖欄，請指定最能代表該發明技術特徵之圖式爲代表圖，並載明該代表圖之元件符號簡單說明。若無能代表該發明技術特徵之圖式爲代表者，請載明無。

七、發明說明的內容包含發明所屬之技術領域、先前技術、發明內容、實施方式、圖式簡單說明等事項，應依序撰寫，並附加標題。惟當發明說明以其他方式表達較爲清楚者，得不依前述之順序撰寫。

八、說明書之撰寫應以標楷體14或16號字體、直式橫書、由左至右爲之，每頁應於四邊各保留2公分之空白，並自第1頁起依序編碼。

九、圖式應參照工程製圖方法繪製清晰。發明案例外無法以圖式繪製方法呈現，僅能以照片呈現者，得以照片取代之，以照片取代時，若用彩色照片能更清楚呈現整體發明內容者，例如：金相圖或細胞組織染色圖等，則得以彩色照片替代。

十、圖式應註明圖號（各圖式之下方須附註第一圖、第二圖或圖1、圖2等中文圖號）及元件符號（須用阿拉伯數字加註符號，註記元件符號所用之引出線不得交錯，須明確加以劃分區別，所示圖式之同一部分在數圖中同時出現時應採用同一符號），除必要註記外，不得記載其他說明文字。

十一、有關於圖式及各元件符號之說明，應記載於發明說明欄之圖式簡單說明及主要元件符號說明中。

肆、相關證明文件

一、發明人與申請人不同一者，應檢附申請權證明書1份。

二、有委任代理人者，應檢附委任書1份。

三、有主張新穎性優惠期者，應檢附新穎性證明文件1份。

四、依專利法第28條第1項主張優先權者，應檢附優先權證明文件正本及首頁影本各1份、首頁中譯本2份。

五、申請案屬於生物材料或利用生物材料之發明專利，應檢附寄存證明文件1份。

發明專利申請須知電子送件

壹、應備文件

申請發明專利，應備具申請規費、申請書、說明書與必要圖式及相關證明文件。

貳、申請書

一、申請人應PKI電子簽章；其委任代理人者，得僅由代理人PKI電子簽章。

二、本表應使用繁體中文塡寫，不得以簡體字或日、韓文漢字，表中文字應以墨色打字或印刷。

三、本表中方格□塡表人自行選用，若有方格□所述內容，請於方格□內爲標記。

四、本表※部分，塡表人不必塡寫；惟已有申請案號者請塡寫。

五、發明名稱應明確、簡要，有英文者，亦請一併塡寫。

六、申請人應塡寫姓名或名稱、ID、住居所或營業所、國籍；如爲法人、機關、學校者，並應塡寫代表人姓名。

ID欄，申請人

（一）如爲本國自然人者，塡寫其國民身分證統一編號。

（二）如爲本國公司、財團法人、機關、學校者，塡寫其統一編號（扣繳編號）。

（三）如爲外國人者，由本局統一編給識別碼。

七、申請人爲多數時，請自行編號依序塡寫，如未委任代理人，請指定其中一人爲應受送達人，如未指定者，以第一順序申請人爲應受送達人。

八、申請人（發明人）之外文姓名或名稱應以英文書寫爲限，且其英文字體應以大寫爲之。

九、發明人應是自然人，如爲多數時，請自行編號依序塡寫。

十、本案有委任代理人者，請塡寫代理人姓名等資料。代理人多數時，請自行編號依序塡寫（不得超過3人）。

十一、申請人主張新穎性優惠期者，應於聲明事項方格□內爲標記，並載明事實發生日期，且應檢附證明文件。

十二、申請人主張優先權者，應於聲明事項方格□內爲標記，並視依據法條，分別於方格□內爲標記，

（一）依專利法第28條第1項主張優先權，應載明在世界貿易組織會員或互惠國第一次依法申請專利之申請日及受理申請之國家或地區，且應檢附證明文件（如有申請案號，請一併塡寫）。

（二）依專利法第30條第1項主張優先權，應載明先申請案之申請日及申請案號。

十三、申請案屬於生物材料或利用生物材料之發明專利，應於聲明事項方格□內爲標記，並視是否必須寄存，分別於方格□內爲標記，如必須寄存，應載明國內寄存機構名稱、寄存日期及寄存號碼；申請前如已於國外寄存機構寄存者，並應載明國外寄存機構名稱、寄存日期及寄存號碼。

十四、申請人如同時檢附中文說明書及圖式，請載明說明書頁數、圖式頁數、合計頁數及申請專利範圍之請求項數。

十五、申請人應按實際附送書件，於方格□內爲正確標記。

參、發明專利說明書及圖式

一、本表應使用繁體中文塡寫，不得以簡體字或日、韓文漢字，表中文字應以墨色打字或印刷。

二、本表中方格□塡表人自行選用，若有方格□所述內容，請於方格□內爲標記。

三、本表※部分，塡表人不必塡寫。

四、發明名稱應明確、簡要，有英文者，亦請一併塡寫。

五、說明書應明確具體記載發明之技術內容，其科學名詞之譯名經國立編譯館編譯者，應以該譯名爲原則；未經編譯或專利專責機關認有必要時，得通知申請人附註外文原名。說明書採用之用語須前後一致。

六、發明摘要應敘明發明所揭露內容之概要，包含所欲解決之問題、解決問題之技術手段以及主要用途，字數以不超過250字爲原則。發明摘要不得記載商業性宣傳詞句。如有英文發明摘要，請按中文發明摘要翻譯。

七、指定代表圖欄，請指定最能代表該發明技術特徵之圖式爲代表圖，並載明該代表圖之元件符號簡單說明。若無能代表該發明技術特徵之圖式爲代表者，請載明無。

八、發明說明的內容包含發明所屬之技術領域、先前技術、發明內容、實施方式、圖式簡單說明等事項，應依序撰寫，並附加標題。惟當發明說明以其他方式表達較爲清楚者，得不依前述之順序撰寫。

九、說明書之撰寫應以標楷體14或16號字體、直式橫書、由左至右爲之，每頁應於四邊各保留2公分之空白，並自第1頁起依序編碼。

十、圖式應參照工程製圖方法繪製清晰。發明案例外無法以圖式繪製方法呈現，僅能以照片呈現者，得以照片取代之，以照片取代時，若用彩色照片能更清楚呈現整體發明內容者，例如：金相圖或細胞組織染色圖等，則得以彩色照片替代。

十一、圖式應註明圖號（各圖式之下方須附註第一圖、第二圖或圖1、圖2等中文圖號）及元件符號（須用阿拉伯數字加註符號，註記元件符號所用之引出線不得交錯，須明確加以劃分區別，所示圖式之同一部分在數圖中同時出現時應採用同一符號），除必要註記外，不得記載其他說明文字。

十二、有關於圖式及各元件符號之說明，應記載於發明說明欄之圖式簡單說明及主要元件符號說明中。

肆、相關證明文件

一、發明人與申請人不同一者，應檢附申請權證明書。

二、有委任專利代理人或委託文件代收人者，應檢附委任書或委託書。

三、有主張新穎性優惠期者，應檢附新穎性證明文件。

四、依專利法第28條第1項主張優先權者，應檢附優先權證明文件正本及首頁影本各1份、首頁中譯本2份。

五、申請案屬於生物材料或利用生物材料之發明專利，應檢附寄存證明文件。

伍、電子申請注意事項

一、專利電子申請應使用本局所規定之軟、硬體資訊設備傳送專利電子申請文件。

二、申請人與代理人使用電子申請前，應先取得政府機關所發給之電子憑證或本局認可之憑證機構所發給之電子憑證，向本局申請登錄，並完成電子申請約定。

三、專利電子申請文件之檔案格式、檔案位元組大小、電子封包格式、傳送方式及使用之電子申請軟體，應符合本局之規定，並備具有效之電子簽章。

四、專利電子申請文件之部分或全部難以辨識或不完整者，或含有病毒或其他惡意之程式碼者，則全份專利電子申請文件視爲未被電子傳達。

五、電子申請文件之送達時間以本局之資訊系統收受之時間爲準。

陸、個人資料保護注意事項

一、依專利法第37條、專利法第47條第2項（第120條、第142條準用）規定，經公開或公告後之專利案，任何人均得申請閱覽、抄錄、攝影或影印其全部檔案資料。本局開放民衆線上調閱依法公開或公告之專利案件審查資訊，惟爲落實個人資料保護，申請書中不屬於專利公報及公開公報應刊載之個人資料（如身分證統一號碼、電話、傳眞、E-MAIL、印鑑及簽名），本局將不予公開。

二、除申請書所列各項欄位外，請避免塡寫不必要之個人資料，並請勿於申請書以外之附件中塡寫不同意公開之個人資料或簽章，以免專利資訊公開時損及個人權益。

專利規費清單　　　　【102/01/01起】

案　別	金額
發明申請舉發（適用專利申請人不適格或違反互惠原則之情形）。	10000
新型申請舉發（適用專利申請人不適格或違反互惠原則之情形）。 申請延長發明專利權（醫藥品及農藥品之發明專利權）。	9000
發明申請再審查（適用101年12月31日前提出之再審查申請案）。設計申請舉發。	8000
發明申請實體審查（適用99年1月1日起提出之申請案，其請求項合計在10項以內者）。 發明申請再審查（適用102年1月1日起提出之再審查申請案，其請求項合計在10項以內者）。	7000
發明申請實體審查（適用99年1月1日起提出之申請案），發明申請再審查（適用102年1月1日起提出之再審查申請案），前二項其請求項超過10項者，每項加收800元。 發明、新型申請舉發（依舉發聲明所載之請求項數逐項計費，每項加收800元）	800
發明申請實體審查、發明申請再審查，前二項其專利說明書、申請專利範圍、摘要及圖式超過50頁者，每50頁加收500元；其不足50頁者，以50頁計。	500

申請新型專利技術報告（適用102年1月1日起提出之申請，其請求項合計在10項以內者）。申請勘驗。 發明、新型申請舉發（適用依請求項數逐項舉發）。	5000
申請新型專利技術報告（適用102年1月1日起提出之申請），其請求項超過10項者，每項加收600元。	600
發明申請專利。申請改請為發明專利。發明申請分割。設計申請再審查。	3500
新型申請專利。申請改請為新型專利。新型申請分割。設計申請專利。申請衍生設計專利。申請改請為設計專利。設計申請分割。申請改為部分設計專利。申請改為衍生設計專利。	3000
申請舉發案補充理由、證據。發明申請更正說明書、申請專利範圍或圖式。設計申請更正說明書或圖式。新型更正與舉發合併審查。申請回復優先權主張。申請誤譯之訂正。	2000
申請提早公開發明專利申請案。申請面詢。新型申請更正說明書、申請專利範圍或圖式。	1000
以商業上之實施所必要，或適用支援利用專利審查高速公路加速審查作業方案，申請加速審查者。	4000
申請變更申請人之姓名或名稱、印章或簽名。申請變更發明人、新型創作人或設計人，或變更其姓名。申請變更代理人。申請變更有關專利權授權、質權或信託登記之其他變更事項者，每件300元；其同時申請變更二項以上者，亦同。	300
發明申請強制授權專利權。發明申請廢止強制授權專利權。	100000
申請專利申請權或專利權讓與或繼承登記。申請專利權授權或再授權登記。申請專利權授權塗銷登記。申請專利權質權設定登記。申請專利權質權消滅登記。申請專利權信託登記。申請專利權信託塗銷登記。申請專利權信託歸屬登記。	2000
積體電路電路布局登記	8000
發明、新型專利年費第一年至第三年，每年	2500
自然人、學校及中小企業得減免專利年費，發明、新型第一年至第三年每年減免800元，減免後每年	1700
發明專利年費第四年至第六年，每年 核准延展之專利權，每件每年年費	5000

自然人、學校及中小企業得減免發明專利年費，第四年至第六年每年減免1200元，減免後每年	3800
發明專利年費第七年至第九年，每年	8000
發明專利年費第十年以上，每年	16000
新型專利年費第四年至第六年，每年	4000
自然人、學校及中小企業得減免新型專利年費，第四年至第六年每年減免1200元，減免後每年	2800
新型專利年費第七年以上，每年	8000
設計專利年費第一年至第三年，每年	800
自然人、學校及中小企業得減免設計專利年費，第一年至第三年每年減免800元，減免後每年	0
設計專利年費第四年至第六年，每年	2000
自然人、學校及中小企業得減免設計專利年費，第四年至第六年每年減免1200元，減免後每年	800
設計專利年費第七年以上，每年	3000
專利證書費。申請發給證明書件。	1000
補發或換發專利證書費。	600
申申請核發、補發或換發專利師證書費。	1500
申申請補發或換發專利代理人證書費。	1500

專利各項申請案件處理時限表（九十七年一月十日公告修正，並自即日起施行）

序號	事項類別	平均首次通知期間	處理期間
1	發明申請案初審：		
	1-1 核子工程類	15個月	18個月
	1-2 活用品、土木建築類	18個月	24個月
	1-3 一般機械工程、運輸、成型類	21個月	24個月
	1-4 通訊類	21個月	24個月
	1-5 量測、光及儲存裝置類	18個月	27個月
	1-6 有機、無機化學、冶金、金屬表面處理、電鍍類	21個月	27個月

序號	事項類別	平均首次通知期間	處理期間
	1-7 紡織及不屬別類之柔性材料、造紙及紙製品加工類	21個月	27個月
	1-8 資訊類	21個月	27個月
	1-9 半導體類	21個月	27個月
	1-10 電力、基本電子電機元件類	21個月	27個月
	1-11 電子商務類	21個月	27個月
	1-12 光電液晶類	21個月	30個月
	1-13 生物技術、醫藥品、農藥、食品類	28個月	36個月
2	發明申請優先審查		10個月
3	電機、化工類案件再審查	32個月	36個月
4	機械、日用品類案件再審查	8個月	12個月
5	強制授權發明專利權		24個月
6	廢止強制授權發明專利權		18個月
7	發明專利權特許實施補償金之核定		6個月
8	發明專利權延長申請案		12個月
9	新型申請案	4個月	6個月
10	新型專利技術報告		12個月
11	新型專利技術報告（有非專利權人為商業上實施）		6個月
12	設計申請案初審	10個月	12個月
13	設計申請案再審查	6個月	10個月
14	舉發案件		15個月
15	舉發案件優先審查		6個月
16	更正說明書、申請專利範圍、圖式、圖說		6個月
17	專利權異動登記（含讓與、授權實施、設定質權、信託等各項登記）		20天
18	取得專利權後各項變更登記		20天
19	核發英文證明書		20天
20	核發專利代理人證書（快辦案件）		1天

序號	事項類別	平均首次通知期間	處理期間
21	核發專利代理人證書（一般案件）		20天
22	核發優先權證明文件（快辦案件）		1天
23	核發優先權證明文件（一般案件）		20天

備註：處理時限自收文日起算，但通知補正、申復、答辯期間或因其他正當事由緩辦之期間不計算在內。

第四單元　專利之舉發、職權撤銷與行政救濟

第一節　前言

案例

丁公司擁有一A專利，丁公司於民國97年以戊之產品侵害A專利申請專利範圍第1項為由，對戊提起專利侵權民事訴訟，請求損害賠償。戊隨即以引證a主張A專利申請專利範圍第1項不具新穎性及進步性為由，提出舉發，經智慧財產局審定舉發不成立，戊依法提起訴願亦遭駁回，已提起行政訴訟進行中。

(1)己可否以相同之引證a，主張A專利申請專利範圍第1項不具進步性而向智慧財產局另提起舉發？

(2)庚可否以引證b，主張A專利申請專利範圍第1項不具新穎性而向智慧財產局另提起舉發？

(3)戊之行政訴訟結果是否確定對己、庚之舉發案結果有無影響？

(4)智慧財產局如認A專利確實有應撤銷之原因，得否以職權將其撤銷？

(5)丁公司為避免一再面臨舉發案，遂欲對A專利之申請專利範圍第1項進行更正，可否？

(6)本件行政訴訟進行中，丁公司可否參加訴訟？

我國之專利審查包含「行政機關審查」與「公眾審查」兩部分，如前節所述，一專利申請案之提出，必須向專利專責機關（即智慧財產局）提出專利之申請，經由機關內部之專業專利審查官進行審查、再審查與公開、公告，救濟程序等過程，以獲得專利權之授與，此部分為「行政機關審查」。惟即使通過專利申請程序，獲得智慧財產局審查准予專利，也並非意味該專利權將一直有效，除了法定專利存續期間之限制外，我國專利法在92年修法之前，原規定有暫准專利權期間之「異議」與核准專利權期間之「舉發」兩種事後公眾審查機制，但現行法則將異議程序刪除，對於審查核准後專利之公眾審查，一律採取舉發程序，故而任何人（部分事由需由利害關係人提出）如對於該專利權之合法性有所質疑時，符合法定舉發事由時，均得向智慧財產局提出舉發案以檢舉

之，智慧財產局將重新審查該專利案，如認為該專利確實有應撤銷之事由，應依舉發人之申請將該專利撤銷之，此為「公衆審查」之部分，在異議程序遭刪除之後，舉發程序之地位已更形重要，尤其在專利侵權訴訟之情形，提起舉發案更是被告最常見之防禦方法之一。

專利專責機關依職權撤銷專利權，亦是對專利權之事後審查機制之一，舉發案之成立必須有舉發人提出舉發之申請始能開始審查程序，但由於專利權之授與，將使專利權人在法定期間內獲得效果強大的排他權力，其實亦帶有公益之性質，故專利主管機關在得知專利案件之要件有所欠缺時，亦得依法主動依職權予以撤銷，以維護公衆、整體市場之利益，惟此種情形實務上較為少見。

第二節　法令解說

一、舉發之意義

舉發制度，係指在一專利獲得核准公告後，任何人如認為該專利有欠缺法定要件，不應獲准或延長專利之情形，均得附具證據，向專利專責機關提起舉發，載明舉發之理由，由專利專責機關依據舉發人所提證據、主張事實及理由，在舉發人所主張之爭點範圍內對於被舉發之專利重新審查，如審查結果認為舉發有理由者，即可由專利專責機關將該專利撤銷。

舉發之意義在於使公衆能藉由舉發之提出，糾正專利專責機關在審查專利時可能出現之疏失或錯誤，我國專利法原另設有異議制度，在公告之日起三個月內，專利申請人尚未獲准專利前，任何人均可向專利審查機關提出異議，然因異議制度易遭意圖阻礙他人領證之人濫用，為保護專利申請人之利益，新法下已將異議制度刪除，僅餘舉發程序。

二、舉發之法定事由

專利之舉發應具備法定之舉發事由，而專利舉發係因專利權之法定要件有所欠缺，故該申請案在專利審查機關審查申請時，其實本應依專利法不予專利事由之規定予以核駁，因此，專利之舉發事由原則上大致上會與不予專利之事由相同，惟兩者間仍有相異的部分，須特別留意。

依據我國專利法之規定，舉發之事由共有以下幾種：

（一）發明專利之舉發事由

1. 專利法第71條第1項：依本條規定，違反第12條第1項（專利申請權為共有時，未由全體共有人申請）、第21條至第24條（不符發明定義、欠缺專利三要件、擬制喪失新穎性、法定不予發明專利項目）、第26條（說明書未明確說明、未充分揭露）、第31條（先申請主義）或第43條第2項（補充修正超出申請時原說明書或圖式所揭露之範圍）規定者、專利權人所屬國家對中華民國國民申請專利不予受理者（違反互惠原則）、發明專利權人為非發明專利申請權人者，均係法定舉發事由。其中，共有專利申請權而未由全體共同申請以及非專利申請權人提出專利申請之情形，因係屬利害關係人彼此間之權利歸屬爭議，與公益之維護較無關連，且如由其他不相關之人提出舉發，如其無法充分攻防，舉發結果為不成立之情形下，依據專利法第81條「一事不再理」之規定，亦恐影響共同或真正申請權人自行攻擊之機會，較為不宜，故此兩項舉發事由，專利法第71條第2項特別規定，限於由利害關係人提起舉發，而其餘之舉發事由，則任何人均可主張之。
2. 專利法第57條：醫藥品、農藥品或其製造方法發明專利權之實施，依其他法律規定，應取得許可證，而於專利案公告後需時二年以上者，專利權人得申請延長專利二年至五年（專利法第73條）。此係我國專利法允許延長專利期間之特別規定，惟如專利權並不符合前述要件，卻仍獲得延長專利期間時，任何人均得附具證據，向專利專責機關舉發之。本條規定之舉發事由共有：

   一、發明專利之實施無取得許可證之必要者。

   二、專利權人或被授權人並未取得許可證。

   三、核准延長之期間超過無法實施之期間。

   四、延長專利權期間之申請人並非專利權人。

   五、專利權為共有，而非由共有人全體申請者。

   六、以取得許可證所承認之外國試驗期間申請延長專利權時，核准期間超過該外國專利主管機關認許者。

   七、取得許可證所需期間未滿二年者。

（二）新型專利之舉發事由

新型專利之舉發事由：新型專利，依專利法第119條第1項，違反第12條第1項（專利申請權為共有時，未由全體共有人申請）、第104條、第105條（不符新型定義、欠缺專利三要件、擬制喪失新穎性、有害公序良俗）、第109條（補充修正超出原專利申請範圍）、第120條準用第26條（說明書未明確說明、充分揭露）或第120條準用第31條（先申請主義）規定者、專利權人所屬國家對中華民國國民申請專利不予受理者（違反互惠原則）、新型專利權人為非新型專利申請權人者，均係新型專利之法定舉發事由。其中，與發明專利之規定相同，共有專利申請權而未由全體共同申請以及非專利申請權人提出專利申請等兩種情形，主要係利害關係人彼此間之權利歸屬爭議，故該兩項舉發事由，故專利第109條第2項特別規定，僅限於由利害關係人提起舉發，其餘之舉發事由，任何人均可主張之。

（三）設計專利之舉發事由

設計專利之舉發事由：設計專利，依專利法第141條第1項，違反第12條第1項（專利申請權為共有時，未由全體共有人申請）、第121條至第124條（不符設計定義、欠缺專利三要件、擬制喪失新穎性、法定不予設計專利事由）、第126條（設計之圖說未明確說明、未充分揭露）、第128條（先申請主義）或第142條第1項準用第42、43條第1項至第4項（補充修正超出申請時原圖說所揭露之範圍）規定者、專利權人所屬國家對中華民國國民申請專利不予受理者（違反互惠原則）、設計專利權人為非設計專利申請權人者，為設計專利之法定舉發事由。其中，與發明專利之規定相同，共有專利申請權而未全體共同申請以及非專利申請權人提出專利申請之情形，係屬利害關係人間之權利歸屬爭議，故此兩項舉發事由，專利法第141條第2項特別規定，僅限於由利害關係人提起舉發，其餘之舉發事由，任何人均得主張之。

三、舉發人

專利之舉發屬於公衆審查制度之一，關於舉發人之資格，原則上除有專利法第71條第2項、第72條、第119條第2項、第141條第2項之特別規定外，任何公衆均能對專利權之授與進行檢驗、質疑，亦即依現行之專利法，除了在下述情形，舉發人必須是利害關係人外，關於其餘之舉發事由，任何人均得據以提出舉發：

1. 共有專利申請權而未全體共同申請。
2. 非專利申請權人提出專利申請。
3. 對已期滿或已消滅之專利權提起舉發：專利權如果已期滿或已消滅，即已不再存在，原則上對舉發人應沒有任何不利益，故沒有提起舉發請求撤銷之實益，惟專利權在其存續期間內往往已形成某些法律效果，而該法律效果並不會隨著專利權之期滿而消失（例如：被指控專利侵權，即使專利期滿，仍不影響賠償責任之成立），此時，利害關係人如對於專利權之撤銷有可回復之法律上利益，即得於專利權期滿或當然消滅後提起舉發（專利法第72條）。惟此時舉發人必須提出其對於專利權之撤銷有可回復之法律上利益之相關訴訟繫屬資料，倘未附具證明文件，該舉發案不予受理。

四、舉發之程序審查

舉發之提起，必須塡寫舉發申請書，並附具理由與證據、載明舉發所依據之法規，舉發理由書中應詳細說明被舉發案欠缺專利法定要件之理由，並應配合所引證的國內外文獻資料或國內申請在先已獲核准之專利前案等，加以比對說明。如舉發理由未敘明或未檢附證據，舉發人得自舉發日起一個月內補提理由與證據，如逾期未補正，舉發之申請將不予受理，但在舉發審定前提出者，仍應審酌之（專利法第73條第4項）。目前實務上智慧財產局對於舉發人或專利權人所提出之舉發理由和答辯理由，只要是在審定結果作成之前所提出，均會納入審酌，目的係保障雙方當事人充分陳述意見之機會，惟逾期提出之補充理由或答辯，審查機關有可能無法及時審酌，舉發人或被舉發人仍應承擔逾期提出之風險。

專利審查機關收到舉發申請書後，應先對舉發案進行程序審查，尤其是對於舉發的標的，如提起舉發時，被舉發之專利申請案尚未審查確定取得專利權，其舉發之申請自應不予受理；如提起舉發時，被舉發專利案係已經審查確定，尚在得補繳年證費之期間者，專利審查機關應通知舉發人該舉發案須等繳費期限屆滿後始能辦理，若專利申請人屆期仍未繳費，則自始無法取得專利權，舉發之標的即不適格，其舉發之申請應不予受理。

惟如果依據舉發人所提之文件在形式上無法判斷不符合舉發實體審查要件，經專利審查委員於審查後始發現，將會予以「舉發駁回」之審定。

在舉發之提起，限於利害關係人始得爲之時，舉發人應於舉發申請書中主張並載明之，以供審查機關審查。專利審查機關如認其主張不明確者，應通知舉發人補正。如被舉發人對舉發人是否具備利害關係有所爭執時，審查機關應對利害關係人之資格，進行合理程度之調查，如認定舉發人並不具有利害關係時，應以當事人不適格審定駁回。惟當提出舉發時，舉發人尚不具利害關係，但於審定前已具有利害關係時，仍例外可符合利害關係之要件。

五、舉發之實體審查

舉發案通過程序審查之後，審查機關應將舉發書副本送達專利權人供其參考，衡量如何進行答辯或是否更正專利申請範圍。專利權人應於副本送達後一個月內答辯，除先行申明理由，准予展期者外，屆期不答辯者，審查機關得就現有之資料逕行進入實體審查（專利法第74條）。

專利專責機關於進行舉發之實體審查時，應指定未曾審查原案之初審或再審查之專利審查人員審查，並作成審定書，送達專利權人及舉發人（專利法第79條）。同一專利有二件以上之舉發案者，各舉發案之承審人員均符合上述規定，各舉發案亦不要求應由相同審查人員審查。審查人員並得依申請或依職權通知專利權人限期爲下列行爲（專利法第76條）：

1. 至專利專責機關面詢：舉發案之審查，原則上係採取書面審理，惟如審查人員認爲，透過言詞陳述能將專利申請案之內涵表達清楚，審查人員即可通知申請人，或由申請人主動申請至智慧財產局進行面詢。專利法第76條雖然只規定得通知「專利權人」面詢，但實際上舉發人亦不乏有以言詞陳述其舉發理由之必要，應爲本條立法之疏漏，然實務運作上，審查機關常有通知舉發人面詢或是舉發人主動申請面詢之情形。有關面詢之細節，可參閱經濟部智慧財產局之「專利案面詢作業要點」（詳參本單元附錄）。
2. 爲必要之實驗、補送模型或樣品：必要時，專利專責機關得至現場或指定地點實施勘驗，以便就系爭案說明書或圖說所載相關之創作目的、技術構成或外觀式樣、作用功效等能再次詳細檢視，或供有關之當事人補充說明或輔助證明該案在說明書、圖說之記載上是否完備或在產業上利用性、新穎性、進步性等專利基本要件上有無缺失。同樣的，本條雖僅規定得通知「專利權人」爲本項行爲，但實務運作上審查機關亦得對舉發人為如此之要求。

3. 依第67條第2項及第3項規定更正：所謂更正，係指由專利權人申請更正專利說明書或圖式，發明與新型專利僅限於「申請專利範圍之減縮」、「誤記事項之更正」、以及「不明瞭事項之釋明」之事項，且該等更正不得超出專利申請時於說明書或圖式所揭露之範圍，且不得實質擴大或變更申請專利範圍；而設計專利則限於有「誤記或不明瞭之事項」者，始得為之。

於舉發審理過程中，如遇有專利權人提出更正申請，此時專利專責機關應將專利權人更正之內容通知舉發人。專利法修正前，專利權人以往如更正其專利說明書或圖式，審查機關並不會通知舉發人，造成舉發人無從得知、表示意見之機會，造成其無法適時調整與補充其舉發理由與證據，導致無法確實落實舉發制度之意義，現行法則明定審查機關的通知義務，據此，當同一專利有多件舉發案時，審查機關應分別通知各個舉發人，當有多次更正時，每次更正之內容均應通知舉發人，供其表示意見。

舉發案之實體審查，係採取逐項審查原則，因申請專利範圍之每一請求項均可獨立行使權力，因此舉發申請案中若無特別指明，即視同於主張所有請求項之實質內容均不符專利要件，惟舉發人亦可特別指明係只針對其中部分請求項提出舉發。如舉發人只針對申請專利範圍之某一或某些附屬項提起舉發時，由於附屬項必須依附於獨立項之下，故如審查機關認為一附屬項之實質內容有專利法定要件上之瑕疵時，亦應行使闡明權，並得一併審查該附屬項所依附之獨立項。

惟僅針對特定請求項次提起舉發，而未就所有申請專利範圍之請求項提起舉發之情形，智慧財產局將需視審查之結果，分別踐行相關程序，以確保當事人之權利。依據現行法之規定，智慧財產局可作成部分項次舉發成立之審定（專利法第79條第2項）。

關於專利舉發案中事實與證據之調查，以往實務曾認為應採當事人進行原則，如當事人未提出之事證，審查機關並不會依職權調查之，惟此見解顯然與舉發制度之目的係公衆審查之精神不符，故目前實務之運作已傾向為：對於舉發案件，審查機關在審理時除了就雙方當事人書面所主張之事實、證據、法條及提出之答辯等進行審查外，並應在雙方當事人之爭點範圍內依職權調查證據，如當事人曾經主張之事證有未予調查者，即屬違法。而審查機關在審查時亦應行使闡明權，如認為當事人所主張引用之法條、事實、證據等有關爭議理由之記載不夠明確時，應先向當事人予以闡明，給予補充或敘明意見之機會，以充分瞭解該爭議點之內容，作出正確之審定結果。

如本章一開始所述，在專利權人提起專利侵權訴訟之情形，因侵權訴訟之前提係專利權必須爲有效，而專利權有效與否，又常係仰賴舉發案之審查結果，因此專利侵權訴訟之被告提起舉發案是常見之防禦方法之一。爲避免裁判歧異，在專利舉發之行政程序方面，爲避免舉發程序需時甚久，影響民事判決懸而不決，無法保護專利權人之利益，專利法第101條亦規定：「舉發案涉及侵權訴訟案件之審理者，專利專責機關得優先審查。」據此，舉發案涉及侵權訴訟案件之審理者，雙方當事人均得備具相關證明文件，向審查機關申請優先審查，使舉發案早日確定，以利訴訟案之順利進行。

六、舉發之審定

舉發案經完成相關之審查程序之後，應作成審定書，分別送達相關之當事人。舉發實體審定之結果共有：舉發成立、舉發駁回、舉發不成立等三種情形。舉發理由成立者，審查機關應做出舉發成立、撤銷專利權之審定（現行法亦可能有部分項次舉發成立之審定）；舉發理由不成立者，應做出舉發不成立之審定，另外，尙有一種舉發駁回之審定，當舉發案違反例如一事不再理效力或舉發案因被舉發之專利已因撤銷或有效期間屆滿而消滅時，專利審查機關因並未進行實體審定，此時即不宜予以舉發不成立之審定，應爲舉發駁回之審定。如舉發案經審查之後，認爲僅有部分請求項之舉發有理由時，審查機關應先通知被舉發人更正其說明書、圖式或圖說，如該申復答辯爲有理由，或其提出之發明、新型專利更正已符合專利法第67條第2、3項之要求；而設計專利之修正、更正符合專利法第139條第1項之規定者，即應審定舉發不成立；如被舉發人未申復或其申復無理由或修正、更正不合上述規定者，即應全部審定舉發成立，撤銷該專利權有部分項次之可能。審定異議不成立或舉發不成立時，應注意就所有之舉證證據均已逐一論究，避免有漏未審查之情事。如針對同一專利有多數舉發案時，經不同當事人先後以相同引證案提起數件舉發案件時，其審定結果應力求前後一致。如舉發案審查中，因他舉發案審定舉發成立專利權撤銷確定時，此時因舉發之標的已不復存在，審查人員應爲舉發駁回之審定。

七、舉發審定之效果

（一）全部項次舉發成立確定，撤銷專利權

專利權經舉發審定成立，認爲應予撤銷後，若被舉發人（專利權人）未依法提起行政救濟；或經提起行政救濟經駁回確定者，即爲撤銷確定。專利權因法定要件欠缺而遭撤銷確定者，專利權之效力，視爲自始即不存在；如係專利權期間之延長不當，而遭舉發撤銷之情形，則原核准延長之期間，視爲自始不存在，但如因違反專利法第57條第1項第3款（核准延長之期間超過無法實施之期間）、第6款（以取得許可證所承認之外國試驗期間申請延長專利權時，核准期間超過該外國專利主管機關認許者）之規定者，就其超過之期間，視爲未延長。其他舉發成立確定，撤銷專利之特別效力有：

1. 專利法第35條：專利爲非專利申請權人請准專利，經專利申請權人於該專利案公告之日後二年內申請舉發，並於舉發撤銷確定之日起2個月內申請者，以非專利申請權人申請日爲專利申請權人申請日。
2. 專利法第59條第1項第5款：非專利申請權人所得專利權，因專利權人舉發而撤銷時，其被授權人在舉發前以善意在國內使用或已完成必須之準備者。亦即，該專利權被撤銷後，並由眞正專利權人依第35條規定取得專利權者，其專利權對該被授權人並無溯及之效力。

（二）若僅為部分項次舉發成立確定，即僅撤銷該等項次之專利權。

（三）舉發不成立確定

舉發案經審定不成立後，舉發人若未依法提起行政救濟；或經提起行政救濟經駁回確定者，亦爲審查確定。此際，該案專利權之效力應予維持，仍然自始有效。

（四）一事不再理

舉發案經審定不成立後，依專利法第81條，任何人不得以同一事實及同一證據，再爲舉發，稱爲一事不再理效力。一事不再理之規定主要係針對以同一事實「及」同一證據先後提起之多件舉發案，較後審理之案件應受到先前案件之審定結果拘束，以維持審定之一致性，並可避免舉發人利用人頭濫行舉

發，而被舉發人徒然一再重複答辯之資源浪費。因此，當舉發人提起舉發申請之時，如之前已有同一人或他人以同一事實「及」同一證據對該案提起舉發，並已經作成審查不成立之審定時，即受到一事不再理效力之拘束，不得再爲舉發，審查機關應逕爲「舉發駁回」之審定。因此，審查機關在審查舉發案時，應首先注意先前是否有主張同一事實及同一證據之舉發案存在，以免違反一事不再理之規定，甚而造成前後爭議案認定或處理結果不一致之矛盾。又專利法第81條雖因配合刪除異議程序而將異議案等字眼刪除，惟現行法施行時必然仍有尙未審定或尙未確定之異議案，故在解釋上，經審定不成立之異議案，仍應有一事不再理效力，對在後之舉發案構成拘束。

所謂同一事實，係指同一欠缺法定專利要件之待證事實而言；而同一證據，則係指實質內容相同之證據而言，不論其形式是否相同，只要實質內容相同者，仍屬同一證據。一事不再理之要件爲：以同一事實「及」同一證據先後提起多件舉發案，因此如多數舉發案係對同一事實，但提出不同證據，或是針對不同事實，提出同一證據之情形，均無一事不再理之適用。

在現行法下須特別注意者，係一事不再理效力之起始點，在舊法時代，須待審查不成立之審定「確定」之後，才發生一事不再理之效力，亦即在舉發人依行政救濟之程序，走完訴願、二級二審之行政訴訟前，任何人均得繼續以同一事實及同一證據提出舉發，因行政救濟需時甚久，如此之立法顯然並無法達到防止濫爲舉發以及保護被舉發人之目的，故現行法已改爲只要經「審查不成立」者，即有一事不再理之適用，不必再等到「審查確定」。有關一事不再理之判斷時點，目前仍係依提起舉發當時之事實爲準，故如有多件舉發案以同一事實及同一證據提出舉發，但其中尙無任何一件舉發案經審定不成立者，此時即無從適用一事不再理之規定，此時被舉發人須重複答辯與審查機關重複審查之浪費，仍屬無可避免。

八、舉發審定之救濟

專利舉發案之審定結果，其性質亦屬於行政處分，對於專利舉發審定結果不服之舉發人或被舉發人，其尋求救濟之方式，應爲行政爭訟程序，與前一單元所述之專利申請案件之行政爭訟相同，共包含訴願與行政訴訟兩階段。舉發人或被舉發人首先應經由作成行政處分之機關向其上級機關提起訴願，如仍不服該訴願決定，其救濟方式爲行政訴訟。

（一）訴願

訴願法第1條第1項：「人民對於中央或地方機關之行政處分，認爲違法或不當，致損害其權利或利益者，得依本法提起訴願。但法律另有規定者，從其規定。」對專利審查機關之舉發審定結果不服者，其下一階段之救濟方式爲提起訴願，與專利申請之核駁不同，不須經過審查機關內部之再審查程序。

如係「舉發成立，應撤銷專利權」之審定，此際受有不利處分之人爲被舉發人（即專利權人），被舉發人請求救濟之目的，在於撤銷該舉發成立撤銷專利之審定行政處分，故被舉發人應經由原處分機關，向其上級機關提起單純撤銷處分之訴願；如係「舉發不成立或駁回」之審定，受有不利處分之人即爲舉發人，舉發人如欲請求救濟，其目的除撤銷該舉發不成立或駁回之行政處分外，尚需請求專利審查機關另外作成一舉發成立撤銷專利之審定行政處分，故舉發人提起之訴願，與前一單元所述之專利申請人相同，應提起請求行政機關爲特定內容（即撤銷專利）行政處分之課予義務訴願，請求行政機關撤銷其舉發不成立或駁回行政處分。有關訴願之相關程序，與前一單元相同處，詳見前一單元之介紹。

在專利舉發之行政爭訟程序中，因舉發之審定，無論結果如何，均涉及舉發人與被舉發人雙方之權益，不論提起訴願之人係舉發人或被舉發人，訴願之對象均是專利審查機關（即智慧財產局），此時對於舉發之另一造當事人而言，在訴願程序中即不再具有當事人之地位，爲賦予另一造當事人參與並輔助專利審查機關之程序保障，另一造當事人應以訴願參加人之地位，共同參與該訴願程序。訴願法第28條規定：「與訴願人利害關係相同之人，經受理訴願機關允許，得爲訴願人之利益參加訴願。受理訴願機關認有必要時，亦得通知其參加訴願。訴願決定因撤銷或變更原處分，足以影響第三人權益者，受理訴願機關應於作成訴願決定之前，通知其參加訴願程序，表示意見。」由於舉發之審定，涉及舉發人與被舉發人雙方當事人之權益，屬於訴願法第28條第2項「訴願決定因撤銷或變更原處分，足以影響第三人權益者」之「必須參加」情形，此時受理訴願機關（即經濟部訴願審議委員會）應於作成訴願決定之前，依訴願法第30條之規定：「通知參加訴願，應記載訴願意旨、通知參加之理由及不參加之法律效果，送達於參加人，並副知訴願人。受理訴願機關爲前項之通知前，得通知訴願人或得參加訴願之第三人以書面陳述意見。」通知舉發案件之另一造當事人參加訴願程序，表示意見。

（二）行政訴訟

舉發人或被舉發人如對於訴願結果不服，其最後之救濟管道爲向管轄之行政法院（即智慧財產法院）提起行政訴訟。舉發人或被舉發人應於訴願決定送達後，以原處分機關，即智慧財產局爲被告，向管轄之行政法院（即智慧財產法院）提起行政訴訟。如係被舉發人（即專利權人）對於舉發成立撤銷專利之訴願結果不服，被舉發人應提起單純撤銷之訴，請求智慧財產法院判決撤銷該舉發成立撤銷專利之審定行政處分以及訴願決定；如係舉發人針對舉發不成立或駁回之審定與訴願決定表示不服提起行政訴訟，此時舉發人之救濟目的，除撤銷該舉發不成立或駁回之行政處分和訴願決定外，尙需請求法院判決命專利審查機關另外作成一舉發成立撤銷專利之審定行政處分，故舉發人應提起請求行政機關爲特定內容（即撤銷專利）行政處分之課予義務訴訟。行政訴訟之相關規定，與前一單元相同處，請詳見前一單元之介紹。應特別注意的是，在民國97年7月1日智慧財產法院成立後，依據智慧財產法院組織法之規定，智慧財產案件之第一審行政訴訟，將交由智慧財產法院之專業智慧財產行政法庭管轄，不再由現行法下的台北高等行政法院管轄，至於第二審上訴案件部分，則仍由最高行政法院管轄。

與訴願參加相同，在行政訴訟的部分，因原告爲舉發人或被舉發人其中之一，而被告必定爲專利審查機關（即智慧財產局），對另一造當事人而言，其在行政訴訟程序亦不再是當事人，爲保障其參與、輔助、影響判決作成之機會，此時另一造當事人亦應以訴訟參加人之地位，參與該訴訟程序。此時行政法院即應依行政訴訟法第42條之規定：「行政法院認爲撤銷訴訟之結果，第三人之權利或法律上利益將受損害者，得依職權命其獨立參加訴訟，並得因該第三人之聲請，裁定允許其參加。前項參加，準用第39條第3款之規定。參加人並得提出獨立之攻擊或防禦方法。前二項規定，於其他訴訟準用之。訴願人已向高等行政法院提起撤銷訴訟，利害關係人就同一事件再行起訴者，視爲第一項之參加。」依職權命舉發人或被舉發人獨立參與該行政訴訟。

相關法條

專利法第35條

發明專利權經專利申請權人或專利申請權共有人，於該專利案公告後二年內，依第71條第1項第3款規定提起舉發，並於舉發撤銷確定後2個月內就相同

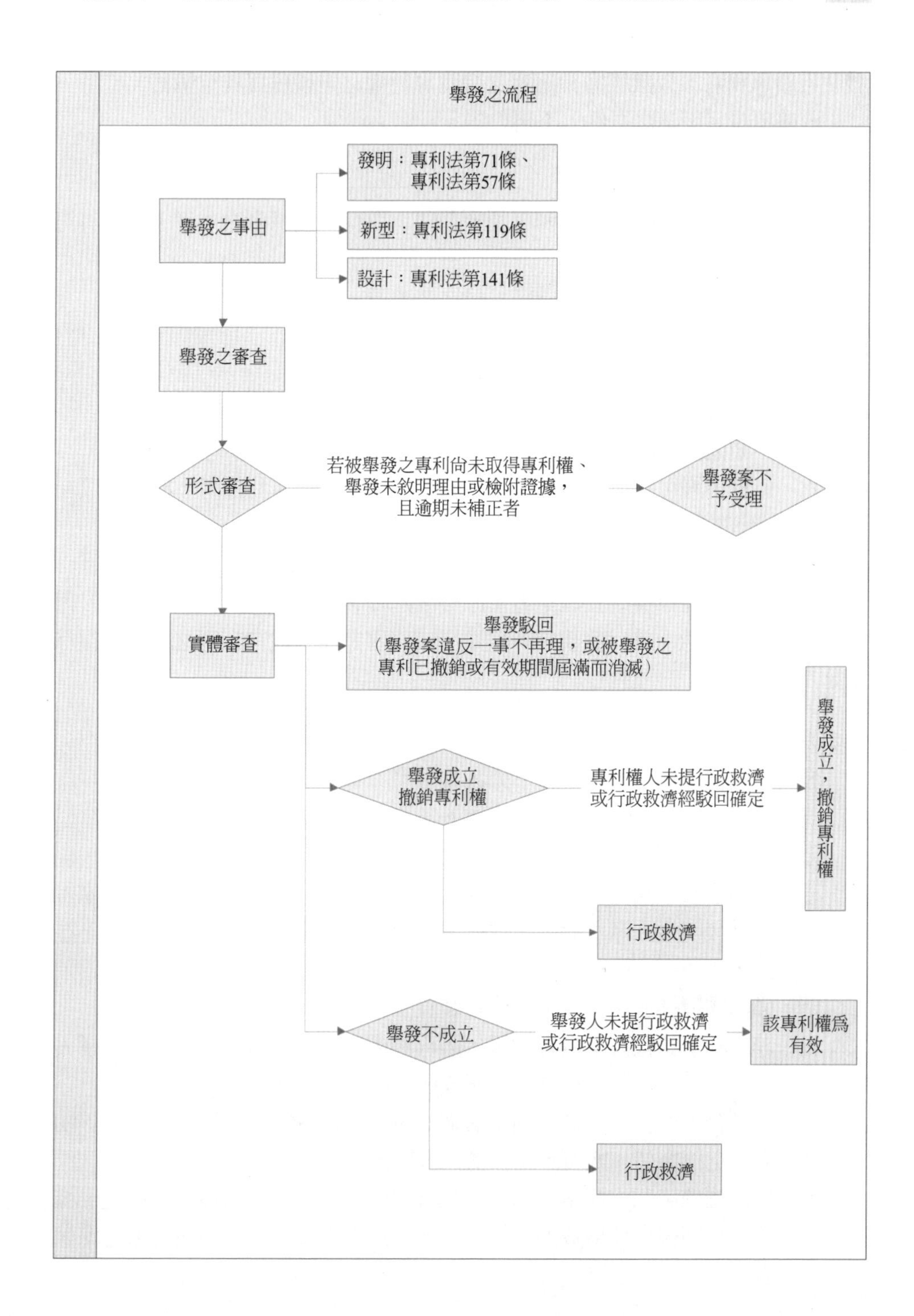
舉發之流程
舉發之事由
發明：專利法第71條、
專利法第57條
新型：專利法第119條
設計：專利法第141條
舉發之審查
形式審查
若被舉發之專利尚未取得專利權、
舉發未敘明理由或檢附證據，
且逾期未補正者
舉發案不
予受理
實體審查
舉發駁回
（舉發案違反一事不再理，或被舉發之
專利已撤銷或有效期間屆滿而消滅）
舉發成立
撤銷專利權
專利權人未提行政救濟
或行政救濟經駁回確定
舉發成立，撤銷專利權
行政救濟
舉發不成立
舉發人未提行政救濟
或行政救濟經駁回確定
該專利權爲
有效
行政救濟

發明申請專利者，以該經撤銷確定之發明專利權之申請日為其申請日。

依前項規定申請之案件，不再公告。

專利法第57條

任何人對於經核准延長發明專利權期間，認有下列情事之一者，得附具證據，向專利專責機關舉發之：

一、發明專利之實施無取得許可證之必要者。

二、專利權人或被授權人並未取得許可證。

三、核准延長之期間超過無法實施之期間。

四、延長專利權期間之申請人並非專利權人。

五、申請延長之許可證非屬第一次許可證或該許可證曾辦理延長者。

六、以取得許可證所承認之外國試驗期間申請延長專利權時，核准期間超過該外國專利主管機關認許者。

七、核准延長專利權之醫藥品為動物用藥品。

專利權延長經舉發成立確定者，原核准延長之期間，視為自始不存在。但因違反前項第三款、第六款規定，經舉發成立確定者，就其超過之期間，視為未延長。

專利法第59條

發明專利權之效力，不及於下列各款情事：

一、非出於商業目的之未公開行為。

二、以研究或實驗為目的實施發明之必要行為。

三、申請前已在國內實施，或已完成必須之準備者。但於專利申請人處得知其發明後未滿六個月，並經專利申請人聲明保留其專利權者，不在此限。

四、僅由國境經過之交通工具或其裝置。

五、非專利申請權人所得專利權，因專利權人舉發而撤銷時，其被授權人在舉發前，以善意在國內實施或已完成必須之準備者。

六、專利權人所製造或經其同意製造之專利物販賣後，使用或再販賣該物者。上述製造、販賣，不以國內為限。

七、專利權依第七十條第一項第三款規定消滅後，至專利權人依第七十條第二項回復專利權效力並經公告前，以善意實施或已完成必須之準備者。

前項第三款、第五款及第七款之實施人，限於在其原有事業目的範圍內繼續利用。

第一項第五款之被授權人，因該專利權經舉發而撤銷之後，仍實施時，於收到專利權人書面通知之日起，應支付專利權人合理之權利金。

專利法第67條

發明專利權人申請更正專利說明書、申請專利範圍或圖式，僅得就下列事項為之：

一、請求項之刪除。

二、申請專利範圍之減縮。

三、誤記或誤譯之訂正。

四、不明瞭記載之釋明。

更正，除誤譯之訂正外，不得超出申請時說明書、申請專利範圍或圖式所揭露之範圍。

依第二十五條第三項規定，說明書、申請專利範圍及圖式以外文本提出者，其誤譯之訂正，不得超出申請時外文本所揭露之範圍。

更正，不得實質擴大或變更公告時之申請專利範圍。

專利法第71條

發明專利權有下列情事之一，任何人得向專利專責機關提起舉發：

一、違反第二十一條至第二十四條、第二十六條、第三十一條、第三十二條第一項、第三項、第三十四條第四項、第四十三條第二項、第四十四條第二項、第三項、第六十七條第二項至第四項或第一百零八條第三項規定者。

二、專利權人所屬國家對中華民國國民申請專利不予受理者。

三、違反第十二條第一項規定或發明專利權人為非發明專利申請權人。

以前項第三款情事提起舉發者，限於利害關係人始得為之。

發明專利權得提起舉發之情事，依其核准審定時之規定。但以違反第三十四條第四項、第四十三條第二項、第六十七條第二項、第四項或第一百零八條第三項規定之情事，提起舉發者，依舉發時之規定。

專利法第72條

利害關係人對於專利權之撤銷，有可回復之法律上利益者，得於專利權期滿或當然消滅後，提起舉發。

專利法第73條

舉發，應備具申請書，載明舉發聲明、理由，並檢附證據。

專利權有二以上之請求項者，得就部分請求項提起舉發。

舉發聲明，提起後不得變更或追加，但得減縮。

舉發人補提理由或證據，應於舉發後一個月內爲之。但在舉發審定前提出者，仍應審酌之。

專利法第74條

專利專責機關接到前項申請書後，應將其副本送達專利權人。

專利權人應於副本送達後一個月內答辯；除先行申明理由，准予展期者外，屆期未答辯者，逕予審查。

專利法第79條

專利專責機關於舉發審查時，應指定專利審查人員審查，並作成審定書，送達專利權人及舉發人。

專利法第76條

專利專責機關於舉發審查時，得依申請或依職權通知專利權人限期爲下列各款之行爲：

一、至專利專責機關面詢。

二、爲必要之實驗、補送模型或樣品。

前項第二款之實驗、補送模型或樣品，專利專責機關認爲必要時，得至現場或指定地點實施勘驗。

專利法第82條

發明專利權經舉發審查成立者，應撤銷其專利權；其撤銷得就各請求項分別爲之。

發明專利權經撤銷後，有下列情事之一，即爲撤銷確定：

一、未依法提起行政救濟者。

二、提起行政救濟經駁回確定者。

發明專利權經撤銷確定者，專利權之效力，視爲自始不存在。

專利法第83條

第五十七條第一項延長發明專利權期間舉發之處理，準用本法有關發明專利權舉發之規定。

專利法第119條

新型專利權有下列情事之一，任何人得向專利專責機關提起舉發：

一、違反第一百零四條、第一百零五條、第一百零八條第三項、第一百十條第二項、第一百二十條準用第二十二條、第一百二十條準用第二十三條、第一百二十條準用第二十六條、第一百二十條準用第三十一條、第一百二十條準用第三十四條第四項、第一百二十條準用第四十三條第二項、第一百二十條準用第四十四條第三項、第一百二十條準用第六十七條第二項至第四項規定者。

二、專利權人所屬國家對中華民國國民申請專利不予受理者。

三、違反第十二條第一項規定或新型專利權人爲非新型專利申請權人者。

以前項第三款情事提起舉發者，限於利害關係人始得爲之。

新型專利權得提起舉發之情事，依其核准處分時之規定。但以違反第一百零八條第三項、第一百二十條準用第三十四條第四項、第一百二十條準用第四十三條第二項或第一百二十條準用第六十七條第二項、第四項規定之情事，提起舉發者，依舉發時之規定。

舉發審定書，應由專利審查人員具名。

專利法第139條

設計專利權人申請更正專利說明書或圖式，僅得就下列事項爲之：

一、誤記或誤譯之訂正。

二、不明瞭記載之釋明。

更正，除誤譯之訂正外，不得超出申請時說明書或圖式所揭露之範圍。

依第一百二十五條第三項規定，說明書及圖式以外文本提出者，其誤譯之訂正，不得超出申請時外文本所揭露之範圍。

更正，不得實質擴大或變更公告時之圖式。

專利法第141條

設計專利權有下列情事之一，任何人得向專利專責機關提起舉發：

一、違反第一百二十一條至第一百二十四條、第一百二十六條、第一百二十七條、第一百二十八條第一項至第三項、第一百三十一條第三項、第一百三十二條第三項、第一百三十三條第二項、第一百三十九條第二項至第四項、第一百四十二條第一項準用第三十四條第四項、第一百四十二條第一項準用第四十三條第二項、第一百四十二條第一項準用第四十四條第三項規定者。

二、專利權人所屬國家對中華民國國民申請專利不予受理者。

三、違反第十二條第一項規定或設計專利權人為非設計專利申請權人者。

以前項第三款情事提起舉發者，限於利害關係人始得為之。

設計專利權得提起舉發之情事，依其核准審定時之規定。但以違反第一百三十一條第三項、第一百三十二條第三項、第一百三十九條第二項、第四項、第一百四十二條第一項準用第三十四條第四項或第一百四十二條第一項準用第四十三條第二項規定之情事，提起舉發者，依舉發時之規定。

案例解說

(1)舉發案經審定不成立後，依專利法第81條，任何人不得以同一事實及同一證據，再為舉發，稱為舉發之一事不再理效力。本案中，己所提出之舉發案，所主張之事實（A專利申請專利範圍第1項不具進步性）及證據（引證a）均為戊所提出之已審定舉發不成立之前舉發案所涵蓋，故己所提出之後舉發案不合法，智慧財產局應駁回本件舉發。

(2)專利法第81條所謂一事不再理之效力，僅限於同一事實「及」同一證據之情形，如主張相同事實，但提出不同證據或以相同證據主張不同事實時，均無一事不再理之適用。本案中，庚所提出之後舉發案係以引證b為證據，與戊所提出之前舉發案所使用之證據（引證a）不同，故屬合法之舉發，智慧局應就庚之後舉發案進行實質審理。

(3)戊之行政訴訟結果是否確定會否影響己與庚之舉發案結果？就己而言，其本受一事不再理之限制，不得再為舉發，已如前解說(1)所述。因而戊之行政訴訟結果應與其舉發案之結果無涉。就庚而言，因智慧財產局應就其舉發案進行實質審理，已如前解說(2)所述，而戊之行政訴訟確定，僅係確定舉發不成立之審定而已，對庚之舉發案並無影響；值得討論者，如戊之舉發案審定結果為「舉發成立，應撤銷專利權」，且行政訴訟判決確定，則由於A專利撤銷確定，故審理中之庚所提在後之舉發案因已經沒有審理標的、失所附麗，智慧財產局應駁回該舉發案。

(4)依現行法之規定，專利專責機關僅得依舉發撤銷專利，不得自行依職權撤銷之。

(5)更正案之提出，可於舉發審查過程中，經由專利專責機關依職權通知專利權人提出，或由專利權人申請提出（按：現行法已將專利專責機關通知更正之條文除，故智慧局已無通知之義務）。本案中，丁公司為避免一再面臨舉發案之情形，於舉發審查過程中，自可向智慧財產局提出更正申請專利範圍之申請。

(6)按「行政法院認為撤銷訴訟之結果，對第三人之權利或法律上之利益將受損害者，得依職權命其獨立參加訴訟，並得依該第三人之聲請，裁定允許其參加。」行政訴訟法第42條第1項定有明文。丁公司為A專利之專利權人，嗣戊對A專利提起舉發，因本件行政訴訟之結果可能將對丁公司之權利或法律上利益有所影響，因此，法院通常會以一裁定命丁公司參加本件行政訴訟。另外，若法院並未主動通知丁公司參加本件行政訴訟，丁公司亦得依行政訴訟法第42條第1項後段之規定向法院參加本件行政訴訟之聲請。

第三節　必備書狀及撰寫要旨

審理流程

最高法院		最高行政法院
↑	↑	↑
智慧財產法院		
民事訴訟	刑事訴訟	行政訴訟
第二審 相關智慧財產權法所生民事訴訟事件	第二審 受理不服各地方法院對刑法、商標法、著作權法或公平交易法關於智慧財產權益保護刑事訴訟案件	第一審 相關智慧財產權法所生第一審行政訴訟事件及強制執行事件
	↑	↑
	各地方法院	訴願
第一審 相關智慧財產權法所生民事訴訟事件	第一審 各地方法院刑事庭審理刑法、商標法、著作權法或公平交易法關於智慧財產權益保護刑事訴訟案件	經濟部訴願審議委員會對相關智慧財產權行政處分訴願審議 ↑ 經濟部智慧財產局對相關智慧財產權行政處分

（資料來源：智慧財產法院網站「智慧財產案件審理模式」）

・原告起訴，法院受理，訴訟繫屬
・分案
・法官閱覽卷宗，批示
・開庭審理
・準備程序
・言詞辯論終結
・宣示裁判

依據前述案例，本節提供專利舉發案中，原告所應撰擬之起訴書狀，以及參加人之答辯書狀之書狀撰擬要旨及範例如後：

範例一：原告起訴狀——專利舉發案，舉發成立、訴願駁回，由專利權人提出之行政訴訟（撤銷訴訟）

專利申請案之行政訴訟起訴狀，應載明當事人、起訴之聲明、訴訟標的及其原因事實：

1. 當事人

亦即需載明提起本件行政訴訟之當事人爲何。如有訴訟代理人，應載明代理意旨以及檢附委任書狀，依據目前智慧財產法院實務以及行政訴訟法之規定，專利申請行政訴訟之訴訟代理人，其限於律師或專利師，且其人數不得逾三人。

2. 起訴之聲明

亦即當事人希望法院如何判決之聲明，以本件專利舉發案之行政訴訟而言，應敘明原處分及訴願決定應撤銷即足以達成其提起其行政訴訟之目的。

3. 訴訟標的及其原因事實

亦即當事人所不服之原處分及訴願決定，以及爲何法院應撤銷原處分及訴願決定之具體理由。依據目前智慧財產法院之實務以及行政訴訟法之規定，法院將會要求當事人於起訴時，檢附原處分及訴願決定。

上開原因事實之敘述，通常應包含訴願決定及原處分有何違法之處，以及爲何舉發證據不足以證明系爭專利申請專利範圍不具特定專利要件之比對意見，其技術比對意見，以及引證案之出處與正確之技術解讀與比對意見。必要時，得以表格之方式註明意見，以利法院審查。

範例二：原告起訴狀——專利舉發案，舉發不成立、訴願駁回，由舉發人提出之行政訴訟（課予義務訴訟）

1. 當事人

亦即需載明提起本件行政訴訟之當事人爲何。如有訴訟代理人，應載明代理意旨以及檢附委任書狀，依據目前智慧財產法院實務以及行政訴訟法之規定，專利申請行政訴訟之訴訟代理人，其限於律師或專利師，且其人數不得逾三人。

2. 起訴之聲明

亦即當事人希望法院如何判決之聲明，以本件專利舉發案之行政訴訟而言，應敘明原處分及訴願決定應撤銷，通常尚需要求法院命智慧財產局作成系爭專利應予撤銷之處分，以充分達成其提起其行政訴訟之目的。

3. 訴訟標的及其原因事實

亦即當事人所不服之原處分及訴願決定，以及爲何法院應撤銷原處分及訴願決定之具體理由。依據目前智慧財產法院之實務以及行政訴訟法之規定，法院將會要求當事人於起訴時，檢附原處分及訴願決定。

上開原因事實之敘述，通常應包含訴願決定及原處分有何違法之處，以及爲何舉發證據足以證明系爭專利申請專利範圍不具特定專利要件之比對意見，其技術比對意見，以及引證案之出處與正確之技術解讀與比對意見。必要時，得以表格之方式註明意見，以利法院審查。

範例三：原告起訴狀——更正申請案，專利權人提出更正，智慧財產局不准更正、訴願駁回，由專利權人提起之行政訴訟（課予義務訴訟）

1. 當事人

亦即需載明提起本件行政訴訟之當事人爲何。如有訴訟代理人，應載明代理意旨以及檢附委任書狀，依據目前智慧財產法院實務以及行政訴訟法之規定，專利申請行政訴訟之訴訟代理人，其限於律師或專利師，且其人數不得逾三人。以不服專利更正之行政處分而言，原告爲專利權人，被告爲智慧財產局。

2. 起訴之聲明

亦即當事人希望法院如何判決之聲明，以本件專利舉發案之行政訴訟而言，應敘明原處分及訴願決定應撤銷，通常尚需要求法院命智慧財產局作成系爭專利更正申請應予准許之處分，以充分達成其提起其行政訴訟之目的。

3. 訴訟標的及其原因事實

亦即當事人所不服之原處分及訴願決定，以及爲何法院應撤銷原處分及訴願決定之具體理由。依據目前智慧財產法院之實務以及行政訴訟法之規定，法院將會要求當事人於起訴時，檢附原處分及訴願決定。

上開原因事實之敘述，通常應包含訴願決定及原處分有何違法之處，以及爲何應准予更正之理由，通常可敘明符合專利法第67條第1項之何種情形，以及該更正符合專利法第67條第2至4項「不得超出申請時於說明書及圖式所揭露之範圍，且不得實質擴大或變更申請專利範圍」之理由。以利法院審查。

範例四：參加人答辯狀──專利舉發案，舉發成立、訴願駁回，法院裁定舉發人參加訴訟

參加人答辯狀，應載明答辯聲明、抗辯理由及其證據、對於原告主張否認之事項、證據出處以及請求調查之證據及事項等。

範例五：原告行政訴訟補充理由狀──原告於行政訴訟言詞辯論終結前，依據智慧財產案件審理法第33條之規定所提出之新證據。

原告之補充理由狀應載明其所欲提出之新證據爲何，並說明其是否屬「同一撤銷或廢止理由提出之新證據」、該新證據所揭露之技術特徵爲何、如何證明系爭專利具有應撤銷原因等。

第四節　書狀範例

範例一：原告起訴狀—專利舉發案

<table>
<tr><td colspan="4">行政訴訟起訴狀</td></tr>
<tr><td>案　　號</td><td colspan="2">年度　　字第　　號</td><td>承辦股別</td></tr>
<tr><td>稱　　謂</td><td>姓名或名稱</td><td colspan="2">依序填寫：國民身分證統一編號或營利事業統一編號、性別、出生年月日、職業、住居所、就業處所、公務所、事務所或營業所、郵遞區號、電話、傳真、電子郵件位址、指定送達代收人及其送達處所。</td></tr>
<tr><td>原　　告</td><td>戊</td><td colspan="2">住台北市○○區○○路○○號○○樓
送達代收人：○○○律師</td></tr>
<tr><td>訴訟代理人</td><td>○○○律師</td><td colspan="2">○○法律事務所
○○市○○路○○號○○樓
電話：○○-○○○○○○○○</td></tr>
<tr><td>被　　告</td><td>經濟部智慧財產局</td><td colspan="2">設台北市○○區○○路○○號○○樓</td></tr>
<tr><td>代 表 人</td><td>○○○</td><td colspan="2">住同上</td></tr>
<tr><td>參 加 人
（舉發人）</td><td>丁公司</td><td colspan="2">設台北市○○區○○路○○號○○樓</td></tr>
<tr><td>代 表 人</td><td>○○○</td><td colspan="2">住同上</td></tr>
<tr><td colspan="4">為不服經濟部智慧財產局（○○）智專三（○）○○○○○字第○○○○○○○○○號舉發審定（原證1號參照）暨經濟部經訴字第○○○○○○○○○○號訴願決定（原證2號參照），依法提起行政訴訟事：

訴之聲明
一、原處分及訴願決定撤銷。
二、訴訟費用由被告負擔。

事實及理由
一、原告所提之更正申請程序上本屬合法，且其實質上並未擴大原申請專利範圍，故該更正應予准許：</td></tr>
</table>

（一）申請專利範圍更正之申請，可於舉發審定作成前為之，此為現行司法實務見解所採行。

（二）本案中，原告所提之更正申請係於將第12頁刪除，並無實質變更申請專利範圍，故該更正實質上亦予應准許。

（三）原處分及訴願決定對參加人所提出之更正應否准許，竟認為「該更正之申請已實質變更申請專利範圍」，故原處分及訴願決定之判斷過程顯有違誤而不足採。

（四）綜上，參加人之更正申請應予准許，　鈞院仍應依更正後申請專利範圍作為判斷有無新穎性之依據。

二、舉發證據1不足以證明系爭專利不具新穎性，原告謹以下表說明之：

A專利之技術特徵	舉發證據1所揭露之技術特徵	不相同之理由
○○○	○○	○○○
○○○	○○○○	○○○
○○○	○○	○○○

三、綜上所述，原處分及訴願決定顯有違誤，敬祈　鈞院賜判如訴之聲明，以維權益，實為德感。

謹狀

智慧財產法院　公鑒

證物名稱及件數	附件：委任狀正本。 原證1號：（○○）智專三（○）○○○○○字第○○○○○○○○○號舉發審定書影本。 原證2號：經濟部訴願委員會經訴字第○○○○○○○○○○號決定影本。

中　華　民　國　○　○　年　○　○　月　○　○　日

具狀人：戊

撰狀人：訴訟代理人○○○律師

範例二：原告起訴狀——專利舉發案，舉發不成立、訴願駁回，由舉發人提出之行政訴訟（課予義務訴訟）

行政訴訟起訴狀		
案　　號	年度　　字第　　號	承辦股別
稱　　謂	姓名或名稱	依序填寫：國民身分證統一編號或營利事業統一編號、性別、出生年月日、職業、住居所、就業處所、公務所、事務所或營業所、郵遞區號、電話、傳真、電子郵件位址、指定送達代收人及其送達處所。
原　　告	甲	住台北市○○區○○路○○號○○樓 送達代收人：○○○律師
訴訟代理人	○○○律師	○○法律事務所 ○○市○○路○○號○○樓 電話：○○-○○○○○○○○
被　　告	經濟部智慧財產局	設台北市○○區○○路○○號○○樓
代 表 人	○○○	住同上
參 加 人 （專利權人）	乙公司	設台北市○○區○○路○○號○○樓
代 表 人	○○○	住同上

為不服經濟部智慧財產局（○○）智專三（○）○○○○○字第○○○○○○○○○號舉發審定暨經濟部經訴字第○○○○○○○○○號訴願決定，依法提起行政訴訟事：

訴之聲明

一、原處分及訴願決定撤銷。

二、被告應就第○○○○○○號專利舉發案作成「舉發成立」之審定。

三、訴訟費用由被告負擔。

事實及理由

一、本件專利權人（即被舉發人，本件參加人）乙公司於民國○○年○○月○○日以A發明向被告申請發明專利，經被告編為第○○○○○○號審查准予專利（下稱系爭專利），並於公告期滿後發給第○○○○○○號專利證書，原告於○○年○○月○○日以系爭專利違反專利法第22條第1項第1、2款及同條第2項之規定提起舉發，經被告以○○年○○月○○日（○○）智專三（○）○○○○○字第○○○○○○○○○○號專利舉發審定書作成「舉發不成立」之處分，原告不服提起訴願，遭經濟部以○○年○○月○○日經訴字第○○○○○○○○○號訴願決定駁回，然查原處分及訴願決定之認事用法均顯有違誤，原告謹依法提起行政訴訟，並將理由詳予說明如後。

二、本件引證證據：

舉發證據1：西元○○○○年○○月○○日公告之○○○○○號美國專利案。（原證3號）

舉發證據2：西元○○○○年○○月○○日公告之○○○○○號美國專利案。（原證4號）

三、舉發證據1與舉發證據2之組合足以證明系爭專利申請專利範圍各項不具新穎性及進步性，據有應撤銷原因：

（一）舉發證據1與舉發證據2之組合足以證明系爭專利申請專利範圍第1項不具新穎性及進步性：

申請專利範圍第1項之技術特徵	舉發證據1及舉發證據2之組合所揭露之技術特徵	比對結果
○○○○，○○○○，○○○○	舉發證據1已揭露○○○○之技術特徵（原證3號第○頁參照） 舉發證據2已揭露○○○○之技術特徵（原證4號第○頁參照）	此技術特徵已為舉發證據1及舉發證據2之組合所揭露
○○○○，○○○	舉發證據1已揭露○○○○，○○○之技術特徵（原證3號第○頁參照）	此技術特徵已為舉發證據1所揭露
○○○，○○○○	舉發證據1已揭露○○○，○○○○之技術特徵（原證3號第○頁參照）	此技術特徵已為舉發證據1所揭露

1. 由上表可知，系爭專利申請專利範圍第1項之技術特徵均為舉發證據1與舉發證據2之組合所揭露，是以，舉發證據1與舉發證據2之組合足以證明系爭專利申請專利範圍第1項不具新穎性，具有應撤銷原因。
2. 退萬步言，縱認舉發證據1與舉發證據2之組合不足以證明系爭專利

申請專利範圍第1項不具新穎性，該領域具有通常知識者參酌舉發證據1及舉發證據2所揭露之技術特徵，當可輕易完成系爭專利申請專利範圍第1項之技術特徵，故舉發證據1與舉發證據2之組合當足以證明系爭專利申請專利範圍第1項不具進步性，具有應撤銷原因。

（二）舉發證據1與舉發證據2之組合足以證明系爭專利申請專利範圍第2項不具新穎性及進步性：

1. 系爭專利申請專利範圍第2項為第1項之附屬項，其相較於第1項所新增之技術特徵僅在於「○○○，○○○○」，而該技術特徵亦已為舉發證據1所揭露（原證3號第○頁參照）。是以，舉發證據1與舉發證據2之組合當足以證明系爭專利申請專利範圍第2項不具新穎性，具有應撤銷原因。

2. 退步言之，縱認舉發證據1與舉發證據2之組合不足以證明系爭專利申請專利範圍第2項不具新穎性，該領域具有通常知識者參酌舉發證據1及舉發證據2所揭露之技術特徵，當可輕易完成系爭專利申請專利範圍第2項之技術特徵，故舉發證據1與舉發證據2之組合當足以證明系爭專利申請專利範圍第2項不具進步性，具有應撤銷原因。

（三）舉發證據1與舉發證據2之組合足以證明系爭專利申請專利範圍第3項不具新穎性及進步性：

1. 系爭專利申請專利範圍第3項為第1項之附屬項，其相較於第1項所新增之技術特徵僅在於「○○○，○○○○」，而該技術特徵亦已為舉發證據1所揭露（原證3號第○頁參照）。是以，舉發證據1與舉發證據2之組合當足以證明系爭專利申請專利範圍第3項不具新穎性，具有應撤銷原因。

2. 舉發證據1與舉發證據2之組合足以證明系爭專利申請專利範圍第3項不具進步性（論述方式同上）。

（四）綜上，舉發證據1與舉發證據2之組合確實足以證明系爭專利申請專利範圍各項具有應撤銷原因，惟原處分及訴願決定不查，竟以舉發證據1未揭露系爭專利申請專利範圍第1項○○○之技術特徵，遂認本件舉發證據不足以證明系爭專利申請專利範圍第1項具有應撤銷原因，然而，「○○○」之技術特徵實已於舉發證據1第○頁所揭露，原處分對此未予斟酌，其認定顯有違誤，訴願決定予以維持，於法亦有未合，當應予以撤銷。

<table>
<tr><td colspan="2">四、綜上所述，原處分及訴願決定顯有違誤，敬祈　鈞院賜判如訴之聲明，以維權益，實為德感。

謹狀
智慧財產法院　公鑒</td></tr>
<tr><td>證物名稱
及件數</td><td>附件：委任狀正本。
原證1號：本件原處分影本。
原證2號：本件訴願決定影本。
原證3號：西元○○○○年○○月○○日公告之○○○○○號美國專利案影本。
原證4號：西元○○○○年○○月○○日公告之○○○○○號美國專利案影本。</td></tr>
<tr><td colspan="2">中　華　民　國　○　○　年　○　○　月　○　○　日</td></tr>
<tr><td colspan="2">具狀人：甲</td></tr>
<tr><td colspan="2">撰狀人：訴訟代理人○○○律師</td></tr>
</table>

範例三：原告起訴狀——更正申請案，專利權人提出更正，智慧財產局不准更正、訴願駁回，由專利權人提起之行政訴訟（課予義務訴訟）

<table>
<tr><td colspan="4">行政訴訟起訴狀</td></tr>
<tr><td>案　　號</td><td colspan="2">年度　　字第　　號</td><td>承辦股別</td></tr>
<tr><td>稱　　謂</td><td>姓名或名稱</td><td colspan="2">依序填寫：國民身分證統一編號或營利事業統一編號、性別、出生年月日、職業、住居所、就業處所、公務所、事務所或營業所、郵遞區號、電話、傳真、電子郵件位址、指定送達代收人及其送達處所。</td></tr>
<tr><td>原　　告</td><td>甲公司</td><td colspan="2">設台北市○○區○○路○○號○○樓
送達代收人：○○○律師</td></tr>
<tr><td>代 表 人</td><td>○○○</td><td colspan="2">住同上</td></tr>
<tr><td>訴訟代理人</td><td>○○○律師</td><td colspan="2">○○法律事務所
○○市○○路○○號○○樓
電話：○○-○○○○○○○○</td></tr>
</table>

被　　告	經濟部智慧財產局	設台北市○○區○○路○○號○○樓
代 表 人	○○○	住同上

為不服經濟部智慧財產局（○○）智專三（○）○○○○○字第○○○○○○○○○○號舉發審定暨經濟部經訴字第○○○○○○○○○○號訴願決定，依法提起行政訴訟事：

訴之聲明

一、原處分「不准更正」之部分及訴願決定撤銷。

二、被告應就原告○○年○○月○○日所提出申請專利範圍之更正作成「准予更正」之審定。

三、訴訟費用由被告負擔。

事實及理由

一、本件原告於○○年○○月○○日以A發明向被告申請發明專利，經被告編為○○○○○○號審查並准予專利，發給發明第○○○○○號證書（下稱系爭專利），嗣後關係人於○○年○○月○○日以系爭專利違反專利法第22條第2項之規定，對之提起舉發，原告於○○年○○月○○日提出申請專利範圍更正本，案經被告審查，認為更正後之申請專利範圍第○項已造成實質變更，有違專利法第67條第4項之規定，不准予更正，本件舉發依原審定公告本審查，且系爭專利並無違反專利法第22條第2項之規定，經被告以○○年○○月○○日（○○）智專三（○）○○○○○字第○○○○○○○○○○號專利舉發審定書為舉發不成立之處分（原證1號），關於「舉發不成立」之部分，關係人雖曾提出訴願，然嗣後即自行撤回訴願，使該「舉發不成立」部分之處分已告確定在案（原證2號）；關於「不准予更正」部分，原告不服，針對該處分所認原告於○○年○○月○○日所提系爭專利申請專利範圍更正本應不准更正之部分提起訴願，亦遭經濟部以○○年○○月○○日經訴字第○○○○○○○○號訴願決定（下稱訴願決定，原證3號）駁回，然原處分及訴願決定對「更正應否准許」之認事用法均顯有違誤，原告謹依法提起行政訴訟，理由詳述如後。

二、本件更正申請符合專利法第67條第1項第2款及同條第4項之規定，故本件更正應予准許：

（一）按「發明專利權人申請更正專利說明書、申請專利範圍或圖式，僅得就下列事項為之：一、請求項之刪除。二、申請專利範圍之減縮。

三、誤記或誤譯之訂正。四、不明瞭記載之釋明。更正，除誤譯之訂正外，不得超出申請時說明書、申請專利範圍或圖式所揭露之範圍。依第二十五條第三項規定，說明書、申請專利範圍及圖式以外文本提出者，其誤譯之訂正，不得超出申請時外文本所揭露之範圍。更正，不得實質擴大或變更公告時之申請專利範圍。」專利法第67條定有明文。

（二）本件專利範圍之更正

查本件於○○年○○月○○日所提出之專利範圍更正申請，係於系爭專利申請專利範圍公告本第○項：「一種○○○○○○，其包含：一○○，其具有一○○○，在該○○○上係○○○○○○○○○；及至少一○○○，其係○○○○○○○○○。」中補入「○○○○○○」之環境條件基礎，其更正後之申請範圍為：「一種○○○○○○，其包含：……，○○○○○○，……。」

（三）本件更正符合申請專利範圍之減縮，符合專利法第67條第1項第2款之規定：

1. 按「請求項之技術特徵置換為發明說明中所對應記載之下位概念技術特徵」、「請求項之技術特徵置換為發明說明中就該技術特徵本身記載之整體詳細描述」，此為專利審查基準第2-6-65頁所明訂屬於「申請專利範圍減縮」之例示。

2. 本件中，「○○○，……○○○○○○」之環境條件基礎，不僅是系爭專利欲達成其發明目的之唯一可行方案，亦為系爭專利發明目的之關鍵，此觀系爭專利發明說明書【發明目的及概要】欄位之所有發明目的，均係用於解決「○○○○○○」之相關問題即明，詳細方式更已為發明說明及圖式所明確揭露，故本件更正於原說明書與圖式所揭露之範圍內，補入「○○○○○○」之環境條件，係配合發明說明【發明目的】所界定之技術領域進行減縮，自符合專利審查基準第2-6-64頁「申請專利範圍之減縮」之規定。且本件更正於原說明書與圖式所揭露之範圍內，補入「○○○○○○」之環境條件，係將原請求項之「○○○」技術特徵，置換為「○○○，……○○○○○○」之下位概念技術特徵，或是將原請求項之「○○○」之技術特徵置換為「○○○，……○○○○○○」此一技術特徵本身記載之整體詳細描述，自合於專利審查基準2-6-65所列「申請專利範圍減縮」之例示情形第(5)、(6)點之規定。

3. 綜上，本件更正係對原申請專利範圍之減縮，符合專利法第67條第1項第2款之規定。另外，原告於舉發及訴願階段曾主張，本件更正所適用之法律依據可能屬第67條第1項第2款「申請專利範圍之減縮」或同條項第4款「不明瞭記載之釋明」，惟因原處分及訴願決定對此部分並無爭執，原告於此亦不再贅述，併予敘明。

（四）本件更正並未超出申請時原說明書或圖式所揭露之範圍，並無違反專利法第67條第2項之規定：

1. 系爭專利之所有發明目的均即係『應用於「○○」與「○○」接合之技術領域』，並不及於『非用於「○○」與「○○」接合之技術領域』，在為達成此發明目的之前提下，其所欲解決的問題當均與增進「○○」與實體「○○」間之○○○○有關，至為明確，先予敘明。

2. 系爭專利之【發明詳細說明】及【圖式】更已明確且詳細敘述系爭專利如何在「○○」與「○○」接合之技術領域，達成發明目的：

(1)系爭專利說明書第○頁第○○行至第○○行，亦已載明：「……○○○○○○○○○○○○○○○○○○○○○○○○○」，此段落已清楚揭示「○○○○○○」之技術內容。

(2)系爭專利說明書第○頁第○○行至第○○行，亦已載明：「……○○○○○○○○○○○○○○○○○○○○○○○○○」，此段落已清楚揭示「○○○○○○」之技術內容。

3.「○○○，……○○○○○○」之環境條件基礎，既為系爭專利欲達成其發明目的之關鍵，更已為發明說明及圖式所明確揭露，原處分及訴願決定對此未予詳查，即不准予更正，實有未洽。

（五）本件更正並無實質擴大或變更原申請專利範圍，符合專利法第67條第4項之規定：

本件更正「更正前、後的產業利用領域相同，且發明所欲解決的問題亦未曾變更」，亦未改變原有元件、成分、步驟之結合關係，係將「請求項之上位概念技術特徵更正為發明說明中所揭露之下位概念技術特徵，且該下位概念技術特徵於發明說明中已明確記載且為發明說

<table>
<tr><td colspan="2">明所支持」，符合專利審查基準所例示「未實質變更申請專利範圍」之情形，故本件更正當無實質變更原申請專利範圍，自無不予准許之理。
三、綜上所述，本件專利範圍更正申請確已符合專利法第67條第1項第2款「申請專利範圍之減縮」之規定，亦未「超出原說明書或圖式所揭露之範圍，實質擴大或變更申請專利範圍」，並無違反專利法第67條第2項及第4項及專利審查基準之規定，應予准許。原處分及訴願決定未為任何實質技術比對，亦無具體理由，即否准本件更正申請，實有違誤，應予撤銷，敬祈　鈞院賜判如訴之聲明，以維權益，實為德感。
謹狀
智慧財產法院　公鑒</td></tr>
<tr><td>證物名稱
及件數</td><td>附件：委任狀正本。
原證1號：本件原處分影本。
原證2號：經濟部訴願委員會暨訴願案件進度查詢。
原證3號：本件訴願決定影本。</td></tr>
<tr><td colspan="2">中　華　民　國　○　○　年　○　○　月　○　○　日</td></tr>
<tr><td colspan="2">具狀人：甲公司
代表人：○○○</td></tr>
<tr><td colspan="2">撰狀人：訴訟代理人○○○律師</td></tr>
</table>

範例四：參加人答辯狀

<table>
<tr><td colspan="5">參加人答辯狀</td></tr>
<tr><td>案　號</td><td colspan="2">年度　　字第　　　號</td><td>承辦股別</td><td></td></tr>
<tr><td>稱　謂</td><td>姓名或名稱</td><td colspan="3">依序填寫：國民身分證統一編號或營利事業統一編號、性別、出生年月日、職業、住居所、就業處所、公務所、事務所或營業所、郵遞區號、電話、傳真、電子郵件位址、指定送達代收人及其送達處所。</td></tr>
<tr><td>參 加 人</td><td>丁公司</td><td colspan="3">設台北市○○區○○路○○號○○樓
送達代收人：</td></tr>
<tr><td>代 表 人</td><td>○○○</td><td colspan="3">○○○律師</td></tr>
</table>

<table>
<tr><td>訴訟代理人</td><td>○○○律師</td><td>○○法律事務所
○○市○○路○○號○○樓
電話：○○-○○○○○○○○</td></tr>
<tr><td>原　　告</td><td>戊</td><td>住台北市○○區○○路○○號○○樓
送達代收人：○○○律師</td></tr>
<tr><td>被　　告</td><td>經濟部智慧財產局</td><td>設台北市○○區○○路○○號○○樓</td></tr>
<tr><td>代表人</td><td>○○○</td><td>住同上</td></tr>
</table>

為　鈞院○○年行專訴字第○○號行政訴訟，提呈參加人答辯意見事：

答辯聲明

一、原告之訴駁回。

二、訴訟費用由原告負擔。

事實及理由

一、原告於○○年○○月○○日向被告機關提出更正申請專利範圍之申請，屬申請專利範圍之減縮，未超出申請時原說明書或圖式所揭露之範圍，並無實質變更申請專利範圍，符合專利法第67條第1項第2款及同條第2、4項之規定，自屬合法之更正：

（一）系爭專利更正前申請專利範圍第1項為「○○○○○○○○○○○○○」，更正後僅係加入「○○○○○○」此一限制條件，自屬申請專利範圍之減縮，且加入「○○○○○○」此一技術特徵亦已為系爭專利說明書第○○頁與第○○圖所揭露，並無實質擴大申請專利範圍，本件更正自應准許。

（二）原處分及訴願決定亦認本件更正並無實質變更原申請專利範圍，故本件更正應予准許，並無違誤。

二、依更正後之申請專利範圍觀之，舉發證據1於○○頁第○行至第○行中所提及之技術特徵，與系爭專利申請專利範圍之技術特徵顯有不同，原處分及訴願決定認定舉發證據1不足以證明系爭專利不具新穎性，並無違誤，比對如下：

系爭專利之技術特徵	舉發證據1所揭露之技術特徵	頁數
○○○	○○	○○頁○行
○○○	○○○○	○○頁○行
○○○	○○	○○頁○行

<table>
<tr><td colspan="2">三、綜上所述，本件更正應予准許，且舉發證據1並不足以證明系爭專利不具備新穎性，原處分及訴願決定之判斷並無違誤，懇請　鈞院賜判如答辯聲明，以維法紀，實為德感。
謹狀
智慧財產法院　公鑒</td></tr>
<tr><td>證物名稱及件數</td><td>附件：委任狀正本。</td></tr>
<tr><td colspan="2">中　華　民　國　○　○　年　○　○　月　○　○　日</td></tr>
<tr><td colspan="2">具狀人：丁公司
代表人：○○○</td></tr>
<tr><td colspan="2">撰狀人：訴訟代理人○○○律師</td></tr>
</table>

範例五：原告行政訴訟補充理由狀——依智慧財產案件審理法第33條之規定，提出新證據

<table>
<tr><td colspan="5">行政訴訟補充理由狀</td></tr>
<tr><td>案　號</td><td>年度　字第　號</td><td></td><td>承辦股別</td><td></td></tr>
<tr><td>稱　謂</td><td>姓名或名稱</td><td colspan="3">依序填寫：國民身分證統一編號或營利事業統一編號、性別、出生年月日、職業、住居所、就業處所、公務所、事務所或營業所、郵遞區號、電話、傳真、電子郵件位址、指定送達代收人及其送達處所。</td></tr>
<tr><td>原　告</td><td>甲</td><td colspan="3">住台北市○○區○○路○○號○○樓
送達代收人：○○○律師</td></tr>
<tr><td>訴訟代理人</td><td>○○○律師</td><td colspan="3">○○法律事務所
○○市○○路○○號○○樓
電話：○○-○○○○○○○○</td></tr>
<tr><td>被　告</td><td>經濟部智慧財產局</td><td colspan="3">設台北市○○區○○路○○號○○樓</td></tr>
<tr><td>代 表 人</td><td>○○○</td><td colspan="3">住同上</td></tr>
<tr><td>參 加 人</td><td>乙公司</td><td colspan="3">設台北市○○區○○路○○號○○樓</td></tr>
<tr><td>代 表 人</td><td>○○○</td><td colspan="3">住同上</td></tr>
</table>

為上列當事人間發明專利舉發事件，依法敬提補充理由事：

一、「舉發證據1與原證1號（原證2號併參）」之組合足以證明系爭專利申請專利範圍第1項至第5項不具進步性，具有應撤銷原因：

（一）原處分及訴願決定所稱「舉發證據1不足以證明系爭專利申請專利範圍第1項至第5項不具進步性」之原因主要在於「舉發證據1並未揭露系爭專利○○○○○○之技術特徵」云云（原處分第○頁第○行至第○行），惟查：

原告業已依據智慧財產案件審理法第33條第1項之規定，提出「原證1號」之新證據，用以證明「系爭專利○○○○○○之技術特徵」亦屬習知，更提出「原證2號」之補強證據，用以擔保「原證1號」之證據能力，故「舉發證據1與原證1號（原證2號併參）」之證據組合確實足以證明系爭專利申請專利範圍第1項至第5項不具進步性，具有應撤銷原因，詳如後述：

1.「原證1號」為原告於本件言詞辯論終結前，依據智慧財產案件審理法第33條第1項之規定所提出之新證據，　鈞院自應對其所揭露之技術特徵予以審酌：

(1)按「關於撤銷、廢止商標註冊或撤銷專利權之行政訴訟中，當事人於言詞辯論終結前，就同一撤銷或廢止理由提出之新證據，智慧財產法院仍應審酌之」，此為智慧財產案件審理法第33條第1項所明訂，本條之立法意旨在於避免發生循環之行政訴訟。

(2)原證1號係原告於本件行政訴訟言詞辯論終結前，依智慧財產案件審理法第33條第1項之規定，就同一撤銷理由所提出之新證據：

查原證1號為「○○○○」產品實物，原告提出原證1號之目的，係為證明「系爭專利○○○○○○之技術特徵」確實已為系爭專利申請前之習知技術所揭露，並以「舉發證據1與原證1號」之組合，證明系爭專利申請專利範圍第1項至第5項不具進步性，此與原告於舉發及訴願階段所主張「舉發證據1足以證明系爭專利申請專利範圍第1項至第5項不具進步性」，當屬「同一撤銷理由」。是以，依據智慧財產案件審理法第33條第1項之規定，　鈞院仍應對原證1號之內容予以審酌。

2.為擔保「原證1號」之證據能力，原告亦同時提出「原證2號」與其相互勾稽，以確保「原證1號」可作為具有證據能力之舉發證據：

(1)「型錄與產品可相互勾稽，作為具有證據能力之舉發證據」，此為現行司法實務見解所肯認，原告謹臚列說明如下：

①按「若型錄與實品間具有關連性，可合理推定二者可相互勾稽而具有證據力」，此為專利審查基準第5-1-36至5-1-37頁所明訂（原證3號參照）。

②次按「若確有證據證明該產品型錄與實體產品具有證據關連性，該產品型錄仍得作為舉發要件之證據（如公開日等），殊不容僅以產品型錄記載技術元件與實體產品稍有不同，即率予否認產品型錄之證據關聯性。」此亦為最高行政法院所肯認（最高行政法院100年度判字第299號判決，原證4號參照）。

(2)「原證2號」足以與「原證1號」相互勾稽，並確保「原證1號」為具有證據能力之舉發證據：

原證2號為「原證1號之商品型錄」，其第○頁已明確標示出「原證1號」之公開日期為○○年○月○日，該日期明顯早於系爭專利之申請日。依前揭現行司法實務見解可知，「原證2號」當可與「原證1號」相互勾稽，並確保「原證1號」為具有證據能力之舉發證據。

（二）是以，「系爭專利申請專利範圍第1項至第5項之技術特徵」均為「舉發證據1與原證1號（原證2號併參）」之證據組合所揭露，故「舉發證據1與原證1號（原證2號併參）」之證據組合當足以證明系爭專利申請專利範圍第1項至第5項不具進步性，具有應撤銷原因。

二、綜上所述，原處分及訴願決定顯有違誤，敬祈 鈞院賜判如訴之聲明，以維權益，實為德感。

謹 狀

智慧財產法院 公鑒

證物名稱及件數	原證1號：「○○○○」產品實物。 原證2號：「○○○○」產品之型錄影本。 原證3號：專利審查基準第5-1-36頁至第5-1-37頁影本。 原證4號：最高行政法院100年度判字第299號判決影本。

中	華	民	國	○	○	年	○	○	月	○	○	日
具狀人：甲												
撰狀人：訴訟代理人○○○律師												

第五節　實務判解

・專利權之效力

最高法院95年度台上字第1663號判決

專利申請人取得之專利權，雖經專利專責機關撤銷，惟於該撤銷之處分確定前，依民國92年2月6日修正前專利法第74條規定，其專利權仍有效存在。原審謂上訴人之專利權是否已有新穎性及進步性，仍處於不確定狀態，得否享有專利權仍有疑義云云，所持法律見解，尚有可議。另，被上訴人於專利權經撤銷確定前，倘若確有侵害上訴人專利之行爲，能否遽認被上訴人並無故意、過失，究非無斟酌之餘地。

・申請人於舉發審查時之補充或修正

1.　最高行政法院91年度判字第2422號判決

按專利舉發案，關於專利是否違反專利法，應否撤銷，應以審定核准專利時之專利法爲據，而舉發之程序，則依程序重新原則，應依舉發時專利法規定，舉發案之審查程序，則依審查時之專利法爲之。依核准時專利法第104條第3款規定，說明書或圖式，故意不載明實施必要之事項，或故意記載不必要之事項，使實施爲不可能或困難者，應撤銷其專利權。本案說明書有諸多不明確之處，其說明書或圖式有故意不載明實施之事項，使實施爲不可能或困難，有違核准時專利法（即83年1月23日修正前）第104條第3款之規定，爲本案舉發成立，應撤銷其專利權之審定，固非全然無見。惟「專利專責機關於審查時，得依職權或依申請限期通知申請人或異議人爲下列各款之行爲：一、到局面詢。二、爲必要之實驗、補送模型或樣品。三、補充或修正說明書或圖式。」「依第一項第三款所爲之補充或修正，除不得變更申請案之實質外，如其補充或修正係在發明專利案審定公告之後提出者，並須有下列各款情事之一始得爲之：一、申請專利範圍過廣。二、誤記之事項。三、不明瞭之記載。」「第五十四條及前條舉發案之處理，準用第四十二條至第四十四條規定。」「……第四十二條至第四十九條、……第七十二條至第七十七條……規定，於新型專利準用之。」爲舉發審查時之專利法（83年1月23日修正）第44條第1項、第4項、第73條、第105條所明定。上開補充或修正說明書或圖示之規定，可使專利申請人就專利說明書之記載等，如有疏失或與專利審查人員有認知之差異時，有補充或修正機會，以免因而不能獲准專利，或取得專利後遭撤銷。條文既規定專利專責機關得依職權通知申請人爲之，專利專責機關審查人員如於審查時發現說明書有應補充或修正之必要，自需通知申請人爲之，不宜逕行以之爲由駁回申請人之申請或撤銷其專利權，否則難謂無濫用其職權之違法。所謂「得依職權」者，應解爲須審查有無面詢、實驗、模型或樣品之補送、補充或修正說明書等之必要，如爲肯定時始通知申請人辦理，無庸每件均通知申請人到局面詢或爲實驗等，並非謂如有上開必要情形，亦可不依職權爲之。是新型專利舉發審查時，如發現說明書或圖式有申請專利範圍過廣、誤記之事項、不明瞭之記載等情形，似應限期通知申請人爲補充或修正，不宜逕行撤銷其專利權。

2. 台北高等行政法院93年度訴字第271號判決

發明專利舉發，智慧局審定爲「舉發成立，應撤銷專利權」，專利權人訴願遭駁回後，提起行政訴訟。台北高等行政法院駁回原告之訴，判決指出：原告稱依舉輕明重之法理，於申請再審查階段尚有專利法第40條第2項核駁理由先行通知書限期申復之制度，對於已取得專利權保護之舉發案中，更應加以保障一節，惟按專利案之舉發程序，依前揭同法第71條及第72條之規定，須由舉發申請人附具證據爲之，且依同法第73條準用第42條之規定，專利專責機關接到舉發書後，應將舉發書副本送達申請人或其代理人，並予其1個月之時間答辯，是專利權人自得以充分防禦之機會，此一制度即與再審查程序中限期申復之制度相當，法律制度上並無輕重失衡之缺失，是被告於處理程序上亦無瑕疵，依前揭之說明，自無撤銷原處分之理，原告訴請撤銷原處分俾利被告審查其事後提出修正案，於法顯有未合。

·申請專利範圍之更正或修正

1.　最高行政法院96年度判字第958號判決

被上訴人審查否准專利後，申請人於行政救濟中始提出修正，即非法之所許。蓋行政救濟之目的係糾正行政機關之違法失當之行政行為，故應在於人民已依法行事，而行政機關有違法失當之行政行為時，始得透過行政救濟程序維護其權利。若行政機關無何違法失當之處，人民未依法行事致其權利未得保障，自非行政救濟範圍，本件上訴人於行政救濟期間始請求修正，難謂合法。

2.　台北高等行政法院91年度訴字第4216號判決

於異議成立不予專利（實即撤銷原審定公告暫准之專利權）或舉發成立，撤銷專利權後，已發生專利權自始不存在之法律效果，此與「審定公告前」係處於申請狀態中，「審定公告後」係處於暫准或獲准專利權之狀態，均有不同。為免影響原異議或舉發審定之法律安定性，縱該審定於行政救濟程序中尚未確定，仍難再向專利專責機關申請更正。

3.　智慧財產法院98年度行專訴字第45號判決

對於已揭露於原說明書或圖式之部分，則應在合理之範圍內，允許專利權人更正。

4.　最高行政法院99年度判字第1366號判決

原判決關於更正後第1項、第13項所增加之技術特徵，即導槽側壁所設之至少一肋條，本即已揭露於原敘述性附屬項之第3、17項，亦已揭露於圖示之第3、4圖中之構件編號3211，故其更正並未超出申請時原說明書或圖式所揭露之範圍，亦未實質擴大或變更申請專利範圍，應屬符合專利法第108條準用第64條第1、2項之規定之事實，以及上訴人所主張被上訴人所為更正係變更原技術特徵之結合關係，為實質變更云云，如何不足採等事項均詳予以論述，是原判決所適用之法規與該案應適用之現行法規並無違背，與解釋判例，亦無牴觸，並無所謂原判決有違背法令之情形。

5.　智慧財產法院102年度行專訴字第73號判決

按發明專利權人申請更正專利說明書或圖式，僅得就申請專利範圍之減縮爲之；前項更正，不得超出申請時原說明書或圖式所揭露之範圍，且不得實質擴大或變更申請專利範圍，修正前專利法第64條第1項第1款、第2項定有明文。準此，申請減縮發明專利之申請專利範圍，不得超出申請時原說明書或圖式所揭露之範圍，亦不得實質擴大或變更原申請專利範圍。再者，若非更正前申請專利範圍所載技術特徵之下位概念技術特徵或進一步界定之技術特徵，將導致實質變更申請專利範圍。例如更正前申請專利範圍記載技術特徵A+B+C，D爲發明說明或圖式所揭露之技術特徵，更正後申請專利範圍改爲A+B+C+D，由於引進之技術特徵非屬申請專利範圍所載技術特徵之下位概念技術特徵或進一步界定之技術特徵，將導致實質變更申請專利範圍。

6.　智慧財產法院102年度行專訴字第26號判決

原告所爲之更正，若僅就其中就「至少部分地朝向該裝置組件之一內部空間供應一第二氣流」乙語重覆敘述，該發明所屬技術領域中具有通常知識者，可直接由該請求項上、下文立即察覺之明顯錯誤，因此，倘直接刪除系爭專利申請專利範圍第20項第8至9行之「至少部分地朝向該裝置組件之一內部空間供應一第二氣流」，則屬「誤記事項之訂正」，合於更正審定時之專利法第64條第1項第2款及第2項之規定。惟查，原告所爲更正，係將系爭專利申請專利範圍公告本中申請專利範圍第20項第8至9行之「至少部分地朝向該裝置組件之一內部空間供應一第二氣流，另二側供應一第三氣流」更正爲「至少部分地朝向該裝置組件之該第二側供應一第三氣流」，已將「組件之『二側』均供應有一第三氣流」變更爲「組件之『單側』（即第二側）供應有一第三氣流」，是而系爭專利申請專利範圍第20項更正前、後之文義不同，此爲原申請專利範圍所無之技術特徵，所爲更正並非屬「誤記事項之訂正」，因經原告訂正後之涵義，已與訂正前不相同。此外，核准公告申請專利範圍第20項並未包含組件之「單側（第二側）」供應有一第三氣流之態樣，是以更正前、後之發明已顯然不同，已非屬於申請時原申請專利範圍第20項所揭示之原實質內容範圍內而實質變更核准公告之申請專利範圍。是原告所爲更正即不符更正審定時之專利法第64條第1項第2款、第2項規定。

至原告主張根據系爭專利申請專利範圍第20項第2至3行之記載……可從系爭專利申請專利範圍第20項上下文推得「第二側」乃唯一的解釋，此更正內容並無實質擴大或變更申請專利範圍云云（見本院卷第8頁反面）。惟查系爭專利公告本申請專利範圍第25項載有「如請求項21之裝置，其中該裝置組件包含：一在該第一側與該第二側之間延伸的第三側……」（見00000000號申請卷第188頁），顯見其所依附之申請專利範圍第20項中，該組件除第一側與第二側外尚可包含第三側，是以申請專利範圍第20項第2至3行記載「一裝置組件，其具有一第一側及一背離該第一側之第二側」，並非一封閉式用語而限定該組件僅有二側，是原告上揭解釋，並無可採。

原告又主張說明書已明確揭示「氣體噴出器系統1、2經組態以至少部分地朝向裝置組件10之第一側13供應第一氣流g1，且至少部分地朝向裝置組件10之第二側14供應第二氣流g2（即申請專利範圍第20項之第三氣流），……因此，說明書並未支持『朝第三側供應氣流』之技術特徵，而僅揭露第一與第三氣體之部分在裝置組件之該第三側之前面彼此交會。故系爭專利所屬技術領域之技藝人士可直接而無歧異的得知，『另二側供應一第三氣流』顯爲『第二側供應一第三氣流』之誤繕」云云（參見本院卷第8頁反面）。惟查原告上揭引述內容爲系爭專利說明書第16頁末行至第17頁第2行（見申請卷第197頁），由其上、下文並無法得知該「第二氣流g2」即爲申請專利範圍第20項之「第三氣流」，依系爭專利所屬技術領域中具通常知識者，並無法由系爭專利說明書內容得知申請專利範圍第20項所請發明即爲上揭說明書之內容，是原告上揭主張並無依據。且系爭專利說明書或圖式均未載有「第一與第三氣體之部分在裝置組件之該第三側之前面彼此交會」之技術內容，是原告主張實無理由。

附錄

經濟部智慧財產局專利案面詢作業要點

中華民國八十三年五月十二日訂定發布

中華民國八十九年十月三十一日修正發布

中華民國九十三年六月十五日經濟部經授智字第○九三二○○三○六九○號令修正發布，九十三年七月一日施行

中華民國九十五年十一月二十四日經濟部經授智字第○九五二○○三○九九○號令修正發布

中華民國九十九年十二月三日經濟部經授智字第○九九二○○三一七八○號令修正發布

中華民國一零二年三月二十二日經濟部經授智字第一○二二○○三○五六○號令修正發布全文10點，並溯自一零二年一月一日生效

一、經濟部智慧財產局（以下簡稱本局）爲辦理專利法（以下簡稱本法）第四十二條、第七十六條、第一百二十條準用第七十六條、第一百四十二條第一項準用第四十二條及第一百四十二條第一項準用第七十六條有關專利之面詢作業，特訂定本要點。

二、審查人員審查專利案認爲經面詢有助於案情之瞭解及迅速確實審查時，得依職權通知當事人限期到局面詢。

三、審查人員對面詢之申請，認有下列情事之一者，應於審定書中敘明不予辦理之理由：

（一）單純詢問可否准予專利者。

（二）提起舉發時，未曾提出具體之舉發理由即申請面詢者。

（三）明顯與技術內容、案情無關之理由仍請求面詢者。

（四）申請再面詢案，案情已臻明確，無面詢必要者。

四、得出席面詢之人員如下：

（一）與專利審查有關之本局人員。

（二）發明人、新型創作人或設計人。

（三）申請人或其受雇人、或申請人委任之專利師、專利代理人、律師。

（四）舉發人、被舉發人或其委任之專利師、專利代理人、律師。

前項受委任之代理人，得委任具有該申請案專業知識者，出席面詢。但應得本局之許可。

本局承審之審查人員，因故不克出席面詢時，得由本局其他與專利審查有關人員代爲出席面詢。以視訊方式爲之者，亦同。

五、面詢應於本局辦公處所或各地服務處所爲之，必要時得使用本局及各地服務處所設置之視訊設備爲之。

每件專利案每次面詢時間以一小時爲原則。但經承審之審查人員同意者，得延長一小時。

六、本局爲進行面詢，應以書面載明下列事項，通知相關人員到場面詢：

（一）面詢之日期、時間、地點。

（二）應攜帶之身分證明文件、委任書。

（三）面詢進行之程序、方式。

（四）其他應注意事項。

舉發案件之面詢，應通知兩造當事人同時出席面詢，並告知一造未出席，本局得單獨與另一造面詢。

七、申請面詢者，至遲應於接受面詢前繳納面詢規費；未繳納者，依本法第十七條第一項規定，應不受理面詢。

出席面詢之人員，應提出身分證明文件供驗；未提出而無法適時補正者，本局得取消面詢，並將該情形記載於面詢紀錄。

開始面詢時，本局應告知受面詢人有關該面詢依據之本法條文、需要保密之事項。出席、列席面詢之人應遵守會場秩序，其有不當陳述或其他行為者，本局得加以糾正、制止，不服糾正或不聽制止時，得中止或取消該面詢，並將該情形記載於面詢記錄。

初審案或再審查案於面詢進行中，對於說明書、圖式或圖說等內容，有需要補充說明或修正者，審查人員得依職權限期補送說明書、申請專利範圍或圖式修正本。

舉發案於面詢進行中，對於舉發理由書及答辯書等相關內容，得行使闡明權，若有需要補充說明或提出答辯者，審查人員得告知當事人限期補送書面資料。

面詢過程，本局及當事人得錄音或錄影。

八、面詢時應當場製作面詢紀錄，記載面詢之日期、時間、地點、出（列）席人員、面詢事項及詢答重點，並由出席面詢之人員在文字紀錄內容之後簽名或蓋章確認；其拒絕簽名或蓋章者，應將其事由記載於面詢紀錄。

使用本局及各地服務處所設置之視訊設備為之者，本局人員應當場宣讀面詢事項及詢答重點，經本局及各地服務處所出席之人員確認。

案件經面詢者，應俟一切紀錄、補充或修正資料併卷後方得繼續審查。補充或修正資料逾限未補正者，逕依面詢紀錄及現有資料審查。

九、未依指定時間到場面詢者，本局得逕行審查。但有正當理由申請改期者，不在此限。

前項申請改期，至遲應於面詢前一日以書面、傳真或電話送達本局，由本局另行指定面詢期日及地點，並以一次為限。

以視訊方式為之者，如有視訊中斷或其他與視訊設備相關之事由，致當日無法續行面詢時，本局得另行指定面詢期日及地點為之。

十、本局確認無辦理面詢之必要而不辦理者，應退還當事人已繳之規費。

第五單元　強制授權

第一節　前言

案例

近來恐怖份子攻擊事件頻傳，各地陸續傳出疑似恐怖份子散布A病毒之消息，治療A病毒之藥劑為甲公司所有，且甲公司亦享有該藥劑之專利權，惟甲公司製造該藥劑之速度無法因應社會急需，在甲公司不願授權乙、丙公司生產製造該藥劑之情況下，有無解決因應之道？

依據本章前述之介紹，專利權人擁有在專利期限內，享有專屬之排他性權利，可排除他人未經其同意之製造、販賣、使用、進口等行爲，另一方面，亦得自由授權他人或自行實施以獲得收益。依據私法自治、契約自由之原則，專利權人是否要授權他人、要授權予何人，原則上均擁有自主決定權，不受他人之干涉，換言之，因專利權人擁有類似獨占之地位，如其堅持不授權他人或堅持不合理之授權條件，專利技術即難以應用，即與專利權制度之目的——促進產業發展有違。本節要介紹之專利強制授權制度，則是前述契約自由之例外，也因係對專利權人私權之限制，專利強制授權制度之要件相當嚴格，我國專利法施行迄今，案例極爲少見，以下將詳細介紹兩件近期之著名案例。

第二節　法令解說

一、強制授權之意義與目的

強制授權，是指非出於專利權人自由之意願，由專利專責機關基於法律規定，強制專利權人將其專利授權他人實施。

強制授權，僅在創作性較高之發明專利有其適用，意指公權力在法定要件下，強制介入使專利權人同意他人實施該項技術。強制授權之立法目的，主要爲調和專利權人私益與國家社會之公共利益，防止專利權人濫用其獨占之專利權，同時可使專利技術落實於產業，促進社會科技進步，達成專利法之立法目的。目前世界各國幾乎皆存有強制授權制度，美國雖原則上未在專利法中規定強制授權，但在個別法律之要件下，仍有強制授權之規定。由於強制授權係對專利權人私權之例外限制，因此各國對於強制授權之原因，大致上均特定在因應國家緊急情況、增進公共利益、防止不公平競爭、從屬專利無法達成授權協議、以合理之商業條件在相當期間內仍不能協議授權、醫藥品專利等特殊情形。

二、強制授權之要件與特色

我國專利法關於強制授權之法定要件，主要爲專利法第87條：「爲因應國家緊急危難或其他重大緊急情況，專利專責機關應依緊急命令或中央目的事業主管機關之通知，強制授權所需專利權，並儘速通知專利權人。有下列情事之一，而有強制授權之必要者，專利專責機關得依申請強制授權：一、增進公益之非營利實施。二、發明或新型專利權之實施，將不可避免侵害在前之發明或新型專利權，且較該在前之發明或新型專利權具相當經濟意義之重要技術改良。三、專利權人有限制競爭或不公平競爭之情事，經法院判決或行政院公平交易委員會處分。就半導體技術專利申請強制授權者，以有前項第一款或第三款之情事者爲限。專利權經依第二項第一款或第二款規定申請強制授權者，以申請人曾以合理之商業條件在相當期間內仍不能協議授權者爲限。專利權經依第二項第二款規定申請強制授權者，其專利權人得提出合理條件，請求就申請人之專利權強制授權。」

簡單而言，在我國可強制授權之法定情形如下：

1. 因應國家緊急情況（專利法第87條第1項）。
2. 增進公益之非營利使用（專利法第87條第2條第1項、第3項）。
3. 申請人曾以合理之商業條件在相當期間內仍不能協議授權（專利法第87條第4項）。
4. 專利權人有限制競爭或不公平競爭之情事，經法院判決或行政院公平交易委員會處分確定者（專利法第87條第2項第3款）。
5. 再發明專利權人與原發明專利權人協議不成（專利法第87條第2項第2款）：但再發明所表現之技術，須較原發明具相當經濟意義之重要技術改良。

由上述強制授權之法定原因可知，一國之專利專責機關准許強制授權，絕大部分之情形均關係到該國之緊急情況、公共利益或市場秩序（不公平競爭、無法達成授權協議等），故強制授權之效力，僅能存在於有該種特殊狀態之該國境內，稱爲強制授權之限制性，我國專利法第88條第2項：「其實施應以供應國內市場需要爲主。」即爲明文。

強制授權，因係國家公權力強制專利權人將專利之實施權授與他人實施，與一般之專利授權得約定爲專屬實施之情形不同，強制授權並無法約定爲專屬性之授權，專利法第88條第4項：「強制授權不妨礙原專利權人實施其專利權。」即係此旨。

專利法第88條第3項：「強制授權之審定應以書面爲之，並載明其授權之理由、範圍、期間及應支付之補償金。」強制授權雖係國家公權力強制專利權人將專利之實施權授與他人，然並不代表被授權人可以無償取得授權，事實上，強制授權仍具有有償性，被授權人應給付專利權人適當之補償金。

又因強制授權之核准，通常均關係到國家社會之重大公益以及專利權人之私益，獲得核准均爲相當例外、不尋常之情形，爲確保獲得強制授權之人確實具有實施之能力，另專利法第88條第5項亦規定：「強制授權不得讓與、信託、繼承、授權或設定質權。但有下列情事之一者，不在此限：一、依前條第二項第一款或第三款規定之強制授權與實施該專利有關之營業，一併讓與、信託、繼承、授權或設定質權。二、依前條第二項第二款或第五項規定之強制授權與被授權人之專利權，一併讓與、信託、繼承、授權或設定質權。」

上開關於強制授權之原因與要件，於本次專利法修正中，配合與貿易有關之智慧財產權協定（TRIPS）第31條之相關規定，世界貿易組織（WTO）爲協助開發中國家及低度開發國家取得所需專利醫藥品，以解決其國內公共衛生危機，進一步修改與明確化，於閱讀理解時亦應一併參考。

三、強制授權之申請與審查

強制授權之申請人，應備具強制授權申請書，並檢附詳細之實施計畫書、敘明申請強制授權之原因以及相關文件，向專利專責機關提出申請。

強制授權申請案之審查，依專利法第88條第1項之規定，專利專責機關於接到前條第二項及第九十條之強制授權申請後，應通知專利權人，並限期答辯；屆期未答辯者，得逕予審查。專利審查委員接獲強制授權之申請案件時，應審查申請人於強制授權申請書中所述之理由、實施計劃書及專利權人嗣後所提出之答辯內容，就該專利權人之申請專利範圍，在技術上是否確實應在國內實施及請求人是否有能力實施，提供相關意見。

四、強制授權之廢止

強制授權獲核准後，亦非永久持續有效，如有法定之廢止原因，專利專責機關得依申請或依職權廢止強制授權。法定之廢止強制授權原因如下：

1. 專利法第89條第1項：依第八十七條第一項規定強制授權者，經中央目的事業主管機關認無強制授權之必要時，專利專責機關應依其通知廢止強制授權。
2. 專利法第89條第2項：有下列各款情事之一者，專利專責機關得依申請廢止強制授權：一、作成強制授權之事實變更，致無強制授權之必要。二、被授權人未依授權之內容適當實施。三、被授權人未依專利專責機關之審定支付補償金。

五、強制授權之行政救濟

專利專責機關關於強制授權申請所做成之決定，不論是核准強制授權、不予核准強制授權、或是廢止強制授權之決定，均屬於影響人民權益之行政處分，當事人有不服時，均得依法提行政救濟，其階段分別爲訴願與行政訴訟，相關之規定與前兩節所述相同，請自行參考。

相關法條

專利法第87條

爲因應國家緊急危難或其他重大緊急情況，專利專責機關應依緊急命令或中央目的事業主管機關之通知，強制授權所需專利權，並儘速通知專利權人。

有下列情事之一，而有強制授權之必要者，專利專責機關得依申請強制授權：

一、增進公益之非營利實施。

二、發明或新型專利權之實施，將不可避免侵害在前之發明或新型專利權，且較該在前之發明或新型專利權具相當經濟意義之重要技術改良。

三、專利權人有限制競爭或不公平競爭之情事，經法院判決或行政院公平

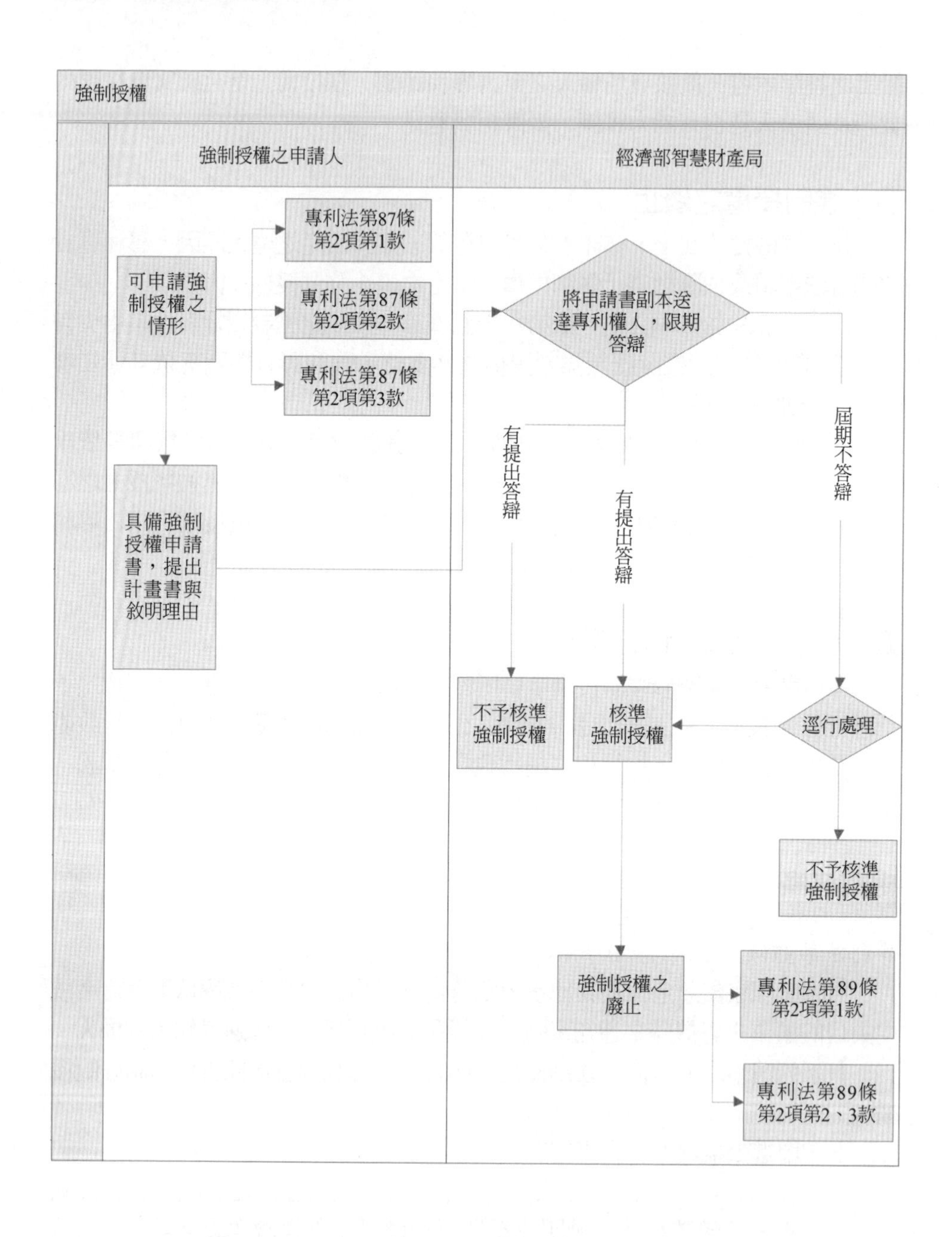
強制授權
強制授權之申請人
經濟部智慧財產局
專利法第87條第2項第1款
可申請強制授權之情形
專利法第87條第2項第2款
專利法第87條第2項第3款
將申請書副本送達專利權人，限期答辯
有提出答辯
有提出答辯
屆期不答辯
具備強制授權申請書，提出計畫書與敘明理由
不予核準強制授權
核準強制授權
逕行處理
不予核準強制授權
強制授權之廢止
專利法第89條第2項第1款
專利法第89條第2項第2、3款

交易委員會處分。

就半導體技術專利申請強制授權者，以有前項第一款或第三款之情事者為限。

專利權經依第二項第一款或第二款規定申請強制授權者，以申請人曾以合理之商業條件在相當期間內仍不能協議授權者為限。

專利權經依第二項第二款規定申請強制授權者，其專利權人得提出合理條件，請求就申請人之專利權強制授權。

專利法第88條

專利專責機關於接到前條第二項及第九十條之強制授權申請後，應通知專利權人，並限期答辯；屆期未答辯者，得逕予審查。

強制授權之實施應以供應國內市場需要為主。但依前條第二項第三款規定強制授權者，不在此限。

強制授權之審定應以書面為之，並載明其授權之理由、範圍、期間及應支付之補償金。

強制授權不妨礙原專利權人實施其專利權。

強制授權不得讓與、信託、繼承、授權或設定質權。但有下列情事之一者，不在此限：

一、依前條第二項第一款或第三款規定之強制授權與實施該專利有關之營業，一併讓與、信託、繼承、授權或設定質權。

二、依前條第二項第二款或第五項規定之強制授權與被授權人之專利權，一併讓與、信託、繼承、授權或設定質權。

專利法第89條

依第八十七條第一項規定強制授權者，經中央目的事業主管機關認無強制授權之必要時，專利專責機關應依其通知廢止強制授權。

有下列各款情事之一者，專利專責機關得依申請廢止強制授權：

一、作成強制授權之事實變更，致無強制授權之必要。

二、被授權人未依授權之內容適當實施。

三、被授權人未依專利專責機關之審定支付補償金。

案例解說

1. 本案中，乙公司與丙公司得依專利法第87條第1項之規定，向專利專責機關（即智慧局）提出申請，表示為因應國家緊急情況，請求智慧局准予乙公司與丙公司實施該藥劑之專利權。
2. 智慧局於接到乙公司與丙公司之強制授權申請書後，依專利法第88條規定，應將申請書副本送達專利權人（甲公司），並要求甲公司限期內答辯，若甲公司於期限內未答辯者，得逕予審查。
3. 若甲公司認為強制授權乙公司及丙公司實施該藥劑之專利權將對其產生極大之影響，依專利法第88條第3項規定，乙公司與丙公司應給予甲公司適當之補償金，對該補償金數額有爭執者，由智慧局核定之。
4. 惟若甲公司堅決不同意，此時或可參考外國實務之作法，對於未經甲公司授權生產之藥劑，只是作為「備用」，只有在甲公司所生產之藥劑不足供應市場需要時，才可使用。
5. 綜上，智慧局得依乙公司與丙公司之申請，視有無准予強制授權該藥劑專利權之必要，惟縱允許強制授權，其實施應以供應國內市場需要為主。

六、我國實例

（一）國碩公司申請飛利浦公司強制授權強制授權案

本案之國碩科技工業股份有限公司是在91年7月30日，以CD-R光碟片專利授權金與荷蘭商皇家飛利浦電子股份有限公司多次協商，未能達成協議爲理由，依當時的專利法第78條第1項「曾以合理之商業條件在相當期間內仍不能協議授權」規定，向智慧財產局提出強制授權之申請。本案之緣起是因CD-R光碟片因各廠商之大量生產，其出廠單價自民國86年至92年上半年止，已由每片5美元降至每片0.19美元，然光碟片專利之獨家授權人飛利浦公司在市場價格滑落幅度如此之大的情況下，對於權利金之計算方式，仍維持對每片光碟片收取固定金額做爲權利金之計算方式，造成權利金占光碟片單價之比例過高，顯然對被授權人顯失公平。本案申請人國碩公司自民國90年3月至91年4月間，與飛利浦公司展開協談磋商之時間，已逾一年，仍然無法達成協議，遂於民國91年7月30日向智慧財產局提出強制授權之申請。由於本案對於我國光碟產業之發展影響甚鉅，又因涉及層面甚廣，包括專利法、公平交易法、經濟分析、計價及國際公約以及外國公司之專利權等層面，成爲當時衆所矚目之焦點，智慧財產局爲求審慎，除函請經濟部工業局、國貿局、公平交易委員會、台灣區電機電子工業同業公會、財團法人資訊工業策進會及工業技術研究院等相關單位及業界團體表示意見外，並委請七位產經學者針對該案進行研究，且組成專案審查小組，先後召開五次審查會議，聽取雙方當事人之訴求，並進行詢答。最後智慧財產局於民國93年7月26日審定准許國碩公司強制授權飛利浦公司在我國獲准之五件專利權，惟國碩公司仍應與飛利浦公司協議並給付飛利浦公司適當之補償金。

本案之強制授權獲准後，引起國際間之重視與關切，歐盟甚至專程爲此派員前來台灣了解，又因我國之強制授權僅能以供應國內生產爲限，然而CD-R光碟片之生產必然有極大比例是外銷，因此本案之戰場也因此延伸到國外。

本案強制授權獲准後，飛利浦公司依法提起訴願，經濟部以經訴字09506170420號訴願決定駁回其訴願，飛利浦公司因此對此提起行政訴訟進行中。惟本案最終之結局，並非是透過司法之救濟，而是因國碩公司與飛利浦公司均提出廢止強制授權之申請，智慧財產局乃於民國96年5月31日作成廢止強制授權之審定後暫已落幕，飛利浦公司認爲其已提出新的授權計劃並主張國碩公司未履行以「供應國內市場需要爲主」之要求爲由；國碩公司則以其將自96年5月31日起停止於國內生產CD-R產品，主張強制授權之原因即將消滅，而提出廢止強制授權之申請。在智慧財產局廢止強制授權之審定做成後，這件影響我國專利界之大事已經結束，但本案在強制授權極爲少見且經常與外國專利權人簽定「不平等條約」之我國，可謂是一全新的思考方向，本案所引起之效應如何，值得持續關注。

（二）行政院衛生署申請羅氏大藥廠強制授權強制授權案

民國94年，禽流感疫情在世界各地爆發，我國亦面臨其威脅，當時最有效對抗禽流感疫情之藥品「克流感」，也隨即出現供不應求之窘境。「克流感」之專利權人爲美商吉李德科學股份有限公司（Gilead Sciences, Inc.），而該專利之專屬被授權人爲瑞士羅氏大藥廠（F. Hoffmann-La Roche Ltd.），惟羅氏大藥廠卻遲遲未同意專利授權之要求，導致各國之輿論紛紛要求各國政府應在生命權優於專利權的考量下，強制授權各國政府量產「克流感」，以有效防治疫情，我國亦不例外。當時羅氏大藥廠曾表示會分階段於95年6月底以前提供達到我國人口百分之十（230萬人份）所需之克流感之藥品，惟行政院衛生署最後顧及禽流感疫情如有大爆發或羅氏藥廠之供應可能有不及之情形，影響我國抗疫之成敗重大，仍希望能取得強制授權，以應防疫需要，遂於民國94年10月31日，依據專利法第76條「因應國家緊急狀況」之規定，向經濟部智慧財產局提出本件專利強制授權申請案。本案中衛生署係以專利權人美商吉李德科學股份有限公司爲相對人，請求准許實施其專利權，專屬被授權人瑞士商羅氏大藥廠則以參加人之名義參與審查過程。

本案因事關國人健康，影響重大，亦爲極度受到矚目之強制授權申請案，審查機關智慧財產局經雙方當事人充分陳述，並經諮詢委員充分討論後，在兼顧專利人權益及國家防疫需求下，於94年12月作成有條件之核准強制授權決定，爲當時世界各國政府爲因應禽流感疫情，以專利強制授權強制授權之方式取得製造該藥品技術之首例。該核准強制授權決定主要之內容包括：強制授權之期限至96年12月31日止、並以國內防疫所需爲限；強制授權之藥品應俟衛生署向羅氏藥廠所購得之克流感或其原料藥供應不足防疫所需時，方得使用該強制授權所製造之藥品；如期間雙方達成授權協議時，本強制授權得予以廢止，而申請人亦應依法給付適當補償金予相對人，以兼顧本案專利專屬被授權人羅氏大藥廠原有之商業利益。

第三節　必備書狀及撰寫要旨

依據前述案例，本節提供原告所應撰擬之起訴書狀，以及參加人之答辯書狀之書狀撰擬要旨及範例如後：

範例一：原告起訴狀——專利強制授權申請案，智慧財產局准予強制授權、訴願駁回，由專利權人提出之行政訴訟（撤銷訴訟）

專利強制授權案之行政訴訟起訴狀，應載明當事人、起訴之聲明、訴訟標的及其原因事實：

1. 當事人

亦即需載明提起本件行政訴訟之當事人爲何。如有訴訟代理人，應載明代理意旨以及檢附委任書狀，依據目前智慧財產法院實務以及行政訴訟法之規定，專利申請行政訴訟之訴訟代理人，其限於律師或專利師，且其人數不得逾三人。

2. 起訴之聲明

亦即當事人希望法院如何判決之聲明，以本件專利舉發案之行政訴訟而言，應敘明原處分及訴願決定應撤銷即足以達成其提起其行政訴訟之目的。

3. 訴訟標的及其原因事實

亦即當事人所不服之原處分及訴願決定，以及為何法院應撤銷原處分及訴願決定之具體理由。依據目前智慧財產法院之實務以及行政訴訟法之規定，法院將會要求當事人於起訴時，檢附原處分及訴願決定。

上開原因事實之敘述，通常應包含訴願決定及原處分有何違法之處，以及為何不應准許強制授權之事實上及法律上之理由，以利法院審查。

範例二：參加人答辯狀

參加人答辯狀，應載明答辯聲明、抗辯理由及其證據、對於原告主張否認之事項、證據出處以及請求調查之證據及事項等。

第四節　書狀範例

範例一：原告起訴狀

<table>
<tr><td colspan="5">行政訴訟起訴狀</td></tr>
<tr><td>案　　號</td><td colspan="2">年度　　字第　　號</td><td>承辦股別</td><td></td></tr>
<tr><td>稱　　謂</td><td>姓名或名稱</td><td colspan="3">依序填寫：國民身分證統一編號或營利事業統一編號、性別、出生年月日、職業、住居所、就業處所、公務所、事務所或營業所、郵遞區號、電話、傳真、電子郵件位址、指定送達代收人及其送達處所。</td></tr>
<tr><td>原　　告</td><td>甲公司</td><td colspan="3">設台北市○○區○○路○○號○○樓
送達代收人：○○○律師</td></tr>
</table>

代　表　人	○○○	住同上
訴訟代理人	○○○律師	○○法律事務所 ○○市○○路○○號○○樓 電話：○○-○○○○○○○○
被　　　告	經濟部智慧財產局	設台北市○○區○○路○○號○○樓
代　表　人	○○○	住同上

為不服經濟部智慧財產局（○○）智專三（○）○○○○○字第○○○○○○○○○○號舉發審定暨經濟部經訴字第○○○○○○○○○○號訴願決定，依法提起行政訴訟事：

訴之聲明

一、原處分及訴願決定撤銷。

二、訴訟費用由被告負擔。

事實及理由

一、按專利法第87條第1項規定「為因應國家緊急危難或其他重大緊急情況，專利專責機關應依緊急命令或中央目的事業主管機關之通知，強制授權所需專利權，並儘速通知專利權人。」，此為專利法有關強制授權之明文規定。

二、本案並不符合強制授權之情形，原處分（原證1號參照）及訴願決定（原證2號參照）認定有「強制授權」之適用，其認事用法顯有違誤，應予撤銷：

（一）甲公司所生產之藥劑足以因應社會需求，被告機關並無准許強制授權之必要：

以目前社會上對治療A病毒藥劑之需求量，與原告可生產之藥劑量觀之，原告所能供應之藥劑量仍足以供應社會需求（如原證3號所示）。乙公司與丙公司空言原告所能供應之藥劑量不足因應社會需求，請求被告准予強制授權，實無理由。惟被告對此未予詳查，即准許強制授權，訴願決定亦未論及此部分，故原處分與訴願決定均應予以撤銷。

（二）乙公司與丙公司並未以合理之商業條件與原告協議授權：

原告享有治療A病毒之藥劑之專利權，乙公司與丙公司如欲生產製造此藥劑，自應與原告商談授權事宜，惟乙公司與丙公司在未與原告商談授權事宜之情況下，逕向被告申請准予強制授權，顯與專利法第87條第4項之規定有違，原處分與訴願決定對此未予詳查，自有違誤，應予撤銷。

<table>
<tr><td colspan="2">三、綜上所述，本案並無准許強制授權之必要，原處分及訴願決定應予撤銷。懇
請　鈞院撤銷原處分及訴願決定，以維法紀，實為德感。

謹狀
智慧財產法院　公鑒</td></tr>
<tr><td>證物名稱及件數</td><td>附件：委任狀正本
原證1號：經濟部智慧財產局（○○）智專三（○）○○○○○字第○○○○○○○○○○號舉發審定書影本。
原證2號：經濟部經訴字第○○○○○○○○○○號訴願決定影本。
原證3號：原告每月供應藥劑數量統計及每月所需藥劑量統計圖表</td></tr>
<tr><td colspan="2">中　華　民　國　○　○　年　○　○　月　○　○　日</td></tr>
<tr><td colspan="2">具狀人：○○○公司
代表人：○○○</td></tr>
<tr><td colspan="2">撰狀人：訴訟代理人○○○律師</td></tr>
</table>

範例二：參加人答辯狀

<table>
<tr><td colspan="5">參加人答辯狀</td></tr>
<tr><td>案　　號</td><td colspan="2">年度　　字第　　號</td><td>承辦股別</td><td></td></tr>
<tr><td>稱　　謂</td><td>姓名或名稱</td><td colspan="3">依序填寫：國民身分證統一編號或營利事業統一編號、性別、出生年月日、職業、住居所、就業處所、公務所、事務所或營業所、郵遞區號、電話、傳真、電子郵件位址、指定送達代收人及其送達處所。</td></tr>
<tr><td>參　加　人</td><td>乙公司</td><td colspan="3">住台北市○○區○○路○○號○○樓</td></tr>
<tr><td>訴訟代理人</td><td>○○○律師</td><td colspan="3">○○法律事務所
○○市○○路○○號○○樓
電話：○○-○○○○○○○○</td></tr>
<tr><td>參　加　人</td><td>丙公司</td><td colspan="3">住台北市○○區○○路○○號○○樓</td></tr>
<tr><td>訴訟代理人</td><td>○○○律師</td><td colspan="3">○○法律事務所
○○市○○路○○號○○樓
電話：○○-○○○○○○○○</td></tr>
</table>

原　　告	○○○	設台北市○○區○○路○○號○○樓 送達代收人：○○○律師
法定代理人	○○○	住同上
被　　告	經濟部智慧財產局	設台北市○○區○○路○○號○○樓
代 表 人	○○○	住同上

為　鈞院○○年行專訴字第○○號行政訴訟，提呈參加人答辯意見事：

答辯聲明

一、原告之訴駁回。

二、訴訟費用由原告負擔。

事實及理由

一、本案係為因應國家緊急情況，而應准予強制授權

目前社會對治療A病毒之藥劑需求量日益增加，原告所提出之統計數據不足以預期未來對於該藥劑需求量之趨勢。若僅因目前原告所生產之數量足以因應需求即否准強制授權，顯然與專利法第87條第1項維護社會公益之立法本旨有間。

二、本案係為增進公益之非營利使用，應准予強制授權

參加人申請強制授權之目的係為增進社會公益之非營利使用，當符合專利法第87條第1項所准予強制授權之情形。

三、綜上所述，原處分及訴願決定並無違誤，敬祈　鈞院儘速駁回原告之訴，以維權益，實為德感。

謹狀

智慧財產法院　公鑒

證物名稱及件數	附件：委任狀正本。

中　華　民　國　○　○　年　○　○　月　○　○　日

具狀人：○○○

撰狀人：訴訟代理人 ○○○律師

第五節　實務判解

臺北高等行政法院95年訴字第2783號判決

專利法第76條第1項所定申請人曾以合理之商業條件在相當期間內仍不能協議授權係指申請人曾向專利權人提出客觀上已認為合理之商業授權條件，並在相當期間內盡力與專利權人洽談而仍無法獲得專利權同意授權時，始得因申請人之申請，由專利專責機關介入以強制授權方式由申請人實施該專利權，並依專利法第76條第5項規定給與專利權人適當之補償金。而所謂合理之商業條件雖屬一不確定之法律概念，惟判斷上，有關權利金之計算方式、授權人與被授權人利潤之考量、分擔的風險、技術品牌知名度、市場之需求、授權之範圍、授權之期間、授權之技術、同業競爭、授權之市場狀況及其他授權規範條款等等，均屬商業條件是否合理所應考量。因此，於判斷強制授權申請人所提出者是否為合理之商業條件時，自應就申請人所提出授權協議內容整體參照上述應考量之因素加以綜合判斷，尚不能單以申請人所提出之權利金計算方式為合理，即認為已提出合理之商業條件。關於申請人曾以合理之商業條件在相當期間內仍不能協議授權，係得申請強制授權之要件，遇有爭執時，應由申請人舉證證明。縱然專利權人所訂之授權條件不合理，應屬專利權人有無應依公平交易法所定對商品價格或服務報酬，為不當之決定、維持、變更之狀況，或其他應依公平交易法處理之問題。如強制授權之申請人未能證明其已向專利權人提出客觀上認為合理之授權協議內容，並在相當期間內盡力與專利權人洽談而仍無法獲得專利權同意授權時，依上述強制授權要件之具備應由申請人舉證證明之原則，尚不能以專利權人所訂之授權條件不合理，有加以檢討調整之必要即認得准許強制授權。

本件是否符合強制授權之要件，問題不在於原告所訂之授權條件是否不合理，有加以檢討調整之必要，而係在於審究申請人即參加人是否業已依專利法第76條第1項即修正前專利法第78條第1項曾提出合理之商業條件在相當期間內仍不能協議授權。關於參加人曾向專利權人提出合理之商業授權條件應由申請人即參加人舉證證明，已如前述。參加人雖於90年4月4日就原告所提針對由Philips一家公司之單獨授權合約，去函原告表示其所提出就每片CD-R收取0.06美元權利金相當於當時淨銷售價25%，0.045美元權利金亦相當於當時產品淨銷售價18%，實在無法負擔。參加人表示可接受之權利金應介於淨銷售價2%至

5%之間，並表示願意以此權利金費率與原告和解權利金爭議等語。但此部分參加人單以淨銷售價百分比（2%至5%）作爲計算權利金之方式，而刪除舊約中同時訂有相當定額權利金約定，並取其一定淨銷售價百分比作爲計算權利金之方式，在光碟片之出廠價格呈現持續下跌趨勢，使原告無法確保相當定額之權利金，相較於兩造於舊約就權利金計算方式應係以淨售價之一定百分比及相當定額權利金，二者取其高者之模式，自難認參加人所提之權利金計算方式係雙方原所接受之權利金計算方式。被告以原告之舊合約中，對於權利金之計算方式亦係以10日圓或淨售價3%，二者取其高者計之，顯見原告亦曾認同以淨售價百分比作爲計算權利金之方式，據此認參加人提出欲以淨銷售價2%至5%作爲計算授權金之依據，不失爲「以客觀第三人之角度觀之，非顯違反相關技術市場之情況，且立於契約雙方當事人角度觀之仍有進一步磋商可能者」，而得認爲係合理商業條件之提出一節，非爲可採。

第三章　商標法訴訟

第一單元　商標侵權民事訴訟

第一節　前言

案例

「清新公司」為國內知名鍋具廠商，亦將「清新」依商標法之規定申請商標註冊而享有商標權。如遇以下情形，「清新公司」應如何處理，以維護其商標權？

1. A公司推出一款「清新鍋具組」
2. B公司推出一款「清新瓦斯爐」
3. C公司推出一款「青新烘碗機」
4. 市面上出現一間「青新家電有限公司」
5. 第三人「吳清新」以其姓名開設一間「清新體育用品店」，販賣體育用品

商標，係指商標權人用以表彰商品或服務或相關的個人、企業，並且與他人產品加以區隔之標識。商標最主要之功能，在於幫助消費者辨認商品或服務之來源，雖然事實上，製造廠商之名稱以及相關之產品內容標示，才是最正確辨認商品服務來源的方法，但實際上，消費者僅根據製造廠商名稱來選擇商品或服務之情形，已極爲少見，尤其在貿易國際化的今日，商品服務來自全球各地，單純僅用廠商名稱來辨認商品服務之來源，已顯無可能，比較常見爲搭配使用商標作爲辨認之方式。而隨著商標權人對於商標之逐漸推廣與經營，商標也逐漸與消費者對於其商品或服務品質之印象產生連結，而具有保障商品或服

務品質之效果；最後，商標因其本質即在於使消費者認識，且其設計必須具有識別性，可作爲廣告中特別強調之部分，在消費者認識該商標之後，即可藉著對商標之認識而認識所有具有相同商標之產品，此時商標即同時具有廣告之功能。

商標因具有以上功能，在商業化、全球化、品牌導向之趨勢下，商標就等於企業形象，同時也代表著銷售量，成爲企業的另一種特殊資產，爲商業競爭中不可或缺之利器，其價值已不單單可用金錢衡量，有時甚至比企業的有形財產更重要。以目前全球品牌價值最高之商標Walmart爲例，Walmart於2010年之品牌價值高達413.65億美元；企業價值更高達2103.90億美元。排名緊追在後的Google、可口可樂（Coca-Cola）、IBM、微軟（Microsoft）、通用電器（GE）等，也都是全球知名的商標，品牌價值也都在300億美元之上，由此可見，商標的經濟價值實來自商標背後所表彰的意義，包含商品或服務的品質、價格、售後服務以及吸引消費者注意的能力等，一個成功的商標所彰顯的利益之大，爲有形資產所難以企及。同樣，在台灣亦不乏這樣的實例，早期有因楊桃汁而聞名的「黑面蔡」商標以新台幣3,000萬元移轉之先例，2006年初，「開喜烏龍茶」這個知名飲料商標也以新台幣1億5千萬元之價格移轉，創下飲料類商標轉讓的天價，尤其令國人印象深刻。

我國現行商標法於101年3月26日發布，101年7月1日施行。本章所論及之條文，除有特別註明爲舊法之規定外，均以現行法之條文爲主。

商標法的立法目的，由商標法第1條之規定：「爲保障商標權、證明標章權、團體標章權、團體商標權及消費者利益，維護市場公平競爭，促進工商企業正常發展，特制定本法。」可知，係藉由保護商標權之方式，避免商品或服務之來源發生混淆造成市場上的不公平競爭，促進工商企業正常發展，以達保護消費者利益之目標。商標對產業之發展具有相當之重要性，商標法爲加強對商標之審核與保護，在商標之申請註冊與註冊後審查方面，設有申請程序以及異議、評定之制度，以求控制核發商標之品質；而對侵害商標權之行爲，則設有民事請求以及刑事刑責之規定，對於侵害商標權之人而言，後果不可謂不重。本單元將先介紹商標權人在面臨商標權遭到侵害時，所能主張之各種民事救濟與相關法律程序。

第二節　法令解說

一、請求權人

（一）商標權人

商標權人，即商標權之歸屬主體，依商標法第35條第1項規定：「商標權人於經註冊指定之商品或服務，取得商標權。」，因此，商標權人係指依法定程序，向專利專責機關－經濟部智慧財產局申請商標註冊，經核准而取得商標權之人，此外，自申請註冊之商標權人處繼受取得商標權之人（受讓人、繼承人等），在取得商標權後，亦為商標權人，為商標權之主體。同條第2項則規定：「除本法第三十六條另有規定外，下列情形，應經商標權人之同意：一、於同一商品或服務，使用相同於註冊商標之商標者。二、於類似之商品或服務，使用相同於註冊商標之商標，有致相關消費者混淆誤認之虞者。三、於同一或類似之商品或服務，使用近似於註冊商標之商標，有致相關消費者混淆誤認之虞者。」以上條文清楚顯示，商標權人為商標權之權利人，擁有使用商標以及排除他人未經同意而使用之權，當商標權受侵害時，依法自得行使各種民事請求權，以彰商標法保護商標權之目的。且同條第3項亦規定：「商標經註冊者，得標明註冊商標或國際通用註冊符號。」是以，商標權人可依本條項之規定，在商標使用時註明為註冊商標或註冊標記，可藉以提醒第三人避免侵權，進而維護其商標權。

（二）被授權人

商標權與專利權相同，其被授權之人在商標權受到侵害時，同樣也得行使民事請求權請求救濟。按商標權人雖專有使用商標之權，但商標權人仍可將之授權他人（此觀商標法第39條第1項之規定即明），以達技術合作或擴大商標產品之市場占有等商業目的，自被授權人方面而言，被授權人可藉助他人已具知名度之商標成功推銷其產品或服務，故對被授權人而言，當商標權被侵害時，自然也應該有請求賠償或排除侵害之權利，始足以保護被授權人之利益。

商標法第39條第5項規定：「專屬被授權人在被授權範圍內，排除商標權人及第三人使用註冊商標」，是以，在專屬授權之情況下，商標權人如欲使用其註冊商標，亦需另行取得專屬被授權人之同意。同條第6項規定：「商標權受侵害時，於專屬授權範圍內，專屬被授權人得以自己名義行使權利。但契約另有約定者，從其約定。」由此可知，在商標權受侵害之際，專屬被授權人於專屬授權之範圍內，亦可以自己之名義行使民事及刑事救濟之權利。

商標權權利之移轉或變更，與專利權相同，特別強調「登記」之公示方法，商標之授權，依我國商標法第39條第2項：「前項授權，非經商標專責機關登記者，不得對抗第三人。」係採登記對抗主義，然而，當第三人爲侵害商標權之人時，若商標授權之事實未經登記，該第三人是否可以主張商標授權尚未經登記，因而不得對抗該侵權之第三人？此一爭議可參本書專利授權之相關說明。曾有見解認爲若商標授權之事實未經登記，雖不影響商標授權本身之效力，但被授權人即不得對該第三人主張有被授權之事實，從而對該第三人而言，被授權人即非合法之請求權人。又本條所謂的第三人，因條文並未限定爲善意第三人，解釋上似乎應包含善意及惡意之第三人，如被授權人未辦理授權登記，均不得對抗之。然而，此一解釋似乎將會不當保護該侵權之第三人，蓋不論商標授權是否有登記，該第三人都不應有侵權行爲產生，故解釋上，尚未經登記之商標被授權人似乎仍得對侵權之第三人主張權利，然爲杜爭議，且授權登記並非繁雜程序，智慧財產局處理該登記程序亦屬速捷，被授權人宜儘速完成授權登記，以減少不必要之爭議。

二、商標權之效力

商標權之效力，主要表現在專有使用之權以及排除他人使用之權等面向，但商標權之效力最特殊之處，即上述兩種權利效力之範圍其實並不相等。對一般之財產權而言，「所有」之範圍和「排他」之範圍，可說是一體之兩面，有「所有」才能「排他」，兩者之範圍應當相同，但對商標權因其性質之特殊，其使用權以及排除他人使用權效力之範圍並不相同。

（一）使用權

商標之使用，依商標法第5條第1項規定：「商標之使用，指爲行銷之目的，而有下列情形之一，並足以使相關消費者認識其爲商標：一、將商標用於商品或其包裝容器。二、持有、陳列、販賣、輸出或輸入前款之商品。三、將商標用於與提供服務有關之物品。四、將商標用於與商品或服務有關之商業文書或廣告。」同條第2項更進一步指出「前項各款情形，以數位影音、電子媒體、網路或其他媒介物方式爲之者，亦同。」簡單而言，商標之使用可區分爲「商標權人爲維持其權利所爲之使用」及「他人侵害商標權之使用」，二者之規範目的雖有不同，然其實質內涵皆應就交易過程中，「其使用是否足以使消費者認識該商標」爲判斷。

商標權人在商標註冊後，即取得此種將商標使用於商品或服務或相關之物件之權利。而商標使用權之效力，僅限於商標權申請註冊時所指定圖樣，以及指定使用之商品或服務之範圍內，商標法第35條第1項：「商標權人於經註冊指定之商品或服務，取得商標權。」即爲商標權人商標使用權範圍之明文規定，凡超出此範圍者，不論是與申請註冊之圖樣不同或是用於未經指定之商品或服務，均不屬於商標權使用之範圍，無法受到商標法之保護。

（二）排除他人使用之權

商標權，係一種獨占之權利，商標權人既專有使用之權，在其權利之存續期間內，自可排除他人未經同意而使用其商標之行爲。惟商標制度之目的除在保護合法之商標外，同時也在避免消費者對商品或服務之來源造成混淆，以及因此造成的不公平競爭。商標權人可使用商標權之範圍，雖僅限於以申請註冊時所指定之圖樣，用於所指定之商品、服務範圍內，惟如商標權人僅能排除與商標圖樣相同、且用於相同的商品、服務之他人使用行爲，則許多足以造成消費者對商品、服務來源混淆之「圖樣近似」或「商品、服務類似」之情形，即無法被包含在內，將嚴重破壞商標區別商品、服務來源之功能，市場上亦將充斥不公平競爭之情形。因此，商標權人得排除他人使用之範圍，理應涵蓋到所有「可能造成混淆」之範圍。

依我國商標法之規定，商標權人得排除他人使用之範圍，規定於商標法第35條第2項：「除本法第36條另有規定外，下列情形，應經商標權人之同意：一、於同一商品或服務，使用相同於註冊商標之商標者。二、於類似之商品或服務，使用相同於註冊商標之商標，有致相關消費者混淆誤認之虞者。三、於同一或類似之商品或服務，使用近似於註冊商標之商標，有致相關消費者混淆誤認之虞者。」由此條文可知，商標權人得排除他人使用之範圍，遠比其可使用之範圍爲大，該項第1款：「於同一商品或服務，使用相同於註冊商標之商標者」，即相當於商標權人本身得使用之範圍；而第2款：「於類似之商品或服務，使用相同於註冊商標之商標，有致相關消費者混淆誤認之虞者」、第3款：「於同一或類似之商品或服務，使用近似於註冊商標之商標，有致相關消費者混淆誤認之虞者」則明白規定將所有因商品、服務類似或商標近似，而有致相關消費者混淆誤認之虞之情形，均涵蓋於商標權人得排除他人未經同意而使用之效力範圍。

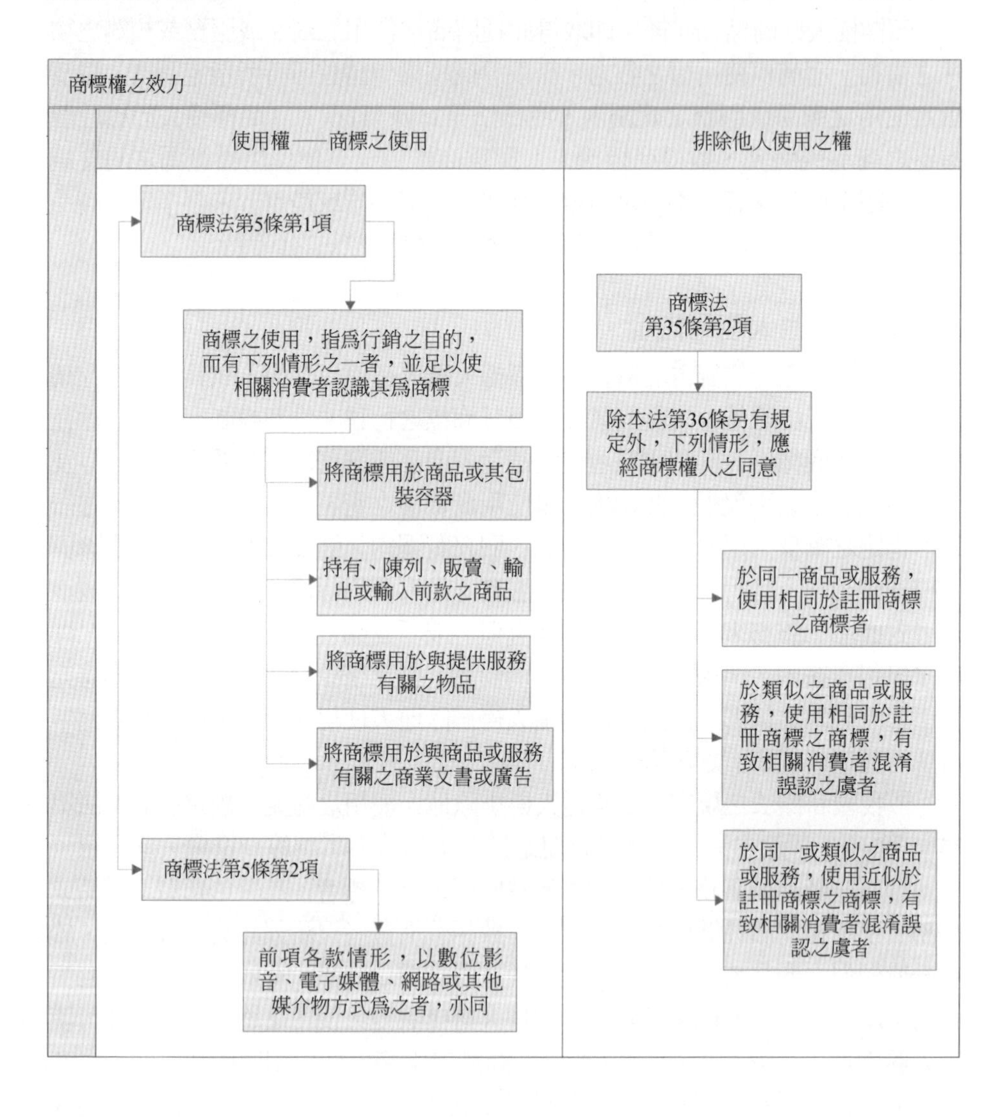

三、商標權之侵害

商標權之侵害，除何謂「侵害商標之行爲」爲探討之重點外，商標權本身之合法性、存續期間與商標權效力之範圍等，亦均是構成商標權侵害之必備要件，以下將詳細討論之：

（一）商標權須有效且存續

商標權屬於經行政機關核准，且具有有效期限之權利，依商標法第33條之規定，商標權人自註冊公告當日起，取得商標權，其期間爲十年，期間屆滿得不限次數申請延展，每次延展期間爲十年。此外，商標亦可能因不具備註冊要件、沒有使用等情形遭到撤銷註冊或廢止註冊。商標權人欲主張商標權之保護，自應以商標權須有效且存續爲其前提，如有商標遭撤銷、廢止註冊或行爲時不在商標權法定有效期限內，自無法構成商標權之侵害。

（二）侵害人無合法使用商標權之權限

商標權之使用，除商標所有權人外，被授權人、受讓與之人、經授權之質權人、信託人或繼承人等，均同爲有權使用商標之人，其使用商標之行爲，自不構成對商標權之侵害。

（三）侵害行為之一：一般侵害

對商標權之一般侵害，自商標法第68條之規定可知，係指未經商標權人同意，爲行銷之目的，而有下列情形之一者，即屬侵害商標權之行爲：

1. 於同一商品或服務，使用相同於註冊商標之商標者：本款是最直接之侵害商標行爲，即使用與他人註冊商標完全相同之商標，用於與註冊商標相同之指定商品與服務。（所謂「使用」商標之行爲之定義，請參照商標法第5條第1項各款及第2項之規定）。
2. 於類似之商品或服務，使用相同於註冊商標之商標，有致相關消費者混淆誤認之虞者：本款係指將與註冊商標相同之商標，使用於與商標權人所指定之商品、服務不同但類似之商品、服務上。雖然指定使用之商品、服務不同，即不屬於商標權人所取得之範圍（商標法第35條第1項參照），但如已達可能足以引起相關消費者之混淆之情形，即構成他人商標權之侵害。本款所謂相關消費者，係針對商品、服務而言，指熟悉該商品、服務之消費者，並非泛指所有市場之消費者，例如對專業醫療器材而言，醫護人員爲相關之消費者，而一般大眾則不屬之。至於商品、服務類似之涵義，以及混淆誤認之虞之認定，因較爲複雜，詳如後述。

3. 於同一或類似之商品或服務，使用近似於註冊商標之商標，有致相關消費者混淆誤認之虞者：本款係指將近似之商標使用於同一或類似商品、服務，因而可能引起相關消費者混淆誤認之情形，與前款相同，雖然近似之商標與商標權人所註冊之商標不同，不屬於商標權之範圍，但如使用於相同或類似之商品、服務，仍很有可能造成混淆誤認，此種情形自應爲商標法所禁止。商標近似之概念與認定，爲商標法上極重要之課題，詳如後述。

（四）侵害行為之二：擬制侵害

商標之侵害行爲，除前述之使用行爲外，商標法第70條尚針對以下幾種未得商標權人同意之行爲予以禁止，將其列爲「視爲侵害商標」之擬制侵害行爲，之所以列爲視爲侵害商標之行爲，係因本條所規範之行爲，主要是將他人之商標用於其他與商標類似但不相同之表彰營業主體或來源之標識，例如公司名稱、網域名稱等，因並非做爲商標使用，故商標法將之列爲視爲侵害商標之行爲。

1. 明知爲他人著名之註冊商標，而使用相同或近似之商標，有致減損該商標之識別性或信譽之虞者：本款係對於著名註冊商標之特別保護，凡使用相同或近似於他人著名之註冊商標，不論是否用於類似或同一商品、服務，即使是用於差異極大，消費者很難混淆誤認之商品、服務，如有減損著名商標之識別性或信譽之情形時，亦爲商標法所禁止。惟使用他人著名註冊商標之行爲，其本質仍應屬於對商標權之一般侵害行爲，商標法將本款情形規定在第70條視爲侵害之條文中，似有不當之處。
2. 明知爲他人著名之註冊商標，而以該著名商標中之文字作爲自己公司、商號、團體、網域或其他表彰營業主體之名稱，有致相關消費者混淆誤認之虞或減損該商標之識別性或信譽之虞者：本款係禁止將他人之著名之註冊商標中的文字，以「非商標之方式」加以利用之規定，按表彰商品服務來源之標識，並不只有商標一種，公司名稱之特取部分、商號名稱、商品服務名稱、網站位址或廣告文案、商品服務之說明文字等，均有可能引入他人著名註冊商標中之文字，以達到攀附商標之目的，如因此使著名商標之識別性或信譽受到減損時，即屬於商標法所禁止之視爲侵害商標之行爲之一種。

3. 明知有第68條侵害商標權之虞，而製造、持有、陳列、販賣、輸出或輸入尚未與商品或服務結合之標籤、吊牌、包裝容器或與服務有關之物品：本款係在「認定直接侵害商標權之行爲」外，在明知有第68條侵害商標權之虞之情況下，對於「商標侵權之準備」、「加工或輔助行爲」，明文規定爲侵害商標權之行爲。

（五）商標權效力所不及之事由

商標權之效力，在某些特殊之情形下，受有限制，如商標法第36條，即規定有該條所列情形者，不受他人商標權之效力所拘束：

1. 以符合商業交易習慣之誠實信用方法，表示自己之姓名、名稱，或其商品或服務之名稱、形狀、品質、性質、特性、用途、產地或其他有關商品或服務本身之說明，非作爲商標使用者：按自己之姓名、名稱，或其商品或服務之名稱、形狀、品質、性質、特性、用途、產地或其他有關商品或服務本身之說明，雖然不是商標，但同樣也屬於表彰商品服務標識之一種，該部分如包含他人之商標，而發生使相關消費者混淆誤認之結果，即屬於前述之視爲侵害商標之行爲，爲商標法所不許。本款規定則爲其例外，過去舊法第30條第1款之用語係「以善意且合理使用之方法」，指依一般商業交易習慣之普通使用方法，且非作爲商標使用之情形，惟爲避免「善意」在判斷上之爭議，現行法將該用語改爲「符合商業交易習慣之誠實信用方法」。
2. 爲發揮商品或服務功能所必要者：所謂功能係指商品之設計係爲使商品發揮其本身之功能，或確保其功能所爲之設計，並非用於表彰商品服務來源之部分，此種功能性之設計自不能允許經由註冊商標之方式予以獨占，故商標法明定爲效力所不及之事由。
3. 在他人商標註冊申請日前，善意使用相同或近似之商標於同一或類似之商品或服務者：本款爲善意先使用之規定，因我國商標之註冊係採先申請主義，取得商標權之人可能不是首先使用商標之人，而先使用之人既然在商標被他人申請前即已使用，若因嗣後他人註冊商標獲准，反而不得再繼續使用，甚至會構成侵權行為，此結果顯然有失公平。因此，商標法特規定此種「善意先使用」之情形，為商標權之效力所不及。但以原使用之商品或服務為限，商標權人並得要求其附加適當之區別標示。

4. 附有註冊商標之商品，由商標權人或經其同意之人於國內外市場上交易流通：本款即所謂的「耗盡原則」，當商標權人將附有商標之商品，由商標權人或經其同意之人第一次於市場上交易流通之後，該商標即已耗盡，商標權人不得再對合法附有商標商品之流通加以限制。但為防止商品流通於市場後，發生變質、受損，或有其他正當事由者，不在此限。

另外，除商標法第36條所明文規定「不受他人商標權效力所及」之情形外，「眞品平行輸入」之情形，亦不受他人商標權效力所及：

所謂眞品平行輸入，係指第三人在未經商標權人或被授權人同意下，將在外國合法使用相同商標於同一或類似商品之商品輸入我國之行為。由於該商品係在外國合法使用商標之商品，並非仿冒品，因此並不當然是侵害我國商標權之商品，惟商標法並未如專利法般明文規定平行輸入為合法行為，因此商標法上之眞品平行輸入，在輸入之商品為眞品，且未經輸入者為任何加工、改造或變更，逕以原裝銷售時，即為合法之行為，可參考最高法院82年上字第5380號判決之意旨：「商標法之立法目的，在於保障商標專用權及消費者之利益，用以促進工商企業之正常發展，為同法第一條所明定，凡未違背此立法旨趣之行為，即難認有侵害他人商標權利犯罪之故意。又商標專用權人於產銷附有其已註冊商標圖樣之商品，常借助其代理商、經銷商，或一般進出口貿易商、批發商、零售商等中間銷售商，方能售達消費者手中，形成一整體之產銷商業行為，而商標專用權人，每為維護其商譽，復常約束其所特別指定之代理商或經銷商，負有對消費者保證商品之來源、品質，及未逾有效期限，與良好售後服務等義務，此等代理商及經銷商，自非其他中間銷售商所能擅自冒名使用。故在不違背商標法之立法本旨範圍內，應認為商標專用權人為達銷售商品之目的，於產銷其附有商標圖樣之商品時，除其指定之代理商、經銷商外，亦已概括授權一般進出口商、批發商、零售商等其他中間商，在不致使消費者發生混同，誤認為該商品之製造商、出品人，或其指定之代理商、經銷商之前提下，

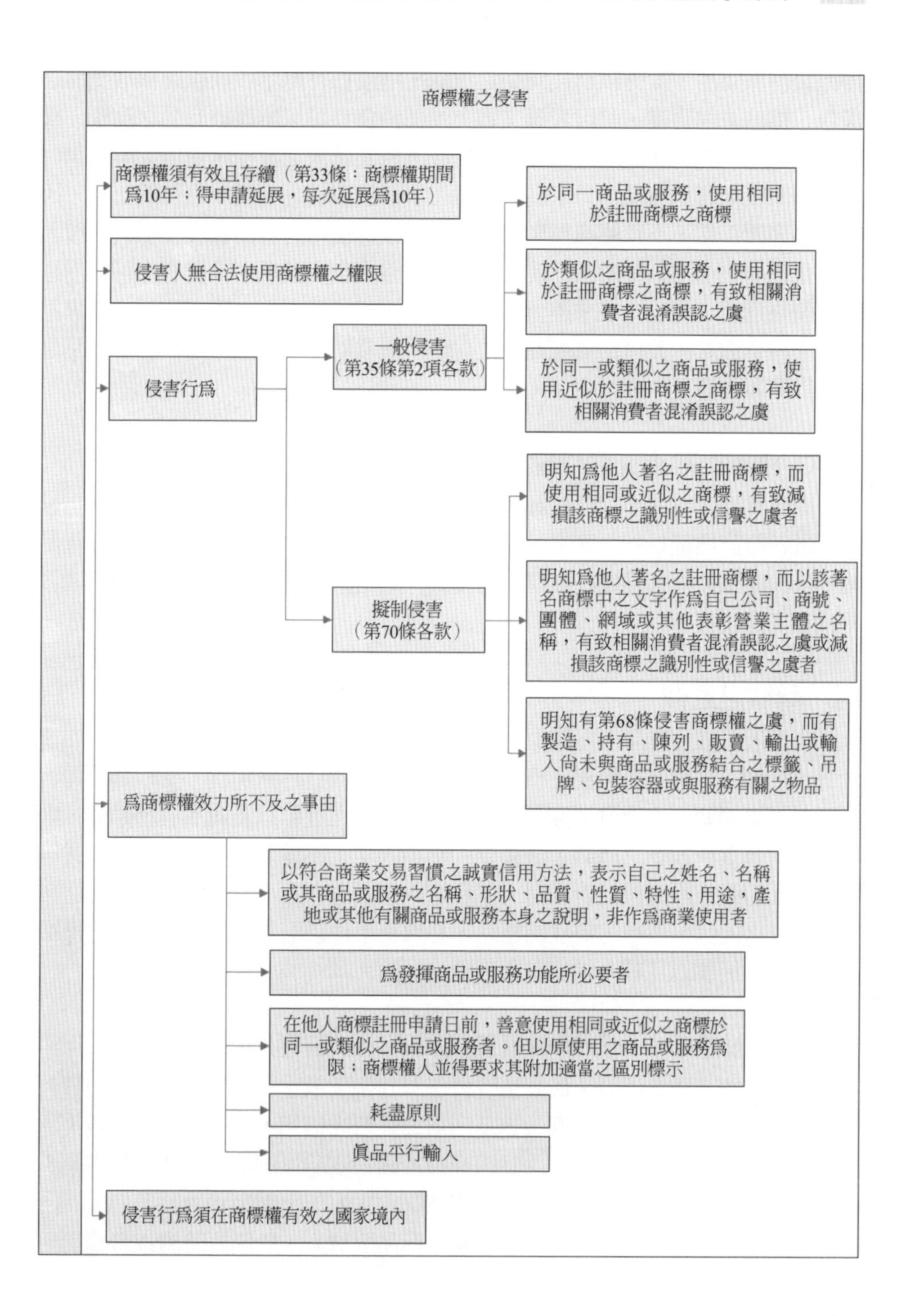
商標權之侵害
商標權須有效且存續（第33條：商標權期間為10年；得申請延展，每次延展為10年）
侵害人無合法使用商標權之權限
侵害行為
一般侵害（第35條第2項各款）
於同一商品或服務，使用相同於註冊商標之商標
於類似之商品或服務，使用相同於註冊商標之商標，有致相關消費者混淆誤認之虞
於同一或類似之商品或服務，使用近似於註冊商標之商標，有致相關消費者混淆誤認之虞
擬制侵害（第70條各款）
明知為他人著名之註冊商標，而使用相同或近似之商標，有致減損該商標之識別性或信譽之虞者
明知為他人著名之註冊商標，而以該著名商標中之文字作為自己公司、商號、團體、網域或其他表彰營業主體之名稱，有致相關消費者混淆誤認之虞或減損該商標之識別性或信譽之虞者
明知有第68條侵害商標權之虞，而有製造、持有、陳列、販賣、輸出或輸入尚未與商品或服務結合之標籤、吊牌、包裝容器或與服務有關之物品
為商標權效力所不及之事由
以符合商業交易習慣之誠實信用方法，表示自己之姓名、名稱或其商品或服務之名稱、形狀、品質、性質、特性、用途，產地或其他有關商品或服務本身之說明，非作為商業使用者
為發揮商品或服務功能所必要者
在他人商標註冊申請日前，善意使用相同或近似之商標於同一或類似之商品或服務者。但以原使用之商品或服務為限；商標權人並得要求其附加適當之區別標示
耗盡原則
真品平行輸入
侵害行為須在商標權有效之國家境內

得原裝轉售商品，並得以爲純商品之說明，適度據實標示該商標圖樣於商品之廣告、標帖、說明書、價目表等文書上，使消費者足以辨識該商品之商標。揆之同一法理，眞正商品平行輸入之進口商，對其輸入之商標專用權人所產銷附有商標圖樣之眞正商品，苟未爲任何加工、改造或變更，逕以原裝銷售時，因其商品來源正當，不致使商標專用權人或其授權使用者之信譽發生損害，復因可防止市場之獨占、壟斷，促使同一商品價格之自由競爭，消費者亦可蒙受以合理價格選購之利益，在未違背商標法之立法目的範圍內，應認已得商標專用權人之同意爲之，並可爲單純商品之說明，適當附加同一商標圖樣於該商品之廣告等同類文書上。」

（六）侵害行為須在商標權有效之國家境內

商標權因係由各國行政機關所核准授與，爲各國主權之展現，其效力自無法及於核發商標權以外之國家，稱爲商標權屬地原則。因此，商標權人欲行使權利，自應以侵害行爲係在商標權有受到保護之國家境內進行爲前提，否則亦不構成商標侵害行爲。

四、商標之近似

商標近似以及商品服務類似之概念，可說是商標法中最核心之議題，如前所述，商標係表彰商品服務之標識，應與他人商標具有區別性，使相關消費者不至於混淆誤認，方能發揮商標之功能。而商標之近似以及商品服務類似，則是判斷有無混淆誤認之虞時，最重要的兩項因素，不論是民事方面是否構成侵權行爲、行政方面商標能否註冊，都和這兩項概念有關，以下將分別介紹之。

商標之近似，係一比較性的概念，必須有兩件以上之商標以及判斷之標準與原則，才能加以比較，得出是否近似之結論。

（一）判斷標準：一般消費者於購買時施以普通所用之注意

針對何謂商標之近似，最高法院曾著有判例闡示之，18年上字第1202號判例：「使用商標是否與他人同一商品所用之註冊商標相近似，自應以一般人之識別力爲斷，如使用近似他人之註冊商標於同一商品以圖影射，即屬侵害他人商標專用之權利，自不能不負賠償之責任。」、21年上字第1073號判例：「所謂商標之近似，係指具有普通知識經驗之商品購買人，於購買時施以普通所用之注意，猶不免有混同誤認之虞者而言，故將兩商標並置一處細爲比對雖有差別，而異時易（按：應爲「異」）地分別視察，足認具有普通知識經驗之商品購買人，於購買時施以普通所用之注意，猶有混同誤認之虞者，仍不得謂非近似。」由以上判例之見解可知，商標是否近似之判斷標準，應以一般消費者於購買時施以普通所用之注意爲判斷之基準。而所謂「一般消費者於購買時施以普通所用之注意」標準，並非固定、一成不變之標準，實際上它會隨著具體社會生活情形而有所不同，例如商品之性質因素會影響到一般消費者施以普通注意之程度，因此不同之商品即有不同的判斷標準，對於替代性高的日常生活用品或較低價之商品或體積較小、使用時間較短之商品時，消費者對商標的注意程度通常較低，不易分辨商標間之差異；反之，當消費者購買具有專業性之商品或高價商品，或體積較大、可長期使用之商品時，消費者則會對商標施以較高之注意，此時消費者對於商標是否近似之判斷能力即會提高。此外，商標本身識別性的強弱，亦足以影響消費者對商標的注意程度，蓋商標本身設計越特別、識別性越強或知名度越高，消費者能正確辨認與其他商標間之差異之能力自然越高。

（二）商標近似之類型

商標主要係由文字、圖形、記號、顏色、聲音、立體形狀或其聯合式等要素所構成之標識，表現方式主要是透過消費者之視覺或聽覺，在消費者心中建立一對商標印象之認知，因此在探討商標近似之概念時，可從以下近似之類型分析之：

1. 外觀近似：商標之外觀，係指商標之佈局、構圖、排列、字型、配色等要素所建構起來的整體外觀。外觀近似係自視覺方面分析商標之外觀，是否有使人發生混淆誤認之可能。
2. 讀音近似：讀音近似係自聽覺方面分析商標之讀音，除聲音商標本來即以聲音表現爲其特徵外，一般商標之讀音在交易上也佔有重要地位，如讀音近似，自然也有使人發生混淆誤認之可能。讀音近似之判斷，並不限於以國語之讀音爲準，如國語讀音不近似但台語或其他方言讀音近似時，仍應視具體之情形判斷，如確實可能使人發生混淆誤認，亦可構成讀音近似。讀音近似之案例如最高行政法院52年判字第140號判例：『商標所之用之文字，包括讀音在內，兩商標所用之文字，如讀音相近似，足以發生混同誤認之虞者，不得不謂爲商標之近似。本件原告申請註冊，使用於汽水商品之上海牌美達露汽水及圖商標，與利害關係人已註冊使用於同類商品之維他露商標並維他露及圖聯合商標，係分別以「美○露」與「維○露」字樣，爲商標中文字之主要部分。按「美○露」與「維○露」雖文字不盡相同，惟各該三字連貫唱呼，實難謂無混同近似之情形，且兩商標構圖意匠、設色及文字排列方法，如出一轍，縱其所設紅藍兩種顏色，稍有深淺之別，但於異時異地隔離觀察，殊難驟加辨別，實足使人發生誤認之虞，兩商標之近似，已堪認定，按之商標法第二條第十二款前段規定，自不應准許原告項商標註冊。』

3. 觀念近似：觀念近似係自認知方面分析商標所傳達給消費者之印象，係針對商標的實質意義加以分析，判斷是否給予消費者相同或相似之印象，例如兩商標分別以文字與圖形表達相同之概念（文字「太陽」與太陽圖形），其表現方式不同，在外觀上雖全無相似之處，但給予消費者之印象，卻是並無分別的，足以使人誤認，構成觀念近似之商標。

以上三種商標近似之類型，係用來觀察是否已達到可能混淆的近似程度的三種面向，外觀、觀念或讀音其中之一如有相近，雖可能因此得到商標近似之結論，但絕不是表示只要有外觀、觀念或讀音其中一種之近似，即可推論商標之近似，仍應以其是否達到可能引起商品／服務之消費者混淆誤認的程度爲判斷近似之依歸。

（三）商標近似之判斷原則

判斷商標近似時，必須先對商標進行觀察，再經由一般消費者於購買時施以普通所用之注意之判斷基準來衡量商標是否近似，而以下係判斷商標近似之幾項重要原則：

1. 整體觀察：商標近似之判斷，原則應依商標之整體圖樣爲觀察，因消費者所認知的對象，係整體之商標，不可將商標拆開分解成許多部分各自比對。
2. 主要部分觀察：商標中最爲顯著的部分，爲商標之主要部分，爲主要形成消費者印象的構成部分，因此判斷商標是否近似時，亦必須針對

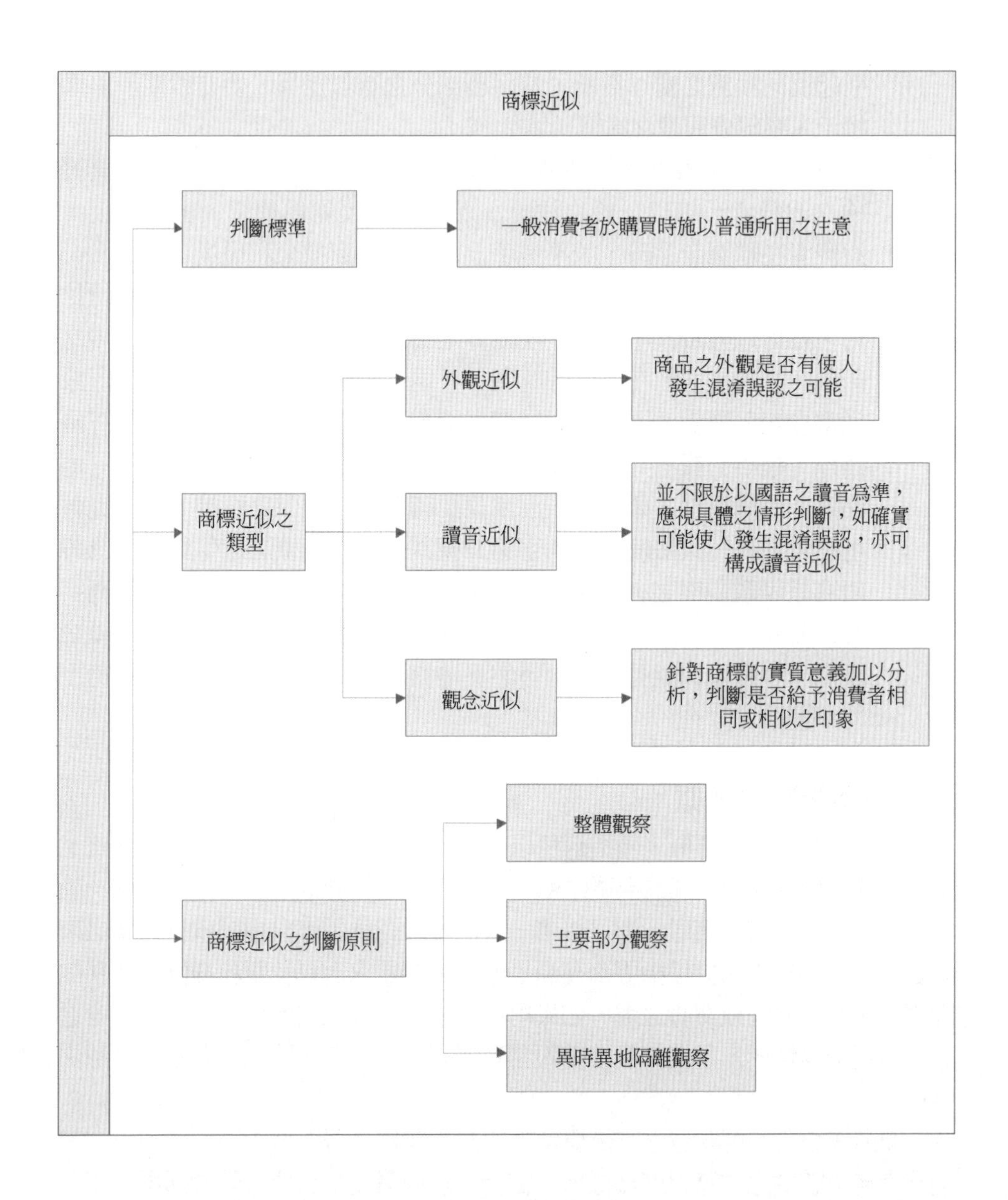

商標之主要部分加以觀察。最高行政法院31年判字第4號判例：「構成雙方商標之圖形或文字等若隔離觀察其主要部分近似者縱其附屬部分外觀殊異仍不能謂非近似之商標。」、49年判字第3號判例：「判定兩商標之近似與否，應就構成各商標之主要部分，隔離觀察，是否足以引起混同誤認之虞以為斷，其附屬部分之有無差異，要非所問。」即揭示主要部分觀察之原則。

3. 異時異地隔離觀察：如前所述，商標之近似，係以具有普通購買經驗之消費者，施以一般之注意，而仍混淆誤認為標準，但事實上，消費者在購買商品時，並不是手上拿著另一商標來和現場之商標一一比對，而係根據自己腦海中對商標之印象與現場所接觸之商標進行比對，如可以分辨其不同處，才能算是不近似之商標。因消費者心中之印象，必然是之前在不同的時間、不同地點所獨立建立起來的，印象通常會較為模糊，因此，對消費者而言是否近似，不能直接同時將兩商標一起給消費者判斷，而必須假設消費者是處於不同時間、不同地點進行選購行為，如會構成混淆誤認時，即為近似之商標。實務見解可參考最高行政法院29年判字第22號判例：「商標之近似與否，應將兩商標隔離觀察之，不能僅以互相比對之觀察為標準。」、26年判字第20號判例：「商標之近似與否，應隔離觀察以為判定之標準。縱令兩商標對照比較能見其差別，然異地異時各別觀察則不易見者，仍不得不謂為近似。」

五、商品服務之類似

商標法上商品之類似，係指兩種以上不同的商品，在功能、性質、材質、生產者或其他方面有共通或關聯之處，如果再標上相同或近似之商標，依一般社會通念及市場交易情形，即足以讓一般消費者認為係出自相同或有關聯之來源之情形；服務之類似係指服務在滿足消費者的需求上以及服務提供者或其他因素上，具有共同或關聯之處，如果再標上相同或近似的商標，依一般社會通念及市場交易情形，易使一般接受服務者誤認其為來自相同或有關聯之來源之情形。

商品或服務是否類似之判斷標準，與判斷商標是否近似相同，亦須以一般消費者施以普通之注意程度為標準，綜合一般商業交易習慣與社會通念，來判斷會不會使消費者誤認為係出自同一來源，並不受商品服務本身特性之限制，也不限於商品和商品間、服務與服務間才有類似之問題，商品和服務也可能有類似之情形（例如美容院服務與美容產品、電器產品與相關之維修服務等）。

說到商品服務之類似，自然容易令人聯想到商標法施行細則所訂的商品服務分類表，但該分類僅行政管理之用，不能作爲商品服務類似之認定標準，自最高行政法院78年判字第2594號判例：「商標法第37條第1項第12款前段所謂同類商品係指依社會一般通念性質相類似之商品。又商標法施行細則第27條（修正後爲第24條）所規定之商品類別，單純係爲商標申請註冊時，審查上之便利而爲規定，初與商品是否類似，原不盡一致，要非絕對受其拘束。」即可了解，而商標法第19條第6項亦規定：「類似商品或服務之認定，不受前項商品或服務分類之限制。」以強調此旨。在該分類表中列爲同一類之商品或服務，不一定就是類似的商品或服務，例如第九類之安全頭盔與電話機。而不同類的商品或服務仍可能是類似商品或服務，例如第五類之嬰兒麥粉與第三十類之綜合穀物纖維粉。

判斷商品是否類似時，可衡量以下因素：

1. 商品間有無相同或爲輔助之功能。
2. 商品間有無成品與零組件之關係。
3. 商品的原料和性質。
4. 商品之生產者是否屬於同一產業。
5. 商品之銷售場所。
6. 商品主要的消費者是否是同一族群或階層。

判斷服務是否類似時，可衡量以下因素：

1. 服務所滿足之需求是否相同或爲輔助。
2. 服務之內容。
3. 服務是否經常由相同業者提供。
4. 服務之管道、場所。
5. 服務之對象是否是同一族群或階層。

六、混淆誤認之虞

商標法係以保護商標權、保護商品服務標識之方式，來避免消費者對於商品服務來源之混淆誤認，因此，商標法上最主要禁止之行爲，其實就是禁止使用會令相關消費者產生混淆誤認之商標。而前述「商標近似」及「商品服務類似」之概念，則是在判斷有無「混淆誤認之虞」時，其中的二個必備參考因素，這也是商標法中之所以處處可見「商標近似」及「商品服務類似」這兩項要件之原因。不過仍需注意，「商標近似」及「商品服務類似」僅係「混淆誤認之虞」之參考要件，在此之外，仍有其他參考因素，縱然在「商標近似」及「商品服務類似」均成立之情形，亦不必然表示已符合「混淆誤認之虞」之要件。

（一）混淆誤認之類型

所謂混淆誤認，係指對於商品服務之來源產生混淆誤認，包含以下兩種類型：

1. 誤認二商標之商品或服務爲同一來源。
2. 誤認二商標之商品或服務爲同一來源之系列商品、服務，或誤認爲係關係企業、授權關係、加盟關係或其他類似關係。

（二）混淆誤認之參考因素

根據經濟部智慧財產局「混淆誤認之虞審查基準」中所列，判斷有無混淆誤認之虞的參酌因素有下列各項：

1. 商標識別性之強弱。
2. 商標是否近似暨其近似之程度。
3. 商品、服務是否類似暨其類似之程度。
4. 前權利人多角化經營之情形。
5. 實際混淆誤認之情事。
6. 相關消費者對各商標熟悉之程度。
7. 系爭商標之申請人是否善意。
8. 其他混淆誤認之因素。

七、民事請求權

當商標權人於商標權受到不法之侵害時，依據商標法以及民法之相關規定，擁有以下之請求權：

（一）損害賠償請求權

商標法第69條第1項規定：「商標權人對於侵害其商標權者，得請求除去之；有侵害之虞者，得請求防止之。」同條第3項規定：「商標權人對於因故意或過失侵害其商標權者，得請求損害賠償。」因此，凡因故意或過失不法侵害他人商標權，致生損害，且侵害行為與損害間有因果關係之人，即須對商標權人之損害負賠償責任。商標侵權行為性質與民法侵權行為相同，除前述之侵害商標權行為外，其餘構成要件原則上均與一般侵權行為相同：

1. 故意過失之舉證責任分配與認定：關於商標民事侵權損害賠償請求，其故意過失之舉證責任分配，與專利侵權行為相同，以往有不同之見解，一說認為原告必須對被告之主觀故意或過失負舉證責任；另一說認為，商標法之條文屬於民法第184條第2項的「保護他人之法律」，故產生推定侵權人具有過失之效果，須由侵權人舉證證明其無過失。然而，商標民事侵權損害賠償請求，由於仍屬於侵權行為之體系，當然必須以行為人主觀上具有故意過失為要件，為杜爭議，已於現行法中予以明文規定，然而故意過失之認定，原則上應根據個案事實具體認定之，按商標權雖與專利權相同，在獲准註冊之後，會公告於商標公報，以達到公示效果，但商標侵權不限於以相同商標，使用於相同之商品或服務上，尚及於以近似商標，使用於同一或類似之商品或服務上，而有致混淆誤認之虞之情形，其判斷常因個案存在不同之參酌因素而有不同之認定。
2. 損害：損害包含所受損害與所失利益，前者指因侵害行為造成之固有利益損失；後者指依合理預期原可獲得，但因侵害行為而無法獲得之利益。當商標權受到侵害時，在所受損害方面，係指因侵權人使用相同或近似商標之行為，而造成對商標權之識別性以及所表彰之價值之減損；而所失利益，則是侵權人未經同意使用商標權人之商標，使商標權人因而無法獲得之收益部分。
3. 消滅時效：商標侵權行為之請求權時效，由於商標侵權行為在本質上仍屬於民法侵權行為的一種，自應遵守民法時效之規定，依民法第197條第1項：「因侵權行為所生之損害賠償請求權，自請求權人知有損害及賠償義務人時起，二年間不行使而消滅。自有侵權行為時起，逾十年者亦同。」當商標權人知悉有侵害商標權之行為及行為人時，損害賠償請求權之消滅時效即開始起算，如兩年內未予行使，請求權將因時效而消滅；縱然商標權人始終不知侵害商標權之行為及行為人，至遲自侵權行為時起滿十年者，請求權亦因時效而消滅，侵權人得主張時效消滅之抗辯。為杜爭議，現行法已於第69條第4項予以明文規定。

（二）侵害排除防止請求權

商標權人，依商標法第69條第1項：「商標權人對於侵害其商標權者，得請求除去之；有侵害之虞者，得請求防止之。」除得請求前述之損害賠償之外，亦得請求除去或防止侵害。商標權，如本節一開始之介紹，經過商標權人之經營，其財產價值與商業利益往往相當巨大，況且如任由他人持續使用自己之商標，商標之識別性將逐漸淡化，對強調區別功能之商標而言，立刻停止侵權人之使用行爲，實具有相當之重要性，因此必須賦予商標權人類似物上請求權之除去、防止侵害請求權，如能使侵權人將來完全不得再爲任何侵害行爲甚至退出市場，其對商標權之保護效果將比事後之金錢損害賠償更好。據此，凡不法侵害他人商標權之人，不論有無故意過失，商標權人均得請求其停止及除去正在持續中的侵害行爲與狀態，或針對將來可能發生之侵害，預先防止侵害行爲之實現。所謂商標權受侵害，係指實際上已有侵害商標權之行爲存在，此時商標權人得請求侵害人停止一切生產、銷售、提供服務、廣告等使用商標之行爲，或請求侵權人回收產品；而所謂有侵害之虞，則係指商標權有被侵害之具體危險，如有具體情形顯示他人將進行侵害商標之行爲，此時商標權人可請求侵害人不爲製造、販賣、提供服務等行爲或要求取消訂單等。

（三）請求銷毀或為其他必要之處置

商標法第69條第2項：「商標權人依前項規定爲請求時，得請求銷毀侵害商標權之物品及從事侵害行爲之原料或器具。但法院審酌侵害之程度及第三人利益後，得爲其他必要處置。」爲了徹底防止侵權人將來繼續從事侵害行爲之可能並防止侵權產品持續在市場上流通，持續影響商標所表彰之價值，商標法賦予商標權人請求銷毀侵害商標權之物品或從事侵害行爲之原料或器具或爲其他必要之處置之權利，以保護其商標權。惟請求銷毀侵害商標權之物品或從事侵害行爲之原料或器具之範圍，仍非毫無限制，如性質上爲專供侵害行爲所用之物品，可請求銷毀之自無疑義；如本質上非專供侵害行爲所用，但也可用於侵害行爲之物品，則須視具體情形，如將來仍會被作爲侵害行爲之用的可能性極高時，始可請求銷毀。又如該侵害商標權之物品，爲第三人所有或已合法轉移至無關之第三人時（例如：消費者），此時理應不得再請求加以銷毀。所謂其他必要之處置，衡量立法目的，應限於使侵害人不得再爲商業競爭之方法，例如請求侵權人提供擔保金保證日後不再侵害，如侵害即充作賠償金、禁止使用侵害行爲所用之器具、請求交付侵權產品等，不應及於其他過當或無必要性之處置。

八、損害賠償額之計算

商標權遭受侵害時，金錢損害賠償之請求是相當常見之主張，究竟損害賠償之數額應如何計算，則爲此類訴訟之核心。商標權利人若無法舉證證明損害賠償數額或只能證明極少數，即便獲得勝訴，亦無甚實益。商標法對於損害賠償額之計算，設有比民法更多元之計算方法，商標權人在起訴時，仍得依據事實與證據的掌握狀況，選擇較有利之計算方式：

（一）依民法第216條規定，以「所受損害」與「所失利益」之數額為損害賠償之數額（商標法第71條第1項第1款前段）

以「所受損害」與「所失利益」計算損害，在商標權人所失利益的部分，可能包含：商標權人無法收取授權金之利益損失、消費者因侵權產品之存在而混淆誤認，因此不向商標權人購買產品之利益損失、商標權人因侵權產品存在而無法售出之產品利益損失等；在所受損害之部分，商標權之識別性以及所表彰之價值如因侵害人之行爲而有減損，亦屬於損害的一部分。

如同在前面第二章第一單元有關專利民事侵權之相關敘述，我國商標法對於損害賠償之計算，雖也規定有多種計算方式，但也缺少得以授權金數額作爲損害賠償數額之規定。「辦理民事訴訟事件應行注意事項」第87點（損害額之認定）之規定：「於侵害智慧財產權之損害賠償事件，得依原告之聲請囑託主管機關或其他適當機構估算其損害數額或參考智慧財產權人於實施授權時可得收取之合理權利金數額，核定損害賠償之數額，亦得命被告提出計算損害賠償所需之文書或資料，作爲核定損害賠償額之參考。第一項於違約金酌減之訴得準用之。（民事訴訟法第222條）」可資參考。

（二）差額說（商標法第71條第1項第1款後段）

差額說之操作方式，係商標權人就其使用商標權通常所可獲得之利益，減除受害後使用商標權所得之利益，以其差額爲所受損害之數額。本款係減輕商標權人之舉證責任，較前述民法第216條之主張方式容易舉證，但其缺點在於，侵權行爲和損害之發生間，必須具有相當之因果關係，此爲侵權行爲成立的法定要件之一，然影響商標權人獲利之因素衆多，是否均是因爲侵害行爲所致，並無法一概而論，例如商標權人本身之市場經營能力、市場變遷或多數侵權者之存在等，此時差額法顯然即難以反映眞實之損害數字，此爲本條立法頗受批評之處。甚至當商標權人因市場擴大、經營能力提昇等因素，受侵害後比受侵害前獲利更豐時（惟如無侵權人存在，商標權人可獲利更多，故實際上仍是有利益之損失），或是當商標權人尚未進入市場時，差額法即無法適用。本款因具有上述致命之缺點，實際運用之情形，在實務上並不多見。

（三）銷售總利益說（商標法第71條第1項第2款前段）

以侵害人因侵害行爲所得之淨利益爲商標權人所受損害之數額。本款之立法目的亦在減輕商標權人之舉證責任，將侵權人藉由侵害商標權之方式所獲得之不當利益擬制爲商標權人之損害。實務上商標權人多主張本款計算方式以計算損害，因只須計算「侵害人因侵害行爲所得之利益」即可，具體計算方法爲將侵權人所販售之侵權產品總數量乘以產品單價（或利益），相當易於計算。商標權人如採用本款計算方法時，必須先取得侵權人製造或銷售侵權產品數量與價格之數據，如公開財報、公司簡介、網頁資訊、產品型錄、宣傳廣告單、或是報章雜誌之報導、官方或產業協會之統計資料等，當侵權人爲出口商時，亦可向經濟部國際貿易局查詢侵權人之總出口實績或向請求法院向財政部國稅局調取侵權人之出口報單以證明侵權人出口之侵權產品數量，以計算侵權產品之數量與利益，最後，商標權人亦得依商標法有關查扣之規定，請求查扣侵權人所進口之產品，均可作爲計算損害之一種方式。此外，如相關帳冊證據取得上仍有困難，商標權人亦得依民事訴訟法第342條至第345條之規定，主張證明所需之文書資料均爲侵權人（被告）所持有，請求法院命侵權人提出其營業資料，否則法院得審酌情形認他造關於該文書之主張或依該文書應證之事實爲眞實，亦即以原告所提出之計算方式計算損害。

民事訴訟法第342條規定：「聲明書證，係使用他造所執之文書者，應聲請法院命他造提出。前項聲請，應表明下列各款事項：一、應命其提出之文書。二、依該文書應證之事實。三、文書之內容。四、文書爲他造所執之事由。五、他造有提出文書義務之原因。前項第一款及第三款所列事項之表明顯有困難時，法院得命他造爲必要之協助。」

民事訴訟法第343條規定：「法院認應證之事實重要，且舉證人之聲請正當者，應以裁定命他造提出文書。」

民事訴訟法第344條規定：「下列各款文書，當事人有提出之義務：一、該當事人於訴訟程序中曾經引用者。二、他造依法律規定，得請求交付或閱覽者。三、爲他造之利益而作者。四、商業帳簿。五、就與本件訴訟有關之事項所作者。前項第五款之文書內容，涉及當事人或第三人之隱私或業務秘密，如予公開，有致該當事人或第三人受重大損害之虞者，當事人得拒絕提出。但法院爲判斷其有無拒絕提出之正當理由，必要時，得命其提出，並以不公開之方式行之。」

民事訴訟法第345條規定：「當事人無正當理由不從提出文書之命者，法院得審酌情形認他造關於該文書之主張或依該文書應證之事實爲眞實。前項情形，於裁判前應令當事人有辯論之機會。」

（四）銷售總額說（商標法第71條第1項第2款後段）

若侵權人不能就其成本或必要費用舉證時，商標權人得以銷售該項物品之全部收入作爲所得利益。此時，如侵權人對於成本以及必要費用有所爭執時，必須自行舉證證明成本或必要費用之存在，否則商標權人所能主張之賠償即可擴張到侵害人之銷售總額。

（五）法定賠償數額（商標法第71條第1項第3款）

商標法上關於損害賠償數額之計算，規定有一特殊之計算方式，即本款之法定賠償數額，商標權人得依本款之規定，請求就查獲侵害商標權商品之零售單價一千五百倍以下之金額。但所查獲商品超過一千五百件時，以其總價定賠償金額。本款係爲減輕商標權人之舉證責任，同時加強保護商標權人、處罰侵害商標權行爲之規定。

（六）相當於權利金數額（商標法第71條第1項第4款）

商標法第71條第1項第4款規定「以相當於商標權人授權他人使用所得收取之權利金數額爲其損害。」因商標權人以外之人，如欲合法使用註冊商標，本應透過商標授權之方式，於經授權之範圍內，支付對價後方能使用，是以，未經商標授權之侵害商標權行爲，對於商標權人所造成之損害，即相當於商標權人透過授權之方式可收取之客觀價值（即權利金）。

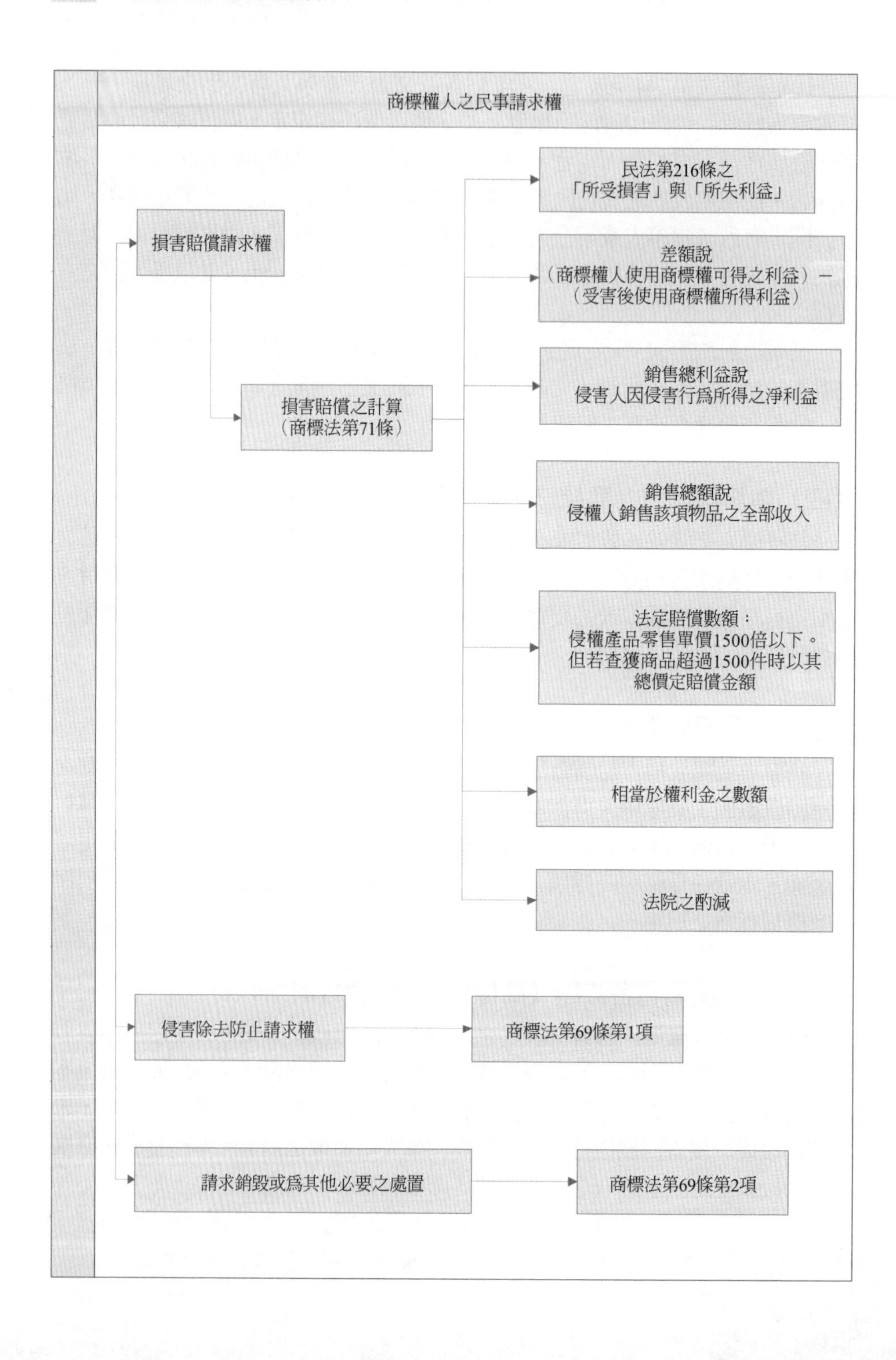
商標權人之民事請求權
損害賠償請求權
損害賠償之計算
（商標法第71條）
民法第216條之
「所受損害」與「所失利益」
差額說
（商標權人使用商標權可得之利益）－
（受害後使用商標權所得利益）
銷售總利益說
侵害人因侵害行為所得之淨利益
銷售總額說
侵權人銷售該項物品之全部收入
法定賠償數額：
侵權產品零售單價1500倍以下。
但若查獲商品超過1500件時以其
總價定賠償金額
相當於權利金之數額
法院之酌減
侵害除去防止請求權
商標法第69條第1項
請求銷毀或為其他必要之處置
商標法第69條第2項

（七）法院之酌減

商標法第71條第2項：「前項賠償金額顯不相當者，法院得予酌減之。」

十、邊境管制措施——海關查扣

爲加強保護智慧財產權，防止有侵害商標權之仿冒產品輸入我國，我國商標法第72條以下訂定有關邊境管制措施之相關規定，當商標權人認爲有輸入或輸出侵害其商標權之物品時，得向海關申請將該批物品查扣。以下是商標法查扣之相關規定：

商標法第72條規定：「商標權人對輸入或輸出之物品有侵害其商標權之虞者，得申請海關先予查扣（第1項）。前項申請，應以書面爲之，並釋明侵害之事實，及提供相當於海關核估該進口物品完稅價格或出口物品離岸價格之保證金或相當之擔保（第2項）。海關受理查扣之申請，應即通知申請人；如認符合前項規定而實施查扣時，應以書面通知申請人及被查扣人（第3項）。被查扣人得提供與第二項保證金二倍之保證金或相當之擔保，請求海關廢止查扣，並依有關進出口物品通關規定辦理（第4項）。查扣物經申請人取得法院確定判決，屬侵害商標權者，被查扣人應負擔查扣物之貨櫃延滯費、倉租、裝卸費等有關費用（第5項）。」當商標權人認爲他人進出口之物品有侵害其商標權之情形時，得向海關提出書面之聲請，釋明侵害商標權之事實，並提供擔保，申請海關將進出口之物品查扣。本條立法非無可議之處，由於查扣物品可能對於被查扣人之營業產生重大損失，效果如同民事訴訟的保全程序，但民事保全程序如假扣押、假處分都必須限於日後有不能強制執行或甚難執行之虞時始可准許，然本條對於查扣之必要性，以及應如何判斷是否查扣，卻全無規定，如查扣程序遭濫用，雖可藉由商標法第74條第1項之規定請求申請人賠償，但仍可能造成人民財產之不當損害。

商標法第73條：「有下列情形之一，海關應廢止查扣：一、申請人於海關通知受理查扣之翌日起十二日內，未依第69條規定就查扣物爲侵害物提起訴訟，並通知海關者。二、申請人就查扣物爲侵害物所提訴訟經法院裁定駁回確定者。三、查扣物經法院確定判決，不屬侵害商標權之物者。四、申請人申請廢止查扣者。五、符合前條第四項規定者（第1項）。前項第一款規定之期限，海關得視需要延長十二日（第2項）。海關依第一項規定廢止查扣者，應依有關進出口物品通關規定辦理（第3項）。查扣因第一項第一款至第四款之事由廢止者，申請人應負擔查扣物之貨櫃延滯費、倉租、裝卸費等有關費用（第4項）。」本條為廢止查扣之規定。

商標法第74條：「查扣物經法院確定判決不屬侵害商標權之物者，申請人應賠償被查扣人因查扣或提供第72條第4項規定保證金所受之損害（第1項）。申請人就第72條第4項規定之保證金，被查扣人就第72條第2項規定之保證金，與質權人有同一之權利。但前條第4項及第72條第5項規定之貨櫃延滯費、倉租、裝卸費等有關費用，優先於申請人或被查扣人之損害受償（第2項）。有下列情形之一者，海關應依申請人之申請，返還第72條第2項規定之保證金：一、申請人取得勝訴之確定判決，或與被查扣人達成和解，已無繼續提供保證金之必要者。二、因前條第一項第一款至第四款規定之事由廢止查扣，致被查扣人受有損害後，或被查扣人取得勝訴之確定判決後，申請人證明已定二十日以上之期間，催告被查扣人行使權利而未行使者。三、被查扣人同意返還者（第3項）。有下列情形之一者，海關應依被查扣人之申請返還第72條第4項規定之保證金：一、因前條第一項第一款至第四款規定之事由廢止查扣，或被查扣人與申請人達成和解，已無繼續提供保證金之必要者。二、申請人取得勝訴之確定判決後，被查扣人證明已定二十日以上之期間，催告申請人行使權利而未行使者。三、申請人同意返還者（第4項）。」

商標法第75條第1項規定「海關於執行職務時，發現輸入或輸出之物品顯有侵害商標權之虞者，應通知商標權人及進出口人。」同條第2項規定「海關為前項之通知時，應限期商標權人至海關進行認定，並提出侵權事證，同時限期進出口人提供無侵權情事之證明文件。但商標權人或進出口人有正當理由，無法於指定期間內提出者，得以書面釋明理由向海關申請延長，並以一次為限。」同條第3項規定「商標權人已提出侵權事證，且進出口人未依前項規定提出無侵權情事之證明文件者，海關得採行暫不放行措施。」同條第4項規定「商標權人提出侵權事證，經進出口人依第二項規定提出無侵權情事之證明文件者，海關應通知商標權人於通知之時起三個工作日內，依第72條第1項規定申請查扣。」同條第5項規定「商標權人未於前項規定期限內，依第72條第1項規定申請查扣者，海關得於取具代表性之樣品後，將物品放行。」

商標法第76條規定「海關在不損及查扣物機密資料保護之情形下，得依第72條所定申請人或被查扣人或前條所定商標權人或進出口人之申請，同意其檢視查扣物（第1項）。海關依第72條第3項規定實施查扣或依前條第3項規定採行暫不放行措施後，商標權人得向海關申請提供相關資料；經海關同意後，提供進出口人、收發貨人之姓名或名稱、地址及疑似侵權物品之數量（第2項）。商標權人依前項規定取得之資訊，僅限於作爲侵害商標權案件之調查及提起訴訟之目的而使用，不得任意洩漏予第三人（第3項）。」

商標法第77條規定「商標權人依第75條第2項規定進行侵權認定時，得繳交相當於海關核估進口貨樣完稅價格及相關稅費或海關核估出口貨樣離岸價格及相關稅費百分之一百二十之保證金，向海關申請調借貨樣進行認定。但以有調借貨樣進行認定之必要，且經商標權人書面切結不侵害進出口人利益及不使用於不正當用途者爲限（第1項）。前項保證金，不得低於新臺幣三千元（第2項）。商標權人未於第75條第2項所定提出侵權認定事證之期間內返還所調借之貨樣，或返還之貨樣與原貨樣不符或發生缺損等情形者，海關應留置其保證金，以賠償進出口人之損害（第3項）。貨樣之進出口人就前項規定留置之保證金，與質權人有同一之權利（第4項）。」

商標法第78條：「第72條至第74條規定之申請查扣、廢止查扣、保證金或擔保之繳納、提供、返還之程序、應備文件及其他應遵行事項之辦法，由主管機關會同財政部定之。第75條至第77條規定之海關執行商標權保護措施、權利人申請檢視查扣物、申請提供侵權貨物之相關資訊及申請調借貨樣，其程序、應備文件及其他相關事項之辦法，由財政部定之。」智慧財產局因本條之授權，訂有「海關查扣侵害商標權物品實施辦法」，可作爲查扣程序之參考。

十一、警告函之寄發

商標權人防護其商標權之行動，除前述申請海關查扣、直接提起民事訴訟外，先行寄發警告函予侵權人及其客戶亦是常見之行爲，如侵權人因此而停止侵害行爲，或其客戶停止購買侵權人之產品或服務，即可立即達到某種程度之排除侵害效果；或者侵權人如在收受警告函之後，前來與商標權人洽談授權事宜，商標權人亦可獲得授權金之利益，均得避免民事訴訟之提起。

公平交易法第45條規定：「依照著作權法、商標法或專利法行使權利之正當行爲，不適用本法之規定。」商標權人爲維護商標權而向侵害商標權之人寄發警告信函，並非不當之行爲，惟如商標權人寄發警告函之對象並非僅限於侵權人，尚包含侵權人之客戶，甚至於警告信中要求不得與侵權人繼續交易時，即必然對市場秩序造成相當程度之影響，若毫無限制，極可能遭到濫用成爲不公平競爭之手段，此種行爲實應受到公平交易法之規範。行政院公平交易委員會對於散發警告函之行為，訂有「行政院公平交易委員會對於事業發侵害著作權、商標權或專利權警告函案件之處理原則」（詳參本單元附錄），為散發警告函行為之規範。

商標權人散發警告函之行為如違反上述處理原則，即非行使權利之正當行為，依其情節，可能分別違反公平交易法第19條第1、3款、第22條、第24條之規定，將面臨民事求償、公平會行政罰鍰、甚至刑事責任之處罰（詳細條文參第二章第一單元之敘述，於茲不贅），不可不慎。

十二、商標權之有效性

我國係採取公私法二元化之系統，專利、商標等智慧財產權，係經由行政機關（經濟部智慧財產局）之核准而取得；然而智財權本身仍屬私權，關於私權之爭訟，則是由普通法院所管轄。對權利之侵害自然以權利有效為其前提要件，在97年7月1日智慧財產案件審理法施行前，即便商標侵權案件之被告主張原告之商標權具有無效事由，由於受理訴訟之普通民事法院並不具有對商標有效與否之認定權限，法院通常只有逕以權利有效為前提下判決或是依據商標法第49條（第56條準用），或民事訴訟法第182條，或行政訴訟法第12條之規定，裁定停止訴訟等待異議或評定之結果兩種選擇。惟前者可能造成認定歧異以及錯誤判決之後果，而後者又有審理時程拖延、對當事人而言緩不濟急保護不周之缺點，不論選擇發現真實或是訴訟經濟均各有所偏，往往令法院與當事人皆陷入兩難。而為順應同一智慧財產權之爭議於同一訴訟程序中解決之世界潮流，新通過之智慧財產案件審理法第16條，即明定智財法院應自行認定權利之有效性，在97年7月1日智慧財產法院成立以及智慧財產案件審理法施行後，即不再適用現行法下停止訴訟的規定。

十三、被控侵權人（被告）之反擊與抗辯

被控侵權人可視個案之情形，在訴訟程序中及程序外，進行以下的抗辯與反擊行動：

（一）無侵害行為之抗辯

被告在商標侵權之爭議中，最直接、最根本之主張即是不侵權之抗辯，如被控侵權人之行為並不該當侵害行為，亦即商標並未近似、商品服務不類似、

無混淆誤認之虞等等，即無侵害他人商標權之可能。關於商標是否近似、有無混淆誤認之虞等構成要件，除依據智慧財產局所發布之相關商標審查基準外，亦可藉由市場消費者之調查報告認定，被告如欲主張無侵害商標之行為，可選擇出具市場調查報告，作為商標並不近似、無混淆誤認之虞等抗辯之補充佐證。

（二）主張其他法定抗辯事由

被控侵權人除主張不該當侵害行為之抗辯外，亦得主張無故意過失之抗辯、使用商標行為有合法之權源、商標有效之期間、商標權屬地主義、未辦理登記不得對抗第三人、消滅時效、有商標法第36條商標權效力所不及之事由等抗辯。

（三）主張商標有效性之抗辯

智慧財產法院成立前，受理商標侵權訴訟之民事法院，並不得對商標之有效性逕行做出無效之認定，被告如欲主張商標欠缺法定註冊要件應為無效之抗辯時，必須配合異議或評定案之提出，並聲請停止訴訟。而在智慧財產法院成立後，智慧財產法院因得可自行認定權利之有效性，如智慧財產法院認為商標確實有無效之事由，在個案中即產生原告之商標權無效之效果，被告自無侵害商標權之可能。

（四）爭執損害賠償金額

關於損害賠償請求及其數額之主張，原告均須負舉證之責，被告亦得在損害賠償金額方面加以爭執，按原告究竟並非實際從事侵害行為之人，其對於損害賠償金額之舉證並不容易，通常是以推估之方式為之，縱然原告可選擇商標法第71條第1項第3款之法定賠償數額，但法院依商標法第71條第2項，如認為賠償金額顯不相當者，仍然有予以酌減之可能。

（五）聲請停止訴訟

如前所述，智慧財產法院成立前，被告如欲爭執商標之有效性，應先提出異議或評定或申請廢止，並向法院聲請停止訴訟。惟異議或評定程序之行政爭訟，除須經過訴願、尚有二級二審之行政訴訟，需時甚久，如被告獲得法院停止訴訟之裁定，即可在此段期間內專心進行異議與評定，亦可拖延原告之訴訟進度。惟智慧財產法院成立後，依智慧財產案件審理法第16條之規定，當事人主張或抗辯智慧財產權有應撤銷、廢止之原因者，法院應就其主張或抗辯有無理由自爲判斷，不適用民事訴訟法、行政訴訟法、商標法、專利法、植物品種及種苗法或其他法律有關停止訴訟程序之規定。是以，商標法中對於停止訴訟之規定現已不再適用。

（六）提出異議或評定

商標註冊之申請，經審查機關審查認爲無不得註冊事由，繳費、公告後，即由商標權人取得商標權，但審查機關之審查，難免有疏失之處，乃設有異議以及評定之公衆審查制度，得對經註冊之商標提出異議或評定。異議或評定提出後，由審查機關對於被異議或評定之商標重新審查，如審查結果認爲異議或評定有理由者，即可由審查機關將商標撤銷註冊，商標即自始無效。我國因採取公私法二元之系統，在商標侵權爭議中，被告欲使原告之商標權遭到撤銷，歸於自始無效之方式，只能依法提出異議或評定。即使智慧財產法院成立，其對於商標效力判斷，亦僅有個案之效力而已，欲使商標權對世性的無效，仍須經由異議或評定之途徑。異議或評定詳細之要件及流程，詳見本章第三單元之介紹。

（七）對商標權人散發警告函之行為向公平會提出檢舉

如前所述，商標權人散發警告函之行爲，必須符合「行政院公平交易委員會對於事業發侵害著作權、商標權或專利權警告函案件之處理原則」及公平交易法之規定，否則其本身將有遭受處罰之可能，被控侵權人可對其提出檢舉。

（八）聲請反向假處分

所謂反向假處分，係相對於商標侵權訴訟之原告對於被告所聲請之禁止被告繼續從事製造、銷售、廣告等侵害商標權行爲（即排除侵害）之定暫時狀態處分而言，原告雖得向法院聲請禁止被告繼續製造、銷售、廣告等侵害商標權之行爲，但被告也可先發制人，先行聲請反向之假處分（關於反向假處分之介紹，詳參第二章中之敘述）。聲請反向之假處分時，應當釋明商標權人有何妨礙、阻擾其營業之行爲，例如商標權人有散發警告函之行爲等，此外亦應提出並未侵害商標權之相關證據，以釋明並未侵權。

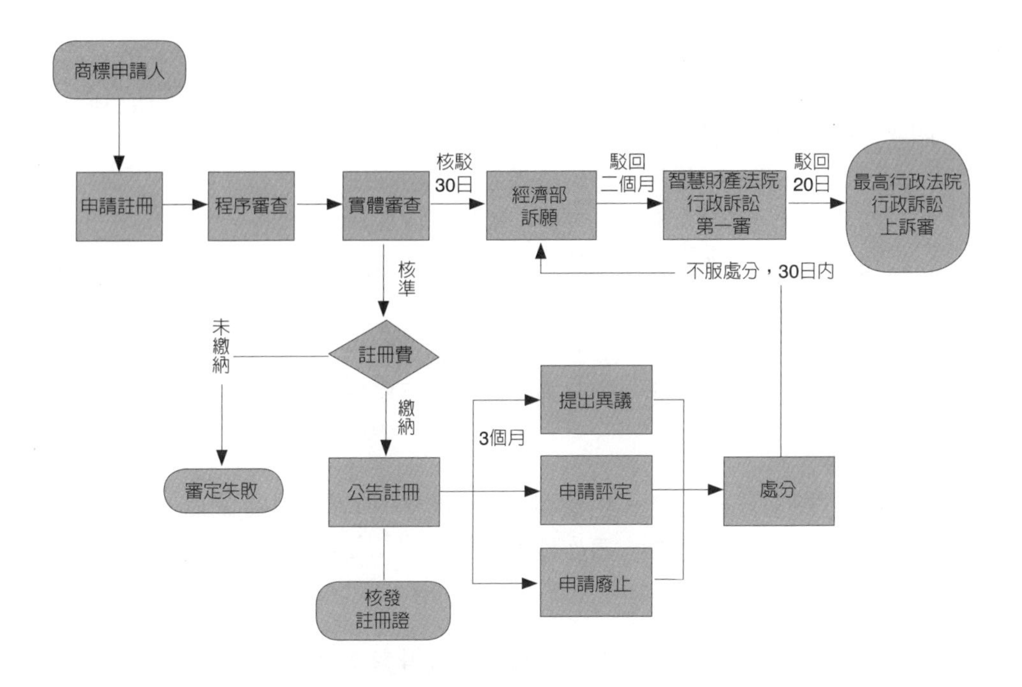

相關法條

商標法第1條

為保障商標權、證明標章權、團體標章權、團體商標權及消費者利益，維護市場公平競爭，促進工商企業正常發展，特制定本法。

商標法第5條

商標之使用，指為行銷之目的，而有下列情形之一，並足以使相關消費者認識其為商標：

一、將商標用於商品或其包裝容器。

二、持有、陳列、販賣、輸出或輸入前款之商品。

三、將商標用於與提供服務有關之物品。

四、將商標用於與商品或服務有關之商業文書或廣告。

前項各款情形，以數位影音、電子媒體、網路或其他媒介物方式為之者，亦同。

商標法第19條

申請商標註冊，應備具申請書，載明申請人、商標圖樣及指定使用之商品或服務，向商標專責機關申請之。

申請商標註冊，以提出前項申請書之日爲申請日。

商標圖樣應以清楚、明確、完整、客觀、持久及易於理解之方式呈現。

申請商標註冊，應以一申請案一商標之方式爲之，並得指定使用於二個以上類別之商品或服務。

前項商品或服務之分類，於本法施行細則定之。

類似商品或服務之認定，不受前項商品或服務分類之限制。

商標法第33條

商標自註冊公告當日起，由權利人取得商標權，商標權期間爲十年。

商標權期間得申請延展，每次延展爲十年。

商標法第35條

商標權人於經註冊指定之商品或服務，取得商標權。

除本法第三十六條另有規定外，下列情形，應經商標權人之同意：

一、於同一商品或服務，使用相同於註冊商標之商標者。

二、於類似之商品或服務，使用相同於註冊商標之商標，有致相關消費者混淆誤認之虞者。

三、於同一或類似之商品或服務，使用近似於註冊商標之商標，有致相關消費者混淆誤認之虞者。

商標經註冊者，得標明註冊商標或國際通用註冊符號。

商標法第36條

下列情形，不受他人商標權之效力所拘束：

一、以符合商業交易習慣之誠實信用方法，表示自己之姓名、名稱，或其商品或服務之名稱、形狀、品質、性質、特性、用途、產地或其他有關商品或服務本身之說明，非作爲商標使用者。

二、爲發揮商品或服務功能所必要者。

三、在他人商標註冊申請日前，善意使用相同或近似之商標於同一或類似之商品或服務者。但以原使用之商品或服務爲限；商標權人並得要求其附加適當之區別標示。

附有註冊商標之商品，由商標權人或經其同意之人於國內外市場上交易流通，商標權人不得就該商品主張商標權。但爲防止商品流通於市場後，發生變質、受損，或有其他正當事由者，不在此限。

商標法第39條

商標權人得就其註冊商標指定使用商品或服務之全部或一部指定地區爲專屬或非專屬授權。

前項授權，非經商標專責機關登記者，不得對抗第三人。

授權登記後，商標權移轉者，其授權契約對受讓人仍繼續存在。

非專屬授權登記後，商標權人再爲專屬授權登記者，在先之非專屬授權登記不受影響。

專屬被授權人在被授權範圍內，排除商標權人及第三人使用註冊商標。

商標權受侵害時，於專屬授權範圍內，專屬被授權人得以自己名義行使權利。但契約另有約定者，從其約定。

商標法第63條

商標註冊後有下列情形之一，商標專責機關應依職權或據申請廢止其註冊：

一、自行變換商標或加附記，致與他人使用於同一或類似之商品或服務之註冊商標構成相同或近似，而有使相關消費者混淆誤認之虞者。

二、無正當事由迄未使用或繼續停止使用已滿三年者。但被授權人有使用者，不在此限。

三、未依第四十三條規定附加適當區別標示者。但於商標專責機關處分前已附加區別標示並無產生混淆誤認之虞者，不在此限。

四、商標已成爲所指定商品或服務之通用標章、名稱或形狀者。

五、商標實際使用時有致公衆誤認誤信其商品或服務之性質、品質或產地之虞者。

被授權人爲前項第一款之行爲，商標權人明知或可得而知而不爲反對之表示者，亦同。

有第一項第二款規定之情形，於申請廢止時該註冊商標已爲使用者，除因知悉他人將申請廢止，而於申請廢止前三個月內開始使用者外，不予廢止其註冊。

廢止之事由僅存在於註冊商標所指定使用之部分商品或服務者，得就該部分之商品或服務廢止其註冊。

商標法第68條

未經商標權人同意，爲行銷目的而有下列情形之一，爲侵害商標權：

一、於同一商品或服務，使用相同於註冊商標之商標者。

二、於類似之商品或服務，使用相同於註冊商標之商標，有致相關消費者混淆誤認之虞者。

三、於同一或類似之商品或服務，使用近似於註冊商標之商標，有致相關消費者混淆誤認之虞者。

商標法第69條

商標權人對於侵害其商標權者，得請求除去之；有侵害之虞者，得請求防止之。

商標權人依前項規定爲請求時，得請求銷毀侵害商標權之物品及從事侵害行爲之原料或器具。但法院審酌侵害之程度及第三人利益後，得爲其他必要之處置。

商標權人對於因故意或過失侵害其商標權者，得請求損害賠償。

前項之損害賠償請求權，自請求權人知有損害及賠償義務人時起，二年間不行使而消滅；自有侵權行爲時起，逾十年者亦同。

商標法第70條

未得商標權人同意，有下列情形之一，視爲侵害商標權：

一、明知爲他人著名之註冊商標，而使用相同或近似之商標，有致減損該商標之識別性或信譽之虞者。

二、明知爲他人著名之註冊商標，而以該著名商標中之文字作爲自己公司、商號、團體、網域或其他表彰營業主體之名稱，有致相關消費者混淆誤認之虞或減損該商標之識別性或信譽之虞者。

三、明知有第六十八條侵害商標權之虞，而製造、持有、陳列、販賣、輸出或輸入尚未與商品或服務結合之標籤、吊牌、包裝容器或與服務有關之物品。

商標法第71條

商標權人請求損害賠償時，得就下列各款擇一計算其損害：

一、依民法第二百十六條規定。但不能提供證據方法以證明其損害時，商標權人得就其使用註冊商標通常所可獲得之利益，減除受侵害後使用同一商標所得之利益，以其差額爲所受損害。

二、依侵害商標權行爲所得之利益；於侵害商標權者不能就其成本或必要費用舉證時，以銷售該項商品全部收入爲所得利益。

三、就查獲侵害商標權商品之零售單價一千五百倍以下之金額。但所查獲商品超過一千五百件時，以其總價定賠償金額。

四、以相當於商標權人授權他人使用所得收取之權利金數額爲其損害。

前項賠償金額顯不相當者，法院得予酌減之。

商標法第72條

商標權人對輸入或輸出之物品有侵害其商標權之虞者，得申請海關先予查扣。

前項申請，應以書面爲之，並釋明侵害之事實，及提供相當於海關核估該進口物品完稅價格或出口物品離岸價格之保證金或相當之擔保。

海關受理查扣之申請，應即通知申請人；如認符合前項規定而實施查扣時，應以書面通知申請人及被查扣人。

被查扣人得提供第二項保證金二倍之保證金或相當之擔保，請求海關廢止查扣，並依有關進出口物品通關規定辦理。

查扣物經申請人取得法院確定判決，屬侵害商標權者，被查扣人應負擔查扣物之貨櫃延滯費、倉租、裝卸費等有關費用。

商標法第73條

有下列情形之一，海關應廢止查扣：

一、申請人於海關通知受理查扣之翌日起十二日內，未依第六十九條規定就查扣物爲侵害物提起訴訟，並通知海關者。

二、申請人就查扣物爲侵害物所提訴訟經法院裁定駁回確定者。

三、查扣物經法院確定判決，不屬侵害商標權之物者。

四、申請人申請廢止查扣者。

五、符合前條第四項規定者。

前項第一款規定之期限，海關得視需要延長十二日。

海關依第一項規定廢止查扣者，應依有關進出口物品通關規定辦理。

查扣因第一項第一款至第四款之事由廢止者，申請人應負擔查扣物之貨櫃延滯費、倉租、裝卸費等有關費用。

商標法第74條

查扣物經法院確定判決不屬侵害商標權之物者，申請人應賠償被查扣人因查扣或提供第七十二條第四項規定保證金所受之損害。

申請人就第七十二條第四項規定之保證金，被查扣人就第七十二條第二項規定之保證金，與質權人有同一之權利。但前條第四項及第七十二條第五項規定之貨櫃延滯費、倉租、裝卸費等有關費用，優先於申請人或被查扣人之損害受償。

有下列情形之一，海關應依申請人之申請，返還第七十二條第二項規定之保證金：

一、申請人取得勝訴之確定判決，或與被查扣人達成和解，已無繼續提供保證金之必要者。

二、因前條第一項第一款至第四款規定之事由廢止查扣，致被查扣人受有損害後，或被查扣人取得勝訴之確定判決後，申請人證明已定二十日以上之期間，催告被查扣人行使權利而未行使者。

三、被查扣人同意返還者。

有下列情形之一，海關應依被查扣人之申請返還第七十二條第四項規定之保證金：

一、因前條第一項第一款至第四款規定之事由廢止查扣，或被查扣人與申請人達成和解，已無繼續提供保證金之必要者。

二、申請人取得勝訴之確定判決後，被查扣人證明已定二十日以上之期間，催告申請人行使權利而未行使者。

三、申請人同意返還者。

商標法第75條

海關於執行職務時，發現輸入或輸出之物品顯有侵害商標權之虞者，應通知商標權人及進出口人。

海關為前項之通知時，應限期商標權人至海關進行認定，並提出侵權事證，同時限期進出口人提供無侵權情事之證明文件。但商標權人或進出口人有正當理由，無法於指定期間內提出者，得以書面釋明理由向海關申請延長，並以一次為限。

商標權人已提出侵權事證，且進出口人未依前項規定提出無侵權情事之證明文件者，海關得採行暫不放行措施。

商標權人提出侵權事證，經進出口人依第二項規定提出無侵權情事之證明文件者，海關應通知商標權人於通知之時起三個工作日內，依第七十二條第一項規定申請查扣。

商標權人未於前項規定期限內，依第七十二條第一項規定申請查扣者，海關得於取具代表性樣品後，將物品放行。

商標法第76條

海關在不損及查扣物機密資料保護之情形下，得依第七十二條所定申請人或被查扣人或前條所定商標權人或進出口人之申請，同意其檢視查扣物。

海關依第七十二條第三項規定實施查扣或依前條第三項規定採行暫不放行措施後，商標權人得向海關申請提供相關資料；經海關同意後，提供進出口人、收發貨人之姓名或名稱、地址及疑似侵權物品之數量。

商標權人依前項規定取得之資訊，僅限於作為侵害商標權案件之調查及提起訴訟之目的而使用，不得任意洩漏予第三人。

商標法第77條

商標權人依第七十五條第二項規定進行侵權認定時，得繳交相當於海關核估進口貨樣完稅價格及相關稅費或海關核估出口貨樣離岸價格及相關稅費百分之一百二十之保證金，向海關申請調借貨樣進行認定。但以有調借貨樣進行認定之必要，且經商標權人書面切結不侵害進出口人利益及不使用於不正當用途者為限。

前項保證金，不得低於新臺幣三千元。

商標權人未於第七十五條第二項所定提出侵權認定事證之期限內返還所調借之貨樣，或返還之貨樣與原貨樣不符或發生缺損等情形者，海關應留置其保證金，以賠償進出口人之損害。

貨樣之進出口人就前項規定留置之保證金，與質權人有同一之權利。

商標法第78條

第七十二條至第七十四條規定之申請查扣、廢止查扣、保證金或擔保之繳納、提供、返還之程序、應備文件及其他應遵行事項之辦法，由主管機關會同財政部定之。

第七十五條至第七十七條規定之海關執行商標權保護措施、權利人申請檢視查扣物、申請提供侵權貨物之相關資訊及申請調借貨樣，其程序、應備文件及其他相關事項之辦法，由財政部定之。

智慧財產案件審理法第16條

當事人主張或抗辯智慧財產權有應撤銷、廢止之原因者，法院應就其主張或抗辯有無理由自爲判斷，不適用民事訴訟法、行政訴訟法、商標法、專利法、植物品種及種苗法或其他法律有關停止訴訟程序之規定。

前項情形，法院認有撤銷、廢止之原因時，智慧財產權人於該民事訴訟中不得對於他造主張權利。

案例解說

1. 關於A公司推出一款「清新鍋具組」之情形，說明如下：
   (1)A公司推出一款「清新鍋具組」，此係於同一商品或服務，使用相同於「清新公司」之註冊商標，按商標法第35條第2項第1款規定，除有商標法第36條規定之情形外，應得商標權人之同意。
   (2)次按商標法第68條第1款規定，未經商標權人同意，為行銷之目的，於同一之商品或服務，使用相同於註冊商標之商標，有致相關消費者混淆誤認之虞者，為侵害商標權。
   (3)「清新公司」對A公司侵害商標權之行為，可依商標法第69條第1項及第3項規定，請求除去侵害，並請求損害賠償。
   (4)若A公司之侵害商標權行為經檢察官起訴，A公司可能將面臨商標法第95條第1款、第96條至第98條之刑事責任。
2. 關於B公司推出一款「清新瓦斯爐」之情形，說明如下：
   (1)B公司推出一款「清新瓦斯爐」，係屬於類似之商品或服務，使用相同於「清新公司」之註冊商標，有致相關消費者混淆誤認之虞，按商標法第35條第2項第2款規定，除有商標法第36條規定之情形外，應得商標權人之同意。

(2)次按商標法第68條第2款規定，未經商標權人同意，為行銷目的，於類似之商品或服務，使用相同於註冊商標之商標，有致相關消費者混淆誤認之虞者，為侵害商標權。

(3)有無致相關消費者混淆誤認之虞，可參酌93年5月1日施行之「混淆誤認之虞審查基準」判斷之。

(4)若B公司之行為確實造成消費者混淆誤認，「清新公司」對B公司侵害商標權之行為，可依商標法第69條第1項及第3項規定，請求除去侵害，並請求損害賠償。

(5)若B公司之侵害商標權行為經檢察官起訴，B公司可能將面臨商標法第95條第2款、第96條至第98條之刑事責任。

3. 關於C公司推出一款「青新烘碗機」之情形，說明如下：

(1)C公司推出一款「青新烘碗機」，係屬於類似之商品或服務，使用近似於「清新公司」之註冊商標，有致相關消費者混淆誤認之虞，按商標法第35條第2項第3款規定，除有商標法第36條規定之情形外，應得商標權人之同意。

(2)次按商標法第68條第3款規定，未經商標權人同意，為行銷目的，於類似之商品或服務，使用近似於註冊商標之商標，有致相關消費者混淆誤認之虞者，為侵害商標權。

(3)有無致相關消費者混淆誤認之虞，可參酌93年5月1日施行之「混淆誤認之虞審查基準」判斷之。

(4)若C公司之行為確實造成消費者混淆誤認，「清新公司」對C公司侵害商標權之行為，可依商標法第69條第1項及第3項之規定，請求除去侵害，並請求損害賠償。

(5)若C公司之侵害商標權行為經檢察官起訴，C公司可能將面臨商標法第95條第3款、第96條至第98條之刑事責任。

4. 關於市面上出現一間「青新家電有限公司」之情形，說明如下：

(1)「未得商標權人同意，明知為他人著名之註冊商標，而以該著名商標中之文字作為自己公司、商號、團體、網域或其他表彰營業主體之名稱，有致相關消費者混淆誤認之虞或減損該商標之識別性或信譽者，視為侵害商標權」，此為商標法第70條第2款所明定。

(2)有關「著名商標」之認定，可參酌經濟部智慧財產局於96年11月9日訂定發布之「商標法第23條第1項第12款著名商標保護審查基準」之說明。

(3)本案中，若「清新廚具」被認定為一著名商標，「青新家電有限公司」以近似該著名商標之文字作為其公司名稱，將減損該著名商標之識別性或信譽，按商標法第70條第2款之規定，視為侵害商標權。「清新公司」可依商標法第69條第1項及第3項之規定向其請求損害賠償及請求除去侵害。

5. 關於第三人「吳清新」以其姓名開設一間「清新體育用品店」，販賣體育用品之情形，說明如下：

(1)「以符合商業交易習慣之誠實信用方法，表示自己之姓名、名稱，或其商品或服務之名稱、形狀、品質、性質、特性、用途、產地或其他有關商品或服務本身之說明，作為商標使用者，不受他人商標權之效力所拘束」，商標法第36條第1項第1款定有明文。

(2)第三人「吳清新」以其姓名開設一間「清新體育用品店」，販賣體育用品，若為符合商業交易習慣之誠實信用方法之使用，即可依商標法第36條第1項第1款之規定，排除「清新公司」之商標權效力之拘束。

第三節　必備書狀及撰寫要旨

審理流程

最高法院		最高行政法院
↑	↑	↑
智慧財產法院		
民事訴訟	刑事訴訟	行政訴訟
第二審 相關智慧財產權法所生民事訴訟事件	第二審 受理不服各地方法院對刑法、商標法、著作權法或公平交易法關於智慧財產權益保護刑事訴訟案件 ↑	第一審 相關智慧財產權法所生第一審行政訴訟事件及強制執行事件
	各地方法院	訴願
第一審 相關智慧財產權法所生民事訴訟事件	第一審 各地方法院刑事庭審理刑法、商標法、著作權法或公平交易法關於智慧財產權益保護刑事訴訟案件	經濟部訴願審議委員會對相關智慧財產權行政處分訴願審議 ↑ 經濟部智慧財產局對相關智慧財產權行政處分

（資料來源：智慧財產法院網站「智慧財產案件審理模式」）

・原告起訴，法院受理，訴訟繫屬
・分案
・法官閱覽卷宗，批示：
　—定期
　—調閱卷證
　—命當事人提出涉嫌侵權之產品
・開庭審理
・言詞辯論終結
・宣示裁判

依據前述案例，本節提供原告所應撰擬之起訴書狀，以及被告之答辯書狀之撰寫要旨及範例：

一、原告起訴狀

商標侵權民事訴訟之原告起訴狀，應載明訴之聲明、起訴之原因事實、請求權基礎及損害賠償之計算方式。（詳參第一章第三節有關民事侵權起訴狀之撰寫要旨）

二、被告答辯狀──有效性抗辯、不侵權抗辯、損害賠償數額之否認與抗辯

商標侵權民事訴訟之被告答辯狀，應載明答辯聲明、抗辯理由及其證據、對於原告主張否認之事項等。

其中關於抗辯理由，可依下列方式敘述：

1. 關於商標具有應撤銷事由之抗辯

應檢具證據敘明系爭商標具有應撤銷事由之項次、違反之法條，以及具有應撤銷事由之具體理由。

2. 關於未侵權抗辯

應敘明對於原告所提侵權事實之反對意見、證據及其理由。

3. 關於為商標權所不及之抗辯

例如主張有商標法第36條第1項第3款善意先使用之抗辯，應檢附被告在商標註冊申請日前，善意使用相同或近似之商標於同一或類似之商品或服務之相關證據，並具體敘明理由。

4. 關於損害賠償數額之抗辯

針對原告所主張損害賠償計算數額，被告可針對原告主張於不符合事實之處予以否認，於必要時，亦可檢具相關銷售數據之證據或證明有關成本及必要費用之證據補強被告之抗辯。

第四節　書狀範例

一、原告起訴狀

<table>
<tr><td colspan="4">民事起訴狀</td></tr>
<tr><td>案　　號</td><td colspan="2">年度　　字第　　號</td><td>承辦股別</td></tr>
<tr><td>稱　　謂</td><td>姓名或名稱</td><td colspan="2">依序填寫：國民身分證統一編號或營利事業統一編號、性別、出生年月日、職業、住居所、就業處所、公務所、事務所或營業所、郵遞區號、電話、傳真、電子郵件位址、指定送達代收人及其送達處所。</td></tr>
<tr><td>原　　告</td><td>清新公司</td><td colspan="2">設台北市○○區○○路○○號○○樓</td></tr>
<tr><td>法定代理人</td><td>○○○</td><td colspan="2">住同上</td></tr>
<tr><td>訴訟代理人</td><td>○○○律師</td><td colspan="2">○○法律事務所
○○市○○路○○號○○樓
電話：○○-○○○○○○○○</td></tr>
<tr><td>被　　告</td><td>B公司</td><td colspan="2">設台北市○○區○○路○○號○○樓</td></tr>
<tr><td>兼上法定代理人</td><td>○○○</td><td colspan="2">住同上</td></tr>
<tr><td colspan="4">為請求損害賠償與排除侵害，依法起訴事：

訴之聲明
一、被告B公司暨被告○○○應連帶給付原告新台幣（以下同）○○○元及自起訴狀繕本送達翌日起至清償日止按年利率百分之五計算之利息。
二、被告B公司不得於其所製造、銷售之瓦斯爐產品標示「清新」相同或近似之商標。
三、訴訟費用由被告等共同負擔。
四、原告願供擔保，請准宣告假執行。

事實及理由
一、原告為中華民國第○○○○○號註冊商標（即「清新廚具」文字及圖，下稱系爭商標，原證1號）之商標權人，系爭商標指定使用於○○、○○、○○、○○、○○等商品，專用期間自民國○○年○○月○○日起，延展至○○年○○月○○日止，非經原告同意或授權，於商標專用期間內，第三人不得於</td></tr>
</table>

同一或類似商品使用近似或相同之註冊商標，否則即屬侵害原告之商標權，原告得請求損害賠償，並得請求排除侵害。

二、詎被告明知原告為系爭商標權人，非經原告同意或授權，不得使用系爭商標於○○、○○、○○等指定商品上，竟基於擅自使用他人商標之故意，自○○年某日起，推出「清新瓦斯爐」產品，並將其產品裝入印有仿冒系爭商標之紙盒內，並於○○年○○月間，以每件○○元之代價，陸續出售予不知情之訴外人○○○、○○○、○○○等人使用，顯已侵害系爭商標專用權。

三、損害賠償部分

按「商標權人對於侵害其商標權者，得請求除去之；有侵害之虞者，得請求防止之。商標權人對於因故意或過失侵害其商標權者，得請求損害賠償。」、「商標權人請求損害賠償時，得就下列各款擇一計算其損害：一、依民法第二百十六條規定。但不能提供證據方法以證明其損害時，商標權人得就其使用註冊商標通常所可獲得之利益，減除受侵害後使用同一商標所得之利益，以其差額為所受損害。二、依侵害商標權行為所得之利益；於侵害商標權者不能就其成本或必要費用舉證時，以銷售該項商品全部收入為所得利益。三、就查獲侵害商標權商品之零售單價一千五百倍以下之金額。但所查獲商品超過一千五百件時，以其總價定賠償金額。四、以相當於商標權人授權他人使用所得收取之權利金數額為其損害。」，商標法第69條第1、3項、第71條第1項亦分別定有明文。因本件被告遭查獲之商品業已超過1500件，依上開法律規定原告自得請求被告賠償侵害商標權商品之總價○○○○元（○○個x單價○○元）之損害。

四、綜上所述，懇請　鈞院鑒核，賜判決如訴之聲明，以維權益，實感德便。

謹狀

智慧財產法院民事庭　公鑒

證物名稱及件數	附件：委任狀正本。 原證1號：原告所有之中華民國第○○○○○號註冊商標證書乙份。

中　華　民　國　○　○　年　○　○　月　○　○　日

具狀人：清新公司

代表人：○○○

訴訟代理人：○○○律師

二、被告答辯狀

民事答辯狀				
案　　　號	年度　　　字第　　　　號		承辦股別	
訴訟標的金額				
被　　　告	B公司	設○○市○○路○○號○○樓 送達代收人：○○○律師		
兼法定代理人	○○○	住同上		
訴訟代理人	○○○律師	○○法律事務所 ○○市○○路○○號○○樓 電話：○○-○○○○○○○○		
原　　　告	清新公司	設○○市○○路○○號○○樓		
法定代理人	○○○	住同上		

為提呈不侵權抗辯意見事：

答辯聲明

一、原告之訴及假執行之聲請均駁回。

二、訴訟費用由原告負擔。

事實及理由

一、按商標法第36條第1項第3款本文規定，在他人商標註冊申請日前，善意使用相同或近似之商標於同一或類似之商品或服務者。不受他人商標權之效力所拘束。

二、被告於○○年○○月即已開始使用「清新瓦斯爐」作為產品名稱，此有本公司產品目錄可參（被證1號），該日期顯然早於原告商標註冊申請之日，是以，被告於以此作為產品名稱之際，原告之商標根本尚未出現，自難謂被告有侵害原告商標權之故意或過失，此實屬「善意使用」之情形。故按商標法第36條第1項第3款本文規定，此屬「善意使用相同商標於類似之商品」之情形，自不受原告商標權效力所及。

三、綜上所述，原告之訴實無理由，祈請　鈞院駁回原告之訴，以維權益，實為德感。

謹狀

智慧財產法院民事庭　公鑒

<table>
<tr><td colspan="2">中 華 民 國 ○ ○ 年 ○ ○ 月 ○ ○ 日</td></tr>
<tr><td>附件及
證據列表</td><td>附件：委任狀正本。
被證1號：被告公司○○年○○月產品型錄影本。</td></tr>
<tr><td colspan="2">具狀人：被告B公司
兼法定代理人：○○○</td></tr>
<tr><td colspan="2">撰狀人：訴訟代理人○○○律師</td></tr>
</table>

第五節　實務判解

・商標權之保護

1. 智慧財產法院97年度民商上字第3號判決

商標法第29條第2項第3款係爲保護業已註冊之商標權人，禁止第三人未經商標權人之同意，而將近似於其註冊商標之商標，使用於同一或類似之商品或服務，致相關消費者有混淆誤認之虞。是以本款以第三人使用近似於其註冊商標之商標爲要件，而所謂使用商標，即應回歸商標法第6條之定義。此外，必須第三人使用近似商標之行爲符合商標法第29條第2項第3款所定之情事，始有進一步討論該第三人可否依同法第30條規定，無須徵得商標權人之同意，即得使用近似商標。

2. 最高法院89年度台上字第521號判決

商標法第61條第1項規定，商標專用權人對於有侵害其商標專用權之虞者，得請求防止之，此爲侵害防止請求權。所謂侵害，指第三人無正當權源，妨害商標專用權之圓滿行使，商標專用權人無忍受之義務。所謂有侵害商標專用權之虞，係侵害雖未發生，就既存之危險現狀判斷，商標專用權有被侵害之可能，而有事先加以防範之必要謂之。此須就具體事實，依一般社會觀念決之，如客觀上有不法實施侵害之準備等情，自可請求防止。

・商標之使用

1. 智慧財產法院97年度民商上易字第4號判決

次按凡因表彰自己之商品或服務，欲取得商標權者，應依商標法申請註冊；又商標法所稱商標之使用，指爲行銷之目的，將商標用於商品、服務或其有關之物件，或利用平面圖像、數位影音、電子媒體或其他媒介物足以使相關消費者認識其爲商標，同法第2條、第6條分別定有明文。準此，商標之使用應具備下列要件：(1)使用人基於行銷商品或服務之目的，而以商標表彰自己之商品或服務；(2)有標示商標之積極行爲；(3)商標之標示足以使相關消費者認識其爲商標。而判斷是否作爲商標使用，應綜合審酌其利用之方式及態様，非謂將商標圖樣之全部或一部標示於商品、服務、有關物件或媒介物，即當然構成商標之使用。

2. 智慧財產法院97年度刑智上易字第52號判決

按凡因表彰自己之商品或服務，欲取得商標權者，應依商標法申請註冊；商標法所稱商標之使用，指爲行銷之目的，將商標用於商品、服務或其有關之物件，或利用平面圖像、數位影音、電子媒體或其他媒介物足以使相關消費者認識其爲商標，商標法第2條、第6條分別定有明文。是依上開規定可知，商標之使用應具備下列要件：(1)使用人須有表彰自己之商品或服務來源之意思；(2)使用人需有行銷商品或服務之目的；(3)需有標示商標之積極行爲；(4)所標示者需足以使相關消費者認識其爲商標。而判斷是否作爲商標使用，除應依上開要件審認外，並應斟酌平面圖像、數位影音或電子媒體等版（畫）面之配置、字體字型、字樣大小、有無識別性以及是否足供消費者藉以區別所表彰之商品來源等情綜合認定之，尚非一經標示於產品包裝或出現於產品廣告內之文字、圖樣，即當然構成商標之使用。

3. 智慧財產法院102年度民商上字第1號判決

上訴人所提於100年4月28日檢索之「愛評網」介紹被上訴人之「巧口藝術蛋糕」黃金餅等產品的網頁、被上訴人之網頁（原審卷第33至40、56至59頁，彩色影本見前揭100年度偵續字第37號偵查卷第70至78頁）、被上訴人所提99年9月10日列印之網頁、產品DM影本（原審卷第95、99至101頁），於「巧口」之後即爲「藝術蛋糕」字樣，其字體、字型均同，並無何特別凸顯或吸引消費者注意之處，且被上訴人所經營之獨資商號名稱即為「巧口藝術蛋糕坊」，而前述部分的使用態樣乃於「巧口藝術蛋糕」下方即為其地址及電話，堪認被上訴人此部分使用係基於善意而合理表示其商號名稱，非作為商標使用，不受系爭商標權之效力所拘束（99年商標法第30條第1項第1款規定參照）。

4. 智慧財產法院102年度民商上字第10號判決

依被上訴人所述，其於99年2月間與香港商開發骨關節產品，將之命名為「衛固力」，嗣於100年間為標榜成分更佳，且於臺灣地區製造、銷售，而改名為「關固力」（原審卷第2冊第11頁）。觀諸「衛固力」產品（原審卷第2冊第28頁），其包裝正面右方近中央處標示有較大字體之「關固力」字樣，於其右上方則為較小字體「BUK-2」文字，以其所在位置及字型大小，亦足使相關消費者認識「衛固力」為商標。而「關固力」產品包裝正面右方近中央處標示有較大字體之「關固力」字樣（如附圖3所示），因　係註冊商標之標誌，足見被上訴人公司主觀上欲使「營養補充品」之相關消費者認識「關固力」為表彰商品之標識，相較於先前「衛固力」產品並無註冊商標標誌　，更可見被上訴人公司確有意將「關固力」產品作為商標使用。

5. 智慧財產法院100年度民商上字第8號判決

商標之使用應具備下列要件：(1)使用人須有表彰自己之商品或服務來源之意思；(2)使用人需有行銷商品或服務之目的；(3)需有標示商標之積極行為；(4)所標示者需足以使相關消費者認識其為商標。次按商標者，乃用以表彰商業主體商品或服務之標識，受保護之商標須具有顯著性，亦即應足以使商品或服務之相關消費者認識其為表彰商品或服務之標識，並得藉以與他人之商品或服務區別。基於表彰商品或服務之目的將商標使用於商品或服務，始為商標法上所謂之商標使用；若非因表彰商品或服務之目的，形式上縱有商標用於商品或服務之事實，審酌其目的與方法，僅係用以表示商品或服務之相關說明者，而不具有商標使用之意圖者（intent to use），乃屬通常之使用，非商標法所稱之商標使用（最高行政法院98年度判字第1487號判決意旨參照）。而判斷是否作為商標使用，應綜合審酌其平面圖像、數位影音或電子媒體等版（畫）面之前後配置、字體字型、字樣大小、顏色及設計有無特別顯著性，並考量其使用性質是否足使消費者藉以區別所表彰之商品或服務來源，暨其使用目的是否有攀附商標權人商譽之意圖等客觀證據綜合判斷，尚非一經標示於產品包裝或出現於產品廣告、說明書內之文字、圖樣，即當然構成商標之使用。

・是否符合商標要件

1. 智慧財產法院97年度行商訴字第32號判決

系爭商標乃文字組合而成之商標，而文字與圖形最大之不同在於文字本身即有一定意義，望文生義所得之認知較之圖形需透過解說而知其內涵來得直接，系爭商標所用文字既無可避免將給予消費者「一定承保」之意。本件原告既選擇文字組合作爲商標，即應承擔該文字是否予人有關商品或服務之形狀、品質、功用或其他說明之無法註冊之風險，不能刻意忽視、避談文字所傳達之意義。是本件系爭商標既有可能予人有關原告服務品質之認知，依商標法第23條第1項第2款規定，自屬不能註冊。

2. 最高行政法院91年度裁字第855號裁定

查服務標章所用之文字、圖形、記號、顏色組合或其聯合式，是否足以使人認識其爲表彰服務之標識，並得藉以與他人之服務相區別；及系爭圖樣是否經上訴人使用且在交易上已成爲上訴人營業上服務商品之識別標識，事實審法院應斟酌一切情況，有自由裁量之職權。上訴人申請註冊之「taiwan.com CORPORATI0N及圖」服務標章圖樣由單純之外文「taiwan」、「.com」及「CORPORATION」所組成，其中「taiwan」爲台灣地名之英文名稱，而「.com」爲網址名稱之一部分，「CORPORATION」有指公司之意，客觀上實無法使一般消費者認識其爲表彰服務來源、品質、信譽之標識，並得藉以與他人之服務相區別，應不具識別性，自不得依商標法第77條準用同法第5條第1項之規定申請註冊。又依上訴人所提出之使用證據資料，如使用主體、使用態樣、使用日期等，均難謂系爭服務標章已經上訴人長期廣泛使用且在交易上已成爲上訴人營業上服務商品之識別標識，自不得依商標法第5條第2項之規定，視爲已符合該條第1項之規定而申請註冊。

3. 智慧財產法院97年度行商訴字第70號判決

按商標法所稱商標之使用，指爲行銷之目的，將商標用於商品、服務或其有關之物件，或利用平面圖像、數位影音、電子媒體或其他媒介物足以使相關消費者認識其爲商標，商標法第6條定有明文。商標權人於商品上併用數商標圖樣，或將商標圖樣與品牌名稱併列，固爲現今商品促銷宣傳手法，然認定是否符合商標要件，仍應就各該商標圖樣之使用情形予以整體判斷。以參加人所提出之各項使用證據，均無法證明系爭商標於核准註冊時（即95年8月1日），即已爲相關消費者所熟知，足使其於交易上認識「初鹿鮮乳」爲表彰商品之標識，並得藉以與他人之商品相區別。故不符商標法第23條第4項規定，而應適用同條第1項第2款規定。

4. 智慧財產法院98年度行商訴字第67號判決

參照商標法第23條第4項規定，該法第23條第1項第2款規定之情形或有不符合第5條第2項規定之情形，如經申請人使用且在交易上已成爲申請人商品或服務之識別標識者，不適用之。又所謂「表示商品或服務之形狀、品質、功用或其他說明」者，係指商標之文字、圖形、記號、顏色組合或其聯合式，依一般社會通念，如爲商品本身之說明或與商品本身之說明有密切關聯者，即有該款不得註冊之適用，並不以習慣上通用爲必要。惟所謂商標係商品或服務之形狀、品質、功用或其他說明者，亦必須該商標所表彰之意涵予人直接聯想至該商品或服務之形狀、品質、功用或其他說明者，始足當之，若該商標與其所指定使用之商品或服務之間，尙難直接產生形狀、品質、功用或其他說明之聯想者，即無適用。

5. 智慧財產法院98年度行商訴字第74號判決

商標法第23條第4項規定，有第1項第2款規定之情形或有不符合第5條第2項規定之情形，如經申請人使用且在交易上已成爲申請人商品或服務之識別標識者，不適用之。申請人對於不具識別性的商標，必須舉證證明該商標已經使用取得識別性，始得依該項規定核准註冊。查原告隨機附贈「相撲娃娃」人偶及設立人偶專區網站，均非系爭商標之使用態樣，而原告就其網站上提供手機鈴聲下載，雖提出搜尋網頁搜尋系爭商標之資料，惟其實際下載之次數及使用者多寡，並無相關資料佐證。又原告所提出之視訊短片3則，並無法證明均實際於電視媒體播放，且原告提出之廣告費發票影本，其品名欄亦僅記載「廣告費」，並無法證認其所託播之廣告內容爲何。實際上「相撲娃娃」僅係原告銷售家電產品所附之贈品，一般消費者聽聞系爭商標音樂通常多直接聯想到原告品牌之冷氣類相關商品，並不會認爲係標榜該品牌所生產販賣玩偶、玩具，故系爭商標於第28類商品應不具商標識別性，非爲區別商品來源的標識，並無商標法第23條第4項規定之適用，自有同法第23條第1項第1款所規定之不得註冊事由。

6. 智慧財產法院97年度行商訴字第79號判決

對國內外相關消費者而言，係屬據以評定之「AMAN」、「AMANRESORTS」商標之系列商標，其知名度已廣爲國內、外旅館、飯店等相關業者及消費者所熟知。原告之前手公司與參加人或其關係企業間雖無契約或業務往來關係，然於系爭商標申請時，據以評定商標使用於飯店、旅館等服務已因刊物、網路等大衆媒體資訊之報導或介紹而廣爲國內旅館、飯店等相關業者及消費者所熟知，況原告之前手公司曾於91年3月18日，以外文「amanJunkie」及中文「阿曼之旅」之組合，向被告申請註冊商標，而「amanJunkie」並非習見之外文詞彙，其中「Junkie」一詞於英文之字義係指「有癮之人」，是以Amanjunkie係基於對「AMAN」系列Amanresorts之愛好者而創用之詞彙，足見原告之前手公司於系爭商標申請日（即92年10月21日）前之91年3月18日，即已知悉「AMAN」及「Amanresorts」商標圖樣之存在，其竟以系爭商標指定使用於旅館等服務，而與參加人之關係企業將據以評定商標使用於飯店、旅館等服務相同，二者具有競爭同業之關係，其顯有以不正競爭行爲搶先申請註冊之情事，經審酌上開事證，系爭商標之註冊應有商標法第23條第1項第14款規定之適用。

7. 智慧財產法院97年度行商更（一）字第5號判決

按商標法第23條第1項第15款規定，商標有他人之肖像或著名之姓名、藝名、筆名、字號者，不得註冊。但得其同意申請註冊者，不在此限。本款旨在保護自然人之人格權。所稱姓名、藝名、筆名、字號者，限於「完全相同」且達到「著名」的程度。本案就原告所檢送之證據資料觀之，有關日本細胞學博士之姓名，已爲著名姓名之事實，而其確有授權同意參加人之前手以其姓名申請商標指定使用於蔬菜湯等商品，從而，被告所爲評定不成立之處分，並無不法。

8. 智慧財產法院97年度行商訴字第30號判決

系爭商標與據以評定商標圖樣相較，其主要部分之中文均有相同之「曾」

字，復因「○家」與「○記」爲我國傳統商品交易市場上常見之商標標示方法，故「曾記」與「曾家」，在觀念上極爲相近，易予人有系列商標之聯想，是對於系爭商標與據以評定商標之整體圖樣，具有普通知識經驗之消費者，於購買時施以普通之注意，使人產生混淆誤認之虞。經衡酌系爭商標與據以評定商標圖樣近似、其指定使用者爲同一及高度類似之食品類商品等因素綜合判斷，相關消費者極有可能誤認系爭商標與據以評定商標所表彰之商品爲來自同一或雖不相同但有關聯之來源，或誤認二商標之使用人間存在關係企業、授權關係、加盟關係或其他類似關係，而有產生混淆誤認之虞，且原告無法證明系爭商標與據以評定商標早已併存多年之事實，故系爭商標自有商標法第23條第1項第13款不得准予註冊規定之適用。又，商標法第23條第1項第12至14款但書固均規定經商標所有人同意申請註冊者，即非不得註冊之事由，惟所稱「商標所有人」，係指據以評定商標之所有人即參加人，並非曾○港，況原告所提其與曾○明簽訂之合夥契約書，僅約定合夥經營事業，並未就任何商標之權利歸屬或使用權限有何約定，原告此部分主張，顯有未洽。

・商標近似

1. 最高法院18年度上字第1202號判例

使用商標是否與他人同一商品所用之註冊商標相近似，自應以一般人之識別力爲斷，如使用近似他人之註冊商標於同一商品以圖影射，即屬侵害他人商標專用之權利，自不能不負賠償之責任。

2. 最高法院21年度上字第1073號判例

所謂商標之近似，係指具有普通知識經驗之商品購買人，於購買時施以普通所用之注意，猶不免有混同誤認之虞者而言，故將兩商標並置一處細爲比對雖有差別，而異時易（按：應爲「異」）地分別視察，足認具有普通知識經驗之商品購買人，於購買時施以普通所用之注意，猶有混同誤認之虞者，仍不得謂非近似。

3. 最高行政法院52年度判字第140號判例

商標所之用之文字，包括讀音在內，兩商標所用之文字，如讀音相近似，足以發生混同誤認之虞者，不得不謂爲商標之近似。本件原告申請註冊，使用於汽水商品之上海牌美達露汽水及圖商標，與利害關係人已註冊使用於同類商品之維他露商標並維他露及圖聯合商標，係分別以「美○露」與「維○露」字樣，爲商標中文字之主要部分。按「美○露」與「維○露」雖文字不盡相同，惟各該三字連貫唱呼，實難謂無混同近似之情形，且兩商標構圖意匠、設色及文字排列方法，如出一轍，縱其所設紅藍兩種顏色，稍有深淺之別，但於異時異地隔離觀察，殊難驟加辨別，實足使人發生誤認之虞，兩商標之近似，已堪認定，按之商標法第2條第12款前段規定，自不應准許原告項商標註冊。

4. 智慧財產法院102年度民商上字第10號判決

系爭商標圖樣（如附圖1所示）係由中文單純印刷字體「關立固」3字由左至右排列，且以國人通常使用之習慣，「關」字有「關節」之意，「立」字有「站立」之意，「固」字有「強固」、「穩固」之意，以「關立固」使用於「營養補充品」，隱含譬喻其商品具有使「關節站立穩固」之意，而屬暗示性商標，並非被上訴人所稱之「描述性商標」。加以經智慧財產局核准註冊之商標中，以「關」、「固」結合「立」字或其他文字作爲商標圖樣或圖樣一部分，指定使用於「營養補充品」商品之商標多有所在，例如註冊第1133493號「關固解」、第1201366號「關健固樂」、第1257972號「關固節寧」、第1274178號「固關鍵」、第1297038號「固關能」、第1305453號「固關達人」、第1501351號「關健固立飲」等（原審卷第2冊第137頁反面至141頁之智慧財產局函第2頁第三項第10行至第3頁第2行、布林檢索結果註記詳表），是系爭商標圖樣文字「關立固」之識別性弱。

被上訴人公司製造、銷售之「關固力」產品，其包裝正面右方近中央處標示有較大字體之「關固力　」字樣，於其右上方則爲較小字體「BUK-2（平方）」文字（如附圖3所示），　乃註冊商標之標誌，足以使「營養補充品」之相關消費者認識「關固力」爲表彰商品之標識。至「BUK-2（平方）」，據被上訴人所述，意指第二代之「第2型膠原蛋白」（原審卷第2冊第11頁），以其與「關固力」標示之相對位置、字型大小，佐以我國國人以中文使用爲主，「BUK」亦非有一般人常用之英文字，難認「BUK-2（平方）」與「關固力」組合成一商標整體圖樣，「關固力」產品之整體外觀予相關消費者之寓目印象應以「關固力」爲其主要識別商品來源之部分。

被上訴人公司之「關固力」圖樣與系爭商標圖樣「關立固」相較，就外觀而言，皆爲三中文印刷字體由左至右排列，並以「關」字起首，且均有「固」

字；就讀音而言，「關」、「固」皆同，且「力」與「立」相同；就觀念而言，「關」字有「關節」之意，「固」字有「強固」、「穩固」之意，「力」字有「力氣、力量」之意，以「關固力」使用於「營養補充品」，隱含譬喻其商品具有使「關節穩固有力量」之意。因此，「關固力」圖樣之識別性亦弱，且近似於系爭商標圖樣，其近似程度極高。

5. 智慧財產法院100年度民商上易字第2號判決

查系爭商標爲一墨色且頭部略向右偏之猴頭圖樣（如附圖1所示），其圖樣本身識別性高。而被上訴人於系爭鞋子上所繪製之「尿布猴」圖樣，係穿有尿布、手腳各向左、右伸展之全身猴彩色圖案（如附圖2所示），固有墨色與彩色、猴頭與猴全身之差異，然系爭鞋子上之「尿布猴」圖樣，右鞋的猴頭圖樣與系爭商標圖樣完全相同，左鞋的猴頭圖樣則與系爭商標圖樣左右相反，其猴頭部分占全身比例約二分之一，極易吸引消費者注意，是以該「尿布猴」圖樣與系爭商標圖樣近似程度高。參以系爭鞋子與系爭商標指定使用之「女鞋」商品相同，且上訴人及其法定代理人張耀琳（即前商標權人）自89年間起即經營「BANANA CHIPPY A JOLLY MONKEY」品牌，張耀琳於93年7月16日取得系爭商標之註冊，於94年間有「尿布猴」圖樣之設計（本院卷第56頁），並於北部地區新光三越百貨公司、誠品百貨、遠東百貨公司、美麗華百貨公司，中部地區新光三越百貨公司、廣三SOGO百貨公司、中友百貨公司及老虎城，南部地區新光三越百貨公司、嘉義耐斯松屋百貨公司、遠東百貨公司、高雄漢神百貨公司、高雄統一阪急百貨公司、高雄大統新世紀百貨公司、高雄SOGO百貨公司、高雄統一夢時代購物中心等各大百貨公司均設有專櫃販賣商品，此爲被上訴人所不爭執。是以我國相關消費者對系爭商標應屬熟悉，堪認客觀上系爭鞋子上之「尿布猴」圖樣足使相關消費者誤認系爭鞋子與系爭商標之商品爲同一來源之系列商品，或誤認其使用人間存在關係企業、授權關係、加盟關係或其他類似關係，而產生混淆誤認之虞。

・主要部分觀察原則

1. 最高行政法院31年度判字第4號判例

構成雙方商標之圖形或文字等若隔離觀察其主要部分近似者縱其附屬部分外觀殊異仍不能謂非近似之商標。

2. 最高行政法院49年度判字第3號判例

判定兩商標之近似與否，應就構成各商標之主要部分，隔離觀察，是否足以引起混同誤認之虞以爲斷，其附屬部分之有無差異，要非所問。

3. 智慧財產法院100年度民商訴字第21號判決

本院審視被告陳列銷售之「I AM」、「PARTAKE」、「EMINENT」及「Sylvain」等商標商品可知，上揭商標圖樣之外觀、觀念或讀音均有差異，各爲自創品牌之創造性商標，屬識別性強之商標，故相關消費者施以普通注意力，在異時異地就該等商標圖樣爲總體與主要部分觀察，不成立商標近似之情事。準此，被告將「I AM」、「PARTAKE」、「EMINENT」及「Sylvain」等商標商品陳列一處，不致使相關消費者對上開商品之來源產生混淆誤信之虞。

・異時異地隔離觀察原則

1. 最高行政法院29年度判字第22號判例

商標之近似與否，應將兩商標隔離觀察之，不能僅以互相比對之觀察爲標準。

2. 最高行政法院26年度判字第20號判例

商標之近似與否，應隔離觀察以爲判定之標準。縱令兩商標對照比較能見其差別，然異地異時各別觀察則不易見者，仍不得不謂爲近似。

3. 智慧財產法院102年度民商訴字第5號

系爭商標「笑笑」與被告使用之「笑一笑」居酒屋名稱相較，均有吸引消費者注意之「笑笑」字樣，雖然被告增加「一」字，然就整體外觀、觀念、讀音予人印象而言，係具有高度近似之商標，且均使用於居酒屋之餐飲服務上，即使用於同一之服務，以具有普通知識經驗之消費者，於消費時施以普通之注意，異時異地隔離觀察，自會有所混淆而誤認二服務係來自同一來源或誤認爲不同來源但有所關聯，而有致相關消費者混淆誤認之虞。

4. 智慧財產法院99年度民商上字第8號判決

除上開照會電話外，上訴人曾委由財團法人臺灣經濟科技發展研究院智慧科學研究所執行商標市場調查，結果就「若您看到分別標示有甲商標與『大台北銀行』的廣告或文宣，會認為二者的關係是？」此一問題之調查結果，有28.33%認兩者為同一家公司，54.00%認為兩者不同公司，但有關係，另有17.67%認為兩者完全不相關（參原證四十六），被上訴人以上開市場調查報告乃上訴人自行委託他人所為之鑑定，主張上開市場調查報告之證據力自有可議之處云云。嗣於本院審理期間，經兩造同意後再經本院函請山水民意研究股份有限公司就上訴人系爭「台北銀行」、「台北富邦」商標與被上訴人之公司名稱以及簡稱「大台北銀行」為比對，仍有76.2%受訪者會與上訴人「台北銀行」之文字產生混淆誤認，其中包括39.2%受訪者認為兩者為同一家銀行，37.0%認為雖不像同一家銀行，但偏向有混淆誤認情形。而就上訴人系爭「台北銀行」商標比對結果，仍有逾五成之受訪者認為兩者可能係同一銀行，其中26.1%受訪者認為係同一家銀行，而28.3%認為雖不像同一家銀行，但有混淆誤認情形。而就上訴人系爭「台北富邦」商標部分，純就文字比對，有5.2%受訪者認為像是同一家銀行，有94.6%認為不像是同一家銀行；若就「台北富邦」商標比對，則有7.1%受訪者認為像是同一家銀行，92.8%認為不像是同一家銀行，而若就「台北富邦銀行」名稱進行比較，則有10.2%受訪者認為像是同一家銀行，89.5%受訪者認為不像是同一家銀行（參分析報告第36頁）。由是可知，上訴人系爭「台北銀行」及「台北富邦」商標中，以「台北銀行」商標最易使公眾與被上訴人之名稱產生混淆，而因此種混淆結果，使上訴人系爭「台北銀行」商標之識別性或指向性產生減損（意即增加辨識之困難度），此在同時同地之觀察業已如此，在異時異地隔離觀察時，所造成之識別困難度以及混淆誤認之結果將益增明顯。

・商品服務類似之判斷

最高行政法院78年度判字第2594號判例

商標法第37條第1項第12款前段所謂同類商品係指依社會一般通念性質相類似之商品。又商標法施行細則第27條（修正後為第24條）所規定之商品類別，單純係為商標申請註冊時，審查上之便利而為規定，初與商品是否類似，原不盡一致，要非絕對受其拘束。

·是否造成消費者之混淆誤認

1. 智慧財產法院97年度行商訴字第47號判決

系爭商標與據以核駁商標作爲主要識別依據者均爲「大來」二字，是就此而言，二商標客觀上確有使相關消費者誤認二商標之服務係來自同源或雖不相同但有關聯之系列服務，或誤認二商標之使用人間存在關係企業、授權關係、加盟關係或其他類似關係，而產生混淆誤認之虞。固然，就商標圖樣構成近似與否，仍應以其整體圖樣爲準，亦即包含申請不專用部分在內。而系爭商標係以類似隸書體方式呈現，據以核駁商標則係以類似瘦金體造型寫就，就整體觀察而言，差異並不大，若隔時異地觀察，仍無法免除予人二者間之服務係來自同源或雖不相同但屬有關聯之系列服務，或誤認二商標之使用人間存在關係企業、授權關係、加盟關係或其他類似關係，而產生混淆誤認之疑慮。系爭商標既因不具識別性，可能使消費者與據以核駁商標所提供之商品或服務造成混淆，依商標法第23條第1項第13款規定，其申請系爭商標註冊，即不應准許。

2. 智慧財產法院97年度民商訴字第1號判決

消費者係在DOKOMO專櫃選購DOKOMO商品後，被告之員工始使用tictac toe包裝盒予以包裝，當不致有使相關消費者於選購商品時，就tictac toe商標與DOKOMO商標發生混淆誤認之情形。又，被告係經授權經銷tictac toe產品，因而有權使用tic tac toe商標以招攬顧客前來，縱使被告有於標識tictac toe之櫃內放置DOKOMO商標商品的行爲，該DOKOMO商標商品既經明確標示商標，消費者在清楚認知下選擇購買DOKOMO商標之商品，即不致有致相關消費者混淆誤認之虞。是以被告販售其他之鋼項鍊飾品，其包裝盒使用經授權公司提供之印有tictac toe商標之包裝盒，並不符合上揭商標法第29條第2項各款之規定，原告依商標法第61條、第63條第1項規定，請求被告負損害賠償責任，即不足取。

3. 智慧財產法院97年度行商訴字第102號判決

本件係訴外人駿○公司於89年4月26日以「OTEINS及圖」商標，指定使用於當時商標法施行細則第49條所規定商品及服務分類表第12類之「汽機車零組件、避震器、來令片、齒輪、輪圈」商品，向被告申請註冊，並於90年5月28日變更申請人爲訴外人速○○公司，嗣經被告核准列爲註冊第946430號商標，其後復於92年7月3日核准系爭商標移轉登記予原告。而原告系爭商標「OTEINS及圖」與據以評定商標「TEIN及圖」相較，兩者均有相同之「T、E、I、N」四個英文字母，雖原告系爭商標於文字後襯以淺墨色之圓環圖形，與參加人主張據以評定商標係由「T」設計圖與外文「TEIN」作鏤空線條設計，兩者整體設計略有不同。惟查，由於系爭商標與據以評定商標二者有「TEIN」四個外文字母相同，且其排序亦相同，此二商標就此四個外文字母「TEIN」之讀音均爲[tain]，則縱使系爭商標於上開四個相同外文字前另有「O」字，於之後另有「s」字，二者在重音節之讀音均仍爲[tain]，於異時異地隔離觀察或交易連貫唱呼之際，在外觀或讀音上，以具有普通知識經驗之消費者，於購買時施以普通之注意，可能會有所混淆而誤認二商品／服務來自同一來源或誤認不同來源之間有所關聯，依被告所公告之「混淆誤認之虞」審查基準5.2.1規定，自屬構成近似之商標。

4. 智慧財產法院102年度民商上字第1號判決

所謂「有致相關消費者混淆誤認之虞」，係指行爲人之商標有使相關消費者對其所表彰之商品來源或產製主體發生混淆誤認之虞而言。易言之，係指行爲人之商標與註冊商標因相同或構成近似，致使相關消費者誤認爲同一商標，或雖不致誤認兩商標爲同一商標，但極有可能誤認兩商標之商品／服務爲同一來源之系列商品／服務，或誤認兩商標之使用人間存在關係企業、授權關係、加盟關係或其他類似關係而言。又判斷行爲人之商標與註冊商標有無混淆誤認之虞，應參酌：1. 商標識別性之強弱；2. 商標是否近似暨其近似之程度；3. 商品／服務是否類似暨其類似之程度；4. 註冊商權人多角化經營之情形；5. 實際混淆誤認之情事；6. 相關消費者對各商標熟悉之程度；7. 行爲人是否善意；8. 其他混淆誤認之因素，綜合認定是否已達有致相關消費者產生混淆誤認之虞。

・有無「不受商標權效力」拘束之情形

1. 最高法院97年度台上字第364號判決

商標法第30條第1項第1款規定，凡以善意且合理使用之方法，表示自己之姓名、名稱或其商品或服務之名稱、形狀、品質、功用、產地或其他有關商品或服務本身之說明，非作爲商標使用者，不受他人商標權之效力所拘束。乃著重於商品或服務之說明，而非作爲商標使用者，始足當之。

2. 智慧財產法院97年度民商上字第1號判決

「台糖」二字爲相關事業或消費者所普遍認知表彰被上訴人營業之表徵，上訴人就「台糖」二字爲相同或類似使用，致與被上訴人營業或服務之設施或活動混淆，核已違反公平交易法第20條第1項第2款規定，上訴人自得請求排除侵害。按「事業違反本法（公平交易法）之規定致侵害他人權益者，被害人得請求除去之；有侵害之虞者，並得請求防止之。」公平交易法第30條定有明文，上訴人使用「台糖」作爲公司名稱一部分之行爲，既已侵害被上訴人之權益，則其依上開規定請求，上訴人不得使用相同或近似被上訴人「台糖」之字樣作爲公司名稱之一部分，並應向經濟部商業司辦理公司名稱變更登記爲不含「台糖」二字。上訴人不得使用（含授權他人使用）相同或近似被上訴人「台糖」之字樣於上訴人相同或類似之商品、商品包裝、看板、網頁、廣告、招牌或其他任何表徵之行爲上，如已使用、陳列、販賣者，應即除去、回收或銷毀之，即有理由，應予准許。又，商標法第30條第1項第3款規定：「下列情形，不受他人商標權之效力所拘束：……三、在他人商標註冊申請日前，善意使用相同或近似之商標於同一或類似之商品或服務者。但以原使用之商品或服務爲限；商標權人並得要求其附加適當之區別標示。」，經核係指第三人於商標註冊申請日前即有商標使用之行爲，惟上訴人係以「台糖」商標之文字作爲公司名稱，並未將上開商標直接使用於同一或類似之商品或服務，自無上開規定之適用。從而，被上訴人依民法第195條第1項請求刊登道歉聲明及依商標法第30條第1項第3款、第61條第1項、第64條、民法第195條第1項規定請求附加區別標示及刊登聲明啓事，均無理由，應予駁回。

3. 臺灣高等法院97年度上易字第829號判決

商標法第30條第1項第1款規定，凡以善意且合理使用之方法，表示自己之姓名、名稱或其商品或服務之名稱、形狀、品質、功用、產地或其他有關商品或服務本身之說明，非作爲商標使用者，不受他人商標權之效力所拘束。被上訴人所提廣告文宣，正前方所擺放之物品係鞋子，被上訴人所提廣告看板，所銷售之物品亦係鞋子，是被上訴人主張其係爲銷售鞋子，故製作廣告文宣及廣告看板，使消費者足以辨識被上訴人經銷的鞋子，確係該牌商品，應屬可採，則被上訴人並非將商標作爲自己之商標使用，而係基於經銷商身分，適度據實標示商標圖樣於鞋子廣告上，因此，上訴人主張被上訴人侵害其商標權，應不可採。

4. 臺灣高等法院95年度上易字第715號判決

按『凡以善意且合理使用之方法，表示自己之姓名、名稱或其商品或服務之名稱、形狀、品質、功用、產地或其他有關商品或服務本身之說明，非作爲商標之使用者』及『在他人商標註冊申請日前，善意使用相同或近似之商標於同一或類似之商品或服務者』，不受他人商標權之效力所拘束，爲商標法第30條第1項第1款及第3款所明定。至於是否爲『商品之區別標識或係商品之形狀、品質、功用或其他說明』，係依一般社會通念、交易情形及同業間，就該類商品之實際使用狀況等綜合考量之。

5. 智慧財產法院101年度民商上字第7號判決

商標識別性之高低與符合善意與合理使用呈反比關係，商標之識別性越高，可成立善意與合理使用之空間越窄；反之，商標之識別性越低，則符合善意與合理使用之空間即較廣。查系爭商標圖樣「KATON與圖形」，系爭商標之圖樣由數個英文字母與圖形組合所構成，其組合方式具設計概念，並非普通習見之字母形態，以之作爲商標指定於商品，均與指定商品或服務無關聯，亦非社會大衆所知悉之普通名詞，其爲自創用字，係刻意設計之商標圖樣。職是，創造性或新奇性商標，爲強勢與識別性高之商標，相關消費者就商品或服務之印象越深，他人稍有攀附，即可能引起相關消費者產生混淆誤認。

上訴人公司前於92年間開始使用「KATON SEAL CO., LTD」作爲公司英文名稱，上訴人公司嗣後向經濟部國貿局辦理廠商英文名稱登記之原始登記日期爲93年6月17日（見原審卷一第344頁之原證26號；本院整理不爭執事項3）。雖早於被上訴人93年11月12日申請註冊系爭商標前。然上訴人公司產品外包裝貨、包裝紙箱、出貨單、發票等所標示者，均爲系爭商標圖案「KATON與圖形」，非僅「KATON」文字（見保全證據卷第8至9、32至41頁）。準此，因系爭商標爲強勢與識別性高之商標，上訴人使用系爭商標造成相關消費者混淆誤認，或有依附系爭商標之方式，屬不正競爭之態樣，難謂符合善意與合理使用。

修正前商標法第30條第1項第1款之所謂善意者，係指對於其所爲之表示，係侵害他人之商標並不知情。至於合理使用之方法，係指以商業上通常使用方法使用，在主觀上並無作為商標之意圖，客觀上相關消費者亦認為非作為商標使用。簡言之，善意且合理使用之方法，係指純粹表示自己之姓名、名稱或自己或服務之名稱。查上訴人公司明知被上訴人為系爭商標之商標權人，其將系爭商標圖案「KATON與圖形」使用於商品上，非僅將上訴人公司名稱「KATON」標示於商品，顯非純粹表示上訴人公司名稱。而商標與公司名稱為不同之保護標的，標示他人商標之型為，不符合商業交易習慣所表示公司名稱之方法。職是，足認上訴人公司具有行銷商品之目的，客觀上標示系爭商標之行為，足以使相關消費者認識系爭商標為上訴人公司之商標，顯非善意與合理使用系爭商標。

・損害賠償

1. 智慧財產法院97年度民商訴字第8號判決

原告請求被告賠償其商譽損失部分，原告僅泛稱被告對於使用係爭商標對「catwalk」之商品及商譽產生相當大之傷害云云，惟其對於其商譽究竟價值若干，因本件被告之行為其商譽減損若干，均未見舉證證明，僅泛稱對其商譽造成損害，自難謂已善盡舉證之責。蓋商譽者，係對法人之人格價值而言，此與自然人所謂非財產上之損害相類，然因法人之商譽價值終究可透過精算方式計算而得，在會計作業上亦可作為資產項目，是原告主張其商譽受損，自應就其商譽價值若干以及受損若干之計算方式及其證據方法，非可如自然人請求非財產損害賠償一般，泛稱商譽受損，即請求彌補。況損害賠償制度設計，係在彌補因侵權行為所致之價值減損，若價值減損部分無法證明，或無任何損害，則縱有侵權行為，亦不當然構成賠償之結果。本件原告就其商譽部分究竟受有何種損害一節既未曾舉證證明，則其商譽部分是否確有損失，即有可疑之處，其訴請被告賠償尚有可疑之「損害」，自無理由，應予駁回。

2. 最高法院91年度台上字第746號判決

查證人謝○鴻、陳○堂僅證稱：上訴人公司法定代理人孫○餘表示，自己人使用「有巢氏」商標，不用錢，假如賣給別人，才要錢等語，並未明確指證上訴人有同意被上訴人有巢氏公司使用系爭服務標章。又上訴人縱係住商公司股東，住商公司又為被上訴人有巢氏公司之股東，持有被上訴人有巢氏公司股份百分之九十九點九三，亦難據此即認上訴人有同意被上訴人有巢氏公司使用系爭服務標章。次查依商標法第77條準用第61條第1項規定，服務標章專用權人對於侵害其服務標章專用權者，得請求損害賠償。而損害賠償係以被害人受有實際損害爲成立要件，非以加害人受有利益爲成立要件。

3. 智慧財產法院98年度民商上易字第1號判決

按商標權人之業務上信譽，因侵害而致減損時，並得另請求賠償相當之金額，商標法第63條第3項亦定有明文。所稱「業務上信譽」，即營業信譽或商譽之謂。本條所謂業務上信譽之損失，通常係指加害人以相同或近似商標之不良仿品矇騙消費者，使消費者混淆誤認被害人之商品或服務品質低劣，以致被害人之營業信譽或商譽受貶損而言。苟加害人之商品並非品質低劣，則其使用相同或近似之商標於相同或類似之商品或服務，固會使消費者混淆誤認爲係與被害人之商品或服務爲同一來源或二者間有關係企業、加盟關係、授權關係等，而造成被害人營業損失（此係同條第1項請求損害賠償之範疇），惟不當然造成被害人之商品或服務之營業信譽或商譽之減損。故被害人依上開商標法第63條第3項請求加害人賠償相當金額，即應舉證證明加害人侵害其商標權，已致其業務上信譽受到減損之事實，否則即不能准許其請求。原審徒憑「上訴人以近似於被上訴人所有商標之標記經營與指定專用商品及服務相同之服務，足使消費大衆產生混淆」，而認被上訴人業務上之信譽已因上訴人之侵害行爲而減損，而判命上訴人給付商譽損害10萬元，自有未當。

・有無減損著名商標之識別性或信譽

1. 智慧財產法院97年度民商上更（一）字第1號判決

按商標法第62條第1款所謂「致減損著名商標之識別性或信譽者」，其中就減損之程度並未設定比例，換言之，減損乃事實問題，倘有減損情形，即符合上開規定，不以必須減損達何種程度時，始認爲符合該條規定之減損要件，未達何種比例時，即認爲不符合該條規定。又，商標之淡化或稀釋（dilution），亦屬對商標之侵害行爲，只要確有此一事實，即構成侵害商標權行爲，不以必須達到何種程度爲必要。查上訴人使用被上訴人已註冊之系爭「INTEL」著名商標作爲公司英文名稱，並因而造成消費者混淆誤認兩造間之關係，減損被上訴人系爭商標之識別性，被上訴人依商標法第61條第1項規定訴請禁止上訴人繼續使用系爭商標爲其公司英文名稱，自屬有據，應予准許。

2. 智慧財產法院102年度民商上字第12號判決

我國商標法、各國立法例及相關國際公約均重視著名商標之保護，以避免他人恣意於商品上使用相同或近似於著名商標，致相關事業或消費者誤以爲該商品與著名商標指定使用之商品出自同源，或損及著名商標所有人之營業信譽，有悖於商標法保障商標權及消費者利益、維護市場公平競爭、促進工商企業正常發展之立法目的。所謂著名商標者，係指有客觀證據足以認定已廣爲相關事業或消費者所普遍認知者。著名商標具有較高之知名度，通常容易遭他人利用或仿冒，爲防止著名商標區別功能被淡化或避免有混淆誤認之虞，故對於著名商標特別保護。而著名商標之判斷，應以中華民國境內，廣爲相關事業或消費者所普遍認知爲準（司法院釋字第104號解釋參照）。所稱著名，係指有客觀證據足以認定該商標或標章已廣爲相關事業或消費者所普遍認知者，商標法施行細則第31條定有明文。

按著名商標之認定，應綜合判斷識別性之高低、相關事業或消費者知悉或認識商標之程度、商標使用期間、範圍及地域、商標推廣之期間、範圍及地域、商標註冊、申請註冊之期間、範圍及地域、商標成功執行其權利之紀錄（特別指曾經行政或司法機關認定爲著名之情形）、商標之價值等因素，而89年8月10日發布之「著名商標或標章認定要點」亦爲類似規定。

按商標法第30條第1項第11款規定所稱著名，係指有客觀證據足以認定該商標或標章已廣爲相關事業或消費者所普遍認知者，商標法施行細則第31條定有明文。而有無該款所稱著名商標之認定時點，依據商標法第30條第2項之規定，應以商標申請註冊時爲斷，亦即於商標申請註冊時，市場上是否已有相同或近似之他人著名商標。故本件於判斷佳格公司「御茶釀」商標有無商標法第30條第1項第11款前段規定之情形時，必須判斷系爭商標中如原審判決附表（一）部分於佳格公司「御茶釀」商標申請註冊時是否已爲著名商標。維他露公司主張系爭商標中如原審判決附表（一）部分爲著名商標，而受特別保護等語，維他露公司即應舉證證明此有利於己之事實。

經查維他露公司於90年起推出「御茶園」等茶飲系列商品，並陸續於我國取得系爭諸「御茶園」系列商標之系爭商標中如原審判決附表（一）所示部分，最早係90年2月16日申請，同年10月16日公告之註冊第961991號「御茶園」商標（原審判決附表（一）編號1），最晚係94年4月1日申請，同年12月16日公告之註冊第1187144號「御茶園每朝」商標（原審判決附表（一）編號

5），而佳格公司「御茶釀」商標係於95年7月28日申請，96年4月1日公告，此均有各該商標登記資料在卷可憑（分別見原審卷（一）第31頁至第34頁反面、第99頁正反面），故本件判斷系爭商標中如原審判決附表（一）所示部分是否爲著名商標，而足以認定佳格公司「御茶釀」商標侵權之判斷時點應爲95年7月28日前。

次查維他露公司自90年起每年均於各大電視及平面媒體刊登「御茶園」系列茶飲商品廣告，並邀請衆多知名藝人代言「御茶園」茶飲系列商品，此有維他露公司於另案本院99年度行商訴字第242號商標評定行政訴訟事件於申請評定時所附「御茶園」系列商品廣告資料、商品廣告量表現及廣告光碟等附該卷可按，並經原審法院及本院依職權調閱本院99年度行商訴字第242號之商標評定全卷核閱屬實（見本院99年度行商訴字第242號卷之評定卷附件2、4、7、10、11），以及本院99年度行商訴字第242號審理時維他露公司所提廣告量統計、廣告資料、市場占有率、理想品牌調查等資料爲證（見該卷二第208至295頁之參證9-1、該卷三第1至156頁參證9-4並經原審法院及本院調閱本院99年度行商訴字第242號全卷核閱屬實）。依據上開附件7即以市場研究爲名之Nielsen公司所提供之「御茶園」系列商品廣告量表現，以及上開參證9-1、9-4所附廣告量統計（見本院99年度行商訴字第242號卷一第218頁、卷三第1至156頁），可知維他露公司自90年起即已有計畫行銷該系列商標商品，其中以91、92、93年所花費之廣告費用最多，94、95年雖較爲減少，亦均高達數千萬元。另依上開參證9-1所附廣告資料（見本院99年度行商訴字第242號卷二第219至239頁），至少於95年7月28日前，維他露公司已邀請知名演藝人員張鐵林、徐若瑄、王力宏、林依晨、羅志祥等人拍攝相關電視、平面廣告，而依據上開參證9-1之媒體報導（分別見本院99年度行商訴字第242號卷二第219至287頁），足認維他露公司「御茶園」系列商標商品於市面上已有一定之名氣。再依管理雜誌（1973年創刊，網址見http://www.managementmagazine.com.tw/）第391期針對西元2007年我國消費者心目中理想品牌之調查資料，亦可知「御茶園」系列商品於西元2006年及2007年間，於茶類飲料均爲第二名品牌（見本院99年度行商訴字第242號之評定卷第226頁），足證系爭商標中如原審判決附表(一)所示部分，特別是構成其商標主要核心部分之「御茶園」3字，於佳格公司「御茶釀」商標於95年7月28日申請註冊前，業經維他露公司投入大量資金廣爲宣傳，行銷期間持續且密集，並有報章雜誌之討論，且於茶飲料市場上亦有相當之占有率，甚至已達我國消費者心中之理想品牌第二名，故其於茶類飲料商品上所表彰之信譽及品質應已爲我國相關事業或消費者所熟知而達著名程度，應屬著名商標，此亦經本院99年度行商訴字第242號及最高行政法院100年度上字第1252號判決所肯認。

綜上，維他露公司所提之相關證據資料，足以證明於佳格公司「御茶釀」商標於95年7月28日申請時，系爭商標中如原審判決附表(一)編號1至8所示之商標已廣爲相關事業、消費者所普遍認知，而屬著名商標。

・平行輸入

最高法院82年度上字第5380號判決

商標法之立法目的，在於保障商標專用權及消費者之利益，用以促進工商企業之正常發展，爲同法第一條所明定，凡未違背此立法旨趣之行爲，即難認有侵害他人商標權利犯罪之故意。又商標專用權人於產銷附有其已註冊商標圖樣之商品，常借助其代理商、經銷商，或一般進出口貿易商、批發商、零售商等中間銷售商，方能售達消費者手中，形成一整體之產銷商業行爲，而商標專用權人，每爲維護其商譽，復常約束其所特別指定之代理商或經銷商，負有對消費者保證商品之來源、品質，及未逾有效期限，與良好售後服務等義務，此等代理商及經銷商，自非其他中間銷售商所能擅自冒名使用。故在不違背商標法之立法本旨範圍內，應認爲商標專用權人爲達銷售商品之目的，於產銷其附有商標圖樣之商品時，除其指定之代理商、經銷商外，亦已概括授權一般進出口商、批發商、零售商等其他中間商，在不致使消費者發生混同，誤認爲該商品之製造商、出品人，或其指定之代理商、經銷商之前提下，得原裝轉售商品，並得以爲純商品之說明，適度據實標示該商標圖樣於商品之廣告、標帖、說明書、價目表等文書上，使消費者足以辨識該商品之商標。揆之同一法理，眞正商品平行輸入之進口商，對其輸入之商標專用權人所產銷附有商標圖樣之眞正商品，苟未爲任何加工、改造或變更，逕以原裝銷售時，因其商品來源正當，不致使商標專用權人或其授權使用者之信譽發生損害，復因可防止市場之獨占、壟斷，促使同一商品價格之自由競爭，消費者亦可蒙受以合理價格選購之利益，在未違背商標法之立法目的範圍內，應認已得商標專用權人之同意爲之，並可爲單純商品之說明，適當附加同一商標圖樣於該商品之廣告等同類文書上。

附錄

行政院公平交易委員會對於事業發侵害著作權、商標權或專利權警告函案件之處理原則

86.5.7.第288次委員會議通過
86.5.14.（86）公法字第01672號函分行
88.6.16.第397次委員會議修正第6點
88.10.27.第416次委員會議修正第3點及第4點
88.11.9.（88）公法字第03239號函分行
90.1.4.第478次委員會議增訂第十點、修正第二點
90.1.15.（90）公法字第00139號函分行
94.1.13.第688次委員會議修正名稱
94.2.24.公法字第0940001278號令發布
94.8.26.公法字第0940006976號令發布修正第2點至第4點及第9點
94.9.2.第721次委員會議修正第2點至第5點及第9點
94.9.16.公法字第0940007480號令發布
96.1.11.第792次委員會議修正第2點
96.1.23.公法字第0960000622號令發布
96.4.26第807次委員會議修正全文
96.5.8公法字第0960003846號令發布
99.1.19第950次委員會議修正全文

99年1月28日公法字第0990000718號令發布

一、（目的）

行政院公平交易委員會（以下簡稱本會）爲確保事業公平競爭，維護交易秩序，有效處理事業濫用著作權、商標權或專利權，不當對外發布競爭對手侵害其著作權、商標權或專利權之警告函，造成不公平競爭案件，特訂定本處理原則。

二、（名詞定義及適用對象）

本處理原則所稱事業發警告函行爲，係指事業以下列方式對其自身或他事業之交易相對人或潛在交易相對人，散發他事業侵害其所有著作權、商標權或專利權之行爲者：

（一）警告函。
（二）敬告函。
（三）律師函。
（四）公開信。
（五）廣告啓事。
（六）其他足使其自身或他事業之交易相對人或潛在交易相對人知悉之書面。

三、（依照著作權法、商標法或專利法行使權利之正當行爲之一）

事業踐行下列確認權利受侵害程序之一，始發警告函者，爲依照著作權法、商標法或專利法行使權利之正當行爲：

（一）經法院一審判決確屬著作權、商標權或專利權受侵害者。
（二）經著作權審議及調解委員會調解認定確屬著作權受侵害者。
（三）將可能侵害專利權之標的物送請專業機構鑑定，取得鑑定報告，且發函前事先或同時通知可能侵害之製造商、進口商或代理商，請求排除侵害者。

事業未踐行第一項第三款後段排除侵害通知，但已事先採取權利救濟程序，或已盡合理可能之注意義務，或通知已屬客觀不能，或有具體事證足認應受通知人已知悉侵權爭議之情形，視爲已踐行排除侵害通知之程序。

四、（依照著作權法、商標法或專利法行使權利之正當行爲之二）

事業踐行下列確認權利受侵害程序，且無公平交易法第十九條、第二十一條、第二十二條、第二十四條規定之違法情形，始發警告函者，爲依照著作權法、商標法或專利法行使權利之正當行爲：

（一）發函前已事先或同時通知可能侵害之製造商、進口商或代理商請求排除侵害。
（二）於警告函內敘明著作權、商標權或專利權明確內容、範圍，及受侵害之具體事實（例如系爭權利於何時、何地、如何製造、使用、販賣或進口等），使受信者足以知悉系爭權利可能受有侵害之事實。

事業未踐行前項第一款排除侵害通知，但已事先採取權利救濟程序，或已盡合理可能之注意義務，或前項通知已屬客觀不能，或有具體事證足認應受通知人已知悉侵權爭議之情形，視爲已踐行排除侵害通知之程序。

五、（法律效果）

事業未踐行第三點或第四點規定之先行程序，逕發警告函，且爲足以影響交易秩序之欺罔或顯失公平行爲者，構成公平交易法第二十四條之違反。

事業雖踐行第四點規定之先行程序而發警告函，但內容涉有不公平競爭情事者，本會將視具體個案，檢視有無違反公平交易法第十九條第一款、第十九條第三款、第二十一條、第二十二條、第二十四條之規定。

六、（本處理原則亦適用於事業不當對外發布與其非屬同一產銷階段競爭關係事業侵權之情形）

事業不當對外發布與其非屬同一產銷階段競爭關係之事業侵害其著作權、商標權或專利權之警告函，而造成不公平競爭情事者，亦有本處理原則之適用。

第二單元　其他商標民事訴訟

第一節　前言

案例

「○○」商標為A公司向智慧財產局申請註冊核准登記，使用於飲食店、飯店、簡餐廳、自助餐廳等商品及服務，商標專用權期間自94年1月1日至104年1月1日。95年1月1日起由B公司取得該商標之專屬授權。嗣後A公司於95年7月1日將「OO」商標之權利讓與給C公司，C公司並於其所開設之火鍋店懸掛「OO」商標之招牌，試問：

1. B公司可否向C公司主張何權利？
2. C公司應如何抗辯？

如前單元所述，商標權係具有高度商業價值之財產權，商標權人依法雖享有排除他人未經同意而使用相同或近似商標行爲之權利（參前節商標侵權訴訟），但商標權既已成爲企業的另一種特殊資產，有時光由商標權人本身之利用，並不能發揮商標權最大之財產利益，因此，遂出現商標之授權、一部授權、讓與，以及設質、信託等等制度，在商標運用實務上，爲了擴大商標佔有率及能見度，商標權人採取授權他人共同合作之情形相當常見；而當商標權人亟需資金時，商標權因具有高度財產價值，商標權人亦得將商標權轉讓他人，或設定質權以供擔保；此外，商標權人亦可將商標信託，由專業之受託人代爲管理收益。最後，當商標權人死亡時，商標權也有繼承的問題。

第二節　法令解說

一、商標權之授權

商標法第39條第1項規定：「商標權人得就其註冊商標指定使用商品或服務之全部或一部，指定地區爲專屬或非專屬授權。」商標權人本身保留商標之所有權但將使用商標之權利全部或一部授與他人，以收取授權金作爲收益方式，類似民法中租賃之情形，稱爲商標之授權。商標授權之特色，在於商標權人可將商標權依照註冊所指定之商品或服務類別，分別授權給不同被授權人或自行保留，稱爲一部授權。

商標權人因可藉由商標被授權人之努力，共同達成經營商標價值、擴大外國市場等目的，同時又可獲得授權金之收入，充分發揮其商標權之商業價值。商標權之靈活運用，可爲商標權人創造多方面之收益，因此商標授權向來均爲商標權人最常見的收益方式。

（一）授權之登記

商標法第39條第2項規定：「前項授權，非經商標專責機關登記者，不得對抗第三人。」對商標之授權，係採登記對抗主義而非登記生效主義，亦即商標之授權行爲仍在意思表示合致時即生效，於兩造當事人間發生授權之效力，並不因未辦理登記而不生效力，但未登記時則不得據以對抗第三人。商標之授權登記，雖然僅是對抗要件，但在授權後商標權又遭移轉之情形，如未辦理授權登記，被授權人之權利即會遭受影響，但如有辦理授權登記，依據商標法第39條第3項：「授權登記後，商標權移轉者，其授權契約對受讓人仍繼續存在。」即可對抗受讓人。

商標授權之登記，應由當事人署名塡寫商標權授權登記申請書，並附上契約，向商標專責機關（即經濟部智慧財產局）辦理授權登記。

（二）被授權人之再授權

商標法第40條第1項規定「專屬被授權人得於被授權範圍內，再授權他人使用。但契約另有約定者，從其約定。」因專屬被授權人於被授權範圍內，具有專屬使用註冊商標之權，故其於被授權之範圍內，自得再授權他人使用，惟考量授權契約之訂定多係在雙方有信任基礎下所訂定，是以，若契約中另有約定者，應以契約中之約定爲準。

商標法第40條第2項規定「非專屬被授權人非經商標權人或專屬被授權人同意，不得再授權他人使用。」本條項爲非專屬被授權人再授權他人之限制。

商標法第40條第3項規定「再授權，非經商標專責機關登記者，不得對抗第三人。」是以，關於被授權人之再授權，亦採登記對抗主義。

（三）授權登記之廢止

依商標法第41條之規定，商標授權期間屆滿前有下列情形之一，當事人或利害關係人得檢附相關證據，申請廢止商標授權登記：

1. 商標權人及被授權人雙方同意終止者。其經再授權者，亦同（第1款）。
2. 授權契約明定，商標權人或被授權人得任意終止授權關係，經當事人聲明終止者（第2款）。
3. 商標權人以被授權人違反授權契約約定，通知被授權人解除或終止授權契約，而被授權人無異議者（第3款）。
4. 其他相關事證足以證明授權關係已不存在者（第4款）。

（四）授權之限制

商標之授權，通常均為「有限度」的授權，在商標權授權契約中，常見商標權人對於授權之範圍附加如下之各種限制：

1. 時間限制：授權期間通常約定有一定之授權期間，或是約定條件或期限等，授權期間可短於商標權存續期間，理論上亦得較其存續期間為長，因商標權原則上可無限制申請延長其權利期間。
2. 地區限制：商標授權人亦得在商標權有效之地區內，加以限定被授權人得以利用之地域範圍，以開拓市場或避免損及商標權人原本之營業利益，例如僅授權被授權人在台北市販賣、僅授權被授權人之某一特定工廠生產等。惟須注意，商標權效力具有地域性，商標權人應不得對於商標權效力範圍之外地區加以限制。
3. 一部授權：如前所述，商標權人得就其註冊商標指定使用商品或服務之全部或一部，授權他人使用其商標，商標權人可將商標權依照註冊所指定之商品或服務類別，分別授權給不同被授權人或自行保留，以限定被授權人僅能將商標利用在特定之產品或服務之上，亦可稱之為產品限制。

（五）商標授權契約之內容

商標授權契約之內容，因授權人所欲達到之目標不同，容有許多差異，但主要之約款及應注意之項目大致如下：

1. 當事人。
2. 授權商標清單。
3. 授權範圍：授權之商品或服務範圍、授權地區。
4. 授權期間與契約更新條款。
5. 授權金之計算與給付方式。
6. 授權人對被授權人之財務稽核權。以避免被授權人謊報實施狀況，規避權利金之支付。
7. 爲維持商標權產品之品質，在品質方面與行銷方面之約定：由於商標代表企業本身提供的產品及服務的形象與品質，商標權人對於授權之對象，自須嚴格審核，以免因被授權人之錯誤經營或低劣品質而影響商標權之形象。
8. 被授權人使用商標產品之數量。
9. 被授權人銷售使用商標產品之價格。
10. 是否允許被授權人之次授權。
11. 授權人提供使用商標之相關資訊以及被授權人之保密義務。
12. 保證條款：授權人保證其商標不侵害他人之智慧財產權、保證其商標有效、保證如有他人侵害商標時將採取排除侵害之行動。
13. 合約的終止或解除。
14. 違約的處理。
15. 準據法與管轄法院。

（六）授權金之計算

在智慧財產權的授權條款中，授權金的所得，相當於是創作人智慧成果的對價，是授權契約中最重要的一部分，商標之授權，對於權利金的收取方式主要有以下方法，不同方式之優缺點與須承擔的風險各自不同（亦請詳參第二章第二單元專利授權之相關說明），授權人在選擇權利金計算方式時，應思考其授權之主要目標以及對整體市場之未來狀況之評估決定之：

1. 固定金額：即約定一定金額之授權金，按期定期支付，不論被授權人經營狀況如何均收取固定金額之授權金。

 (1)定額先付方式（Initial Payment）：即簽約時先支付一定額之權利金，作爲締約的手續費、定金，或是契約訂定前，已先實施部分之補償，其餘部分依未來實際數量計算。此一方式亦有以入場費（entry fee）之方式爲之，該費用於締約時收取，於被授權人有實施商標之行爲時，再依個別契約約定計算計量權利金（running royalty），但日後被授權人未有實施商標之行爲時，雖被授權人毋須支付計量權利金，但該費用亦不退還之，此一方式對於因應未來市場變化較具彈性。

(2)預付款方式（Advanced Royalty）：即契約雖約定以計件方式計算定期權利金，但係先收取一定數額權利金，等到實際應支付計量權利金（running royalty）時，再抵扣或找補。

(3)一次付清（Lump Sum Payment）：被授權方一次將所有權利金付清，不論以後市場變遷狀況如何，都可以一直使用該商標，雙方各自承擔未來市場開發的風險，但此計算方式之權利金通常會較高，對被授權人一開始之負擔較大。

2. 依銷售額百分比或銷售件數：即依照使用商標產品之總銷售額一定百分比率計算，或按產品銷售數量每件收取固定之授權金。如被授權人銷售狀況好時，商標權人之授權金收入也將增多，反之，如使用商標產品銷售狀況不佳，則被授權人與商標權人均無法獲得太大收益，如商標權人授權之目的在於擴大市場占有，使用此計算方法可得相輔相成之效。

(1)從量計算（fixed amount）：雙方約定按產品銷售數量每件收取固定之權利金。此一方式之優點在於簡便且被授權人易於控制成本，日後計算時如數量已確定，則不易產生爭執，且易於查核；然其缺點在於倘產品之售價大幅下降，極易產生原先約定之固定授權金額佔售價比例變得過大而有不合理之情形。

(2)費率法計算（fixed rate）：雙方約定依照商標產品之產品售價之一定百分比率計算。此一方式相較於從量計算，此一方式更有隨產品售價波動而隨之調整之優點；然而其計算方式較爲複雜且較不易於查核，例如必須要特別約定如何確定銷售淨價（net selling），否則日後價格波動，極易產生爭議。又此一方式亦有以浮動性方式調整權利金費率者，例如以隨產品數量增加而遞減之方式或遞增方式爲之。

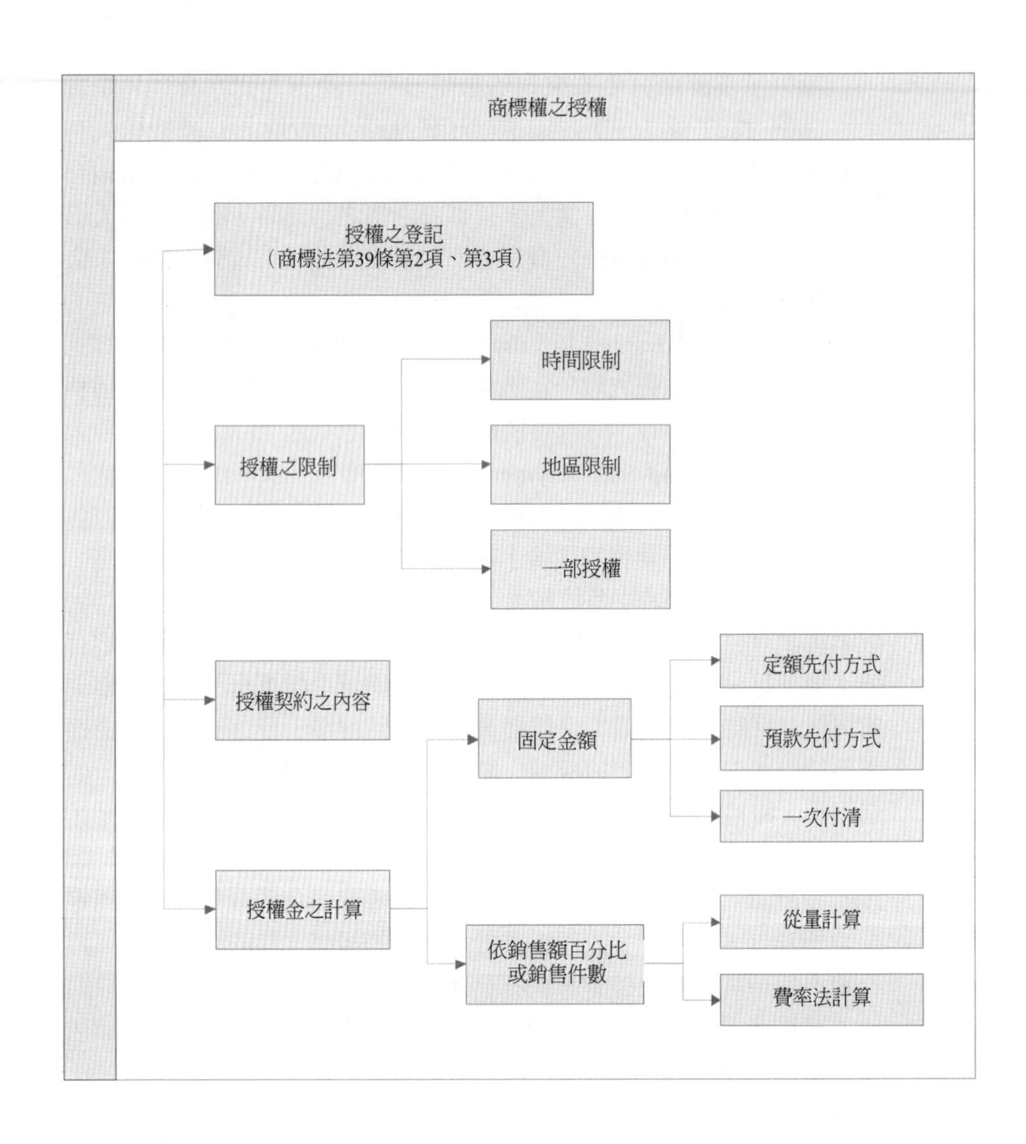

二、商標權之移轉

商標之移轉，依商標法第42條：「商標權之移轉，非經商標專責機關登記者，不得對抗第三人。」與專利權之讓與相同，商標讓與之登記係對抗要件而非生效要件，商標權之讓與於讓與人與受讓人互相表示意思一致時，讓與契約即已成立，且發生權利移轉之效力，不待當事人辦理移轉登記即可生效，惟非經辦理移轉登記，不得對抗第三人，因此，受讓人如未辦理讓與登記，如原商標權人再度將商標權讓與或授權他人，受讓人均無法對抗之，後果可謂相當嚴重。

商標讓與後，爲避免消費者因此產生混淆，商標法第43條規定：「移轉商標權之結果，有二以上之商標權人使用相同商標於類似之商品或服務，或使用近似商標於同一或類似之商品或服務，而有致相關消費者混淆誤認之虞者，各商標權人使用時應附加適當區別標示。」要求各商標權人應使用適當之附加區別標示以區別之。

商標之讓與，應由當事人署名填寫商標權讓與登記申請書，並附上契約，向商標專責機關（即經濟部智慧財產局）辦理移轉登記。

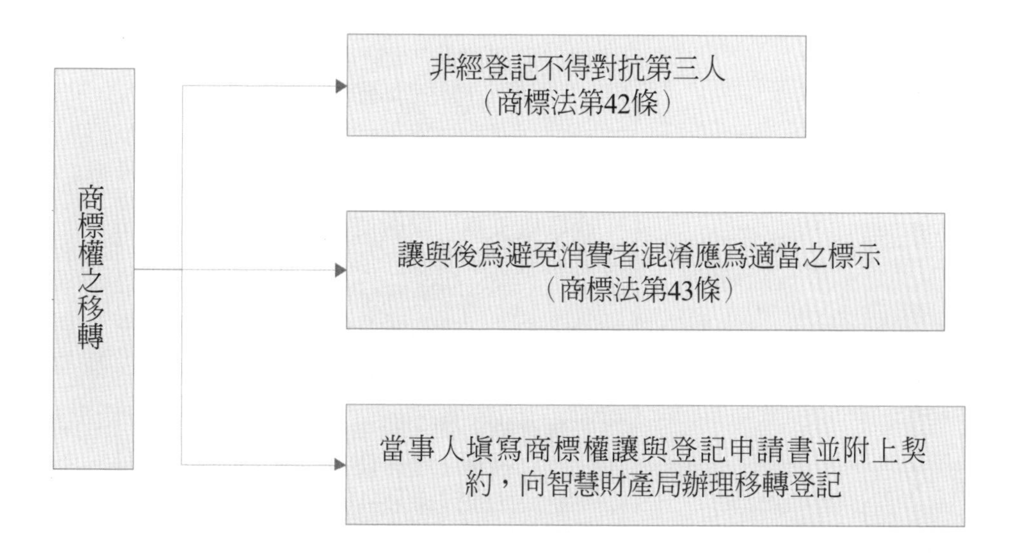

三、商標質權之設定

商標權係財產權之一種，且具有高度之商業財產價值，商標權人在急需資金時，商標權亦能發揮一般物權擔保價值之效果，得將商標權設定質權以供擔保。

商標法上質權之效力，規定於商標法第44條：「商標權人設定質權及質權之變更、消滅，非經商標專責機關登記者，不得對抗第三人（第1項）。商標權人爲擔保數債權就商標權設定數質權者，其次序依登記之先後定之（第

2項）。質權人非經商標權人授權，不得使用該商標（第3項）。」由本條可知，商標質權之設定，亦與一般物權之設質不同，係採登記對抗主義，商標權質權之設定於出質人與質權人互相表示意思一致時，設質契約即已成立，且發生設定質權之效力，不待當事人辦理質權登記即可生效，惟非經辦理質權登記，不得對抗第三人，辦理登記之程序爲：由當事人署名塡寫商標權質權登記申請書，並附上契約，向商標專責機關（即經濟部智慧財產局）辦理設定質權登記。而商標權因係表彰產品之品質與服務，自不能使質權人僅因取得質權，就可一併取得商標之使用權，而造成商標表彰營業主體之效力受到減損，因此本條第3項亦規定，質權人如非獲得商標權人之授權，不得使用該商標。

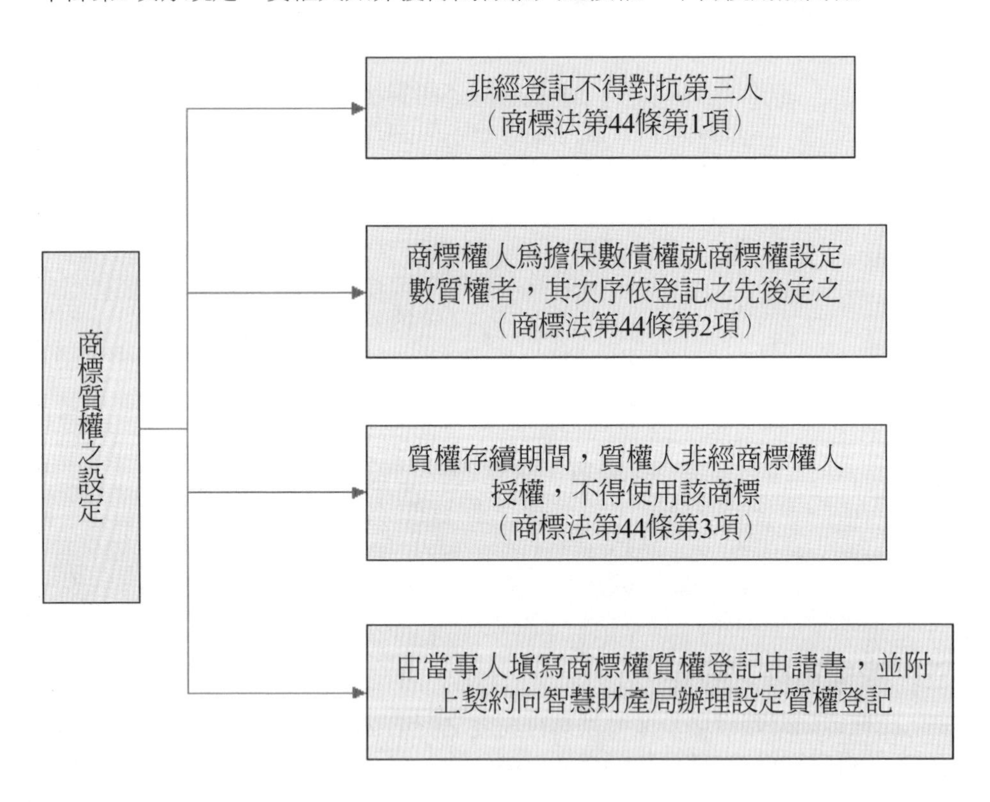

相關法條

商標法第39條

商標權人得就其註冊商標指定使用商品或服務之全部或一部指定地區為專屬或非專屬授權。

前項授權，非經商標專責機關登記者，不得對抗第三人。

授權登記後，商標權移轉者，其授權契約對受讓人仍繼續存在。

非專屬授權登記後，商標權人再為專屬授權登記者，在先之非專屬授權登記不受影響。

專屬被授權人在被授權範圍內，排除商標權人及第三人使用註冊商標。

商標權受侵害時，於專屬授權範圍內，專屬被授權人得以自己名義行使權利。但契約另有約定者，從其約定。

商標法第40條

專屬被授權人得於被授權範圍內，再授權他人使用。但契約另有約定者，從其約定。

非專屬被授權人非經商標權人或專屬被授權人同意，不得再授權他人使用。

再授權，非經商標專責機關登記者，不得對抗第三人。

商標法第41條

商標授權期間屆滿前有下列情形之一，當事人或利害關係人得檢附相關證據，申請廢止商標授權登記：

一、商標權人及被授權人雙方同意終止者。其經再授權者，亦同。

二、授權契約明定，商標權人或被授權人得任意終止授權關係，經當事人聲明終止者。

三、商標權人以被授權人違反授權契約約定，通知被授權人解除或終止授權契約，而被授權人無異議者。

四、其他相關事證足以證明授權關係已不存在者。

商標法第42條

商標權之移轉，非經商標專責機關登記者，不得對抗第三人。

商標法第43條

移轉商標權之結果，有二以上之商標權人使用相同商標於類似之商品或服務，或使用近似商標於同一或類似之商品或服務，而有致相關消費者混淆誤認之虞者，各商標權人使用時應附加適當區別標示。

商標法第44條

商標權人設定質權及質權之變更、消滅，非經商標專責機關登記者，不得對抗第三人。

商標權人爲擔保數債權就商標權設定數質權者，其次序依登記之先後定之。

質權人非經商標權人授權，不得使用該商標。

案例解析

1. B公司可否主張C公司侵害其商標權，應視B公司與A公司間之商標授權有無登記而定：
   (1)「商標權人得就其註冊商標指定使用商品或服務之全部或一部，指定地區為專屬或非專屬授權。前項授權，非經商標專責機關登記者，不得對抗第三人。」商標法第39條第1項及第2項訂有明文。
   (2)由該條文內容可知，若該授權未向商標專責機關登記，即不得對抗第三人，詳言之，於未經登記之情況下，專屬被授權人不得禁止嗣後自授權人善意繼受取得權利者之使用行為。
   (3)本案中，若A公司與B公司間之商標專屬授權未經登記，B公司對C公司嗣後自A公司所取得權利而為使用之行為，應予容忍，故B公司不得向C公司主張商標權侵害。
   (4)然若A公司與B公司間之商標專屬授權業經登記，B公司自得對C公司主張侵害其商標權，向其請求損害賠償。
2. 承上所述，若A公司與B公司間之商標專屬授權未經登記，C公司依商標法第39條第2項規定，主張B公司不得向其請求商標侵害之賠償。

第三節　必備書狀及撰寫要旨

審理流程

最高法院		最高行政法院
智慧財產法院		
民事訴訟	刑事訴訟	行政訴訟
第二審 相關智慧財產權法所生民事訴訟事件	第二審 受理不服各地方法院對刑法、商標法、著作權法或公平交易法關於智慧財產權益保護刑事訴訟案件	第一審 相關智慧財產權法所生第一審行政訴訟事件及強制執行事件
	各地方法院	訴願
第一審 相關智慧財產權法所生民事訴訟事件	第一審 各地方法院刑事庭審理刑法、商標法、著作權法或公平交易法關於智慧財產權益保護刑事訴訟案件	經濟部訴願審議委員會對相關智慧財產權行政處分訴願審議 經濟部智慧財產局對相關智慧財權行政處分

（資料來源：智慧財產法院網站「智慧財產案件審理模式」）

・原告起訴，法院受理，訴訟繫屬
・分案
・法官閱覽卷宗，批示：
　—定期
　—調閱卷證
・開庭審理
・言詞辯論終結
・宣示裁判

依據前述案例，本節提供原告所應撰擬之起訴書狀，以及被告之答辯書狀之撰寫要旨及範例：

一、原告起訴狀

商標專屬被授權人提起商標侵權民事訴訟之原告起訴狀，應載明訴之聲明、起訴之原因事實、請求權基礎及損害賠償之計算方式。（詳參第一章第三節有關民事侵權起訴狀之撰寫要旨）

二、被告答辯狀

商標侵權民事訴訟之被告答辯狀，應載明答辯聲明、抗辯理由及其證據、對於原告主張否認之事項等。

第四節　書狀範例

範例一　原告起訴狀

民事起訴狀				
案　號	年度　字第　號		承辦股別	
稱　謂	姓名或名稱	依序填寫：國民身分證統一編號或營利事業統一編號、性別、出生年月日、職業、住居所、就業處所、公務所、事務所或營業所、郵遞區號、電話、傳真、電子郵件位址、指定送達代收人及其送達處所。		
原　告	B公司	設台北市○○區○○路○○號○○樓		
法定代理人	○○○	住同上		
訴訟代理人	○○○律師	○○法律事務所 ○○市○○路○○號○○樓 電話：○○-○○○○○○○○		
被　告	C公司	設台北市○○區○○路○○號○○樓		
兼上法定代理人	○○○	住同上		
為請求損害賠償與排除侵害，依法起訴事： 訴之聲明 一、被告C公司暨被告○○○應連帶給付原告新台幣（以下同）○○○元及自起訴狀繕本送達翌日起至清償日止按年利率百分之五計算之利息。				

二、被告C公司不得於其所開設之店面使用相同或近似「○○」文字及圖之商標。
三、訴訟費用由被告等共同負擔。
四、原告願供擔保，請准宣告假執行。

事實及理由

一、訴外人A公司為中華民國第○○○○○號註冊商標（即「○○」文字及圖，下稱系爭商標，原證1號）之商標權人，系爭商標指定使用於飲食店、飯店、簡餐廳、自助餐廳等商品及服務，專用期間自民國94年1月1日起，延展至104年1月1日止。
二、A公司於95年1月1日將系爭商標專屬授權予原告（此有原證2號可參），故原告自得就系爭商標行使權利。
三、詎被告明知原告為系爭商標專屬被授權人，非經原告同意或授權，不得使用系爭商標於飲食、飯店、簡餐廳、自助餐廳等商品及服務上，竟基於擅自使用他人商標之故意，自○○年某日起，於其所開設之商店懸掛「○○」文字及圖之招牌，故被告之行為當已侵害原告之權利。
四、損害賠償部分
按「商標權人對於侵害其商標權者，得請求除去之；有侵害之虞者，得請求防止之。」、「商標權人對於因故意或過失侵害其商標權者，得請求損害賠償。」、「商標權人請求損害賠償時，得就下列各款擇一計算其損害：一、依民法第二百十六條規定。但不能提供證據方法以證明其損害時，商標權人得就其使用註冊商標通常所可獲得之利益，減除受侵害後使用同一商標所得之利益，以其差額為所受損害。二、依侵害商標權行為所得之利益；於侵害商標權者不能就其成本或必要費用舉證時，以銷售該項商品全部收入為所得利益。三、就查獲侵害商標權商品之零售單價一千五百倍以下之金額。但所查獲商品超過一千五百件時，以其總價定賠償金額。四、以相當於商標權人授權他人使用所得收取之權利金數額為其損害。」商標法第69條第1、3項、第71條第1項亦分別定有明文。本案中，被告因侵害「○○」商標所得之利益為○○○元，故原告依商標法第71條第1項第2款規定，原告得向被告主張○○○元之損害賠償。
五、綜上所述，懇請　鈞院鑒核，賜判決如訴之聲明，以維權益，實感德便。

<table>
<tr><td colspan="2">謹狀
智慧財產法院民事庭　公鑒</td></tr>
<tr><td>證物名稱
及件數</td><td>附件：委任狀正本。
原證1號：A公司所有之中華民國第○○○○○號註冊商標證書乙份。
原證2號：A公司與B公司之專屬授權協議書。</td></tr>
<tr><td colspan="2">中　華　民　國　○　○　年　○　○　月　○　○　日</td></tr>
<tr><td colspan="2">具狀人：B公司
法定代理人：○○○</td></tr>
<tr><td colspan="2">訴訟代理人：○○○律師</td></tr>
</table>

範例二　被告答辯狀

<table>
<tr><td colspan="5">民事答辯狀</td></tr>
<tr><td>案　號</td><td colspan="2">年度　字第　號</td><td>承辦股別</td><td></td></tr>
<tr><td colspan="5">訴訟標的金額</td></tr>
<tr><td>被　告</td><td>C公司</td><td colspan="3">設○○市○○路○○號○○樓
送達代收人：○○○律師</td></tr>
<tr><td>兼法定代理人</td><td>○○○</td><td colspan="3">住同上</td></tr>
<tr><td>訴訟代理人</td><td>○○○律師</td><td colspan="3">○○法律事務所
○○市○○路○○號○○樓
電話：○○-○○○○○○○○○</td></tr>
<tr><td>原　告</td><td>B公司</td><td colspan="3">設○○市○○路○○號○○樓</td></tr>
<tr><td>法定代理人</td><td>○○○</td><td colspan="3">住同上</td></tr>
<tr><td colspan="5">答辯聲明
一、原告之訴及假執行之聲請均駁回。
二、訴訟費用由原告負擔。

事實及理由
一、「商標權人得就其註冊商標指定使用商品或服務之全部或一部指定地區為專屬或非專屬授權。前項授權，非經商標專責機關登記者，不得對抗第三人。」商標法第39條第1項及第2項訂有明文。</td></tr>
</table>

<table>
<tr><td colspan="2">二、被告取得「○○」商標之權利係自A公司善意受讓取得（此有被證1號：商標權讓與登記申請書可參），被告對於B公司為系爭商標之專屬被授權人，並無知悉。且A公司與B公司間之商標專屬授權並未向智慧財產局為登記，依商標法第39條第1項及第2項之規定，自不得對抗第三人。
三、綜上所述，原告之訴實無理由，祈請　鈞院駁回原告之訴，以維權益，實為德感。

謹狀
智慧財產法院民事庭　公鑒</td></tr>
<tr><td colspan="2">中　華　民　國　○　○　年　○　○　月　○　○　日</td></tr>
<tr><td>附件及
證據列表</td><td>附件：委任狀正本。
被證1號：「○○」商標權讓與登記申請書影本乙份。</td></tr>
<tr><td colspan="2">具狀人：被告C公司
兼法定代理人：○○○</td></tr>
<tr><td colspan="2">撰狀人：訴訟代理人○○○律師</td></tr>
</table>

第五節　實務判解

・商標授權

1.　智慧財產法院97年度行商訴字第122號判決

原告復提出原任職於突尼西亞商・拉○○公司之經理Fr○○○先生致景○公司之信函，信中言及原告已在我國合法註冊系爭商標，並已授權景○公司，則景○公司自得繼續在台灣之事業，足見突尼西亞商・拉○○公司亦明知法商公司曾經同意原告在台灣登記系爭商標云云。然查，原告所執上開信件所述內容，係就原告以系爭商標向被告申請註冊尚未被撤銷前之情況立論，在原告系爭商標遭撤銷前，其授權景○公司使用系爭商標，就法律上而言景○公司使用系爭商標銷售產品自屬有據，此所以突尼西亞商・拉○○公司前經理Fr○○○先生向景○公司表示既受原告授權，自得繼續其在台灣之事業云云。然系爭商標嗣後既遭撤銷，則景○公司能否繼續使用系爭商標，即有疑問，此非突尼西亞商・拉○○公司之前經理Fr○○○先生上開信函所論述之處，原告執此為證，並無理由。

2. 智慧財產法院97年度行商訴字第52號判決

參加人雖提出84年12月與第三人萬○醫園公司所簽訂之「司迪生紅茶系列商標授權書」，萬○醫園公司並曾於83年4月1日核准註冊公告第570527號「萬○司迪生」商標，指定使用於茶、咖啡、可可等商品，且依該授權書授權內容所載萬○醫園公司授權參加人全權使用司迪生紅茶綠茶系列之商標，並得引用該商標進行台灣地區所有相關之業務，然參加人取得授權之時間顯係晚於原告使用附圖四所示商標之時間。至參加人雖主張曾於80年12月6日委由經銷商萬○醫園公司向條碼策進會申請茶包外盒上之條碼，其產品名稱分別為「司迪生純紅茶」、「司迪生茉莉綠茶」、「司迪生檸檬紅茶」，上市日期均為西元1988年1月1日（即民國77年1月1日），並提出附件18之條碼策進會函為證（見本院卷第392-394頁），然上開文件僅得證明第三人萬○醫園公司確有就上開品名之商品申請包裝盒上條碼使用，而無從佐證其實際使用商標之圖樣內容，尚無從憑此而認參加人使用「司迪生」商標之時間早於原告使用附圖四所示商標之時間。

3. 最高行政法院100年度判字第191號判決

商標註冊後無正當事由迄未使用或繼續停止使用已滿3年者，商標專責機關應依職權或據申請廢止其註冊，但被授權人有使用者，不在此限，商標法第57條第1項第2款定有明文。次按，本法所稱商標之使用，指為行銷之目的，將商標用於商品、服務或其有關之物件，或利用平面圖像、數位影音、電子媒體或其他媒介物足以使相關消費者認識其為商標；商標權人證明其有使用之事實，應符合商業交易習慣，同法第6條、第59條第3項分別定有明文。

再按，商標法就商標授權係採登記對抗主義，並非登記生效，此觀之商標法第33條第1項、第2項自明，是以，只要商標授權人與被授權人合意，即生授權之效果，其方式亦不以書面為限，口頭合意亦屬之。

4. 最高行政法院98年度判字第669號判決

再按商標法第33條係關於商標授權之規定，其第2項規定：「前項授權，應向商標專責機關登記；未經登記者，不得對抗第三人。被授權人經商標權人同意，再授權他人使用者，亦同。」係指商標授權應以商標專責機關登記爲依據，始得對第三人主張商標授權之效力而言，其意旨在於商標授權係採對抗主義，並非採登記生效主義，是以商標權人與各被授權人之授權法律關係，並不以登記爲必要，其是否具授權關係，仍應以商標權人與被授權人授權契約約定之條件，商標法第57條第1項第2款但書規定：「但被授權人有使用者，不在此限」，所謂被授權人即係指商標權人與被授權人授權契約約定者，與商標授權關於「未經登記者，不得對抗第三人」規定無涉。又本法並未規範商標授權類型，就「WIPO關於商標授權聯合備忘錄」第1條第9款至第11款定義商標授權即有「專屬授權」「獨家授權」「非專屬授權」等類型，就授權範圍又有全部授權及一部授權之分，是以商標授權契約之內容，自應以契約當事人所訂之條款定之，自無解釋商標法第33條第2項後段或商標法第57條第1項第2款但書之規定爲僅限於授權及再授權範圍，不及於「再再授權」可言。上訴人上訴意旨略謂：依商標法第33條第2項規定僅限於授權及再授權範圍，不及於「再再授權」，階梯公司將系爭標章再授權予巧門公司，巧門公司再再授權其他加盟芝麻街兒童美語教學系統簽約學校、補習班或其他機構使用、刊載，各地幼教者於92年6月10日中國時報芝蔴街美語夏日派對全版廣告，與商標法第57條第1項第2款但書規定不符，原判決有認事用法違背法令及適用法規不當之違法；另本件系爭商標之被授權人應有商標法第33條第2項未經登記之商標規定適用，並排除商標法第57條第1項第2款但書適用之主張，原判決在無法律明文依據下，限縮商標法第33條第2項規定適用，將商標法第57條第1項第2款但書之被授權人排除適用，有適用法規不當云云。爲上訴人以其對法律上見解之歧異，對於原判決詳予論述不採之事由再予爭執，要難謂爲原判決有違背法令之情形。

5. 智慧財產法院102年度行商訴字第92號判決

原告固主張其將系爭商標授權「義諾塔克ENOTECA葡萄酒專賣店」，爲其關係企業開元公司之客戶云云。並提出附件4有關2009年6月15日於新浪部落「○○○○○」網路文章爲憑（見廢止卷第89至102頁之附件4）。然本院審視有關「義諾塔克ENOTECA葡萄酒專賣店&地中海料理開幕酒會」資料，無法證明渠等有系爭商標之授權關係，原告亦未檢送授權證明文件以資證明。況原告迄今未偕同「義諾塔克ENOTECA葡萄酒專賣店」負責人，到庭作證渠等有系爭商標之授權關係（見本院卷第50、60頁）。

6. 智慧財產法院102年度行商訴字第5號判決

原告雖主張鈺○公司負責人許○○自86年間起，有取得原商標權人聶○○之授權，合作銷售F1、F-1商標商品，其後許文聰於95年7月31日將公司登記為瑋○公司繼續經營，並由其子許○○擔任負責人，許○○則退居幕後，瑋○公司仍持續販售系爭商標商品至100年9月止，此有原證19之處分書、原證20油品照片、原證21瑋○實業有限公司開立之統一發票及證人許○○之證言可稽，足認原商標權人聶○○有授權證人許○○使用系爭商標云云。惟查，原證19為被告針對註冊第5○○○○號「艾富萬F1」商標於89年1月17日及89年3月31日所作申請不成立之撤銷處分書，上開商標撤銷處分書係針對「艾富萬F1」商標有無撤銷事由所為之處分，該商標與系爭商標為不同之商標，又該處分書係89年間作成，相關當事人所提之答辯及使用證據均為86及87年之使用證據，與本件商標廢止案所審認之使用證據為99年12月14日申請廢止之前3年內期間，亦有不同，無從作為系爭商標之使用或授權之證據。且查，上開處分書係認定原商標權人聶○○有授權鈺○公司使用「艾富萬F1」商標，而非許○○個人，而證人許○○到庭證稱：伊與原商標權人聶○○自85年開始有生意往來配合，伊與聶○○共同做F-1潤滑油，是聶○○授權給伊，都是口頭上約定，沒有訂立授權契約，聶○○授權給伊可以對外行銷F-1潤滑油，聶○○和伊都有販賣F-1潤滑油，伊是自己進口後自行包裝。聶○○授權給伊或授權給鈺○公司都一樣，伊是鈺○公司的負責人，以前是商標「艾富萬」，於90年時補註冊「F-1」，授權給伊的是兩個商標，是分兩次授權，90年補註冊「F-1」商標之後，有授權伊繼續使用該商標，鈺○公司登記負責人為其妻許林○○，實際上為伊在經營，伊是總經理。鈺○公司是在93年3月廢止營業，但是伊另外有一個鈺○企業行，有在販賣F-1機油，從民國80幾年到目前止都沒有間斷。瑋○公司實際亦為伊在經營，伊兒子是登記的負責人等語（見本院卷第186至187頁），依證人上開證言，原商標權人聶○○與許○○間就系爭商標授權之約定，除證人許○○之證述外，並無任何客觀證據可佐，退步言之，縱認原商標權人聶○○確有授權鈺○公司使用系爭商標之事實，惟鈺○公司已於93年3月11日廢止登記（本院卷第159頁），系爭商標之授權使用關係業已終止，基於自然人與法人為不同之人格主體之原則，亦無從推認其授權之主體擴張及於許○○個人，甚至95年7月7日始設立之第三人瑋○公司（本院卷第161頁），又原證20之油品照片係證人許○○於庭訊前一個月所拍攝提供予原告，為證人許〇〇所自承（見本院卷第186頁），自非99年12月14日之前3年內之使用證據，又查原證21瑋〇實業有限公司開立之統一發票僅記載品名為「潤滑油」，並無標示系爭商標之圖樣，無法認定統一發票所載之商品即為系爭商標指定使用之商品。又證人許〇〇對於被告有關原證21統一發票所載單價為何各不相同之質疑，證人僅籠統回答不同油品會有不同單價，至於每張發票是哪一類油品，其無法說明云云（見本院卷第189頁），其證言之眞實性自有可疑。

第三單元　商標權行政爭訟

第一節　前言

案例

> 某甲為A商標之商標權人（A商標指定使用於服裝、鞋、帽類別），甲主張乙侵害其商標權，遂寄發警告函予乙，命其即刻停止侵權行為。乙主張甲於商標註冊後，僅使用A商標一年半之時間，即未再使用A商標，且甲未使用A商標之時間已長達三年半，試問：乙應採取何種救濟途徑？

根據經濟部智慧財產局之統計資料顯示，自民國95年至99年爲止，5年的時間內，智慧財產局即受理超過31萬件之商標申請案，並核准了超過27萬件之商標申請案。其中所涉及之商品與服務繁多，相關之專業知識及市場交易情形龐雜，而審查多涉不確定法律概念，其間復有審查機關無法掌握之資訊，因此，以審查人員有限之知識及審查工具，實難確保核准審定或註冊商標完全符合法律規定，故商標異議及評定制度即可輔助商標之審查，俾使審查之結果更爲周全。

然而關於商標申請案、異議案、評定案、廢止案，當事人對於智慧財產局之處分如有不服，得循訴願、行政訴訟之管道進行行政救濟。本單元即係針對案件之行政救濟予以介紹。

第二節　法令解說

一、商標申請制度

我國商標法採取先申請主義，當事人必須向智慧財產局申請註冊，經審查准許後，始得依法取得商標權之保護。

依商標法第14條第1項之規定，商標專責機關對於商標註冊之申請案件之審查，應指定審查人員審查之。同條第2項規定，前項審查人員之資格，以法律定之。詳言之，商標專責機關對於商標申請案之審查，應先爲程序審查，即審查該商標申請案是否符合法定程序，若符合法定程序者，始進入是否符合商標註冊要件之實體審查。然若未通過程序審查者，應通知申請人於一定之期限內補正，若申請人屆期未補正者，即駁回其商標申請案。

依商標法第32條第1項之規定，商標註冊申請案經審查無前條第1項規定之情形者，應予核准審定。而商標法第31條第1項之情形即爲：商標申請案經審查認定有商標法第29條第1項、第3項、前條第1項、第4項或第65條第3項不得註冊之情形。以下針對第31條第1項所述不得註冊之情形分述之（相關說明摘要整理自立法理由及智慧財產局所著「商標法逐條釋義」）：

（一）商標法第29條第1項商標不得註冊之事由

1. 僅由描述所指定商品或服務之品質、用途、原料、產地或相關特性之說明所構成者（第29條第1項第1款）。
   商標之功能在於使消費者認識其商品或服務之來源，若無法使消費者識別其商品或服務來源，即失商標之功能，自不得核准其註冊。故若商標係以說明性之文字或圖樣構成者，恐將因不具識別性而不得准予註冊。然若已經申請人使用且在交易上已成爲申請人商品或服務之識別標識者，不適用之（商標法第29條第2項參照）。
2. 僅由所指定商品或服務之通用標章或名稱所構成者（第29條第1項第2款）。
   所謂商品或服務之通用標章或通用名稱者，係指標章或名稱因在同業間被普遍使用，已無法表彰商品或服務來源之識別性，故基於公益及識別性之考量，立法爲不得註冊事由。另外，本款之通用標章隨著商標態樣之增加，應擴張解釋包括通用之顏色、聲音及立體形狀。
3. 僅由其他不具識別性之標識所構成者（第29條第1項第3款）。
   商標不具識別性之原因，如非前述二款之情形，即應依本款之規定予以核駁。然若已經申請人使用且在交易上已成爲申請人商品或服務之識別標識者，不適用之（商標法第29條第2項參照）。

（二）商標法第29條第3項商標不得註冊之情形

商標法第29條第3項規定：「商標圖樣中包含不具識別性部分，且有致商標權範圍產生疑義之虞，申請人應聲明該部分不在專用之列；未爲不專用之聲明者，不得註冊。」本條有關聲明不專用制度之立法目的在於避免申請人於商標註冊後，濫行主張權利，將造成第三人之困擾，特以此條文明訂之。

（三）商標法第30條第1項商標不得註冊之情形

1. 僅爲發揮商品或服務之功能所必要者（第30條第1項第1款）。

   是否具功能性應就商標整體判斷之，若商標某一部分具有功能性，仍可就該部分聲明不在專用之列後取得註冊。

2. 相同或近似於中華民國國旗、國徽、國璽、軍旗、軍徽、印信、勳章或外國國旗，或世界貿易組織會員依巴黎公約第六條之三第三款所爲通知之外國國徽、國璽或國家徽章者（第30條第1項第2款）。

   因國旗、國徽、國璽、軍旗、軍徽是國家及軍隊的精神象徵，印信是表彰政府機關的公信力憑證，勳章則爲表揚特定國家榮譽的標誌，皆具有國人尊崇之精神意義，若隨個人私益將之標示於商品上，將減損國家之尊嚴及公信力，基於公益之考量，不允許其爲商標註冊，另外，配合巴黎公約第六條之三第三款規定，將「相同或近似於世界貿易組織會員依巴黎公約第六條之三第三款所爲通知之外國國徽、國璽或國家徽章者」，明訂爲不得註冊之列。

3. 相同於國父或國家元首之肖像或姓名者（第30條第1項第3款）。

   爲維護國父及國家元首之尊崇地位，避免其肖像及姓名遭受廣泛而普遍的使用，減損其個人尊嚴及代表國家之公共利益，故本款特別規範其肖像及姓名均不得註冊使用。

4. 相同或近似於中華民國政府機關或其主辦展覽會之標章，或其所發給之褒獎牌狀者（第30條第1項第4款）。

   本款之中華民國政府機關，包括中央及地方政府機關。展覽性質集會，指在中華民國境內舉辦之展覽集會。

5. 相同或近似於國際跨政府組織或國內外著名且具公益性機構之徽章、旗幟、其他徽記、縮寫或名稱，有致公衆誤認誤信之虞者（第30條第1項第5款）。

   本款之立法意旨在於避免消費者誤信其商品或服務之來源，所作之公益性規範，而以相同或近似於國際性著名組織或國內外著名機構之名稱、徽記、徽章或標章者即有本款之適用，並無商品類別之限制。

6. 相同或近似於國內外用以表明品質管制或驗證之國家標誌或印記，且指定使用於同一或類似之商品或服務者（第30條第1項第6款）。
   本款爲避免消費者因誤認其商品之品質係經過驗證而誤購，故立法加以保護。本款所稱之正字標記係依我國標準法審查符合於國家標準所核發之驗證標記。
7. 妨害公共秩序或善良風俗者（第30條第1項第7款）。
   商標不論在形式上或意義上有妨害國家利益或社會道德觀念都有本款之適用，但仍然需依註冊時之社會環境及商標使用之具體內容來認定。
8. 使公眾誤認誤信其商品或服務之性質、品質或產地之虞者（第30條第1項第8款）。
   本款之立法目的在於維護社會公平競爭之秩序，並避免一般消費者對標示該圖樣之商品性質、品質、產地等發生混淆誤認而購買。
9. 相同或近似於中華民國或外國之葡萄酒或蒸餾酒地理標示，且指定使用於與葡萄酒或蒸餾酒同一或類似商品，而該外國與中華民國簽訂協定或共同參加國際條約，或相互承認葡萄酒或蒸餾酒地理標示之保護者（第30條第1項第9款）。
   本款適用並不以「使公眾誤認誤信」爲必要，僅需「相同或近似於中華民國或外國之葡萄酒或蒸餾酒地理標示，且指定使用於與葡萄酒或蒸餾酒同一或類似商品，而該外國與中華民國簽訂協定或共同參加國際條約，或相互承認葡萄酒或蒸餾酒地理標示之保護者」即有本款之適用。
10. 相同或近似於他人同一或類似商品或服務之註冊商標或申請在先之商標，有致相關消費者混淆誤認之虞者。但經該註冊商標或申請在先之商標所有人同意申請，且非顯屬不當者，不在此限（第30條第1項第10款）。
    本款係爲解決對於申請在先或已註冊商標之保護問題，當兩商標發生衝突時，究竟應由何人取得商標權，我國商標法採用先申請原則，以申請註冊先後作爲取得商標權的判斷標準。
11. 相同或近似於他人著名商標或標章，有致相關公眾混淆誤認之虞，或有減損著名商標或標章之識別性或信譽之虞者。但得該商標或標章之所有人同意申請註冊者，不在此限（第30條第1項第11款）。

本款立法目的在於加強對著名商標或標章之保護。此係因世界智慧財產權組織（World Intellectual Property Organization, WIPO）於1999年9月公布關於著名商標保護規定共同決議事項，該決議明確指明對著名商標之認定，應考量以商品或服務之相關公眾之認識，而非以一般公眾之認知判斷之；另外，除防止與著名商標產生混淆誤認之虞外，並應避免對著名商標之減損。

12. 相同或近似於他人先使用於同一或類似商品或服務之商標，而申請人因與該他人間具有契約、地緣、業務往來或其他關係，知悉他人商標存在，意圖仿襲而申請註冊者。但經其同意申請註冊者，不在此限（第30條第1項第12款）。

    本款明確指出「因與他人有特定關係，而知悉他人先使用之商標，非出於自創而加以仿襲註冊者」，因有違市場公平競爭秩序情形，遂將其列為不得註冊之事由。

13. 有他人之肖像或著名之姓名、藝名、筆名、字號者。但經其同意申請註冊者，不在此限（第30條第1項第13款）。

    本款之立法意旨在於保護自然人之人格權，而他人之肖像不以著名為限，經過裝扮的肖像，可辨認出該他人時，仍屬之；惟姓名、藝名、筆名、字號者，則需完全相同且達到著名之程度，始足當之。

14. 有著名之法人、商號或其他團體之名稱，有致相關公眾混淆誤認之虞者。但經其同意申請註冊者，不在此限（第30條第1項第14款）。

    本款旨在保護著名法人、商號或其他團體之名稱，以保障商業秩序及防止不公平競爭，並保護消費者免於混淆誤認。本款所稱之其他團體，指自然人及法人以外其他無權利能力之團體。另外，法人、商號或其他團體之名稱，限於達到著名的程度，所謂著名，指有相關證據足以證明已廣為相關事業或消費者普遍認知即可。

15. 商標侵害他人之著作權、專利權或其他權利，經判決確定者。但經其同意申請註冊者，不在此限（第30條第1項第15款）。

    本款規定係源自於TRIPS第16條第1款規定「商標權不得侵害任何既存在先的權利」，即商標權與其他權利發生衝突時，以保護權利在先者為原則。惟是否侵害他人著作權、專利權或其他權利，往往存有事實上或法律上的爭議，因此必需委由法院來審理並裁判，而且到判決確定後，始符合本款之規定。

（四）商標法第30條第4項商標不得註冊之情形

第29條第3項規定，於第1項第1款規定之情形，準用之。是以，商標圖樣部分包含發揮商品或服務之功能所必要之部分，亦應經申請人聲明該部分不在專用之列，始可核准其註冊。

（五）商標法第65條第3項商標不得註冊之情形

註冊商標有第63條第1項第1款規定情形（亦即：自行變換商標或加附記，致與他人使用於同一或類似之商品或服務之註冊商標構成相同或近似，而有使相關消費者混淆誤認之虞），經廢止其註冊者，原商標權人於廢止日後三年內，不得註冊、受讓或被授權使用與原註冊圖樣相同或近似之商標於同一或類似之商品或服務；其於商標專責機關處分前，聲明拋棄商標權者，亦同。

商標法第31條第2項規定：「前項核駁審定前，應將核駁理由以書面通知申請人限期陳述意見」。

同條第3項規定：「指定使用商品或服務之減縮、商標圖樣之非實質變更、註冊申請案之分割及不專用之聲明，應於核駁審定前爲之」，本項關於申請人提出時點限制之規定，係考量實務上於核駁審定後行政救濟期間始減縮商品或服務及申請分割者，因行政救濟機關無法進行審查，往往須由商標專責機關以違法事由不存在而先自行撤銷原處分，再另重新審理另爲處分之方式處理，反覆審查，浪費行政資源。復按現行制度已採行核駁理由先行通知機制，並於此次修正放寬陳述意見期間，申請人已有充分審愼斟酌考量是否減縮商品或服務、商標圖樣之非實質變更及申請分割之機會，復爲使案件早日確定，自應就核駁審定後請求減縮及申請分割之時點加以限制，爰規定應於核駁審定前爲之。至於其所申請之商標經核准審定者，於核准審定後，仍可請求減縮及申請分割，自不待言。

對於智慧財產局不准商標註冊申請所發出之核駁審定書，得於收受審定書30日內，經由原處分機關向經濟部訴願審議委員會提起訴願。如對於經濟部之訴願決定不服者，得於收受訴願決定二個月內，直接向智慧財產法院提起行政訴訟。如對於智慧財產法院判決不服者，得在收受智慧財產法院判決20日內，再向最高行政法院提起上訴。相關行政救濟之流程可參下列流程圖：

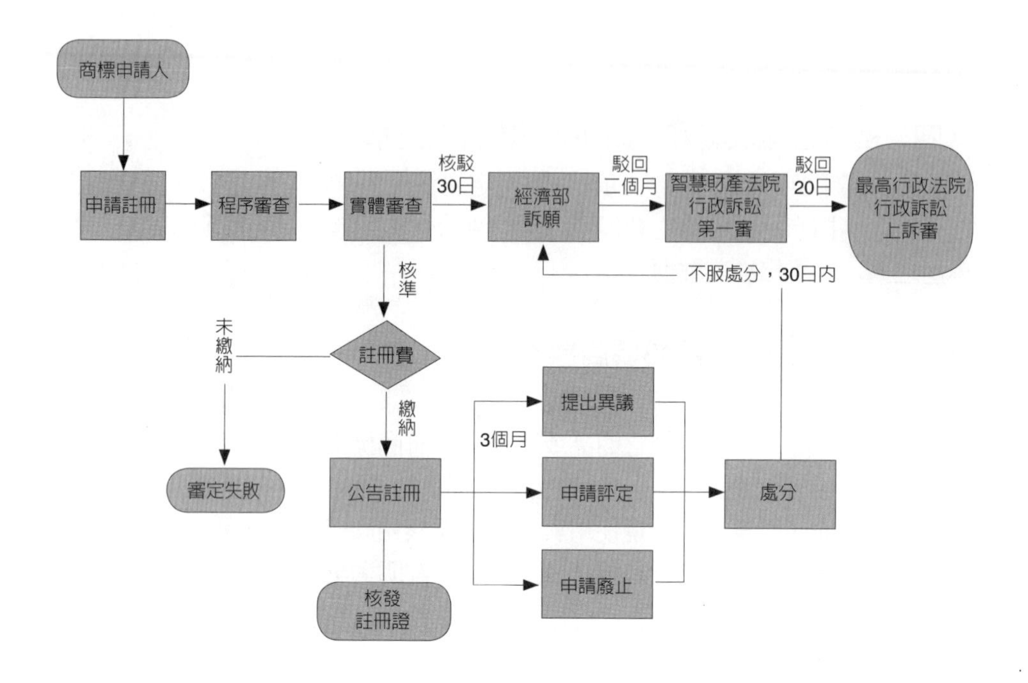

二、商標異議制度

我國商標法採實體審查主義，商標註冊申請案經審查無不應准予註冊之事由者，智慧財產局應予核准審定。經核准審定之商標，申請人應於審定書送達之次日起二個月內，繳納註冊費後，智慧財產局將會予以註冊公告。但於三個月的公告期間，我國商標法兼輔以公衆審查制度，任何人認有法定不得註冊商標之事由，可以向智慧財產局提起異議，避免智慧局之准予註冊之審定有所疏漏，使審查結果更趨周全，此即商標異議制度。

（一）異議人

商標法第48條第1項規定：「商標之註冊違反第29條第1項、第30條第1項或第65條第3項規定之情形者，任何人得自商標註冊公告後三個月內，向商標專責機關提出異議。」由本條文可知，任何人均得對註冊商標提出異議，另外，提起異議之法定期間爲商標註冊公告之日起三個月內，此即爲所謂之註冊後公衆審查制度。

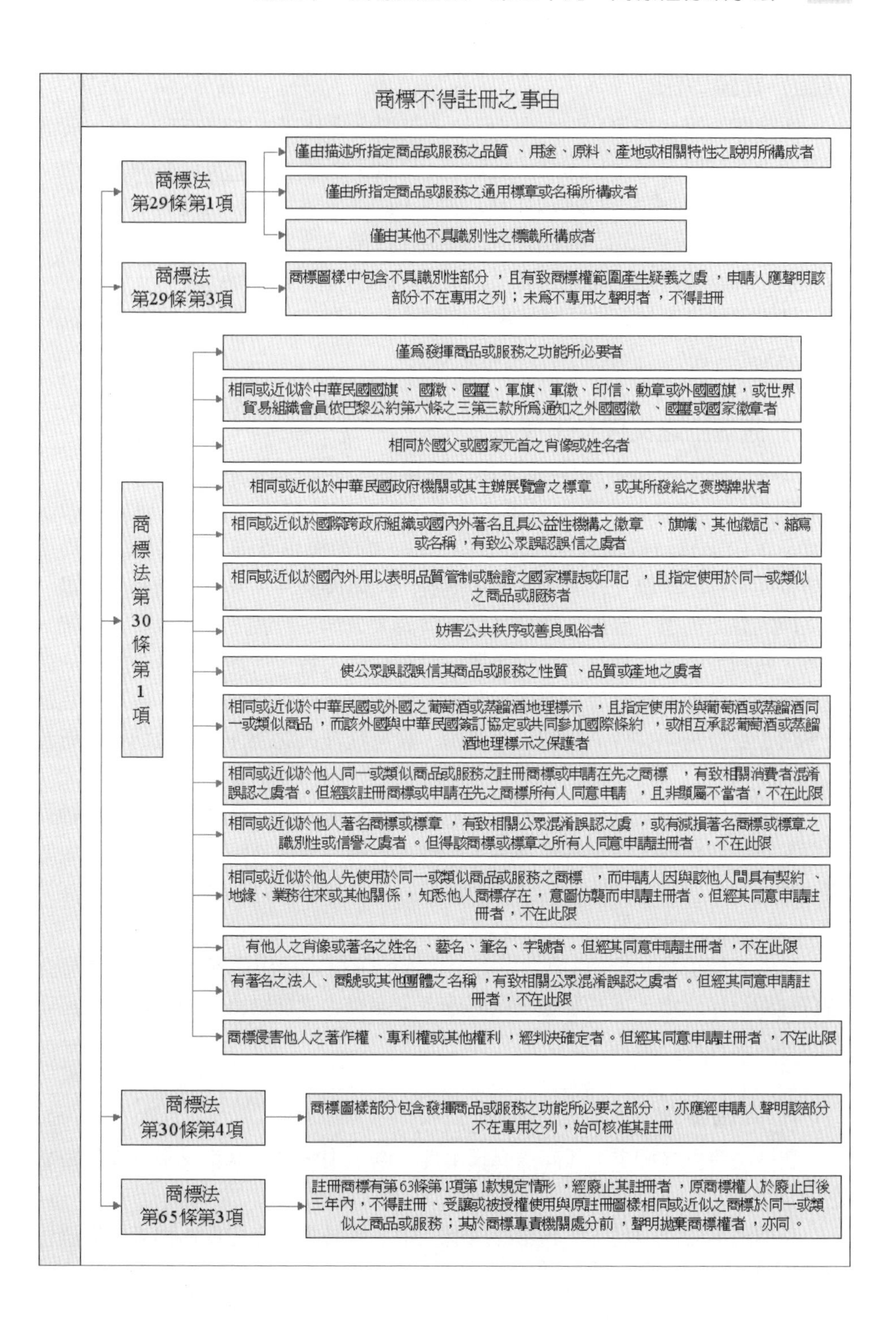
商標不得註冊之事由
商標法
第29條第1項
僅由描述所指定商品或服務之品質、用途、原料、產地或相關特性之說明所構成者
僅由所指定商品或服務之通用標章或名稱所構成者
僅由其他不具識別性之標識所構成者
商標法
第29條第3項
商標圖樣中包含不具識別性部分，且有致商標權範圍產生疑義之虞，申請人應聲明該部分不在專用之列；未為不專用之聲明者，不得註冊
商標法第30條第1項
僅為發揮商品或服務之功能所必要者
相同或近似於中華民國國旗、國徽、國璽、軍旗、軍徽、印信、勳章或外國國旗，或世界貿易組織會員依巴黎公約第六條之三第三款所為通知之外國國徽、國璽或國家徽章者
相同於國父或國家元首之肖像或姓名者
相同或近似於中華民國政府機關或其主辦展覽會之標章，或其所發給之褒獎牌狀者
相同或近似於國際跨政府組織或國內外著名且具公益性機構之徽章、旗幟、其他徽記、縮寫或名稱，有致公眾誤認誤信之虞者
相同或近似於國內外用以表明品質管制或驗證之國家標誌或印記，且指定使用於同一或類似之商品或服務者
妨害公共秩序或善良風俗者
使公眾誤認誤信其商品或服務之性質、品質或產地之虞者
相同或近似於中華民國或外國之葡萄酒或蒸餾酒地理標示，且指定使用於與葡萄酒或蒸餾酒同一或類似商品，而該外國與中華民國簽訂協定或共同參加國際條約，或相互承認葡萄酒或蒸餾酒地理標示之保護者
相同或近似於他人同一或類似商品或服務之註冊商標或申請在先之商標，有致相關消費者混淆誤認之虞者。但經該註冊商標或申請在先之商標所有人同意申請，且非顯屬不當者，不在此限
相同或近似於他人著名商標或標章，有致相關公眾混淆誤認之虞，或有減損著名商標或標章之識別性或信譽之虞者。但得該商標或標章之所有人同意申請註冊者，不在此限
相同或近似於他人先使用於同一或類似商品或服務之商標，而申請人因與該他人間具有契約、地緣、業務往來或其他關係，知悉他人商標存在，意圖仿襲而申請註冊者。但經其同意申請註冊者，不在此限
有他人之肖像或著名之姓名、藝名、筆名、字號者。但經其同意申請註冊者，不在此限
有著名之法人、商號或其他團體之名稱，有致相關公眾混淆誤認之虞者。但經其同意申請註冊者，不在此限
商標侵害他人之著作權、專利權或其他權利，經判決確定者。但經其同意申請註冊者，不在此限
商標法
第30條第4項
商標圖樣部分包含發揮商品或服務之功能所必要之部分，亦應經申請人聲明該部分不在專用之列，始可核准其註冊
商標法
第65條第3項
註冊商標有第63條第1項第1款規定情形，經廢止其註冊者，原商標權人於廢止日後三年內，不得註冊、受讓或被授權使用與原註冊圖樣相同或近似之商標於同一或類似之商品或服務；其於商標專責機關處分前，聲明拋棄商標權者，亦同。

（二）異議事由

依商標法第48條第1項之規定可知，商標之異議事由主要有三大類，與商標申請不得註冊之事由相對應，可參考上開關於商標申請制度之相關說明：

1. 商標註冊違反第29條第1項之規定，此部分請參照前述說明。
2. 商標註冊違反第30條第1項之規定，此部分請參照前述說明。
3. 商標註冊違反第65條第3項之規定，此部分請參照前述說明。

另依商標法第50條之規定，異議商標之註冊有無違法事由，除第106條第1項及第3項規定外，依其註冊公告時之規定。

（三）應提出之文件及證據

依商標法第49條第1項規定，提出異議者，應以異議書載明事實及理由，並附副本。異議書如有提出附屬文件者，副本中應提出。異議人應檢送載明事實及理由之異議申請書正、副本各乙份，向商標專責機關提出異議，異議申請書如有提出附屬文件者，副本中應提出該附屬文件。異議申請書上需書明異議標的註冊號數、商標／標章名稱、異議人公司、行號、工廠或身分證統一編號、名稱或姓名、地址、代表人等、設有代理人者，代理人之身分證統一編號、姓名、地址、電話等、異議聲明、主張法條及據以異議商標／標章，並檢附異議人身分證明文件、相關證據二份，設有代理人之委任書，繳納規費新台幣4,000元等。

依據商標法第49條第2項規定：「商標專責機關應將異議書送達商標權人限期答辯；商標權人提出答辯書者，商標專責機關應將答辯書送達異議人限期陳述意見。」 至於若異議不合程式而可補正者，商標專責機關即應依第8條第1項之規定通知限期補正。

另依商標法第49條第3項之規定，「依前項規定提出之答辯書或陳述意見書有遲滯程序之虞，或其事證已臻明確者，商標專責機關得不通知相對人答辯或陳述意見，逕行審理。」。

（四）異議審查

商標法第51條規定：「商標異議案件，應由未曾審查原案之審查人員審查之。」

商標法第52條規定：「異議程序進行中，被異議之商標權移轉者，異議程序不受影響（第1項）。前項商標權受讓人得聲明承受被異議人之地位，續行異議程序（第2項）。」

（五）異議審查結果

商標法第54條規定：「異議案件經審定異議成立者，應撤銷其註冊」。詳言之，商標異議案件經審查委員審查後，如認異議有理由，應作成異議成立之審定書，而因該商標註冊自始有瑕疵，故應撤銷其註冊，該商標自始失其效力。另依據商標法第56條規定：「經過異議確定後之註冊商標，任何人不得就同一事實，以同一證據及同一理由，申請評定」，本條即所謂異議案件一事不再理之規定。而條文中之「同一事實、同一證據及同一理由」必需同時具備，才有一事不再理原則規定適用。再者，如前案已爲異議處分但未確定前，後案以同一事實、同一證據及同一理由申請評定，於後案處分時，前案已確定，仍有一事不再理原則之適用。

另外，依據商標法第55條之規定：若「撤銷之事由存在於註冊商標所指定使用之部分商品或服務者，得僅就該部分商品或服務撤銷註冊」，避免產生商標註冊全部撤銷之效力。

（六）異議之撤回

商標法第53條規定：「異議人得於異議審定前，撤回其異議（第1項）。」、「異議人撤回異議者，不得就同一事實，以同一證據及同一理由，再提異議或評定（第2項）。」其中，第1項係規定異議人得撤回異議及其撤回之限制，而第2項則爲異議撤回之效力規定。異議人依法提出異議後，因與商標權人達成和解、協議移轉商標權予異議人或其他事由，而不欲續行異議程序者，於異議審定前，得向商標專責機關撤回異議。惟爲避免異議人之反覆，影響程序安定及干擾商標權人，因而第2項明定，異議人撤回異議者，不得以同一事實、同一證據及同一理由再對該註冊商標提出異議或申請評定。

商標異議案經智慧財產局作成異議審定書後，不服該異議審定書之一方，得於收受審定書30日內，經由原處分機關向經濟部訴願審議委員會提起訴願。如對於經濟部之訴願決定不服者，得於收受訴願決定二個月內，直接向智慧財產法院提起行政訴訟。如對於智慧財產法院判決不服者，得在收受智慧財產法院判決20日內，再向最高行政法院提起上訴。相關行政救濟之流程可參下列流程圖：

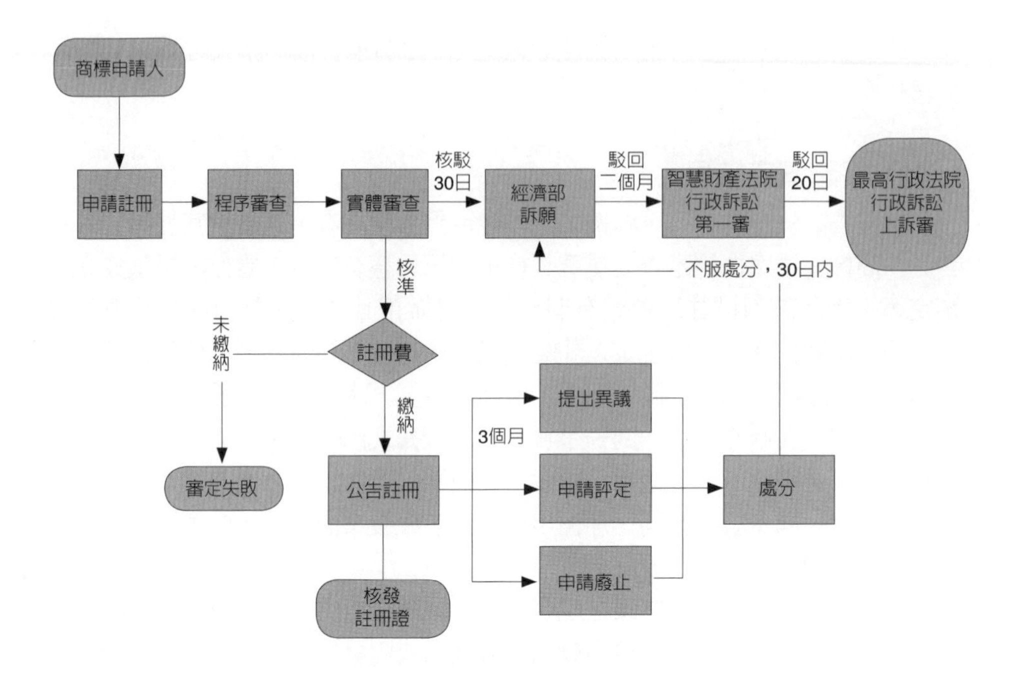

三、商標評定制度

商標評定制度，如同異議制度之目的，亦在給予第三人對於智慧財產局核准商標註冊之處分，有表示不服之機會，具有輔助商標審查不足之功能。異議制度與評定制度，二者雖提起事由、行政救濟之規定相仿，但其間仍有差別，以下謹針對商標評定制度敘述之：

（一）申請評定人

依據商標法第57條第1項規定：「商標之註冊違反第29條第1項、第30條第1項或第65條第3項規定之情形者，利害關係人或審查人員得申請或提請商標專責機關評定其註冊。」故申請或提請評定者，以利害關係人或審查人員為限，此與異議案件任何人均可提起之情形有別。

第57條第2項規定：「以商標之註冊違反第30條第1項第10款規定，向商標專責機關申請評定，其據以評定商標之註冊已滿三年者，應檢附於申請評定前三年有使用於據以主張商品或服務之證據，或其未使用有正當事由之事證」；同條第3項規定：「依前項規定提出之使用證據，應足以證明商標之真實使用，並符合一般商業交易習慣。」

（二）評定事由

依商標法第57條第1項之規定可知，申請評定之事由包括：

1. 商標之註冊違反第29條第1項之情形，此部分請參照前述說明。
2. 商標之註冊違反第30條第1項之情形，此部分請參照前述說明。
3. 商標註冊違反第65條第3項之規定，此部分請參照前述說明。

（三）提出評定之期間

1. 提出評定之五年法定除斥期間

因商標評定程序雖有其制度目的，惟若註冊之商標長期處於可能隨時被評定之狀態，將使商標權人多所顧忌，且註冊後已使用多年之商標，因持續使用所建立之商譽，亦應予適當之保護，考量商標權人及申請人雙方權益之均衡，對於一些較不涉及公共秩序或社會利益之違法事由，遂設有明定5年之法定除斥期間予以限制，以求明確並維護健全之商標制度，如申請評定之時間已經從註冊公告之日起算滿五年者，不得申請或提請評定。

依據商標法第58條第1項之規定：「商標之註冊違反第29條第1項第1款、第3款、第30條第1項第9款至第15款或第65條第3項規定之情形，自註冊公告之日後滿五年者，不得申請或提請評定。」

2. 例外：不受五年法定除斥期間限制之情形

然而，亦有部分違法事由，經立法考量認為情節重大，不應受有五年除斥期間。依據商標法第58條第2項規定：「商標之註冊違反第30條第1項第9款、第11款規定之情形，係屬惡意者，不受前項期間之限制」。

亦即「商標權人係惡意申請註冊相同或近似於中華民國或外國之葡萄酒或蒸餾酒地理標示，且指定使用於與葡萄酒或蒸餾酒同一或類似商品，而該外國與中華民國簽訂協定或共同參加國際條約，或相互承認葡萄酒或蒸餾酒地理標示之保護者」、「商標權人係惡意申請註冊相同或近似於他人著名商標或標章，有致相關公眾混淆誤認之虞，或有減損著名商標或標章之識別性或信譽之虞者」等違法事由，原應受五年之法定除斥期間之限制，惟考量商標權人於申請時即知其可能對著名商標權人及消費者之權益造成損害，並以此獲取不正競爭之利益，遂例外規定有此情形者，不受五年法定除斥期間之限制。

（四）對商標評定之審查

依據商標法第59條規定：「商標評定案件，由商標專責機關首長指定審查人員三人以上爲評定委員評定之」。由本條規定可知，對商標評定案件之審查係採合議制，與異議審查採取之獨任制有所不同。

（五）評定效果

商標法第60條規定：「評定案件經評定成立者，應撤銷其註冊。但不得註冊之情形已不存在者，經斟酌公益及當事人利益之衡平，得爲不成立之評定」。所謂評定商標撤銷其註冊，係指註冊之商標於註冊公告時，實質已存有不得註冊之違法事由，而商標專責機關仍核准其註冊，於註冊後，發現其註冊違反商標法之規定，有不得註冊之事由，乃以評定撤銷其註冊爲救濟，使其商標權溯及既往自始失其效力。

商標法第61條規定：「評定案件經處分後，任何人不得就同一事實，以同一證據及同一理由，申請評定。」

商標評定案經智慧財產局作成評定書後，不服該評定書之一方，得於收受評定書30日內，經由原處分機關向經濟部訴願審議委員會提起訴願。如對於經濟部之訴願決定不服者，得於收受訴願決定二個月內，直接向智慧財產法院提起行政訴訟。如對於智慧財產法院判決不服者，得在收受智慧財產法院判決20日內，再向最高行政法院提起上訴。

四、商標廢止制度

商標之廢止，與前述商標之異議、評定都是使商標權消滅的法定程序。惟商標廢止是對於合法註冊取得之商標權，因嗣後之違法使用或基於公益考量，而使其向將來失去效力的行政行爲，與前述之異議與評定，係因商標註冊時即具有不得註冊之原因，由商標專責機關將該商標之註冊撤銷，使商標權溯及既往失其效力之情形有異。

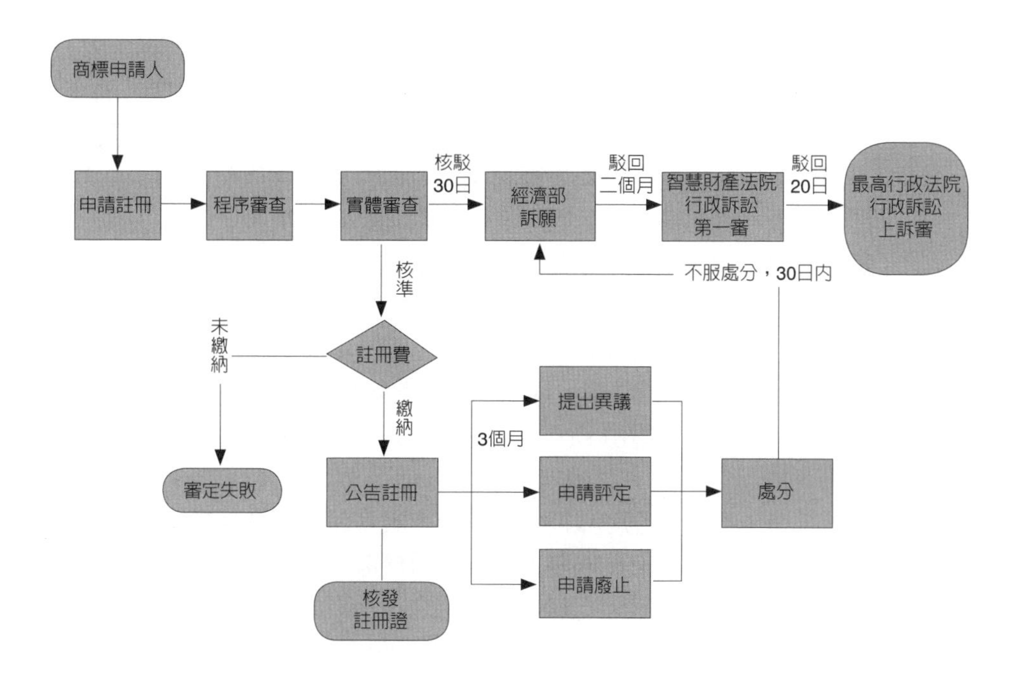

（一）申請廢止之人

依商標法第63條之規定可知，具有商標法第63條第1項所列之5款事由者，商標專責機關應依職權或據申請廢止其註冊。由該條條文可知，任何人均可向商標專責機關提出申請，請求商標專責機關對於註冊人於商標註冊後之違法行爲，作出廢止商標權之處分；另外，商標專責機關若發現註冊人於商標註冊後有違法行爲，亦得依職權自行爲之。

（二）廢止之原因

商標權廢止之原因包括：

1. 自行變換商標或加附記，致與他人使用於同一或類似之商品或服務之註冊商標構成相同或近似，而有使相關消費者混淆誤認之虞者（商標法第63條第1項第1款參照）。

   所謂自行變換商標或加附記使用，係指就註冊商標本體之文字、圖樣、色彩加以變更或加添其他文字圖樣，使得實際使用之商標與其註冊商標不同，且二者依社會一般通念已喪失其同一性而言。而在考量有無混淆誤認之虞時，經濟部智慧財產局所頒佈之「混淆誤認之虞」審查基準中提及，在判斷有無混淆誤認之虞時之參考因素包括：(1)商標識別性之強弱；(2)商標是否近似及其近似之程度；(3)商品或服務是否類似及類似之程度；(4)先權利人多角化經營之情形；(5)實際混淆誤認之情事；(6)相關消費者對各商標熟悉之程度；(7)系爭商標之申請人是否善意；(8)其他混淆誤認之因素。依個別案件之不同案情，各參酌因素在強弱之要求上亦有不同。

2. 無正當事由迄未使用或繼續停止使用已滿三年者。但被授權人有使用者，不在此限（商標法第63條第1項第2款參照）。
   本款所稱之「正當事由」，是指商標權人由於事實上之障礙或其他不可歸責於己之事由，以致無法使用註冊商標以生產製造、加工、揀選、批售、提供或經紀其指定之商品或服務而言，實務上認爲：海運斷絕，原料缺乏或天災地變，以致廠房機器有重大損害，一時不能開工生產或銷售等情形，均屬不能使用之正當事由（最高行政法院55年判字第301號判例參照）。至於已註冊之商標是否迄未使用或繼續停止使用已滿3年，係屬事實問題，商標專責機關應依客觀證據認定之。再者，所謂商標之使用，係指爲行銷之目的，將商標用於商品、服務或其他有關之物件，或利用平面圖像、數位影音、電子媒體或其他媒介物足以使相關消費者認識其爲商標（商標法第5條參照），且商標權人證明其有使用之事實，應符合商業交易習慣。
3. 未依第43條規定附加適當區別標示者。但於商標專責機關處分前已附加區別標示並無產生混淆誤認之虞者，不在此限（商標法第63條第1項第3款參照）。
   本條款之立法目的在於避免因商標權移轉之結果而使相關消費者產生混淆誤認，以兼顧對商標權及消費者利益之保障。至於何種區別標示之附加才能夠被認定爲「適當」，法條並未明文規定，宜由當事人間斟酌本條款之立法目的及商標實際使用之態樣，並依一般社會通念及市場交易情形以協議決定之。
4. 商標已成爲所指定商品或服務之通用標章、名稱或形狀者（商標法第63條第1項第4款參照）。
   本條款所規範之情況爲，商標註冊後，因商標權人怠於維護其商標之識別力，而使其成爲商品或服務之通用名稱或形狀，或成爲商品或服務之通用標章者，因其商標已不具有識別或表彰特定商品或服務來源的特徵，失去商標所應具有的基本功能，故應由商標專責機關廢止其註冊。

5. 商標實際使用時有致公衆誤認誤信其商品或服務之性質、品質或產地之虞者（商標法第63條第1項第5款參照）。

   商標如有使公衆誤認誤信其商品或服務之性質、品質或產地之虞者，亦屬商標法第23條第1項第11款所定不得註冊之事由。而本條款之立法目的係爲了避免註冊商標因不當使用，導致公衆誤認誤信其商品或服務之性質、品質或產地，而影響消費者利益及正常之交易秩序。

6. 證明標章權人、團體標章權人或團體商標權人有下列情形之一者，商標專責機關得依任何人之申請或依職權廢止證明標章、團體標章或團體商標之註冊（商標法第93條第1項參照）。

   (1)證明標章作爲商標使用。

   (2)證明標章權人從事其所證明商品或服務之業務。

   (3)證明標章權人喪失證明該註冊商品或服務之能力。

   (4)證明標章權人對於申請證明之人，予以差別待遇。

   (5)違反前條規定而爲移轉、授權或設定質權。

   (6)未依使用規範書爲使用之管理及監督。

   (7)其他不當方法之使用，致生損害於他人或公衆之虞。

本條項係就證明標章、團體標章及團體商標不當使用時所訂的特別規定，此爲商標專責機關針對該三種商標設計的一種監督管理手段。

商標廢止案經智慧財產局作成廢止處分書後，不服該處分書之一方，得於收受處分書30日內，經由原處分機關向經濟部訴願審議委員會提起訴願。如對於經濟部之訴願決定不服者，得於收受訴願決定二個月內，直接向智慧財產法院提起行政訴訟。如對於智慧財產法院判決不服者，得在收受智慧財產法院判決20日內，再向最高行政法院提起上訴。

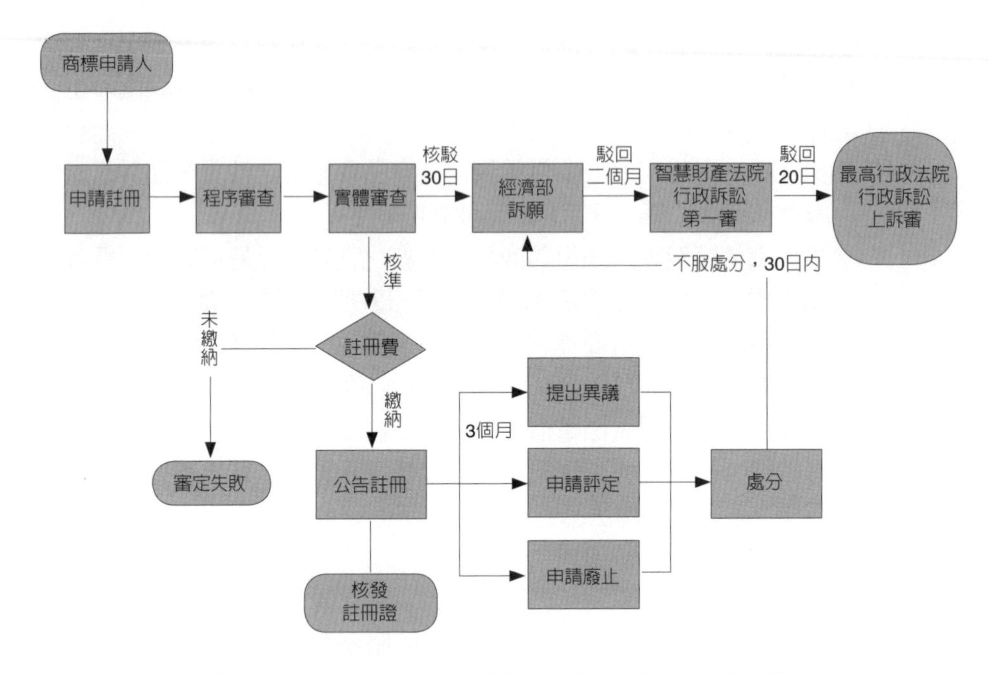

商標異議制度、評定制度與廢止制度之比較，簡要表列如後：

	異議	評定	廢止
立法目的	透過公衆審查，檢討核准註冊的正確性，以提高商標權的可信度	解決當事者間之糾紛	基於公益考量
申請人	任何人	利害關係人、審查人員	任何人或商標專責機關依職權
申請期間	註冊公告之日起3個月內	部分事由有註冊公告之日起滿5年內之期間限制	無限制
事由	違反第29條第1項、第30條第1項或第65條第3項規定的情形者	同左	有63條第1項之事由另有第93條第1項之規定
審查人員	商標審查人員1人	3人以上之評定委員	商標審查人員1人

	異議	評定	廢止
法律效果	撤銷註冊，商標權溯及失效	原則上撤銷註冊。若該違法情形已不存在者，得斟酌公益及當事人利益後，為情況評決，商標權溯及失效	廢止其註冊，商標權向後失效
行政救濟	訴願、行政訴訟	同左	同左
一事不再理	經異議確定	經評決後	無

五、商標權之消滅

依據商標法第47條之規定，商標權當然消滅之事由包括：(1)未依第34條規定延展註冊者，商標權自該商標權期間屆滿後消滅；(2)商標權人死亡而無繼承人者，商標權自商標權人死亡後消滅；(3)依第45條規定拋棄商標權者，自其書面表示到達商標專責機關之日消滅。如有上述情況發生，商標權當然消滅，不待任何人主張，即可生權利消滅之效果，且商標權當然消滅之效果係向後失效，而非溯及失效。以下就上述各種情況分述之：

（一）未依第34條規定延展註冊者

依商標法第33條第1項之規定，商標自註冊公告當日起，由權利人取得商標權，商標權期間爲十年，另依同條第2項規定，商標權期間得申請延展，每次延展爲十年。而商標權之延展，應於商標權期間屆滿前六個月內提出申請，並繳納延展註冊費；其於商標權期間屆滿後六個月內提出申請者，應繳納二倍延展註冊費（商標法第34條第1項）。前項核准延展之期間，自商標權期間屆滿日後起算（商標法第34條第2項）。若商標權期間屆滿且商標權人未爲延展註冊者，依商標法第47條第1款之規定，商標權即當然消滅。

（二）商標權人死亡而無繼承人者

因法人並無死亡、繼承之問題，故本款限於商標權人爲自然人之情形。因商標權爲一私權，得爲繼承之標的，故商標權人死亡後，依民法第1148條之規定，該商標權歸屬其繼承人繼承。若商標權人死亡而沒有任何繼承人可以繼承其商標權，則依商標法第47條第2款之規定，商標權當然消滅。

（三）拋棄商標權之情形

本款係新增之條文，立法意旨係參照專利法第69條之規定，增訂「拋棄商標權」為商標權當然消滅之事由。

相關法條

商標法第8條

商標之申請及其他程序，除本法另有規定外，遲誤法定期間、不合法定程式不能補正或不合法定程式經指定期間通知補正屆期未補正者，應不受理。但遲誤指定期間在處分前補正者，仍應受理之。

申請人因天災或不可歸責於己之事由，遲誤法定期間者，於其原因消滅後三十日內，得以書面敘明理由，向商標專責機關申請回復原狀。但遲誤法定期間已逾一年者，不得申請回復原狀。

申請回復原狀，應同時補行期間內應為之行為。

前二項規定，於遲誤第三十二條第三項規定之期間者，不適用之。

商標法第14條

商標專責機關對於商標註冊之申請、異議、評定及廢止案件之審查，應指定審查人員審查之。

前項審查人員之資格，以法律定之。

商標法第29條

商標有下列不具識別性情形之一，不得註冊：

一、僅由描述所指定商品或服務之品質、用途、原料、產地或相關特性之說明所構成者。

二、僅由所指定商品或服務之通用標章或名稱所構成者。

三、僅由其他不具識別性之標識所構成者。

有前項第一款或第三款規定之情形，如經申請人使用且在交易上已成為申請人商品或服務之識別標識者，不適用之。

商標圖樣中包含不具識別性部分，且有致商標權範圍產生疑義之虞，申請人應聲明該部分不在專用之列；未為不專用之聲明者，不得註冊。

商標法第30條

商標有下列情形之一，不得註冊：

一、僅為發揮商品或服務之功能所必要者。

二、相同或近似於中華民國國旗、國徽、國璽、軍旗、軍徽、印信、勳章或外國國旗，或世界貿易組織會員依巴黎公約第六條之三第三款所為通知之外國國徽、國璽或國家徽章者。

三、相同於國父或國家元首之肖像或姓名者。

四、相同或近似於中華民國政府機關或其主辦展覽會之標章，或其所發給之褒獎牌狀者。

五、相同或近似於國際跨政府組織或國內外著名且具公益性機構之徽章、旗幟、其他徽記、縮寫或名稱，有致公眾誤認誤信之虞者。

六、相同或近似於國內外用以表明品質管制或驗證之國家標誌或印記，且指定使用於同一或類似之商品或服務者。

七、妨害公共秩序或善良風俗者。

八、使公眾誤認誤信其商品或服務之性質、品質或產地之虞者。

九、相同或近似於中華民國或外國之葡萄酒或蒸餾酒地理標示，且指定使用於與葡萄酒或蒸餾酒同一或類似商品，而該外國與中華民國簽訂協定或共同參加國際條約，或相互承認葡萄酒或蒸餾酒地理標示之保護者。

十、相同或近似於他人同一或類似商品或服務之註冊商標或申請在先之商標，有致相關消費者混淆誤認之虞者。但經該註冊商標或申請在先之商標所有人同意申請，且非顯屬不當者，不在此限。

十一、相同或近似於他人著名商標或標章，有致相關公眾混淆誤認之虞，或有減損著名商標或標章之識別性或信譽之虞者。但得該商標或標章之所有人同意申請註冊者，不在此限。

十二、相同或近似於他人先使用於同一或類似商品或服務之商標，而申請人因與該他人間具有契約、地緣、業務往來或其他關係，知悉他人商標存在，意圖仿襲而申請註冊者。但經其同意申請註冊者，不在此限。

十三、有他人之肖像或著名之姓名、藝名、筆名、字號者。但經其同意申請註冊者，不在此限。

十四、有著名之法人、商號或其他團體之名稱，有致相關公眾混淆誤認之虞者。但經其同意申請註冊者，不在此限。

十五、商標侵害他人之著作權、專利權或其他權利，經判決確定者。但經其同意申請註冊者，不在此限。

前項第九款及第十一款至第十四款所規定之地理標示、著名及先使用之認定，以申請時為準。

第一項第四款、第五款及第九款規定，於政府機關或相關機構為申請人時，不適用之。

前條第三項規定，於第一項第一款規定之情形，準用之。

商標法第31條

商標註冊申請案經審查認有第二十九條第一項、第三項、前條第一項、第四項或第六十五條第三項規定不得註冊之情形者，應予核駁審定。

前項核駁審定前，應將核駁理由以書面通知申請人限期陳述意見。

指定使用商品或服務之減縮、商標圖樣之非實質變更、註冊申請案之分割及不專用之聲明，應於核駁審定前為之。

商標法第32條

商標註冊申請案經審查無前條第一項規定之情形者，應予核准審定。

經核准審定之商標，申請人應於審定書送達後二個月內，繳納註冊費後，始予註冊公告，並發給商標註冊證；屆期未繳費者，不予註冊公告。

申請人非因故意，未於前項所定期限繳費者，得於繳費期限屆滿後六個月內，繳納二倍之註冊費後，由商標專責機關公告之。但影響第三人於此期間內申請註冊或取得商標權者，不得為之。

商標法第33條

商標自註冊公告當日起，由權利人取得商標權，商標權期間為十年。

商標權期間得申請延展，每次延展為十年。

商標法第34條

商標權之延展，應於商標權期間屆滿前六個月內提出申請，並繳納延展註冊費；其於商標權期間屆滿後六個月內提出申請者，應繳納二倍延展註冊費。

前項核准延展之期間，自商標權期間屆滿日後起算。

商標法第45條

商標權人得拋棄商標權。但有授權登記或質權登記者，應經被授權人或質權人同意。

前項拋棄，應以書面向商標專責機關為之。

商標法第47條

有下列情形之一，商標權當然消滅：

一、未依第三十四條規定延展註冊者，商標權自該商標權期間屆滿後消滅。

二、商標權人死亡而無繼承人者，商標權自商標權人死亡後消滅。

三、依第四十五條規定拋棄商標權者，自其書面表示到達商標專責機關之日消滅。

商標法第48條

商標之註冊違反第二十九條第一項、第三十條第一項或第六十五條第三項規定之情形者，任何人得自商標註冊公告日後三個月內，向商標專責機關提出異議。

前項異議，得就註冊商標指定使用之部分商品或服務為之。

異議應就每一註冊商標各別申請之。

商標法第49條

提出異議者，應以異議書載明事實及理由，並附副本。異議書如有提出附屬文件者，副本中應提出。

商標專責機關應將異議書送達商標權人限期答辯；商標權人提出答辯書者，商標專責機關應將答辯書送達異議人限期陳述意見。

依前項規定提出之答辯書或陳述意見書有遲滯程序之虞，或其事證已臻明確者，商標專責機關得不通知相對人答辯或陳述意見，逕行審理。

商標法第50條

異議商標之註冊有無違法事由，除第一百零六條第一項及第三項規定外，依其註冊公告時之規定。

商標法第51條

商標異議案件，應由未曾審查原案之審查人員審查之。

商標法第52條

異議程序進行中，被異議之商標權移轉者，異議程序不受影響。

前項商標權受讓人得聲明承受被異議人之地位，續行異議程序。

商標法第53條

異議人得於異議審定前，撤回其異議。

異議人撤回異議者，不得就同一事實，以同一證據及同一理由，再提異議或評定。

商標法第54條

異議案件經異議成立者，應撤銷其註冊。

商標法第55條

前條撤銷之事由，存在於註冊商標所指定使用之部分商品或服務者，得僅就該部分商品或服務撤銷其註冊。

商標法第57條

商標之註冊違反第二十九條第一項、第三十條第一項或第六十五條第三項規定之情形者，利害關係人或審查人員得申請或提請商標專責機關評定其註冊。

以商標之註冊違反第三十條第一項第十款規定，向商標專責機關申請評定，其據以評定商標之註冊已滿三年者，應檢附於申請評定前三年有使用於據以主張商品或服務之證據，或其未使用有正當事由之事證。

依前項規定提出之使用證據，應足以證明商標之真實使用，並符合一般商業交易習慣。

商標法第58條

商標之註冊違反第二十九條第一項第一款、第三款、第三十條第一項第九款至第十五款或第六十五條第三項規定之情形，自註冊公告日後滿五年者，不得申請或提請評定。

商標之註冊違反第三十條第一項第九款、第十一款規定之情形，係屬惡意者，不受前項期間之限制。

商標法第59條

商標評定案件，由商標專責機關首長指定審查人員三人以上爲評定委員評定之。

商標法第60條

評定案件經評定成立者，應撤銷其註冊。但不得註冊之情形已不存在者，經斟酌公益及當事人利益之衡平，得爲不成立之評定。

商標法第61條

評定案件經處分後，任何人不得就同一事實，以同一證據及同一理由，申請評定。

商標法第63條

商標註冊後有下列情形之一，商標專責機關應依職權或據申請廢止其註冊：

一、自行變換商標或加附記，致與他人使用於同一或類似之商品或服務之註冊商標構成相同或近似，而有使相關消費者混淆誤認之虞者。

二、無正當事由迄未使用或繼續停止使用已滿三年者。但被授權人有使用者，不在此限。

三、未依第四十三條規定附加適當區別標示者。但於商標專責機關處分前已附加區別標示並無產生混淆誤認之虞者，不在此限。

四、商標已成爲所指定商品或服務之通用標章、名稱或形狀者。

五、商標實際使用時有致公衆誤認誤信其商品或服務之性質、品質或產地之虞者。

被授權人爲前項第一款之行爲，商標權人明知或可得而知而不爲反對之表示者，亦同。

有第一項第二款規定之情形，於申請廢止時該註冊商標已爲使用者，除因知悉他人將申請廢止，而於申請廢止前三個月內開始使用者外，不予廢止其註冊。

廢止之事由僅存在於註冊商標所指定使用之部分商品或服務者，得就該部分之商品或服務廢止其註冊。

商標法第65條

商標專責機關應將廢止申請之情事通知商標權人，並限期答辯；商標權人提出答辯書者，商標專責機關應將答辯書送達申請人限期陳述意見。但申請人之申請無具體事證或其主張顯無理由者，得逕為駁回。

第六十三條第一項第二款規定情形，其答辯通知經送達者，商標權人應證明其有使用之事實；屆期未答辯者，得逕行廢止其註冊。

註冊商標有第六十三條第一項第一款規定情形，經廢止其註冊者，原商標權人於廢止日後三年內，不得註冊、受讓或被授權使用與原註冊圖樣相同或近似之商標於同一或類似之商品或服務；其於商標專責機關處分前，聲明拋棄商標權者，亦同。

商標法第93條

證明標章權人、團體標章權人或團體商標權人有下列情形之一者，商標專責機關得依任何人之申請或依職權廢止證明標章、團體標章或團體商標之註冊：

一、證明標章作為商標使用。

二、證明標章權人從事其所證明商品或服務之業務。

三、證明標章權人喪失證明該註冊商品或服務之能力。

四、證明標章權人對於申請證明之人，予以差別待遇。

五、違反前條規定而為移轉、授權或設定質權。

六、未依使用規範書為使用之管理及監督。

七、其他不當方法之使用，致生損害於他人或公眾之虞。

被授權人為前項之行為，證明標章權人、團體標章權人或團體商標權人明知或可得而知而不為反對之表示者，亦同。

案例解析

(1)本題中，乙可依商標法第63條第1項第2款之規定，向商標專責機關申請廢止其註冊。

(2)若商標專責機關駁回乙之廢止申請，乙可提起訴願及行政訴訟救濟之。

第三節　必備書狀及撰寫要旨

審理流程

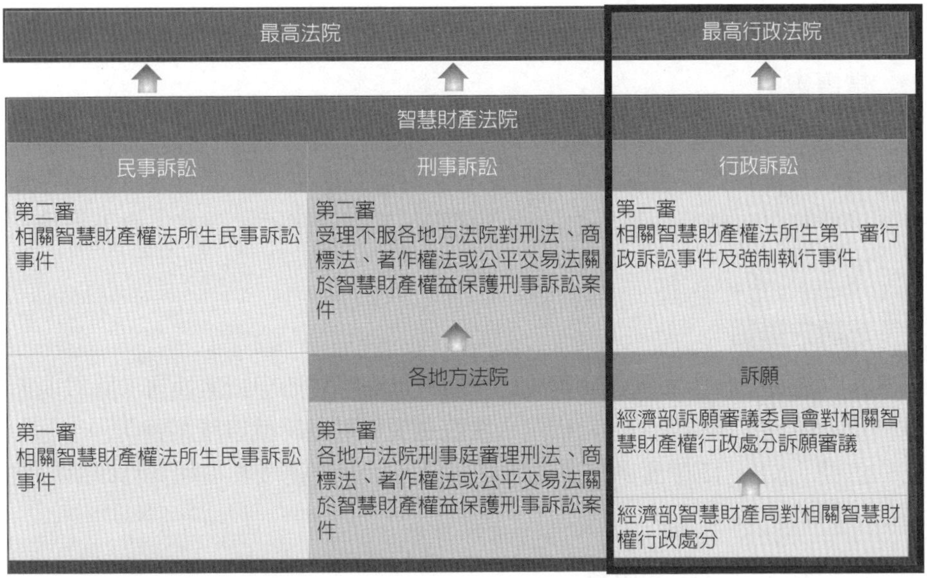

<table>
<tr><td colspan="2">最高法院</td><td>最高行政法院</td></tr>
<tr><td colspan="2">智慧財產法院</td><td></td></tr>
<tr><td>民事訴訟</td><td>刑事訴訟</td><td>行政訴訟</td></tr>
<tr><td>第二審
相關智慧財產權法所生民事訴訟事件</td><td>第二審
受理不服各地方法院對刑法、商標法、著作權法或公平交易法關於智慧財產權益保護刑事訴訟案件</td><td>第一審
相關智慧財產權法所生第一審行政訴訟事件及強制執行事件</td></tr>
<tr><td></td><td>各地方法院</td><td>訴願</td></tr>
<tr><td>第一審
相關智慧財產權法所生民事訴訟事件</td><td>第一審
各地方法院刑事庭審理刑法、商標法、著作權法或公平交易法關於智慧財產權益保護刑事訴訟案件</td><td>經濟部訴願審議委員會對相關智慧財產權行政處分訴願審議
經濟部智慧財產局對相關智慧財產權行政處分</td></tr>
</table>

（資料來源：智慧財產法院網站「智慧財產案件審理模式」）

- ・原告起訴，法院受理，訴訟繫屬
- ・分案
- ・法官閱覽卷宗，批示
- ・開庭審理
- ・準備程序
- ・言詞辯論終結
- ・宣示裁判

依據前述案例，本節提供商標行政訴訟案中，原告所應撰擬之起訴書狀，以及參加人之答辯書狀之書狀撰擬要旨及範例如後：

範例一：原告起訴狀——商標註冊申請案，智慧財產局核駁審定、訴願駁回，由商標申請人提出之行政訴訟（課予義務訴訟）

商標申請案之行政訴訟起訴狀，應載明當事人、起訴之聲明、訴訟標的及其原因事實：

1. 當事人

亦即需載明提起本件行政訴訟之當事人爲何。如有訴訟代理人，應載明代理意旨以及檢附委任書狀，依據目前智慧財產法院實務以及行政訴訟法之規定，商標註冊申請行政訴訟之訴訟代理人，其限於律師，且其人數不得逾三人。

2. 起訴之聲明

亦即當事人希望法院如何判決之聲明，以商標註冊申請案而言，除敘明原處分及訴願決定均撤銷，通常尚要求法院命智慧財產局就申請案號「○○○○○○」號「XX」商標應爲核准註冊之處分，以充分達成其提起其行政訴訟之目的。

3. 訴訟標的及其原因事實

亦即當事人所不服之原處分及訴願決定，以及爲何法院應撤銷原處分及訴願決定之具體理由。依據目前智慧財產法院之實務以及行政訴訟法之規定，法院將會要求當事人於起訴時，檢附原處分及訴願決定。

上開原因事實之敘述，如爲不服智慧局就特定不得註冊事由之處分，應具體表明不服之理由以及請求調查之證據，以利法院審查。

範例二：原告起訴狀——商標異議案，經審查「異議成立，註冊應予撤銷」、訴願駁回，由商標權人提出之行政訴訟（撤銷訴訟）

商標異議案之行政訴訟起訴狀，應載明當事人、起訴之聲明、訴訟標的及其原因事實：

1. 當事人

亦即需載明提起本件行政訴訟之當事人為何。如有訴訟代理人，應載明代理意旨以及檢附委任書狀，依據目前智慧財產法院實務以及行政訴訟法之規定，商標異議行政訴訟之訴訟代理人，其限於律師，且其人數不得逾三人。

2. 起訴之聲明

亦即當事人希望法院如何判決之聲明，以本件商標異議案之行政訴訟而言，敘明原處分及訴願決定應撤銷即足以達成其提起其行政訴訟之目的。

3. 訴訟標的及其原因事實

亦即當事人所不服之原處分及訴願決定，以及為何法院應撤銷原處分及訴願決定之具體理由。依據目前智慧財產法院之實務以及行政訴訟法之規定，法院將會要求當事人於起訴時，檢附原處分及訴願決定。

上開原因事實之敘述，通常應包含訴願決定及原處分有何違法之處，以及為何本件商標異議案並無不得註冊之異議事由及請求調查之證據。

範例三：原告起訴狀——商標評定案，評決「申請成立」、訴願駁回，由商標權人提出之行政訴訟（課予義務訴訟）

1. 當事人

亦即需載明提起本件行政訴訟之當事人為何。如有訴訟代理人，應載明代理意旨以及檢附委任書狀，依據目前智慧財產法院實務以及行政訴訟法之規定，商標評定行政訴訟之訴訟代理人，其限於律師，且其人數不得逾三人。

2. 起訴之聲明

亦即當事人希望法院如何判決之聲明，以本件商標評定案之行政訴訟而言，敘明原處分及訴願決定應撤銷，即是以達成其提起其行政訴訟之目的。

3. 訴訟標的及其原因事實

亦即當事人所不服之原處分及訴願決定，以及為何法院應撤銷原處分及訴願決定之具體理由。依據目前智慧財產法院之實務以及行政訴訟法之規定，法院將會要求當事人於起訴時，檢附原處分及訴願決定。

上開原因事實之敘述，通常應包含訴願決定及原處分有何違法之處，以及爲何系爭商標註冊有不得註冊之事由及請求調查之證據，以利法院審查。

範例四：原告起訴狀——商標廢止案，經審查「申請不成立」、訴願駁回，由廢止申請人提出之行政訴訟（課予義務訴訟）

商標廢止案之行政訴訟起訴狀，應載明當事人、起訴之聲明、訴訟標的及其原因事實：

1. 當事人

亦即需載明提起本件行政訴訟之當事人爲何。如有訴訟代理人，應載明代理意旨以及檢附委任書狀，依據目前智慧財產法院實務以及行政訴訟法之規定，商標廢止行政訴訟之訴訟代理人，其限於律師，且其人數不得逾三人。

2. 起訴之聲明

亦即當事人希望法院如何判決之聲明，以本件商標廢止案之行政訴訟而言，除敘明原處分及訴願決定應撤銷，通常尚需要求法院命智慧財產局應作成第「○○○○」號「XX」商標權應予廢止之處分，以充分達成其提起其行政訴訟之目的。

3. 訴訟標的及其原因事實

亦即當事人所不服之原處分及訴願決定，以及爲何法院應撤銷原處分及訴願決定之具體理由。依據目前智慧財產法院之實務以及行政訴訟法之規定，法院將會要求當事人於起訴時，檢附原處分及訴願決定。

上開原因事實之敘述，通常應包含訴願決定及原處分有何違法之處，以及爲何本件商標異議案應予廢止之事由及請求調查之證據。

範例五：參加人答辯狀——商標廢止案，經審查「申請不成立」、訴願駁回，由廢止申請人提出之行政訴訟，法院裁定商標權人參加訴訟

參加人答辯狀，應載明答辯聲明、抗辯理由及其證據、對於原告主張否認之事項、證據出處以及請求調查之證據及事項等。

第四節　書狀範例

範例一：原告起訴狀——商標註冊申請案，智慧財產局核駁審定、訴願駁回，由商標申請人提出之行政訴訟（課予義務訴訟）

<table>
<tr><td colspan="4">行政訴訟起訴狀</td></tr>
<tr><td>案　　號</td><td colspan="2">年度　　字第　　　號</td><td>承辦股別</td></tr>
<tr><td>稱　　謂</td><td>姓名或名稱</td><td colspan="2">依序填寫：國民身分證統一編號或營利事業統一編號、性別、出生年月日、職業、住居所、就業處所、公務所、事務所或營業所、郵遞區號、電話、傳真、電子郵件位址、指定送達代收人及其送達處所。</td></tr>
<tr><td>原　　告</td><td>乙</td><td colspan="2">設台北市○○區○○路○○號○○樓</td></tr>
<tr><td>訴訟代理人</td><td>○○○律師</td><td colspan="2">○○法律事務所
○○市○○路○○號○○樓
電話：○○-○○○○○○○○</td></tr>
<tr><td>被　　告</td><td>經濟部智慧財產局</td><td colspan="2">設台北市○○區○○路○○號○○樓</td></tr>
<tr><td>代 表 人</td><td>○○○</td><td colspan="2">住同上</td></tr>
<tr><td colspan="4">為不服經濟部智慧財產局○○○字第○○○○○○○○○○號審定暨經濟部經訴字第○○○○○○○○○○號訴願決定，依法提起行政訴訟事：

訴之聲明
一、訴願決定及原處分均撤銷。
二、被告應對申請第「○○○○」號「○○」商標作成「准予註冊」之處分。
三、訴訟費用由被告負擔。</td></tr>
</table>

事實及理由

一、原告前於民國（下同）○○年○○月○○日以「○○及圖」商標（下稱本件商標，如附圖一所示），指定使用於商標法施行細則第19條所定修正前商品及服務分類表第25類之「鞋子、女鞋、男鞋、涼鞋、海灘涼鞋、拖鞋、海灘拖鞋、雨鞋、布鞋、皮鞋、運動鞋、休閒鞋、嬰兒鞋、鞋底、釘鞋、童鞋、靴鞋、套鞋」商品，向被告申請註冊。經被告審查，於○○年○○月○○日以商標核駁第○○○○○○號審定書為應予核駁之處分（處分書內容詳參原證1號）。原告不服，提起訴願，經經濟部○○年○○月○○日經訴字第○○○○○○○○○號決定駁回（訴願決定內容詳參原證2號），原告仍不服，遂提起本件行政訴訟。

二、系爭商標係獨創性商標，消費者對其與據以核駁商標亦無混淆誤認之虞：

（一）系爭商標為獨創性商標，由經設計之橢圓、英文字母及倒立勾號三部分組成，各部分均有相當之識別力。且於比對時，應依整體觀察之原則。原處分於認定系爭商標與據以核駁商標是否近似時，並未審酌系爭商標之橢圓形及倒立勾號部分，且系爭商標之英文字母部分，於整體商標之面積比例亦低於其他部分。而系爭商標之英文部分○○○○與據以核駁○○○○○商標（如附圖二所示），兩者固有○○○○四英文字母相同，惟其設計明顯不同，系爭註冊商標為粗體之行草字體，外加粗黑之橢圓形，再加上一勾號倒置圖案，而據以核駁○○○○○商標僅有○○○○○字母，且使用字體與系爭商標顯不相同，二商標之整體印象顯然各異，難謂有近似。又系爭註冊商標中之○○○○讀音重音在第二音節，有如「○」之發音，第一音節之發音不顯著。據以核駁商標之義為「古希臘人於奧林匹斯儀式上作禱告時所穿的正式束腰長袍」，而系爭註冊商標之○○○○則無任何意涵，為獨創性字詞。故就外觀、觀念、讀音各方面觀察，兩者之印象差異甚大。另就據以核駁商標之實際使用情形以觀，依照據以核駁商標權人義大利商○○公司於另案異議時提供之資料（原證3號參照），○○○○○商標於實際使用時，均以「○○○○○」圖樣使用，僅第一字母大寫，其○字母上之點為紅色，較大且醒目。上述圖形之紅點應為○○公司之識別系統，因該公司除於商品及店家招牌使用外，更於官方網站上他處介紹內容使用，頻率甚高，每一網頁均可見十餘紅點。故

<table>
<tr><td colspan="2">
○○○○○商品之消費者對此紅點之印象應甚為深刻。故系爭商標與據以核駁商標成分不同，印象及意匠有別，二者並不近似，實際使用於相關商品時，一般消費者應不致產生混淆誤認，縱有些許相似，亦應僅為極低度之近似。
（二）據以核駁商標與系爭商標所表彰之商品，其價位、消費族群、銷售通路、於一般消費者間知名度等皆大異其趣，據以核駁商標表彰之商品定位為高價路線，如一套新台幣30萬元以上之西裝等等，且其主要之消費族群為歐洲之王室成員、電影演員、藝術家等等，而系爭註冊商標所表彰之商品則為平價化之商品，且消費族群則以一般消費者為主。而於銷售通路上，據以核駁商標所表彰之商品，其多於隱密性甚高之精品店販售，而系爭註冊商標所表彰之商品，因其價位平實，則可於任何店家銷售，如百貨公司、大賣場、小零售店、超市、甚至夜市等，其銷售管道開放。且在國際上之中文網站，○○鞋為熱門商品，於台灣各大拍賣網站均有銷售。故一般消費者亦不致對兩造商標產生混淆誤認。且因價位、銷售通路等區別，據以核駁商標於一般消費者間之認識程度亦較系爭商標為低，故亦應給予系爭商標較大之保護。
三、承上，系爭商標與據以核駁商標顯有不同，消費者亦無混淆誤認之虞，原處分未查，竟以「系爭商標之英文部分○○○○與據以核駁○○○○○商標，兩者有○○○○四英文字母相同」，因而將系爭商標之註冊申請予以核駁，當顯有違誤，訴願決定予以維持，亦有未洽。
四、綜上所述，懇請　鈞院鑒核，賜判決如訴之聲明，以維權益，實感德便。
謹狀
智慧財產法院　公鑒
</td></tr>
<tr><td>證物名稱
及件數</td><td>附件：委任狀正本。
附圖一：本件系爭商標文字及圖。
附圖二：本件據以核駁商標文字及圖。
原證1號：經濟部智慧財產局○○年○○月○○日第○○○○○○○號審定書影本。
原證2號：經濟部○○年○○月○○日經訴字第○○○○○○○○○號決定影本。
原證3號：義大利商○○公司於另案異議時提供之資料影本。</td></tr>
</table>

中	華	民	國	○	○	年	○	○	月	○	○	日
具狀人：乙												
訴訟代理人：○○○律師												

範例二：原告起訴狀──商標異議案，經審查「異議成立，註冊應予撤銷」、訴願駁回，由商標權人提出之行政訴訟（撤銷訴訟）

<table>
<tr><td colspan="5">行政訴訟起訴狀</td></tr>
<tr><td>案　　號</td><td colspan="2">年度　　字第　　號</td><td>承辦股別</td><td></td></tr>
<tr><td>稱　　謂</td><td>姓名或名稱</td><td colspan="3">依序填寫：國民身分證統一編號或營利事業統一編號、性別、出生年月日、職業、住居所、就業處所、公務所、事務所或營業所、郵遞區號、電話、傳真、電子郵件位址、指定送達代收人及其送達處所。</td></tr>
<tr><td>原　　告</td><td>乙</td><td colspan="3">設台北市○○區○○路○○號○○樓</td></tr>
<tr><td>訴訟代理人</td><td>○○○律師</td><td colspan="3">○○法律事務所
○○市○○路○○號○○樓
電話：○○-○○○○○○○○</td></tr>
<tr><td>被　　告</td><td>經濟部智慧財產局</td><td colspan="3">設台北市○○區○○路○○號○○樓</td></tr>
<tr><td>代 表 人</td><td>○○○</td><td colspan="3">住同上</td></tr>
<tr><td>參 加 人
（異議人）</td><td>○○公司</td><td colspan="3">設台北市○○區○○路○○號○○樓</td></tr>
<tr><td>代 表 人</td><td>○○○</td><td colspan="3">住同上</td></tr>
<tr><td colspan="5">為不服經濟部智慧財產局○○○字第○○○○○○○○○○號審定暨經濟部經訴字第○○○○○○○○○○號訴願決定，依法提起行政訴訟事：

訴之聲明
一、訴願決定及原處分均撤銷。
二、訴訟費用由被告負擔。

事實及理由
一、緣原告於民國○○年○○月○○日以「○○○○」商標，指定使用於商標法施行細則第19條所定修正前商品及服務分類表第9類之蓄電池、鋰電池、水</td></tr>
</table>

銀電池、太陽電池、燃料電池、電池、行動電話電池等商品，向被告申請註冊，經其審查，准列為註冊第○○○○○○號商標（下稱系爭商標，如附圖一所示）。嗣參加人○○商標管理公司以其所有註冊第○○○○○○○○、○○○○○○○○、○○○○○○○○、○○○○○○○○、○○○○○○○○號商標（下稱據以異議諸商標，如附圖二至六所示）主張系爭商標有違商標法第30條第1項第10、11、12款之規定，對之提起異議。經被告審查，認系爭商標有違商標法第30條第1項第11款之規定，以○○年○○月○○日中台異字第○○○○○○○○號商標異議審定書為「第○○○○○○號『○○○○』商標之註冊應予撤銷」之處分（審定書內容詳參原證1號）。原告不服，提起訴願，經經濟部○○年○○月○○日經訴字第○○○○○○○○號決定駁回（訴願決定內容詳參原證2號），遂提起本件行政訴訟。

二、系爭商標與據以異議之諸商標對消費者而言，並無混淆誤認之虞：

（一）商標之註冊雖不以獨創性為必要，但獨創性與否卻攸關識別性之強弱，識別性之強弱更直接影響到消費公眾之混淆誤認程度，查「○○○○」為一習用之英文單字，有領頭、上司、指導員、老闆等字義，單字本身不具獨創性，且使用者衆，因此消費者對商標及產製者之注意必高過於具獨創性之商標，猶似「大同」商標，有大同電器、大同磁器，「牛頭」牌有牛頭牌沙茶醬、牛頭牌鍋具、牛頭牌球鞋等不同商標之使用者，系爭商標與據以異議諸商標亦復如是。

（二）次就商品之類似程度及其關聯性言，雖然著名商標在程度上會賦予較大之保護，但所涵括適用之商品也不應漫無止境，否則將形成以大欺小，以強凌弱之不當註冊情形。據以異議諸商標係首先使用於旅行袋、皮夾、皮革、衣服及靴鞋等商品，就產品性質上屬服飾精品，所以就商品之關聯性認定，也應僅限於服飾相關之精品商品上，如訴願決定所述精品之價值在於其產品領域上之專精，如PRADA、BURBERRY、CHANEL、LV（Louis Vuitton）等著名商標，消費者對其認知商品也必然限於穿著配戴之服飾商品，所以在產品關聯性，生硬之電池與精緻之服飾商品，在消費者之認知上，絕不會對產製主體發生混淆誤認之情形。至於訴願決定所舉之手機袋、吊飾等商品行銷廣告較晚於系爭商標申請註冊時，顯無證據力。

（三）再就綜合客觀之事實認定，既存商標中以「○○○○」文字為主架構

<table>
<tr><td colspan="2">者衆，因使用者衆，其識別性則相對較低，即在於一般消費者須付與更大之注意程度為區辨。但就該客觀存在之註冊事實，在在說明一般消費者絕不會因「○○○○」商標而必然產生混淆為參加人所產製。
（四）綜上，由各面向觀之，系爭商標與據以異議之商標，對消費者而言顯無混淆誤認之虞，未料被告不查，在無任何客觀證據之狀況下，遽認系爭商標與據以異議之商標有致相關公衆混淆誤認之虞云云，顯有違誤，訴願決定予以維持，亦有不當。
三、綜上所述，懇請　鈞院鑒核，賜判決如訴之聲明，以維權益，實感德便。
謹狀
智慧財產法院　公鑒</td></tr>
<tr><td>證物名稱及件數</td><td>附件：委任狀正本。
附圖一：本件系爭商標。
附圖二：第○○○○○○○○○號商標。
附圖三：第○○○○○○○○○號商標。
附圖四：第○○○○○○○○○號商標。
附圖五：第○○○○○○○○○號商標。
附圖六：第○○○○○○○○○號商標。
原證1號：經濟部智慧財產局○○年○○月○○日中台異字第○○○○○○○○號商標異議審定書影本。
原證2號：經濟部○○年○○月○○日經訴字第○○○○○○○○○號決定影本。</td></tr>
<tr><td colspan="2">中　華　民　國　○　○　年　○　○　月　○　○　日</td></tr>
<tr><td colspan="2">具狀人：乙</td></tr>
<tr><td colspan="2">訴訟代理人：○○○律師</td></tr>
</table>

範例三：原告起訴狀——商標評定案，評決「申請成立」、訴願駁回，由商標權人提出之行政訴訟（課予義務訴訟）

<table>
<tr><td colspan="4">行政訴訟起訴狀</td></tr>
<tr><td>案　　號</td><td colspan="2">年度　　字第　　號</td><td>承辦股別</td></tr>
<tr><td>稱　　謂</td><td>姓名或名稱</td><td colspan="2">依序填寫：國民身分證統一編號或營利事業統一編號、性別、出生年月日、職業、住居所、就業處所、公務所、事務所或營業所、郵遞區號、電話、傳真、電子郵件位址、指定送達代收人及其送達處所。</td></tr>
<tr><td>原　　告</td><td>乙</td><td colspan="2">設台北市○○區○○路○○號○○樓</td></tr>
<tr><td>訴訟代理人</td><td>○○○律師</td><td colspan="2">○○法律事務所
○○市○○路○○號○○樓
電話：○○-○○○○○○○○</td></tr>
<tr><td>被　　告</td><td>經濟部智慧財產局</td><td colspan="2">設台北市○○區○○路○○號○○樓</td></tr>
<tr><td>代 表 人</td><td>○○○</td><td colspan="2">住同上</td></tr>
<tr><td>參 加 人
（評定人）</td><td>○○公司</td><td colspan="2">設台北市○○區○○路○○號○○樓</td></tr>
<tr><td>代 表 人</td><td>○○○</td><td colspan="2">住同上</td></tr>
<tr><td colspan="4">為不服經濟部智慧財產局○○○字第○○○○○○○○○○號審定暨經濟部經訴字第○○○○○○○○○○號訴願決定，依法提起行政訴訟事：

訴之聲明
一、訴願決定及原處分均撤銷。
二、訴訟費用由被告負擔。

事實及理由
一、原告於民國○○年○○月○○日以「○○○ Family御家族及圖」商標，指定使用於商標法施行細則第19條所定修正前商品及服務分類表第30類之「調味用醬、糖、蜜、糖果、米果、餅乾、穀製點心片。」商品及第29類、第31類及第32類商品，向被告申請註冊，經被告核准列為註冊第○○○○○○號商標（下稱系爭商標，如附圖一所示），商標權期間自○○年○○月○○日起至○○年○○月○○日止。嗣參加人提出據以評定之註冊第○○○○○○號「○○○」商標圖樣（下稱據以評定商標，如附圖二所示），於○○年○○</td></tr>
</table>

月○○日主張系爭商標指定使用於上開修正前第30類商品之註冊，有違商標法第30條第1項第10款、第11款及第12款規定，對之申請評定。案經被告審查，認系爭商標指定使用於修正前第30類商品之註冊有違商標法第30條第1項第10款規定，以○○年○○月○○日中台評字第○○○○○○號商標評定書為系爭商標指定使用於修正前第30類商品之註冊應予撤銷之處分（評定書內容詳參原證1號）。原告不服，提起訴願，經訴願機關決定駁回（訴願決定內容詳參原證2號），原告仍不服，遂提起本件行政訴訟。

二、系爭商標與據以評定商標之近似程度不高，實無造成消費者混淆誤認之虞：

（一）有關商標是否近似暨其近似之程度部分：系爭商標之設計意匠乃由中文名稱「御家族」與英文名稱「○○○ Family」及萬丈光芒圖樣所組成，重點在於「御家族」中文字樣及萬丈光芒圖樣，英文名稱「○○○ Family」非本件商標圖樣之主要特徵，僅以單純橫書未經設計之英文印刷體「○○○」置於「御家族」字樣上方，而「Family」置於「御家族」字樣下方，而「御家族」中文字樣為特殊造型之書法字體，置於商標中心位置，且字體大而顯著，字體外圍之萬丈光芒圖樣亦係經過精心設計而呈放射狀，「御家族」中文字樣及萬丈光芒圖樣始為系爭商標之主要識別部分，屬整體商標之明顯部位，為消費者於異時異地隔離觀察所特別注目之焦點，並藉此表彰系爭商標之產品與他人產品之不同；至據以評定商標文字僅以小字體置於「御家族」字樣上方。消費者於目睹文字與圖形同時陳列時，習慣上對於圖形部分較容易記憶，文字部分因涉及拼字及發音問題，其辨識度本較圖形為低，又商標識別性之強弱，係指作為商標之文字、圖形、記號、顏色組合或其聯合式，對於相關商品購買人所呈現識別商品來源之功能的強弱，原則上創意性之商標識別性最強。系爭商標與據以評定商標縱均有「○○○」字樣，然由其構圖比例觀之，尚難認「○○○」字樣，為其據以評定商標主要部分，自不能僅因二商標均有「○○○」字樣，即認構成高度近似，故就商標整體觀察原則，「○○○」並不顯著，不得因此將系爭商標予割裂觀之，系爭商標與據以評定商標相較，無論依據普通注意原則、通體觀察及比較主要部分原則、異時異地隔離觀察原則等，二商標近似程度不高，實不致造成消費者混淆或誤認。

（二）有關商品是否類似暨其類似之程度部分：據以評定商標屬於商標法施行細則第19條所定修正前商品及服務分類表第30類之商品，而第30類商品中以「○○○」英文獲准註冊之情形所在多有。其中註冊第○○○○○○號「○○○Pack」商標及註冊第○○○○○○○號「○○○鈞泰」商標，其「○○○」之英文字母均占商標之顯著位置，上開商標既不致使消費者混淆，而原告就「○○○」英文字體於系爭商標之表示方式，既不顯著又無特殊設計，顯非系爭商標之主要特徵，不致使消費者混淆。詎被告竟以系爭商標與據以評定商標近似而撤銷系爭商標指定使用於第30類商品之註冊，顯違反行政程序法第6條規定之行政自我拘束原則。況據以評定商標之「○○○」字樣係使用普通印刷字體，倘日後無論其他商標之「○○○」使用情形如何，均將構成近似商標，實不合理。是被告認為系爭商標有使消費者產生混淆誤認情事，實屬率斷，顯失公平。

（三）被告認為參加人自○○年起陸續以「泛舒達○○○」、「○○○」、「○○○及圖」等文字指定使用於糖果、餅乾等商品取得商標註冊，並持續透過各大百貨等連鎖通路販賣據以評定商標之商品，而認為據以評定商標之商品應屬消費者較為熟悉之商標，依被告所公告之「混淆誤認之虞」審查基準5.6.2規定應給予較大保護。惟上開規定係指消費者對於「衝突之二商標」如僅熟悉其中之一者，則就該較為熟悉之商標，應給予較大之保護，仍指二商標本身已屬近似之情形，然系爭商標與據以評定商標本身近似程度不高，即無衝突之情況，應不適用上開規定。況系爭商標自○○年○○月○○日註冊至今，二商標已併存多年，復以參加人並未提出證據資料證明相關消費者有何實際混淆誤認之情事，自難認參加人據以評定商標於系爭商標註冊時已為著名商標，而較為消費者所知悉，亦難認系爭商標之註冊有違商標法第30條第1項第10款之規定。

（四）是以，系爭商標與據以評定商標相較，無論依據普通注意原則、通體觀察及比較主要部分原則、異時異地隔離觀察原則等，二商標近似程度不高，非屬近似商標。依臺北高等行政法院97年度訴字第1205號、97年度訴字第730號及智慧財產法院98年度行商訴字第26號判決意旨，自無再斟酌是否因使用於相同或類似商品而有致相關消費者混淆

<table>
<tr><td colspan="2">誤認之虞之必要。縱然二商標均指定使用於修正前第30類之商品，亦無致相關消費者產生混淆誤認之虞，故系爭商標之註冊無違反商標法第30條第1項第10款規定等情。原處分與訴願決定於無任何理由之情況下率然認定「系爭商標指定使用於修正前第30類商品之註冊有違商標法第30條第1項第10款規定」云云，顯屬無據。
三、綜上所述，懇請　鈞院鑒核，賜判決如訴之聲明，以維權益，實感德便。
謹狀
智慧財產法院　公鑒</td></tr>
<tr><td>證物名稱及件數</td><td>附件：委任狀正本。
附圖一：本件系爭商標。
附圖二：本件據以評定商標。
原證1號：經濟部智慧財產局○○年○○月○○日中台評字第○○○○○○號商標評定書影本。
原證2號：經濟部○○年○○月○○日經訴字第○○○○○○○○○號決定影本。</td></tr>
<tr><td colspan="2">中　華　民　國　○　○　年　○　○　月　○　○　日</td></tr>
<tr><td colspan="2">具狀人：乙</td></tr>
<tr><td colspan="2">訴訟代理人：○○○律師</td></tr>
</table>

範例四：原告起訴狀——商標廢止案，經審查「申請不成立」、訴願駁回，由廢止申請人提出之行政訴訟（課予義務訴訟）

<table>
<tr><td colspan="5">行政訴訟起訴狀</td></tr>
<tr><td>案　號</td><td colspan="2">年度　字第　號</td><td>承辦股別</td><td></td></tr>
<tr><td>稱　謂</td><td>姓名或名稱</td><td colspan="3">依序填寫：國民身分證統一編號或營利事業統一編號、性別、出生年月日、職業、住居所、就業處所、公務所、事務所或營業所、郵遞區號、電話、傳真、電子郵件位址、指定送達代收人及其送達處所。</td></tr>
<tr><td>原　告</td><td>乙</td><td colspan="3">設台北市○○區○○路○○號○○樓</td></tr>
</table>

訴訟代理人	○○○律師	○○法律事務所 ○○市○○路○○號○○樓 電話：○○-○○○○○○○○
被　　　告	經濟部智慧財產局	設台北市○○區○○路○○號○○樓
代　表　人	○○○	住同上

為不服經濟部智慧財產局○○○字第○○○○○○○○○號審定暨經濟部經訴字第○○○○○○○○○號訴願決定，依法提起行政訴訟事：

訴之聲明

一、訴願決定及原處分均撤銷。

二、被告應作成第「○○○○」號「XX」商標權應予廢止之處分。

三、訴訟費用由被告負擔。

事實及理由

一、被告應對第○○○○○○○○○號商標廢止案件作成「商標權應予廢止」之審定，原處分（詳參原證1號）及訴願決定（詳參原證2號）均有違誤，應予撤銷：

（一）按商標法第63條第1項第2款之規定，商標註冊後，無正當事由迄未使用或繼續停止使用已滿三年者，商標專責機關應依職權或據申請廢止其註冊。但被授權人有使用者，不在此限。

（二）本件中，甲為A商標之商標權人，惟甲於○○年○○月○○日起取得A商標之商標權後，僅使用A商標一年之時間，自○○年○○月○○日起至今，逾三年半之時間，均未使用該商標（原證3號參照），亦未將A商標之商標權授與他人，依前揭商標法第63條第1項第2款之規定，被告應依職權或據原告之申請，廢止甲對A商標之商標權，始與商標法第63條第1項第2款之規範意旨相符。

（三）惟查：被告機關對此未加以詳查，僅謂原告提出之證據不足以證明甲停止使用A商標已逾三年之期間，即率然駁回原告之申請。再者，訴願機關對此亦未予明辨，即直接援用被告之理由，再次駁回原告之申請。被告與訴願機關對「甲是否停止使用A商標逾三年、是否應廢止甲對A商標之商標權」完全未予論述說明，顯有違誤，故原處分及訴願決定均應予撤銷。

二、綜上所述，懇請　鈞院鑒核，賜判決如訴之聲明，以維權益，實感德便。 謹狀 智慧財產法院　公鑒	
證物名稱及件數	附件：委任狀正本。 原證1號：經濟部智慧財產局○○年○○月○○日○○○字第○○○○○○○○○○號審定。 原證2號：經濟部○○年○○月○○日經訴字第○○○○○○○○○號訴願決定。 原證3號：甲所開設○○商店之營業證明。
中　華　民　國　○　○　年　○　○　月　○　○　日	
具狀人：乙	
訴訟代理人：○○○律師	

範例五：參加人答辯狀——商標廢止案，經審查「申請不成立」、訴願駁回，由廢止申請人提出之行政訴訟，法院裁定商標權人參加訴訟

參加人答辯狀		
案　號	年度　字第　號	承辦股別
稱　謂	姓名或名稱	依序填寫：國民身分證統一編號或營利事業統一編號、性別、出生年月日、職業、住居所、就業處所、公務所、事務所或營業所、郵遞區號、電話、傳真、電子郵件位址、指定送達代收人及其送達處所。
參加人（商標權人）	甲	設台北市○○區○○路○○號○○樓 送達代收人：○○○律師
訴訟代理人	○○○律師	○○法律事務所 ○○市○○路○○號○○樓 電話：○○-○○○○○○○○
原　告	乙	住台北市○○區○○路○○號○○樓 送達代收人：○○○律師
被　告	經濟部智慧財產局	設台北市○○區○○路○○號○○樓

代　　表　　人	○○○	住同上

為　鈞院○○年行商訴字第○○號行政訴訟，提呈參加人答辯意見事：

答辯聲明

一、原告之訴駁回。

二、訴訟費用由原告負擔。

事實及理由

一、參加人自○○年○○月○○日至○○年○○月○○日止停止使用A商標，係有正當理由，不符合商標法第63條第1項第2款「商標註冊廢止之事由」：

（一）按商標法第63條第1項第2款之規定，商標註冊後，無正當事由迄未使用或繼續停止使用已滿三年者，商標專責機關應依職權或據申請廢止其註冊。但被授權人有使用者，不在此限。本條項所稱之「正當事由」，係指商標權人由於事實上之障礙或其他不可歸責於己之事由，以致無法使用註冊商標以生產製造、加工、揀選、批售、提供或經紀其指定之商品或服務而言。

（二）實務上認為：海運斷絕，原料缺乏或天災地變，以致廠房機器有重大損害，一時不能開工生產或銷售等情形，均屬不能使用之正當事由（行政法院55年判字第301號判例，參證1號參照）。

（三）本件：

參加人之所以於○○年○○月○○日至○○年○○月○○日止停止使用A商標，實係因生產該服飾之原料均來自B國，惟B國自○○年起至今，天災頻傳，導致生產該服飾之原料大量銳減，至今仍無法送抵我國。是以，參加人自○○年○○月○○日至○○年○○月○○日未能繼續A商標，實係出於不可歸責於己之事由，並非商標法第63條第1項第2款所稱「無正當事由」而停止使用之情形。故參加人停止使用A商標之行為並不符合商標法第63條第1項第2款之商標註冊廢止事由。

二、綜上所述，本件並不符合商標法第63條第1項第2款之商標註冊廢止事由，亦無其他法定應廢止註冊之事由，故原處分及訴願決定之判斷並無違誤，懇請鈞院賜判如答辯聲明，以維法紀，實為德感。

謹狀

智慧財產法院　公鑒

<table>
<tr><td>證物名稱
及件數</td><td colspan="12">附件：委任狀正本。
參證1號：行政法院55年判字第301號判例影本乙份。</td></tr>
<tr><td>中</td><td>華</td><td>民</td><td>國</td><td>○</td><td>○</td><td>年</td><td>○</td><td>○</td><td>月</td><td>○</td><td>○</td><td>日</td></tr>
<tr><td colspan="13" align="right">具狀人：甲</td></tr>
<tr><td colspan="13" align="right">撰狀人：訴訟代理人○○○律師</td></tr>
</table>

第五節　實務判解

・商標評定

1. 最高行政法院99年度判字第72號判決

按商標爭議事件，其商標近似之態樣有外觀近似、觀念近似及讀音近似，而判斷有否致相關公眾混淆誤認之虞者，其中關於商標是否近似，依各款規定分別應考量相關公眾施以普通注意之原則、通體觀察及比較主要部分之原則、異時異地隔離觀察之原則，另仍應考量商標之商標識別性之強弱、系爭商標與據爭商標之是否近似及近似之程度、商品或服務是否類似及其類似之程度、先權利人是否有多角化經營之情形、是否有實際混淆誤認之情事、相關公眾或消費者對系爭商標與據爭商標熟悉之程度、系爭商標之申請人是否善意以及是否有其他混淆誤認等判斷混淆誤認之因素存在，方能妥當認定系爭商標是否有商標法第23條第1項第12款之混淆誤認之虞情形，正確適用法規，公允審定商標評定是否成立。是於商標近似及商品／服務類似之法定要件齊備之情形下，仍須具備導致有混淆誤認之虞，方能作成評定成立之審定。惟該等考量因素是否需要全部考量、各項因素考量程度應多深，仍應視具體個案之案情需要決之，未可一概而論。

2. 最高行政法院99年度判字第14號判決

而按商標評定事件，以系爭商標有（修正前）商標法第37條第12款及現行商標法第23條第1項第13款之情形者，其商標近似之態樣有外觀近似、觀念近似及讀音近似，而判斷有否致相關消費者混淆誤認之虞，其中關於商標是否近似，應考量一般消費大眾施以普通注意之原則、通體觀察及比較主要部分之原則、異時異地隔離觀察之原則，另仍應考量商標之商標識別性之強弱、系爭商標與據以評定商標之是否近似及近似之程度、商品或服務是否類似及其類似之程度、先權利人是否有多角化經營之情形、是否有實際混淆誤認之情事、相關消費者對系爭商標與據以評定商標熟悉之程度、系爭商標之申請人是否善意以及是否有其他混淆誤認等判斷混淆誤認之因素存在，方能妥當認定系爭商標是否有（修正前）商標法第37條第12款及現行商標法第23條第1項第13款之情形，正確適用法規，公允審定商標評定是否成立；又在商標近似及商品／服務類似之法定要件齊備之情形下，仍須具備導致有混淆誤認之虞，方能作成評定成立之審定。

原審判決以系爭商標與據以評定商標雖有近似情形，但近似程度不高，且考量相關商標識別性等諸多因素，認系爭商標不會致相關消費者與據以評定商標產生混淆誤認之虞，並無撤銷其註冊之原因，因而撤銷原處分及訴願決定認定系爭商標有違現行商標法第23條第1項第13款規定之處分，其認事用法尚無違誤，其所適用之法規與該案應適用之現行法規並無違背，與解釋判例，亦無牴觸，並無所謂原審判決有違背法令之情形；又證據之取捨與當事人所希冀者不同，致其事實之認定亦異於該當事人之主張者，不得謂為原審判決有違背法令之情形。

3.　最高行政法院98年度判字第1323號判決

關於著名商標之混淆誤認之虞之適用並不以相同或類似於著名商標所表彰之商品或服務為限，惟就相衝突商標所表彰之各種商品或服務是否構成混淆誤認之虞之判斷，與商標之著名程度及識別性關係密切且相互消長，商標越具有識別性且越著名，其所能跨類保護之商品範圍就越大，即越易判斷為構成混淆誤認之虞；反之，若商標係習見之商標或著名性較低，則其跨類保護之範圍就較小。本件原判決既已認定：「據以評定「LUX（label）」商標於系爭商標申請註冊（89年2月9日）時，據以評定商標所表彰之商品信譽，不但已為相關事業或消費者所普遍認知之著名商標，甚或是一般公眾普遍認知之高著名程度。」等事項，雖系爭商標所指定使用內衣、睡衣、泳裝、內褲、胸罩、束褲等商品與據以評定商標所著名之香皂、洗髮乳、沐浴乳等商品，二者商品類似程度如何，容待事實調查確認，然在據以評定商標於市場上已具有相當信譽後，上訴人始以極相彷彿之外文「LUX」作為商標圖樣申請註冊，則衡酌系爭商標與據以評定商標之近似程度、據以評定商標著名性以及消費者對於據以評定商標熟悉程度等因素綜合判斷，客觀上有無使消費者產生錯誤之聯想，致相關消費者混淆誤認之虞？本件既經發交，智慧財產法院自應就本件系爭商標之著名性程度及上開因素綜合判斷，是否依混淆誤認之虞規定，給予據以評定商標跨類商品之保護，而為調查認定，附此敘明。

4. 最高行政法院98年度判字第1272號判決

惟按商標評定事件與民事商標侵害之構成要件不同，民事判決與行政法院判決，原可各自認定事實，行政爭訟事件並不受民事判決認定事實之拘束。又民事判決所認定之事實，及其所持法律上見解，並不能拘束行政法院。原審法院應本於調查所得，自為認定及裁判，本院44年判字第48號判例要旨足參。經查，本件系爭商標是否具先天識別性，其使用狀態是否已達足以使一般商品購買人認識其為表彰商品之標識，並得藉以與他人之商品相區別之程度，原審法院應本於調查所得，自為認定及裁判，並不受民事判決認定事實之拘束，上訴人所提地方法院民事判決，自不足為有利上訴人證據。再者，上訴人所引臺灣臺北地方法院於95年5月8日判決，業經臺灣高等法院95年度智上字第28號判決以系爭商標不具識別性為由，廢棄原判決，並駁回該件上訴人在第一審之訴，此有該判決查詢資料一份在卷可稽，是民事法院就識別性並無與原判決有相異認定，更不得作為上訴人有利之證據。縱原審雖有未於判決中對上開主張加以論斷者，惟尚不影響於判決之結果，與所謂判決不備理由之違法情形不相當。

5. 最高行政法院98年度判字第929號判決

商標法第91條規定，本法修正施行前，已申請或提請評定，尚未評決之評定案件，以本法修正施行前及本法修正施行後之規定均為違法事由為限，始撤銷其註冊；其程序依修正後之規定辦理。本件係92年11月28日商標法修正施行前，已申請評定尚未評決之評定案件，而系爭註冊商標所涉之82年12月22日修正前註冊時商標法第37條第1項第7款，業經修正為現行商標法第23條第1項第12款，於修正施行前後法條規定均為違法事由。再查本件原處分機關係就修正前註冊時商標法第37條第1項第7款部分為判斷，而作出申請不成立之處分，就現行商標法第23條第1項第12款及第14款之事由，則以系爭商標既無修正前註冊時商標法第37條第1項第7款之規定情事，即無庸再加審究是否有修正後商標法規定之適用。則本件行政訴訟審理之對象應限於「系爭商標有無違反修正前註冊時商標法第37條第1項第7款及現行商標法第23條第1項第12款之規定」。

另按商標圖樣襲用他人之商標或標章有致公衆誤信之虞者，不得申請註冊，爲系爭商標註冊時商標法第37條第1項第7款所明定。而其適用係指以不公平競爭之目的，非出於自創而抄襲他人已使用之商標或標章申請註冊並有致公衆誤信之虞者；所襲用者不以著名商標或標章而使用於同一或類似商品爲限。同法施行細則第31條亦有明文。

6. 智慧財產法院102年度行商訴字第99號判決

經查，原告雖於評定階段、訴願階段及本院審理時提出諸多證據主張其公司名稱，於系爭商標註冊時，已臻著名，應屬著名之法人云云，惟觀諸原告所提出之相關證據，或能證明原告確有爲著名建案或知名人物施作游泳池工程，然此舉仍與原告公司是否已臻著名有相當程度之差距，因公司與法人名稱揭示於相關公衆與消費者之頻率及方式本即與商標不同，而參照原告所提之歷年工程業績一覽表（見本院卷第12至18頁）可知，原告係以游泳池工程施作爲其主要業務，然衡諸一般工程之施作習慣，除大型工程會將建設公司之名稱標示於建築外觀外，其餘小型工程之施作或附屬於大型工程內部之細部工程，如屬原告公司主要業務項目之游泳池施作等，是否皆會標示公司或法人名稱，未見原告提出證據證明，原告復未能提出相關證據證明其確有於所施作之游泳池工程上標示其公司之中文或英文名稱，故原告雖提出歷年工程業績一覽表，僅能證明其公司主要業務爲游泳池工程之施作，尚難證明其公司名稱已爲消費者或相關公衆所知悉，而達著名之程度。另原告所提印有其公司中英名稱之名片、工程合約書、原告公司從事國際貿易之資料、美國在台協會訂單資料等（見本院卷31至34、38至44頁），亦僅能證明其所從事之業務，仍難以證明其公司名稱爲消費者或相關公衆所知悉而達著名之程度，更遑論前開資料尚存有如原告公司網站資料並無日期可稽，其列印日期則晚於系爭商標申請註冊日；統一發票、工程合約書、國稅局申報核定通知書則未見原告使用其公司英文名稱；歷年工程業績一覽表及法律事務所函亦無法知悉原告是否有對外使用其公司英文名稱或僅使用其公司中文名稱，另依西元1992年建築與材料採購指南，雖可見原告使用其公司英文名稱，惟其數量稀少，且無其他銷售量、營業額、媒體廣告等證據資料可稽等情形觀之，原告主張其公司中文及英文名稱於系爭商標申請註冊時已臻著名程度，尚難採信。另觀諸原告所提附件13即84年9月4日民生報之影本（見本院卷第52頁），該頁之報導亦僅提及「游泳池業者許乘嘉」，而未見有原告公司之中文或英文名稱之文字敘述，則閱讀該報之消費者，實難以僅憑該報導而知悉原告公司之中文或英文名稱，綜上所述，原告公司名稱於系爭商標註冊時，應尚未達到著名之程度。

次查原告公司係以游泳池工程之施作爲其主要業務，而系爭商標係指定使用於衣服、T恤、褲子、外套、運動服等商品，二者相較，其商品及服務類別差異甚大，而能接觸游泳池工程之相關業務承辦人員亦非多數，則其所佔可能購買系爭商標所表彰商品之消費者比例，應明顯偏低，而觀諸原告所提之附件2知名網路問答平台之問與答（見本院卷第26頁），其中發問者並未將標示有「bluehaven」之產品誤認爲原告所產製，其主觀上仍認定「bluehaven」爲一般服飾、鞋類品牌，則附件2尚不足以證明相關消費者因此將系爭商標與原告公司名稱發生混淆誤認，而依一般社會通念，二者商品及服務之性質迥異，行銷管道及提供者亦顯然不同，市場區隔清楚，相關事業或消費者應不會誤以爲其係來自相同或相關聯之來源，難謂有致相關公衆混淆誤認之虞。況原告公司之中文或英文名稱於系爭商標註冊時，尚未達著名之程度。從而，系爭商標之註冊自無核准時商標法第23條第1項第16款及現行商標法第30條第1項第14款之適用。

7. 智慧財產法院102年度行商訴字第46號判決

將系爭商標與據以評定商標相較，系爭商標圖樣（如附圖1所示）係由分別扮演畫家、廚師及消防隊員等3種職業角色之卡通人物各自站在正反B字母設計圖形之左右側及上方，並占整體商標圖樣極大部分，下方則爲較小字體之外文「BabyBoss」，所共同組成，上開圖案係分別以綠、橘、藍等三色加以構圖，其圖形化之正反向B字母係以大寫字母呈現，顯係意指下方較小字體外文「BabyBoss」之縮寫，是系爭商標主要部分應係上方之圖形，實難認係下方較小字體之外文「BabyBoss」；而據以評定商標係以外文「BOSS」、「BOSS HUGO BOSS」、「BOSS Kidswear」、「HUGO BOSS」、「HUGO HUGO BOSS」、或將外文文「BOSS HUGO BOSS」、「HUGO HUGO BOSS」作反白呈現並以其他顏色爲底等圖樣所構成，並無任何卡通人物圖形，其中「BOSS」、「BOSS HUGO BOSS」部分，外文「BOSS」字體最大，而「BOSS Kidswear」、「HUGO BOSS」字體大小相同，另「HUGO HUGO BOSS」係外文「HUGO」字體最大，是字體最大部分即爲據以評定商標主要部分，則系爭商標主要部分既難認係下方較小字體之外文「BabyBoss」，尚無從僅以系爭商標之外文「BabyBoss」與據以評定商標之外文「Boss」爲比較，仍應爲整體觀察，且外觀已有極大差別。其次，系爭商標「BabyBoss」與據以評定商標「Boss」、「BOSS HUGO BOSS」、「BOSS Kidswear」、「HUGO BOSS」、「HUGO HUGO BOSS」之讀音明顯有別。再者，兩者固均有引人注意之相同外文「BOSS」，外文「BOSS」之直譯爲老闆或領袖之意，外文「BabyBoss」之直譯即有小老闆或小領袖之意，然系爭商標除文字外復有彩色卡通人物圖形，且所占比例遠大於外文「BabyBoss」，是兩者之觀念仍有差別。準此，以具有普通知識經驗之消費者或相關公衆，於實際交易時施以普通之注意，異時異地隔離及整體觀察，系爭商標與據以評定商標不論外觀、觀念，整體、讀音予人寓目印象有別，視覺感受亦有不同，是系爭商標與據以評定商標之整體近似程度甚低。

・商標廢止

1. 最高行政法院98年度判字第352號判決

按商標註冊後，無正當事由迄未使用或繼續停止使用已滿3年者，商標主管機關應依職權或據申請廢止其註冊，固爲商標法第57條第1項第2款前段所規定；其所稱商標之使用，係指爲行銷之目的，將商標用於商品、服務或其有關之物件，或利用平面圖像、數位影音、電子媒體或其他媒介物足以使相關消費者認識其爲商標，亦爲同法第6條所規定；又同法第5條規定：「（第1項）商標得以文字、圖形、記號、顏色、聲音、立體形狀或其聯合式所組成。（第2項）前項商標應足以使商品或服務之相關消費者認識其爲表彰商品或服務之標識，並得藉以與他人之商品或服務相區別。」、第2條規定：「凡因表彰自己之商品或服務，欲取得商標權者，應依本法申請註冊。」所稱因表彰自己營業之商品，不以自己生產製造者爲限，因揀選、批售或經紀商品，亦得使用商標，故爲表彰自己代理經銷之商品而使用系爭商標，亦應爲法所允許。原判決謂商標必須爲行銷商標權人之商品或服務之目的，將商標用於商標權人之商品或其包裝、容器、標帖、說明書或其他類似物件上而持有、陳列或散布者，或利用平面圖像、數位影音、電子媒體或其他媒介物足以使相關消費者認識其爲商標，始屬商標之使用，容有未洽。

復按商標法第58條第1款規定，商標權人實際使用之商標與其註冊商標不同，而依社會一般通念並不失其同一性者，應認爲有使用其註冊商標。上訴人文德公司提出之商品包裝所示，其正面有如原判決附圖2所示之圖樣，而該圖樣右側另顯示「佛手」圖樣，系爭商標與該包裝袋上「佛手」二字相比，二者差異極微，字體並無明顯改變，則依社會一般通念並不失其同一性，是否仍應認爲上訴人文德公司有使用系爭商標，原判決未予審酌，即認難謂上訴人文德公司係就系爭商標「佛手及圖」之使用，亦有未洽。從而，上訴人文德公司執以指摘，爲有理由，其聲明求爲廢棄原判決，即無不合，應予准許，應由本院廢棄原判決，發交智慧財產法院審理。

2. 智慧財產法院97年度行商訴字第134號判決

商標註冊後有無正當事由迄未使用或繼續停止使用已滿3年之情形者，商標專責機關應依職權或據申請廢止其註冊，商標法第57條第1項第2款定有明文。倘商標權人有實際使用之商標與其註冊商標不同，而依社會一般通念並不失其同一性之情形者，依同法第58條第1款規定，應認爲有使用其註冊商標。原告主張參加人並無使用系爭商標云云，惟查，參加人實際使用之態樣，依一般社會通念，與系爭商標圖樣仍不失其同一性，屬系爭商標之使用。故參加人於原告95年12月8日申請廢止前3年內確有使用系爭商標之事實。從而，原處分認系爭商標之註冊並無違反商標法第57條第1項第2款規定，而爲廢止申請不成立之處分，並無違法。

3. 智慧財產法院97年度行商訴字第87號判決

系爭商標自行變換並加附記後之使用態樣與據以廢止商標圖樣相較，兩者雖均有外文「NASA」字樣，惟所佔整體圖樣比例均小，且系爭商標之實際使用態樣中以較大字體之外文「JENASASUPERDUTY」、「Super Duty」，足供與據以廢止商標（中文「耐使」及外文「NASA」）相區別，於異時異地隔離整體觀察，具有普通知識經驗之消費者，於購買時施以普通之注意，並無使人產生混淆誤認之虞。又，原告主張參加人早已知悉據以廢止商標存在在先，又惡意仿襲據以廢止商標，將系爭商標變換加附記使用在相同或類似之商品，有搭便車之嫌云云，惟商標法第57條第1項第1款所定商標廢止事由並未以商標權人之主觀爲其要件，縱然原告所述屬實而參加人所爲有可議之處，然仍應就參加人就系爭商標自行變換商標並加附記之情形，與據以廢止商標之圖樣有無構成相同或近似，而有使相關消費者混淆誤認之虞爲客觀之判斷。

4. 智慧財產法院102年度行商訴字第93號判決

由參加人於97年5月19日所提出加強證據2（廢止卷第290頁）與98年11月6日所提出附件7（證物袋內）均爲跑步機外包裝盒圖樣，其上載有「Motion Control (TM)」及「SMOOTH 6.25E TREADMILL」字樣，雖無日期揭載，然與98年11月6日所提出附件8參加人於94至95年間所產製商品之出口報單中之94年9月15日、22日、10月13日、11月24日、12月21日、95年2月28日、7月13日、9月14日、11月7日、11月21日及12月29日等出口報單上載有「SMOOTH 6.25 TREADMILL」字樣，二者可相互勾稽，而認屬一組關聯證據；又觀諸該等出口報單所示，係將參加人所產製之跑步健身機等商品出口至美國（United States），則該跑步機外包裝盒已標示有系爭商標，而商標右上角已標示有「TM」2字（即外文「Trademark」之縮寫），此種於出口相關物品之商標標示使用方式，依其相關消費者之認知，應得明白該TM即爲Trademark之縮寫，亦即中文「商標」之意，進而可認參加人於本件商標廢止註冊申請日前3年有將系爭商標使用於跑步健身機商品並外銷之事實。

5. 智慧財產法院102年度行商訴字第44號判決

查系爭商標圖樣係由外文大寫「V」與橢圓形結合設計所構成（如附圖1所示）。參加人於100年5月20日申請廢止系爭商標之註冊，是原告應提出相關證據證明系爭商標於申請廢止日前3年內有使用系爭商標於「傘」商品之事實，其使用應符合商業交易習慣，即原告所使用之商品，應在其所指定之「傘」商品，且原告係爲行銷之目的，足以使相關消費者識別標識與商品或服務表彰原告來源或信譽，始可謂係爲商標權人自己註冊商標之眞正使用。

經核閱原告所提之進口發票（訴願卷第21至24頁之訴願證1號，本院卷第78至81頁之原證2號），係由原告之關係企業臺灣范倫鐵諾公司（Valentino Taiwan Co. Ltd.）於西元2010年12月21日自義大利進口型號爲「AWO00002-AFLY01」、品名爲「OTHER」之商品2件等物至臺灣；報單號碼CA/99/284/02692之進口報單（本院卷第73至77頁之原證2號），乃臺灣范倫鐵諾公司於民國99年12月27日進口貨物名稱爲「AWO00002-AFLY01 UMBRELLAS」之商品2件等物至臺灣。又臺灣范倫鐵諾公司分別於100年1月13日、4月23日在高雄大立精品百貨（Talee StarPlace）銷售型號爲「AWO00002-AFLY01」、品名爲「OTHER」之商品各1件予0000-0000 00000、00 0000-0000，此有銷售發票原本、大立精品網頁資訊在卷可稽（訴願卷第25至26頁），核與0000-0000 00000（000000）於102年7月24日經公證人認證之宣誓書（本院卷第82頁）所載內容相符。另觀諸原告所提「傘」實物1把（外放證物），其上吊（如附圖2所示）印有「AWO00002-AFLY01」、「OTHER」字樣、系爭商標圖樣、以及外文大寫「V」的橢圓形設計圖與外文大寫「VALENTINO」的組合圖案。前揭證據資料足可互相勾稽，是原告主張其經由關係企業臺灣范倫鐵諾公司於99年12月間進口、並於100年1月13日、4月23日在我國銷售型號「AWO00002-AFLY01」之「傘」商品，並於該「傘」商品的吊牌上有為行銷之目的而使用系爭商標圖樣之事實，堪以採信。

6. 智慧財產法院102年度行商訴字第5號判決

按商標權人於商標廢止事件，其證明有使用之事實，應符合商業交易習慣，修正前商標法第59條第3項定有明文。蓋商標之使用不僅為商標人之權利，亦為其義務所在，是未經使用之商標，縱使取得商標註冊，亦無法作為表彰商品或服務來源之功能。蓋商標與企業經營有密切之關聯，倘商標無法與企業相結合，附著於商品或服務行銷，其充其量僅屬一種設計形式，不具商標應有之表彰功能。而使用之概念應著重於客觀之實際使用，並非申請註冊人主觀上是否有使用之意思。換言之，商標使用著重於商業上之實際使用，而非僅為保留其權利而象徵性使用該標章。以避免無實際使用商標之人，阻礙他人善意使用商標，導致產生不公平競爭，違背商標制度存在之目的。揆諸前揭說明，原告應提出相關證據證明，其於99年12月14日之前3年內，有行銷目的之主觀意思，客觀上將系爭商標用於商品、服務或其有關之物件，或利用平面圖像、數位影音、電子媒體或其他媒介物，足以使相關消費者認識其系爭商標，且其使用符合商業交易習慣之事實。

第四單元　商標權刑事訴訟

第一節　前言

案例

「○○○ logo」、「○○○」等商標圖樣，均為A公司向經濟部智慧財產局申請註冊登記獲准取得商標專用權，指定使用於汽車輪圈等零件之商品，目前仍於專用期間內。某甲自民國98年起，自不詳姓名年籍人士販入未經授權擅自使用上開商標於汽車輪圈鋁圈各3件後，旋在其位於○○市○○路○○號○樓住處，利用其所有之電腦、網路連線設備連線至「○○拍賣網站」，使用「○○○○」帳號向不特定人要約販售上開侵害商標之仿冒商品，某乙於網路上購買該商品後，始發現其購買之商品為仿冒商品，遂報警處理。試問：

(1)某甲之行為可能觸犯商標法上之何規定？

(2)若檢察官認為依偵查所得之證據，足認某甲有犯罪嫌疑，因而將其起訴，某甲應如何抗辯？

商標權爲財產權之一種，依憲法第15條之規定應予保障，且爲確實達成保護個體經濟之利益，國家公權力於特定情況下即有介入之必要。故商標法於特殊之情形下設有刑罰之規定，以期嚇阻爲謀一己之利而侵害他人商標權之行爲，並維持本國商品之競爭力以及維持外國商品輸入我國之意願。另外，因商標法於罰則之部分，僅就構成要件及罪刑爲規定，因此其他關於行爲人之行爲能力、有無阻卻違法事由等，仍應依刑法之規定爲認定；至於應遵循之程序，亦應依刑事訴訟法之規定進行。

第二節　法令解說

一、侵害商標專用權罪（商標法第95、96條）

依商標法第95條規定，未得商標權人或團體商標權人同意，爲行銷之目的而有下列情形之一，處三年以下有期徒刑、拘役或科或併科新臺幣二十萬元以下罰金：

（一）於同一商品或服務，使用相同於註冊商標或團體商標之商標者。

（二）於類似之商品或服務，使用相同於註冊商標或團體商標之商標，有致相關消費者混淆誤認之虞者。

（三）於同一或類似之商品或服務，使用近似於註冊商標或團體商標之商標，有致相關消費者混淆誤認之虞者。

所謂團體商標是指，具有法人資格之公會、協會或其他團體，為表彰其會員之會籍，並藉以與非該團體會員相區別之標識（商標法第85條參照）。而法條中所謂商標之「使用」，指為行銷之目的，有商標法第5條第1項之各款行為，並足以使相關消費者認識其為商標者，均屬商標使用之範圍（商標法第5條第1項參照）。惟若係以符合商業交易習慣之誠實信用方法，表示自己之姓名、名稱，或其商品或服務之名稱、形狀、品質、性質、特性、用途、產地或其他有關商品或服務本身之說明，非作為商標使用者，此因屬善意、合理使用之範圍，故不受他人商標權之效力所拘束（商標法第36條第1項第1款參照）。

現行商標法配合實際商業活動及媒體的多樣化，對於商標使用的形態，並不限於平面媒體。另實際使用之商標與其註冊商標不同，而依社會一般通念並不失其同一性者，則仍可依現行商標法第64條之規定認定為有使用其註冊商標。

依商標法第96條之規定，未得證明標章權人同意，為行銷目的而於同一或類似之商品或服務，使用相同或近似於註冊證明標章之標章，有致相關消費者誤認誤信之虞者，處三年以下有期徒刑、拘役或科或併科新台幣二十萬元以下罰金（第1項）；明知有前項侵害證明標章權之虞，販賣或意圖販賣而製造、持有、陳列附有相同或近似於他人註冊證明標章標識之標籤、包裝容器或其他物品者，亦同（第2項）。

本條為商標法本次修正所新增之條文，其立法目的係鑒於證明標章為證明商品或服務之特性、品質、精密度、產地等事項，本身具有公眾信賴之期待與消費者保護之功能，較一般商標具有更高之公益性質，遂新增本條罰則之規定。

二、販賣仿冒商標權商品罪（商標法第97條）

（一）商標法之規定

「明知他人所為之前二條商品而販賣，或意圖販賣而持有、陳列、輸出或輸入者，處一年以下有期徒刑、拘役或科或併科新臺幣五萬元以下罰金；透過電子媒體或網路方式爲之者，亦同。」商標法第97條定有明文。「按所謂販賣行爲，並不以販入之後復行賣出爲要件，只要以營利爲目的，而爲販入或賣出行爲，有此一行爲，販賣行爲即已完成」（臺灣高等法院刑事判決 97年度上易字第346號參照）。

另外，侵害商標權、證明標章權或團體標章權之物品或文書，不問屬於犯人與否，沒收之（商標法第98條參照）。

（二）其他法律之規定

1. 公平交易法

按公平交易法第20條第1項第1款之規定，事業就其營業所提供之商品或服務，不得有以相關事業或消費者所普遍認知之他人姓名、商號或公司名稱、商標、商品容器、包裝、外觀或其他顯示他人商品之表徵，爲相同或類似之使用，致與他人商品混淆，或販賣、運送、輸出或輸入使用該項表徵之商品。違反公平交易法第20條第1項第1款之規定者，按公平交易法第35條第1項之規定，經中央主管機關依第41條規定限期命其停止、改正其行爲或採取必要更正措施，而逾期未停止、改正其行爲或未採取必要更正措施，或停止後再爲相同或類似違反行爲者，處行爲人三年以下有期徒刑、拘役或科或併科新臺幣一億元以下罰金。

2. 刑法第253條

「意圖欺騙他人而僞造或仿造已登記之商標、商號者，處二年以下有期徒刑、拘役或科或併科三千元以下罰金」刑法第253條定有明文。

次按刑法第254條之規定，明知爲僞造或仿冒之商標、商號之貨物而販賣，或意圖販賣而陳列，或自外國輸入者，處二千元以下罰金。

另依刑法第255條第1項之規定，意圖欺騙他人，而就商品之原產國或品質，爲虛僞之標記或其他表示者，處一年以下有期徒刑、拘役或一千元以下罰金。同法第2項規定，明知爲前項商品而販賣，或意圖販賣而陳列，或自外國輸入者，亦同。

由前述規定可知，販賣仿冒商標商品之行爲，不僅有商標法上之刑事責任，也可能有公平交易法及刑法規定之適用，應一併注意。

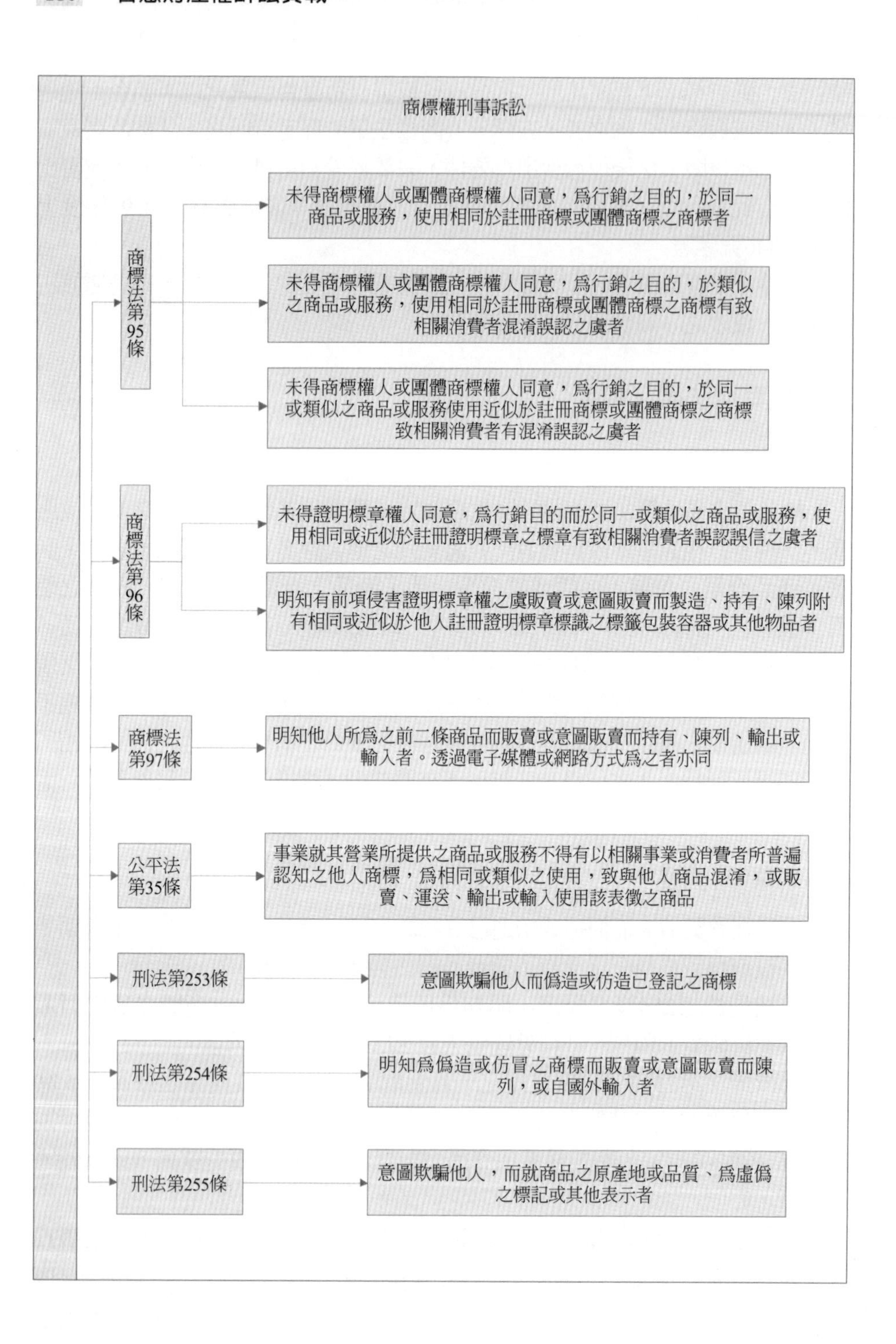
商標權刑事訴訟
商標法第95條
未得商標權人或團體商標權人同意，為行銷之目的，於同一商品或服務，使用相同於註冊商標或團體商標之商標者
未得商標權人或團體商標權人同意，為行銷之目的，於類似之商品或服務，使用相同於註冊商標或團體商標之商標有致相關消費者混淆誤認之虞者
未得商標權人或團體商標權人同意，為行銷之目的，於同一或類似之商品或服務使用近似於註冊商標或團體商標之商標致相關消費者有混淆誤認之虞者
商標法第96條
未得證明標章權人同意，為行銷目的而於同一或類似之商品或服務，使用相同或近似於註冊證明標章之標章有致相關消費者誤認誤信之虞者
明知有前項侵害證明標章權之虞販賣或意圖販賣而製造、持有、陳列附有相同或近似於他人註冊證明標章標識之標籤包裝容器或其他物品者
商標法第97條
明知他人所為之前二條商品而販賣或意圖販賣而持有、陳列、輸出或輸入者。透過電子媒體或網路方式為之者亦同
公平法第35條
事業就其營業所提供之商品或服務不得有以相關事業或消費者所普遍認知之他人商標，為相同或類似之使用，致與他人商品混淆，或販賣、運送、輸出或輸入使用該表徵之商品
刑法第253條
意圖欺騙他人而偽造或仿造已登記之商標
刑法第254條
明知為偽造或仿冒之商標而販賣或意圖販賣而陳列，或自國外輸入者
刑法第255條
意圖欺騙他人，而就商品之原產地或品質、為虛偽之標記或其他表示者

相關法條

商標法第95條

未得商標權人或團體商標權人同意，為行銷目的而有下列情形之一者，處三年以下有期徒刑、拘役或科或併科新臺幣二十萬元以下罰金：

一、於同一商品或服務，使用相同於註冊商標或團體商標之商標者。

二、於類似之商品或服務，使用相同於註冊商標或團體商標之商標，有致相關消費者混淆誤認之虞者。

三、於同一或類似之商品或服務，使用近似於註冊商標或團體商標之商標，有致相關消費者混淆誤認之虞者。

商標法第96條

未得證明標章權人同意，為行銷目的而於同一或類似之商品或服務，使用相同或近似於註冊證明標章之標章，有致相關消費者誤認誤信之虞者，處三年以下有期徒刑、拘役或科或併科新臺幣二十萬元以下罰金。

明知有前項侵害證明標章權之虞，販賣或意圖販賣而製造、持有、陳列附有相同或近似於他人註冊證明標章標識之標籤、包裝容器或其他物品者，亦同。

商標法第97條

明知他人所為之前二條商品而販賣，或意圖販賣而持有、陳列、輸出或輸入者，處一年以下有期徒刑、拘役或科或併科新臺幣五萬元以下罰金；透過電子媒體或網路方式為之者，亦同。

商標法第98條

侵害商標權、證明標章權或團體商標權之物品或文書，不問屬於犯人與否，沒收之。

公平交易法第20條

事業就其營業所提供之商品或服務，不得有左列行為：

一、以相關事業或消費者所普遍認知之他人姓名、商號或公司名稱、商標、商品容器、包裝、外觀或其他顯示他人商品之表徵，為相同或類似之使用，致與他人商品混淆，或販賣、運送、輸出或輸入使用該項表徵之商品者。

二、以相關事業或消費者所普遍認知之他人姓名、商號或公司名稱、標章或其他表示他人營業、服務之表徵，為相同或類似之使用，致與他人營業或服務之設施或活動混淆者。

三、於同一商品或同類商品，使用相同或近似於未經註冊之外國著名商標，或販賣、運送、輸出或輸入使用該項商標之商品者。

前項規定，於左列各款行為不適用之：

一、以普通使用方法，使用商品本身習慣上所通用之名稱，或交易上同類商品慣用之表徵，或販賣、運送、輸出或輸入使用該名稱或表徵之商品者。

二、以普通使用方法，使用交易上同種營業或服務慣用名稱或其他表徵者。

三、善意使用自己姓名之行為，或販賣、運送、輸出或輸入使用該姓名之商品者。

四、對於前項第一款或第二款所列之表徵，在未為相關事業或消費者所普遍認知前，善意為相同或類似使用，或其表徵之使用係自該善意使用人連同其營業一併繼受而使用，或販賣、運送、輸出或輸入使用該表徵之商品者。

事業因他事業為前項第三款或第四款之行為，致其營業、商品、設施或活動有受損害或混淆之虞者，得請求他事業附加適當表徵。但對僅為運送商品者，不適用之。

公平交易法第35條

違反第十條、第十四條、第二十條第一項規定，經中央主管機關依第四十一條規定限期命其停止、改正其行為或採取必要更正措施，而逾期未停止、改正其行為或未採取必要更正措施，或停止後再為相同或類似違反行為者，處行為人三年以下有期徒刑、拘役或科或併科新台幣一億元以下罰金。

違反第二十三條規定者，處行為人三年以下有期徒刑、拘役或科或併科新台幣一億元以下罰金。

公平交易法第41條

公平交易委員會對於違反本法規定之事業，得限期命其停止、改正其行為或採取必要更正措施，並得處新台幣五萬元以上二千五百萬元以下罰鍰；逾期仍不停止、改正其行爲或未採取必要更正措施者，得繼續限期命其停止、改正其行爲或採取必要更正措施，並按次連續處新台幣十萬元以上五千萬元以下罰鍰，至停止、改正其行爲或採取必要更正措施爲止。

刑法第253條

意圖欺騙他人而僞造或仿造已登記之商標、商號者，處二年以下有期徒刑、拘役或科或併科三千元以下罰金。

刑法第254條

明知爲僞造或仿造之商標、商號之貨物而販賣，或意圖販賣而陳列，或自外國輸入者，處二千元以下罰金。

刑法第255條

意圖欺騙他人，而就商品之原產國或品質，爲虛僞之標記或其他表示者，處一年以下有期徒刑、拘役或一千元以下罰金。

明知爲前項商品而販賣，或意圖販賣而陳列，或自外國輸入者，亦同。

案例解析

(1)某甲於網路上所販售之商品，係「未得商標權人同意，於同一商品或服務，使用相同之註冊商標」之仿冒商品，故某甲之行為可能違反商標法第97條：「明知他人所為之前二條商品而販賣，或意圖販賣而持有、陳列、輸出或輸入者，處一年以下有期徒刑、拘役或科或併科新臺幣五萬元以下罰金」之規定。

(2)某甲可能主張之抗辯：

某甲可主張其並非「明知」其所販售之商品係侵害他人商標權之仿冒商品，其行為與商標法第97條規定處罰之構成要件有間，自不得以該罪相繩。

第三節　必備書狀及撰寫要旨

刑事案件進行流程（判決有罪之情形）

- ‧商標權人向管轄地方法院提起告訴
- ‧檢察官進行偵查
- ‧檢察官提起公訴
- ‧地方法院刑事庭進行證據調查、言詞辯論、審判程序
- ‧地方法院爲有罪判決
- ‧不服地方法院有罪判決向智慧財產法院提起上訴
- ‧智慧財產法院進行上訴審
- ‧智慧財產法院爲有罪判決

依據前述案例，本節提供原告所應撰擬之提起告訴之書狀，以及被告之答辯書狀之撰寫要旨及範例：

一、商標權人告訴狀

商標侵權刑事案件，商標權人得向檢察官提起告訴，告訴狀中，應記載告訴意旨、商標權證明、侵權產品及侵權行爲之人、事、時、地、物等，以及相關證據以及請求調查證據之事項。

二、被告答辯狀

商標侵權刑事訴訟之被告答辯狀，應載明答辯理由及其證據、對於公訴檢察官公訴意旨否認之事項等。

其中關於抗辯理由，通常可依下列方式敘述：

1.　關於證據能力之爭執

應具體指明關於檢察官提起公訴所依憑之證據爭執其證據能力之理由。

2.　關於商標具有應撤銷事由之抗辯

應檢具證據敘明系爭商標具有應撤銷事由之項次、違反之法條，以及具有應撤銷事由之具體理由。

3. 關於未侵權抗辯

應敘明對於公訴人所提侵權事實之反對意見、證據及其理由。

4. 關於為商標權所不及之抗辯

例如主張有商標法第36條第1項第3款善意先使用之抗辯，應檢附被告在商標註冊申請日前，善意使用相同或近似之商標於同一或類似之商品或服務之相關證據，並具體敘明理由。

第四節　書狀範例

範例一：商標權人告訴狀

<table>
<tr><td colspan="4">刑事告訴狀</td></tr>
<tr><td>案　　號</td><td colspan="2">年度　　字第　　號</td><td>承辦股別</td></tr>
<tr><td>案　　由</td><td colspan="3">商標法</td></tr>
<tr><td>稱　　謂</td><td>姓名或名稱</td><td colspan="2">依序填寫：國民身分證統一編號或營利事業統一編號、性別、出生年月日、職業、住居所、就業處所、公務所、事務所或營業所、郵遞區號、電話、傳真、電子郵件位址、指定送達代收人及其送達處所。</td></tr>
<tr><td>告 訴 人</td><td>乙公司</td><td colspan="2">設台北市○○區○○路○○號○○樓
送達代收人：○○○律師</td></tr>
<tr><td>代 表 人</td><td>○○○</td><td colspan="2">住同上</td></tr>
<tr><td>告訴代理人</td><td>○○○律師</td><td colspan="2">○○法律事務所
○○市○○路○○號○○樓
電話：○○-○○○○○○○○</td></tr>
<tr><td>被　　告</td><td>甲</td><td colspan="2">住台北市○○區○○路○○號○○樓</td></tr>
<tr><td colspan="4">為侵害商標權案件，依法提出告訴：
一、犯罪事實與證據
（一）告訴人於民國○○年○○月○○日向經濟部智慧財產局（下稱智慧局）申請「○○」商標註冊登記，指定使用於當時商標法施行細則第</td></tr>
</table>

<table>
<tr><td colspan="2">
49條所定商品及服務分類第○○類「……」等商品，經智慧局審查，於○○年○○月○○日核准註冊（詳參告證一號），商標權○○年○○月○○日至○○年○○月○○日止。自是以，告訴人為「○○」商標之商標權人，合先敘明。
（二）告訴人於○○年○○月○○日，於台北市○○路○○號發現被告所販售之「……」物品，該物品上均大量使用與「○○」商標完全相同之文字與圖樣（詳參告證二號），告訴人並於○○年○○月○○日委請訴外人○○○至上開地點向其購買一侵權物品，並持有被告所出具之統一發票可參（告證三號）。
二、是以，被告之行為顯已違反商標法第97條之規定，且其違反商標法之犯行已徵明確，爰此狀請依法偵察，並請依法搜索以蒐集並保全被告侵害告訴人商標之證據，俾免告訴人權益受損，並依法迅予偵結起訴，以懲不法，實感德便。

謹狀
保護智慧財產權警察大隊第一中隊台北分隊　轉呈
臺灣台北地方法院檢察署　公鑒
</td></tr>
<tr><td>證物名稱
及件數</td><td>附件：委任狀正本
告證一號：經濟部智慧財產局商標檢索影本。
告證二號：於被告販售地點所拍攝之侵權物品相片影本。
告證三號：被告所出具之統一發票影本。</td></tr>
<tr><td colspan="2">中　華　民　國　○　○　年　○　○　月　○　○　日</td></tr>
<tr><td colspan="2">具狀人：乙公司
代表人：○○○</td></tr>
<tr><td colspan="2">撰狀人：訴訟代理人○○○律師</td></tr>
</table>

範例二　被告答辯狀

<table>
<tr><td colspan="5">被告答辯狀</td></tr>
<tr><td>案　號</td><td colspan="2">年度　字第　號</td><td>承辦股別</td><td></td></tr>
<tr><td>稱　謂</td><td>姓名或名稱</td><td colspan="3">依序填寫：國民身分證統一編號或營利事業統一編號、性別、出生年月日、職業、住居所、就業處所、公務所、事務所或營業所、郵遞區號、電話、傳真、電子郵件位址、指定送達代收人及其送達處所。</td></tr>
</table>

<table>
<tr><td>被　　告</td><td>甲</td><td>住台北市○○區○○路○○號○○樓
送達代收人：○○○律師</td></tr>
<tr><td>訴訟代理人</td><td>○○○律師</td><td>○○法律事務所
○○市○○路○○號○○樓
電話：○○-○○○○○○○○○</td></tr>
<tr><td colspan="3">為被訴商標侵權案件，提出答辯理由：
一、被告涉嫌商標侵權案件，正由　鈞院以○○年度○○字第○○○號審理中。因公訴人所指被告犯罪情形與事實不符，謹提出答辯如次，請　鈞院明察，以諭知無罪之判決。
二、被訴違反商標法第97條部分之答辯：被告並非「明知」其所販售之商品係侵害他人商標權之仿冒商品
（一）被告持有該等仿冒商品之原因在於：被告與訴外人丙間有消費借貸關係，該等仿冒商品係訴外人丙向被告借款時供作抵押物而持有。
（二）嗣後因訴外人丙遲未清償借款，被告始將系爭扣案商品販售，用以抵償訴外人丙積欠被告之借款，並非「明知」該商品為仿冒商品而販賣，是被告主觀上並無販賣仿冒商標商品之犯意，自與商標法第97條規定處罰故意犯行之規定不符，故不能以該條規定相繩。
（三）另外，本件查無其他積極證據足以證明被告確有公訴意旨所指之犯行，既無法證明被告犯罪，即應為無罪判決之諭知。
三、綜上所述，本件被告並無公訴人所指之犯行，懇請　鈞院諭知無罪判決，以維法紀，實為德感。

謹狀
臺灣臺北地方法院刑事庭　公鑒</td></tr>
<tr><td>證物名稱及件數</td><td colspan="2">附件：委任狀正本。</td></tr>
<tr><td colspan="3">中　華　民　國　○　○　年　○　○　月　○　○　日</td></tr>
<tr><td colspan="3">具狀人：甲</td></tr>
<tr><td colspan="3">撰狀人：訴訟代理人○○○律師</td></tr>
</table>

第五節　實務判解

・侵害商標權之行為

1. 臺灣高等法院97年度上易字第346號判決

「明知爲前條商品而販賣、意圖販賣而陳列、輸出或輸入者，處一年以下有期徒刑、拘役或科或併科新臺幣五萬元以下罰金。」商標法第82條定有明文。「按所謂販賣行爲，並不以販入之後復行賣出爲要件，只要以營利爲目的，而爲販入或賣出行爲，有此一行爲，販賣行爲即已完成」。

2. 臺灣高等法院臺中分院97年度上訴字第438號判決

查本件被告等僞造貼於仿冒酒類酒瓶上之標籤，其上載有商品名稱、內容成分、製造商、進口商等，足以表彰該酒類之來源，自屬刑法第二百十條所規範之私文書。被告將貼有上開商品標籤之仿冒商標酒類出售他人，自足以生損害於上開各商標專用權人、進口商及社會大衆。是核被告丙○○、乙○○、丁○○、戊○○、己○○等人，就事實欄一、事實欄二，各次所爲，均係犯商標法第八十一條第一款（指附表（一）、（三）有取得商標專用權部分）之明知未得商標權人同意，於同一商品，使用相同註冊商標罪、刑法第二百五十五條第一項之意圖欺騙他人，而就商品之原產國、品質，爲虛僞之標記罪、刑法第二百十六條、第二百十條之行使僞造私文書罪。

3. 臺灣高等法院臺中分院96年度上易字第1233號判決

本院參酌上開證據資料，認本案之「偏離軸」，裝設在「泵浦馬達」之內部，既係泵浦馬達組成之必要零件，且屬重要零組件之一，二者需相互配合作用始能產生馬達動力，則偏離軸與泵浦馬達即具有不可分之因素。又其度數大小或品質好壞，復足以影響泵浦馬達之品質，即可當作同一商品視之，在功能、材料、產製者因素上具有共同之處，如果標上相同之商標，依一般社會通念及市場交易情形，自足以使商品消費者誤認其爲來自相同之來源，則無論該商標係標示於泵浦馬達之外部或內部之零件，如未得商標權人之同意，均屬侵害商標權。

4. 臺灣高等法院臺中分院95年度上訴字第2985號判決

扣案貼紙上除「PEUGEOT」等七個英文字母外，別無其他文字，自無所稱準私文書存在，更無構成僞造私文書之可能；另公訴意旨認被告共同涉犯商標法第八十一條之罪嫌，惟查本件被告乙○○及證人梁志傑均陳稱尚未交貨，而扣案商標貼紙之數量亦高達八萬五千張，且遍查全卷，亦乏積極事證足認梁志傑業已將該仿造之商標貼紙交付予被告乙○○使用，自難以成立該條之罪。

5. 臺灣高等法院臺中分院95年度上易字第644號判決

核被告所爲，均係犯商標法第81條第3款未得商標權人同意，於同一及類似商品，使用近似於其註冊商標，有致相關消費者混淆誤認之虞罪、第82條之販賣近似商標權人之商標商品罪。被告等均明知爲於同一及類似商品，使用近似於商標專用權人註冊商標，有致相關消費者混淆誤認之虞的商品，意圖販賣而陳列之行爲，應爲其後販賣之行爲所吸收，不另論罪。又其就所犯商標法第81條第3款、第82條罪，先後各有多次行爲，且均時間緊接，觸犯構成要件相同之罪，顯皆係基於概括犯意爲之，均應依連續犯之規定以1罪論，並各依法加重其刑。被告等所犯上開2罪，均有方法與目的之牽連犯關係，應從一重依連續未得商標權人同意，於同一及類似商品，使用近似於其註冊商標之商標，有致相關消費者混淆誤認之虞罪處斷。被告於上開時間，同時擔任設於台中縣大里市○○路28號之國鑫酒品公司之總經理，爲國鑫酒品公司之實際負責人，亦負責酒類研發、製造、銷售及財務管理等工作，該公司製造之高粱酒所使用之標貼亦侵害臺灣菸酒公司之商標專用權等事實，雖未據起訴，惟與已起訴部分，有裁判上一罪之審判上不可分關係，本院自得併予審究，附此敘明。

6. 臺灣高等法院臺中分院95年度上易字第282號判決

按「行爲非出於故意或過失者，不罰。過失行爲之處罰，以有特別規定者，爲限」，刑法第12條定有明文；而查商標法第81條關於侵害他人商標專用權之處罰，並無處罰過失行爲之特別規定；同法第82條規定「明知爲前條商品而販賣、意圖販賣而陳列、輸出或輸入者，處一年以下有期徒刑、拘役或科或併科新臺幣 5萬元以下罰金」，亦無處罰過失之規定，且以行爲人「明知」爲侵害他人商標專用權商品而仍輸入、陳列、販賣爲其構成要件。是行爲人須在客觀上有侵害他人商標專用權之行爲，或有輸入、陳列、販賣仿冒商品之行爲，而在主觀上須有侵害他人商標專用權之犯罪故意，即行爲人明知所使用之商標業經他人依法註冊，亦明知其未經同意或取得其他合法權限得使用該商標，而仍予擅自使用；或明知係仿冒他人商標之商品，而仍輸入、陳列、販賣，始與上揭條文之構成要件相當。若行爲人因特定之事實，主觀上確信其擁有使用該商標之權限而據以使用該商標，並販賣、陳列或輸入，縱該權限之有無尚有爭議，仍難認其有侵害他人商標專用權之故意，自不能以商標法第81、82條之罪責相繩。

7. 臺灣高等法院臺南分院94年度上易字第68號判決

依商標法第八十三條之規定，「不問屬於犯人與否，沒收之」，乃刑法第三十八條第一項第二款之特別規定，採義務沒收主義，除已滅失者外，不問已否扣案或是否屬被告或共犯所有，均應依上開特別規定宣告沒收，法院並無斟酌之餘地。本件扣案之名片一張及未扣案而現仍在使用中之塑膠手提袋一批，均係被告所提供於服務使用之物品，應依商標法第八十三條之規定，予以宣告沒收。至「蘇菲雅皇室婚禮」、「蘇菲雅」、「Sophia蘇菲雅皇室婚禮」之廣告招牌及紅色廣告旗幟、「原蘇菲雅」之招牌，均據被告予以拆除，已不具商標完整型態，爰不予宣告沒收；至其餘已交付予顧客之不詳數量塑膠手提袋及名片，雖其所有權已移轉，然並無證據證明該等物品已不存在，併依上開規定宣告沒收之。

8. 臺灣高等法院臺中分院98年度上易字第842號判決

公訴意旨指稱被告於97年10月18日2時51分起，意圖販賣，而在其位於苗栗縣竹南鎮○○里○○路46號住處，利用電腦、網路連線設備連線至「雅虎奇摩」拍賣網站，以其申請註冊之「orange789514」帳號在該網站上，刊登拍賣該仿冒「LV」商標琴譜包 1個之訊息及照片而予以陳列，供有意購買之不特定人士上網競標等情，則被告所爲意圖販賣仿冒「LV」琴譜包而上網陳列之行爲，即該當商標法第82條之處罰要件。依據上揭說明，本罪乃即成犯，一經被告上網陳列，立即該當犯罪構成要件。

9. 智慧財產法院102年度刑智上易字第81號判決

商標之使用，指爲行銷之目的，將商標用於商品、服務或其有關之物件，或利用平面圖像、數位影音、電子媒體或其他媒介物足以使相關消費者認識其爲商標，92年5月28日修正公布之商標法第6條定有明文。而100年6月29日修正公布之商標法第5條亦明定：商標之使用，指爲行銷之目的，而有下列情形之一，並足以使相關消費者認識其爲商標：一、將商標用於商品或其包裝容器。二、持有、陳列、販賣、輸出或輸入前款之商品。三、將商標用於與提供服務有關之物品。四、將商標用於與商品或服務有關之商業文書或廣告。前項各款情形，以數位影音、電子媒體、網路或其他媒介物方式爲之者，亦同。則被告既將系爭商標用於其所經營之立祺公司網頁及產品型錄，該網頁及產品型錄均使用繁體中文，且其上之縫紉機之圖片亦有使用系爭商標，堪認被告係爲行銷之目的，將系爭商標用於商品及有關之商業文書即產品型錄，並以網路爲之，足以使相關消費者認識其爲商標，自構成商標之使用，並使相關消費者對其所表彰之商品來源或產製主體發生混淆誤認之虞，亦即系爭商標予消費者之印象可能致使相關消費者混淆而誤認來自不同來源之商品或服務以爲來自同一來源，或誤認兩商標之使用人間存在關係企業、授權關係、加盟關係或其他類似關係，不因被告尚未實際賣出使用系爭商標之商品或將使用系爭商標之商品銷往國外，即認其可在立祺公司網站使用系爭商標或在國內發放使用系爭商標之產品型錄，且不致使相關消費者有混淆誤認之虞。再者，上開行政判決早於98年10月29日宣判，被告迄至100年2月23日仍於所經營之立祺公司網頁使用系爭商標，時間已超過1年，自難以網頁是交由外面公司架設，更改亦需要時間等語卸責，被告所辯，尚無可採。

10. 智慧財產法院102年度刑智上易字第94號判決

按商標法第97條規定係以行爲人明知爲侵害他人商標權之商品而仍販賣、意圖販賣而持有、陳列、輸出或輸入爲其構成要件。準此，行爲人除客觀上有販賣、意圖販賣而持有、陳列、輸出或輸入仿冒商標商品之行爲外，就其所販賣、意圖販賣而持有、陳列、輸出或輸入者係屬侵害他人商標之商品，在主觀上應有明知之直接故意，始能構成犯罪。所謂明知者，係指行爲人對於構成犯罪之事實，明知並有意使其發生者而言，倘行爲人對構成犯罪之事實，在主觀之要件上，係有所預見，而消極放任或容任犯罪事實之發生者，其僅有間接故意或過失，則非商標法第97條所欲規範處罰之對象（參照最高法院91年度臺上字第2680號刑事判決）。

經原審當庭勘驗扣案之電池及充電器結果，認扣案電池之外盒爲透明塑膠盒，內有產品說明書，說明產品中有毒有害物質或元素名稱及其含量，並有品牌標示各1張及電池1顆，品牌標示爲紙製，正面圖案爲藍、白相間，並於藍色處，以白色顏料印有「SAMSUNG」、「BATTERY」等英文字，並於英文字「BATTERY」下方，印有「Original Accessory bySamSung」等英文字，標示背面印製「SAMSUNG」、「BATT-ERY」等字樣，而電池正、反面均印有「SAMSUNG」字樣，並以簡體字標明「天津三星視界有限公司爲三星製造」，暨英文書寫「MADE IN KOREA／FINISHED IN CHINA」等字樣。扣案之充電器1個，其外盒爲透明塑膠盒，內含有產品標示1張及充電器1個，其中產品標示部分，其正面以簡體字印有「充電器」及英文字「GALAXY SII」，背面則印有「Ch-arger」、「Designer by Samsung」、「生產廠：三星」、「韓國製造」等字樣，中文字部分均爲簡體字。而充電器之正、反面則亦均印有「SAMSUNG 」，且背面復以中文簡體字標示「三星電子中國製造」等字樣一節，有原審勘驗筆錄暨照片在卷可證（見原審卷第24至25、29至30頁）。

就相關消費者觀察而言，觀諸扣案電池及充電器上之文字說明，相關消費者雖得認定該等電池及充電器爲三星公司在中國大陸生產或授權生產之商品。然電池上所印製之序號是否與眞品相同、充電器之「SUMSUNG 」標誌印製品質是否低於眞品，衡諸常情，相關消費者實無從知悉。參諸被告供陳其本業是廚師，經朋友介紹及代訂電池及充電器等語（見原審卷第26頁），是其是否具備具備特殊專業知識，判斷三星公司電池所使用序號、僞品與眞品間之品質，而足以判別其所陳列之電池及充電器之眞僞，即非無疑。

依卷附之露天拍賣網站拍賣訊息列印資料，其上載明「北市原廠專賣」、「原廠電池保固6個月」、「保證原廠」、「不是原廠全額退費」等用語。衡諸交易常情，倘被告於刊登上開拍賣訊息時，其主觀上已知悉其所陳列販售之電池及充電器並非眞品，豈有甘冒遭相關消費者退費之風險，而提供原廠保證及保固6月之售後服務。準此，被告辯稱：其不知悉扣案電池及充電器，均屬仿冒如附件所示爭商標之商品等語，應非虛妄，洵堪採信。再者，復查無其他證據足認被告有明知扣案電池及充電器係屬侵害他人商標權之商品，而仍故意陳列之主觀犯意。

11. 智慧財產法院102年度刑智上易字第43號判決

商標法第97條規定係以行爲人「明知」爲侵害他人商標權之商品而仍販賣、意圖販賣而持有、陳列、輸出或輸入爲其構成要件。準此，行爲人除須客觀上有販賣、意圖販賣而持有、陳列、輸出或輸入仿冒商標商品之行爲外，就其所販賣、意圖販賣而持有、陳列、輸出或輸入者係屬侵害他人商標之商品，在主觀上更須「明知」（直接故意），始能構成犯罪。又所謂「明知」（直接故意），乃指行爲人對於構成犯罪之事實（在本件即爲販賣仿冒他人商標商品之事實），明知並有意使其發生者而言（刑法第13條第1項規定參照），設若行爲人對構成犯罪之事實，在主觀之心態上，僅係有所預見，而消極的放任或容任犯罪事實之發生者（即間接故意，刑法第13條第2項規定參照）或僅有過失，則其仍非本罪所欲規範處罰之對象（最高法院91年度台上字第2680號判決參照）。

本件被告張渭庸辯稱：其自大陸地區所輸入銷售之系爭商品爲香港鱷魚恤公司設計及生產之產品等語，除於偵查及原審提出相關證據資料外，並於本院提出香港鱷魚恤公司出具之證明書及附件在卷足憑（見本院卷第160至161頁），告訴人固質疑該證明書之眞正，然依其與檢察官所提證據資料亦無法證明系爭商品非屬香港鱷魚恤公司授權製造或販賣之商品，則被告張謂庸主觀上因認系爭商品爲香港鱷魚恤公司之產品，遂自大陸地區輸入銷售，並將上情告知其餘被告，尙難執此即認被告係明知爲仿冒商標商品而進貨販售。其次，商標法雖採屬地主義，須權利人申請經主管機關審查核准後始能取得商標註冊，且縱被告販賣之系爭商品因使用相同或近似告訴人之系爭商標，致相關消費者混淆誤認之虞，然仍須證明被告係屬明知並有意使其發生。至香港鱷魚恤公司商標在大陸地區是否核准註冊，與告訴人商標之訴訟爭議，因不影響被告主觀之明知，自無庸予以審究。準此，依卷內證據資料既無法證明被告係明知爲仿冒商標商品仍輸入販售，則被告對於所販賣之系爭商品是否爲合法授權縱有過失，亦無從執此即認被告係屬明知，自與商標法第97條之構成要件限於「明知」之直接故意有違，尙不得以刑事責任相繩。

．平行輸入

1.　臺灣高等法院臺中分院96年度上訴字第2359號判決

按眞正商品平行輸入之進口商，對其輸入之商標專用權人所產銷附有商標圖樣之眞正商品，苟未爲任何加工、改造或變更，逕以原裝銷售時，因其商品來源正當，不致使商標專用權人或其授權使用者之信譽發生損害，復因可防止市場之獨占、壟斷，促使同一商品價格之自由競爭，消費者亦可蒙受以合理價格選購之利益，在未違背商標法之立法目的範圍內，應認已得商標專用權人之同意爲之，並可爲單純商品之說明，適當附加同一商標圖樣於該商品之廣告等同類文書上；反之，倘非原裝銷售，擅予加工、改造或變更，而仍表彰同一商標圖樣於該商品，或附加該商標圖樣於商品之廣告等同類文書加以陳列或散布之結果，足以惹使消費者發生混淆、誤認其為商標專用權人或其授權之使用者、指定之代理商、經銷商時，自屬惡意使用他人商標之行為，顯有侵害他人商標專用權之犯意，應依其情節，適用商標法之刑罰規定論處，最高法院82年度台上字第5380號判決意旨參照。平行輸入之眞品，與取得經銷權之統一公司產品既屬同一製造者所生產，不致構成品質之誤認，又無證據證明有加工、改造或變更原產品包裝之情事，且產品背面復貼有「進口商為億元企業有限公司」之標籤，與取得經銷權之統一公司所販售產品標明「進口商為統一企業集團、統一產品有限公司」有顯著之差異（見95年度偵字第8329號卷第42-45頁），當不致使消費者發生混淆誤認，即與商標法保護商標使用權之立法意旨不相違背。

2. 智慧財產法院102年度刑智上易字第92號判決

證人即販賣系爭商品予被告之○○○於偵查中結證稱：扣案物品是伊賣給被告之皮包，因為伊有在做PLAYBOY品牌的眞品平行輸入，是跟大陸區的總代理平行輸入的，賣給被告有PLAYBOY商標之皮包都是伊跟大陸佳銘公司買的，因為伊從國外進口的保證卡上面是寫簡體字及人民幣或美金的售價，如果台灣消費者看到會覺得很奇怪，所以伊有時會把進口的吊牌剪掉，或是直接請進口商不要附保證卡，伊會在賣出去的皮包附邦成國際的吊卡，是表示這些皮包是由邦成國際賣出去的等語（見101年度偵字第3495號偵查卷第13至15頁）。被告亦辯稱：就其所知PLAYBOY沒有國際統一的保卡，且有看過證人○○○提供的國外進貨單及報關稅單等，其就所賣的品牌都沒有國外的保卡等語（見101年度偵字第3495號偵查卷第12至13頁）。此外並有廣州佳銘公司PLAYBOY授權書、配貨單、客戶和直營店返單、海關進口快遞貨物稅費繳納證明在卷可稽（見警卷第5至34頁）。告訴人亦自承曾授權廣州佳銘公司製造、販賣PLAYBOY商品，惟在101年9月30日終止授權關係（見原審卷第92頁）。則被告向證人○○○購買系爭商品前，既曾向證人○○○查證系爭商品是否為眞品，經證人○○○提供相關授權書文件供參，被告主觀上亦未認知眞品必有國外的保卡或吊牌，且廣州佳銘公司於本件遭查獲之101年7月13日仍有取得告訴人之授權，並未終止，尚難僅以系爭商品並未吊掛原廠吊牌遽認被告即應明知非屬眞品。至告訴人雖主張曾寄發存證信函給證人○○○不得繼續販賣系爭商品，被告亦應知悉等語；然該存證信函既未通知被告，尚難執此推論被告亦應知悉。準此，依卷內證據證據資料既無法證明被告係明知為仿冒商標商品仍加以販賣，尚不得以刑事責任相繩。

·刑法第253條之偽造仿造商標罪

1.　臺灣高等法院95年度上訴字第4163號判決

僅意圖欺騙他人，而偽造他人已登記之商標，如果未加以使用，固應論以刑法第253條之偽造仿造商標罪，但若進而使用前開商標圖樣於同一商品上，修正前商標法第62條第1款即有特別規定，自應論以該特別法所規定之罪，不再以刑法第253條之罪相繩。又擅用或冒用他人藥物之名稱、仿單，藥事法第86條第1項固亦有處罰規定，然該法所定刑期為有期徒刑1年以下，較諸修正前商標法第62條第1款於同一商品，使用相同於他人註冊商標之圖樣罪所定3年以下有期徒刑之規定為輕，亦應僅論以商標法之罪。

2.　臺灣板橋地方法院94年度簡上字第619號判決

按商標法所稱商標之使用，係指為行銷之目的，將商標用於商品、服務或其有關之物件，或利用平面圖像、數位影音、電子媒體或其他媒介物足以使相關消費者認識其為商標者而言，同法第6條定有明文，故行為人偽造或仿造他人已登記或註冊之商標，在未基於行銷之目的而使用前，僅能論以刑法第253條意圖欺騙他人而偽造或仿造已登記之商標罪，尚不能遽以商標法第81條第1款之罪責相繩；又所謂行使偽造之文書，乃依文書之用法，以之充作眞正文書而加以使用之意，故必須行為人就所偽造文書之內容向他方有所主張，始足當之。本件依上所認被告僅係受委冒名壓製上開系爭影片DVD影音光碟及印製上開含有告訴人上開視同商標之系爭服務標章、屬準私文書性質之商品條碼之包裝盒封面出口交付國外委製客戶，且上開壓製之光碟及印製之包裝盒封面係分開包裝出口，並無受委製作包裝盒，一併完成上開系爭光碟完整包裝後始出口，足見被告並無行銷上開系爭光碟之行為，應僅止於偽造上開告訴人服務標章及商品條碼之行為，而未至商標使用及主張商品條碼之行為。是核被告甲○○上揭所為，應係犯刑法第253條之偽造已登記商標罪、同法第210條、第220條之偽造私文書罪。

第四章　著作權法訴訟

第一單元　著作權民事侵權訴訟

第一節　前言

案例

A醫療集團為○○服藥輔助器及外包裝之製造廠商，甲公司於○○年○○月○○日起取得A醫療集團○○服藥輔助器在台灣獨家經銷之權利。甲公司因有感於國內醫療代理商無自行製作之行銷素材，國內消費者無從了解產品之意義，遂於其自行製作之販售文宣中，特將相關國外論文融會貫通後運用淺顯易懂之字彙表達方式，以一般國人易於了解之方式說明輔助器之目的。乙公司未經甲公司同意，將甲公司於該文宣中之文字說明直接使用於乙公司所販賣之產品說明書中。試問：

(1)甲公司所為之該產品說明是否為著作權法所保護之「語文著作」？

(2)若是，甲公司可向乙公司主張何種權利？

著作權，係法律賦予語文、音樂、戲劇舞蹈、美術、攝影、圖形、視聽、錄音、建築、電腦程式、編輯、表演等著作之創作人關於其著作之權利，我國著作權法下，著作權之內涵包括著作人格權以及著作財產權兩種權利，著作人格權係為保護著作人之人格利益而設，包含公開發表權、姓名表示權、不當修改禁止權；而著作財產權則包含重製權、公開口述權、公開播送權、公開上映權、公開演出權、公開傳輸權、公開展示權、改作權、編輯權、散布權、出租權、輸入權等種類，二者各有其要件與意義，係採二元論之立法。著作權法對於侵害著作權之行爲，分別設有民事請求以及刑事刑責之規定，在今日資訊快速流通、易於取得之社會，關於著作權之侵害及爭議，隨處可見，更有其重要性。本節將先介紹在著作權侵權爭議中之民事請求權、抗辯與相關法律程序。

第二節　法令解說

一、請求權人

（一）著作權人

1. 著作人

著作人，依著作權法第3條第1項第2款之定義，即創作著作之人。創作限於直接出於創意而完成創作之行爲，如僅代著作人蒐集資料、打字、排版等行爲，均非直接出於創意之創作行爲，除有著作權法第11、12條之例外情形外，均不符合著作人之概念。另外，自然人或法人均得爲著作人。

2. 職務上完成之著作

著作權法第11條第1項規定：「受雇人於職務上完成之著作，以該受雇人爲著作人。但契約約定以雇用人爲著作人者，從其約定。」、「依前項規定，以受雇人爲著作人者，其著作財產權歸雇用人享有。但契約約定其著作財產權歸受雇人享有者，從其約定。」、「前二項所稱之受雇人，包括公務員。」因此，在僱傭關係下之職務著作，除非另有約定，原則上係以受雇人爲著作人，而雇用人可依據需要，約定爲著作人，或是在受雇人爲著作人之情形下，實質上享有著作財產權。

3. 出資聘請他人完成之著作

著作權法第12條規定：「出資聘請他人完成之著作，除前條情形外，以該受聘人爲著作人。但契約約定以出資人爲著作人者，從其約定。」、「依前項規定，以受聘人爲著作人者，其著作財產權依契約約定歸受聘人或出資人享有。未約定著作財產權之歸屬者，其著作財產權歸受聘人享有。」、「依前項規定著作財產權歸受聘人享有者，出資人得利用該著作。」亦即，在出資聘請他人完成創作之情形，除非另有約定，原則上係以受聘人爲著作人，並得依需要約定著作財產權歸受聘人或出資人享有，而出資人即得透過前開約定享有著作財產權，或是在約定受聘人享有著作財產權之情形下，依據第12條第3項之規定，依法實質上享有利用該著作之權利。

著作行爲即著作權發生之原因，而著作權之發生，與前述之專利權、商標權不同，在著作被創作完成時即發生，不需經過申請或註冊等程序，此種立法例稱爲創作保護主義，著作權法第10條規定：「著作人於著作完成時享有著作權。但本法另有規定者，從其規定。」而著作權既爲無體財產權，亦不需經登記註冊等程序，因此，在著作完成時間或著作人之認定方面，著作權人對於其係著作權人之舉證，即不如專利權人、商標權人可提出權利證書般簡易，有時仍有相當程度之困難。

著作人格權，依著作權法第21條規定：「著作人格權專屬於著作人本身，不得讓與或繼承。」因此，著作人格權具有一身專屬性，不得讓與或繼承；但著作財產權則可以讓與或繼承，故他人可依據著作權法第36條第1項之規定，繼受取得著作財產權之全部或一部，成爲著作財產權人。

（二）專屬被授權人

著作人格權，係爲保護著作人之人格利益，具有一身專屬性，無法授權他人；而著作財產權之性質則屬於財產權，包含重製權、公開口述權、公開播送權、公開上映權、公開演出權、公開傳輸權、公開展示權、改作權、編輯權、散布權、出租權、輸入權等各種權利內容，從著作財產權之各種權利內容即可發現，著作之利用方式實千變萬化，可出版、可演出、可翻譯、可改編、可展示、可出租，顯然並非著作人一人之力所能完全利用，因此，著作財產權人自己行使全部權利之情形並不多見，通常均會經由授權他人使用來享有其利益。又著作財產權之授權，與專利、商標之授權不同，不需向主管機關登記即可完全生效以及對抗第三人。

著作財產權之授權，依據著作權法第37條第1項規定：「著作財產權人得授權他人利用著作，其授權利用之地域、時間、內容、利用方法或其他事項，依當事人之約定；其約定不明之部分，推定爲未授權。」又爲確保授權利用狀態之穩定性，著作權法第37條第2項規定：「前項授權不因著作財產權人嗣後將其著作財產權讓與或再爲授權而受影響。」因此。於授權後始受讓者或後被授權人，不能禁止前被授權人利用著作。此外，依據當事人之約定，授權方式可分爲以下兩種類型：

1. 非專屬授權：非專屬授權意指著作財產權人將其著作財產權之全部或一部之利用權授權予被授權人，被授權人在授權範圍內取得利用該著作之權利，但著作權人仍得自由將其著作財產權之全部或一部授權予其他人，著作權之非專屬被授權人，並非得行使本節各種民事請求權之權利主體。此外，依據著作權法第37條第3項規定：「非專屬授權之被授權人非經著作財產權人同意，不得將其被授與之權利再授權第三人利用。」亦應特別注意。
2. 專屬授權：專屬授權係指著作財產權人將其著作財產權之全部或一部之利用權授權予被授權人，而著作財產權人在專屬授權他人後，不得再授權予任何第三人（惟在專屬授權前之其他非專屬授權，則不受影響），此外，著作財產權人依著作權法第37條第4項規定：「專屬授權之被授權人在被授權範圍內，得以著作財產權人之地位行使權利，並得以自己名義爲訴訟上之行爲。著作財產權人在專屬授權範圍內，不得行使權利。」在專屬授權他人後，於專屬授權之範圍內，不得再行使其權利。由此可知，對於不法侵害著作財產權之行爲，專屬被授權人係成爲唯一得行使本單元各種民事請求權之權利主體，此與專利法及商標法之規定均有不同，應特別注意。

另需特別注意者，由於著作財產權於民國90年11月12日著作權法修正後有極大變化，爲確保授權法律秩序之安定性，民國90年11月12日著作權法修正施行前所爲之授權，不適用著作權法第37條第2至4項之規定。

二、著作之定義

著作權，係法律賦予語文、音樂、戲劇舞蹈、美術、攝影、圖形、視聽、錄音、建築、電腦程式、編輯、表演等著作之創作人關於其著作之權利，又著作權法第3條第1項第1款對著作之定義爲：「著作：指屬於文學、科學、藝術或其他學術範圍之創作」，然而並非所有與前述語文、音樂、美術等有關的創作均屬於著作權法下受保護之「著作」，著作權法下之著作須具備以下四要件：

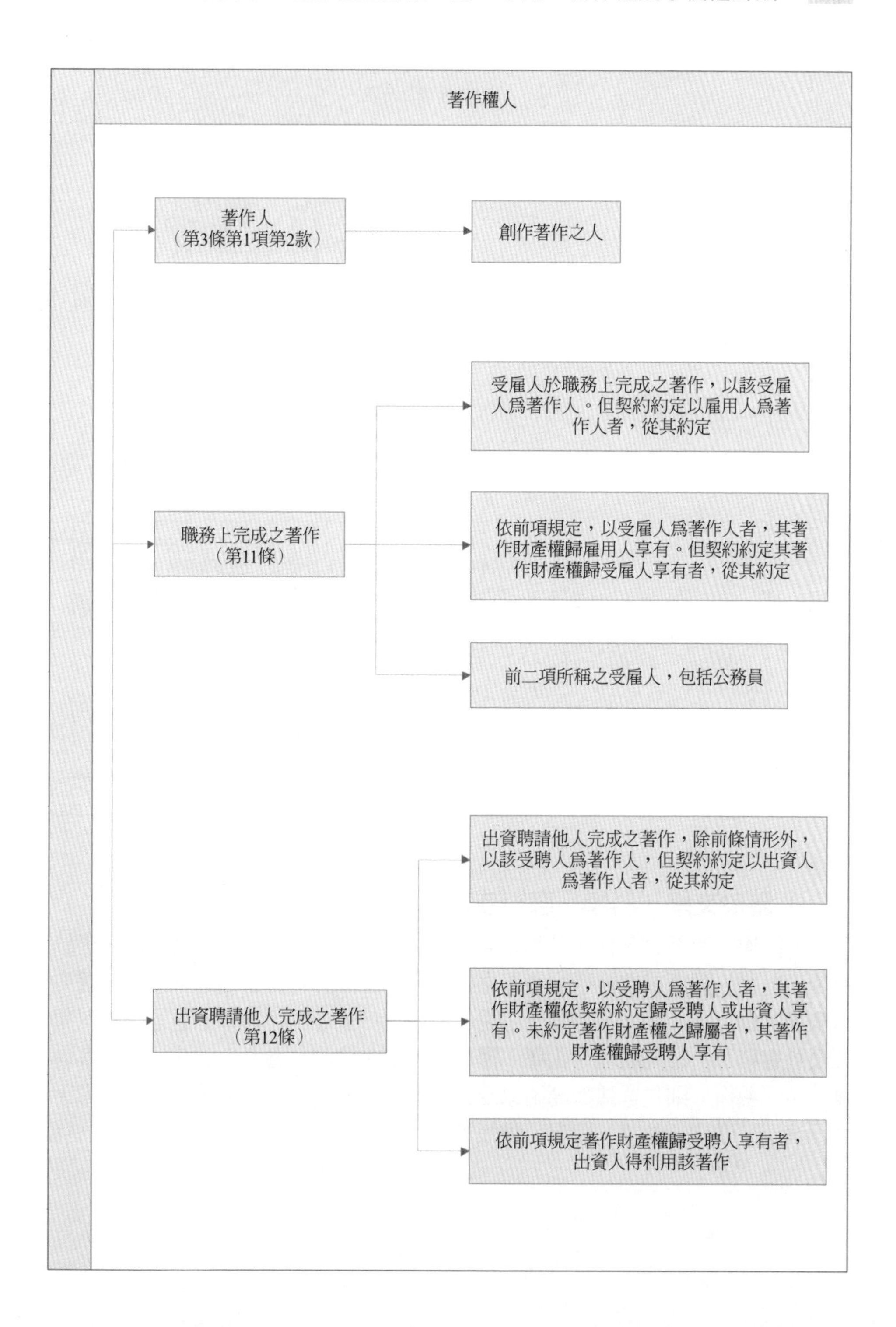
著作權人
著作人
（第3條第1項第2款）
創作著作之人
職務上完成之著作
（第11條）
受雇人於職務上完成之著作，以該受雇人爲著作人。但契約約定以雇用人爲著作人者，從其約定
依前項規定，以受雇人爲著作人者，其著作財產權歸雇用人享有。但契約約定其著作財產權歸受雇人享有者，從其約定
前二項所稱之受雇人，包括公務員
出資聘請他人完成之著作
（第12條）
出資聘請他人完成之著作，除前條情形外，以該受聘人爲著作人，但契約約定以出資人爲著作人者，從其約定
依前項規定，以受聘人爲著作人者，其著作財產權依契約約定歸受聘人或出資人享有。未約定著作財產權之歸屬者，其著作財產權歸受聘人享有
依前項規定著作財產權歸受聘人享有者，出資人得利用該著作

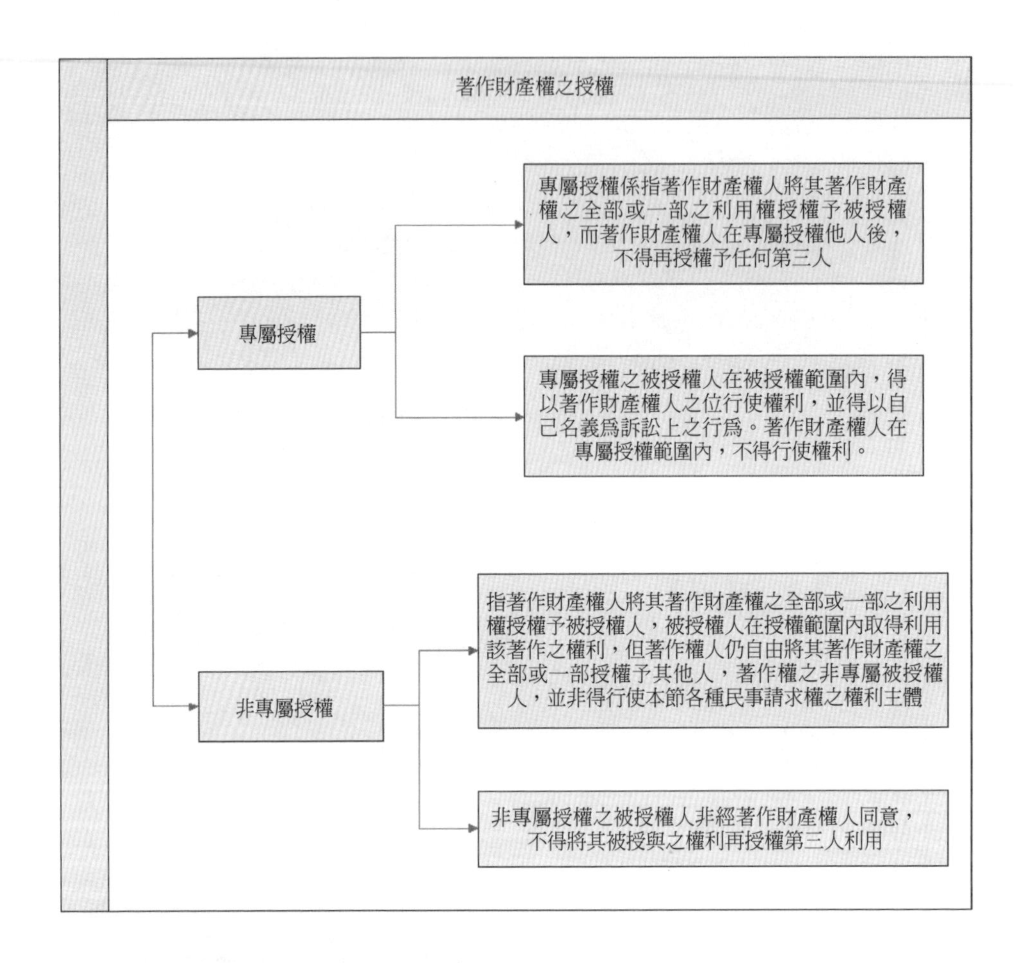

（一）屬於文學、科學、藝術或其他學術範圍之創作

著作權法所稱之著作，依據前述著作權法第3條第1項第1款之規定，限於文學、科學、藝術或其他學術範圍之創作，「文學」包含各種以文字或語言方式表達之創作，如散文、詩詞、小說、戲劇、日記等；「科學」包含自然科學以及社會科學，舉凡物理、化學、醫學、數學、經濟、社會、法律、心理等均屬之；「藝術」則包含造型藝術以及音律藝術，如繪畫、雕刻、建築、攝影、樂器演奏、歌詞、曲譜、歌唱、聲樂等。

（二）需具有原創性

著作權為智慧財產權之一種，著作自須是創作人所自行創作、而非抄襲既有之著作，始能受到著作權之保護，惟著作權法下的原創性，僅需係創作人所獨立創作即可，不需具備「與其他著作完全不同或不相類似」之要件，換言之，即使著作與其他著作內容相當類似或完全相同，只要係創作人所獨立創作，並非抄襲，即具有原創性。亦即只要是著作人獨立表達其思想或感情，在未接觸或抄襲他人著作，而具有一定程度創意之情形下，即具有原創性而應受到著作權法之保護。按文學、藝術等著作的創作，往往受到社會文化以及先人思想之影響，將他人既存之作品內化後，加上創作者個人的巧思創意，而發展創造出新的創作作品。因此，著作權法第10條之1即規定：「依本法取得之著作權，其保護僅及於該著作之表達，而不及於其所表達之思想、程序、製程、系統、操作方法、概念、原理、發現。」按思想、概念、原理等，縱然再具有獨創性，或許可受到專利權之保護，卻非著作權所保護之標的，以免造成壟斷，危害創作與文化之發展。

（三）需有客觀存在之形式

著作，必須經創作人將其腦海中之思想感情表現於外，使外部人得以瞭解感受其存在，始得成為著作權法保護之客體，按著作權法所保護者，係思想之表達形式，並非思想本身，如前述著作權法第10條之1之規定，創作人必須將其思想經由一定之表達形式（如文字、語言、圖畫、音樂）表達於外，始為著作權保護之對象。

（四）須非著作權法第9條所規定不受保護之標的

依著作權法第9條，不受著作權法保護之標的有以下5種：

1.　憲法、法律、命令或公文

本款之公文，包括公務員於職務上草擬之文告、講稿、新聞稿及其他文書：此類之法律條文以及公務員文書等，依其本質，本即屬於應使全國人民廣為周知之文書，並無保護之必要，且如受著作權法之保護，將會造成流通與散布之限制，故不能成為著作權法所保護之標的。

2. 中央或地方機關就前款著作作成之翻譯物或編輯物

同上款，此類文書亦具有公衆之性質，目的係使全國人民廣爲周知，亦不能成爲著作權法所保護之標的。

3. 標語及通用之符號、名詞、公式、數表、表格、簿冊或時曆

本款之標語，因目的亦係廣爲公衆所知，故無保護之必要，而符號、名詞、公式、數表、表格、簿冊或時曆等，如具備「通用」性質，且係爲公衆流傳、運用，自不能成爲著作權法所保護之標的，然如果並非「通用」者，例如設計給特殊人員使用之「表格」，仍可受到著作權法之保護。

4. 單純為傳達事實之新聞報導所作成之語文著作

按單純傳達事實之報導，既與社會利益以及人民資訊之流通有關，即不應由著作人加以獨占，惟本款僅限於「單純傳達事實」之新聞報導，且限於語文著作，如報導人有加入其個人之思考與感情或風格，即符合著作之定義，即非本款所排除之範圍，或者是報章雜誌上之圖片或照片，仍非本款所欲排除之對象。

5. 依法令舉行之各類考試試題及其備用試題

本款所稱之考試試題，必須以依法令所舉行爲限，如高普考、大學聯考等，否則仍屬著作權所保護之標的。

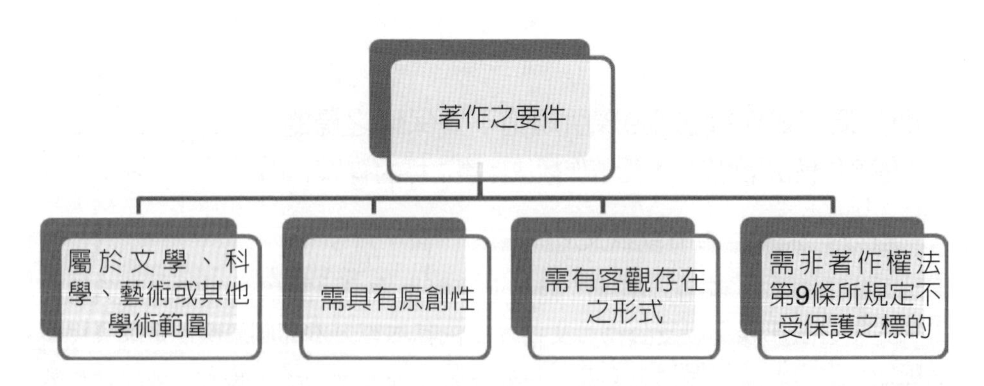

三、著作之種類

著作權法所保護之著作，依著作權法第5、6、7條，可分類如下：

（一）語文著作（著作權法第5條第1項第1款）

語文著作，即係以語言或文字爲表達方式之著作，包含文字著作以及語言著作，前者如散文、詩詞、小說、戲劇、日記、學術論文等，但不包含書法（爲美術著作）、歌詞（屬音樂著作）；後者如演講、授課、致詞等，但不包含朗讀、口譯等。

（二）音樂著作（著作權法第5條第1項第2款）

音樂著作，係以音符或旋律爲表達方式之著作，包含歌詞、樂曲、曲譜、樂器演奏等，又此處之曲譜限於記載自己之樂曲，如爲他人所創之樂曲而將之錄於曲譜，則非獨立之新著作，並非本款所稱之音樂著作。

（三）戲劇、舞蹈著作（著作權法第5條第1項第3款）

戲劇、舞蹈著作，係指經由演繹或舞蹈動作所表現之著作，包含歌劇、國劇、舞蹈等等著作，電視劇、電影屬於視聽著作之範圍，並非本款戲劇著作。惟舞蹈著作必須係藉由舞蹈表現其思想或感情，如僅是一般的社交舞、競技舞蹈、或體操運動等而未表達其思想及感情，均非舞蹈著作。

（四）美術著作（著作權法第5條第1項第4款）

美術著作，指將思想或感情藉由色彩、圖形、線條，以平面或立體之形式表現之著作，包含繪畫、雕刻、漫畫、卡通、書法等，商標圖案如具有原創性，亦可受到美術著作之保護。

（五）攝影著作（著作權法第5條第1項第5款）

攝影著作，指將思想或感情藉由攝影之製作方法表現之著作，包括照片、幻燈片等，惟著作必須係用以表達創作人之思想或感情，如僅是單純操作攝影器材，對於所攝影之內容完全無任何選擇與原創性者，即不得稱之爲攝影著作，如翻拍他人著作之照片、證照用之大頭照、或自動攝影器材（如超速照相）所固定拍攝之照片等，均非攝影著作。

（六）圖形著作（著作權法第5條第1項第6款）

圖形著作，係指以圖形或圖樣之方式表達創作人之思想或感情之著作，包括地圖、設計圖、圖表、天體模型、人體模型等著作。地圖著作所保護者，係地圖中關於素材之選擇以及記號之表現方式，地圖內所展示之實際地形地貌，則非著作權所保護之範圍，而設計圖著作所保護之範圍，也僅止於該圖形本身，若他人根據該設計圖所揭示之內容將之製造成實品，則屬設計圖之實施行爲，並非改作，不屬於著作權所保護之範圍。

（七）視聽著作（著作權法第5條第1項第7款）

視聽著作，係指將思想或感情以連續影像之方式加以表現之著作，包含電視、電影、錄影、或可由電腦播放之影像檔案等，視聽著作並非單一著作之概念，而係一集合音樂、語文、美術或表演等著作之著作，且必須附著於固定之媒介物中，例如錄影帶、膠卷、影音光碟、電腦記憶體等。

（八）錄音著作（著作權法第5條第1項第8款）

錄音著作，指經由機械或設備表現聲音而表現思想感情之著作，與視聽著作相同，錄音著作亦必須附著於固定之媒介物中，如唱片、光碟、錄音帶等，惟如錄音著作已與視聽著作結合，成爲視聽著作之一部分時，即屬於視聽著作，而非錄音著作。

（九）建築著作（著作權法第5條第1項第9款）

建築著作，即經由建築物表達思想感情之著作，包含建築物本身、建築設計圖、建築模型等，惟建築物本身必須具有原創性，且表達一定之思想感情，始爲著作權所保護之範圍，此處所指之建築物，除一般常見之樓房、體育場、商場外，橋樑、牌樓、高塔、庭園設計、噴水池等，如具有原創性及思想感情之表達，亦屬於建築著作之範圍。

（十）電腦程式著作（著作權法第5條第1項第10款）

電腦程式著作，指使電腦產生一定之結果與運作爲目的之指令所組合而成之著作，著作權法所保護之電腦程式著作，僅限於電腦程式之原始程式本身，不及於撰寫電腦程式所使用的語言、規則及演算法則。

（十一）衍生著作（著作權法第6條）

衍生著作，依著作權法第6條：「就原著作改作之創作爲衍生著作，以獨立之著作保護之。衍生著作之保護，對原著作之著作權不生影響。」係指就原著作加以改作後所產生之著作，所謂改作，依據著作權法第3條第1項第11款之定義，主要爲翻譯、編曲、改寫、改編劇本、拍攝影片、圖片化等就原著作另爲創作之著作。衍生著作，亦受著作權法賦予獨立之保護，但對原著作之著作權不生影響，如有他人欲利用衍生著作時，除須得到衍生著作人之同意外，尙須得到原著作權人之同意。

（十二）編輯著作（著作權法第7條）

編輯著作之定義，依著作權法第7條：「就資料之選擇及編排具有創作性者爲編輯著作，以獨立之著作保護之。編輯著作之保護，對其所收編著作之著作權不生影響。」所謂編輯，係指將數個獨立之著作之全部或一部，在一定之概念下加以輯錄，而依我國著作權法之規定，必須是資料之選擇「以及」編排均有創作性者，始得成爲編輯著作，要件可謂相當嚴格。常見之編輯著作如論文集、散文集、講演集、名言錄、資料庫等等。編輯著作，亦受著作權法賦予獨立之保護，但對原著作之著作權不生影響，如有他人欲利用編輯著作時，除須得到編輯著作人之同意外，尙須得到原著作權人之同意。

（十三）表演著作（著作權法第7條之1）

表演著作，係指對於既有之各種著作，以各種形式之表演（演繹、歌唱、舞蹈、演奏樂器等）予以表現之著作。表演著作，亦受著作權法賦予獨立之保護，但對原著作之著作權不生影響，如有他人欲利用表演著作時，除須得到表演著作人之同意外，尙須得到原著作權人之同意。

四、著作人格權

我國著作權法係採取著作人格權與著作財產權並存、各自受保護之二元論立法，著作人格權，係保護著作人因完成著作，就其著作所享有的人格上利益，其性質因屬人格權之一種，當著作完成後即自動發生，且依著作權法第21條，具有一身專屬性，不得再讓與或繼承，著作人格權因不得讓與，可能在商業上造成些許妨礙，但依實務見解，著作人格權人可約定不行使其著作人格權，以免造成著作財產權受讓或被授權人之困擾。

著作人格權，如前所述，具有一身專屬性，原則上在著作人死亡後，即應消滅，但因著作經發表、流通於公衆後，已帶有些許公益之色彩，如在著作人死亡後，即謂著作人格權消失，而任何人均得對於著作予以改變、不當修改，實不盡公平，因此，我國著作權法第18條乃規定：「著作人死亡或消滅者，關於其著作人格權之保護，視同生存或存續，任何人不得侵害。但依利用行爲之性質及程度、社會之變動或其他情事可認爲不違反該著作人之意思者，不構成侵害。」而對於侵害著作人格權之人，依著作權法第86條，可由配偶、子女、父母、孫子女、兄弟姊妹、祖父母等人依法請求救濟。

著作人格權，包含以下三種內涵：

（一）公開發表權（著作權法第15條）

著作權法第15條本文規定：「著作人就其著作享有公開發表之權利。」所謂公開發表，依著作權法第3條第1項第15款之定義，係指：「指權利人以發行、播送、上映、口述、演出、展示或其他方法向公衆公開提示著作內容。」惟公開發表權所保護者，僅限第一次之公開發表，如著作已經由任何人以任何方式公開發表，其後他人再度公開發表該著作，即不生侵害著作人格權之問題。

惟在例外之情形，著作權人不得享有公開發表權，依著作權法第15條但書之規定：「公務員，依第十一條及第十二條規定爲著作人，而著作財產權歸該公務員隸屬之法人享有者，不適用之。」因在此情形，著作人格權與著作財產權係分別歸屬於不同主體，爲保障依法取得著作財產權之人得以利用其著作財產權，此時原本之著作人雖仍享有著作人格權，但不得享有公開發表之權。

著作權法第15條第2項則規定，在以下情形，推定著作人格權人同意公開發表：

1. 著作人將其尚未公開發表著作之著作財產權讓與他人或授權他人利用時，因著作財產權之行使或利用而公開發表者：
   蓋此時著作權人將著作財產權讓與他人，如因該著作尚未公開發表，而不許著作財產權之受讓人將之公開發表，則與不許受讓人利用著作權無異，因此著作權法即規定，此時有「推定」著作人格權人同意公開發表之效力，而既稱推定，即代表當事人可自由以特約加以推翻。

2. 著作人將其尚未公開發表之美術著作或攝影著作之著作原件或其重製物讓與他人，受讓人以其著作原件或其重製物公開展示者：
   同上，美術著作或攝影著作原件或其重製物之受讓人，如因該著作尚未公開發表，即不許其展示該著作原件或重製物，亦過度限制受讓人合法取得之所有權，因此此種情形亦有推定著作人格權人同意公開發表之效力。
3. 依學位授予法撰寫之碩士、博士論文，著作人已取得學位者：
   本款係為促進學術發展所設，使合法得利用該論文者（通常為圖書館），不因此而侵害著作人之公開發表權。

（二）姓名表示權（著作權法第16條）

著作權法第16條規定：「著作人於著作之原件或其重製物上或於著作公開發表時，有表示其本名、別名或不具名之權利。著作人就其著作所生之衍生著作，亦有相同之權利。」此為著作人格權中姓名表示權之規定，由於著作人即係著作之創作人，自有將姓名表示在其所創作之著作原件或重製物上，以表彰其榮耀之權利。

著作權法第15條第1項但書之例外情形，在姓名表示權亦有適用，亦即在此情形，為保障取得著作財產權之人得以利用其著作財產權，此時原本之著作人雖可享有著作人格權，但不得請求表示其姓名之權。其他之例外情形，如著作權法第16條第3項：「利用著作之人，得使用自己之封面設計，並加冠設計人或主編之姓名或名稱。但著作人有特別表示或違反社會使用慣例者，不在此限。」及第4項：「依著作利用之目的及方法，於著作人之利益無損害之虞，且不違反社會使用慣例者，得省略著作人之姓名或名稱。」

（三）不當修改禁止權（著作權法第17條）

不當修改禁止權，又稱同一性保持權，依著作權法第17條之定義，為：「著作人享有禁止他人以歪曲、割裂、竄改或其他方法改變其著作之內容、形式或名目致損害其名譽之權利。」不當修改禁止，係包含禁止對著作人名稱之改變、著作標題之改變、及著作本身內容之改變，而損及著作人之名譽之情形。

五、著作財產權

著作財產權，係保護著作人因完成著作，就其著作所享有的財產上利益，其性質屬於財產權，當著作完成後即自動發生，且得自由讓與或繼承。

著作財產權，包含以下幾種內涵：

（一）重製權

重製，依著作權法第3條第1項第5款之定義，爲：「指以印刷、複印、錄音、錄影、攝影、筆錄或其他方法直接、間接、永久或暫時之重複製作。於劇本、音樂著作或其他類似著作演出或播送時予以錄音或錄影；或依建築設計圖或建築模型建造建築物者，亦屬之。」

本條重製之要件如下：

1. 有形之重複製作：所謂有形，係指他人必須將著作權人之著作形體化於具體之媒介（如紙張、錄音帶、光碟、電腦記憶體）之上，如僅記憶於腦海中或口述或以表演之方式重現著作之內容，因無可具體依存之對象，即非屬重製。
2. 固定性之重複製作：重製之固定要件，係指重製必須能持續恆久，並非短暫即消逝（如口述、或影片上映之行爲），如不能恆久而短暫即消逝，即非重製。
3. 得直接感知之重複製作：重製，依前述，除必須有形、固定外，尙須重製於「得直接或得經由機器、器械感知、重製或傳播」之媒介，否則即無法爲他人所得知及理解，例如單純將著作記憶於腦海中，即非他人所能感知。
4. 重製概念之擴張：著作權法第3條第1項第5款規定，於劇本、音樂著作或其他類似著作演出或播送時予以錄音或錄影；或依建築設計圖或建築模型建造建築物者，亦屬於重製，爲重製概念之擴張，按重製之定義如上所述，應係指有形之重製，對於音樂、戲劇而言，應以複製其樂譜、劇本，始該當重製之行爲，惟因錄音錄影亦是一種重製之方式，爲保障劇本、樂譜之著作人，著作權法特別明定此時亦視爲重製之行爲；而對建築設計圖或模型之重製，亦應以複製該設計圖本身或模型本身，始與重製之概念相當，惟建築設計圖之著作人，依法並未專有實施之權利，亦不可能申請專利權，如不予保障，對其權利之保護似有不周，因此著作權法亦將此明定為重製之行為，與機械之設計圖不同，蓋機械可能受到專利之保護，故將機械設計圖做成實品，在著作權法下，屬於實施之行為，並非重製。

重製權，依著作權法第22條之規定：「著作人除本法另有規定外，專有重製其著作之權利。」、「表演人專有以錄音、錄影或攝影重製其表演之權利。」、「前二項規定，於專為網路合法中繼性傳輸，或合法使用著作，屬技術操作過程中必要之過渡性、附帶性而不具獨立經濟意義之暫時性重製，不適用之。但電腦程式著作，不在此限。」、「前項網路合法中繼性傳輸之暫時性重製情形，包括網路瀏覽、快速存取或其他為達成傳輸功能之電腦或機械本身技術上所不可避免之現象。」

根據以上規定，所有著作之著作財產權人均專有重製權，惟表演著作權人之重製權則僅限於以「錄音、錄影或攝影」之方式，較其餘著作之重製權範圍為小。本條第3、4項為「暫時性重製」之例外規定，按使用電腦、網路或影音光碟機時，不論係傳送接收檔案、播放影片或音樂、閱讀文字檔案時，電腦都會自動將這些文字音樂或影像儲存在隨機存取記憶體內（RAM），為避免使用電腦之人因此均發生侵害他人重製權之爭議，本法特別新增「暫時性重製」之排除規定，將之排除在重製概念之外。

（二）公開口述權

公開口述，依著作權法第3條第1項第6款之定義：「公開口述：指以言詞或其他方法向公眾傳達著作內容。」包含所有以言詞向公眾傳達著作內容之行為，而公眾之定義，可參考同條項第4款：「公眾：指不特定人或特定之多數人。但家庭及其正常社交之多數人，不在此限。」，意即公眾係指不特定人或特定之多數人。

公開口述權，依著作權法第23條：「著作人專有公開口述其語文著作之權利。」故而，僅有語文著作之著作權人享有此權利，其餘著作之無形利用，則必須視其是否屬於公開播送或公開演出之範圍，始得加以保護。

（三）公開播送權

公開播送，依著作權法第3條第1項第7款之定義：「公開播送：指基於公眾直接收聽或收視為目的，以有線電、無線電或其他器材之廣播系統傳送訊息之方法，藉聲音或影像，向公眾傳達著作內容。由原播送人以外之人，以有線電、無線電或其他器材之廣播系統傳送訊息之方法，將原播送之聲音或影像向公眾傳達者，亦屬之。」因此，公開播送權可以有無線播送、有線播送及以其他方法播送等種類，其中，無線播送爲例如廣播或無線電視之播送方式；有線播送爲例如有線電視之播送方式等。但如果是以網際網路方式傳送者，則應屬於著作權法第26條之1公開傳輸權之範圍，應特別注意。

公開播送權，依著作權法第24條：「著作人除本法另有規定外，專有公開播送其著作之權利。表演人就其經重製或公開播送後之表演，再公開播送者，不適用前項規定。」所有著作之著作財產權人均專有公開播送權，惟表演著作權人之公開播送權，則以未經附著或未經公開播送爲限。如業經授權錄音、錄影或作現場轉播後，對於該表演的錄音、錄影的播送，或現場轉播之再播送，則毋須再經表演之著作財產權人的授權。

（四）公開上映權

公開上映，依著作權法第3條第1項第8款之定義：「公開上映：指以單一或多數視聽機或其他傳送影像之方法於同一時間向現場或現場以外一定場所之公眾傳達著作內容。」所謂「公眾所得出入之現場或現場以外一定場所」，包含電影院、MTV包廂、旅館房間、俱樂部、遊覽車、商店內等。

公開上映權，依著作權法第25條：「著作人專有公開上映其視聽著作之權利。」故而，僅有視聽著作之著作權人享有公開上映權。

（五）公開演出權

公開演出，依著作權法第3條第1項第9款之定義：「公開演出：指以演技、舞蹈、歌唱、彈奏樂器或其他方法向現場之公眾傳達著作內容。以擴音器或其他器材，將原播送之聲音或影像向公眾傳達者，亦屬之。」係指以演技、歌唱或舞蹈、彈奏樂器等方式，傳達著作內容之行爲，如公開上演、公開演唱、公開舞蹈、公開演奏等，此外，上開定義亦將以本身並未進行任何表演，但以擴音器或其他器材，將原播送之聲音或影像向公眾傳達之行爲，包含在公開演出之概念內。

公開演出，依著作權法第26條規定：「著作人除本法另有規定外，專有公開演出其語文、音樂或戲劇、舞蹈著作之權利。表演人專有以擴音器或其他器材公開演出其表演之權利。但將表演重製後或公開播送後再以擴音器或其他器材公開演出者，不在此限。錄音著作經公開演出者，著作人得請求公開演出之人支付使用報酬。」因此，僅有語文、音樂、戲劇、舞蹈著作之著作權人擁有公開演出之權，表演人，則限於以擴音器或其他器材公開演出時，才專有公開演出權，並不及於其他公開演出之行爲，且如表演經重製後或公開播送後再以擴音器或其他器材公開演出者，表演著作人亦無公開演出權。

（六）公開傳輸權

公開傳輸，依著作權法第3條第1項第10款之定義：「公開傳輸：指以有線電、無線電之網路或其他通訊方法，藉聲音或影像向公眾提供或傳達著作內容，包括使公眾得於其各自選定之時間或地點，以上述方法接收著作內容。」係指以網路或其他通訊方法向公眾傳達著作內容，與公開播送之概念不同，公開傳輸係以網路及其他通訊方式傳達或使人接收著作之內容，典型的例子如設置網站供人下載或在網路上分享檔案等，對於公開傳輸權之侵害，通常也一併會伴隨著重製權之侵害。

公開傳輸權，依著作權法第26條之1規定：「著作人除本法另有規定外，專有公開傳輸其著作之權利。表演人就其經重製於錄音著作之表演，專有公開傳輸之權利。」因此，所有著作之著作財產權人均專有公開傳輸權，惟表演人之公開傳輸權，則以經重製於錄音著作者爲限。

（七）公開展示權

公開展示，依著作權法第3條第1項第13款之定義：「公開展示：指向公眾展示著作內容。」即以陳列供公眾觀賞之方式傳達著作內容之行爲。

公開展示權，依著作權法第27條規定：「著作人專有公開展示其未發行之美術著作或攝影著作之權利。」因此，僅有美術及攝影著作之著作權人，專有公開展示權。

（八）編輯權

編輯之意義，著作權法並未加以定義，惟應解釋爲就原著作加以整理、增刪、編排之行爲，與前述編輯著作之概念相仿。

編輯權，依著作權法第28條規定：「著作人專有將其著作改作成衍生著作或編輯成編輯著作之權利。但表演不適用之。」因此，除表演著作之著作權人外，其餘著作之著作權人均專有編輯其著作之權，前述編輯著作之編輯人，如未經原著作權人之同意，縱然可獲得編輯著作之著作權，仍然不免侵害原著作權人之編輯權，應特別注意。

（九）改作權

改作，依著作權法第3條第1項第11款之定義：「改作：指以翻譯、編曲、改寫、拍攝影片或其他方法就原著作另爲創作。」即前述之衍生著作之概念。

改作權之範圍，與編輯權相同，依著作權法第28條：「著作人專有將其著作改作成衍生著作或編輯成編輯著作之權利。但表演不適用之。」除表演著作之著作權人外，其餘著作之著作權人均專有之。

（十）散布權

散布，依著作權法第3條第1項第12款之定義：「散布：指不問有償或無償，將著作之原件或重製物提供公衆交易或流通。」散布必須向公衆爲之，且不限於有償或移轉所有權之方式，無論係買賣、贈與、出租、借貸等，只要是提供給不特定人或特定多數人，均屬於散布行爲。

惟著作權人所專有之散布權，依著作權法第28條之1：「著作人除本法另有規定外，專有以移轉所有權之方式，散布其著作之權利。表演人就其經重製於錄音著作之表演，專有以移轉所有權之方式散布之權利。」則僅限於「以移轉所有權之方式散布」，以其餘方式散布，可分別構成出租或視爲侵害著作權之行爲。

（十一）出租權

出租，指將物品租予他方使用收益收取租金之行爲，著作權法第29條規定：「著作人除本法另有規定外，專有出租其著作之權利。表演人就其經重製於錄音著作之表演，專有出租之權利。」所有著作之著作財產權人均專有出租權，惟表演著作權人之出租權，則以經重製於錄音著作者爲限。

（十二）輸入權

輸入，指將物品由國外進口至國內之行爲，目前實務上將自大陸地區進口之行爲亦認爲係輸入之行爲。關於輸入權之規定，與前述之分權體例不同，係間接規定於著作權法第87條視爲侵害著作權之條文中：「有下列情形之一者，除本法另有規定外，視爲侵害著作權或製版權：……四、未經著作財產權人同意而輸入著作原件或其國外合法重製物者。」由此可知，本法各種著作之著作權人均專有輸入著作原件或其重製物之權，因此，我國著作權法下，平行輸入之行爲，仍爲侵害著作權之行爲。

六、著作財產權之限制

著作權雖係出於著作人之智慧結晶，按理應給予最大之保護，惟著作權通常亦關係著整體社會文化之涵養與資訊之流通，如不在合理使用之範圍內賦予他人利用之權，反會造成知識壟斷、妨礙社會進步之反效果，因此，著作權法下，設有許多著作權效力例外之規定（第44～65條）：

（一）中央或地方機關因立法或行政目的列為內部參考資料

著作權法第44條：「中央或地方機關，因立法或行政目的所需，認有必要將他人著作列爲內部參考資料時，在合理範圍內，得重製他人之著作。但依該著作之種類、用途及其重製物之數量、方法，有害於著作財產權人之利益者，不在此限。」

（二）司法程序之使用

著作權法第45條：「專爲司法程序使用之必要，在合理範圍內，得重製他人之著作。前條但書規定，於前項情形準用之。」

（三）學校授課之需要

著作權法第46條：「依法設立之各級學校及其擔任教學之人，爲學校授課需要，在合理範圍內，得重製他人已公開發表之著作。第四十四條但書規定，於前項情形準用之。」

（四）編輯教科書或教育目的之利用

著作權法第47條：「爲編製依法令應經教育行政機關審定之教科用書，或教育行政機關編製教科用書者，在合理範圍內，得重製、改作或編輯他人已公開發表之著作。前項規定，於編製附隨於該教科用書且專供教學之人教學用之輔助用品，準用之。但以由該教科用書編製者編製爲限。依法設立之各級學校或教育機構，爲教育目的之必要，在合理範圍內，得公開播送他人已公開發表之著作。前三項情形，利用人應將利用情形通知著作財產權人並支付使用報酬。使用報酬率，由主管機關定之。」

（五）圖書館因研究或保存之重製

著作權法第48條：「供公衆使用之圖書館、博物館、歷史館、科學館、藝術館或其他文教機構，於下列情形之一，得就其收藏之著作重製之：一、應閱覽人供個人研究之要求，重製已公開發表著作之一部分，或期刊或已公開發表之研討會論文集之單篇著作，每人以一份爲限。二、基於保存資料之必要者。三、就絕版或難以購得之著作，應同性質機構之要求者。」

（六）論文摘要之重製

著作權法第48條之1：「中央或地方機關、依法設立之教育機構或供公衆使用之圖書館，得重製下列已公開發表之著作所附之摘要：一、依學位授予法撰寫之碩士、博士論文，著作人已取得學位者。二、刊載於期刊中之學術論文。三、已公開發表之研討會論文集或研究報告。」

（七）時事報導之利用

著作權法第49條：「以廣播、攝影、錄影、新聞紙、網路或其他方法爲時事報導者，在報導之必要範圍內，得利用其報導過程中所接觸之著作。」

（八）中央或地方機關或公法人之著作

著作權法第50條：「以中央或地方機關或公法人之名義公開發表之著作，在合理範圍內，得重製、公開播送或公開傳輸。」

（九）個人使用之重製

著作權法第51條：「供個人或家庭為非營利之目的，在合理範圍內，得利用圖書館及非供公眾使用之機器重製已公開發表之著作。」

（十）引用

著作權法第52條：「為報導、評論、教學、研究或其他正當目的之必要，在合理範圍內，得引用已公開發表之著作。」

（十一）視聽覺障礙者之翻譯及重製

著作權法第53條：「中央或地方政府機關、非營利機構或團體、依法立案之各級學校，為專供視覺障礙者、學習障礙者、聽覺障礙者或其他感知著作有困難之障礙者使用之目的，得以翻譯、點字、錄音、數位轉換、口述影像、附加手語或其他方式利用已公開發表之著作。前項所定障礙者或其代理人為供該障礙者個人非營利使用，準用前項規定。依前二項規定製作之著作重製物，得於前二項所定障礙者、中央或地方政府機關、非營利機構或團體、依法立案之各級學校間散布或公開傳輸。」

（十二）為辦理考試而重製

著作權法第54條：「中央或地方機關、依法設立之各級學校或教育機構辦理之各種考試，得重製已公開發表之著作，供為試題之用。但已公開發表之著作如為試題者，不適用之。」

（十三）非營利之公開使用行為

著作權法第55條：「非以營利為目的，未對觀眾或聽眾直接或間接收取任何費用，且未對表演人支付報酬者，得於活動中公開口述、公開播送、公開上映或公開演出他人已公開發表之著作。」

（十四）廣播電視為播送而暫時之錄音錄影

著作權法第56條：「廣播或電視，為公開播送之目的，得以自己之設備錄音或錄影該著作。但以其公開播送業經著作財產權人之授權或合於本法規定者為限。前項錄製物除經著作權專責機關核准保存於指定之處所外，應於錄音或錄影後六個月內銷燬之。」

（十五）社區共同天線之轉播

著作權法第56條之1：「爲加強收視效能，得以依法令設立之社區共同天線同時轉播依法設立無線電視臺播送之著作，不得變更其形式或內容。」

（十六）為公開展示而重製

著作權法第57條：「美術著作或攝影著作原件或合法重製物之所有人或經其同意之人，得公開展示該著作原件或合法重製物。前項公開展示之人，爲向參觀人解說著作，得於說明書內重製該著作。」

（十七）戶外展示之美術或建築著作之利用

著作權法第58條：「於街道、公園、建築物之外壁或其他向公衆開放之戶外場所長期展示之美術著作或建築著作，除下列情形外，得以任何方法利用之：一、以建築方式重製建築物。二、以雕塑方式重製雕塑物。三、爲於本條規定之場所長期展示目的所爲之重製。四、專門以販賣美術著作重製物爲目的所爲之重製。」

（十八）電腦程式之修改與重製

著作權法第59條：「合法電腦程式著作重製物之所有人得因配合其所使用機器之需要，修改其程式，或因備用存檔之需要重製其程式。但限於該所有人自行使用。前項所有人因滅失以外之事由，喪失原重製物之所有權者，除經著作財產權人同意外，應將其修改或重製之程式銷燬之。」

（十九）移轉所有權之第一次銷售原則（權利耗盡理論）

著作權法第59條之1：「在中華民國管轄區域內取得著作原件或其合法重製物所有權之人，得以移轉所有權之方式散布之。」

（二十）出租之第一次銷售原則（權利耗盡理論）

著作權法第60條：「著作原件或其合法著作重製物之所有人，得出租該原件或重製物。但錄音及電腦程式著作，不適用之。附含於貨物、機器或設備之電腦程式著作重製物，隨同貨物、機器或設備合法出租且非該項出租之主要標的物者，不適用前項但書之規定。」

（二一）時事論述之轉載

著作權法第61條：「揭載於新聞紙、雜誌或網路上有關政治、經濟或社會上時事問題之論述，得由其他新聞紙、雜誌轉載或由廣播或電視公開播送，或於網路上公開傳輸。但經註明不許轉載、公開播送或公開傳輸者，不在此限。」

（二二）公開演說、公開陳述之利用

著作權法第62條：「政治或宗教上之公開演說、裁判程序及中央或地方機關之公開陳述，任何人得利用之。但專就特定人之演說或陳述，編輯成編輯著作者，應經著作財產權人之同意。」

（二三）合法使用之翻譯、改作、散布權

著作權法第63條：「依第四十四條、第四十五條、第四十八條第一款、第四十八條之一至第五十條、第五十二條至第五十五條、第六十一條及第六十二條規定得利用他人著作者，得翻譯該著作。依第四十六條及第五十一條規定得利用他人著作者，得改作該著作。依第四十六條至第五十條、第五十二條至第五十四條、第五十七條第二項、第五十八條、第六十一條及第六十二條規定利用他人著作者，得散布該著作。」

（二四）一般合理使用條款

著作權法第65條：「著作之合理使用，不構成著作財產權之侵害。著作之利用是否合於第四十四條至第六十三條所定之合理範圍或其他合理使用之情形，應審酌一切情狀，尤應注意下列事項，以爲判斷之基準：一、利用之目的及性質，包括係爲商業目的或非營利教育目的。二、著作之性質。三、所利用之質量及其在整個著作所占之比例。四、利用結果對著作潛在市場與現在價值之影響。著作權人團體與利用人團體就著作之合理使用範圍達成協議者，得爲前項判斷之參考。前項協議過程中，得諮詢著作權專責機關之意見」。

七、侵害著作權行為

著作權之侵害，除著作權之效力與限制爲最重要的討論重點外，著作本身之存續期間、侵害行爲之態樣等，亦是構成著作權之侵害之必要條件：

（一）著作權須有效存續

著作財產權，與商標專利權相同，亦是有法定存續期間之權利，如著作財產權人欲主張他人侵害其著作財產權，亦應以著作財產權仍有效存續爲前提。依著作權法第30條規定：「著作財產權，除本法另有規定外，存續於著作人之生存期間及其死亡後五十年。著作於著作人死亡後四十年至五十年間首次公開發表者，著作財產權之期間，自公開發表時起存續十年。」著作財產權之權利期間，原則上係包含著作人之生存期間以及死後五十年，例外在攝影、視聽、錄音及表演之著作，依著作權法第34條，則僅存續至著作公開發表後五十年。

（二）侵害人無合法利用著作財產權之權限

著作權之利用，除著作財產權人外，被授權人、受讓與之人、質權人、信託人或繼承人等，均同爲有權利用著作之人，其利用著作之行爲，自不構成對著作財產權之侵害。

（三）侵害行為——一般侵害

著作權之一般侵害，即無合法利用著作財產權之權限而違反前述各種類著作財產權之行爲。

（四）侵害行為——擬制侵害

著作權之擬制侵害，規定於著作權法第87條規定：「有下列情形之一者，除本法另有規定外，視爲侵害著作權或製版權：一、以侵害著作人名譽之方法利用其著作者。二、明知爲侵害製版權之物而散布或意圖散布而公開陳列或持有者。三、輸入未經著作財產權人或製版權人授權重製之重製物或製版物者。四、未經著作財產權人同意而輸入著作原件或其國外合法重製物者。五、以侵害電腦程式著作財產權之重製物作爲營業之使用者。六、明知爲侵害著作財產權之物而以移轉所有權或出租以外之方式散布者，或明知爲侵害著作財產權之物，意圖散布而公開陳列或持有者。七、未經著作財產權人同意或授權，意圖供公眾透過網路公開傳輸或重製他人著作，侵害著作財產權，對公眾提供可公開傳輸或重製著作之電腦程式或其他技術，而受有利益者。前項第七款之行爲人，採取廣告或其他積極措施，教唆、誘使、煽惑、說服公眾利用電腦程式或其他技術侵害著作財產權者，爲具備該款之意圖。」

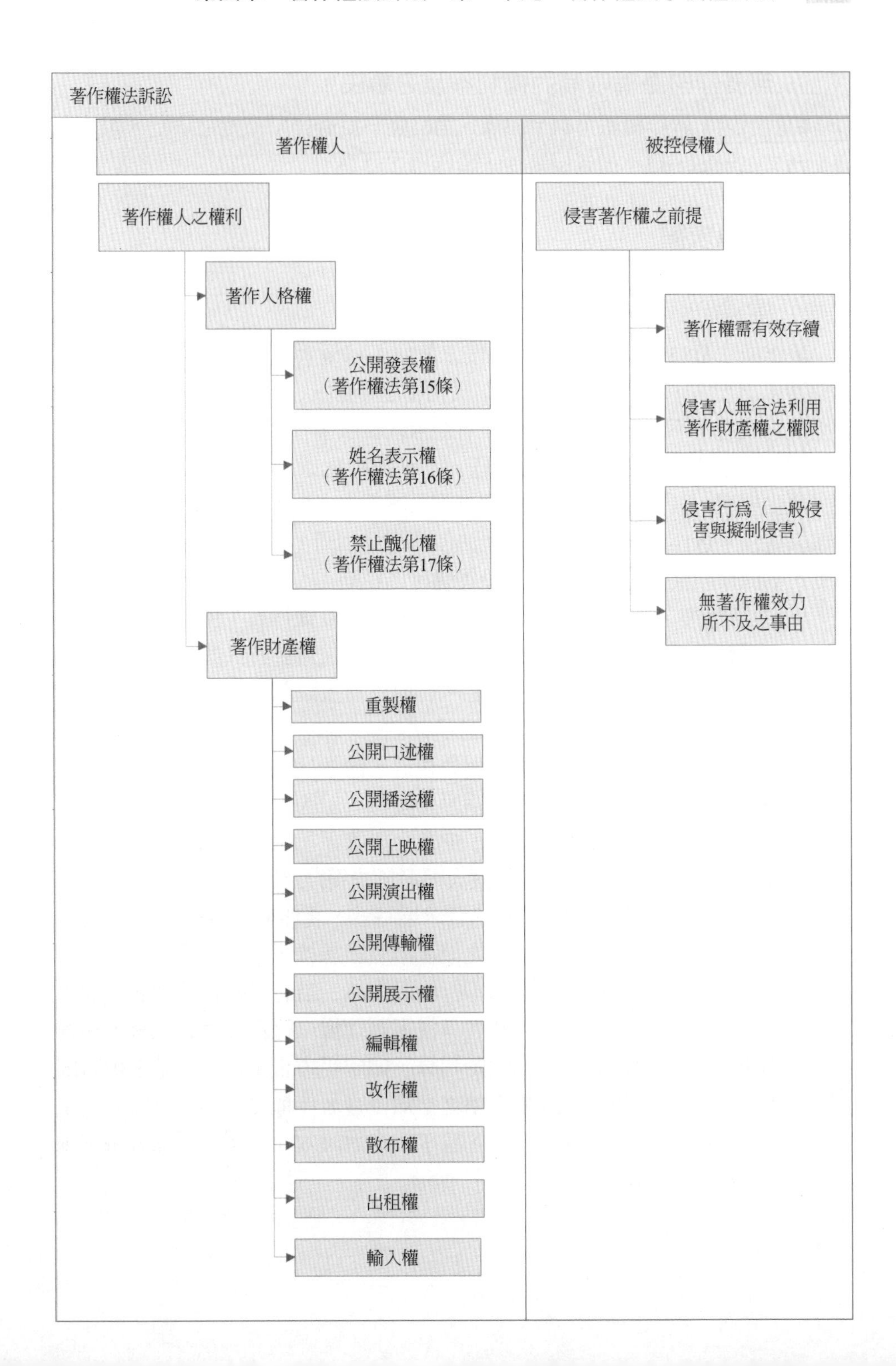
著作權法訴訟
著作權人
被控侵權人
著作權人之權利
著作人格權
公開發表權（著作權法第15條）
姓名表示權（著作權法第16條）
禁止醜化權（著作權法第17條）
著作財產權
重製權
公開口述權
公開播送權
公開上映權
公開演出權
公開傳輸權
公開展示權
編輯權
改作權
散布權
出租權
輸入權
侵害著作權之前提
著作權需有效存續
侵害人無合法利用著作財產權之權限
侵害行爲（一般侵害與擬制侵害）
無著作權效力所不及之事由

（五）無著作財產權限制而權利不及之事由：

如前所述，著作權法第44至63條、第65條，爲著作財產權之限制，如符合以上條文之規定，自不構成侵害他人著作權之行爲。

八、民事請求權

（一）損害賠償請求權

著作權法第85條第1項規定：「侵害著作人格權者，負損害賠償責任。雖非財產上之損害，被害人亦得請求賠償相當之金額。」、第88條第1項規定：「因故意或過失不法侵害他人之著作財產權或製版權者，負損害賠償責任。數人共同不法侵害者，連帶負賠償責任。」凡因故意或過失不法侵害他人著作權，致生損害，且侵害行爲與損害間有因果關係之人，即須對著作權人之損害負賠償責任。著作侵權行爲性質與民法侵權行爲相同，除前述之侵害著作權行爲外，其餘構成要件原則上均與一般侵權行爲相同：

1. 故意過失之舉證責任分配與認定：著作權侵權行爲，仍屬於侵權行爲之體系，必須以行爲人主觀上具有故意過失爲要件，此點並無爭議。關於故意過失之舉證責任分配，目前實務上以認爲原告必須對被告之主觀故意或過失負舉證責任之見解爲主。
2. 損害：損害包含所受損害與所失利益，前者指因侵害行爲造成之固有利益損失；後者指依合理預期原可獲得，但因侵害行爲而無法獲得之利益。當著作權受到侵害時，主要之損害係指所失利益，係指侵權人未經同意利用著作，使著作權人因而無法獲得之收益部分。
3. 消滅時效：著作權侵權行爲之請求權時效，著作權法第89條之1規定：「第八十五條及第八十八條之損害賠償請求權，自請求權人知有損害及賠償義務人時起，二年間不行使而消滅。自有侵權行爲時起，逾十年者亦同。」當著作權人知悉有侵害著作權之行爲及行爲人時，損害賠償請求權之消滅時效即開始起算，如兩年內未予行使，請求權將因時效而消滅；縱然著作權人始終不知侵害著作權之行爲及行爲人，至遲自侵權行爲時起滿十年者，請求權亦因時效而消滅，侵權人得主張時效消滅之抗辯。

（二）侵害排除防止請求權

著作權人，依著作權法第84條規定：「著作權人或製版權人對於侵害其權利者，得請求排除之，有侵害之虞者，得請求防止之。」除得請求前述之損害賠償之外，亦得請求排除或防止侵害。凡不法侵害他人著作權之人，不論有無故意過失，著作權人均得請求其停止及排除正在持續中的侵害行爲與狀態，或針對將來可能發生之侵害，預先防止侵害行爲之實現。所謂著作權受侵害，係指實際上已有侵害著作權之行爲存在，此時著作權人得請求侵害人停止一切侵害著作權之行爲，或請求侵權人回收侵害著作權之產品及重製物；而所謂有侵害之虞，則係指著作權有被侵害之具體危險，如有具體情形顯示他人將進行侵害著作之行爲，此時著作權人可請求侵害人不爲各種侵害等行爲。

（三）請求銷毀或為其他必要之處置

著作權法第88條之1：「依第84條或前條第一項請求時，對於侵害行爲作成之物或主要供侵害所用之物，得請求銷燬或爲其他必要之處置。」

（四）聲請判決書登報

著作權法第89條「被害人得請求由侵害人負擔費用，將判決書內容全部或一部登載新聞紙、雜誌。」

九、損害賠償之計算

著作權遭受侵害時，金錢損害賠償之請求是相當常見之主張，究竟損害賠償之數額應如何計算，則爲此類訴訟之核心。著作權法對於損害賠償額之計算，設有比民法更多元之計算方法，著作權人在起訴時，仍得依據事實與證據的掌握狀況，選擇較有利之計算方式：

（一）依民法第216條規定，以「所受損害」與「所失利益」之數額為損害賠償之數額（著作權法第88條第2項第1款前段）

以「所受損害」與「所失利益」計算損害，在著作權人所失利益的部分，可能包含：著作權人無法收取授權費之利益損失、消費者因侵權產品之存在而混淆誤認，因此不向著作權人購買產品之利益損失、著作權人因侵權產品存在而無法售出之產品利益損失等。

如同在前面第二章第一單元有關專利民事侵權之相關敘述，我國著作權法對於損害賠償之計算，雖也規定有多種計算方式，但也卻缺少得以授權金數額作爲損害賠償數額之規定。「辦理民事訴訟事件應行注意事項」第87點（損害額之認定）之規定：「於侵害智慧財產權之損害賠償事件，得依原告之聲請囑託主管機關或其他適當機構估算其損害數額或參考智慧財產權人於實施授權時可得收取之合理權利金數額，核定損害賠償之數額，亦得命被告提出計算損害賠償所需之文書或資料，作爲核定損害賠償額之參考。第一項於違約金酌減之訴得準用之。（民事訴訟法第222條）」可資參考，在我國著作權法無明文可採用授權金計算損害之規定，但或許可用「所失利益」之概念包含之。

（二）差額說（著作權法第88條第2項第1款後段但書）

差額說之操作方式，係著作權人就其使用著作權通常所可獲得之利益，減除受害後使用著作權所得之利益，以其差額爲所受損害之數額。本款係減輕著作權人之舉證責任，較前述民法第216條之主張方式容易舉證。

（三）銷售總利益說（著作權法第88條第2項第2款前段）

以侵害人因侵害行爲所得之淨利益爲著作權人所受損害之數額。本款之立法目的亦在減輕著作權人之舉證責任及嚇阻侵權行爲，將侵權人藉由侵害著作權之方式所獲得之不當利益擬制爲著作權人之損害。實務上著作權人多主張本款計算方式以計算損害，因只須計算「侵害人因侵害行爲所得之利益」即可，具體計算方法爲將侵權人所販售之侵權產品總數量乘以產品單價（或利益），相當易於計算。著作權人如採用本款計算方法時，必須先取得侵權人製造或銷售侵權產品數量與價格之數據，如公開財報、公司簡介、網頁資訊、產品型錄、宣傳廣告單、或是報章雜誌之報導、官方或產業協會之統計資料等，當侵權人爲出口商時，亦可向經濟部國際貿易局查詢侵權人之總出口實績或向請求法院向財政部國稅局調取侵權人之出口報單以證明侵權人出口之侵權產品數量，以計算侵權產品之數量與利益，最後，著作權人亦得依著作權法有關查扣之規定，請求查扣侵權人所進口之產品，均可作爲計算損害之一種方式。此外，如相關帳冊證據取得上仍有困難，著作權人亦得依民事訴訟法第342～345條之規定，主張證明所需之文書資料均爲侵權人（被告）所持有，請求法院命侵權人提出其營業資料，否則法院得審酌情形認他造關於該文書之主張或依該文書應證之事實爲眞實，亦即以原告所提出之計算方式計算損害。

民事訴訟法第342條規定：「聲明書證，係使用他造所執之文書者，應聲請法院命他造提出。前項聲請，應表明下列各款事項：一、應命其提出之文書。二、依該文書應證之事實。三、文書之內容。四、文書爲他造所執之事由。五、他造有提出文書義務之原因。前項第一款及第三款所列事項之表明顯有困難時，法院得命他造爲必要之協助。」

民事訴訟法第343條規定：「法院認應證之事實重要，且舉證人之聲請正當者，應以裁定命他造提出文書。」

民事訴訟法第344條規定：「下列各款文書，當事人有提出之義務：一、該當事人於訴訟程序中曾經引用者。二、他造依法律規定，得請求交付或閱覽者。三、爲他造之利益而作者。四、商業帳簿。五、就與本件訴訟有關之事項所作者。前項第五款之文書內容，涉及當事人或第三人之隱私或業務秘密，如予公開，有致該當事人或第三人受重大損害之虞者，當事人得拒絕提出。但法院爲判斷其有無拒絕提出之正當理由，必要時，得命其提出，並以不公開之方式行之。」

民事訴訟法第345條規定：「當事人無正當理由不從提出文書之命者，法院得審酌情形認他造關於該文書之主張或依該文書應證之事實爲眞實。前項情形，於裁判前應令當事人有辯論之機會。」

（四）銷售總額說（著作權法第88條第2項第2款後段但書）

若侵權人不能就其成本或必要費用舉證時，著作權人得以銷售該項物品之全部收入作爲所得利益。此時，如侵權人對於成本以及必要費用有所爭執時，必須自行舉證證明成本或必要費用之存在，否則著作權人所能主張之賠償即可擴張到侵害人之銷售總額。

（五）法定賠償數額（著作權法第88條第3項）

著作權法上關於損害賠償數額之計算，規定有一特殊之計算方式，即本款之法定賠償數額，著作權人得依本款之規定，請求法院依侵害情節，在新臺幣一萬元以上一百萬元以下酌定賠償額。如損害行爲屬故意且情節重大者，賠償額得增至新臺幣五百萬元。本款係爲減輕著作權人關於損害賠償數額之舉證責任，同時加強保護著作權人、處罰侵害著作權之行爲之規定。

著作權侵害之救濟
民事請求權
損害賠償請求權
著作權人或製版權人對於侵害其權利者，得請求排除之，有侵害之虞者，得請求防止之（第84條）
侵害著作人格權者，負損害賠償責任。雖非財產上之損害，被害人亦得請求賠償相當之金額（第85條）
第85條及第88條之損害賠倘請求權，自請求權人知有損害有賠償義務人時起，2年間不行使而消滅。自有侵權行爲時起，逾10年者亦同（第89條之1）
侵害排除防止請求權
著作權人或製版權人對於侵害其權利者，得請求排除之，有侵害之虞者，得請求防止之
請求銷毀或爲其他必要之處置
依第84條或前條第1項請求時，對於侵害行爲作成之物或主要供侵害所用之物，得請求銷燬或爲其他必要之處置（第88條之1）
聲請判決書登報
被害人得請求由侵害人負擔費用，將判決書內容全部或一部登載新聞紙、雜誌（第89條）
損害賠償之計算
民法第216條
依民法第216條規定，以「所受損害」與「所失利益」之數額爲損害賠償之數額（第88條第2項第1款前段）
差額說
著作權人就其使用著作權通常所可獲得之利益，減除受害後使用著作權所得之利益，以其差額爲所受損害之數額（第88條第2項第1款後段）
銷售總利益說
以侵害人因侵害行爲所得之淨利益爲著作權人所受損害之數額（第88條第2項第2款前段）
銷售總額說
若侵權人不能就其成本或必要費用舉證時，著作權得以銷售該項物品之全部收入作爲所得利益（第88條第2項第2款後段）
法定賠償數額
著作權人得依本款之規定，請求法院依侵害情節，在新臺幣一萬元以上一百萬元以下酌定賠償額。如損害行爲屬故意且情節重大者，賠償額得增至新臺幣五百萬元（第88條第3項）
擇一主張

相關法條

著作權法第3條

本法用詞，定義如下：

一、著作：指屬於文學、科學、藝術或其他學術範圍之創作。

二、著作人：指創作著作之人。

三、著作權：指因著作完成所生之著作人格權及著作財產權。

四、公眾：指不特定人或特定之多數人。但家庭及其正常社交之多數人，不在此限。

五、重製：指以印刷、複印、錄音、錄影、攝影、筆錄或其他方法直接、間接、永久或暫時之重複製作。於劇本、音樂著作或其他類似著作演出或播送時予以錄音或錄影；或依建築設計圖或建築模型建造建築物者，亦屬之。

六、公開口述：指以言詞或其他方法向公眾傳達著作內容。

七、公開播送：指基於公眾直接收聽或收視為目的，以有線電、無線電或其他器材之廣播系統傳送訊息之方法，藉聲音或影像，向公眾傳達著作內容。由原播送人以外之人，以有線電、無線電或其他器材之廣播系統傳送訊息之方法，將原播送之聲音或影像向公眾傳達者，亦屬之。

八、公開上映：指以單一或多數視聽機或其他傳送影像之方法於同一時間向現場或現場以外一定場所之公眾傳達著作內容。

九、公開演出：指以演技、舞蹈、歌唱、彈奏樂器或其他方法向現場之公眾傳達著作內容。以擴音器或其他器材，將原播送之聲音或影像向公眾傳達者，亦屬之。

十、公開傳輸：指以有線電、無線電之網路或其他通訊方法，藉聲音或影像向公眾提供或傳達著作內容，包括使公眾得於其各自選定之時間或地點，以上述方法接收著作內容。

十一、改作：指以翻譯、編曲、改寫、拍攝影片或其他方法就原著作另為創作。

十二、散布：指不問有償或無償，將著作之原件或重製物提供公眾交易或流通。

十三、公開展示：指向公眾展示著作內容。

十四、發行：指權利人散布能滿足公眾合理需要之重製物。

十五、公開發表：指權利人以發行、播送、上映、口述、演出、展示或其他方法向公眾公開提示著作內容。

十六、原件：指著作首次附著之物。

十七、權利管理電子資訊：指於著作原件或其重製物，或於著作向公眾傳達時，所表示足以確認著作、著作名稱、著作人、著作財產權人或其授權之人及利用期間或條件之相關電子資訊；以數字、符號表示此類資訊者，亦屬之。

十八、防盜拷措施：指著作權人所採取有效禁止或限制他人擅自進入或利用著作之設備、器材、零件、技術或其他科技方法。

十九、網路服務提供者，指提供下列服務者：

（一）連線服務提供者：透過所控制或營運之系統或網路，以有線或無線方式，提供資訊傳輸、發送、接收，或於前開過程中之中介及短暫儲存之服務者。

（二）快速存取服務提供者：應使用者之要求傳輸資訊後，透過所控制或營運之系統或網路，將該資訊為中介及暫時儲存，以供其後要求傳輸該資訊之使用者加速進入該資訊之服務者。

（三）資訊儲存服務提供者：透過所控制或營運之系統或網路，應使用者之要求提供資訊儲存之服務者。

（四）搜尋服務提供者：提供使用者有關網路資訊之索引、參考或連結之搜尋或連結之服務者。

前項第八款所定現場或現場以外一定場所，包含電影院、俱樂部、錄影帶或碟影片播映場所、旅館房間、供公眾使用之交通工具或其他供不特定人進出之場所。

著作權法第4條

外國人之著作合於下列情形之一者，得依本法享有著作權。但條約或協定另有約定，經立法院議決通過者，從其約定：

一、於中華民國管轄區域內首次發行，或於中華民國管轄區域外首次發行後三十日內在中華民國管轄區域內發行者。但以該外國人之本國，對中華民國人之著作，在相同之情形下，亦予保護且經查證屬實者為限。

二、依條約、協定或其本國法令、慣例，中華民國人之著作得在該國享有著作權者。

著作權法第5條

本法所稱著作，例示如下：

一、語文著作。

二、音樂著作。

三、戲劇、舞蹈著作。

四、美術著作。

五、攝影著作。

六、圖形著作。

七、視聽著作。

八、錄音著作。

九、建築著作。

十、電腦程式著作。

前項各款著作例示內容，由主管機關訂定之。

著作權法第6條

就原著作改作之創作爲衍生著作，以獨立之著作保護之。

衍生著作之保護，對原著作之著作權不生影響。

著作權法第7條

就資料之選擇及編排具有創作性者爲編輯著作，以獨立之著作保護之。

編輯著作之保護，對其所收編著作之著作權不生影響。

著作權法第7條之1

表演人對既有著作或民俗創作之表演，以獨立之著作保護之。

表演之保護，對原著作之著作權不生影響。

著作權法第9條

下列各款不得爲著作權之標的：

一、憲法、法律、命令或公文。

二、中央或地方機關就前款著作作成之翻譯物或編輯物。

三、標語及通用之符號、名詞、公式、數表、表格、簿冊或時曆。

四、單純為傳達事實之新聞報導所作成之語文著作。

五、依法令舉行之各類考試試題及其備用試題。

前項第一款所稱公文，包括公務員於職務上草擬之文告、講稿、新聞稿及其他文書。

著作權法第10條

著作人於著作完成時享有著作權。但本法另有規定者，從其規定。

著作權法第10條之1

依本法取得之著作權，其保護僅及於該著作之表達，而不及於其所表達之思想、程序、製程、系統、操作方法、概念、原理、發現。

著作權法第11條

受雇人於職務上完成之著作，以該受雇人為著作人。但契約約定以雇用人為著作人者，從其約定。

依前項規定，以受雇人為著作人者，其著作財產權歸雇用人享有。但契約約定其著作財產權歸受雇人享有者，從其約定。

前二項所稱受雇人，包括公務員。

著作權法第12條

出資聘請他人完成之著作，除前條情形外，以該受聘人為著作人。但契約約定以出資人為著作人者，從其約定。

依前項規定，以受聘人為著作人者，其著作財產權依契約約定歸受聘人或出資人享有。未約定著作財產權之歸屬者，其著作財產權歸受聘人享有。

依前項規定著作財產權歸受聘人享有者，出資人得利用該著作。

著作權法第15條

著作人就其著作享有公開發表之權利。但公務員，依第十一條及第十二條規定為著作人，而著作財產權歸該公務員隸屬之法人享有者，不適用之。

有下列情形之一者，推定著作人同意公開發表其著作：

一、著作人將其尚未公開發表著作之著作財產權讓與他人或授權他人利用時，因著作財產權之行使或利用而公開發表者。

二、著作人將其尚未公開發表之美術著作或攝影著作之著作原件或其重製物讓與他人，受讓人以其著作原件或其重製物公開展示者。

三、依學位授予法撰寫之碩士、博士論文，著作人已取得學位者。

依第十一條第二項及第十二條第二項規定，由雇用人或出資人自始取得尚未公開發表著作之著作財產權者，因其著作財產權之讓與、行使或利用而公開發表者，視爲著作人同意公開發表其著作。

前項規定，於第十二條第三項準用之。

著作權法第16條

著作人於著作之原件或其重製物上或於著作公開發表時，有表示其本名、別名或不具名之權利。著作人就其著作所生之衍生著作，亦有相同之權利。

前條第一項但書規定，於前項準用之。

利用著作之人，得使用自己之封面設計，並加冠設計人或主編之姓名或名稱。但著作人有特別表示或違反社會使用慣例者，不在此限。

依著作利用之目的及方法，於著作人之利益無損害之虞，且不違反社會使用慣例者，得省略著作人之姓名或名稱。

著作權法第17條

著作人享有禁止他人以歪曲、割裂、竄改或其他方法改變其著作之內容、形式或名目致損害其名譽之權利。

著作權法第18條

著作人死亡或消滅者，關於其著作人格權之保護，視同生存或存續，任何人不得侵害。但依利用行爲之性質及程度、社會之變動或其他情事可認爲不違反該著作人之意思者，不構成侵害。

著作權法第21條

著作人格權專屬於著作人本身，不得讓與或繼承。

著作權法第22條

著作人除本法另有規定外，專有重製其著作之權利。

表演人專有以錄音、錄影或攝影重製其表演之權利。

前二項規定，於專爲網路合法中繼性傳輸，或合法使用著作，屬技術操作過程中必要之過渡性、附帶性而不具獨立經濟意義之暫時性重製，不適用之。但電腦程式著作，不在此限。

前項網路合法中繼性傳輸之暫時性重製情形，包括網路瀏覽、快速存取或其他爲達成傳輸功能之電腦或機械本身技術上所不可避免之現象。

著作權法第23條

著作人專有公開口述其語文著作之權利。

著作權法第24條

著作人除本法另有規定外，專有公開播送其著作之權利。

表演人就其經重製或公開播送後之表演，再公開播送者，不適用前項規定。

著作權法第25條

著作人專有公開上映其視聽著作之權利。

著作權法第26條

著作人除本法另有規定外，專有公開演出其語文、音樂或戲劇、舞蹈著作之權利。

表演人專有以擴音器或其他器材公開演出其表演之權利。但將表演重製後或公開播送後再以擴音器或其他器材公開演出者，不在此限。

錄音著作經公開演出者，著作人得請求公開演出之人支付使用報酬。

著作權法第26條之1

著作人除本法另有規定外，專有公開傳輸其著作之權利。

表演人就其經重製於錄音著作之表演，專有公開傳輸之權利。

著作權法第27條

著作人專有公開展示其未發行之美術著作或攝影著作之權利。

著作權法第28條

著作人專有將其著作改作成衍生著作或編輯成編輯著作之權利。但表演不適用之。

著作權法第28條之1

著作人除本法另有規定外，專有以移轉所有權之方式，散布其著作之權利。

表演人就其經重製於錄音著作之表演，專有以移轉所有權之方式散布之權利。

著作權法第30條

著作財產權，除本法另有規定外，存續於著作人之生存期間及其死亡後五十年。

著作於著作人死亡後四十年至五十年間首次公開發表者，著作財產權之期間，自公開發表時起存續十年。

著作權法第44條

中央或地方機關，因立法或行政目的所需，認有必要將他人著作列爲內部參考資料時，在合理範圍內，得重製他人之著作。但依該著作之種類、用途及其重製物之數量、方法，有害於著作財產權人之利益者，不在此限。

著作權法第45條

專爲司法程序使用之必要，在合理範圍內，得重製他人之著作。

前條但書規定，於前項情形準用之。

著作權法第46條

依法設立之各級學校及其擔任教學之人，爲學校授課需要，在合理範圍內，得重製他人已公開發表之著作。

第四十四條但書規定，於前項情形準用之。

著作權法第47條

爲編製依法令應經教育行政機關審定之教科用書，或教育行政機關編製教科用書者，在合理範圍內，得重製、改作或編輯他人已公開發表之著作。

前項規定，於編製附隨於該教科用書且專供教學之人教學用之輔助用品，準用之。但以由該教科用書編製者編製爲限。

依法設立之各級學校或教育機構，爲教育目的之必要，在合理範圍內，得公開播送他人已公開發表之著作。

前三項情形，利用人應將利用情形通知著作財產權人並支付使用報酬。使用報酬率，由主管機關定之。

著作權法第48條

供公眾使用之圖書館、博物館、歷史館、科學館、藝術館或其他文教機構，於下列情形之一，得就其收藏之著作重製之：

一、應閱覽人供個人研究之要求，重製已公開發表著作之一部分，或期刊或已公開發表之研討會論文集之單篇著作，每人以一份爲限。

二、基於保存資料之必要者。

三、就絕版或難以購得之著作，應同性質機構之要求者。

著作權法第48條之1

中央或地方機關、依法設立之教育機構或供公眾使用之圖書館，得重製下列已公開發表之著作所附之摘要：

一、依學位授予法撰寫之碩士、博士論文，著作人已取得學位者。

二、刊載於期刊中之學術論文。

三、已公開發表之研討會論文集或研究報告。

著作權法第49條

以廣播、攝影、錄影、新聞紙、網路或其他方法爲時事報導者，在報導之必要範圍內，得利用其報導過程中所接觸之著作。

著作權法第50條

以中央或地方機關或公法人之名義公開發表之著作，在合理範圍內，得重製、公開播送或公開傳輸。

著作權法第51條

供個人或家庭爲非營利之目的，在合理範圍內，得利用圖書館及非供公眾使用之機器重製已公開發表之著作。

著作權法第52條

爲報導、評論、教學、研究或其他正當目的之必要，在合理範圍內，得引用已公開發表之著作。

著作權法第53條

中央或地方政府機關、非營利機構或團體、依法立案之各級學校，爲專供視覺障礙者、學習障礙者、聽覺障礙者或其他感知著作有困難之障礙者使用之目的，得以翻譯、點字、錄音、數位轉換、口述影像、附加手語或其他方式利用已公開發表之著作。

前項所定障礙者或其代理人爲供該障礙者個人非營利使用，準用前項規定。

依前二項規定製作之著作重製物，得於前二項所定障礙者、中央或地方政府機關、非營利機構或團體、依法立案之各級學校間散布或公開傳輸。

著作權法第54條

中央或地方機關、依法設立之各級學校或教育機構辦理之各種考試，得重製已公開發表之著作，供爲試題之用。但已公開發表之著作如爲試題者，不適用之。

著作權法第55條

非以營利爲目的，未對觀衆或聽衆直接或間接收取任何費用，且未對表演人支付報酬者，得於活動中公開口述、公開播送、公開上映或公開演出他人已公開發表之著作。

著作權法第56條

廣播或電視，爲公開播送之目的，得以自己之設備錄音或錄影該著作。但以其公開播送業經著作財產權人之授權或合於本法規定者爲限。

前項錄製物除經著作權專責機關核准保存於指定之處所外，應於錄音或錄影後六個月內銷燬之。

著作權法第56條之1

爲加強收視效能，得以依法令設立之社區共同天線同時轉播依法設立無線電視臺播送之著作，不得變更其形式或內容。

著作權法第57條

美術著作或攝影著作原件或合法重製物之所有人或經其同意之人，得公開展示該著作原件或合法重製物。

前項公開展示之人，爲向參觀人解說著作，得於說明書內重製該著作。

著作權法第58條

於街道、公園、建築物之外壁或其他向公眾開放之戶外場所長期展示之美術著作或建築著作，除下列情形外，得以任何方法利用之：

一、以建築方式重製建築物。

二、以雕塑方式重製雕塑物。

三、為於本條規定之場所長期展示目的所為之重製。

四、專門以販賣美術著作重製物為目的所為之重製。

著作權法第59條

合法電腦程式著作重製物之所有人得因配合其所使用機器之需要，修改其程式，或因備用存檔之需要重製其程式。但限於該所有人自行使用。

前項所有人因滅失以外之事由，喪失原重製物之所有權者，除經著作財產權人同意外，應將其修改或重製之程式銷燬之。

著作權法第59條之1

在中華民國管轄區域內取得著作原件或其合法重製物所有權之人，得以移轉所有權之方式散布之。

著作權法第60條

著作原件或其合法著作重製物之所有人，得出租該原件或重製物。但錄音及電腦程式著作，不適用之。

附含於貨物、機器或設備之電腦程式著作重製物，隨同貨物、機器或設備合法出租且非該項出租之主要標的物者，不適用前項但書之規定。

著作權法第61條

揭載於新聞紙、雜誌或網路上有關政治、經濟或社會上時事問題之論述，得由其他新聞紙、雜誌轉載或由廣播或電視公開播送，或於網路上公開傳輸。但經註明不許轉載、公開播送或公開傳輸者，不在此限。

著作權法第62條

政治或宗教上之公開演說、裁判程序及中央或地方機關之公開陳述，任何人得利用之。但專就特定人之演說或陳述，編輯成編輯著作者，應經著作財產權人之同意。

著作權法第63條

依第四十四條、第四十五條、第四十八條第一款、第四十八條之一至第五十條、第五十二條至第五十五條、第六十一條及第六十二條規定得利用他人著作者，得翻譯該著作。

依第四十六條及第五十一條規定得利用他人著作者，得改作該著作。

依第四十六條至第五十條、第五十二條至第五十四條、第五十七條第二項、第五十八條、第六十一條及第六十二條規定利用他人著作者，得散布該著作。

著作權法第64條

依第四十四條至第四十七條、第四十八條之一至第五十條、第五十二條、第五十三條、第五十五條、第五十七條、第五十八條、第六十條至第六十三條規定利用他人著作者，應明示其出處。

前項明示出處，就著作人之姓名或名稱，除不具名著作或著作人不明者外，應以合理之方式爲之。

著作權法第65條

著作之合理使用，不構成著作財產權之侵害。

著作之利用是否合於第四十四條至第六十三條所定之合理範圍或其他合理使用之情形，應審酌一切情狀，尤應注意下列事項，以爲判斷之基準：

一、利用之目的及性質，包括係爲商業目的或非營利教育目的。

二、著作之性質。

三、所利用之質量及其在整個著作所占之比例。

四、利用結果對著作潛在市場與現在價值之影響。

著作權人團體與利用人團體就著作之合理使用範圍達成協議者，得爲前項判斷之參考。

前項協議過程中，得諮詢著作權專責機關之意見。

著作權法第84條

著作權人或製版權人對於侵害其權利者，得請求排除之，有侵害之虞者，得請求防止之。

著作權法第85條

侵害著作人格權者，負損害賠償責任。雖非財產上之損害，被害人亦得請求賠償相當之金額。

前項侵害，被害人並得請求表示著作人之姓名或名稱、更正內容或爲其他回復名譽之適當處分。

著作權法第86條

著作人死亡後，除其遺囑另有指定外，下列之人，依順序對於違反第十八條或有違反之虞者，得依第八十四條及前條第二項規定，請求救濟：

一、配偶。

二、子女。

三、父母。

四、孫子女。

五、兄弟姊妹。

六、祖父母。

著作權法第87條

有下列情形之一者，除本法另有規定外，視爲侵害著作權或製版權：

一、以侵害著作人名譽之方法利用其著作者。

二、明知爲侵害製版權之物而散布或意圖散布而公開陳列或持有者。

三、輸入未經著作財產權人或製版權人授權重製之重製物或製版物者。

四、未經著作財產權人同意而輸入著作原件或其國外合法重製物者。

五、以侵害電腦程式著作財產權之重製物作爲營業之使用者。

六、明知爲侵害著作財產權之物而以移轉所有權或出租以外之方式散布者，或明知爲侵害著作財產權之物，意圖散布而公開陳列或持有者。

七、未經著作財產權人同意或授權，意圖供公眾透過網路公開傳輸或重製他人著作，侵害著作財產權，對公眾提供可公開傳輸或重製著作之電腦程式或其他技術，而受有利益者。

前項第七款之行爲人，採取廣告或其他積極措施，教唆、誘使、煽惑、說服公眾利用電腦程式或其他技術侵害著作財產權者，爲具備該款之意圖。

著作權法第88條

因故意或過失不法侵害他人之著作財產權或製版權者，負損害賠償責任。

數人共同不法侵害者，連帶負賠償責任。

前項損害賠償，被害人得依下列規定擇一請求：

一、依民法第二百十六條之規定請求。但被害人不能證明其損害時，得以其行使權利依通常情形可得預期之利益，減除被侵害後行使同一權利所得利益之差額，為其所受損害。

二、請求侵害人因侵害行為所得之利益。但侵害人不能證明其成本或必要費用時，以其侵害行為所得之全部收入，為其所得利益。

依前項規定，如被害人不易證明其實際損害額，得請求法院依侵害情節，在新臺幣一萬元以上一百萬元以下酌定賠償額。如損害行為屬故意且情節重大者，賠償額得增至新臺幣五百萬元。

著作權法第88條之1

依第八十四條或前條第一項請求時，對於侵害行為作成之物或主要供侵害所用之物，得請求銷燬或為其他必要之處置。

著作權法第89條

被害人得請求由侵害人負擔費用，將判決書內容全部或一部登載新聞紙、雜誌。

著作權法第89條之1

第八十五條及第八十八條之損害賠償請求權，自請求權人知有損害及賠償義務人時起，二年間不行使而消滅。自有侵權行為時起，逾十年者亦同。

案例解析

(1)甲公司之該服藥輔助器使用說明是否為著作權法保護之「語文著作」：

①按「著作權法所稱之著作，係指屬於文學、科學、藝術或其他學術範圍之創作，著作權法第3條第1項第1款定有明文。是凡具有原創性之人類精神上創作，且達足以表現作者之個性或獨特性之程度者，即享有著作權。苟非抄襲或複製他人之著作，縱二著作相同或極相似，因二者均屬創作，皆應受著作權法之保護」、「著作權法所謂之著作，係指屬於文學、科學、藝術或其他學術範圍之創作，著作權法第3條第1項第1款定有明文。故本於自己獨立之思維、智巧、技匠而具有原創性之創作，即享有著作權。但原創

性非如專利法所要求之新穎性，倘非重製或改作他人之著作，縱有雷同或相似，因屬自己獨立之創作，具有原創性，同受著作權法之保障」、「……著作權法所保護之著作須具有原創性。因此，作品如非著作人獨立創作之結果，而屬習知習見之圖形或抄襲得來，即非以個別獨具之創意表現於外，應無原創性可言，自非屬創作，則該抄襲而來之作品，當不成為著作權法上所定之著作。」，最高法院81年度台上字第3063號、89年度台上字第2787號判決、92年度台上字第1644號判決要旨可資參照。是著作權法保障之著作本身，於其本質上需具有原創性、獨立者，方始稱之。換言之，著作係指屬於文學、科學、藝術或其他學術範圍之創作，既稱「創作」，則受著作權法保護之著作，自以具有「原創性」之精神創作物為必要，即具有原創性之人類精神上之創作，達足以表現作者之個性或獨特性之程度者，始得認為屬於著作權法所規定之著作，而得享有著作權，不具有原創性之作品，自不得認係屬著作權法所規定之著作。

②復按，著作權法第3條第1項第3款規定：「著作：指屬於文學、科學、藝術或其他學術範圍之創作」、第10條之1規定：「依本法取得之著作權，其保護僅及於該著作權之表達，而不及於其所表達之思想、程序、製程、系統、操作方法、概念、原理、發現」，上開條文明白揭示著作權法所定「著作」之範圍，及著作權法保護之對象，為著作之「表達」，而非其所表達之「思想、程序、製程、系統、操作方法、概念、原理、發現」，簡言之，作品內之構想、闡發、處理、安排及其順序，無法受著作權法保護，又著作之目標或功能乃是著作之觀念（或構想），亦非著作權法保護之對象，是對某商品之說明書內，對該商品之使用方法或用途、特性等作單純之描述，或因同種類商品在使用或其用途上之共通特徵使然，而必須為同一或類似之描述，則因其表達方法實屬有限，而不具有原創性，亦不受著作權法之保護。

③綜上，甲公司之「服藥輔助器使用說明」僅係對於其產品有該等功能之敘述，並方便孩童使用之宣傳，是屬於對該商品之使用方法或用途、特性等作單純之描述，且僅為歸納整理產品之功能及可能之用途，其精神作用的程度甚低，並無其獨自之思想感情，應認不足以表現作者之個性或獨特性，自不得認係屬著作權法所規定之著作。

(2)承上所述，甲公司之「服藥輔助器使用說明」因非屬著作權法保護之語文著作，因此若甲公司對乙公司主張著作權之侵害，即可能遭法院駁回。

第三節　必備書狀及撰寫要旨

審理流程

最高法院		最高行政法院
↑	↑	↑
智慧財產法院		
民事訴訟	刑事訴訟	行政訴訟
第二審 相關智慧財產權法所生民事訴訟事件	第二審 受理不服各地方法院對刑法、商標法、著作權法或公平交易法關於智慧財產權益保護刑事訴訟案件	第一審 相關智慧財產權法所生第一審行政訴訟事件及強制執行事件
	↑	
	各地方法院	訴願
第一審 相關智慧財產權法所生民事訴訟事件	第一審 各地方法院刑事庭審理刑法、商標法、著作權法或公平交易法關於智慧財產權益保護刑事訴訟案件	經濟部訴願審議委員會對相關智慧財產權行政處分訴願審議 ↑ 經濟部智慧財產局對相關智慧財產權行政處分

（資料來源：智慧財產法院網站「智慧財產案件審理模式」）

・原告起訴，法院受理，訴訟繫屬
・分案
・法官閱覽卷宗，批示：
　—定期
　—調閱卷證
　—命當事人提出涉嫌侵權之產品
・開庭審理
・言詞辯論終結
・宣示裁判

依據前述案例，本節提供原告所應撰擬之起訴書狀，以及被告之答辯書狀之撰寫要旨及範例：

一、原告起訴狀

著作權侵權民事訴訟之原告起訴狀，應載明訴之聲明、起訴之原因事實、請求權基礎及損害賠償之計算方式。（詳參第一章第三節有關民事侵權起訴狀之撰寫要旨）

二、被告答辯狀—著作原創性抗辯、不侵權抗辯、損害賠償數額之否認與抗辯

著作權侵權民事訴訟之被告答辯狀，應載明答辯聲明、抗辯理由及其證據、對於原告主張否認之事項等。

其中關於抗辯理由，可依下列方式敘述：

1. 關於著作原創性之抗辯

應檢具關於著作原創性抗辯之理由及其證據。

2. 關於合理使用之抗辯

應敘明關於主張合理使用之證據及其理由。

3. 關於損害賠償數額之抗辯

針對原告所主張損害賠償計算數額，被告可針對原告主張於不符合事實之處予以否認，於必要時，亦可檢具相關銷售數據之證據或證明有關成本及必要費用之證據補強被告之抗辯。

第四節　書狀範例

範例一　民事起訴狀

<table>
<tr><td colspan="4">民事起訴狀</td></tr>
<tr><td>案號</td><td colspan="2">年度　　字第　　號</td><td>承辦股別</td></tr>
<tr><td>稱謂</td><td>姓名或名稱</td><td colspan="2">依序填寫：國民身分證統一編號或營利事業統一編號、性別、出生年月日、職業、住居所、就業處所、公務所、事務所或營業所、郵遞區號、電話、傳真、電子郵件位址、指定送達代收人及其送達處所。</td></tr>
</table>

原　　　　告	甲公司	設台北市○○區○○路○○號○○樓
法 定 代 理 人	○○○	住同上
訴 訟 代 理 人	○○○律師	○○法律事務所 ○○市○○路○○號○○樓 電話：○○-○○○○○○○○○
被　　　　告	乙公司	設台北市○○區○○路○○號○○樓
被告兼上法定代理人	○○○	住同上

為請求損害賠償與排除侵害，依法起訴事：

訴之聲明

一、被告乙公司暨被告○○○應連帶給付原告新台幣（以下同）○○○元及自起訴狀繕本送達翌日起至清償日止按年利率百分之五計算之利息。

二、被告不得於其販售之商品上使用侵害原告著作權之文字。

三、訴訟費用由被告等共同負擔。

四、原告願供擔保，請准宣告假執行。

事實及理由

一、訴外人外商A醫療集團為○○服藥輔助器及外包裝之製造廠商，原告於○○年○○月○○日起為A集團上揭財產權在臺灣銷售及經銷之獨家經銷商利用至今，並取得主管機關許可字號：衛署醫器輸字第○○○○○○號。

二、原告於○○服藥輔助器所附文宣之說明文字（原證1號參照）具有原創性，應受著作權之保護：

（一）原告販售之服藥輔助器所附文宣上載有「為何需要服藥輔助器」等文字，其內容係敘述一般服藥者服藥時所遭遇之困境，尤其是稚齡病患，而服藥輔助器可輕易克服服藥者在服藥過程中之不適，增進藥物之吸收率。原告於經銷之初有感於國內醫療代理商無自行製作之行銷素材，國內消費者無從了解產品之意義，特將相關國外論文融會貫通後運用淺顯易懂之字彙表達方式，讓一般國人易於了解。此種創作的方式使消費者不僅不需要閱讀艱深難懂的英文論文敘述，藉由原告創作簡易的中文敘述即可了解輔助器之目的，此為其他廠牌所無且為原告獨創，沿用至今，已成為原告行銷產品之重要依據，自屬語文著作，應受著作權法之保護。

（二）況且，原證1號所示文宣之文字並非翻譯外國論文，而係將外國研究論文予以融會貫通後（原證2號及原證3號參照），考量一般病患之智識水準足以理解，併考量行銷上必須簡潔有力，以淺顯易懂之文字予以表述，上開文字顯已蘊含原告之個人思想及精神，自為具有原創性之著作，應受著作權法之保護。

三、被告未經原告之同意，擅自將原證1號所示文宣之文字使用於被告所販售之商品上，實已侵害原告之著作權，原告遂依著作權法第84條、第88條第3項之規定，請求被告連帶賠償新臺幣○○○元及自起訴狀繕本送達翌日起至清償日止按年利率百分之五計算之利息：

（一）被告○○○利用伊先前於原告任職之便，及知悉前述原告所代理經銷之服藥輔助器於市場上銷售不錯，認有利可圖，遂將原告於其產品中所附文宣之使用說明，直接使用於其嗣後自行成立公司所銷售之產品上，故被告○○○確實有侵害原告著作財產權之故意，並無疑問。

（二）關於損害賠償數額之部分，由於本件之損害賠償數額不易證明，原告遂依著作權法第88條第3項之規定，請求被告連帶賠償新臺幣○○○元及自起訴狀繕本送達翌日起至清償日止按年利率百分之五計算之利息。

四、綜上所述，懇請　鈞院鑒核，賜判決如訴之聲明，以維權益，實感德便。

謹狀

智慧財產法院民事庭　公鑒

證物名稱及件數	附件：委任狀正本。 原證1號：原告於○○服藥輔助器所附文宣之說明文字影本乙份。 原證2號：外國論文「○○○○○○○」影本乙份。 原證3號：外國論文「○○○○○○○」影本乙份。

中　華　民　國　○　○　年　○　○　月　○　○　日

具狀人：甲公司

法定代理人：○○○

訴訟代理人：○○○律師

範例二　被告答辯狀

民事答辯狀		
案　　　號	年度　　　字第　　　號	承辦股別
訴訟標的金額		
被　　　告	乙公司	設○○市○○路○○號○○樓 送達代收人：○○○律師
兼法定代理人	○○○	住同上
訴訟代理人	○○○律師	○○法律事務所 ○○市○○路○○號○○樓 電話：○○-○○○○○○○○
原　　　告	甲公司	設○○市○○路○○號○○樓
法定代理人	○○○	住同上

為提呈不侵權抗辯意見事：

答辯聲明

一、原告之訴及假執行之聲請均駁回。

二、訴訟費用由原告負擔。

事實及理由

一、原告文宣上所使用之文字，並非著作權法保護之範疇，故原告自不得主張被告侵害其著作權：

（一）原告文宣上所使用文字之說明內容，僅為歸納、整理服藥輔助器產品之功能及可能之用途。司法實務上多認此等商品功能、用途上之敘述，並不具備著作權法上要求之原創性，而非著作權法所保護之著作。是以，原告自不得以之向被告請求侵害著作權之損害賠償。

（二）原告主張其有關「為何需要服藥輔助器」或「為什麼要使用服藥輔助器」的文字敘述係參考原證2號及原證3號兩篇論文所為的自主創作云云，惟原告自述於1990年代之初即開始「將相關國外論文融會貫通後運用淺顯易懂之字彙表達方式」創作上開原證1號之文宣，然原證2號及原證3號兩篇論文之發表年份為1993年，此時間順序之矛盾已令原告之主張不攻自破。

二、退萬步言，縱原告於原證1號中所使用之文字為著作權法所保護之範疇，被告使用該等文字之行為亦屬「合理使用」，原告自不得向被告請求損害賠償：

（一）「為何需要服藥輔助器」或「為什麼要使用服藥輔助器」，屬醫藥概念及原理，將上述醫藥概念廣泛宣導，對於○○病人之用藥治療很有幫助。退步言之，縱使原告之系爭衛教文宣內容屬於著作，被告之利用目的亦具有濃厚的衛生教育性質而構成合理使用，依著作權法第65條第1項之規定，不構成對原告著作財產權之侵害。

（二）被告所印製的系爭衛教文宣單，乃獨立於產品之外，供消費者免費任意索取，消費者即使閱讀了被告之衛教文宣單，亦非必需要購買被告的產品。甚且，在消費者認知使用服藥輔助器的必要性後，經比較同類產品，亦有可能選擇原告之產品而增加原告產品之銷售量。故被告之衛教文宣單對於原告的服藥輔助器銷售，未必產生任何損害。

三、綜上所述，原告之訴實無理由，祈請　鈞院駁回原告之訴，以維權益，實為德感。

謹狀

智慧財產法院民事庭　公鑒

證物名稱及件數	附件：委任狀正本。

中　華　民　國　○　○　年　○　○　月　○　○　日

具狀人：被告乙公司

兼法定代理人：○○○

撰狀人：訴訟代理人○○○律師

第五節　實務判解

・著作權保護之範圍與要件

1.　智慧財產法院97年度民著訴字第21號判決

按著作權法所稱之著作，係指屬於文學、科學、藝術或其他學術範圍之創作，著作權法第3條第1項第1款定有明文。至所稱創作，則係指著作人基於思想或感情之表現，且有一定之表達方式，尚須具有原創性者始可稱之。而原創性之意義，係著作人獨立創作，非抄襲自他人著作物即可。著作物若不具原創性，即不受著作權法之保護。又所謂原創性，其程度固不必等同於專利法中所舉之發明、新型、新式樣等專利所要求之原創性（即客觀新穎性），但須具備特定內容與創意表達二積極要件，始足以表現出作者之個性及獨特性，方可認爲具有原創性。無特定內容，縱有創意表達，類如表格者，固不得成其著作；雖有特定內容，設無創意表達，類如一般蒐集之資料者，亦不得成其爲著作而主張權利，否則，著作權法所保護之範圍過於浮濫，而致社會上之一般人民於從事有關之活動時，動輒得咎，殊非著作權法第1條「爲保障著作人著作權益，調和社會公共利益，促進國家文化發展」制定之本意。

2. 最高法院98年度台上字第1198號判決

著作權法精神在於保護具原創性之著作，故攝影著作，應認係指由主題之選擇，光影之處理、修飾、組合或其他藝術上之賦形方法，以攝影機產生之著作，始受保護。通常一般以攝影機對實物拍攝之照片，尙難認係著作權法所指著作。本件被告著作所表彰之精神作用之程度，尙不足以表現出創作者之個性與獨特性，難認已達應給予排他性著作權利保護之必要。另被告網頁所張貼如新公司目錄上之照片，僅係以攝影機拍攝實物，亦屬對於產品一般單純之攝影，使消費者得以知悉該產品之外觀，該等照片所示被攝影對象之構圖、角度、光量、速度之選擇及調整等事項，並無特殊之處，任何人持自動相機處於相同位置或相異位置爲拍攝行爲，亦可獲得相同或相仿之結果，並無何藝術上之賦形方法可言，殊難認爲足以表現拍攝者之個性或獨特性，該等照片原件應無何原創性可言，非屬受著作權法保護之創作，所爲論敘，核與經驗、論理法則無違，自無上訴意旨所指適用法則不當之違法。

3. 智慧財產法院98年度民著訴字第2號判決

原告之「貓蚤」、「德國姬嫌」及「白蟻兵蟻」圖片具有原創性：

(1)關於著作權之保護標的部分，著作權法第10條之1規定：「依本法取得之著作權，其保護僅及於該著作之表達，而不及於其所表達之思想、程序、製程、系統、操作方法、概念、原理、發現。」準此，著作權之保護標的僅及於表達（expression），而不及於思想、概念（idea），此即「思想與表達二分法」。蓋思想、概念性質上屬公共資產，若將著作權保護範疇擴張至思想、概念，將無形箝制他人之自由創作，有失著作權法第1條所揭櫫「保障著作人著作權益，調和社會公共利益，促進國家文化發展」之立法目的。

(2)著作，係指屬於文學、科學、藝術或其他學術範圍之創作（著作權法第3條第1項第1款規定參照）。所謂創作，即具「原創性」之人類精神上創作，包含「原始性」及「創作性」之概念。所謂原始性，係指著作人未抄襲他人著作，而獨立完成創作（最高法院90年度臺上字第2945號刑事判決參照）。創作性，則指創作至少具有少量創意，且足以表現作者之個性或獨特性。又著作權所要求之原創性，僅須獨立創作，而非重製或改作他人之著作者即屬之，至其創作內容縱與他人著作雷同或相似，仍不影響原創性之認定，同受著作權法之保障，與專利之新穎性要件有別（最高法院89年度臺上字第2787號判決參照）。

(3)次按所謂攝影著作，係指以固定影像表現思想、感情之著作，其表現方式包含照片、幻燈片及其他以攝影之製作方法（著作權法第5條第1項各款著作內容例示第2點第5款規定參照）。又攝影著作雖須以機械及電子裝置，再利用光線之物理及化學作用，將所攝影像再現於底片（含膠片及磁片）或紙張（如拍立得），始能完成，惟攝影者如將其心中所浮現之原創性想法，於攝影過程中，選擇標的人、物，安排標的人、物之位置，運用各種攝影技術，決定觀景、景深、光量、攝影角度、快門、焦距等，進而展現攝影者之原創性，並非單純僅爲實體人、物之機械式再現，著作權法即賦予著作權之保護。

(4)原告主張就「貓蚤」、「德國姬蠊」及「白蟻兵蟻」圖片享有著作權，惟此爲被告黃曾○珠即一○○防蟲企業行所否認，原告自應就此有利於己之事實負舉證責任。觀諸原告之「貓蚤」、「德國姬蠊」及「白蟻兵蟻」圖片，均於其旁均註記拍攝日期及地點，且均於自然環境中實地拍攝，依照各昆蟲特色進行主題選擇，於拍攝過程中，安排及調整該昆蟲之位置及角度，挑選拍攝之一定觀景、景深、光量、攝影角度、快門、焦距等，對光影之處理、修飾、組合或其他藝術上之賦形方法，利用具一定功能之相機，立基於拍攝者之學識、經驗進行佈局、拍攝及後製成品，藉此繁複過程展現該昆蟲之外觀，使主題昆蟲更爲凸顯特色，觀看者可由此知悉該昆蟲之外觀及拍攝者（原告）所欲表現之本意，況昆蟲非屬一般靜物，可任由原告隨意擺佈而單純以相機對之忠實拍攝，更可認定原告之思想及感情，應認具原創性，而受著作權法之保護。

4. 智慧財產法院97年度刑智上易字第41號判決

攝影著作爲著作權法所指著作，此觀該法第5條第1項第5款自明。因著作權法之精神，在於保護具原創性之著作，故本款之攝影著作，應認係指由主題之選擇，光影之處理、修飾、組合或其他藝術上之賦形方法，以攝影機產生之著作，始受保護。此分別拍攝、橫置攝影及中置反光光影皆爲獨特原創想法，是由此3張照片可知著作人即告訴人所僱用之○○○所欲表現之本意，並非單純對實物拍攝而得之照片，應認具原創性，爲受著作權法保護之攝影著作。

5. 最高法院96年度台上字第772號判決

著作權法第5條所指之攝影著作係以著作者藉由主題之選擇、構圖、角度、光線、速度等有所選擇或調整，以攝影機對實物拍攝之具原創性之人類思想與感情之創作，此亦有經濟部智慧財產局95年07月28日智著字第09500070820號函可參。原審以被告用於外包裝盒上之圖樣乃照片而非圖形，且上訴人之攝影所顯示之壓汁機與水果圖樣，僅在忠實體現該壓汁機與水果之實體，並無構圖、角度、光線、速度之具體表現，屬一般單純之攝影，非人類思想與感情之創作，與著作權法第二章所保護之著作創作本旨未合，被告縱有重製，亦難以上開罪名相繩。

・有無著作權侵害之判斷

1. 最高法院97年度台上字第6499號判決

法院於認定有無侵害著作權之事實時，應審酌一切相關情狀，就認定著作權侵害的兩個要件，即所謂接觸及實質相似爲審愼調查，其中實質相似不僅指量之相似，亦兼指質之相似。在判斷圖形、攝影、美術、視聽等具有藝術性或美感性之著作是否抄襲時，如使用與文字著作相同之分析解構方法爲細節比對，往往有其困難度或可能失其公平，因此在爲質之考量時，尤應特加注意著作間之「整體觀念與感覺」。又著作權法第3條第1項第11款所謂「改作」係指以翻譯、編曲、改寫、拍攝影片或其他方法就原著作另爲創作者而言。從而立體物製成者，自亦需取得美術著作財產權人之同意，否則即有侵害著作權（改作權）之情形。

2. 智慧財產法院97年度刑智上訴字第48號判決

參照著作權法第3條第1項第5款規定，「重製」係指以印刷、複印、錄音、錄影、攝影，或其他方法直接、間接、永久或暫時之重複製作而言。如在立體物上以立體形式單純性質再現平面圖形著作之著作內容者，即屬重製之態樣。然將平面著作之內容，依按圖施工之方法，並循著作標示之尺寸、規格或器械結構圖，將著作之概念製成立體物，其外觀與工程圖顯不相同，此已非單純之著作內容再現，而爲「實施」，非屬著作權規範之事項，因著作權法對圖形著作，並未保護所謂「實施權」。倘依照機械零件圖樣，進而抄襲、重製如機械零件圖樣所標示之尺寸、規格及結構，將該機械零件圖樣之概念製成立體物之剝皮打端機之零件，係圖形著作之實施，並非著作之重製或改作。

3. 最高法院95年度台上字第3753號判決

作品是否爲美術著作（包括美術工藝品），須以是否具備美術技巧之表現爲要件，如作品非以美術技巧表現思想或感情者，亦即未能表現創作之美術技巧者，尚難認係美術著作。又所謂重製，依著作權法第3條第1項第5款係指以印刷、複印、錄音、錄影、攝影、筆錄或其他方法有形之重法複製作。亦即重製乃「著作內容之重現」，此與依著作標示之尺寸源、資規格或器械結構圖等，以按圖施工方法將著作表現之概念製成立體訊物審，而「並未再現著作內容」之實施行爲自屬有別。故以按圖施工之編方版法將著作表現之概念製成立體物，須其外形在客觀上已使一般人無權法所認知係同一者，方屬非受著作權保護之實施；亦即依服裝設計圖所有完成之服裝，若服裝上未再現設計圖上之圖樣，僅屬依圖實施，非重製之行爲，尚不致侵害設計圖之著作權。

4. 最高法院94年度台上字第6398號判決

將他人之平面美術著作，製成立體物，究竟有無侵害著作權，自應由爭議雙方當事人就事實具體舉證。法院於認定有無侵害著作權之事實時，允宜審酌一切相關情狀，就認定著作權侵害的兩個要件，即所謂接觸及實質相似爲審愼調查，其中實質相似不僅指量之相似，亦兼指質之相似；在判斷圖形、攝影、美術、視聽等具有藝術性或美感性之著作是否抄襲時，如使用與文字著作相同之分析解構方法爲細節比對，往往有其困難度或可能失其公平。因此在爲質之考量時，尤應特加注意著作間之「整體觀念與感覺」。又著作權法第3條第1項第11款所謂「改作」係指以翻譯、編曲、改寫、拍攝影片或其他方法就原著作另爲創作者而言。故立體物上除以立體形式單純性質再現美術著作之著作內容者外，尚另有新的創意表現，且此有創意之立體物復爲著作權法第5條第1項所例示保護之著作，即屬上開所定之改作行爲，此立體物即爲著作權法第6條第1項所稱之「衍生著作」，亦受著作權法之保護。從而立體物製成者，自亦需取得美術著作財產權人之同意，否則即有侵害著作權（改作權）之情形。

5. 智慧財產法院97年度民著訴字第6號判決

「易誤判部首單字表」（即容易誤解部首的字）依原告選擇及編排所表達方式即係該辭典所採「巧易中文部首快速索引（檢字法）」的一部分，縱然原告按檢字方法選擇易誤判部首之文字後，再依總筆畫予以編排，屬創作性之表達，且其創意具有最低程度之要求，足以呈現原告個人之特性，並非僅僅單純辛勤收集事實而已，但因其仍屬「巧易中文部首快速索引（檢字法）」即檢字方法的一部分，依著作權法第10條之1規定，並非著作權所保護之範圍。又，基於思想與表達合併原則，原告「易誤判部首單字表」（即容易誤解部首的字，自一部～龍部之155組易誤判部首單字表）共收錄3385字，而其中940字亦爲被告公司出版之「新無敵國語辭典」所收錄，另有126字則爲被告公司出版之「新無敵國語辭典」所收錄而原告前揭「易誤判部首單字表」則未收錄，由於易誤判單字表達方式有限情況下，被告所收錄之易誤判單字其中共有940字與原告收錄者相同係基於同一思想表達有限之必然結果，自不構成著作權之侵害。從而，原告主張被告公司出版之「新無敵國語辭典」，侵害原告「易誤判部首單字表」著作財產權、著作人格權，而請求被告等總共應給付原告510,000元等，爲無理由，應予駁回。

6. 最高法院92年度台上字第5號判決

所謂侵害著作人格權，係指：(1)未經著作人同意，擅自公開發表著作人尚未公開發表之著作；(2)未經著作人同意，擅自於著作人之著作原件或其重製物或於著作公開發表時，更改著作人之本名、筆名或擅自具名；(3)未經著作人同意，擅自更改著作之內容、形式及名目等情形，致損害著作人之名譽者而言。查上訴人著作之「應該回歸人間的法官」一文，已於八十四年七月十二日公開發表於自立早報，並非上訴人未公開發表之著作；被上訴人亦未更改上訴人本名、筆名或擅自具名；更未更改其內容、形式及名目等情形，核與上開侵害著作人格權之行爲要件顯不相當，已難謂被上訴人將上訴人之該著作，重製於系爭書籍中，即有侵害上訴人之著作人格權，致損害其名譽之情事。且被上訴人僅係以「回響篇」重製於其書中，與其著作之「司法官爭薪是國恥？」一文併列，以供讀者參照，尚無損及或減損上訴人之社會評價可言。

7. 最高法院92年度台上字第515號判決

按著作權法第3條第1項第5款所稱「重製」係指以印刷、複印、錄音、錄影、攝影，或其他方法有形之重複製作者而言，並非以重複製作後所呈現之平面或立體形式作爲區別標準。故將平面之圖形著作轉變爲立體形式，究屬重製，抑或專利法上所稱之「實施」行爲？自需就該平面之圖形著作與轉變後之立體物加以比較認定。如將圖形著作之著作內容單純以平面形式附著於立體物上，或於立體物上以立體形式單純性質再現平面圖形著作之著作內容者，仍應屬於著作權法第3條第1項第5款所定重製行爲之範疇。非謂將平面之圖形著作轉變爲立體形式者，均概屬實施行爲，而不受著作權法之規範。又著作權法第3條第1項第11款所謂「改作」係指以翻譯、編曲、改寫、拍攝影片或其他方法就原著作另爲創作者而言。故立體物上除以前述立體形式單純性質再現平面圖形著作之著作內容者外，尚另有新的創意表現，且此有創意之立體物復爲著作權法第5條第1項所例示保護之著作，即屬上開所定之改作行爲，此立體物即爲著作權法第6條第1項所稱之「衍生著作」，亦受著作權法之保護。從而立體物製成者，自亦需取得平面圖形著作財產權人之同意，否則即有侵害著作權（改作權）之情形。

8. 智慧財產法院98年度民著上易字第3號判決

系爭網頁利用林某曾授權予國立鳳凰谷鳥園網站使用於台灣鄉土鳥類網頁之8張攝影著作，惟系爭網頁並無法點選進入「台灣鄉土鳥類」之網頁，僅有「自己輕鬆的架設專業的電子商務網站」及「開始」之部分有超連結可供點選，點選後則輪流播放含林某系爭著作之影像內容，然無法再點選進入鳥類資料庫，是陳某利用林某著作之方式，並非單純透過超連結介紹國立鳳凰谷鳥園之網站予瀏覽其網頁之人，而顯意在誤導網頁瀏覽者使其誤認國立鳳凰谷鳥園之網站爲其所製作，進而向陳某詢問如何「自己輕鬆的」架設如上開鳥園網站般「專業的電子商務網站」，是其利用之性質及目的顯具商業性，而非爲非營利教育目的。又陳某利用系爭著作之方式，係替代的（substitutive）而非轉變的（transformative），換言之，陳某之利用係完全剽竊林某著作，非爲達其他社會價值或目的而「轉變性的」利用系爭著作，自難謂其利用尚在合理範圍內。從而，其未經林某授權或同意，於系爭網頁上重製及公開傳輸擁有著作財產權之系爭著作，已侵害就系爭著作之著作財產權。

9. 最高法院84年度台上字第2014號判決

著作權法上所謂公開展示，係指向公衆展示著作「原件」而言；又著作權人僅專有對其未發行之美術著作或攝影著作之公開展示權，該法第3條第1項第10款及第27條規定甚明。依上開規定，須未經著作權人之同意，向公衆展示未經發行之美術著作或攝影著作之原件者，始成立同法第92條擅自以公開展示方法侵害他人之著作權罪行，苟所展示者並非著作之原件或已發行之著作者，即難論以該罪責。

10. 智慧財產法院102年度民著上字第19號判決

著作權法雖未對「抄襲」加以定義，但著作權法保護之著作只須具有原創性，即著作人之獨立創作，非抄襲自他人之著作即可，是一著作雖與他人之前之著作雷同，但如非抄襲前一著作，而係自己獨立創作者，仍具有原創性，而受著作權法之保護，故主張他人之著作抄襲自己之著作，而構成著作權侵害者，應先證明他人之著作有直接或間接抄襲自己著作，且二者間有其關聯性。亦即主張權利者應證明他人曾接觸其著作，且其所主張抄襲部分，與主張權利者之著作構成實質相似。所謂「接觸」，指依社會通常情況，可認爲他人有合理機會或可能見聞自己之著作而言。所謂「實質相似」，則由法院就爭執部分著作之「質」與「量」加以觀察，爲價值判斷，認爲二者相似程度頗高或屬著作之主要部分者，始足當之（最高法院99年度台上字第2314號判決意旨參照）。

11. 智慧財產法院102年度民著上字第14號判決

我國著作權法就著作權之本質採二元說，即著作人之權利有著作人格權與著作財產權。著作人格權爲權利之一種，係指著作人基於其著作人之資格，爲保護其名譽、聲望及其人格利益，在法律上享有之權利，其屬人格權之一環。著作人格權具有專屬性與不可轉讓性，縱使著作財產權轉讓予第三人，作者仍保有著作人格權，亦不因作者死亡而消滅。著作人格權依著作權法第15條至第17條規定，包括公開發表權、姓名表示權及不當變更禁止權等類型。申言之：

著作權法第15條之公開發表權，係指權利人以發行、播送、上映、口述、演出、展示或其他方法向公眾公開提示著作內容，著作人固就其著作享有公開發表之權利，惟僅限於尚未發表之著作而有第1次之公開發表權，倘著作已公開發表，則第三人加以利用，其屬侵害著作財產權，不得再行主張公開發表權。

所謂姓名表示權，係指著作人於著作之原件或其重製物上或於著作公開發表時，有表示其本名、別名或不具名之權利；著作人就其著作所生之衍生著作，亦有相同之權利，著作權法第16條第1項定有明文。其亦稱著作人稱決定權或著作人資格之承認權，著作人就其著作所生之衍生著作，亦有相同之權利。

所謂不當變更禁止權，係著作人享有禁止他人以歪曲、割裂、竄改或其他方法改變其著作之內容、形式或名目致損害其名譽之權利，著作權法第17條定有明文。不當變更禁止權之目的在於確保著作之完整性，避免著作因他人之竄改而貶損價值，導致名譽受損，故亦稱禁止醜化權或同一性保持權。是否構成侵害著作人之不當變更禁止權，端視改變結果有無影響著作人之名譽爲斷，並非謂任何改變行爲，即屬侵害行爲。

12. 智慧財產法院102年度民著訴字第32號判決

按「揭載於新聞紙、雜誌或網路上有關政治、經濟或社會上時事問題之論述，得由其他新聞紙、雜誌轉載或由廣播或電視公開播送，或於網路上公開傳輸。但經註明不許轉載、公開播送或公開傳輸者，不在此限。」著作權法第61條定有明文。查系爭文章及系爭社論分別爲揭載於網路及新聞紙有關時事之論述，且無不許轉載、公開播送或公開傳輸之註明，有上開原告提出之系爭文章及系爭社論在卷可稽，則被告將系爭文章及系爭社論轉載於系爭網站公開傳輸並註明出處，揆諸上揭法條，均不構成著作權之侵害。

原告雖謂系爭社論是抄襲自系爭文章之違法「衍生著作」，被告於系爭網站重製、公開傳播系爭社論，至少有過失侵害原告就系爭文章之著作權等語，惟觀諸系爭文章及系爭社論內容，其評論之新聞事件、評論之角度及見解固然雷同，惟段落舖陳、用字遣詞仍有差異。況被告依著作權法第61條規定，本可未取得同意或授權直接轉載原告之系爭文章而不構成系爭文章著作權之侵害，則其依同一條文轉載系爭社論之行爲，即使認系爭社論乃抄襲自系爭文章，亦無由因此侵害系爭文章之著作權，是原告上開主張，洵非可採。

・著作權之歸屬

最高法院91年度台上字第1700號判決

按「出資聘人完成之著作，其著作權歸出資人享有之。但當事人間另有約定者，從其約定。」（民國74年7月10日公布之）著作權法第10條定有明文。按之經驗法則，聘請他人翻譯書籍或文件資料，鮮少無償，又公司僱用編譯人員，絕大部分亦付與薪資，何以上訴人主張係其出資聘人完成翻譯著作享有著作權而不足採，原判決未說明其理由，自有判決理由不備之違背法令。著作人之權利，於契約實行之必要範圍內，移轉於出版人，民法第516條第1項定有明文；又依司法院院字第1648號解釋該條著作人之權利，對於侵害人提起訴訟之權，係在必要範圍；又依當時之著作權法第3條第5款之規定出版人、發行人均爲著作有關之權利人；本件上訴人主張「其擁有該二翻譯著作之版權」，若上訴人所言不虛，何以出版人對於侵害其著作重製權者非爲被害人，原判決未說明其依據，亦有判決理由不備之違背法令。

・著作權讓與及授權

1. 最高法院92年度台上字第1658號判決

著作財產權得全部或部分讓與他人或與他人共有。著作財產權之受讓人，在其受讓範圍內，取得著作財產權。著作財產權讓與之範圍依當事人之約定；其約定不明之部分，推定爲未讓與。著作權法第36條定有明文。著作權法既未以登記爲著作權取得或轉讓之生效要件，在授權或受讓期間屆滿後，無須被授權人或受讓人向授權人或讓與人爲同意返還著作權之意思表示，更無須被授權人或受讓人爲移轉或塗銷登記後，授權人或讓與人才能取回著作權，此乃因轉讓本身附有期限限制，於期限屆滿時失其效力，此觀之民法第102條第2項之規定自明。

2. 最高法院86年度台上字第1039號判決

著作財產權之轉讓，係著作財產權主體變更的準物權契約，爲處分行爲之一種，著作權讓與契約，應與其原因行爲之債權契約相區別。上訴人又未能提出任何證據證明許○騈在70年10月1日之後確有履行其對於上訴人之給付義務，以準物權行爲將著作權移轉予上訴人，則上訴人主張伊已取得系爭著作權，尚非可採。被上訴人主張如附表編號一至十九之系爭著作財產權，係其自70年10月23日起至79年11月19日陸續受讓自許○騂，所立之契約書均於第1條載明：「本契約簽訂後，本著作物之著作權及其他一切權利永爲讓受人所有」，第2條載明：「本契約簽訂後，讓受人對於本著作物得自由處置。」，足證上開著作權因契約之簽訂而移轉與受讓人，受讓人即被上訴人因訂約而即時取得著作權。著作權既由被上訴人受讓取得，許○騂自不能再履行對於上訴人之給付義務，惟此僅爲許○騂依該第三人利益契約是否應對於郝○俠或上訴人負債務不履行責任之問題，並不影響被上訴人所取得之著作財產權。至內政部著作人或著作財產權人登記僅係行政管理之規定，並無推定所有權之效力，此觀上訴人提出之內政部著作權登記簿謄本下方均註明：「本項登記悉依申請人之申報，如有權利爭執，自應負舉證責任。」即可證明。

3. 智慧財產法院98年度民著上字第1號判決

著作財產權人得授權他人，利用著作，其授權利用之地域、時間、內容、利用方法或其他事項，依當事人之約定；其約定不明之部分，推定爲未授權。此爲著作權法第37條第1項所規定。惟民法第98規定，解釋意思表示，應探求當事人眞意，不得拘泥於所用之辭句。是以在認定著作權契約之授權範圍時，首先應檢視授權契約之約定，倘契約「無明文」或「文字漏未規定」或「文字不清」時，再探求契約之眞意或目的，或推究是否有默示合意之存在；又著作權法所謂「目的讓與理論」係指著作權人授與權利時，就該權利之利用方式約定不明或約定方式與契約目的相矛盾時，此時該權利之授權範圍，應依授權契約所欲達成之目的定之。是故，著作權之授權契約中所授與之權利及其利用方式須依授權契約之目的定之，而不應拘泥於契約所使用之文字。故若雙方當事人之眞意不明，又無默示合意存在時，應再考量契約目的讓與理論，惟有當契約眞意不明，又無默示合意存在，或無法適用契約目的讓與理論，方可認係屬著作權法第37條第1項所稱之約定不明，進而推定爲未授權。

4. 最高法院93年度台上字第2264號判決

「著作財產權人得授權他人利用著作，其授權利用之地域、時間、內容、利用方法或其他事項，依當事人之約定；其約定不明之部分，推定爲未授權」。著作權法第三十七條第一項著有明文。按音樂經紀公司代理詞曲作家將音樂著作授權予伴唱機業者儲存於伴唱機內售賣，其儲存音樂之媒介可分爲

MIDI電腦磁片、CD鐳射唱片、硬碟、IC晶片等方式，不同之儲存媒介即有不同之利用方式，是否應各別授權？應依當事人之約定，其約定不明之部分，推定爲未授權。本件上訴人授權金○公司重製使用系爭音樂著作，如已明白約定「使用型式MIDI電腦磁片」，似無約定不明之處，縱有約定不明之處，依前揭規定亦應推定爲未授權。乃原審逕認本案僅涉及契約內容意思表示之解釋問題，與產品型式無關，是否妥適，即有再行深究之必要。

5. 最高法院92年度台上字第4597號判決

證據雖已調查而其內容尚未明瞭者，即與未經調查無異，如遽行判決，仍屬應於審判期日調查之證據而未予調查。本件原判決認告訴人遠○公司具有查○鏞所著作之射鵰英雄傳、碧血劍於台灣地區獨家出版發行之專屬授權，係以遠○公司與查○鏞簽署之出版期限受讓契約，而查○鏞專屬授權遠流公司之著作爲「金庸作品集」，其授權範圍於西元1985年9月1日起至1990年12月31日止之出版權限期授讓契約爲據，表示爲「『金庸作品集』共十二部三十六冊」，而自西元1996年7月1日起至2001年6月30日止，及自西元2001年7月1日起至2006年6月30日之出版權限期受讓契約，均表示爲「金庸作品集（共十四部，包括線裝本、精裝本、平裝本、袖珍本）」，則查○鏞於第一次與第二、三次所授權範圍究爲十二部或十四部？共幾冊？似不盡相符，而查○鏞所著作之作品衆多，上開授權是否均包含射鵰英雄傳及碧血劍之專屬授權，亦無法自上開出版權限期受讓契約明白窺知，原判決遽認告訴人具有本案被侵害著作權之專屬授權，而具告訴權，亦有調查職責未盡之違誤。

6. 智慧財產法院102年度民著上字第11號判決

兩造前於83年8月20日簽訂系爭書籍之著作財產權讓與契約，並於同日就系爭書籍簽訂系爭證明書，被上訴人有支付上訴人10萬美元等事實。業據被上訴人提出著作財產權讓與契約、著作財產權讓與證明書、領款收據及83年度扣繳憑單等件附卷可稽（見原審卷第7至12頁之原證2至4）。並爲兩造所不爭執（見本院整理之不爭執1），堪信爲眞實。參諸系爭契約與系爭證明書之附表所示，系爭書籍之範圍，包含本判決如附表編號1至10所示「我的哲學提綱」、「批判哲學的批判—康德述評」、「中國古代思想史論」、「中國近代思想史論」、「中國現代思想史論」、「美的歷程」、「華夏美學」、「美學四講」、「美學論集」、「走我自己的路」等10本語文著作。因系爭契約未約定被上訴人僅得出版或授權他人出版系爭書籍之全部著作，不得個別出版或授權系爭書籍之其中任一著作。職是，被上訴人受讓系爭書籍之10冊 語文著作著作財產權，系爭書籍爲各自獨立之著作，被上訴人受讓標的並非僅限於論著集，亦包含如本判決附表所示之10冊系爭書籍，故被上訴人本於著作權財產權人之身分，得自行出版或授權他人出版系爭書籍之全部著作或其中任一本書籍著作。

7. 智慧財產法院102年度民著訴字第22號判決

原告雖未提出付款予被告之證明，然法律並未規定著作財產權之讓與須有對價關係存在，無償讓與亦無不可，且著作人將著作財產權轉讓予他人之原因所在多有，而唱片市場中歌曲價值高低與受消費者歡迎程度息息相關，並非每首歌曲均有其市場價值，是創作人無償將相關權利移轉予唱片公司，藉由唱片公司之行銷廣告以提高歌曲能見度，亦不無可能，實難以原告無法提出付款證明，即認兩造間並無轉讓系爭著作財產權之合意存在，且上開轉讓證明書之文義既已臻明確，即無「常情」或「經驗法則」適用之餘地，被告自應受其拘束，其上開所辯亦無足取。

· 合理使用

1. 智慧財產法院98年度民著上字第5號判決

依法設立之各級學校及其擔任教學之人，爲學校授課需要，在合理範圍內，得重製他人已公開發表之著作，著作權法第46條第1項定有明文。又著作之合理使用，不構成著作財產權之侵害，著作之利用是否合於第44條至第63條規定或其他合理使用之情形，應審酌一切情狀，尤應注意下列事項，以爲判斷之基準：(1)利用之目的及性質，包括係爲商業目的或非營利教育目的。(2)著作之性質。(3)所利用之質量及其在整個著作所占之比例。(4)利用結果對著作潛在市場與現在價值之影響，同法第65條第1項、第2項亦有明文。經查，被上訴人爲學校授課需要，所重製上訴人已於「昆蟲入門」、「昆蟲圖鑑」2書中公開發表之系爭攝影及語文著作，係於合理範圍內，合於著作權法第46條第1項之規定，屬於合理使用，阻卻對於上訴人著作權侵害之不法，而不構成侵害上訴人之著作財產權。

2. 智慧財產法院98年度民著訴字第2號判決

(1)於利用他人攝影著作之前，除有合理使用之情形外，理應徵求著作權人之授權。即便網際網路上資訊衆多，重製、公開傳輸任何文字或圖片等資訊輕而易舉，惟著作權於網路世界中仍受同等保護。蓋著作之表達，通常附著於一定之媒介或載體，以供他人知覺著作之存在及其內容。無論著作附著於何種媒介，著作權人均享有同等之著作權保護，其標的物包含書籍、期刊、磁碟片、錄音帶、電子儲存媒介（如錄影帶、CD、VCD、DVD）等實體物。而媒介，除指實體儲存媒介外，尚包括溝通或娛樂系統（如廣播）、表達模式，此即「媒介中立原則」之概念。隨著科技之發展，著作所附著之媒介亦隨著科技而有不同之面貌，於此意涵下，媒介中立原則可廣泛地解釋成「科技中立原則」。準此，原告所取得之著作權自應存在於各種現存及未來新興之媒介，而於照片、書籍、網路網頁、甚至未來新式媒介之轉移或改變，均不影響其著作權。倘被告諾○威公司及李○程無法確知前開網頁圖片之著作權人，應不予使用，除可成立合理使用，否則即屬著作權之侵害。

(2)按（第1項）著作之合理使用，不構成著作財產權之侵害，（第2項）著作之利用是否合於第44條至第63條規定或其他合理使用之情形，應審酌一切情狀，尤應注意下列事項，以爲判斷之基準：一、利用之目的及性質，包括係爲商業目的或非營利教育目的。二、著作之性質。三、所利用之質量及其在整個著作所占之比例。四、利用結果對著作潛在市場與現在價値之影響，著作權法第65條第1項、第2項定有明文。

(3)次按合理使用之法律性質，有權利限制說、侵權阻卻說及使用者權利說。從學理上觀之，合理使用雖爲著作權法所承認之著作權限制，然從權利發生之基礎、合理使用之外在表徵、內在意涵及權利實現等面向，均無法認定合理使用之保護強度到達「權利」之程度，是以合理使用僅屬著作權法上所賦予之一般法律利益。另從法律的經濟分析及法院判決實務之實證角度觀之，採使用權利說之相關成本較高，故以侵權阻卻說爲宜。從而，對於合理使用給予「利益式保護」即爲已足，並無承認「合理使用權利」之必要。準此，被訴侵權之利用著作之人得於訴訟審理中爲合理使用之抗辯，若符合合理使用之要件，則能免除侵害著作權之責任，具有阻卻違法事由之性質。

(4)另按著作權與合理使用之規範目的均在於鼓勵知識與資訊之傳遞、交流與共享，促使人類智識文化資產之永續性、豐盈化與優質化，故而著作權法第65條第2項明文規定合理使用之判斷基準重在各種利用情狀之實質判斷。而針對該條項第1款之判斷基準，最高法院94年度臺上字第7127號刑事判決認爲：「著作權法第65條第2項第1款所謂『利用之目的及性質，包括係爲商業目的或非營利教育目的』，應以著作權法第一條所規定之立法精神解析其使用目的，而非單純二分爲商業及非營利（或教育目的），以符合著作權之立法宗旨。申言之，如果使用者之使用目的及性質係有助於調和社會公共利益或國家文化發展，則即使其使用目的非屬於教育目的，亦應予以正面之評價；反之，若其使用目的及性質，對於社會公益或國家文化發展毫無助益，即使使用者並未以之作爲營利之手段，亦因該重製行爲並未有利於其他更重要之利益，以致於必須犧牲著作財產權人之利益去容許該重製行爲，而應給予負面之評價。」此判決明確揚棄商業營利與非商業營利利用二分法之適用，改從能否有助於調和社會公共利益或國家文化發展爲斷。

(5)有關合理使用之判斷，不宜單取一項判斷基準，應以人類智識文化資產之公共利益爲核心，以利用著作之類型爲判斷標的，綜合判斷著作利用之型態與內容。易言之，於判斷合理使用之際，理應將所有著作利用之相關情狀整體納入考量，且應將著作權法第65條第2項所定之四項基準均一併審酌。其中該項第2、3款判斷基準係屬客觀因素之衡量，並輔助第4款判斷基準之認定。第1款判斷基準則強調利用著作之人之主觀利用目的及利用著作之客觀性質，且有關利用著作性質之判斷，應審究著作權人原始創作目的、是否明示或默示允許他人逕自利用其著作。此外，並應審酌利用結果對於人類智識文化資產之整體影響，以及其他情狀，綜合各判斷基準及主觀因素與客觀因素之衡量。

(6)被告諾○威公司及李○程於其營業用網頁中使用與原告享有著作權之「白蟻」攝影著作完全相同之圖片，僅屬單純重製，而未任何生產性或轉化性使用，並以圖片方式予以呈現，與原告之攝影著作藉此表現各該昆蟲外觀之原始目的並無二致，被告諾○威公司及李○程利用原告著作之結果，並無任何新生創意，而非另一著作之產生，顯非轉化或生產性之利用原告著作之行爲，單純爲原告攝影著作本質目的相同之使用，且原告將其費盡心思所拍攝之攝影著作發行於「昆蟲圖鑑」乙書，並於該書末頁載明「著作權所有・翻譯必究」，原告明示不同意他人任意利用其攝影著作。再者，單張攝影著作即構成1件著作，被告諾○威公司及李○程逕自將前開圖片予以完全重製於其網頁上，並供人重製、下載，所利用原告攝影著作之質量爲百分之百。而被告諾○威公司及李○程擅自將原告之攝影著作重製於其網頁，供人免費瀏覽、甚而容許使用者得免費重製下載，自會降低使用者自費購買「昆蟲圖鑑」乙書或向原告尋求授權使用該攝影著作之機會，將影響原告以其攝影著作收取授權金之潛在經濟價值。至被告諾○威公司及李○程雖辯稱其網頁之所有圖片用途爲教育家中有蟲害之人，認識害蟲模樣，而援引合理使用爲抗辯。然被告諾○威公司之前述網頁係供營業使用，觀諸該網頁內容，係以介紹其營業項目爲主，供網路使用者瀏覽以瞭解其業務內容，進而達到招攬客戶之商業營利目的，雖併設「害蟲介紹」，簡介各種害蟲之外觀及習性，僅屬附帶性質之輔助營業工具，顯非專以教育目的而於合理範圍內引用原告已公開發表之攝影著作，難認被告諾○威公司及李○程利用原告之攝影著作對於後續創作之人有何鼓勵或貢獻，或有何促進資訊之散布與流通。綜合上情，應認被告諾○威公司及李○程所能主張之合理使用範圍較爲狹小，而應傾向保護原告之著作權，以確保先前著作之著作權人擁有較高昂的創作誘因。

3. 智慧財產法院98年度民著訴字第15號判決

被告引用之原告系爭「黑面琵鷺照片」一張佔整篇文章之比例甚微（該文章有四頁，而該照片僅佔一頁中之數平方公分），且該照片之面積甚小，約爲其他照片之數分之一，且其他照片被告均有註明出處及攝影人，被告稱系爭「黑面琵鷺照片」係從網路搜尋而得，不知其攝影著作人而未予註明，應屬可信。又被告之「終生陸戰隊部落格」係網站提供予網民（即加入爲會員者）自由設立使用，供自由發表文章、圖片，以與他人（其他網民或上該網站之網友）交流分享，並無提供設立部落格之網民自行招攬廣告營利，被告於部落格重製及公開傳輸原告系爭著作乃屬非營利目的之使用，尚不違反上開著作權法規定，原告依民法第184條第1項前段及著作權法第88條第1項、第85條等規定，請求被告給付10萬元，爲無理由，應予駁回。

4. 智慧財產法院97年度民專上字第20號判決

憲法第11條固然規定：「人民有言論、講學、著作及出版之自由。」將著作權列爲人民之基本權利，惟著作權並非絕對權利，著作權法即以合理使用提供一最佳之制衡手段，以權衡著作權人之私益與社會大衆之公共利益，爲著作權人之權利範圍賦予合理之限制，應參照司法院釋字第509號協同意見書之見解，個別審酌法律所欲保護之法益與相對的基本權利限制，以追求最適調和。被上訴人之「泌特士」藥品仿單，除如附表所示之差異，且少數段落（附表編號10、22、23）係屬改作外，其餘均與上訴人之「愛妥糖」藥品仿單相同，乃單純重製，而未任何生產性或轉化性使用，並以文字、圖表方式予以呈現，與上訴人之仿單語文著作藉此表現藥品特性之原始目的並無二致，所利用上訴人仿單之質量高達95%以上。惟被上訴人之「泌特士」藥品乃監視藥品（即上訴人「愛妥糖」藥品）之學名藥，被上訴人依藥品查驗登記審查準則第20條第1項第3款前段規定，依首家仿單（即「愛妥糖」藥品仿單）核定方式記載，甚而被上訴人於96年9月6日向衛生署申請變更「泌特士」藥品仿單，亦經衛生署於同年月20日以衛署藥處字第9613209號函表明「泌特士」藥品仿單應依首家仿單，即「愛妥糖」藥品之仿單核定方式記載，不得自行申請變更（見原審卷第2冊第470頁）。是以被上訴人就學名藥「泌特士」藥品仿單之內容並無自由撰擬之空間。參以藥品仿單係隨同藥品銷售而流通於藥品市場，並無單獨存在之「仿單著作市場」，難認上訴人單就「愛妥糖」藥品仿單有何獨立之市場價值，仿單著作權爭議有淪爲藥品市場競爭手段或變相延展藥品專利保護期間之虞。而反觀學名藥仿單係因藥物安全性、藥政管理及資源利用有效性之考量，而採學名藥仿單與原廠藥仿單一致性原則，有其社會利益及公共政策之考量。爲調和社會公共利益，對於原廠藥商與學名藥商互相衝突之利益，應容許被上訴人可爲合理使用之抗辯。

5. 智慧財產法院102年度民著上字第19號判決

一般而言，原創性越高之著作，應給予較高度之保護，故他人主張對該著作之合理使用機會越低。本件被上訴人林建德所利用之系爭著作，對於經文之解析提出5種方向，原創性甚高，且無法認定上訴人自始即有明示或默示他人得逕自利用其著作之意思，被上訴人林建德合理使用之機會自較低。(3)利用質量所占比例：合理使用他人著作之範圍，除考慮量之利用外，亦應審究利用之質。著作常有其精華與核心部分，故利用他人著作時，倘爲全部著作之精華或核心所在，較不易主張合理使用。再者，所利用之質量占著作之比例，甚爲微少，亦屬在合理之範圍內，此稱些微利用之適用。所謂些微利用者，係指利用之數量或利用部分之重要性，在數量上微不足道，或實質上屬於非顯著性者，不生侵害著作權之問題。本件被上訴人林建德在系爭侵權文章中，雖多所改寫、引伸系爭著作之內容，然確有引用系爭著作之主要重點部分，業經本院認定如上，故被上訴人林建德合理使用之機會自較低。(4)利用結果在市場之影響：衡量本基準時，除考量使用人之使用對現在市場的經濟損失外，亦應參酌對市場未來之潛在市場影響，該兩者在判斷時應同具重要性。衡諸常理，利用結果越會影響著作潛在市場與現在價值者，其較不容易成立合理使用。準此，本應探討系爭著作物在市面之流通量與著作權有無授權，以判斷利用行爲對著作經濟價值之影響。本件被上訴人林建德利用系爭著作，雖僅作爲非營利性質之教育或學術使用，惟依上訴人之主張，上訴人出版書籍時，因顧及著作權之爭議，未將系爭著作納入書中，亦有影響其利益，故難謂未對市場造成影響。本院綜合判斷上開主、客觀因素，認被上訴人林建德並未構成合理使用，其所辯殊屬無據。

・需有侵權之故意

智慧財產法院98年度民著訴字第18號判決

民法第184條第1項前段規定，因故意或過失，不法侵害他人之權利者，負損害賠償責任。又因故意或過失不法侵害他人之著作財產權者，負損害賠償責任，著作權法第88條亦有明文。準此，侵害著作權之損害賠償責任，以行爲人具有侵權故意或過失爲主觀要件。次按侵害權利行爲之成立，係以構成要件該當行爲及具備不法性或違法性、故意或過失爲前提，前者爲客觀歸責要件，後者爲主觀歸責要件。所謂違法性，依其性質區分爲結果不法說及行爲不法說。學者及實務通說係採從權利之不可侵犯性而採結果不法說。故侵害他人權利者，若被害人能證明其受害事實，即應受違法之推定，例外於行爲人舉證證明阻卻違法事由存在時，該行爲之違法性即遭阻卻，非屬不法。

・損害賠償之計算

1. 最高法院95年度台上字第1957號判決

如被害人不易證明其實際損害額，得請求法院依侵害情節，在一萬元以上一百萬元以下酌定賠償額，爲著作權法第88條第3項前段所明定。因此，依該條項之規定計算損害賠償額，即應以受侵害之著作權每件下限一萬元爲計算之基礎，方屬妥適。

2. 智慧財產法院100年度民著訴字第21號判決

按「因故意或過失不法侵害他人之著作財產權或製版權者，負損害賠償責任」、「依前項規定，如被害人不易證明其實際損害額，得請求法院依侵害情節，在1萬元以上100萬元以下酌定賠償額。如損害行爲屬故意且情節重大者，賠償額得增至新臺幣500萬元」，著作權法第88條第1項前段、第3項分別定有明文。又按民法第184條第1項規定，「因故意或過失，不法侵害他人之權利者，負損害賠償責任。故意以背於善良風俗之方法，加損害於他人者亦同。」查被告之系爭論文一、二，未經原告同意而重製原告之系爭著作，已如上述，而侵害原告之著作財產權，原告自得依上開規定請求被告賠償損害。經審酌被告係故意重製，重製部分幾乎全文照錄抄襲，而以自己名義發表爲期刊論文及博士論文，然系爭著作被抄襲部分偏向事實部分，主要爲系爭著作之第2章、第3章部分，創作程度不比虛構型著作之程度高，另參酌原告受委託執行系爭研究計畫之經費金額爲637,500元，有委託研計畫合約書存卷可憑（本院卷（一）第12頁）等一切情狀，認賠償金額以12萬元爲適當，原告請求賠償100萬元，尙嫌過高。

第二單元　著作權行政爭訟

第一節　前言

案例

> 1. 甲公司旗下之著名歌手A、B、C於今年均舉辦個人演唱會，甲公司並將該三位歌手之演唱會實況分別錄影，並各自發行演唱會之DVD。由於市場反應不錯，乙公司見有利可圖，預計於明年推出「2010五大歌手演唱會合輯」，就該A、B、C三人之部分，乙公司可否依著作權法第69條第1項之規定，向智慧財產局申請音樂著作之強制授權？
> 2. 乙公司若不服智慧財產局之處分，應如何救濟？

著作權之民事訴訟已於前一單元詳予介紹，而除民事訴訟外，與著作權相關事務亦有經由著作權專責機關（即智慧財產局）相涉者，而對於智慧財產局之行政處分有不服者，將涉及該著作權事務之行政救濟與行政爭訟。本單元即針對著作權之行政爭訟作一介紹，包括：著作權之強制授權以及關於限期改正侵害他人著作權之行政處分。

第二節　法令解說

一、音樂著作利用之強制授權許可之申請

著作權法第69條規定：「錄有音樂著作之銷售用錄音著作發行滿六個月，欲利用該音樂著作錄製其他銷售用錄音製作者，經申請著作權專責機關許可強制授權，並給付使用報酬後，得利用該音樂著作，另行錄製。」、「前項音樂著作強制授權許可、使用報酬之計算方式及其他應遵行事項之辦法，由主管機關定之。」本條係於民國92年6月6日修正，並於民國92年7月9日公布實施。此一規定之目的在於促進音樂著作之流通，因此，當音樂著作一旦被錄製爲商業用錄音著作而在市面上發行，其他人即得向智慧財產局申請利用該音樂著作之

強制授權許可。經濟部依據著作權法第69條第2項之法律授權，於91年2月20日訂定有「音樂著作強制授權申請許可及使用報酬辦法」，以供遵循。

值得注意的是，申請強制授權之對象，僅限於音樂著作，且得作爲的行爲僅限於商業用的錄音著作，且需在智慧財產局許可強制授權，且申請人給付使用報酬後，始得進行音樂著作之利用。

此外，依據著作權法第70條之規定，依前開第69條強制授權許可之利用音樂著作者，不得將其錄音著作之重製物銷售至中華民國管轄區域外，以避免各國著作權法對於強制授權規定不同所造成是否侵權有所爭議之困擾。

另外，著作權法第71條復規定：「依第69條規定，取得強制授權之許可後，發現其申請有虛僞情事者，著作權專責機關應撤銷其許可。依第69條規定，取得強制授權之許可後，未依著作權專責機關許可之方式利用著作者，著作權專責機關應廢止其許可。」本條文係民國90年10月25日修正之條文，並於民國90年11月12日公佈實施。亦即，當取得強制授權之許可後，發現其申請有虛僞情事者，著作權專責機關應「撤銷」其許可，此一「撤銷」之效力是自始不該許可；而當取得強制授權之許可後，未依著作權專責機關許可之方式利用著作者，著作權專責機關應「廢止」其許可，此一「廢止」之效力是指合法許可後未依規定使用所爲而「嗣後無效」。

對於著作權專責機關強制授權許可與否、撤銷或廢止強制授權許可之行政處分如有不服者，得以行政爭訟之方式救濟之，亦即向經濟部提出訴願、仍有不服再向智慧財產法院提出行政訴訟（可參考第二章有關專利行政爭訟及第三章商標行政爭訟之相關規定）。

二、著作權爭議調解之申請

（一）著作權審議及調解委員會

1. 著作權審議及調解委員會之辦理事項

依著作權法第82條之規定，著作權專責機關應設置著作權審議及調解委員會，該委員會之辦理事項包括：

(1)第47條第4項規定使用報酬率之審議。

(2)著作權集體管理團體與利用人間，對使用報酬爭議之調解。

(3)著作權或製版權爭議之調解。而對於此處之調解，涉及刑事者，以告訴乃論罪之案件爲限。

(4)其他有關著作權審議及調解之諮詢。

2. 調解書之審核

依據著作權法第82條之1之規定，著作權專責機關應於調解成立後七日內，將調解書送請管轄法院審核（第1項參照）。前項調解書，法院應儘速審核，除有違反法令、公序良俗或不能強制執行者外，應由法官簽名並蓋法院印信，除抽存一份外，發還著作權專責機關送達當事人（第2項參照）。法院未予核定之事件，應將其理由通知著作權專責機關（第3項參照）。

3. 調解之效力

依據著作權法第82條之2之規定，調解經法院核定後，當事人就該事件不得再行起訴、告訴或自訴（第1項參照）。前項經法院核定之民事調解，與民事確定判決有同一效力；經法院核定之刑事調解，以給付金錢或其他代替物或有價證券之一定數量爲標的者，其調解書具有執行名義（第2項參照）。

（二）著作權審議及調解委員會組織規章及調解辦法

依據著作權法第83條之規定，第82條著作權審議及調解委員會之組織規程及有關爭議之調解辦法，由主管機關擬定，報請行政院核定後發布之。

三、申請製版權

（一）製版權

著作權法第79條第1項規定：「無著作財產權或著作財產權消滅之文字著述或美術著作，經製版人就文字著述整理印刷，或就美術著作原件以影印、印刷或類似方式重製首次發行，並依法登記者，製版人就其版面，專有以影印、印刷或類似方式重製之權利。」

亦即：(1)「製版權」是以無著作財產權或著作財產權消滅之文字著述或美術著作保護對象；(2)「製版權」在文字著述方面，需要有整理印刷的行爲等特別要件，在美術著作方面，需要具有就眞跡字畫加以影印、印刷或類似方法重製，且該眞跡字畫先前未曾被製版印刷等特別要件；(3)「製版權」需要依據智慧財產局所制訂「製版權登記辦法」依法完成登記，始受到保護。

而「製版權」之保護期間，依據著作權法第79條第2項規定：「自製版完成時起算存續10年」。

（二）製版權登記、讓與登記、信託登記及其他應遵行事項

依據著作權法第79條第4項規定：「製版權之讓與或信託，非經登記，不得對抗第三人」，亦即其登記係爲對抗要件，並非生效要件。而製版權登記、讓與登記、信託登記及其他應遵行事項，目前經濟部智慧財產局制訂有「製版權登記辦法」（詳參本單元附錄一），對於上開智慧財產局依法所做成之行政處分，如有不服，得依法提出行政救濟，亦即向經濟部提出訴願、仍有不服再向智慧財產法院提出行政訴訟（可參考第二章有關專利行政爭訟及第三章商標行政爭訟之相關規定）。

四、著作權集體管理團體

（一）著作權集體管理團體

1. 著作權法第81條第1項規定：「著作財產權人爲行使權利、收受及分配使用報酬，經著作權專責機關之許可，得組成著作權集體管理團體。」亦即著作權集體管理團體係由著作權人所組成之公益團體，其成立之目的在於爲著作權人行使權利、收受及分配使用報酬，同時也可以協助對利用人洽談著作之利用，對於著作權人以及利用人均有助益。
2. 著作權法第81條第2項規定：「專屬授權之被授權人，亦得加入著作權集體管理團體。」

（二）著作權集體管理團體條例

著作權法第81條第3項規定，著作權集體管理團體之許可設立、組織、職權及其監督、輔導，另以法律定之。爲此，於民國99年2月10日修訂有「著作權集體管理團體條例」（詳參本單元附錄二），作爲著作權集體管理團體之設立許可、輔導及監督業務之相關依據。

關於集管團體之設立申請（第4條）、數個集管團體之合併申請（第5條），均由申請人向智慧財產局依法提出許可申請。而關於「集管團體就特定

之利用型態未依第24條第1項規定訂定使用報酬率者，利用人得以書面請求集管團體訂定之」（第24條第6項）、「利用人對於集管團體訂定之使用報酬率有異議時，得向著作權專責機關申請審議」（第25條第1項），亦屬於利用人與集管團體間產生爭議時，依法得向智慧財產局提出申請。此外，當「集管團體有違反法令或章程之行爲，著作權專責機關得限期令其改正」（第42條第1項）、「於集管團體有法定廢止事由時，著作權專責機關應廢止其許可」（第43、45條）。對於上開智慧財產局依法所做成之行政處分，如有不服，得依法提出行政救濟，亦即向經濟部提出訴願、仍有不服再向智慧財產法院提出行政訴訟（可參考第二章有關專利行政爭訟及第三章商標行政爭訟之相關規定）。

五、著作權文件核驗之申請

經濟部智慧財產局爲執行貿易法第17條第1款、貿易法施行細則第13條、貨品輸出管理辦法第15條、第16條，及避免自我國輸出之視聽著作及代工鐳射唱片侵害其他國家依法保護之著作權，特訂定「輸出視聽著作及代工鐳射唱片申請核驗著作權文件作業要點」（詳參本單元附錄三），依據該作業要點所提出之著作權文件核驗申請，該核驗申請，係可作爲出口通關之用，但不可另作其他用途（作業要點第6點）。對於上開智慧財產局依法所做成之行政處分，如有不服，得依法提出行政救濟，亦即向經濟部提出訴願、仍有不服再向智慧財產法院提出行政訴訟（可參考第二章有關專利行政爭訟及第三章商標行政爭訟之相關規定）。

六、著作財產權質權登記之申請

經濟部智慧財產局依據文化創意產業發展法第23條第3項規定，特別訂定「著作財產權質權登記及查閱辦法」（詳參本單元附錄四），當事人之一方，可依法申請著作財產權質權設定、讓與、變更、消滅或處分之限制登記（辦法第2條第1項），核准登記者，應以書面通知申請人，並於著作權專責機關網站公告之（辦法第6條），但對於智慧財產局依法所做成之行政處分，如有不服，得依法提出行政救濟，亦即向經濟部提出訴願、仍有不服再向智慧財產法院提出行政訴訟（可參考第二章有關專利行政爭訟及第三章商標行政爭訟之相關規定）。

七、著作財產權人不明著作利用許可之申請

經濟部智慧財產局依據文化創意發展法第24條第5項規定，特別制定「著作財產權人不明著作利用之許可授權及使用報酬辦法」，對於「利用人爲製作文化創意產品，已盡一切努力，就已公開發表之著作，因著作財產權人不明或其所在不明致無法取得授權時，經向著作權專責機關釋明無法取得授權之情形，且經著作權專責機關再查證後，經許可授權並提存使用報酬者，得於許可範圍內利用該著作」（文化創意發展法第24條第1項）。智慧財產局對於前項授權許可，應以適當之方式公告，並刊登政府公報（文化創意發展法第24條第2項），於取得許可授權後，發現申請有不實情事者，智慧財產局應撤銷其許可（文化創意發展法第24條第6項），或取得許可授權後未依著作權專責機關許可之方式利用著作者，著作權專責機關應廢止其許可（文化創意發展法第24條第7項）。

而對於智慧財產局上開依法所做成之行政處分，如有不服，得依法提出行政救濟，亦即向經濟部提出訴願、仍有不服再向智慧財產法院提出行政訴訟（可參考第二章有關專利行政爭訟及第三章商標行政爭訟之相關規定）。

八、事業侵害他人著作權之行為制止

「事業以公開傳輸之方法，犯第91條、第92條及第93條第4款之罪，經法院判決有罪者，應即停止其行爲；如不停止，且經主管機關邀集專家學者及相關業者認定侵害情節重大，嚴重影響著作財產權人權益者，主管機關應限期一個月內改正，屆期不改正者，得命令停業或勒令歇業。」著作權法第97條之1定有明文。本條係於民國96年6月14日新增之條文，並於96年7月11日公佈實施，對於智慧財產局上開依法所做成之行政處分，如有不服，得依法提出行政救濟，亦即向經濟部提出訴願、仍有不服再向智慧財產法院提出行政訴訟（可參考第二章有關專利行政爭訟及第三章商標行政爭訟之相關規定）。

著作權行政爭訟
音樂著作利用之強制授權許可
著作權法第69條至第71條
著作權爭議調解之申請
著作權法第82條至第83條
申請製版權
著作權法第79條
著作權集體管理團體
著作權法第81條
著作權文件核驗之申請
依據「輸出視聽著作及代工鐳射唱片申請核驗著作權文件作業要點」所提出之著作權文件核驗申請，該核驗申請係作爲出口通關用，不可另作其他用途
著作財產權質權登記之申請
著作財產權質權登記與查閱辦法
著作財產權人不明著作利用許可之申請
著作財產權人不明著作利用之許可授權及使用報酬辦法
專業侵害他人著作權之行爲禁止
著作權法第97條之1

相關法條

著作權法第69條

錄有音樂著作之銷售用錄音著作發行滿六個月，欲利用該音樂著作錄製其他銷售用錄音著作者，經申請著作權專責機關許可強制授權，並給付使用報酬後，得利用該音樂著作，另行錄製。

前項音樂著作強制授權許可、使用報酬之計算方式及其他應遵行事項之辦法，由主管機關定之。

著作權法第70條

依前條規定利用音樂著作者，不得將其錄音著作之重製物銷售至中華民國管轄區域外。

著作權法第71條

依第六十九條規定，取得強制授權之許可後，發現其申請有虛偽情事者，著作權專責機關應撤銷其許可。

依第六十九條規定，取得強制授權之許可後，未依著作權專責機關許可之方式利用著作者，著作權專責機關應廢止其許可。

著作權法第79條

無著作財產權或著作財產權消滅之文字著述或美術著作，經製版人就文字著述整理印刷，或就美術著作原件以影印、印刷或類似方式重製首次發行，並依法登記者，製版人就其版面，專有以影印、印刷或類似方式重製之權利。

製版人之權利，自製版完成時起算存續十年。

前項保護期間，以該期間屆滿當年之末日，爲期間之終止。

製版權之讓與或信託，非經登記，不得對抗第三人。

製版權登記、讓與登記、信託登記及其他應遵行事項之辦法，由主管機關定之。

著作權法第81條

著作財產權人爲行使權利、收受及分配使用報酬，經著作權專責機關之許可，得組成著作權集體管理團體。

專屬授權之被授權人，亦得加入著作權集體管理團體。

第一項團體之許可設立、組織、職權及其監督、輔導，另以法律定之。

著作權法第82條

著作權專責機關應設置著作權審議及調解委員會，辦理下列事項：

一、第四十七條第四項規定使用報酬率之審議。

二、著作權集體管理團體與利用人間，對使用報酬爭議之調解。

三、著作權或製版權爭議之調解。

四、其他有關著作權審議及調解之諮詢。

前項第三款所定爭議之調解，其涉及刑事者，以告訴乃論罪之案件爲限。

著作權法第82條之1

著作權專責機關應於調解成立後七日內，將調解書送請管轄法院審核。

前項調解書，法院應儘速審核，除有違反法令、公序良俗或不能強制執行者外，應由法官簽名並蓋法院印信，除抽存一份外，發還著作權專責機關送達當事人。

法院未予核定之事件，應將其理由通知著作權專責機關。

著作權法第82條之2

調解經法院核定後，當事人就該事件不得再行起訴、告訴或自訴。

前項經法院核定之民事調解，與民事確定判決有同一之效力；經法院核定之刑事調解，以給付金錢或其他代替物或有價證券之一定數量爲標的者，其調解書具有執行名義。

著作權法第83條

前條著作權審議及調解委員會之組織規程及有關爭議之調解辦法，由主管機關擬訂，報請行政院核定後發布之。

著作權法第91條

擅自以重製之方法侵害他人之著作財產權者，處三年以下有期徒刑、拘役，或科或併科新臺幣七十五萬元以下罰金。

意圖銷售或出租而擅自以重製之方法侵害他人之著作財產權者，處六月以上五年以下有期徒刑，得併科新臺幣二十萬元以上二百萬元以下罰金。

以重製於光碟之方法犯前項之罪者，處六月以上五年以下有期徒刑，得併科新臺幣五十萬元以上五百萬元以下罰金。

著作僅供個人參考或合理使用者，不構成著作權侵害。

著作權法第92條

擅自以公開口述、公開播送、公開上映、公開演出、公開傳輸、公開展示、改作、編輯、出租之方法侵害他人之著作財產權者，處三年以下有期徒刑、拘役、或科或併科新臺幣七十五萬元以下罰金。

著作權法第93條

有下列情形之一者，處二年以下有期徒刑、拘役，或科或併科新臺幣五十萬元以下罰金：

一、侵害第十五條至第十七條規定之著作人格權者。

二、違反第七十條規定者。

三、以第八十七條第一項第一款、第三款、第五款或第六款方法之一侵害他人之著作權者。但第九十一條之一第二項及第三項規定情形，不在此限。

四、違反第八十七條第一項第七款規定者。

著作權法第97條之1

事業以公開傳輸之方法，犯第九十一條、第九十二條及第九十三條第四款之罪，經法院判決有罪者，應即停止其行為；如不停止，且經主管機關邀集專家學者及相關業者認定侵害情節重大，嚴重影響著作財產權人權益者，主管機關應限期一個月內改正，屆期不改正者，得命令停業或勒令歇業。

案例解析

1. 目前實務上見解認為，將音樂會實況錄影發行合輯一節，錄影物係屬視聽著作，並不符合前述錄製成錄音著作之規定（經濟部智慧財產局94年03月03日智著字第09400013620號函釋參照），故不得依著作權法第69條之規定，申請音樂著作之強制授權。
2. 乙公司如對智慧財產局之該處分不服，可提起訴願及行政訴訟以資救濟。

第三節　必備書狀及撰寫要旨

審理流程

最高法院		最高行政法院
↑	↑	↑
智慧財產法院		
民事訴訟	刑事訴訟	行政訴訟
第二審 相關智慧財產權法所生民事訴訟事件	第二審 受理不服各地方法院對刑法、商標法、著作權法或公平交易法關於智慧財產權益保護刑事訴訟案件 ↑	第一審 相關智慧財產權法所生第一審行政訴訟事件及強制執行事件
	各地方法院	訴願
第一審 相關智慧財產權法所生民事訴訟事件	第一審 各地方法院刑事庭審理刑法、商標法、著作權法或公平交易法關於智慧財產權益保護刑事訴訟案件	經濟部訴願審議委員會對相關智慧財產權行政處分訴願審議 ↑ 經濟部智慧財產局對相關智慧財權行政處分

（資料來源：智慧財產法院網站「智慧財產案件審理模式」）

・原告起訴，法院受理，訴訟繫屬

・分案

・法官閱覽卷宗，批示：

　—定期

　—調閱卷證

・開庭審理

・言詞辯論終結

・宣示裁判

依據前述案例，本節提供原告所應撰擬之起訴書狀之撰寫要旨及範例：

範例一：原告起訴狀

著作權行政訴訟之原告起訴狀，應載明訴之聲明、訴訟標的及其原因事實。（詳參第二章第三單元有關行政訴訟起訴狀之撰寫要旨）

第四節　書狀範例

範例一　原告起訴狀

<table>
<tr><td colspan="5">行政訴訟起訴狀</td></tr>
<tr><td>案　　號</td><td colspan="2">年度　　字第　　號</td><td>承辦股別</td><td></td></tr>
<tr><td>稱　　謂</td><td>姓名或名稱</td><td colspan="3">依序填寫：國民身分證統一編號或營利事業統一編號、性別、出生年月日、職業、住居所、就業處所、公務所、事務所或營業所、郵遞區號、電話、傳真、電子郵件位址、指定送達代收人及其送達處所。</td></tr>
<tr><td>原　　告</td><td>乙公司</td><td colspan="3">設台北市○○區○○路○○號○○樓</td></tr>
<tr><td>代 表 人</td><td>○○○</td><td colspan="3">住同上</td></tr>
<tr><td>訴訟代理人</td><td>○○○律師</td><td colspan="3">○○法律事務所
○○市○○路○○號○○樓
電話：○○-○○○○○○○○</td></tr>
<tr><td>被　　告</td><td>經濟部智慧財產局</td><td colspan="3">設台北市○○區○○路○○號○○樓</td></tr>
<tr><td>代 表 人</td><td>○○○</td><td colspan="3">住同上</td></tr>
<tr><td colspan="5">為不服經濟部智慧財產局○○○字第○○○○○○○○○○號審定暨經濟部經訴字第○○○○○○○○○○號訴願決定，依法提起行政訴訟事：：

訴之聲明
一、訴願決定及原處分均撤銷。
二、被告應就第○○○○○○○○○○號請求音樂著作強制授權案件作成「准予強制授權」之審定。
三、訴訟費用由被告負擔。</td></tr>
</table>

事實及理由

一、被告應對第○○○○○○○○○號請求音樂著作強制授權案件作成「准予強制授權」之審定，原處分（詳參原證1號）及訴願決定（詳參原證2號）應予撤銷：

（一）按著作權法第69條第1項之規定，錄有音樂著作之銷售用錄音著作發行滿六個月，欲利用該音樂著作錄製其他銷售用錄音著作者，經申請主管機關許可強制授權，並給付使用報酬後，得利用該音樂著作，另行錄製。前項申請許可強制授權及使用報酬之辦法，由主管機關定之。

（二）本件中，甲公司之A、B、C歌手之演唱會實況錄影DVD，分別於○○年○○月○○日、○○年○○月○○日及○○年○○月○○日發行（原證3、4、5號參照）。原告於○○年○○月○○日向被告機關申請許可強制授權，當符合著作權法第69條第1項「銷售用錄音著作發行滿六個月」之規定，自不待言。

（三）再者，著作權法上所稱之「錄音著作」係指包括任何藉機械或設備表現系列聲音而能附著於任何媒介物上之著作。歌手音樂會之實況錄影確實屬於「藉機械或設備表現系列聲音而能附著於任何媒介物上之著作」，當符合著作權法第69條第1項之規定。

（四）惟查：被告機關對此未加以詳查，即謂「錄影物係屬視聽著作，並不符合前述錄製成錄音著作之規定」，顯有違誤，故原處分及訴願決定均應予撤銷。

二、綜上所述，懇請　鈞院鑒核，賜判決如訴之聲明，以維權益，實感德便。

謹狀

智慧財產法院　公鑒

證物名稱及件數	附件：委任狀正本。 原證1號：經濟部智慧財產局○○年○○月○○日○○○字第○○○○○○○○○○號審定書影本。 原證2號：經濟部○○年○○月○○日經訴字○○○○○○○○○號訴願決定影本。 原證3號：甲公司之A歌手演唱會實況錄影DVD。 原證4號：甲公司之B歌手演唱會實況錄影DVD。 原證5號：甲公司之C歌手演唱會實況錄影DVD。

中	華	民	國	○	○	年	○	○	月	○	○	日
具狀人：乙公司 代表人：○○○												
訴訟代理人：○○○律師												

第五節　實務判解

・著作權審議及調解委員會

1. 智慧財產法院98年度行著訴字第1號判決

依上揭著作權仲介團體條例第4條第4項及第15條第7項之規定，被告於著作權仲介團體設立時或前揭團體將使用報酬率調高於原設立標準時，得就使用報酬率進行審議，而依據著作權審議及調解委員會95年2月23日所召開之會議結論決議五「……自93年以來本委員會審議通過之著作權仲介團體使用報酬率，且已於每一個核准使用報酬率案件函中說明「專責機關於實施滿2年以後，得予以檢討調整」者，主管機關得主動檢討調整其使用報酬率。惟前揭審議核准使用報酬率，係指著作權仲介團體得對外收受使用報酬率之最高限額；實務上，因使用報酬係利用人使用著作之對價，故在不超過前揭使用報酬率最高限額之下，係由利用人依其實際利用情況與著作權仲介團體洽談授權契約並約定實際使用報酬。又依著作權仲介團體條例第3條第2款規定，所謂「著作權仲介業務」係指以仲介團體之名義，與利用人訂立個別授權契約或概括授權契約，並收受使用報酬予以分配之業務，故仲介團體之主要業務，對內爲將使用報酬分配給予著作財產權人，對外則與利用人訂立授權契約及收取使用報酬；因此，仲介團體變更其實際使用報酬，核屬同條例第38條第4項所稱仲介團體之營運業務之執行事項。而我國就著作權仲介團體之建制，係採取行政機關介入監督輔導之許可制，爲貫徹及落實著作權仲介團體條例之立法目的，維持市場之秩序，以期避免著作權仲介團體有違法或不當情事，是著作權仲介團體條例爰於第38條第4項授權主管機關得禁止著作權仲介團體爲不妥適業務之執行。

2. 智慧財產法院98年度行著訴字第2號判決

被告著作權審議及調解委員會應秉持客觀專業立場，參酌相關原則、國外仲介團體之慣例及我國國情，負責居中協調、審議核定仲介團體所訂定之使用報酬率。至TMCS於90年間申請設立時所檢送之使用報酬率，雖因申請當時著作權法第82條業已修正刪除著作權審議及調解委員會辦理有關著作權仲介團體所訂定使用報酬率之審議事項，致被告著作權審議及調解委員會未依著作權法審議TMCS所定之使用報酬率，惟被告嗣於91年2月27日審核並許可其使用報酬率，故被告著作權審議及調解委員會以系爭決議審議原告之使用報酬率，並無違反平等原則之情事。次按著作權仲介團體條例為免使用報酬率由主管機關或著作權仲介團體片面決定，故於第4條第4項規定，使用報酬應送被告著作權審議及調解委員會審議，而被告於送交著作權審議及調解委員會審議之前，會先召開公聽會並蒐集資料，使利用著作人得以參與使用報酬費率之審議過程，以昭眾信，進而平衡社會大眾與著作權人之相衝突利益，謀求最大社會福祉，故被告著作權審議及調解委員會斟酌著作利用人之意見，即屬適當。且被告既已於98年5月19日以智著字第09816001490號函檢送修正通過之使用報酬率及對照表予原告，並於函中載明「前揭費率自98年1月1日起生效，又本次審議之使用報酬率實施滿2年後（以本件函文送達之日依法計算），得予檢討調整」等語，則原告主張系爭決議違反明確性原則云云，並無可信。

・著作權集體管理團體

1. 智慧財產法院102年度行著訴字第1號判決

關於集管團體就系爭使用報酬率之審定，涉及集管條例第24條第1項及著作權集體管理團體使用報酬率審議參考原則所列諸多因素之審酌，事涉高度之專業知識及複雜性與技術性事項。為此，集管條例即以經濟部為主管機關，再由經濟部指定被告為專責機關，辦理著作權集體管理團體之設立許可、輔導及監督業務（第2條規定參照），被告並依著作權法第82條第1項規定，設置著審會，辦理(1)同法第47條第4項規定使用報酬率之審議；(2)著作權集體管理團體與利用人間，對使用報酬爭議之調解；(3)著作權或製版權爭議之調解；(4)其他有關著作權審議及調解之諮詢等事項。且被告於審議集管團體所定之使用報酬率，及審酌是否變更集管團體所定之使用報酬率計算基準、比率或數額，並應諮詢著審會之意見（集管條例第25條第4項規定參照）。此外，關於音樂著作公開演出之使用報酬費率，與著作權、集管團體、利用人及社會公衆之權益密切相關，爲妥適審議該使用費率，「經濟部智慧財產局受理利用人申請審議著作權集體管理團體使用報酬率案件作業程序」訂有縝密的前置作業、審議、結案等作業流程。準此，著作使用報酬費率之審定，核屬行政機關之裁量權範圍，非有裁量瑕疵之情事，司法審查不宜介入。

2. 智慧財產法院102年度行著訴字第4號判決

按法院對行政機關依裁量權所爲行政處分之司法審查範圍限於裁量之合法性，而不及於裁量行使之妥當性。至於不確定法律概念，行政法院以審查爲原則，但對於具有高度屬人性之評定（如國家考試評分、學生之品行考核、學業評量、教師升等前之學術能力評量等）、高度科技性之判斷（如與環保、醫藥、電機有關之風險效率預估或價値取捨）、計畫性政策之決定及獨立專家委員會之判斷，則基於尊重其不可替代性、專業性及法律授權之專屬性，而承認行政機關就此等事項之決定，有判斷餘地，對其判斷採取較低之審查密度，僅於行政機關之判斷有恣意濫用及其他違法情事時，得予撤銷或變更（司法院釋字第382號、第462號及第553號解釋理由參照）。本件被告既依法得變更集管團體所訂使用報酬率之計算基準、比率或數額，則核屬被告之行政裁量範圍，至被告應依何標準變更，則屬不確定之法律概念，且屬高度專業性之評定，核屬被告之判斷餘地，揆諸前揭釋字意旨，除非被告之行政裁量有裁量逾越或濫用情事，或判斷有恣意濫用及其他違法情事，否則無論從裁量之理論或不確定法律概念之見解，被告作成之裁量或判斷，其他機關甚至法院應予尊重，尙不得以自己之裁量或判斷，代替被告之裁量或判斷。

經查，原告因對參加人所訂使用報酬率有異議，向被告申請審議。被告於受理申請後，於101年6月6日邀集集管團體及利用人等召開意見交流會，嗣於101年9月17日召開101年第10次著審會，就系爭費率審議事項進行諮詢及決議，揆諸前開規定，被告進行審議之程序於法並無不合。且依集管條例第25條第13項之規定，著作權審議及調解委員會之委員，包括機關代表、學者、專家、權利人及利用人，具有相當之代表性，其所爲諮詢意見，應更接近市場現況，而被告依法既應諮詢該委員會之意見，則其對是否變更參加人所訂使用報酬率之計算基準、比率或數額等，應更加有判斷餘地。

附錄一

製版權登記辦法

中華民國九十二年十一月五日經智字第〇九二〇四六一二八四〇號令修正發布

法條　第1條

內容　本辦法依著作權法（以下簡稱本法）第七十九條第五項規定訂定之。

法條　第2條

內容　申請製版權登記，應由製版人向著作權專責機關爲之。

申請製版權讓與登記，應由受讓人向著作權專責機關爲之。

申請製版權信託登記，應由委託人及受託人著作權專責機關爲之。

法條　第3條

內容　申請製版權登記，應檢具下列文件：

一、製版權登記申請書。

二、被製版之文字著述或美術著作無著作財產權或著作財產權消滅之證明文件。

三、被製版之文字著述之原著作或美術著作之原件。

四、製版過程詳細說明書及製版物樣本一份。

無前項第二款之證明文件者，應檢具切結書，載明被製版之文字著述或美術著作無著作財產權或著作財產權消滅。

製版類別如爲美術著作，應檢具就美術著作原件以影印、印刷或類似方式重製首次發行之證明文件。無上述文件者，應檢具切結書。

法條　第4條

內容　製版權登記申請書，應記載下列事項，由申請人或代理人簽名或蓋章：

一、申請人姓名、出生年、月、日及地址。如係法人者，其名稱、設立年、月、日、地址及代表人姓名。

二、由代理人申請登記者，其姓名、地址。如係法人者，其名稱、地址及代表人姓名。

三、製版物名稱。

四、製版類別。
五、被製版之原著作名稱及原著作人之姓名或名稱。
六、製版人姓名或名稱及其國籍。
七、製版完成日。

法條　第5條
內容　製版物依法應受審查者，於申請製版權登記時，應檢具該管機關核文件。

法條　第6條
內容　文字著述之原著作或美術著作之原件，如因龐大、易損、昂貴或其他特殊情形，確實不便或不能繳交者，得向著作權專責機關申請減免，或以原著作或原件之詳細說明書、四面、五面或六面影圖說或其他代替物爲之。
製版物樣本，如有前項不便繳交之情形者，得向著作權專責機關申請准予繳交樣本之一部分。

法條　第7條
內容　製版物樣本應於適當位置標明下列事項：
一、被製版之原著作名稱及原著作人之姓名或名稱。
二、製版人之姓名或名稱。
三、製版完成日期。
原著作未明前項一款之事項者，免予標明。

法條　第8條
內容　申請製版權讓與登記，應檢具下列文件：
一、製版權讓與登記申請書。
二、讓與證明文件

法條　第9條
內容　製版權讓與登記申請書，應記載下列事項，由申請人或代理人簽名或蓋章：
一、第四條第一款至第七款事項。
二、製版權登記號碼。

三、讓與人及受讓人姓名、出生年、月、日及地址。係法人者，其名稱、設立年、月、日、地址及代表人姓名。

法條　第10條

內容　申請製版權信託登記、製版權信託塗銷登記或製版權信託歸屬登記，應檢具下列文件：

一、製版權信託登記申請書。

二、信託契約或證明文件。

法條　第11條

內容　製版權信託登記申請書，應記載下列事項，由申請人或代理人簽名或蓋章：

一、第四條第一款至第七款事項。

二、製版權登記號碼。

三、委託人、受託人姓名、出生年、月、日及地址。如係法人者，其名稱、設立年、月、日、地址及代表人姓名。

四、信託關係消滅，製版權歸屬於第三人時，申請製版權信託歸屬登記者，並應記載第三人之姓名、出生年、月、日及地址。如係法人，其名稱、設立年、月、、地址及代表人姓名。

法條　第12條

內容　第二條所定之申請人有二人以上者，申請人之一人或數人，爲體之利益，得申請登記。

法條　第13條

內容　申請人持外國公文書申請登記者，該公文書應經中華民國駐外使領館、代表處、辦事處或其他經外交部授權機構驗證或經中華民國法院或民間之公證人認證。

申請人提出之文件係外文者，應檢具中文譯本。

法條　第14條

內容　申請人持大陸地區人民、法人、團體及其他機構出具之文書，應經行政院設立指定之機構或委託之民間團體驗證。

法條 第15條

內容 有下列情形之一者，著作權專責機關應通知申請人限期補正：

一、未依規定繳納規費者。

二、申請書應載事項未記載或記載不完整者。

三、應檢具之文件欠缺者。

四、其他得補正之情形者。

法條 第16條

內容 有下列情形之一者，著作權專責機關應以書面敘明理由，駁回申請案：

一、申請人非第二條所定之人者。

二、申請書記載事項與其檢具之文件不符者。

三、申請製版權登記者，其申請事項與本法第七十九條第一項規定不符者。

四、製版完成已逾十年者。

五、申請登記之事項不實者。

六、著作權專責機關依前條規定限期補正，逾期未補正或未照補正事項完全補正者。

法條 第17條

內容 著作權專責機關核准登記者，除將登記之事項載於登記簿及刊登政府公報外，並應檢附登記簿謄本，以書面通知申請人。

法條 第18條

內容 著作權專責機關核准登記後，發現登記之事項錯誤者，得由原申請人檢具證明文件，申請更正。

法條 第19條

內容 著作權專責機關依本辦法所爲之登記有錯誤或遺漏之情形者，原申請人得申請著作權專責機關更正之。著作權專責機關亦得逕行更正，並通知申請人。

法條　第20條

內容　著作權專責機關核准登記後，其已登記之事項變更而不涉及權利之得、喪變更者，得由原申請人檢具證明文件，申請變更。

法條　第21條

內容　申請登記繳交之證明文件、製版過程詳細說明書及製版物樣本，經著作權專責機關爲准予登記之處分後，不得請求發還。

法條　第22條

內容　委任他人代理申請時，應檢具委任書或代理權限之證明文件。代理人變更或解任時，委任人應以書面向著作權專責機關爲之。

法條　第23條

內容　本辦法規定之登記申請書、登記簿及其他必要書表之格式，由著作權專責機關定之。

依本辦法所爲之申請，應使用著作權專責機關指定之書表。

法條　第24條

內容　本辦法自發布日施行。

附錄二

著作權集體管理團體條例

中華民國八十六年十一月五日　總統令公布全文46條

中華民國九十九年二月十日　總統令修正公布名稱及全文49條；並自公布日施行；但第30條第2～6項自公布後二年（一百零一年二月十日）施行

第一章　總則

第1條

本條例依著作權法第八十一條第三項規定制定之。

第2條

本條例主管機關爲經濟部。

著作權集體管理團體之設立許可、輔導及監督業務，由經濟部指定專責機關辦理。

第3條

本條例用詞，定義如下：

一、著作權集體管理業務（以下簡稱集管業務）：指為多數著作財產權人管理著作財產權，訂定統一之使用報酬率及使用報酬分配方法，據以收取及分配使用報酬，並以管理人之名義與利用人訂定授權契約之業務。

二、著作權集體管理團體（以下簡稱集管團體）：指由著作財產權人組成，依本條例許可設立，辦理集管業務，並以團體之名義，行使權利、履行義務之社團法人。

三、個別授權契約：指集管團體與利用人約定，集管團體將其管理之特定著作財產權授權利用人利用，利用人支付使用報酬之契約。

四、概括授權契約：指集管團體與利用人約定，集管團體將其管理之全部著作財產權授權利用人在一定期間內，不限次數利用，利用人支付使用報酬之契約。

五、管理契約：指著作財產權人與集管團體約定，由集管團體管理其著作財產權，並將所收受使用報酬分配予著作財產權人之契約。

六、管理費：指集管團體執行集管業務，而向著作財產權人收取之費用。

七、使用報酬率：指集管團體就其管理之著作財產權供利用人利用而收取使用報酬之計算基準、比率或數額。

八、共同使用報酬率：指二個以上集管團體共同就同一利用型態所訂定之單一使用報酬率。

第二章　設立

第4條

集管團體之設立，應由發起人備具申請書，檢附下列文件，向著作權專責機關申請許可：

一、發起人名冊。

二、章程。

三、使用報酬之收受及分配方法。

四、個別授權契約、概括授權契約及管理契約範本。

五、其他經著作權專責機關指定之文件。

前項第一款之發起人名冊，應載明下列事項：

一、發起人姓名、國籍、出生年月日、住所或居所；如係法人，其名稱、設立年月日、事務所或營業所所在地及其代表人姓名、出生年月日、住所或居所。

二、發起人享有著作財產權之著作名稱及著作類別。

第一項發起人之最低人數，應由著作權專責機關依不同著作類別定之；其中半數以上，應在國內有住所或事務所。

第一項申請書應載明申請許可設立之意旨，由發起人全體簽名或蓋章。

集管團體增加管理之著作類別時，應檢附新增著作類別之著作財產權人名冊及第一項第二款至第五款之文件，向著作權專責機關申請許可。

前項著作財產權人名冊及人數，準用第二項及第三項有關發起人之規定。

第5條

數個集管團體，欲合併爲一個集管團體時，應檢附著作財產權人名冊及前條第一項第二款至第五款規定之文件，向著作權專責機關申請許可。

因合併而消滅之集管團體，著作權專責機關應廢止其許可；其權利義務，應由合併後存續或另立之集管團體承受。

第6條

有下列情事之一者，不得爲集管團體之發起人：

一、無行爲能力人、限制行爲能力人或受輔助宣告尚未撤銷。

二、受破產宣告尚未復權。

三、曾犯詐欺、背信、侵占罪或違反著作權法之罪，經判決確定，受有期徒刑六個月以上刑之宣告，尚未執行、執行未畢或執行完畢未滿二年；其爲法人，曾犯違反著作權法之罪，經判決確定尚未執行、執行未畢或執行完畢未滿二年。

第7條

集管團體章程應載明下列事項：

一、名稱。

二、目的。

三、主事務所所在地；設有分事務所者，其所在地。

四、所管理著作財產權之著作類別及權利範圍。

五、會員資格之取得及喪失。

六、會員之權利義務。

七、管理費之費率或金額。

八、董事、監察人及第二十條第一項所定申訴委員會之委員，其名額、職權、任期及其選任與解任。

九、會議之種類、召集程序及決議方法。

十、經費來源及會計。

十一、公告方法。

十二、申訴委員會處理會員與集管團體間爭議之事項、程序及議決方法。

十三、章程變更之程序。

十四、使用報酬率變更之程序。

十五、使用報酬之收受及分配方法變更之程序。

十六、個別授權契約、概括授權契約及管理契約範本變更之程序。

十七、訂立及變更章程之年月日。

十八、其他依法規規定應載明之事項。

第8條

有下列情事之一者，著作權專責機關對集管團體設立之申請，應不予許可：

一、名稱與業經許可之集管團體名稱相同。

二、依申請許可之資料顯示不能有效管理集管業務。

三、申請事項有違反法令或虛偽情事。

四、不合法定程式經著作權專責機關限期補正而未補正。

申請管理之範圍與業經許可之集管團體之管理著作類別及權利範圍有全部或一部重複者，如業經許可之集管團體已足以發揮集體管理之功能，著作權專責機關就該重複之部分，得不予許可。

著作權專責機關對申請許可之准駁，應以書面通知申請人；其許可設立者，並於著作權專責機關之網站公布。

第9條

集管團體應於著作權專責機關許可後六個月內，辦理法人登記。

集管團體應於前項登記後三十日內，將法人登記證書影本送著作權專責機關備查，並應將法人登記證書、章程、使用報酬之收受及分配方法、個別授權契約、概括授權契約及管理契約範本公告之；變更時，亦同。

前項公告，應以登載於集管團體主事務所所在地之新聞紙、集管團體之網站或以其他適當方法爲之。

第10條

未依本條例組織及許可設立爲集管團體者，不得執行集管業務或以集管團體名義爲其他法律行爲。

違反前項規定者，其所訂定之個別授權契約或概括授權契約無效；因而致他人受損害者，行爲人應負賠償責任；行爲人有二人以上者，連帶負責。

第三章　組織

第11條

集管團體之會員應爲著作財產權人。

著作財產權人不得同時爲二個以上辦理相同集管業務之集管團體之會員。

違反前項規定，其先後加入者，就後加入之集管團體，視爲未入會；其同時加入者，應於加入時起三十日內擇一集管團體加入，未於三十日內選擇者，視爲均未入會。

第12條

具備章程所定會員資格者申請入會，集管團體不得拒絕。

會員得隨時退會。但章程限定於業務年度終了或經過預告期間後始准退會者，不在此限。

第13條

會員有下列情事之一者，視爲退會：

一、死亡、破產或解散。

二、喪失會員資格者。

第14條

會員應與集管團體訂立管理契約，將其著作財產權交由集管團體管理。

會員有依使用報酬之收受及分配方法，請求分配使用報酬之權利，並有繳納管理費及會費之義務。

第15條

集管團體以會員大會爲最高機關。

集管團體董事會設置董事不得少於三人，由會員大會就會員中選任之。

集管團體監察人由會員大會就會員中選任之；監察人中至少有一人，應在國內有住所。

第六條規定，於董事及監察人準用之。

第16條

會員大會除第一次會議由發起人召集外，由董事會召集之，每年至少召集一次。

會員大會之決議，除本條例或章程有特別規定者外，應經表決權總數過半數之會員出席，出席表決權過半數之同意行之。

章程變更應經表決權總數過半數之會員出席，出席表決權三分之二以上之同意行之。

會員有平等之表決權。但章程另有規定者，從其規定。

第二項及第三項之出席數及同意數，章程有較高之規定者，從其規定。

集管團體解散之決議，適用民法第五十七條規定。

第17條

董事會執行業務，應依法令、章程及會員大會之決議。

董事會之決議違反前項規定，致集管團體受損害時，參與決議之董事應連帶負損害賠償責任。但經表示異議之董事，有紀錄或書面聲明可證者，免其責任。

第18條

監察人執行下列職務：

一、自行或委託律師、會計師調查集管團體業務及財務狀況，查核簿冊文件。

二、自行或委託會計師查核依第二十一條第一項規定所編造之各項表冊，並將調查結果報告於會員大會。

監察人因怠忽職務，致集管團體受有損害者，負損害賠償責任。

監察人不得兼任集管團體之董事、申訴委員或工作人員。

第19條

集管團體之董事爲自己或他人與集管團體交涉時，由監察人爲集管團體之代表。

第20條

集管團體應設申訴委員會，依章程處理會員與集管團體間之爭議；其委員人數不得少於五人，由會員大會就會員、社會公正人士或學者專家選任之。

集管團體得以章程明定會員與集管團體間之爭議，未經申訴委員會處理者，不得向會員大會提出。

申訴委員不得由集管團體之董事、監察人或工作人員擔任。

申訴委員就申訴事項有利害關係者，應自行迴避。

集管團體應將申訴委員會之裁決通知申訴之會員，並由董事會予以執行。但申訴之會員或董事會有異議時，得提請會員大會議決之。

第21條

每業務年度終了，董事會應編造下列表冊，於會員大會開會三十日前交監察人查核：

一、業務報告書。

二、資產負債表。

三、財產目錄。

四、收支決算表。

前項之表冊及監察人之查核報告書，應於會員大會開會十日前，備置於集管團體之主事務所，會員得隨時自行或偕同其所委託之律師或會計師查閱。

第22條

董事會應將前條第一項之表冊及監察人查核報告書提出於會員大會請求承認；經會員大會決議承認後，董事及監察人之責任解除。但董事或監察人有不法行爲者，不在此限。

第四章　集管團體之權利義務

第23條

集管團體應依法令、章程及會員大會之決議，為會員執行集管業務。

集管團體依前項規定執行集管業務時，應依所定管理費之費率或金額收取管理費。

前項管理費費率或金額，應以集管團體為維持其正常運作所需經費為標準訂定之。

第24條

集管團體就其管理之著作財產權之利用型態，應訂定使用報酬率及其實施日期；其使用報酬率之訂定，應審酌下列因素：

一、與利用人協商之結果或利用人之意見。

二、利用人因利用著作所獲致之經濟上利益。

三、其管理著作財產權之數量。

四、利用之質及量。

五、其他經著作權專責機關指定應審酌之因素。

前項使用報酬率之訂定，如為概括授權者，應訂定下列計費模式，供利用人選擇：

一、一定金額或比率。

二、單一著作單次使用之金額。

第一項之使用報酬率，就利用人為文化、教育或其他公益性之目的而利用著作者，集管團體應酌減其使用報酬；其利用無營利行為者，集管團體應再酌減其使用報酬。

著作權專責機關就各集管團體所管理著作之實際被利用情形，得進行調查。

第一項之使用報酬率，應公告供公眾查閱，並報請著作權專責機關備查，其公告未滿三十日者，不得實施；使用報酬率變更時，亦同。

集管團體依前項規定公告使用報酬率時，應說明其訂定理由。

集管團體就特定之利用型態未依第一項規定訂定使用報酬率者，利用人得以書面請求集管團體訂定之；於訂定前，就其請求訂定使用報酬率之利用行為，不適用著作權法第七章規定。

第25條

利用人對於集管團體訂定之使用報酬率有異議時，得向著作權專責機關申請審議；申請時，並應備具書面理由及相關資料。

著作權專責機關受理前項之申請後，應於著作權專責機關之網站公布；其他相同利用情形之利用人，得備具書面理由及相關資料，向著作權專責機關請求參加申請審議。

著作權專責機關受理第一項之申請後，得令集管團體提出前條第一項各款之審酌因素、授權利用之條件及其他相關文件，集管團體不得拒絕。

著作權專責機關審議時，得變更集管團體所定之使用報酬率計算基準、比率或數額，並應諮詢著作權審議及調解委員會之意見。

第一項之申請，有應補正事項而未於著作權專責機關指定之期限內補正，或無理由者，著作權專責機關得予駁回。

第一項之申請有理由者，著作權專責機關應決定該使用報酬率，並自申請審議日生效。但於該使用報酬率實施前申請審議者，自實施日生效。

前項經決定之使用報酬率，自實施日起三年內，集管團體不得變更，利用人亦不得就經審議決定之事項再申請審議。但有重大情事變更者，不在此限。

依第一項規定申請審議之使用報酬率，有違反法律規定，或無法律依據收取使用報酬者，著作權專責機關得禁止其實施。

第六項及前項之審議決定，應於著作權專責機關之網站公布。

使用報酬率經著作權專責機關審議決定者，利用人與集管團體於審議決定前簽訂之授權契約期間內，利用人得向集管團體請求變更使用報酬之數額。

集管團體之使用報酬率經著作權專責機關禁止實施者，集管團體應退還已收取之使用報酬。

第一項申請之審議決定，著作權專責機關應於文件齊備後四個月內爲之。

第四項著作權審議及調解委員會之委員，應包括機關代表、學者、專家、權利人及利用人。

第26條

使用報酬率自申請審議至審議決定前，利用人就其利用行爲，得按照變更前原定之使用報酬率或原約定之使用報酬給付暫付款；無原定之使用報酬率及原約定之使用報酬者，得向著作權專責機關申請核定暫付款。

前項之暫付款，著作權專責機關於核定前，得諮詢著作權審議及調解委員會之意見。

第一項經核定之暫付款應於著作權專責機關之網站公布；於審議使用報酬率期間內，對相同利用情形之利用人均適用之。

利用人依第一項規定向集管團體支付暫付款，且表明其係暫付款者，其利用之行爲不適用著作權法第六章及第七章規定。

利用人已依第一項規定給付暫付款者，除雙方另有約定外，應依審議通過之使用報酬率調整之；經駁回使用報酬率審議之申請者，應依集管團體公告之使用報酬率調整之。

利用人申請審議之使用報酬率，經依前條第八項規定禁止實施者，集管團體應退還已收取之暫付款。

第27條

集管團體應將其管理範圍內之著作相關資訊，包括所管理之著作財產權人名冊，及管理之著作數量或其他足以辨識管理著作數量之資訊，上網供公衆查閱，並應公衆之申請，於合理範圍內提供相關資訊。

集管團體與利用人協商概括授權契約時，應將前項資訊，告知利用人。

第28條

個別授權契約應載明下列事項：

一、著作財產權人之姓名或名稱及其著作名稱。

二、授權利用之著作財產權。

三、授權利用之地域、期間及利用方法。

四、使用報酬之計算方法及其金額。

五、使用報酬之給付方法。

六、違約責任。

七、訂約年月日。

第29條

概括授權契約，除應載明前條第二款至第七款事項外，並應載明授權利用人在一定期間內，不限次數使用集管團體所管理之全部著作財產權。

第30條

著作權專責機關得指定相關集管團體就特定利用型態，訂定共同使用報酬率。

前項經指定之集管團體，應協商訂定共同使用報酬率及其使用報酬分配方法，並由其中一個集管團體向利用人收取。

前項協商不成時，任一集管團體得向著作權專責機關申請決定。

第二項共同使用報酬率，適用第二十四條至第二十六條之規定。

第三項共同使用報酬率之決定，應諮詢利用人及著作權審議及調解委員會之意見，並應將決定之處分於著作權專責機關之網站公布。

前項經決定之共同使用報酬率，自實施之日起三年內，集管團體不得變更，利用人亦不得申請審議。但有重大情事變更者，不在此限。

第二項至前項規定，自本條例中華民國九十九年一月十二日修正之條文公布後二年施行。

經依第一項規定指定之相關集管團體就特定利用型態，於前項規定之施行日期前，已自行協商訂定共同使用報酬率者，得適用第二十四條至第二十六條規定。

第31條

會員退會時，集管團體應即終止管理契約，停止管理該會員之著作財產權。

利用人於會員退會前已與集管團體訂定授權契約者，於契約期限屆滿前，得繼續利用該退會會員之著作，不須另行支付使用報酬予該退會會員。但授權契約另有約定不得繼續利用者，從其約定。

無前項但書情形者，退會會員得向原集管團體請求分配使用報酬。但該退會會員加入另一集管團體，而就前項利用人之利用於該新加入之集管團體得受分配者，不得請求分配。

集管團體與利用人有第二項但書約定者，集管團體應於會員退會時即時通知利用人。

第32條

非會員之著作財產權人，在集管團體管理著作類別及權利範圍內，要求集管團體爲其管理著作財產權者，集管團體不得拒絕。

第33條

第十一條、第十四條、第二十條第一項、第二項、第五項、第二十三條第一項、第二項及第三十一條規定，於非會員之著作財產權人與集管團體間準用之。

第34條

集管團體於其管理範圍內，對相同利用情形之利用人，應以相同之條件授權之。

利用人經集管團體拒絕授權或無法與其達成授權協議者，如於利用前已依使用報酬率或集管團體要求之金額提出給付或向法院提存者，視爲已獲授權。

利用人依前項規定向集管團體提出給付或向法院提存，並得同時向集管團體聲明保留異議。

第35條

集管團體對其個別授權契約或概括授權契約所授權利用之權利，應擔保確有管理之權利。但利用人於契約成立時，明知集管團體無管理之權利者，除契約另有約定外，集管團體不負擔保之責。

第36條

集管團體執行集管業務，應以善良管理人之注意爲之。

第37條

利用人應定期將使用清單提供集管團體，作爲分配使用報酬之計算依據。但授權契約另有約定者，從其約定。

集管團體得支付費用，隨時請求利用人提供使用清單。

利用人不依第一項規定提供使用清單或所提供之使用清單錯誤不實情節重大者，集管團體得終止其與利用人所訂定之授權契約。

第38條

集管團體應依使用報酬之收受及分配方法，將所收受之使用報酬，扣除管理費後之餘額，定期分配予著作財產權人。

前項所定之定期分配，每年至少一次。

集管團體分配使用報酬時，董事會應依使用報酬之收受及分配方法編造使用報酬分配表，載明下列事項，經會計師簽證後，送請監察人查核確認：

一、本次分配之著作財產權人之姓名或名稱及其著作財產權。

二、所收取之每筆使用報酬之金額及其總額。

三、每筆使用報酬所應扣除之管理費金額或其總額。

四、第二款之使用報酬總額扣除前款之管理費總額後可供分配之金額。

五、每人分配金額之計算方法。

六、每人分配之金額。

集管團體應依監察人查核確認之分配表分配使用報酬，並將分配表置於主事務所，供著作財產權人查閱。

第39條

集管團體執行集管業務，得以自己之名義，爲著作財產權人之計算，爲訴訟上或訴訟外之行爲。但刑事部分，以集管團體受專屬授權或信託讓與者爲限。

前項所稱訴訟上行爲，指提起民事、行政訴訟及刑事案件之告訴及自訴；所稱訴訟外行爲，指訴願及其他行爲。

第五章　集管團體之獎勵、輔導及監督

第40條

集管團體執行集管業務，成績優良者，著作權專責機關得予獎助。

第41條

集管團體依法令或章程之規定，應備置或編造之表冊，著作權專責機關得隨時查核或令其限期申報，並得隨時檢查其業務及財務狀況，或令其限期申報業務處理情形。

著作權專責機關爲前項之查核或檢查，得令集管團體提出證明文件、單據、表冊及有關資料，並於收受後一個月內查閱發還。

對於著作權專責機關依前二項規定所爲之查核、檢查或命令，集管團體不得規避、妨礙或拒絕。

著作權專責機關依集管團體之營運及財產狀況，認爲有必要時，得令集管團體變更業務執行之方法，或爲其他必要之處置。

第42條

集管團體有違反法令或章程之行爲，著作權專責機關得限期令其改正。

未於前項所定期限內改正者，著作權專責機關得令集管團體撤換執行該違法行爲之董事、監察人、申訴委員或工作人員，或停止其職務。

第43條

集管團體有下列情事之一者，著作權專責機關應廢止其許可：

一、未於第九條第一項所定期限內辦理法人登記。

二、完成法人登記後滿一年未開始執行集管業務。

三、不能有效執行集管業務。

第六章　罰則

第44條

違反第十條第一項規定者，處新臺幣五十萬元以上二百五十萬元以下罰鍰。

集管團體有下列情形之一者，處新臺幣十萬元以上五十萬元以下罰鍰：

一、違反著作權專責機關依第四十一條第四項規定所為之命令。

二、未依第四十二條第一項之命令於期限內改正。

集管團體違反第四十一條第三項規定者，處新臺幣二萬元以上十萬元以下罰鍰。

前三項之罰鍰，並得按次處罰至改善為止。

第45條

集管團體有下列情形之一，且情節重大者，著作權專責機關應廢止其許可：

一、經依第四十二條第二項規定處分而未予撤換或停止職務。

二、經依第四十四條第二項規定處分仍未改正。

第七章　附則

第46條

本條例中華民國八十六年十一月七日公布生效前已依法成立，為著作財產權人管理著作財產權之團體，其於本條例公布生效前已管理之事務尚未了結者，應繼續處理。

前項團體未於本條例公布生效日起一年內申請許可辦理集管業務或申請被駁回者，其於本條例公布生效日前，以團體之名義與利用人所訂定之著作財產權授權利用契約期間，至八十七年十二月三十一日未屆滿者，以該日為契約終止日。

第47條

本條例中華民國九十九年一月十二日修正之條文施行前，已實施之使用報酬率，及已申請審議而尚未完成審議之使用報酬率，適用第二十四條至第二十六條規定。但本條例中華民國九十九年一月十二日修正之條文施行前，經著作權專責機關審議通過之使用報酬率，實施未滿二年者，不適用之。

第48條

集管團體經許可設立後，經著作權專責機關撤銷或廢止其許可者，除第四十三條第一款規定情形外，著作權專責機關應同時命其解散，並應以書面載明理由通知該管地方法院、該集管團體，及於著作權專責機關之網站公布。

集管團體經命令解散者，於命令解散之處分確定時，管理契約終止。

第49條

本條例除已另定施行日期者外，自公布日施行。

附錄三

輸出視聽著作及代工鐳射唱片申請核驗著作權文件作業要點

中華民國八十九年十二月三十日〈八九〉智著字第八九六〇一〇四四號公告

中華民國九十年八月十四日〈九〇〉智著字第〇九〇六〇〇〇六〇八-〇號公告修正

中華民國九十一年一月八日智著字第〇九一六〇〇〇〇〇五-〇號公告修正

中華民國九十二年九月十八日智著字第〇九二一六〇〇七一五-〇號公告修正

中華民國九十三年一月二日智著字第〇九二〇〇一二二二六-〇號公告修正

中華民國九十三年六月二日智著字第〇九三一六〇〇四二九-〇號公告修正

中華民國九十三年六月三十日智著字第〇九三一六〇〇五四三-〇號令修正

中華民國九十四年七月四日經授智字第〇九四二００三〇四六〇號令修正

中華民國九十六年六月二十三日經授智字第〇九六二〇〇三〇五四〇號令修正；中華民國九十六年八月一日施行

中華民國九十六年十二月十三日經授智字第〇九六二〇〇三一三五〇號令修正附件二

中華民國九十七年十二月二十六日經授智字第〇九七二〇〇三一六九〇號令修正附件二，並自九十八年一月一日生效

一、經濟部智慧財產局（以下簡稱本局）為執行貿易法第十七條第一款、貿易法施行細則第十三條、貨品輸出管理辦法第十五條、第十六條，及避免自我國輸出之視聽著作及代工鐳射唱片侵害其他國家依法保護之著作權，特訂定本作業要點。

二、輸出視聽著作或代工鐳射唱片，應依本要點事先檢附著作財產權人授權證明書及相關文件，向本局或各核驗中心申請著作權文件核驗單（如附件一）。

前項申請並得透過網路以電子資料傳輸方式為之。

三、前點所稱視聽著作及代工鐳射唱片，係指：

（一）視聽著作：貨品輸出規定為571所列之三項貨品（如附件二）。

（二）代工鐳射唱片：代工CD（貨品號列如附件二）。

四、第二點所稱各核驗中心，係指：

（一）台中核驗中心：台中市黎明路二段503號7樓（本局台中服務處）。

（二）高雄核驗中心：高雄市成功一路436號8樓（本局高雄服務處）。

五、申請人申請著作權文件核驗單應備具下列文件，本局於必要時並得要求檢送樣本：

（一）著作權文件核驗單。

（二）下列各目著作財產權證明文件之一；其為外文者，應附具中文譯本：

1. 著作財產權人授權得在出口目的地製造或輸入該地之文件，該項文件得以我國或出口目的地政府核准成立之國際性相關著作權人組織出具之證明文件或本局所同意之其他文件代之。

2. 視聽著作之著作財產權人自行出口者，檢附自行出口之切結書。其由被授權製造以外之貿易商出口者，得檢附發票（或收據）影本加蓋出口人印章或簽名及出口人切結書，替代著作財產權人之授權書。

3. 在我國為公共所有但依出口目的地著作權法仍受保護之著作者，分別檢附依前二目之文件。

4. 在我國及出口目的地均屬公共所有之著作者，檢附該等著作為公共所有之聲明書及著作出口目的地政府出具亦為公共所有之證明文件或當地政府核准成立之國際相關著作權人組織出具之證明文件或本局所同意之其他文件。

（三）前款證明文件得以經註明與正本無誤並加蓋申請人印章或簽名之影本代之，於網路申請時以附件圖檔方式傳輸本局；其為分批出口者，應同時檢附正本，正本於附記申請出口數量後發還。

（四）申請人輸出視聽著作或代工鐳射唱片之預錄式光碟，具有刑法第二百三十五條規範之內容者，應於核驗單上具結未違反輸入國法令之規定。

申請時如有需補正事項，應於七日內補正，逾期將予駁回。

六、著作權文件核驗單，僅供出口通關之用，不得另做其他用途。更不得根據本核驗單，拒絕其他機關之查處，包括：

（一）權責機關依據光碟管理條例針對下列事項之查核：1.光碟製造許可與申報部分、2.來源識別碼之取得部分、3.光碟內容查核部分、4.製造機具部分、5.預錄式光碟來源識別碼之壓印標示部分。

（二）權責機關就有無違反著作權法及刑法第二百三十五條情事所為之查察。

七、申請出口視聽著作或代工鐳射唱片，應先向本局或各核驗中心申請著作權文件核驗單，出口時，海關將傳輸出口資料予本局，經本局比對相關核驗資料無誤後憑以驗放。

八、著作權文件核驗單自核准日起三個月內有效，但本局另行公告者，不在此限。

前項核驗單不得作為是否取得授權之依據。

九、輸出視聽著作及代工鐳射唱片，經本局或核驗中心發現涉有侵權之虞時，即移送本部光碟聯合查核小組處理，並副知國際貿易局及關稅總局。

十、依本要點所出具或傳輸之各項資料及文件，包括第五點所檢附之授權證明文件及其他文件，如有虛偽不實之情形者，應由申請人自負相關法律責任。

前項資料或文件於申請核准後發現有虛偽不實之情事者，應依法移送司法機關辦理，並副知財政部關稅總局及本部國際貿易局與光碟聯合查核小組。

十一、申請案透過網路傳輸，經電腦紀錄並給予收文號碼後，視為已送達本局。

本局應將網路申請案處理情形經由資訊系統以訊息方式回覆申請人。

十二、網路申辦作業因系統故障致無法進行時，改以一般書面方式辦理，其作業方式由本局另行訂定公告之。

附錄四

著作財產權質權登記及查閱辦法

中華民國九十九年九月二十四日經濟部經智字第09904605970號令訂定發布

第1條

本辦法依文化創意產業發展法（以下簡稱本法）第二十三條第三項規定訂定之。

第2條

申請著作財產權質權設定、讓與、變更、消滅或處分之限制登記者，得由當事人之一方爲之。

申請著作財產權質權讓與、變更、消滅或處分之限制登記者，應於申請質權設定登記後爲之。

第3條

依本法第二十三條第一項申請著作財產權質權登記者，應備具申請書，並檢附下列文件：

一、質權設定登記者，其質權設定契約或其他質權設定證明文件。

二、質權讓與登記者，其讓與契約及原質權設定契約或其他原質權設定證明文件。

三、質權變更登記者，其變更證明文件。

四、質權消滅登記者，其債權清償證明文件、各當事人同意塗銷質權之證明文件、法院確定判決書或依法與法院確定判決有同一效力之證明文件。

五、質權處分之限制登記者，其處分之限制證明文件。

六、其他經著作權專責機關指定之有關證明文件。

著作係首次申請著作財產權質權設定登記者，應繳交著作樣本；著作樣本如因龐大、易損、昂貴或其他特殊情形，確實不便或不能繳交者，得敘明理由，並以該著作之詳細說明書、四面、五面或六面攝影圖說或其他代替物爲之。

第4條

有下列情形之一者，著作權專責機關應通知申請人限期補正：

一、未依規定繳納規費。

二、申請書未經申請人或代理人簽名或蓋章。

三、申請書應載事項未記載或記載不完整或與其證明文件不符。

四、應檢附之文件欠缺。

五、其他得補正之情形。

第5條

有下列情形之一者，著作權專責機關應以書面敘明理由，駁回申請案：

一、申請人非第二條第一項所定之人。

二、申請登記之事項，與本法第二十三條第一項規定不符。

三、遇有利害關係人爭執而其內容涉及私權。

四、申請書記載事項不實。

五、著作權專責機關依前條規定限期補正，申請人屆期未補正或補正仍未齊備。

第6條

著作權專責機關核准登記者，應以書面通知申請人，並於著作權專責機關網站公告之。

著作權專責機關應備置著作財產權質權登記簿，記載核准登記之事由；該登記簿任何人均得申請查閱。

第7條

依本辦法所爲之登記申請，應使用著作權專責機關指定之書表及格式。

申請人提出之文件係外文者，應檢附中文譯本或節譯本。

第8條

本辦法自發布日施行。

第三單元 著作權刑事訴訟

第一節 前言

案例

某甲為「○○影印店」之負責人，其店內置有影印機，專以收費代客影印文件、書籍資料為主要營業項目。

某日，甲受就讀○○大學之學生某乙之委託，以一頁0.5元之代價，影印內含A、B兩篇論文全文之「○○大學○○學系○○學授課講義」。嗣於○○年○○月○○日中午○○時○○分，經內政部警政署保安警察第○總隊第○大隊第○中隊持搜索票搜索其影印店，當場扣得「○○大學○○學系○○學授課講義」影印本共七本，而得知上情。試問：

(1)某甲可能觸犯何罪？

(2)若檢察官起訴某甲，某甲可能之抗辯為何？

隨著網際網路之普及，人們的閱讀方式隨之改變，許多出版物已不是以紙本之方式呈現，電子書、網路上之文章已成爲現代人獲取知識之一大來源，另外，線上音樂也逐漸取代實體音樂光碟之市場，惟在人們生活習慣改變的同時，對於著作權法的認識卻仍然貧乏，很容易忽略到平常在網路上下載檔案資料的習慣性動作，或是將物品放到網路上拍賣的行爲，都可能因爲不瞭解著作權法之相關規定，而誤觸法網。

關於侵害著作權之案件，原則上屬告訴乃論之罪，但如爲著作權法第100條但書所規範者，即犯著作權法第91條第3項與第91條之1第3項之罪者，此即屬非告訴乃論之罪，亦應一併注意。

第二節　法令解說

一、侵害重製權

著作權法第91條第1項至第4項規定：「擅自以重製之方法侵害他人之著作財產權者，處三年以下有期徒刑、拘役或科或併科新臺幣七十五萬元以下罰金。」、「意圖銷售或出租而擅自以重製之方法侵害他人之著作財產權者，處六月以上五年以下有期徒刑，得併科新臺幣二十萬元以上兩百萬元以下罰金。」、「以重製於光碟之方法犯前項之罪者，處六月以上五年以下有期徒刑，得併科新臺幣五十萬元以上五百萬元以下罰金。」、「著作僅供個人參考或合理使用者，不構成著作權侵害。」

而對於是否符合著作權法第91條第4項之合理使用，判斷之標準包括：（一）利用之目的及性質，包括係爲商業目的或非營利教育目的；（二）著作之性質；（三）所利用之質量及其在整個著作所占之比例；（四）利用結果對著作潛在市場與現在價值之影響（著作權法第65條第2項參照）。實務上有認爲，「著作權法第65條第2項第1款所謂『利用之目的及性質，包括係爲商業目的或非營利教育目的』，應以著作權法第一條所規定之立法精神解析其使用目的，而非單純二分爲商業及非營利（或教育目的），以符合著作權之立法宗旨。申言之，如果使用者之使用目的及性質係有助於調和社會公共利益或國家文化發展，則即使其使用目的非屬於教育目的，亦應予以正面之評價；反之，若其使用目的及性質，對於社會公益或國家文化發展毫無助益，即使使用者並未以之作爲營利之手段，亦因該重製行爲並未有利於其他更重要之利益，以致於必須犧牲著作財產權人之利益去容許該重製行爲，而應給予負面之評價。」（最高法院94年度臺上字第7127號刑事判決參照）

另外，「有關合理使用之判斷，不宜單取一項判斷基準，應以人類智識文化資產之公共利益爲核心，以利用著作之類型爲判斷標的，綜合判斷著作利用之型態與內容。易言之，於判斷合理使用之際，理應將所有著作利用之相關情狀整體納入考量，且應將該條項所定之四項基準均一併審酌。其中著作權法第65條第2項第2、3款判斷基準亦輔助第4款判斷基準之認定，此三項判斷基準係屬客觀因素之衡量。而第1款判斷基準則強調利用著作之人之主觀利用目的及利用著作之客觀性質，且有關利用著作性質之判斷，應審究著作權人原始創作目的或是否明示或默示允許他人逕自利用其著作。此外，並應審酌利用結果對於人類智識文化資產之整體影響，以及其他情狀，綜合各判斷基準及主觀因素與客觀因素之衡量。」（智慧財產法院民事判決 98年度民著訴字第8號參照）

二、侵害散布權

依著作權法第91條之1第1項之規定：「擅自以移轉所有權之方法散布著作原件或其重製物而侵害他人之著作財產權者，處三年以下有期徒刑、拘役，或科或併科新臺幣五十萬元以下罰金。」同條第2項規定：「明知係侵害著作財產權之重製物而散布或意圖散布而公開陳列或持有者，處三年以下有期徒刑，得併科新臺幣七萬元以上七十五萬元以下罰金。」另外，同條第3項規定：「犯前項之罪，其重製物爲光碟者，處六月以上三年以下有期徒刑，得併科新臺幣二十萬元以上二百萬元以下罰金。但違反第87條第1項第4款規定輸入之光碟（即未經著作財產權人同意而輸入著作原件或其重製物者），不在此限。」同條第4項亦規定：「犯前二項之罪，經供出其物品來源，因而破獲者，得減輕其刑。」

三、侵害重製權以外之專有權

著作權法第92條規定：「擅自以公開口述、公開播送、公開上映、公開演出、公開傳輸、公開展示、改作、編輯、出租之方法侵害他人之著作財產權者，處三年以下有期徒刑、拘役、或科或併科新臺幣七十五萬元以下罰金」。

四、違反音樂著作強制授權

依據著作權法第69條第1項規定：「錄有音樂著作之銷售用錄音著作發行滿六個月，欲利用該音樂著作錄製其他銷售用錄音著作者，經申請著作權專責機關許可強制授權，並給付使用報酬後，得利用該音樂著作，另行錄製」。另依據著作權法第70條之規定，依第69條規定利用著作者，不得將其錄音著作之重製物銷售至中華民國管轄區域外。否則即屬違反著作權法第70規定，而應負擔刑事責任。

至於違反著作權法第70條規定之法律效果，依著作權法第93條第2款之規定，處二年以下有期徒刑、拘役，或科或併科新臺幣五十萬元以下罰金。

五、視為侵害著作權或製版權

依著作權法第87條第1項之規定，有下列情形之一者，除本法另有規定外，視爲侵害著作權或製版權：

（一）以侵害著作人名譽之方法利用其著作者；

（二）明知爲侵害製版權之物而散布或意圖散布而公開陳列或持有者；

（三）輸入未經著作財產權人或製版權人授權重製之重製物或製版物者；

（四）未經著作財產權人同意而輸入著作原件或其國外合法重製物者；

（五）以侵害電腦程式著作財產權之重製物作爲營業之使用者；

（六）明知爲侵害著作財產權之物而以移轉所有權或出租以外之方式散布者，或明知爲侵害著作財產權之物，意圖散布而公開陳列或持有者；

（七）未經著作財產權人同意或授權，意圖供公眾透過網路公開傳輸或重製他人著作，侵害著作財產權，對公眾提供可公開傳輸或重製著作之電腦程式或其技術，而受有利益者。

另外，著作權法第87條第2項亦規定，第87條第1項第7款之行爲人，採取廣告或其他積極措施，教唆、誘使、煽惑、說服公眾利用電腦程式或其他技術侵害著作財產權者，爲具備該款之意圖。實務上有見解認爲，「明知爲侵害著作權之物，單純以陳列或持有之行爲，並不能視爲侵害著作權，尚須其陳列或持有，具有散布之意圖，始能成立。」（最高法院89年度台上字第3370號判決參照）

再者，依著作權法第100條之規定，本章之罪，須告訴乃論。但犯第91條第3項及第91條之1第3項之罪，不在此限。詳言之，違反著作權法之犯罪，原則上屬告訴乃論之罪，若無被害人追訴，法院係不告不理；惟若係利用光碟犯著作權法第91條第3項之罪或第91條之1第3項之罪，即使無人提起告訴，檢察官仍應偵辦。本條之立法理由在於，隨著科技之進步，盜版品之製造已從單一或少量演進成在短時間內即可製造數以萬計之侵權產品，盜錄、盜拷與散布盜版光碟之行爲，以成本低廉之方法獲取不法暴利，破壞經濟秩序與交易安全，更危及著作權相關之產業。此類犯罪行爲已從過去單純侵害個人法益之性質，轉化爲損害國家、社會法益之性質，故不宜再將其列爲告訴乃論之範圍，而應由國家主動追訴。再者，將犯第91條第3項以及第91條之1第3項等侵害著作權較嚴重之行爲，納入非告訴乃論之範圍，亦希望藉此有效遏止侵害著作權之犯罪行爲。

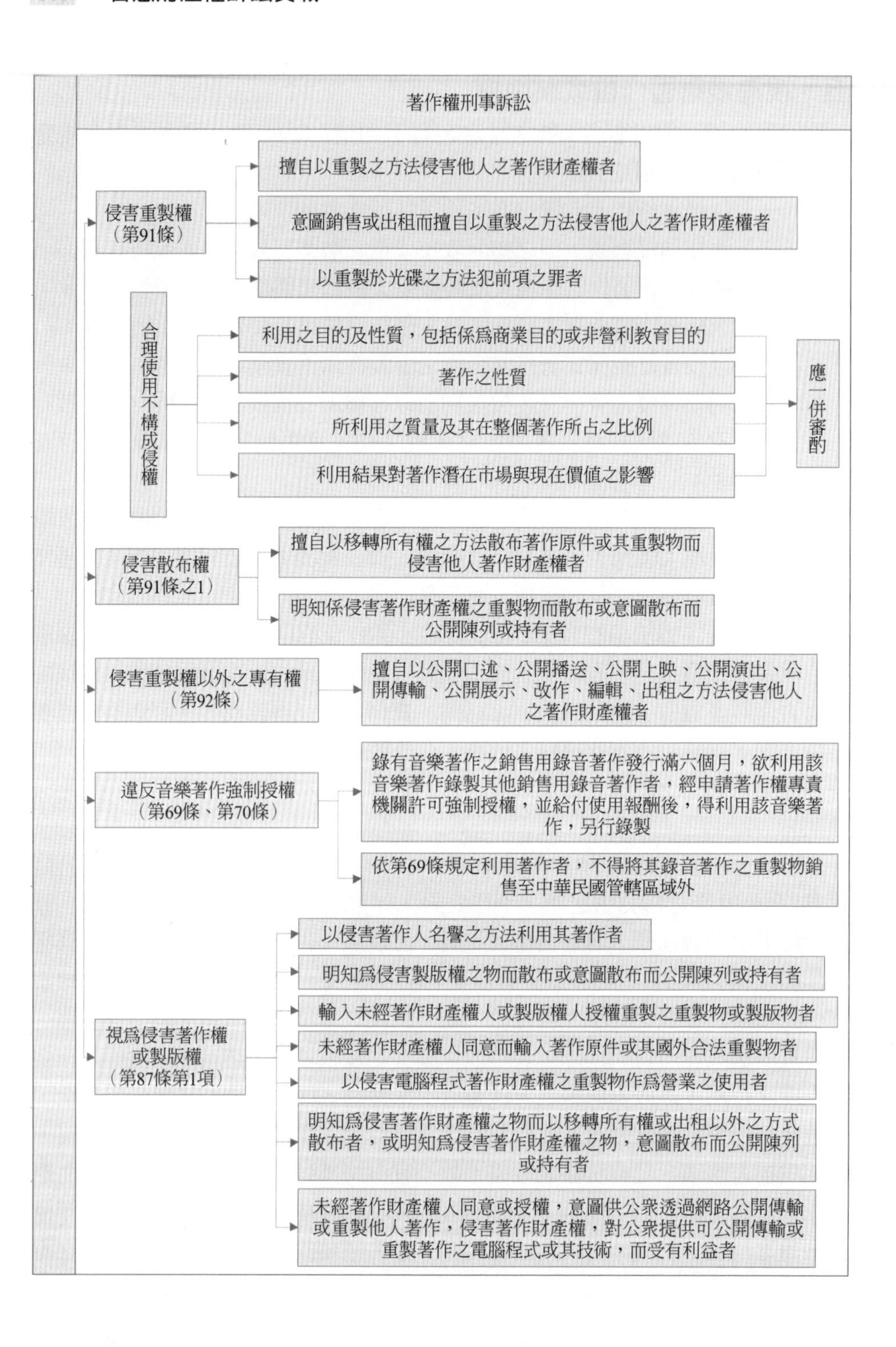

著作權刑事訴訟
侵害重製權（第91條）
擅自以重製之方法侵害他人之著作財產權者
意圖銷售或出租而擅自以重製之方法侵害他人之著作財產權者
以重製於光碟之方法犯前項之罪者
合理使用不構成侵權
利用之目的及性質，包括係爲商業目的或非營利教育目的
著作之性質
所利用之質量及其在整個著作所占之比例
利用結果對著作潛在市場與現在價值之影響
應一併審酌
侵害散布權（第91條之1）
擅自以移轉所有權之方法散布著作原件或其重製物而侵害他人著作財產權者
明知係侵害著作財產權之重製物而散布或意圖散布而公開陳列或持有者
侵害重製權以外之專有權（第92條）
擅自以公開口述、公開播送、公開上映、公開演出、公開傳輸、公開展示、改作、編輯、出租之方法侵害他人之著作財產權者
違反音樂著作強制授權（第69條、第70條）
錄有音樂著作之銷售用錄音著作發行滿六個月，欲利用該音樂著作錄製其他銷售用錄音著作者，經申請著作權專責機關許可強制授權，並給付使用報酬後，得利用該音樂著作，另行錄製
依第69條規定利用著作者，不得將其錄音著作之重製物銷售至中華民國管轄區域外
視爲侵害著作權或製版權（第87條第1項）
以侵害著作人名譽之方法利用其著作者
明知爲侵害製版權之物而散布或意圖散布而公開陳列或持有者
輸入未經著作財產權人或製版權人授權重製之重製物或製版物者
未經著作財產權人同意而輸入著作原件或其國外合法重製物者
以侵害電腦程式著作財產權之重製物作爲營業之使用者
明知爲侵害著作財產權之物而以移轉所有權或出租以外之方式散布者，或明知爲侵害著作財產權之物，意圖散布而公開陳列或持有者
未經著作財產權人同意或授權，意圖供公眾透過網路公開傳輸或重製他人著作，侵害著作財產權，對公眾提供可公開傳輸或重製著作之電腦程式或其技術，而受有利益者

相關法條

著作權法第87條

有下列情形之一者，除本法另有規定外，視為侵害著作權或製版權：

一、以侵害著作人名譽之方法利用其著作者。

二、明知為侵害製版權之物而散布或意圖散布而公開陳列或持有者。

三、輸入未經著作財產權人或製版權人授權重製之重製物或製版物者。

四、未經著作財產權人同意而輸入著作原件或其國外合法重製物者。

五、以侵害電腦程式著作財產權之重製物作為營業之使用者。

六、明知為侵害著作財產權之物而以移轉所有權或出租以外之方式散布者，或明知為侵害著作財產權之物，意圖散布而公開陳列或持有者。

七、未經著作財產權人同意或授權，意圖供公眾透過網路公開傳輸或重製他人著作，侵害著作財產權，對公眾提供可公開傳輸或重製著作之電腦程式或其他技術，而受有利益者。

前項第七款之行為人，採取廣告或其他積極措施，教唆、誘使、煽惑、說服公眾利用電腦程式或其他技術侵害著作財產權者，為具備該款之意圖。

著作權法第91條

擅自以重製之方法侵害他人之著作財產權者，處三年以下有期徒刑、拘役，或科或併科新臺幣七十五萬元以下罰金。

意圖銷售或出租而擅自以重製之方法侵害他人之著作財產權者，處六月以上五年以下有期徒刑，得併科新臺幣二十萬元以上二百萬元以下罰金。

以重製於光碟之方法犯前項之罪者，處六月以上五年以下有期徒刑，得併科新臺幣五十萬元以上五百萬元以下罰金。

著作僅供個人參考或合理使用者，不構成著作權侵害。

著作權法第91條之1

擅自以移轉所有權之方法散布著作原件或其重製物而侵害他人之著作財產權者，處三年以下有期徒刑、拘役，或科或併科新臺幣五十萬元以下罰金。

明知係侵害著作財產權之重製物而散布或意圖散布而公開陳列或持有者，處三年以下有期徒刑，得併科新臺幣七萬元以上七十五萬元以下罰金。

犯前項之罪，其重製物為光碟者，處六月以上三年以下有期徒刑，得併科新臺幣二十萬元以上二百萬元以下罰金。但違反第八十七條第四款規定輸入之光碟，不在此限。

犯前二項之罪，經供出其物品來源，因而破獲者，得減輕其刑。

著作權法第92條

擅自以公開口述、公開播送、公開上映、公開演出、公開傳輸、公開展示、改作、編輯、出租之方法侵害他人之著作財產權者，處三年以下有期徒刑、拘役、或科或併科新臺幣七十五萬元以下罰金。

著作權法第100條

本章之罪，須告訴乃論。但犯第九十一條第三項及第九十一條之一第三項之罪，不在此限。

案例解析

(1)某甲替某乙影印——包含A、B兩篇論文全文之「○○大學○○學系○○學授課講義」之行為可能觸犯著作權法第91條第1項之擅自以重製之方法侵害他人之著作財產權。

(2)若某甲遭檢察官起訴，某甲可主張其行為係屬著作權法第65條所稱之「合理使用」，詳細主張可參以下書狀說明。

第三節 必備書狀及撰寫要旨

刑事案件進行流程（判決有罪之情形）

- 著作權人向管轄地方法院提起告訴
- 檢察官進行偵查
- 檢察官提起公訴
- 地方法院刑事庭進行證據調查、言詞辯論、審判程序
- 地方法院爲有罪判決
- 不服地方法院有罪判決向智慧財產法院提起上訴
- 智慧財產法院進行上訴審
- 智慧財產法院爲有罪判決

依據前述案例，本節提供原告所應撰擬之提起告訴之書狀，以及被告之答辯書狀之撰寫要旨及範例：

一、著作權人告訴狀

著作權侵權刑事案件，著作權人得向檢察官提起告訴，告訴狀中，應記載告訴意旨、著作權創作證明、侵權產品及侵權行爲之人、事、時、地、物等，以及相關證據以及請求調查證據之事項。（詳參第三章第四單元有關刑事告訴狀之撰寫要旨）

二、被告答辯狀

著作權侵權刑事訴訟之被告答辯狀，應載明答辯理由及其證據、對於公訴檢察官公訴意旨否認之事項等。（詳參第三章第四單元有關刑事訴訟答辯狀之撰寫要旨）

第四節　書狀範例

範例一：告訴狀

<table>
<tr><td colspan="4">刑事告訴狀</td></tr>
<tr><td>案　　號</td><td colspan="2">年度　　字第　　號</td><td>承辦股別</td></tr>
<tr><td>案　　由</td><td colspan="3">著作權法</td></tr>
<tr><td>稱　　謂</td><td>姓名或名稱</td><td colspan="2">依序填寫：國民身分證統一編號或營利事業統一編號、性別、出生年月日、職業、住居所、就業處所、公務所、事務所或營業所、郵遞區號、電話、傳真、電子郵件位址、指定送達代收人及其送達處所。</td></tr>
<tr><td>告 訴 人</td><td>丙</td><td colspan="2">住台北市○○區○○路○○號○○樓
送達代收人：○○○律師</td></tr>
<tr><td>告訴代理人</td><td>○○○律師</td><td colspan="2">○○法律事務所
○○市○○路○○號○○樓
電話：○○-○○○○○○○○</td></tr>
</table>

被　　告	甲	住台北市○○區○○路○○號○○樓

為侵害著作權案件，依法提出告訴：

一、犯罪事實與證據

（一）告訴人為「○○○○○○」及「○○○○○○○○」二篇文章之著作權人：

1. 按「著作人於著作完成時享有著作權」，此為著作權法第10條本文所明訂。
2. 「○○○○○○」文章係告訴人於民國○○年○○月○○日完成，並於○○年○○月○○日刊登於「○○期刊」西元○○○○年第○○冊第○○期第○○頁至第○○頁，此參告證1號即明。
3. 「○○○○○○○○」文章係告訴人於民國○○年○○月○○日完成，並於○○年○○月○○日刊登於「○○期刊」西元○○○○年第○○冊第○○期第○○頁至第○○頁，此參告證2號即明。
4. 是以，依著作權法第10條本文之規定，告訴人於民國○○年○○月○○日、○○年○○月○○日即已取得「○○○○○○」及「○○○○○○○○」二篇文章之著作權。

（二）告訴人於○○年○○月○○日，於台北市○○路○○號○○被告所開設之影印店發現「○○大學○○學系○○年度○○○○課程授課講義」（告證3號參照），其中第○○頁至第○○頁之內容，與告訴人上開二篇文章之內容完全相同，故被告將告訴人上開兩篇文章重製為「○○大學○○學系○○年度○○○○課程授課講義」之行為，當已侵害告訴人之著作權。

（三）被告或謂該授課講義係合法利用告訴人之著作云云，惟查：

1. 由告證3號內容可知，被告所影印販售之授課講義內容僅○○頁，其中自第○○頁至第○○頁之內容，均與告訴人上開二篇文章之全文內容完全相同，是以，自利用比例觀之，該授課講義內容有百分之九十均與告訴人上開文章內容相同，當非屬合理使用之範圍。
2. 再者，該授課講義置於被告所開設之○○影印店販售，然至○○影印店之消費者當不限於○○大學○○學系本學期修習該課程之學生，當告訴人向被告表示欲購買該授課講義時，被告亦未表示「該講義僅售予○○大學○○學系本學期修習該課程之學生」，即將該

<table>
<tr><td colspan="2">授課講義售予告訴人（告證4號），是以，被告顯係以營利為目的，以重製之方法侵害告訴人之著作財產權。
二、是以，被告之行為顯已違反著作權法第91條第1項及同條第2項之規定，且其違反著作權法之犯行已臻明確，爰此狀請依法偵查，並請依法搜索以蒐集並保全被告侵害告訴人著作權之證據，俾免告訴人權益受損，並依法迅予偵結起訴，以儆不法，實感德便。

謹狀
保護智慧財產權警察大隊第一中隊台北分隊　轉呈
臺灣台北地方法院檢察署　公鑒</td></tr>
<tr><td>證物名稱及件數</td><td>附件：委任狀正本
告證1號：「○○期刊」西元○○○○年第○○冊第○○期第○○頁至第○○頁影本。
告證2號：「○○期刊」西元○○○○年第○○冊第○○期第○○頁至第○○頁影本。
告證3號：「○○大學○○學系○○年度○○○○課程授課講義」影本。
告證4號：○○影印店所出具之統一發票影本。</td></tr>
<tr><td colspan="2">中　華　民　國　○　○　年　○　○　月　○　○　日</td></tr>
<tr><td colspan="2">具狀人：丙</td></tr>
<tr><td colspan="2">撰狀人：訴訟代理人○○○律師</td></tr>
</table>

範例二：被告答辯狀

<table>
<tr><td colspan="5">被告答辯狀</td></tr>
<tr><td>案　號</td><td colspan="2">年度　　字第　　號</td><td>承辦股別</td><td></td></tr>
<tr><td>稱　謂</td><td>姓名或名稱</td><td colspan="3">依序填寫：國民身分證統一編號或營利事業統一編號、性別、出生年月日、職業、住居所、就業處所、公務所、事務所或營業所、郵遞區號、電話、傳真、電子郵件位址、指定送達代收人及其送達處所。</td></tr>
<tr><td>被　告</td><td>甲</td><td colspan="3">設台北市○○區○○路○○號○○樓
送達代收人：○○○律師</td></tr>
</table>

<table>
<tr><td>訴訟代理人</td><td>○○○律師</td><td>○○法律事務所
○○市○○路○○號○○樓
電話：○○-○○○○○○○○○</td></tr>
<tr><td colspan="3">為被訴著作權侵權案件，提出答辯理由：
一、被告涉嫌著作權侵權案件，正由　鈞院以○○年度○○字第○○○號審理中。因公訴人所指被告犯罪情形與事實不符，謹提出答辯如次，請　鈞院明察，以諭知無罪之判決。
二、被訴違反著作權法第91條第1項部分之答辯：被告之行為符合著作權法第65條第2項所稱之合理使用，依同條第1項之規定，自不構成著作財產權之侵害：
（一）系爭講義既已開宗明義載明為○○大學○○學系○○年度教學計劃使用，足認該講義係為學校授課需要所製作。而告訴人所有上開A、B二篇論文於三百頁之「○○大學○○學系○○學講義」中僅佔有二十頁，比例甚低，且各該論文所編輯之位置，均在各講師所製作講義內容之後，顯係供學生研究、參考所用，而非為商業目的。依著作權法第65條第2項第1款之規定，自屬合理使用之範圍，並無構成著作財產權之侵害。
（二）又系爭講義除該校所屬科系之學生上課使用外，對他人而言並無使用價值，且扣案數量僅有七本，依市場交易經驗判斷，該講義因屬學生教學目的不具市場流通性，致無法產生市場替代性，對原著作之市場價值並無影響。依著作權法第65條第2項第4款之規定，自屬合理使用之範圍，並無構成著作財產權之侵害。
（三）況本件告訴人於本院審理時自承系爭二篇論文並無單獨發行，僅係分別依附於「○○期刊」西元○○○○年第○○冊第○○期及「○○○○期刊」西元○○○○年第○○冊第○○期中，而上開期刊除上開論文之外，另有其他多篇論文，是以，就市場之替代性而言，益證被告所受託影印之系爭二篇文章無法影響告訴人系爭文章之經濟市場。蓋對於上開期刊有需求者，自會購買上開期刊以供閱讀，不致因系爭二篇論文被影印而減損購買之慾望。反之，倘○○大學學生因上課需求，僅對於上開期刊中之各一篇文章有參考或閱讀之必要，即需購買整本期刊，對學生教學目的而言，反係構成不當之資訊取得障礙，亦</td></tr>
</table>

<table>
<tr><td colspan="13">構成沉重之教育負擔，此與著作權法立法之目的顯然相違。況吾人基於日常求知所需，亦常至圖書館影印所需文章，倘其數量不多，對於所影印之期刊書籍市場無任何影響，均屬合理使用範圍，不宜動輒以違反著作權法罪相繩。是告訴人主張被告影印系爭二篇文章，已對上開期刊造成市場替代性云云，似指該等期刊因此二篇文章遭影印，已無任何價值可言，其不當之處，不言可喻。
（四）綜上，被告代客影印之部分，因委託影印者委託影印之範圍，合於著作權法所規定之合理使用，且屬教學目的，影印之文章縱使為全篇內容，惟對於論文所依附之期刊其銷售市場並無任何影響，不致產生替代性，從而被告所為亦不構成著作財產權之侵害。是以，　鈞院即應為無罪判決之諭知。
三、綜上所述，本件被告並無公訴人所指之犯行，懇請　鈞院諭知無罪判決，以維法紀，實為德感。

謹狀
台灣台北地方法院　公鑒</td></tr>
<tr><td>證物名稱
及件數</td><td colspan="12">附件：委任狀正本。</td></tr>
<tr><td>中</td><td>華</td><td>民</td><td>國</td><td>○</td><td>○</td><td>年</td><td>○</td><td>○</td><td>月</td><td>○</td><td>○</td><td>日</td></tr>
<tr><td colspan="13" align="right">具狀人：甲</td></tr>
<tr><td colspan="13" align="right">撰狀人：訴訟代理人○○○律師</td></tr>
</table>

第五節　實務判解

．主觀上應有「故意」，始足構成犯罪

1. 台灣高等法院97年度上字第953號判決

意圖銷售或出租而擅自以重製之方法侵害他人之著作財產權者，處六月以上五年以下有期徒刑，得併科新臺幣二十萬元以上二百萬元以下罰金，著作權法第九十一條第二項定有明文；又法人之代表人、法人或自然人之代理人、受

雇人或其他從業人員，因執行業務，犯第九十一條至第九十三條、第九十五條至第九十六條之一之罪者，除依各該條規定處罰其行爲人外，對該法人或自然人亦科各該條之罰金，同法第一百零一條第一項亦有明定。是犯著作權法第九十二條之重製罪，須主觀上有銷售或出租之意圖而擅自以重製之方法侵害他人之著作財產權，始足當之。易言之，本條之罪須出於「故意」犯罪，若係過失，除須負民事侵權行爲損害賠償責任外，要難以刑事罪責相繩。

2.　台灣高等法院96年度重上更（四）字第6號判決

著作權法第八十七條第二款「明知爲侵害著作權或製版權之物而散布或意圖散而陳列或持有或意圖營利而交付者。」規定甚明。而所謂「明知」者，係指直接故意而言，若行爲人僅爲間接故意或過失，尙難繩以前揭之罪（最高法院四十六年台上字第三七七號判例參照）。又按刑法關於犯罪之故意，係採希望主義，不但直接故意，須犯人對於構成犯罪之事實具備明知及有意使其發生之兩個要件，即間接故意，亦須犯人對於構成犯罪之事實預見其發生，且其發生不違背犯人本意始成立，若對於構成犯罪之事實，雖預見其能發生，而在犯人主觀上確信其不致發生者，仍應以過失論（最高法院二十二上字第四二二九號判例參照）

3.　臺灣高等法院95年度上易字第2602號判決

另若違反著作權法第87條第6款規定，而犯著作權法第93條第3款之罪者，因著作權法第87條第6款明定，以「明知爲侵害著作財產權之物而以移轉所有權或出租以外之方式散布者，或明知爲侵害著作財產權之物，意圖散布而公開陳列或持有者。」爲構成要件，準此可知該罪係故意犯，且係直接故意犯，因此惟有證明被告確存「明知」之犯意，始能論以該罪，否則自無論以該罪之餘地。

4.　臺灣高等法院95年度上訴字第4662號判決

按著作權法第91條之1第3項、第2項規定明知係侵害著作財產權之光碟重製物而散布罪之構成要件，除客觀上行爲人有散布或意圖散布而公開陳列、持有重製光碟之行爲外，其在主觀上須明知所散布或意圖散布而公開陳列、持有之光碟係侵害他人著作財產權之重製物；而此所謂明知，係指直接故意而言，若爲間接故意，或其不知出於過失者，均難以該罪相繩。又按犯罪事實應依證據認定之，無證據不得認定犯罪事實；又不能證明被告犯罪者，即應諭知無罪之判決，刑事訴訟法第154條第2項、第301條第1項分別定有明文。又認定犯罪事實所憑之證據，無論直接或間接證據，其為訴訟上之證明，須於通常一般之人均不致有所懷疑，而得確信其為眞實之程度者，始得據為有罪之認定，倘其證明尚未達到此一程度，而有合理之懷疑存在時，事實審法院復已就其心證上理由予以闡述，敘明其如何無從為有罪之確信，因而為無罪之判決，尚不得任意指為違法，最高法院76年度台上字第4986號判例可資參照。

5. 智慧財產法院98年度刑智上更（一）字第18號判決

被告因基於合約之解釋，憑信被告擁有系爭軟體之授權，縱於告訴人查扣當時有使用到告訴人公司之系爭軟體。凡此，亦難認被告有以重製之故意，所為顯與著作權法相關罰責係以處罰故意犯之規定不侔。被告既屬得有授權使用系爭軟體，依約僅應將軟體使用費給付告訴人公司而已，其縱因發生爭訟而延宕未給付，但此純屬民事糾紛，亦與著作權法第91條第2項之重製罪之要件不符，自難以該罪責相繩。

・判斷著作權侵害之要件

臺灣高等法院96年度重上更（四）字第239號判決

按判斷著作權侵害之要件有二，一為被告是否曾接觸（access）著作權人之著作，二為被告之著作與著作權人之著作否實質相似（substantial similarity）；而所謂之「接觸」，並不以證明被告有實際接觸著作權人之著作為限，凡依社會通常情況，被告應有合理之機會或合理之可能性閱讀或聽聞著作權人之著作，即足當之。

・有無侵害著作權之判斷

1. 臺灣高等法院97年度上易字第1609號判決

按電腦硬體本身並無法執行任何工作，必須另外安裝電腦軟體始得為之，而電腦軟體為受著作權法第5條第1項第10款明文保護之著作物，已如前述，故電腦使用者應另行付費購買各種軟體使用，方能符合著作權法之規定。被告甲○○為求降低營業成本，未經告訴人微軟公司、奧多比公司之授權，即擅自將電腦軟體重製於恩禧策略傳播公司電腦硬碟內供營業使用，核其所為，係犯著作權法第91條第1項之擅自以重製之方法侵害他人之著作財產權罪，及同法第93條第3款之以第87條第1項第5款方法（以侵害電腦程式著作財產權之重製物作為營業之使用）侵害他人之著作權罪。

2. 智慧財產法院102年度刑智上易字第89號判決

按著作係指屬於文學、科學、藝術或其他學術範圍之創作，著作權法第3條第1項第1款定有明文。所稱之「創作」須具原創性，即須具原始性及創作性，亦即須足以表現出創作者之思想或情感，著作權法始予以保護。又按攝影著作係以著作者藉由主題之選擇、構圖、角度、光線、速度等有所選擇或調整，以攝影機對實物拍攝之具原創性之人類思想與感情之創作（最高法院96年度臺上字第772號判決意旨參照）。攝影著作有極大程度係依賴機械之作用及技術之操作，在製作時需決定主題，並對被攝影之對象、構圖、角度、光量、速度進行選擇及調整，有時尚須進行底片修改，因此，對被攝影像之選擇、觀景窗之選景、光線之抉取、焦距之調整、快門之掌控、影深之判斷或其他技術等攝影行為有原創性，方能符合著作權法上所稱之著作而加以保護（最高法院97年度臺上字第6410號判決意旨參照）。又因著作權法精神在於保護具原創性之著作，故攝影著作，應認係指由主題之選擇，光影之處理、修飾、組合或其他藝術上之賦形方法，以攝影機產生之著作，始受保護。通常一般以攝影機對實物拍攝之照片，尚難認係著作權法所指著作（最高法院98年度臺上字第1198號判決意旨參照）。

3. 智慧財產法院102年度刑智上易字第86號判決

依著作權法第92條規定，以公開傳輸方式侵害著作權罪之成立，以行為人具有故意為其構成要件。所謂故意者，係指行為人主觀上必須對於客觀不法構成要件所描述之行為主體、行為客體、行為、行為時特別情狀、行為結果等事項，均有所認識，始可謂具備認知要素；進而具有實現不法構成要件之全部客觀行為情狀之決意，始具故意之決意要素，是行為人應兼具認知及決意要素，自可認為具有犯罪之故意。參諸著作權法第92條之擅自以公開傳輸方法侵害他人著作財產權罪，以行為人有公開傳輸之行為構成客觀要件。倘行為人未以公開傳輸方法向現場公眾傳達著作內容，其與擅自以公開傳播方法侵害他人著作權罪之構成要件有間，即不能以該項罪責論斷。

再依著作權法規定，「公開傳輸」是指以有線電、無線電之網路或其他通訊方法，藉聲音或影像向公眾提供或傳達著作內容，包括使公眾得於其各自選定之時間或地點，以上述方法接收著作內容。又所謂「向公眾提供」，不以利用人有實際上之傳輸或接收之行為為必要，只要處於可得傳輸或接收之狀態，就構成「向公眾提供」，如僅係將他人網站之網址轉貼於網頁上，藉由網站連結之方式，使其他人可透過該網站進入其他網站之行為，因未涉及「公開傳輸」他人著作，原則上不致於造成對他人公開傳輸權之侵害。經查被告於其部落格僅係提供系爭著作連結之網路連結網址，其部落格網站內並非直接公開提供視聽著作，或相關著作內容，揆諸前揭著作權法所規定「公開傳輸」之解釋，被告之行為並不該當「公開傳輸」之要件。

・合理使用之判斷

1.　最高法院94年度臺上字第7127號判決

著作權法第65條第2項第1款所謂「利用之目的及性質，包括係為商業目的或非營利教育目的」，應以著作權法第一條所規定之立法精神解析其使用目的，而非單純二分為商業及非營利（或教育目的），以符合著作權之立法宗旨。申言之，如果使用者之使用目的及性質係有助於調和社會公共利益或國家文化發展，則即使其使用目的非屬於教育目的，亦應予以正面之評價；反之，若其使用目的及性質，對於社會公益或國家文化發展毫無助益，即使使用者並未以之作為營利之手段，亦因該重製行為並未有利於其他更重要之利益，以致於必須犧牲著作財產權人之利益去容許該重製行為，而應給予負面之評價。

2.　智慧財產法院98年度民著訴字第8號判決

有關合理使用之判斷，不宜單取一項判斷基準，應以人類智識文化資產之公共利益為核心，以利用著作之類型為判斷標的，綜合判斷著作利用之型態與內容。易言之，於判斷合理使用之際，理應將所有著作利用之相關情狀整體納入考量，且應將該條項所定之四項基準均一併審酌。其中著作權法第65條第2項第2、3款判斷基準亦輔助第4款判斷基準之認定，此三項判斷基準係屬客觀因素之衡量。而第1款判斷基準則強調利用著作之人之主觀利用目的及利用著作之客觀性質，且有關利用著作性質之判斷，應審究著作權人原始創作目的或是否明示或默示允許他人逕自利用其著作。此外，並應審酌利用結果對於人類智識文化資產之整體影響，以及其他情狀，綜合各判斷基準及主觀因素與客觀因素之衡量。

3. 臺灣高等法院96年度上訴字第3840號判決

按著作之合理使用，不構成著作財產權之侵害。著作之利用是否合於著作權法第44條至第63條規定或其他合理使用之情形，應審酌一切情狀，尤應注意利用之目的及性質，包括係爲商業目的或非營利之教育目的、著作之性質、所利用之質量及其在整個著作所占之比例、利用結果對著作潛在市場與現在價值之影響等事項，以爲判斷之基準，同法第65條第1項、第2項，定有明文。被告引用「科技紫微網」上之語文著作，成爲「斗數思過崖」一書之部分內容，而該書係以有償方式發行銷售予一般不特定之消費者，顯係供商業用途，而非以無償供人閱覽之方式流通，至被告獲取之版稅多寡，僅係該書是否暢銷以及被告與出版商洽談約定之問題，無礙於該書係供販售目的之認定。

4. 臺灣高等法院96年度上易字第740號判決

本案被告存放非法重製檔案之4ting主機放置於大陸地區，被告雖主張依大陸地區著作權法之規定，以介紹、評論爲目的提供rm格式音樂檔案供人試聽係屬合理使用云云，然查：

被告除將音樂檔案存放於上開4ting主機外，「琉璃仙境」的入口網頁所在主機位於臺灣地區、歌曲、專輯介紹網頁所在主機主要亦位在臺灣地區，被告亦係在臺灣之住處透過網際網路爲本案所有犯行，該網站所訴求之對象爲臺灣地區之網友，所招攬之廣告更係以臺灣地區爲市場之廠商，是就本件被告整體行爲流程觀之，其犯罪之部分行爲地、結果地均位在臺灣地區，僅係其中一部分行爲透過放置在大陸地區之主機完成而已，自仍應遵守我國法律，不能以未違反大陸地區法律爲由而得認不須遵守我國法律。

就合理使用而言，被告雖稱其係爲介紹評論歌曲，而供網友下載試聽以作爲購買參考云云，然細觀被告所稱之介紹評論，無非係類似唱片公司之行銷宣傳用語（參見偵查卷第113至126頁），不見有何關於個人試聽感想之介紹或評論，而其所謂之試聽，更係整張專輯、整首歌完完整整地供人線上聆聽及下載，與一般在網路上歌曲試聽係以部分歌曲，且多有試聽長度之限制不同（如僅能試聽歌曲前一分鐘等），此種大規模將歌手專輯全部翻拷重製於網路上模式，顯然已逾越合理使用之範圍甚明。且就較不在乎音質之聽眾而言，若能透過被告之「琉璃仙境」網站隨時免費線上聆聽，或下載後在自己電腦中隨時聆聽上開音樂檔案，除非甚爲鍾愛之曲目或歌手，自已無再購買正版音樂之需求，亦已造成告訴人公司合理利潤之嚴重損失，是被告辯稱上開rm格式之音樂檔案與正版歌曲不具取代性，僅供試聽將不會造成告訴人公司損失云云，當非足採。

5. 智慧財產法院102年度刑智上易字第82號判決

著作權法固賦予著作人各種權利，保障私益，然爲促進國家文化發展，乃規定合理使用制度，以調和私益與公益，故對著作權人所享之著作權，予以一定限制。準此，著作之合理使用，係使用者依法享有利用他人著作權之權利，不構成著作財產權之侵害，係著作權侵害之違法阻卻事由。法院應就著作權法第65條第2項第1款至第4款事由，逐一審酌以判定是否合於著作之合理使用（參照最高法院92年度臺上字第4911號、93年度臺上字第2176號、94年度臺上字第7127號、96年度臺上字第3685號刑事判決）。經查：

(1) 被告爲商業目的之利用

著作利用目的與性質，包括係爲商業目的或非營利教育目的，參諸著作權法第65條第2項第1款自明。非營利性之教育目的，其與具有商業目的之利用相比，較容易成立合理使用。或者無生產力之使用，亦較有生產力之使用，易成立合理使用。所謂商業目的，並非以獲取利潤爲必要，雖非以出售爲目的，然如可減免購買之花費者，亦屬以商業爲目的。被告重製專案管理系統之行爲，雖未出售牟利，其可減免購買電腦程式之花費者，自屬商業目的之利用。

(2) 本案專案管理系統爲高度專業性與技術性之著作

就著作權法第65條第2項第2款所稱之著作性質而言，創作性越高之著作應給予較高度之保護，故他人主張對該著作之合理使用之機會越低。本案專案管理系統爲電腦程式著作，其與他著作相較，具有高度之專業性與技術性，專案管理系統應賦予較高之保護，故被告主張該著作之合理使用之機會則較低。

(3) 被告重製全部專案管理系統

著作權合理範圍內，應同時考慮量與質之利用，著作權法第65條第2項第3款定有明文。被告重製全部專案管理系統，利用之質與量均爲著作全部，難謂屬合理之範圍。

(4) 利用結果影響市場之價值

法院考慮著作權法第65條第2項第4款之利用結果對著作潛在市場與現在價值之影響，除考量使用人之使用對現在市場之經濟損失外，亦應參酌對市場未來之潛在市場影響，被告利用專案管理系統結果，顯然影響著作潛在市場與現在價值者，其不成立合理使用。

第五章　其他與智慧財產權有關之訴訟

第一單元　營業秘密訴訟

第一節　前言

案例

乙於A公司擔任顧問師一職，因工作表現優異遂經升遷至擔任A公司之主管，A公司為栽培其員工，遂由A公司出資，讓乙參與進修課程，並取得經國際認證○○顧問師之資格，其後A公司指派乙承接A公司「對B公司之系統輔導工作」，惟乙於任職○年後離職，並於離職一個月後即至B公司擔任顧問工作（工作內容與其在A公司時相同）。惟乙與A公司所簽訂之員工任用同意書第9條後段有約定「乙方同意自離職日起算兩年內，非經A公司書面同意，不得至與A公司簽約，由乙方負責輔導之企業任職」。

1. A公司主張：乙至B公司擔任顧問，並將A公司之客戶資料攜至B公司，使A公司承接之輔導案件數量下降，並使B公司無需向A公司請求輔導協助，造成A公司之損失，有違乙與A公司所簽定之競業禁止約款之約定，遂向乙請求賠償100萬元之懲罰性違約金，A公司之主張有無理由？
2. 若乙至B公司並非擔任顧問一職，上題之結果有無不同？

我國於民國85年1月17日制定營業秘密保護法，作爲營業秘密之保護規範。「營業秘密法」係爲了維持產業倫理與競爭秩序、鼓勵產業研發創新、以及調和社會公共利益而制訂之法律。

自從營業秘密法頒布之後，有關營業秘密之意義、營業秘密之歸屬、侵害營業秘密之態樣與責任等，均有了明文的法律規範。而目前業界通常都會於員工進入該公司時，使其簽署有關營業秘密之保密條款，以保護公司之營業秘密。然而，該營業秘密保密條款效力爲何、相關競業禁止之約定是否合理，以及如何運用營業秘密法之相關規定，對公司企業之無形資產加以保護，都是值得探討之問題。

近年來，產業界陸續發生幾件離職員工盜用或外洩原任職公司營業秘密以及以不法手段竊取臺灣產業營業秘密之嚴重案件，不但侵害產業重要研發成果，更嚴重影響產業之公平競爭。此外，來自其他第三國之經濟間諜案件亦時有所聞，這些不法竊取營業秘密之行爲已經重挫臺灣產業之國際競爭力，戕害產業創新之果實，乃至可能威脅臺灣之國家安全。揆諸現行法制已不足有效解決相關侵害與爭議，故於102年1月30日修正新增第13條之1至第13條之4之規定。

第二節　法令解說

一、營業秘密之要件

依據營業秘密法第2條之規定，本法所稱營業秘密，係指方法、技術、製程、配方、程式、設計或其他可用於生產、銷售或經營之資訊，而符合下列要件者：

（一）非一般涉及該類資訊之人所知者。

（二）因其秘密性而具有實際或潛在之經濟價值者。

（三）所有人已採取合理之保密措施者。

故符合上述三要件之方法、技術、製程、配方、程式、設計或其他可用於生產、銷售或經營之資訊，即屬營業秘密法所稱之營業秘密。詳言之，營業秘密法第2條中所提及之三要件即爲：

（一）秘密性

秘密性係指該資訊僅有少數人，於特定之情況下才有機會接觸與瞭解，非於一般情況下可自由接觸或取得者。

（二）價值性

即該秘密需具有相當之經濟價值，該經濟價值無論係實際經濟價值或潛在之經濟價值均屬之。

（三）採取合理之保密措施

指營業秘密所有人於客觀上已採取一定之行爲，使他人得以瞭解其有將該資訊作爲營業秘密加以保護之意，且不同之營業秘密所應採取之保密措施均有不同。

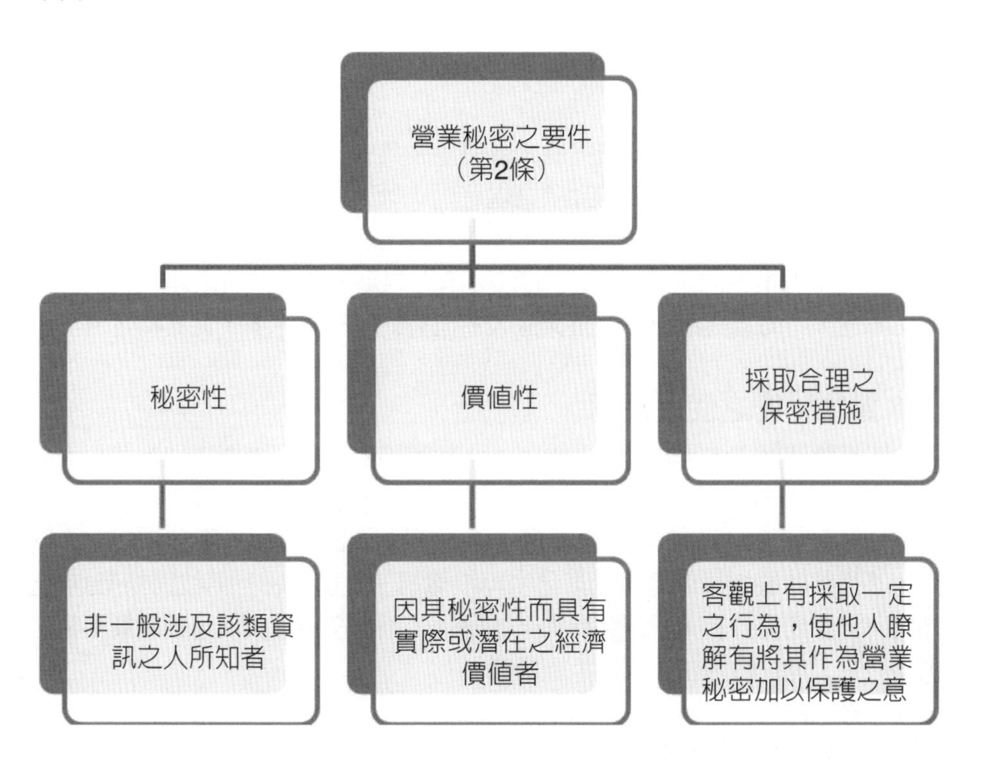

二、營業秘密之歸屬

（一）職務關係營業秘密之歸屬

依據營業秘密法第3條第1項之規定：「受雇人於職務上研究或開發之營業

秘密，歸雇用人所有。但契約另有約定者，從其約定。」

依據營業秘密法第3條第2項之規定：「受雇人於非職務上研究或開發之營業秘密，歸受雇人所有。但其營業秘密係利用雇用人之資源或經驗者，雇用人得於支付合理報酬後，於該事業使用其營業秘密。」

（二）出資聘請營業秘密之歸屬

依據營業秘密法第4條之規定：「出資聘請他人從事研究或開發之營業秘密，其營業秘密之歸屬依契約之約定；契約未約定者，歸受聘人所有。但出資人得於業務上使用其營業秘密。」

（三）共有營業秘密

營業秘密得全部或部分讓與他人或與他人共有（營業秘密法第6條第1項參照）。而依營業秘密法第6條第2項之規定：「營業秘密爲共有時，對營業秘密之使用或處分，如契約未有約定者，應得共有人之全體同意。但各共有人無正當理由，不得拒絕同意。」另依同條第3項之規定，「各共有人非經其他共有人之同意，不得以其應有部分讓與他人。但契約另有約定者，從其約定。」

三、營業秘密之使用授權

依據營業秘密法第7條第1項規定：「營業秘密所有人得授權他人使用其營業秘密。其授權使用之地域、時間、內容、使用方法或其他事項，依當事人之約定。」而依據同條第2項之規定：「前項被授權人非經營業秘密所有人同意，不得將其被授權使用之營業秘密再授權第三人使用。」另按同條第3項之規定，營業秘密共有人非經共有人全體同意，不得授權他人使用該營業秘密。但各共有人無正當理由，不得拒絕同意。

四、營業秘密之侵害與救濟

依據營業秘密法第10條之規定，有下列情形之一者，爲侵害營業秘密：

（一）以不正當方法取得營業秘密者。

（二）知悉或因重大過失而不知其爲前款之營業秘密，而取得、使用或洩漏者。

（三）取得營業秘密後，知悉或因重大過失而不知其爲第一款之營業秘密，而使用或洩漏者。

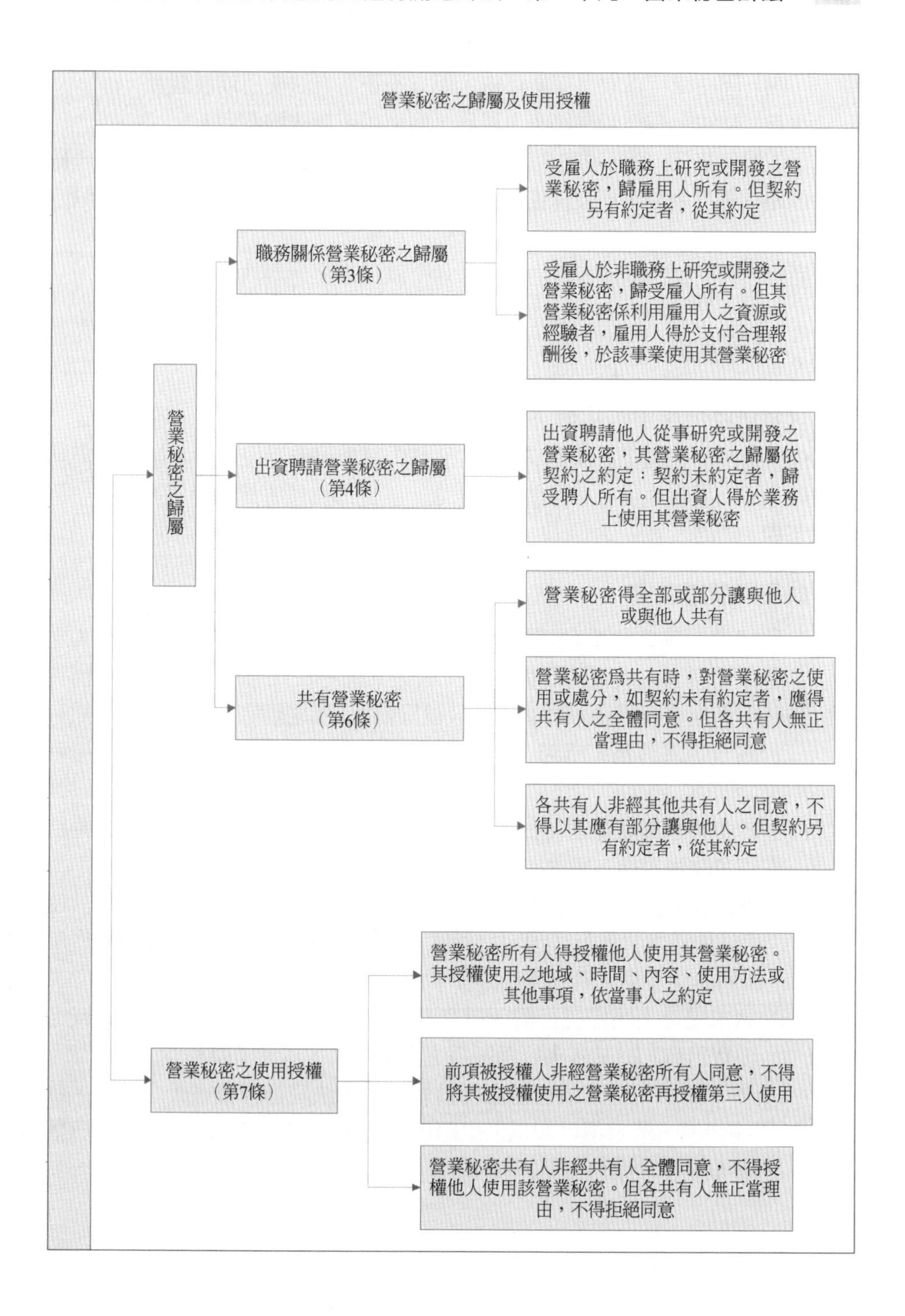
營業秘密之歸屬及使用授權
營業秘密之歸屬
職務關係營業秘密之歸屬（第3條）
受雇人於職務上研究或開發之營業秘密，歸雇用人所有。但契約另有約定者，從其約定
受雇人於非職務上研究或開發之營業秘密，歸受雇人所有。但其營業秘密係利用雇用人之資源或經驗者，雇用人得於支付合理報酬後，於該事業使用其營業秘密
出資聘請營業秘密之歸屬（第4條）
出資聘請他人從事研究或開發之營業秘密，其營業秘密之歸屬依契約之約定；契約未約定者，歸受聘人所有。但出資人得於業務上使用其營業秘密
共有營業秘密（第6條）
營業秘密得全部或部分讓與他人或與他人共有
營業秘密爲共有時，對營業秘密之使用或處分，如契約未有約定者，應得共有人之全體同意。但各共有人無正當理由，不得拒絕同意
各共有人非經其他共有人之同意，不得以其應有部分讓與他人。但契約另有約定者，從其約定
營業秘密之使用授權（第7條）
營業秘密所有人得授權他人使用其營業秘密。其授權使用之地域、時間、內容、使用方法或其他事項，依當事人之約定
前項被授權人非經營業秘密所有人同意，不得將其被授權使用之營業秘密再授權第三人使用
營業秘密共有人非經共有人全體同意，不得授權他人使用該營業秘密。但各共有人無正當理由，不得拒絕同意

（四）因法律行爲取得營業秘密，而以不正當方法使用或洩漏者。

（五）依法令有守營業秘密之義務，而使用或無故洩漏者。

而依據同條第2項之規定，前項所稱之不正當方法，係指竊盜、詐欺、脅迫、賄賂、擅自重製、違反保密義務、引誘他人違反其保密義務或其他類似方法。

而對於營業秘密遭侵害時之救濟，以下就民事與刑事救濟分述如下：

（一）民事救濟

1. 侵害排除與侵害防止請求權

依據營業秘密法第11條第1項之規定：「營業秘密受侵害時，被害人得請求排除之，有侵害之虞者，得請求防止之。」此即爲侵害排除與侵害防止之請求權基礎。

2. 損害賠償請求權

(1)依據營業秘密法第12條第1項之規定，因故意或過失不法侵害他人之營業秘密者，負損害賠償責任。數人共同不法侵害者，連帶負賠償責任。而損害賠償請求權之時效，依同條第2項之規定，自請求權人知有行爲及賠償義務人時起，二年不行使而消滅；自行爲時起，逾十年者亦同。

(2)至於損害賠償之範圍，依營業秘密法第13條第1項之規定，被害人得依左列各款規定擇一請求：

(i)依民法第216條之規定請求。但被害人不能證明其損害時，得以其使用時依通常情形可得預期之利益，減除被侵害後使用同一營業秘密所得利益之差額，爲其所受損害。

(ii)請求侵害人因侵害行爲所得之利益。但侵害人不能證明其成本或必要費用時，以其侵害行爲所得之全部收入，爲其所得利益。

(3) 另外，若該侵害營業秘密之行爲屬故意，法院得因被害人之請求，依侵害情節，酌定損害額以上之賠償。但不得超過已證明損害額之三倍（營業秘密法第13條第2項參照）。

（二）刑事救濟

1. 營業秘密法第13條之1至第13條之4

營業秘密法第13條之1規定，意圖為自己或第三人不法之利益，或損害營業秘密所有人之利益，而有下列情形之一，處五年以下有期徒刑或拘役，得併科新臺幣一百萬元以上一千萬元以下罰金：一、以竊取、侵占、詐術、脅迫、擅自重製或其他不正方法而取得營業秘密，或取得後進而使用、洩漏者。二、知悉或持有營業秘密，未經授權或逾越授權範圍而重製、使用或洩漏該營業秘密者。三、持有營業秘密，經營業秘密所有人告知應刪除、銷毀後，不為刪除、銷毀或隱匿該營業秘密者。四、明知他人知悉或持有之營業秘密有前三款所定情形，而取得、使用或洩漏者（第1項）。前項之未遂犯罰之（第2項）。科罰金時，如犯罪行為人所得之利益超過罰金最多額，得於所得利益之三倍範圍內酌量加重（第3項）。本條之立法理由在於：刑法關於侵害營業秘密之規定，固有洩漏工商秘密罪、竊盜罪、侵占罪、背信罪、無故取得刪除變更電磁紀錄罪等，惟因行為主體、客體及侵害方法之改變，該規定對於營業秘密之保護已有不足，且刑法規定殊欠完整且法定刑過低，實不足以有效保護營業秘密，爰營業秘密法確有增訂刑罰之必要。因刑法上之目的財產犯，多有未遂之處罰，故第二項亦規定未遂犯罰之。由於營業秘密往往涉及龐大的商業利益，為避免民、刑事責任無法有效消弭違法誘因，第三項規定罰金上限得視不法利益做彈性調整。

營業秘密法第13條之2規定，意圖在外國、大陸地區、香港或澳門使用，而犯前條第一項各款之罪者，處一年以上十年以下有期徒刑，得併科新臺幣三百萬元以上五千萬元以下之罰金（第1項）。前項之未遂犯罰之（第2項）。科罰金時，如犯罪行為人所得之利益超過罰金最多額，得於所得利益之二倍至十倍範圍內酌量加重（第3項）。本條之立法理由在於：行為人不法取得我國人營業秘密，其意圖係在域外使用，將嚴重影響我國產業國際競爭力，其非難性較為高度，爰參酌德國不正競爭防止法第十七條第四項、韓國不正競爭防止法第十八條第一項規定，明定加重處罰。因刑法上之目的財產犯，多有未遂之處罰，故第二項亦規定未遂犯罰之。為有效消弭違法誘因，第三項規定罰金上限得視不法利益做彈性調整。
營業秘密法第13條之3規定，第十三條之一之罪，須告訴乃論。對於共犯之一人告訴或撤回告訴者，其效力不及於其他共犯。公務員或曾任公務員之人，因職務知悉或持有他人之營業秘密，而故意犯前二條之罪者，加重其刑至二分之一。本條之立法理由在於：刑法上有關營業秘密之犯罪，均係告訴乃論之罪，故明訂第十三條之一爲告訴乃論之罪，使被害人與行爲人有私下和解之機會而得以息訟，並節省司法資源。第十三條之二意圖域外犯侵害營業秘密，其非難性較高，法定刑已提高至十年以下，參照一般體例，其應屬非告訴乃論罪。行爲人爲公務員或曾任公務員之人，而故意犯前二條之罪者，加重其刑責。
營業秘密法第13條之4規定，法人之代表人、法人或自然人之代理人、受雇人或其他從業人員，因執行業務，犯第十三條之一、第十三條之二之罪者，除依該條規定處罰其行爲人外，對該法人或自然人亦科該條之罰金。但法人之代表人或自然人對於犯罪之發生，已盡力爲防止行爲者，不在此限。本條立法理由在於：併同處罰制之規定，係就同一犯罪行爲同時處罰行爲人及其企業組織。對於行爲人而言，其受處罰係因其違法之犯罪行爲，對於企業組織而言，其受罰則係因其監督不力。從法理而言，對受罰之企業組織，其處罰具有從屬性，必以行爲人受處罰爲前提。本條但書之免責規定，讓法人或自然人雇主有機會於事後舉證而得以證明其已盡力防止侵害營業秘密之發生，此既可免於企業被員工之個人違法行爲而毀掉企業形象，也可免於大筆罰金之支出，更可予企業事先盡力防止犯罪發生之獎勵，而有預防犯罪之功能。

2. 於營業秘密法中並無規範侵害營業秘密之刑事責任，惟若該侵害營業秘密之行爲符合刑法上各罪（如：刑法第317條之洩漏業務上知悉之工商秘密罪、刑法第318條之洩漏公務上知悉之工商秘密罪、刑法第320條之竊盜罪、刑法第335條之侵占罪，以及刑法第342條之背信罪等）之構成要件者，仍應依刑法之規定論處。
3. 如係以脅迫、利誘或其他不正當方法，獲取他事業之產銷機密、交易相對人資料或其他有關技術秘密之行爲，而有限制競爭或妨礙公平競爭之虞者，此爲公平交易法第19條第5款所明文禁止之行爲，如有違反，依公平交易法第36條之規定，經中央主管機關限期命其停止、改正其行爲或採取必要更正措施，而逾期未停止、改正其行爲或未採取必要更正措施，或停止後再爲相同或類似違反行爲者，法院可處行爲人二年以下有期徒刑、拘役或科或併科新臺幣五千萬元以下之罰金。惟應注意的是，若非屬公平交易法第2條所稱之事業（包括公司、獨資或合夥之工商行號、同業公會、其他提供商品或服務從事交易之人或團體），即無本條之適用。

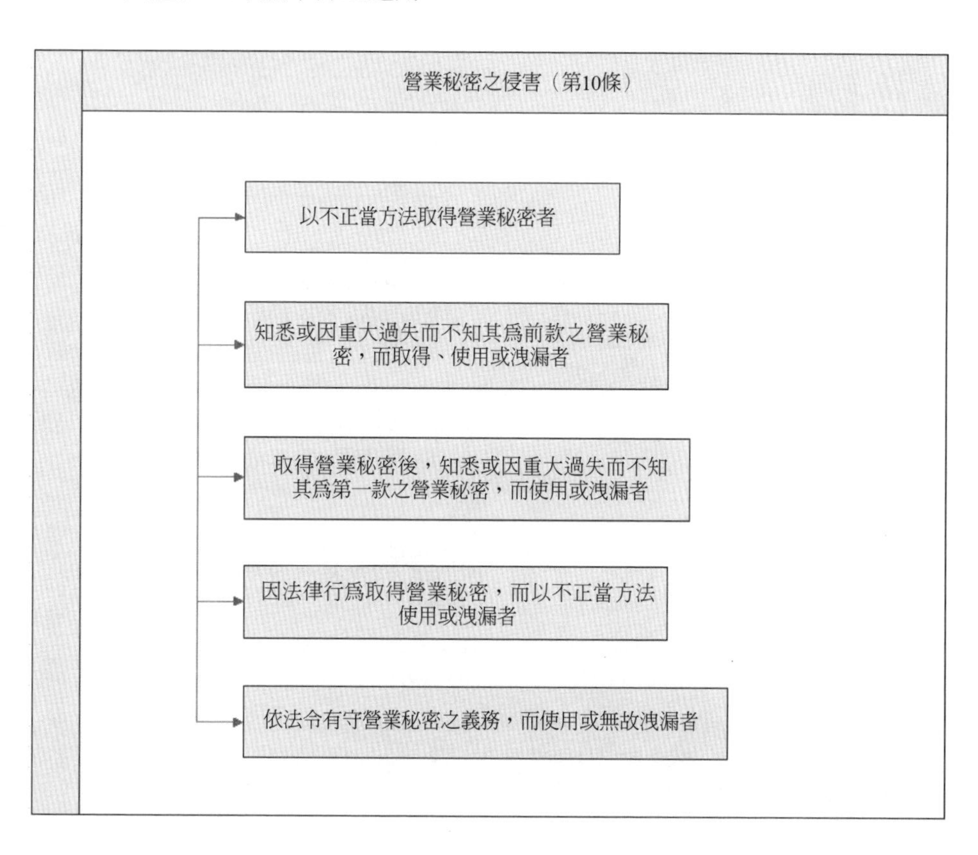

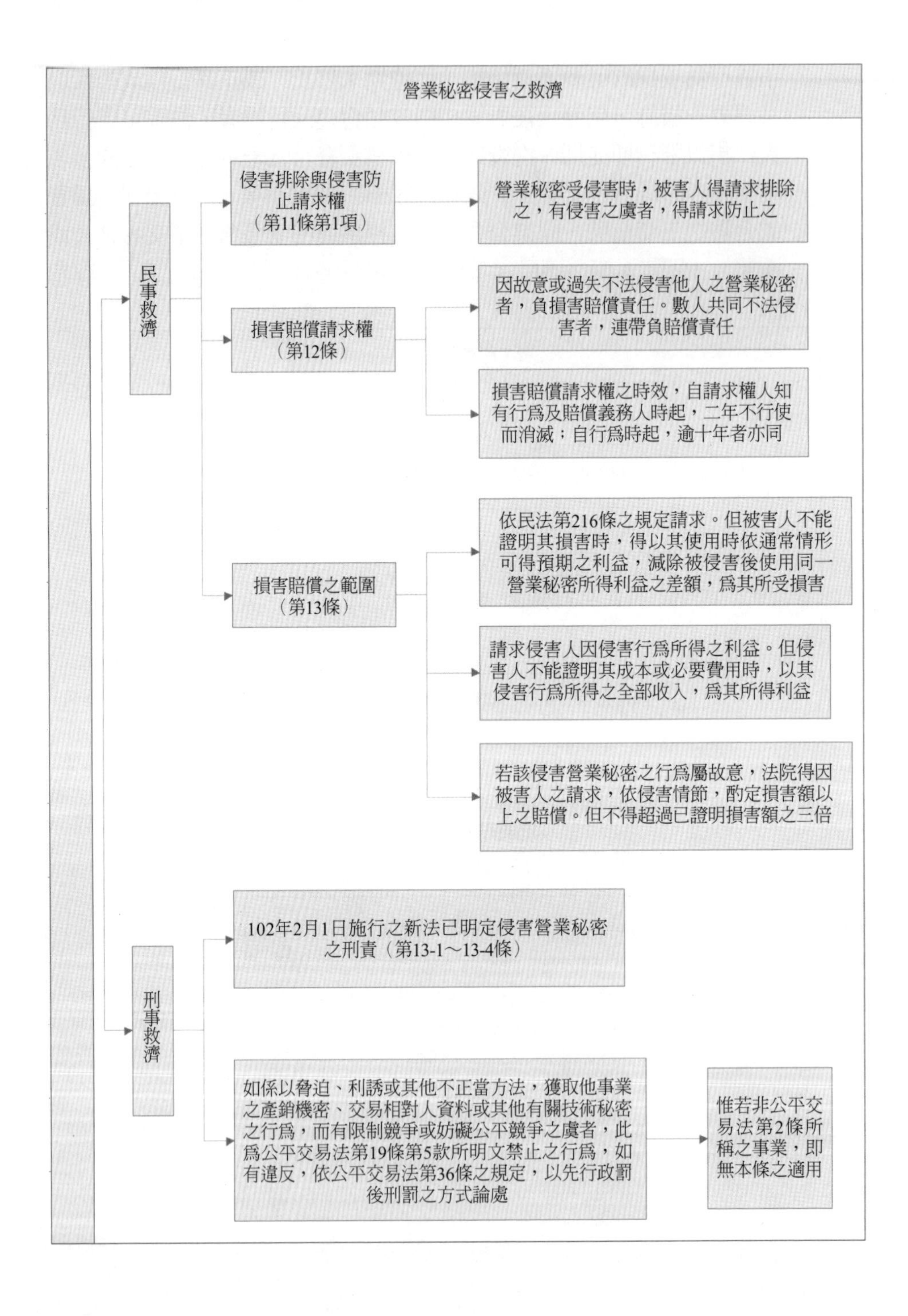
營業秘密侵害之救濟
民事救濟
侵害排除與侵害防止請求權（第11條第1項）
營業秘密受侵害時，被害人得請求排除之，有侵害之虞者，得請求防止之
損害賠償請求權（第12條）
因故意或過失不法侵害他人之營業秘密者，負損害賠償責任。數人共同不法侵害者，連帶負賠償責任
損害賠償請求權之時效，自請求權人知有行為及賠償義務人時起，二年不行使而消滅；自行為時起，逾十年者亦同
損害賠償之範圍（第13條）
依民法第216條之規定請求。但被害人不能證明其損害時，得以其使用時依通常情形可得預期之利益，減除被侵害後使用同一營業秘密所得利益之差額，為其所受損害
請求侵害人因侵害行為所得之利益。但侵害人不能證明其成本或必要費用時，以其侵害行為所得之全部收入，為其所得利益
若該侵害營業秘密之行為屬故意，法院得因被害人之請求，依侵害情節，酌定損害額以上之賠償。但不得超過已證明損害額之三倍
刑事救濟
102年2月1日施行之新法已明定侵害營業秘密之刑責（第13-1～13-4條）
如係以脅迫、利誘或其他不正當方法，獲取他事業之產銷機密、交易相對人資料或其他有關技術秘密之行為，而有限制競爭或妨礙公平競爭之虞者，此為公平交易法第19條第5款所明文禁止之行為，如有違反，依公平交易法第36條之規定，以先行政罰後刑罰之方式論處
惟若非公平交易法第2條所稱之事業，即無本條之適用

五、營業秘密保護之具體作法

（一）機密文件之管理

因公司企業如欲主張一技術或資訊爲其營業秘密之範疇，首先面臨的問題即爲，公司企業需證明該等技術或資訊符合營業秘密法中對於營業秘密之定義——即秘密性、價值性與已採取合理保護之措施，故有無採取合理保護之措施即爲相當重要之一部分。具體之管理方式，如：將公司企業中之文件內容分級、限制可閱覽或可取得相關資訊之人員、借閱或調閱期間未經許可不得擅自影印等，均爲常見之管理方式。

（二）保密契約之簽訂

公司企業亦常要求有接觸機密之員工或第三人應簽署保密契約，以防止公司企業之營業秘密外洩。而該保密契約之內容通常包括：保密義務人、保密標的、保密期間、違反保密義務之處罰等。有爭議之部分通常爲保密期間之部分，原則上只要該資訊尚處於秘密之階段，保密義務人即應負保密之義務，惟具體情形仍應視個案情形而定。

（三）競業禁止之約定

1. 公司企業爲避免員工於在職期間或離職後，以於該公司企業中所獲取之資訊而爲與該公司企業競爭之行爲，通常會要求員工簽署一競業禁止之約定，或將該條款包含於上述之保密契約中。一般而言，如員工仍於在職期間，員工對公司企業本即負有忠誠義務，故該競業禁止條款較無爭議；惟若員工已離開該公司企業，因該員工與公司企業間之僱傭契約已終止，如員工仍須負競業禁止之義務，即生是否有違反法律之強行規定或公序良俗之爭議。
2. 對此，我國法律並無明文規定，惟實務上之見解認爲「按離職後競業禁止條款，係前雇主在勞動契約下與受僱人約定，勞工有不使用或揭露其在前勞動契約中獲得之營業秘密或隱密性資訊之附屬義務，目的在使前雇主免於受僱人之競爭行爲，此因雇主爲維護其隱密資訊，防止員工於離職後，在一定期間內跳槽至競爭公司，並利用過去於原公司服務期間所知悉之技術或業務資訊爲競爭之同業服務，或打擊原公司造成損害，或爲防止同業惡性挖角，而與員工爲離職禁止競爭約定。其本質雖側重保障前雇主，然此項約款如未逾合理程度，且不違反公序良俗，應爲法律所許，但所謂合理程度，應考量以下各點：(1)前雇主是否有依競業禁止特約保護之利益之存在？(2)受雇人在前雇主之職務地位，是否係主要營業幹部，而非處於較低職務技能？(3)限制轉業之對象、期間、區域、職業活動等，是否不致使受雇人處於過度困境中？(4)雇主是否需有塡補勞工因競業禁止損害之代償措施存在？(5)離職後受僱人之競業行爲有無顯著違反誠信原則」（台灣高等法院92年度勞上易字第126號判決參照）。

3. 由上述實務見解可知，目前實務上判斷競業禁止條款是否有效時，原則上考量因競業禁止條款係爲保護前雇主而訂立，故只要不逾越合理之範圍，原則上該條款均爲有效，至於所謂合理之範圍，通常係以上述五點作爲具體之判斷依據。

六、外國人之營業秘密保護

依據營業秘密法第15條規定，外國人所屬之國家與中華民國如無相互保護營業秘密之條約或協定，或依其本國法令對中華民國國民之營業秘密不予保護者，其營業秘密得不予保護。由此觀之，我國營業秘密法目前對於外國人之營業秘密保護係採取互惠之原則。

相關法條

營業秘密法第2條

本法所稱營業秘密，係指方法、技術、製程、配方、程式、設計或其他可用於生產、銷售或經營之資訊，而符合左列要件者：

一、非一般涉及該類資訊之人所知者。

二、因其秘密性而具有實際或潛在之經濟價値者。

三、所有人已採取合理之保密措施者。

營業秘密法第3條

受雇人於職務上研究或開發之營業秘密，歸雇用人所有。但契約另有約定者，從其約定。

受雇人於非職務上研究或開發之營業秘密，歸受雇人所有。但其營業秘密係利用雇用人之資源或經驗者，雇用人得於支付合理報酬後，於該事業使用其營業秘密。

營業秘密法第4條

出資聘請他人從事研究或開發之營業秘密，其營業秘密之歸屬依契約之約定；契約未約定者，歸受聘人所有。但出資人得於業務上使用其營業秘密。

營業秘密法第6條

營業秘密得全部或部分讓與他人或與他人共有。

營業秘密為共有時，對營業秘密之使用或處分，如契約未有約定者，應得共有人之全體同意。但各共有人無正當理由，不得拒絕同意。

各共有人非經其他共有人之同意，不得以其應有部分讓與他人。但契約另有約定者，從其約定。

營業秘密法第7條

營業秘密所有人得授權他人使用其營業秘密。其授權使用之地域、時間、內容、使用方法或其他事項，依當事人之約定。

前項被授權人非經營業秘密所有人同意，不得將其被授權使用之營業秘密再授權第三人使用。

營業秘密共有人非經共有人全體同意，不得授權他人使用該營業秘密。但各共有人無正當理由，不得拒絕。

營業秘密法第10條

有左列情形之一者，為侵害營業秘密。

一、以不正當方法取得營業秘密者。

二、知悉或因重大過失而不知其為前款之營業秘密，而取得、使用或洩漏者。

三、取得營業秘密後，知悉或因重大過失而不知其為第一款之營業秘密，而使用或洩漏者。

四、因法律行為取得營業秘密，而以不正當方法使用或洩漏者。

五、依法令有守營業秘密之義務，而使用或無故洩漏者。

前項所稱之不正當方法，係指竊盜、詐欺、脅迫、賄賂、擅自重製、違反保密義務、引誘他人違反其保密義務或其他類似方法。

營業秘密法第11條

營業秘密受侵害時，被害人得請求排除之，有侵害之虞者，得請求防止之。

被害人爲前項請求時，對於侵害行爲作成之物或專供侵害所用之物，得請求銷燬或爲其他必要之處置。

營業秘密法第12條

因故意或過失不法侵害他人之營業秘密者，負損害賠償責任。數人共同不法侵害者，連帶負賠償責任。

前項之損害賠償請求權，自請求權人知有行爲及賠償義務人時起，二年間不行使而消滅；自行爲時起，逾十年者亦同。

營業秘密法第13條

依前條請求損害賠償時，被害人得依左列各款規定擇一請求：

一、依民法第二百十六條之規定請求。但被害人不能證明其損害時，得以其使用時依通常情形可得預期之利益，減除被侵害後使用同一營業秘密所得利益之差額，爲其所受損害。

二、請求侵害人因侵害行爲所得之利益。但侵害人不能證明其成本或必要費用時，以其侵害行爲所得之全部收入，爲其所得利益。

依前項規定，侵害行爲如屬故意，法院得因被害人之請求，依侵害情節，酌定損害額以上之賠償。但不得超過已證明損害額之三倍。

營業秘密法第13條之1

意圖爲自己或第三人不法之利益，或損害營業秘密所有人之利益，而有下列情形之一，處五年以下有期徒刑或拘役，得併科新臺幣一百萬元以上一千萬元以下罰金：

一、以竊取、侵占、詐術、脅迫、擅自重製或其他不正方法而取得營業秘密，或取得後進而使用、洩漏者。

二、知悉或持有營業秘密，未經授權或逾越授權範圍而重製、使用或洩漏該營業秘密者。

三、持有營業秘密，經營業秘密所有人告知應刪除、銷毀後，不爲刪除、銷毀或隱匿該營業秘密者。

四、明知他人知悉或持有之營業秘密有前三款所定情形，而取得、使用或洩漏者。

前項之未遂犯罰之。

科罰金時，如犯罪行爲人所得之利益超過罰金最多額，得於所得利益之三倍範圍內酌量加重。

營業秘密法第13條之2

意圖在外國、大陸地區、香港或澳門使用，而犯前條第一項各款之罪者，處一年以上十年以下有期徒刑，得併科新臺幣三百萬元以上五千萬元以下之罰金。

前項之未遂犯罰之。

科罰金時，如犯罪行爲人所得之利益超過罰金最多額，得於所得利益之二倍至十倍範圍內酌量加重。

營業秘密法第13條之3

第十三條之一之罪，須告訴乃論。

對於共犯之一人告訴或撤回告訴者，其效力不及於其他共犯。

公務員或曾任公務員之人，因職務知悉或持有他人之營業秘密，而故意犯前二條之罪者，加重其刑至二分之一。

營業秘密法第13條之4

法人之代表人、法人或自然人之代理人、受雇人或其他從業人員，因執行業務，犯第十三條之一、第十三條之二之罪者，除依該條規定處罰其行爲人外，對該法人或自然人亦科該條之罰金。但法人之代表人或自然人對於犯罪之發生，已盡力爲防止行爲者，不在此限。

營業秘密法第15條

外國人所屬之國家與中華民國如無相互保護營業秘密之條約或協定，或依其本國法令對中華民國國民之營業秘密不予保護者，其營業秘密得不予保護。

案例解析

1. 離職後競業禁止之約款，係原雇主在與員工間之勞動契約關係消滅後，仍據以限制員工離職後之工作權、工作自由。而勞工之工作權，在我國憲法第15條設有明文保障之規定，該權利保障層次甚且高於憲法所保障之財產權。故雇主若欲保障本身之財產權，以離職後競業禁止之約款限制勞工行使該工作權之基本權利，依憲法上基本權利第三人效力理論，此等約定即須未違反民法第72條之公序良俗條款，始為合法有效。

2. 而就離職後競業禁止約款之合理性，應就當事人間之利害關係及社會的利害關係作總合的利益衡量而為判斷，其審查標準計有：(1)雇主需有依競業禁止特約保護之利益存在。(2)勞工之職務及地位知悉上開正當利益。(3)限制勞工就業之對象、期間、區域、職業活動之範圍，需不超逾合理之範疇。(4)代償措施之有無。又所謂雇主需有依競業禁止特約保護之利益存在，係以有無洩漏企業經營或生產技術上之秘密，或影響其固定客戶或供應商之虞為斷。至於僅是單純避免造成競爭、避免勞工搶走其未來客戶，甚或僅為使勞工較不易離職等，均不構成雇主有值得保護之正當利益。又若該行業無所謂固定客戶，抑或原雇主僅為確保其所對勞工投注之職業訓練或教育費用得以回收，則原則上皆非值得保護之正當利益。蓋職業訓練或教育費用之投入所帶給雇主在競爭上之優勢及上述成本之回收，已有服務年限相關約款可以確保，自無簽訂離職後競業禁止約款之正當理由。

3. 本題：

(1)A公司之主張有無理由，應視該競業禁止條款之約定是否有效而定（依上述四點檢視）：

①A公司有無需依競業禁止保護之利益存在

乙所使用之輔導方法係由其參與進修而獲得之知識，並非由A公司所研發，故輔導方法並非A公司之營業秘密。至於客戶資料是否屬於A公司之營業秘密，應視該客戶資料是否符合秘密性、價值性以及有無採取合理之保密措施而定。若該客戶資料係翻閱一般電話簿即可得知者，即無營業秘密可言。故本題中，A公司似無需依競業禁止所保護之利益存在，故該離職後競業禁止之規定應為無效。

②故A公司自不得以其員工任用同意書第9條後段之約定向乙請求100萬元之懲罰性違約金。

(2)若乙至B公司並非擔任顧問一職，此應非屬乙與A公司所簽定之競業禁止約定所及之範圍，故A公司自不得向乙主張損害賠償。再者，若乙與A公司所簽定之競業禁止條款包括工作性質不同之職務範圍（如：只要至同類型公司，不管擔任何種職務，均為競業禁止效力所及），該等競業禁止約定亦已逾越限制勞工就業之對象、職業活動之合理範圍，應為無效，故A公司仍不得向乙請求100萬元之懲罰性違約金。

第三節　必備書狀及撰寫要旨

審理流程

最高法院		最高行政法院
↑	↑	↑
智慧財產法院		
民事訴訟	刑事訴訟	行政訴訟
第二審 相關智慧財產權法所生民事訴訟事件	第二審 受理不服各地方法院對刑法、商標法、著作權法或公平交易法關於智慧財產權益保護刑事訴訟案件	第一審 相關智慧財產權法所生第一審行政訴訟事件及強制執行事件
	↑	
	各地方法院	訴願
第一審 相關智慧財產權法所生民事訴訟事件	第一審 各地方法院刑事庭審理刑法、商標法、著作權法或公平交易法關於智慧財產權益保護刑事訴訟案件	經濟部訴願審議委員會對相關智慧財產權行政處分訴願審議 ↑ 經濟部智慧財產局對相關智慧財權行政處分

（資料來源：智慧財產法院網站「智慧財產案件審理模式」）

．原告起訴，法院受理，訴訟繫屬
．分案
．法官閱覽卷宗，批示：
　─定期
　─調閱卷證
．開庭審理
．言詞辯論終結
．宣示裁判

依據前述案例，本節提供原告所應撰擬之起訴書狀，以及被告之答辯書狀之撰寫要旨及範例：

一、原告起訴狀

營業秘密侵權民事訴訟之原告起訴狀，應載明訴之聲明、起訴之原因事實、請求權基礎及損害賠償之計算方式。（詳參第一章第三節有關民事侵權起訴狀之撰寫要旨）

二、被告答辯狀

營業秘密侵權民事訴訟之被告答辯狀，應載明答辯聲明、抗辯理由及其證據、對於原告主張否認之事項等。（詳參第一章第三節有關民事侵權答辯狀之撰寫要旨）

第四節　書狀範例

範例一　原告起訴狀

<table>
<tr><td colspan="4">民事起訴狀</td></tr>
<tr><td>案　　號</td><td colspan="2">年度　　字第　　號</td><td>承辦股別</td></tr>
<tr><td>稱　　謂</td><td>姓名或名稱</td><td colspan="2">依序填寫：國民身分證統一編號或營利事業統一編號、性別、出生年月日、職業、住居所、就業處所、公務所、事務所或營業所、郵遞區號、電話、傳真、電子郵件位址、指定送達代收人及其送達處所。</td></tr>
<tr><td>原　　告</td><td>A公司</td><td colspan="2">設台北市○○區○○路○○號○○樓</td></tr>
<tr><td>法定代理人</td><td>○○○</td><td colspan="2">住同上</td></tr>
<tr><td>訴訟代理人</td><td>○○○律師</td><td colspan="2">○○法律事務所
○○市○○路○○號○○樓
電話：○○-○○○○○○○○</td></tr>
<tr><td>被　　告</td><td>乙</td><td colspan="2">住台北市○○區○○路○○號○○樓</td></tr>
<tr><td colspan="4">為請求損害賠償，依法起訴事：

訴之聲明
一、被告乙應給付原告新台幣（以下同）100萬元及自起訴狀繕本送達翌日起至清償日止按年利率百分之五計算之利息。
二、訴訟費用由被告負擔。</td></tr>
</table>

事實及理由

一、被告乙於○○年起任職於原告公司擔任顧問師一職；自○○年○○月○○日起因被告升任○○部門主管，故原告公司以自己之費用，為被告安排○○認證顧問師培訓課程，取得○○顧問師資格，原告公司指派被告承接訴外人B公司之管理系統輔導工作。詎被告於○○年○○月○○日離職，轉任B公司，擔任其供應鏈廠商之管理輔導工作，與被告在原告公司所擔任之工作內容相同，並因此造成原告公司所承接之輔導案量減少，而關於來自B公司輔導案之需求，並因而消失，其與被告之離職轉任B公司擔任顧問一職，有相當之因果關係，實已造成原告公司之損失。

二、兩造所定員工任用同意書第9條後段約定：「乙方（被告）同意自離職日起算2年內，非經甲方（原告）書面同意，……；不得至乙方離職前2年內，由甲方簽約而由乙方所輔導之企業任職。」（原證1第6頁參照）。上述競業禁止約款，有值得保護之利益存在，因競業禁止約款「保護之利益」存在，並不限於依營業祕密法所稱之營業祕密，凡因商業活動所產生優勢地位，憑藉此優勢地位所得獲致之利益，亦屬之。原告公司於○○年間出資，派被告參加○○認證顧問師培訓及認證課程，並取得○○輔導課程通過認證之顧問師，原告公司因此獲知上開○○輔導手法之營業祕密或應受保護之利益，此本應為原告公司所用，為原告公司獲取之利益，或需保守上開營業祕密，為應受保護之利益。原告公司並與B公司訂有關於輔導委託服務合約（原證2參照），被告如非任職於B公司，則B公司之○○輔導案，依循前例將經由原告公司指派顧問師前往輔導，因被告轉任B公司，致原告公司喪失指派顧問師前往B公司及其供應商輔導，獲取利益之機會。

三、乙之上開行為，違反兩造簽訂員工任用同意書（下稱系爭同意書，見原證1）第9條後段（下稱系爭競業禁止約款）之約定，應依系爭同意書第10條約定給付100萬元之懲罰性違約金及一切損害之賠償等情。爰依兩造之約定，求為命被上訴人給付100萬元及自起訴狀繕本送達翌日起，至清償日止，按年息5%計算利息之判決。

四、綜上所述，懇請　鈞院鑒核，賜判決如訴之聲明，以維權益，實感德便。

謹狀

智慧財產法院民事庭　公鑒

證物名稱及件數	附件：委任狀正本。 原證1號：A公司之員工任用同意書影本。 原證2號：A公司與B公司輔導委託服務合約影本。
中華民國〇〇年〇〇月〇〇日	
	具狀人：A公司 法定代理人：〇〇〇
	訴訟代理人：〇〇〇律師

範例二　被告答辯狀

民事答辯狀				
案號	年度　字第　號		承辦股別	
訴訟標的金額				
被告	乙	住〇〇市〇〇路〇〇號〇〇樓 送達代收人：〇〇〇律師		
訴訟代理人	〇〇〇律師	〇〇法律事務所 〇〇市〇〇路〇〇號〇〇樓 電話：〇〇-〇〇〇〇〇〇〇〇		
原告	A公司	設〇〇市〇〇路〇〇號〇〇樓		
法定代理人	〇〇〇	住同上		

為上列當事人間損害賠償事件，提出答辯事：

答辯聲明

一、原告之訴駁回。

二、訴訟費用由原告負擔。

事實及理由

一、原告並無需依競業禁止所保護之利益存在：

（一）〇〇課程之原創性與輔導手法，屬〇〇機構所研發，自非原告公司企業經營或生產技術上之營業秘密。

（二）又與〇〇簽定輔導委託服務合約之管理顧問公司，均可自費指派員工參加〇〇之〇〇課程，成為〇〇認證之顧問師，有〇〇認證顧問師培訓及認證課程之報名條件可稽（被證1號）。自難以原告指派被告參加〇〇之〇〇課程，學習研發課程之原創性與輔導手法，即認為原告已

<table>
<tr><td colspan="2">取得商業之優勢地位。故原告以其指派被告參加○○輔導課程，而取得因商業活動產生之優勢地位，並有競業禁止約款值得保護之利益云云，尚不足取。
（三）綜上，原告與被告間之競業禁止條款應為無效，被告自不受該競業禁止條款之拘束，故原告自不得依該條款之約定向被告請求新臺幣100萬元之懲罰性損害賠償。
二、綜上所述，原告之訴實無理由，祈請　鈞院駁回原告之訴，以維權益，實為德感。

謹狀
智慧財產法院民事庭　公鑒</td></tr>
<tr><td colspan="2">中　華　民　國　○　○　年　○　○　月　○　○　日</td></tr>
<tr><td>附件及
證據列表</td><td>附件：委任狀正本。
被證1號：○○認證顧問師培訓及認證課程之報名表及相關說明影本。</td></tr>
<tr><td colspan="2">具狀人：被告乙</td></tr>
<tr><td colspan="2">撰狀人：訴訟代理人○○○律師</td></tr>
</table>

第五節　實務判解

・競業禁止約定之效力

1.　最高法院95年度台上字第1043號判決

亞泰公司主張甲○○曾於八十二年六月至八十五年三月間任職亞泰公司，負責系爭「含浸處理機」之設計、製造過程，且簽有保密切結書之事實，爲甲○○等人所不爭執，且有亞泰公司提出甲○○立具之切結書影本爲憑，堪認爲眞實。按在契約自由之原則下，雇主與員工得依雙方協議簽訂契約，而在現代科技、智慧財產權、營業秘密與勞動者保護之立場下，如何就雇主與員工之權益取得一平衡點，除了雙方之協議外，尚須透過立法、判例、學說等加以闡釋，而營業秘密法第一條即揭櫫立法目的「爲保障營業秘密，維護產業倫理與競爭秩序，調和社會公共利益，特制定本法」，故在勞動契約之法律關係上，基於忠實與照顧之思想，雇主與勞動者於渠等勞動關係消滅後，更應負有義務，保護對方之法益狀態，以及維持契約目的。就勞動者而言，即有所謂之競業禁止，即勞動者在勞動契約存續中曾參與對顧客、來源、製造或銷售過程等機密，而此類機密之運用，對原雇主可能造成重大危險或損失，是於勞動契約結束後，賦與該勞動者競業禁止之義務，故公司與曾參與對顧客來源、製造、銷售或公司營業機密之員工，簽立協議書，要求該員工於離職後一定時間內，不得從事與原公司相同或同類公司或廠商之工作，且基於員工之同意，則該競業禁止之約定，難認有背於善良風俗，亦未違反其他法律強制規定，復與公共秩序無關。

2. 臺灣高等法院98年度上易字第616號判決

按離職後競業禁止之約款，係原雇主在與員工間之勞動契約關係消滅後，仍據以限制員工離職後之工作權、工作自由。而勞工之工作權，在我國憲法第15條設有明文保障之規定，該權利保障層次甚且高於憲法所保障之財產權。故雇主若欲保障本身之財產權，以離職後競業禁止之約款限制勞工行使該工作權之基本權利，依憲法上基本權利第三人效力理論，此等約定即須未違反民法第72條之公序良俗條款，始爲合法有效。次按受僱人有忠於其職責之義務，於僱用期間非得僱用人之允許，固不得爲自己或第三人辦理同類之營業事務，惟爲免受僱人因知悉前僱用人之營業資料而作不公平之競爭，雙方得事先約定於受僱人離職後，在特定期間內不得從事與僱用人相同或類似之行業，以免有不公平之競爭，若此競業禁止之約定期間、內容爲合理時，與憲法工作權之保障無違（最高法院94年度台上字第1688號民事判決可資參照）。

3. 臺灣高等法院98年度上易字第706號判決

故競業禁止約款若以附合契約方式訂定，則該競業禁止約款是否有效，即應依契約本質所生之主要權利義務審酌是否該當民法第247條之1規定顯失公平之情形。而審酌競業禁止條款訂定之目的及該條款對該離職受僱人造成之上開不利益，於審查競業禁止條款是否有違反民法第247條之1規定之顯失公平，應審酌之要素包括：(1)企業或雇主需有依競業禁止特約保護之利益存在，亦即雇主的固有知識和營業祕密有保護之必要。(2)爲受僱人之離職勞工或員工在原雇主或公司之職務及地位，足可獲悉雇主之營業秘密。關於沒有特別技能、技術且職位較低，並非公司之主要營業幹部，處於弱勢之勞工，縱使離職後再至相同或類似業務之公司任職，亦無妨害原雇主營業之可能，此競業禁止約定應認拘束勞工轉業自由而無效。(3)限制受僱人就業之對象、時間、區域、職業活動之範圍，應不逾合理範疇。不致對離職員工之生存造成困難。(4)需有塡補勞工即受僱人因競業禁止損害之代償或津貼措施。

4. 臺灣高等法院98年度上字第708號判決

按受僱人有忠於其職責之義務，於僱用期間非得僱用人之允許，固不得爲自己或第三人辦理同類之營業事務，惟爲免受僱人因知悉前僱用人之營業資料而作不公平之競爭，雙方得事先約定於受僱人離職後，在特定期間內不得從事與僱用人相同或類似之行業，以免有不公平之競爭，若此競業禁止之約定期間、內容爲合理時，與憲法工作權之保障無違。最高法院94年度台上字第1688號裁判見解亦同，可資參酌。

而乙○○持有醫師執照，得於臺灣各縣市鄉鎮從事醫療業務，系爭合約競業禁止地區僅侷限於桃園市、蘆竹鄉兩處，顯未逾合理程度。且依前述，乙○○每月薪資12萬元，每看診一人尙可抽取60健保點値，其報酬較諸其任職於臺北市立○○醫院92年度薪資總額爲121萬0606元（見本院卷第138頁所附各類所得扣繳暨免扣繳憑單），亦豐渥甚多，足見系爭合約就競業禁止部分已提供相對性之補償。是系爭競業禁止約定於合理期間內自屬有效。而乙○○於甫離職月餘，旋於距○○診所1.05公里處開設同性質之診所，其違反前開競業禁止約定，至爲灼然。

5. 臺灣高等法院98年度勞上字第22號判決

按受僱人有忠於其職責之義務，於僱用期間非得僱用人之允許，固不得爲自己或第三人辦理同類之營業事務，惟爲免受僱人因知悉前僱用人之營業資料而作不公平之競爭，雙方得事先約定於受僱人離職後，在特定期間內不得從事與僱用人相同或類似之行業，以免有不公平之競爭，若此競業禁止之約定期間、內容爲合理時，與憲法第15條所爲：「人民之工作權，應予保障。」之規定無違，有最高法院94年度臺上字第1688號裁判意旨，可資參照。惟查(1)競業禁止於契約自由原則下，其約定須不違反民法第72條所爲「有背於公共秩序或善良風俗者」之規定，始爲有效。(2)競業禁止之約定如以附合契約即定型化契約條款之方式訂定時，應審酌競業禁止之約定，有無民法第247條之1各款所列顯失公平之情事（即(1)免除或減輕預定契約條款之當事人之責任者。(2)加重他方當事人之責任者。(3)使他方當事人拋棄權利或限制其行使權利者。(4)其他於他方當事人有重大不利益者。）。因之，受僱人離職後競業禁止條款之效力，即應就雇主與受僱人間之利益加以斟酌、判斷，並應斟酌競業禁止之約定，有無民法第72條違背公序良俗、及第247條之1所列各款顯失公平之情事，再參照勞動基準法之主管機關即行政院勞工委員會於89年8月21日台89勞資二字第0036255號之函釋，尙應衡量(1)企業或雇主須有依競業禁止特約保護之利益存在。(2)勞工在原雇主之事業應有一定之職務或地位。(3)對勞工就業之對象、時間、區域或職業活動範圍，應有合理之範疇。(4)應有補償勞工因競業禁止損失之措施。(5)離職勞工之競業行爲，是否具有背信或違反誠信原則之事實。

6. 臺灣高等法院96年度勞上易字第19號判決

按私法自治乃民事法律最高之指導則原則，而契約自由原則係自治經濟活動規範之具體實現，依此原則，僱主可藉由與受僱員工訂立勞動契約中約定離職後競業禁止之條款，以達企業僱主保障其營業上正當利益，防止僱主之營業上資訊外洩，避免同業間惡性挖角，或受雇勞工惡意跳槽，並利用過去服務期間所知悉之技術或業務資訊爲同業服務或打擊原企業僱主造成傷害，因而與受僱人爲離職後禁止競業之約定，達到使僱主免於離職受僱人之競業行爲及惡性競爭之目的，只要約定並未違反公共秩序、善良風俗或法律上強行禁止之規定，亦無違反民法第247條之1之規定或顯失公平之情事，原則上該約定尙難謂爲無效。

兩造簽訂之系爭保證書，自形式外觀雖係被上訴人大量印製供上訴人所簽署，而屬定型化契約，惟定型化契約條款並非當然無效，須依民法第247條之1規定，在定型化條款之內容顯失公平時，方由法院介入宣告該顯失公平之內容無效。而競業禁止約款約款是否顯失公平，核心問題應自勞僱雙方利益出發，只要競業禁止約定並未使勞工陷於不利益之狀態，爲確保僱主之利益、促進經濟之發展，即無從嚴認定競業禁止約定無效之必要。另競業禁止約款所保護之法益，係被上訴人在市場競爭上之公平地位，故競業禁止之保護範圍，舉凡被上訴人之營業、客戶等資訊均在內，而不限於符合營業祕密法第2條所列之營業祕密。

7. 台灣高等法院92年度勞上易字第126號判決

按離職後競業禁止條款，係前雇主在勞動契約下與受僱人約定，勞工有不使用或揭露其在前勞動契約中獲得之營業秘密或隱密性資訊之附屬義務，目的在使前雇主免於受僱人之競爭行為，此因雇主為維護其隱密資訊，防止員工於離職後，在一定期間內跳槽至競爭公司，並利用過去於原公司服務期間所知悉之技術或業務資訊為競爭之同業服務，或打擊原公司造成損害，或為防止同業惡性挖角，而與員工為離職禁止競爭約定。其本質雖側重保障前雇主，然此項約款如未逾合理程度，且不違反公序良俗，應為法律所許，但所謂合理程度，應考量以下各點：(1)前雇主是否有依競業禁止特約保護之利益之存在？(2)受雇人在前雇主之職務地位，是否係主要營業幹部，而非處於較低職務技能？(3)限制轉業之對象、期間、區域、職業活動等，是否不致使受雇人處於過度困境中？(4)雇主是否需有填補勞工因競業禁止損害之代償措施存在？(5)離職後受僱人之競業行為有無顯著違反誠信原則。

8. 臺灣高等法院臺中分院97年度上字第360號判決

按簽訂競業禁止約定，除需著眼於雇主有無實質被保護之利益存在外，如其所主張應受保護之法律上利益係營業秘密時，此營業秘密並需符合營業秘密法對營業秘密之定義，如雇主耗費相當心血或金錢所研發而得優勢技術或創造之營業利益。本件上訴人主張其所營高眞空乾式幫浦之翻修及維修等，具專門之技術，公司對員工需花費鉅資不定時予以訓練，以培養員工專業之技術及本質學能。而有關高眞空幫浦之維修、組裝，於半導體產業具有高度之技術性，上訴人公司先後投入鉅額資金與人力自行研發，始突破技術以及零件開發，且眞空幫浦係極精密之儀器設備，於實際操作上，上訴人公司人員均需不定時開會研究、改善，俾提升品質，被上訴人等4人於任職期間，當獲知甚多之特殊技術，上訴人有依競業禁止特約保護之利益存在等情，業據證人辛○○到庭證述屬實。

上訴人自行研發具有維修組裝空幫浦機器之專業技術，顯為上訴人所欲保護之利益，則上訴人因有競業禁止特約保護之利益存在，始與被上訴人簽立系爭競業禁止約定書，以保護其固有知識和營業祕密，被上訴人亦同意遵守，自不得擅行違約。

9. 臺灣高等法院90年度勞上字第7號判決

按憲法第十五條規定，人民之生存權、工作權及財產權應予保障，乃國家對人民而言。又人民之工作權並非一種絕對之權利，此觀諸憲法第二十三條之規定而自明，則雇主惟恐其員工於在職期間或離職後洩漏其工商業上，製造技術之秘密，乃於其員工進入公司任職之初，要求員工書立切結書，約定於離職日起二年間不得從事與公司同類之廠商工作或提供資料，如有違反應負損害賠償責任。該項競業禁止之約定，附有二年間不得從事工作種類上之限制，既出於被上訴人之同意，與憲法保障人民工作權之精神並不違背，亦未違反其他強制規定，且與公共秩序無關，其約定似非無效（最高法院七十五年度台上字第二四四六號裁判要旨參照）。亦即，競業禁止之約定，其限制之時間、範圍及方式，在社會一般觀念及商業習慣上，可認為合理適當而且不危及受限制當事人之經濟生存能力，其約定並非無效。

10. 臺灣高等法院臺中分院97年度勞上易字第1號判決

本件上訴人雖抗辯：其簽署系爭「員工聘僱保密暨競業禁止合約」，並非出於自由意志，且該「員工聘僱保密暨競業禁止合約」係定型化契約，應屬無效等語。然查：上訴人乙○○、甲○○係分別於95年10月2日、95年7月24日前往被上訴人公司任職同日即簽署系爭員工聘僱保密暨競業禁止合約，此為兩造所不爭執，上訴人雖辯稱其簽署該合約非出於自由意志，且若不簽署將離職等語，然公司為確保其競爭之優勢及營運之需要，而要求員工簽署競業禁示之約款，此為一般專門領域及光學、科技業者所常見，而上訴人是否願意進入被上訴人公司工作，乃依其自由選擇之結果，上訴人亦得斟酌是否簽立上開合約，其縱因簽約而負有競業禁止之義務，亦係基於契約約定之結果，並非被上訴人施以詐欺或脅迫之所致，上訴人就其所稱簽約非出於自由意志一節，又未能舉出任何證據以實其說，自難採信。

11. 臺灣高等法院臺中分院95年度重上字第44號判決

僱用人基於防止離職員工洩漏其智慧財產權、營業祕密、營業資料或為不公平競爭之目的，得與員工為競業禁止之約定。此智慧財產權、營業祕密、營業資料及競爭秩序之維護，即屬僱用人應受保護之利益。

競業禁止期間，如為二年之內，縱未言明相當之地域限制，仍屬合理限度。至於如何情形屬於「合理限度」，由法院就客觀情節綜合審查，即賦予法院類似民法第247條之1「顯失公平」條款無效審查之依據。

約定「不得從事與僱用人『相同』或『類似』之行業」，包括營業項目相同或類似之行業，及員工離職後爲同業服務（跳槽或惡意挖角）等。

可於在職時即簽訂離職後不爲競業之約定，足見僱用人有無補償措施，並非必要條件。

離職後員工之競業行爲具有顯著性背信性或顯著違反誠信原則，並非審查競業禁止條款是否顯失公平之要件（此應屬法院審酌違約金多寡之範疇）。

12. 臺灣高等法院臺南分院97年度上易字第125號判決

微論上訴人離職之原因爲何，縱認係屬非自願離職，亦因兩造間之系爭競業禁止約定，並未規定離職理由以何種情況爲限，故不論上訴人係自願或基於其他原因之非志願離職，均無從排除該競業禁止之適用，被上訴人自得依該約定，請求上訴人給付懲罰性違約金。被上訴人雖未立證有對上訴人爲代償措施，然並不影響本件競業禁止條款有效之認定。

又離職後競業禁止條款，係前雇主在勞動契約下與受僱人約定，勞工有不使用或揭露其在前勞動契約中獲得之營業秘密或隱密性資訊之附屬義務，其目的在使前雇主免於受僱人之競爭行爲，倘其限制之時間、地區、範圍及方式，在社會一般觀念及商業習慣上，可認爲合理適當且不危及受限制當事人之經濟生存能力者，應爲法之所許。然在該競業禁止之約定係以附合契約即定型化契約之方式訂定時，仍應審酌該競業禁止之約定，是否有民法第247條之1各款，即是否有免除或減輕預定契約條款之當事人之責任者、加重他方當事人之責任者、使他方當事人拋棄權利或限制其行使權利者、其他於他方當事人有重大不利益者各情，且按其情形顯失公平之情事。又依學術及實務之見解，尚須審酌企業或雇主須有依競業禁止條款之保護利益存在，亦即雇主的固有知識和營業秘密有保護之必要；勞工在原雇主之企業應有一定之職務或地位；對勞工就業之對象、期間、區域或職業活動範圍，應有合理之範疇；應有補償勞工因競業損失之代償措施；離職勞工之競業行爲，具有顯著背信或違反誠實信用原則之事實。另依行政院勞工委員會頒佈「簽訂競業禁止參考手冊」，須再符合本於契約自由及誠信原則而約定，及違約金應合理等要件。

・營業秘密之認定

1. 臺灣高等法院98年度上字第480號判決

又被上訴人製造「含浸處理機」之技術，非一般涉及該類資訊之人所能知曉，且由○○○甫進入被上訴人即簽訂保密切結書以觀，足證上開技術確非一般涉及該類資訊之人所能知曉。況被上訴人對於放置設計圖之圖案櫃及圖案櫃之入口皆有上鎖，已對製造「含浸處理機」之技術採取合理之保密措施，益徵該製造技術與被上訴人能否取得競爭優勢攸關。準此，製造「含浸處理機」之技術係屬營業秘密，應堪認定。

2. 臺灣高等法院96年度上字第198號判決

按所謂營業秘密，依營業秘密法第2條規定，係指方法、技術、製造、配方、程式、設計或其他可用於生產、銷售或經營之資訊，而符合(1)非一般涉及該類資訊之人所知者；(2)因其秘密性而具有實際或潛在之經濟價值者；(3)所有人已採取合理之保密措施者。簡言之，須同時具備非一般人所周知、有經濟價值性及保密性，始屬營業秘密法所保護之營業秘密。惟企業於經營活動中，爲保護自身之營業秘密，對於可能接觸營業秘密之人，另以保密契約約定接觸者之保密義務，自無不可，而其所約定應遵守之保密義務，本於契約自由原則，無須與營業秘密法所定義之營業秘密完全一致，惟仍應具備明確性及合理性。

3. 臺灣高等法院96年度上更（一）字第193號判決

上訴人公司之客戶資料其內容爲金屬原料供應商、需求商之公司名稱、地址、電話、傳眞、電子郵件及連絡人之姓名、連絡方式之記載等事實，雖據上訴人陳明係經其30多年來所彙集之資料等語在卷（原審2卷第48頁）；惟查現今坊間本有專門就全國企業相關資訊資料整理彙總販賣之書籍，亦有各種工商企業名錄流通市面，如志在蒐集，只須花費心思整合即可；與營業秘密係指事業體未經公開或非普遍爲大衆所共知的技術或知識，且事業所有人對該秘密有保護之意思，即事業由於擁有該項營業秘密，致較競爭者具有更強的競爭能力者而言，尙有未合。

4. 臺灣高等法院臺中分院91年度上字第115號判決

按營業秘密法第二條規定：本法所稱營業秘密，係指方法、技術、製程、配方、程式、設計或其他可用於生產、銷售或經營之資訊，而符合左列要件者：(1)非一般涉及該類資訊之人所知者。(2)因其秘密性而具有實際或潛在之經濟價值者。(3)所有人已採取合理之保密措施者。是所稱營業秘密必須非一般涉及該類資訊之人所知者，查本件之客戶資料，其來源除上開說明外，尚可從電話簿、電腦網路、商業廣告、同業公會及其他與建材有關之刊物等處可以查知，應認爲係屬一般涉及該類資訊之人所知之資料，尚難認爲係營業秘密，上訴人依營業秘密法第十二條第一項、第十三條第一項第一款規定，訴請被上訴人負連帶給付責任，應認爲無理由。

5. 智慧財產法院100年度刑智上訴字第14號判決

立法意旨係將營業秘密法定位爲民法之特別法，該法所稱之「營業秘密」，並未等同於刑法保護之「工商秘密」，而刑法妨害電腦使用罪章原非以保護營業秘密爲其規範意旨，致我國就營業秘密保護之刑事立法規範出現漏洞，刑法第359條無故取得電磁紀錄罪中所謂之「無故取得他人電腦之電磁紀錄」，係以無權侵入系統爲前提，由此而接觸、刺探未獲授權存取之電磁紀錄，並將電磁紀錄予以複製而言。是以，基於憲法爲保障人權意旨所肯認之罪刑法定原則，如行爲人係合法取得他人營業秘密之電磁紀錄，其後加以不法使用或不法洩漏時，除依其情節可能該當刑法第317、318、318之1、318之2、335、336、342條等條文之構成要件或民事侵權行爲責任外，尚不得謂行爲人亦該當刑法第359條之刑事責任。

第二單元　公平交易訴訟

第一節　前言

案例

> 甲公司為美國○○肌膚保養產品股份有限公司在台灣唯一之合法授權銷售之代理商，乙公司未經甲公司之授權或同意，即大量以廣告夾報之方式，於全國銷售量首屈一指之A報以DM方式刊登使用○○公司獨家代理商認證商標之商品圖片，試問：甲公司可向何人主張何種權利？

公平交易法（下稱公平法）之立法目的在於消弭不公平競爭，以確保公平交易，並促進自由競爭。而公平法與智慧財產權有關連之處即在於：因智慧財產權相關法律賦予權利人有排他之權利，然而如果權利人濫用或不當使用其權利（如：搭售）時，即應有公平法之適用，以避免產生妨礙自由競爭之情形。實務上常見之違反公平交易法之案件，例如有：不實廣告、事業間不當結合等，以不實廣告而言，廣告業者爲促銷其產品，有時會使用一些較誇張的言詞、用語來形容其產品，惟在何種情況下足認符合「虛僞不實或引人錯誤之表示或表徵」，而有違公平法之相關規定，即爲值得探討的問題。

第二節　法令解說

一、公平交易法之規範對象與主管機關

公平法規範之對象以事業爲限，事業之意義，依據公平法第2條之規定，本法所稱事業如下：

（一）公司

（二）獨資或合夥之工商行號

（三）同業公會

（四）其他提供商品或服務從事交易之人或團體

依據公平交易法施行細則第2條之規定，本法第2條第3款所稱同業公會包括：

（一）依工業團體法成立之工業同業公會及工業會。

（二）依商業團體法成立之商業同業公會、商業同業公會聯合會、輸出業同業公會及聯合會、商業會。

（三）依其他法規規定所成立之職業團體。

至於公平交易案件之主管機關，依據公平法第9條第1項之規定：「本法所稱主管機關：在中央爲行政院公平交易委員會；在直轄市爲直轄市政府；在縣（市）爲縣（市）政府」。另依據同條第2項之規定，本法規定事項，涉及他部會之執掌者，由行政院公平交易委員會商同各該部會辦理之。

二、規範行為之態樣

公平法所規範之行爲包括：

（一）獨占

1. 獨占之意義

公平法第5條第1項對於獨占之定義爲：事業在特定市場處於無競爭狀態，或具有壓倒性地位，可排除競爭之能力者（公平法第5條第1項參照）。又公平法第5條第2項對於二以上事業，實際上不爲價格之競爭，而其全體之對外關係，具有前項規定之情形者，則規定視爲獨占。另外，公平法第5條第3項亦規定，第1項所稱特定市場，係指事業就一定之商品或服務，從事競爭之區域或範圍。

2. 獨占事業認定之範圍

依據公平法第5條之1第1項規定，事業無左列各款情形者，不列入前條獨占事業認定範圍：

(1)一事業在特定市場之占有率達二分之一。

(2)二事業全體在特定市場之占有率達三分之二。

(3)三事業全體在特定市場之占有率達四分之三。

又依據公平法第5條之1第2項之規定，有前項各款情形之一，其個別事業在該特定市場占有率未達十分之一或上一會計年度事業總銷售金額未達新臺幣十億元者，該事業不列入獨占事業之認定範圍。再者，事業之設立或事業所提供之商品或服務進入特定市場，受法令、技術之限制或有其他足以影響市場供需可排除競爭能力之情事者，雖有前二項不列入認定範圍之情形，中央主管機關仍得認定其爲獨占事業（公平法第5條之1第3項參照）。

3. 獨占事業禁止之行為

依據公平法第10條之規定，獨占之事業，不得有下列行爲：

(1)以不公平之方法，直接或間接阻礙他事業參與競爭。

(2)對商品價格或服務報酬，爲不當之決定、維持或變更。

(3)無正當理由，使交易相對人給予特別優惠。

(4)其他濫用市場地位之行爲。

4. 判斷是否為「獨占」之審酌事項

依據公平交易法施行細則第3條之規定，本法第5條所稱獨占，應審酌下列事項認定之：

(1)事業在特定市場之占有率。

(2)考量時間、空間等因素下，商品或服務在特定市場變化中之替代可能性。

(3)事業影響特定市場價格之能力。

(4)他事業加入特定市場有無不易克服之困難。

(5)商品或服務之輸入、輸出情形。

而對於市場占有率之計算，應先審酌該事業及該特定市場之生產、銷售、存貨、輸入及輸出值（量）之資料（公平交易法施行細則第4條第1項參照）。計算市場占有率所需之資料，得以中央主管機關調查所得資料或其他政府機關記載資料爲基準（公平交易法施行細則第4條第2項參照）。

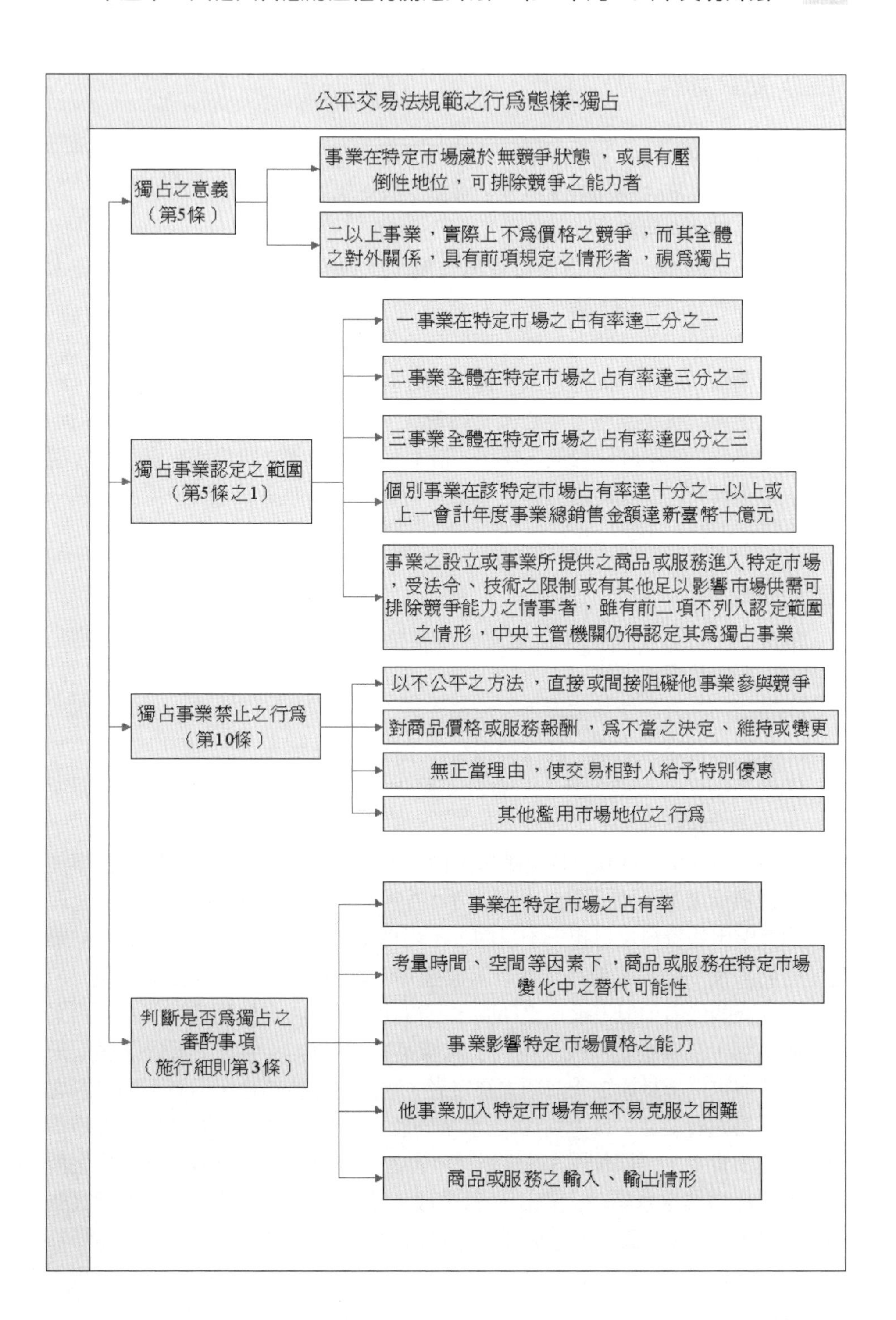
公平交易法規範之行爲態樣-獨占
獨占之意義
（第5條）
事業在特定市場處於無競爭狀態，或具有壓倒性地位，可排除競爭之能力者
二以上事業，實際上不爲價格之競爭，而其全體之對外關係，具有前項規定之情形者，視爲獨占
獨占事業認定之範圍
（第5條之1）
一事業在特定市場之占有率達二分之一
二事業全體在特定市場之占有率達三分之二
三事業全體在特定市場之占有率達四分之三
個別事業在該特定市場占有率達十分之一以上或上一會計年度事業總銷售金額達新臺幣十億元
事業之設立或事業所提供之商品或服務進入特定市場，受法令、技術之限制或有其他足以影響市場供需可排除競爭能力之情事者，雖有前二項不列入認定範圍之情形，中央主管機關仍得認定其爲獨占事業
獨占事業禁止之行爲
（第10條）
以不公平之方法，直接或間接阻礙他事業參與競爭
對商品價格或服務報酬，爲不當之決定、維持或變更
無正當理由，使交易相對人給予特別優惠
其他濫用市場地位之行爲
判斷是否爲獨占之審酌事項
（施行細則第3條）
事業在特定市場之占有率
考量時間、空間等因素下，商品或服務在特定市場變化中之替代可能性
事業影響特定市場價格之能力
他事業加入特定市場有無不易克服之困難
商品或服務之輸入、輸出情形

（二）結合管制

1. 結合之態樣

依據公平法第6條第1項之規定，事業之結合態樣包括以下之情形：

(1)與他事業合併者。

(2)持有或取得他事業之股份或出資額，達到他事業有表決權股份或資本總額三分之一以上者。

(3)受讓或承租他事業全部或主要部分之營業或財產者。

(4)與他事業經常共同經營或受他事業委託經營者。

(5)直接或間接控制他事業之業務經營或人事任免者。

又依據公平法第6條第2項之規定，計算前項第二款之股份或出資額時，應將與該事業具有控制與從屬關係之事業所持有或取得他事業之股份或出資額一併計入。

2. 申請許可

依據公平法第11條第1項之規定，事業結合時，有左列情形之一者，應先向中央主管機關提出申報：

(1)事業因結合而使其市場占有率達三分之一者。

(2)參與結合之一事業，其市場占有率達四分之一者。

(3)參與結合之事業，其上一會計年度之銷售金額，超過中央主管機關所公告之金額者。

公平法第11條第1項第3款之銷售金額，得由中央主管機關就金融機構事業與非金融機構事業分別公告之（同條第2項參照）。事業自中央主管機關受理其提出完整申報資料之日起三十日內，不得爲結合。但中央主管機關認爲必要時，得將該期間縮短或延長，並以書面通知申報事業。（同條第3項參照）。中央主管機關依前項但書延長之期間，不得逾三十日；對於延長期間之申報案件，應依第十二條規定作成決定。（同條第4項參照）。中央主管機關屆期未爲第三項但書之延長通知或前項之決定者，事業得逕行結合。但有下列情形之一者，不得逕行結合：(1)經申報之事業同意再延長期間者。(2)事業之申報事項有虛僞不實者。（同條第5項參照）。再者，公平法第11條第1項第3款之銷售金額，指事業之營業收入總額。營業收入總額之計算，得以中央主管機關調查所得資料或其他政府機關記載資料爲基準（公平交易法施行細則第6條參照）。

3. 申請結合應具備之文件

依據公平交易法施行細則第8條第1項之規定，公平法第11條第1項之事業結合，向中央主管機關提出申報時，應準備以下文件：

(1)申報書

申報書中應載明之事項包括：結合型態及內容，參與事業之姓名、住居所或公司、行號或團體之名稱、事務所或營業所，預定結合日期，設有代理人者，其代理人之姓名及其證明文件，其他必要事項。

(2)參與事業之基本資料

(i)事業設有代表人或管理人者，其代表人或管理人之姓名及住居所。

(ii)參與事業之資本額及營業項目。

(iii)參與事業及其具有控制與從屬關係之事業上一會計年度之營業額。

(iv)每一參與事業之員工人數。

(v)參與事業設立證明文件。

(3)參與事業上一會計年度之財務報表及營業報告書

(4)參與事業就該結合相關商品或服務之生產或經營成本、銷售價格及產銷值（量）等資料

(5)實施結合對整體經濟利益及限制競爭不利益之說明

(6)參與事業未來主要營運計畫

(7)參與事業轉投資之概況

(8)參與事業之股票在證券交易所上市，或於證券商營業處所買賣者，其最近一期之公開說明書或年報

(9)參與事業之水平競爭或其上下游事業之市場結構資料

(10)其他經中央主管機關指定之文件

另外，若事業結合提出申報時，所提資料不符上述規定或記載不完備者，中央主管機關得敘明理由限期通知補正；屆期不補正或補正後所提資料仍不齊備者，不受理其申報（公平交易法施行細則第9條參照）。而中央主管機關就申報案件所為之決定，得刊載政府公報。

4. 申請許可之例外

事業結合時，原則上應依上述公平法第11條之規定，向中央主管機關提出

申報，惟若有公平法第11條之1所列情形，則不適用之，公平法第11條之1所列情形包括：

(1)參與結合之一事業已持有他事業達百分之五十以上之有表決權股份或出資額，再與該他事業結合者。

(2)同一事業所持有有表決權股份或出資額達百分之五十以上之事業間結合者。

(3)事業將其全部或主要部分之營業、財產或可獨立營運之全部或一部營業，讓與其獨自新設之他事業者。

(4)事業依公司法第167條第1項但書或證券交易法第28條之2規定收回股東所持有之股份，致其原有股東符合第6條第1項第2款之情形者。

5. 得予許可結合之情形

依據公平法第12條第1項之規定，對於事業結合之申報，如其結合，對整體經濟利益大於限制競爭之不利益者，中央主管機關不得禁止其結合。另依據同條第2項規定，中央主管機關對於第11條第4項申報案件所為之決定，得附加條件或負擔，以確保整體經濟利益大於限制競爭之不利益。

6. 違法結合之處分

依據公平法第13條第1項之規定，事業違反第11條第1項、第3項規定而為結合，或申報後經中央主管機關禁止其結合而為結合，或未履行前條第2項對於結合所附加之負擔者，中央主管機關得禁止其結合、限期命其分設事業、處分全部或部分股份、轉讓部分營業、免除擔任職務或為其他必要之處分。另依同條第2項之規定，事業違反中央主管機關依前項所為之處分者，中央主管機關得命解散、停止營業或勒令歇業。

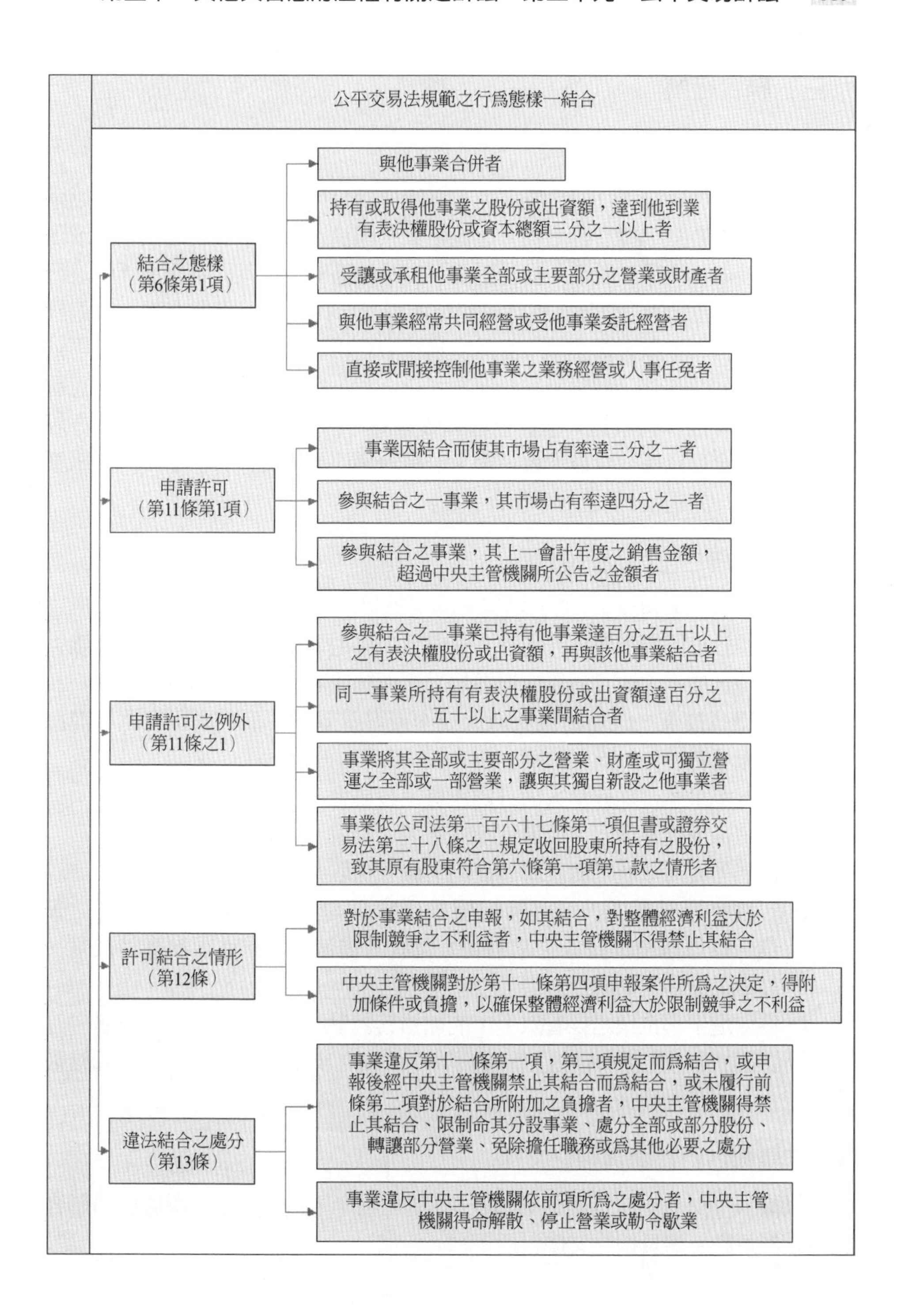
公平交易法規範之行為態樣－結合
結合之態樣
（第6條第1項）
與他事業合併者
持有或取得他事業之股份或出資額，達到他到業有表決權股份或資本總額三分之一以上者
受讓或承租他事業全部或主要部分之營業或財產者
與他事業經常共同經營或受他事業委託經營者
直接或間接控制他事業之業務經營或人事任免者
申請許可
（第11條第1項）
事業因結合而使其市場占有率達三分之一者
參與結合之一事業，其市場占有率達四分之一者
參與結合之事業，其上一會計年度之銷售金額，超過中央主管機關所公告之金額者
申請許可之例外
（第11條之1）
參與結合之一事業已持有他事業達百分之五十以上之有表決權股份或出資額，再與該他事業結合者
同一事業所持有有表決權股份或出資額達百分之五十以上之事業間結合者
事業將其全部或主要部分之營業、財產或可獨立營運之全部或一部營業，讓與其獨自新設之他事業者
事業依公司法第一百六十七條第一項但書或證券交易法第二十八條之二規定收回股東所持有之股份，致其原有股東符合第六條第一項第二款之情形者
許可結合之情形
（第12條）
對於事業結合之申報，如其結合，對整體經濟利益大於限制競爭之不利益者，中央主管機關不得禁止其結合
中央主管機關對於第十一條第四項申報案件所為之決定，得附加條件或負擔，以確保整體經濟利益大於限制競爭之不利益
違法結合之處分
（第13條）
事業違反第十一條第一項，第三項規定而為結合，或申報後經中央主管機關禁止其結合而為結合，或未履行前條第二項對於結合所附加之負擔者，中央主管機關得禁止其結合、限制命其分設事業、處分全部或部分股份、轉讓部分營業、免除擔任職務或為其他必要之處分
事業違反中央主管機關依前項所為之處分者，中央主管機關得命解散、停止營業或勒令歇業

（三）聯合行為

1. 聯合行為之意義

依據公平法第7條第1項之規定，本法所稱聯合行爲，謂事業以契約、協議或其他方式之合意，與有競爭關係之他事業共同決定商品或服務之價格，或限制數量、技術、產品、設備、交易對象、交易地區等，相互約束事業活動之行爲而言。另依據同條第2項之規定，前項所稱聯合行爲，以事業在同一產銷階段之水平聯合，足以影響生產、商品交易或服務供需之市場功能者爲限。再依據同條第3項之規定，第1項所稱其他方式之合意，指契約、協議以外之意思聯絡，不問有無法律拘束力，事實上可導致共同行爲者。另外，同條第4項亦規定，同業公會藉章程或會員大會、理、監事會議決議或其他方法所爲約束事業活動之行爲，亦爲第2項之水平聯合。

2. 不得為聯合行為及其例外

依據公平法第14條第1項之規定，事業不得爲聯合行爲。但有下列情形之一，而有益於整體經濟與公共利益，經申請中央主管機關許可者，不在此限：

(1)爲降低成本、改良品質或增進效率，而統一商品規格或型式者。

(2)爲提高技術、改良品質、降低成本或增進效率，而共同研究開發商品或市場者。

(3)爲促進事業合理經營，而分別作專業發展者。

(4)爲確保或促進輸出，而專就國外市場之競爭予以約定者。

(5)爲加強貿易效能，而就國外商品之輸入採取共同行爲者。

(6)經濟不景氣期間，商品市場價格低於平均生產成本，致該行業之事業，難以繼續維持或生產過剩，爲有計畫適應需求而限制產銷數量、設備或價格之共同行爲者。

(7)爲增進中小企業之經營效率，或加強其競爭能力所爲之共同行爲者。

同條第2項亦規定，中央主管機關收受前項之申請，應於三個月內爲核駁之決定；必要時得延長一次。

3. 申請聯合行為應具備之文件

依據公平交易法施行細則第14條第1項之規定，向中央主管機關申請聯合行爲之許可時，應具備之文件包括：

(1)申請書

申請書中應載明：申請聯合行爲之商品或服務名稱、聯合行爲之型態、聯合行爲實施期間及地區、設有代理人者，其代理人之姓名及其證明文件、其他必要事項。

(2)聯合行爲之契約書、協議書或其他合意文件。

(3)實施聯合行爲之具體內容及實施方法。

(4)參與事業之基本資料：

(i)參與事業之姓名、住居所或公司、行號、公會或團體之名稱、事務所或營業所。

(ii)事業設有代表人或管理人者，其代表人或管理人之姓名及住居所。

(iii)參與事業之營業項目、資本額及上一會計年度之營業額。

(5)參與事業最近兩年與聯合行爲有關之商品或服務價格及產銷值（量）之逐季資料。

(6)參與事業上一會計年度之財務報表及營業報告書。

(7)參與事業之水平競爭或其上下游事業之市場結構資料。

(8)聯合行爲評估報告書：

評估報告書中應載明之事項包括（公平交易法施行細則第15條參照）：

(i)參與事業實施聯合行爲前後成本結構及變動分析預估。

(ii)聯合行爲對未參與事業之影響。

(iii)聯合行爲對該市場結構、供需及價格之影響。

(iv)聯合行爲對上、下游事業及其市場之影響。

(v)聯合行爲對整體經濟與公共利益之具體利益與不利影響。

(vi)其他必要事項。

以下針對申請許可所依據之公平法條文，與該評估報告書應記載之事項說明如下：

依據之條文	條文內容	評估報告書具體記載內容
第14條第1項第1款	為降低成本、改良品質或增進效率，而統一商品規格或型式者	實施聯合行為達成降低成本、改良品質、增進效率或促進合理經營之具體預期效果
第14條第1項第3款	為促進事業合理經營，而分別作專業發展者	

依據之條文	條文內容	評估報告書具體記載內容
第14條第1項第2款	為提高技術、改良品質、降低成本或增進效率，而共同研究開發商品或市場者	1. 個別研究開發及共同研究開發所需經費之差異 2. 提高技術、改良品質、降低成本或增進效率之具體預期效果
第14條第1項第4款	為確保或促進輸出，而專就國外市場之競爭予以約定者	1. 參與事業最近一年之輸出值（量）與其占該商品總輸出值（量）及內外銷之比例 2. 促進輸出之具體預期效果
第14條第1項第5款	為加強貿易效能，而就國外商品之輸入採取共同行為者	1. 參與事業最近三年之輸入值（量） 2. 事業為個別輸入及聯合輸入所需成本比較 3. 達成加強貿易效能之具體預期效果
第14條第1項第6款	經濟不景氣期間，商品市場價格低於平均生產成本，致該行業之事業，難以繼續維持或生產過剩，為有計畫適應需求而限制產銷數量、設備或價格之共同行為者	1. 參與事業最近三年每月特定商品之平均成本、平均變動成本與價格之比較資料 2. 參與事業最近三年每月產能、設備利用率、產銷值（量）、輸出入值（量）及存貨量資料 3. 最近三年間該行業廠家數之變動狀況 4. 該行業之市場展望資料 5. 除聯合行為外，已採或擬採之自救措施 6. 實施聯合行為之預期效果

依據之條文	條文內容	評估報告書具體記載內容
第14條第1項第7款	為增進中小企業之經營效率，或加強其競爭能力所為之共同行為者	1. 符合中小企業認定標準之資料 2. 達成增進經營效率或加強競爭能力之具體預期效果

(9)其他經中央主管機關指定之文件

4. 許可聯合行為之附款

依據公平法第15條第1項之規定，中央主管機關爲前條之許可時，得附加條件或負擔。而許可應附期限，其期限不得逾三年；事業如有正當理由，得於期限屆滿前三個月內，以書面向中央主管機關申請延展，其延展期限，每次不得逾三年。（公平法第15條第2項參照）

5. 許可聯合行為之撤銷

聯合行爲經許可後，如因許可事由消滅、經濟情況變更或事業逾越許可之範圍行爲者，中央主管機關得廢止許可、變更許可內容、命令停止、改正其行爲或採取必要更正措施（公平法第16條參照）。另外，中央主管機關對於公平法第14條之許可聯合行爲、第15條之許可聯合行爲之條件、負擔、期限、第16條之有關處分，應設置專簿予以登記，並刊載政府公報。（公平法第17條參照）

（四）其他不正當競爭行為

1. 妨礙公平競爭

依據公平交易法第19條之規定，有左列各款行爲之一，而有限制競爭或妨礙公平競爭之虞者，事業不得爲之：

(1)以損害特定事業爲目的，促使他事業對該特定事業斷絕供給、購買或其他交易之行爲。

(2)無正當理由，對他事業給予差別待遇之行爲。

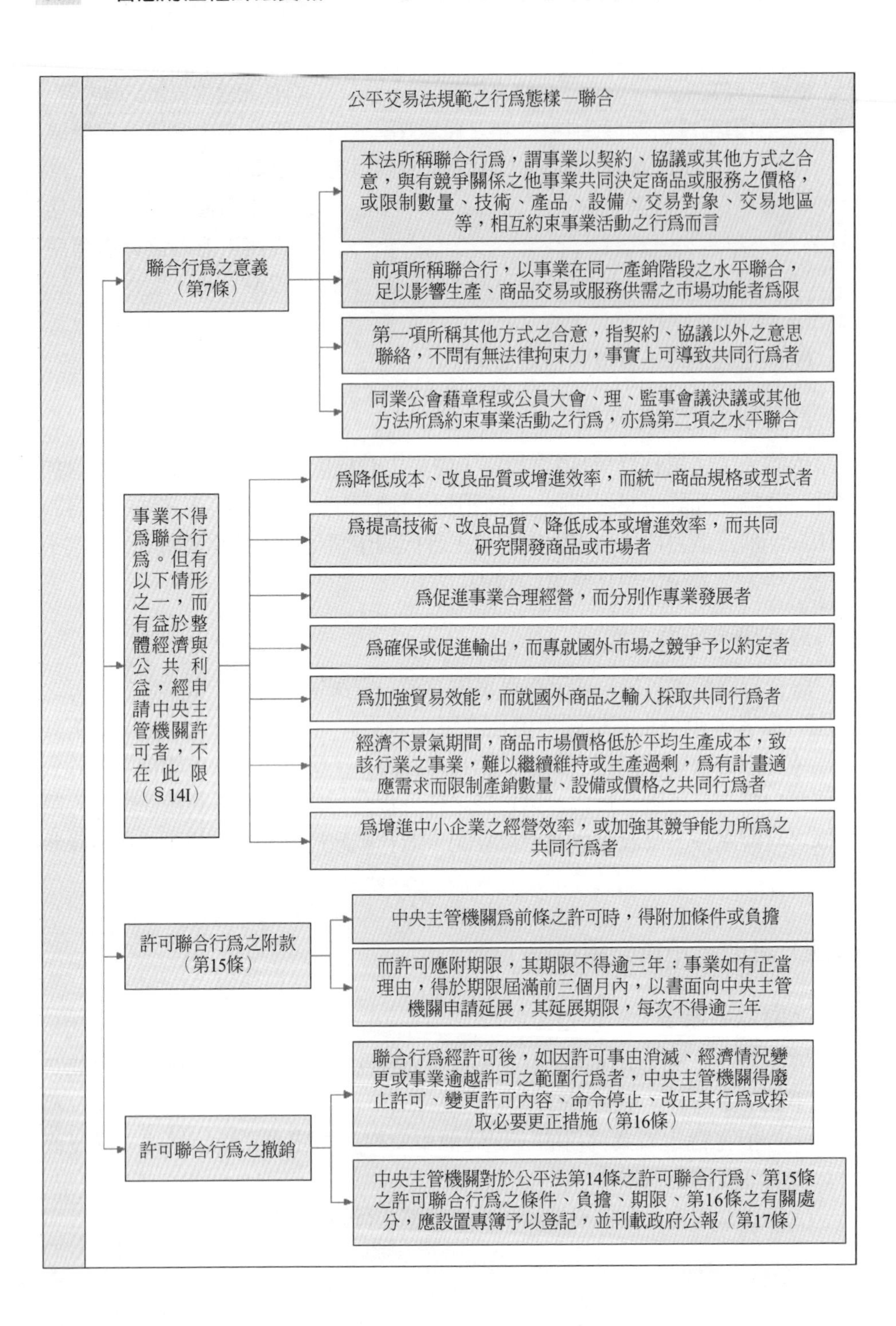
公平交易法規範之行為態樣—聯合
聯合行為之意義（第7條）
本法所稱聯合行為，謂事業以契約、協議或其他方式之合意，與有競爭關係之他事業共同決定商品或服務之價格，或限制數量、技術、產品、設備、交易對象、交易地區等，相互約束事業活動之行為而言
前項所稱聯合行，以事業在同一產銷階段之水平聯合，足以影響生產、商品交易或服務供需之市場功能者為限
第一項所稱其他方式之合意，指契約、協議以外之意思聯絡，不問有無法律拘束力，事實上可導致共同行為者
同業公會藉章程或公員大會、理、監事會議決議或其他方法所為約束事業活動之行為，亦為第二項之水平聯合
事業不得為聯合行為。但有以下情形之一，而有益於整體經濟與公共利益，經申請中央主管機關許可者，不在此限（§14I）
為降低成本、改良品質或增進效率，而統一商品規格或型式者
為提高技術、改良品質、降低成本或增進效率，而共同研究開發商品或市場者
為促進事業合理經營，而分別作專業發展者
為確保或促進輸出，而專就國外市場之競爭予以約定者
為加強貿易效能，而就國外商品之輸入採取共同行為者
經濟不景氣期間，商品市場價格低於平均生產成本，致該行業之事業，難以繼續維持或生產過剩，為有計畫適應需求而限制產銷數量、設備或價格之共同行為者
為增進中小企業之經營效率，或加強其競爭能力所為之共同行為者
許可聯合行為之附款（第15條）
中央主管機關為前條之許可時，得附加條件或負擔
而許可應附期限，其期限不得逾三年；事業如有正當理由，得於期限屆滿前三個月內，以書面向中央主管機關申請延展，其延展期限，每次不得逾三年
許可聯合行為之撤銷
聯合行為經許可後，如因許可事由消滅、經濟情況變更或事業逾越許可之範圍行為者，中央主管機關得廢止許可、變更許可內容、命令停止、改正其行為或採取必要更正措施（第16條）
中央主管機關對於公平法第14條之許可聯合行為、第15條之許可聯合行為之條件、負擔、期限、第16條之有關處分，應設置專簿予以登記，並刊載政府公報（第17條）

(3)以脅迫、利誘或其他不正當方法，使競爭者之交易相對人與自己進行交易之行為。

(4)以脅迫、利誘或其他不正當方法，使他事業不為價格之競爭，參與結合或聯合之行為。

(5)以脅迫、利誘或其他不正當方法，獲取他事業之產銷機密、交易相對人資料或其他有關技術秘密之行為。

(6)以不正當限制交易相對人之事業活動為條件，而與其交易之行為。

此外依據公平交易法施行細則第27條第1項之規定，本法第19條第6款所稱限制，指搭售、獨家交易、地域、顧客或使用之限制及其他限制事業活動之情形。次按同條第2項之規定，前項限制是否不正當，應綜合當事人之意圖、目的、市場地位、所屬市場結構、商品特性及履行情況對市場競爭之影響等加以判斷。

2. 仿冒商品服務表徵

依據公平法第20條第1項之規定，事業就其營業所提供之商品或服務，不得有下列行為：

(1)以相關事業或消費者所普遍認知之他人姓名、商號或公司名稱、商標、商品容器、包裝、外觀或其他顯示他人商品之表徵，為相同或類似之使用，致與他人商品混淆，或販賣、運送、輸出或輸入使用該項表徵之商品。

(2)以相關事業或消費者所普遍認知之他人姓名、商號或公司名稱、標章或其他表示他人營業、服務之表徵，為相同或類似之使用，致與他人營業或服務之設施或活動混淆者。

(3)於同一商品或同類商品，使用相同或近似於未經註冊之外國著名商標，或販賣、運送、輸出或輸入使用該項商標之商品者。

此外，依據同條第2項之規定，前項規定，於左列各款行為不適用之：

(1)以普通使用方法，使用商品本身習慣上所通用之名稱，或交易上同類商品慣用之表徵，或販賣、運送、輸出或輸入使用該名稱或表徵之商品者。

(2)以普通使用方法，使用交易上同種營業或服務慣用名稱或其他表徵者。

(3)善意使用自己姓名之行爲，或販賣、運送、輸出或輸入使用該姓名之商品者。

(4)對於前項第1款或第2款所列之表徵，在未爲相關事業或消費者所普遍認知前，善意爲相同或類似使用，或其表徵之使用係自該善意使用人連同其營業一併繼受而使用，或販賣、運送、輸出或輸入使用該表徵之商品者。

另外，事業因他事業爲前項第3款或第4款之行爲，致其營業、商品、設施或活動有受損害或混淆之虞者，得請求他事業附加適當表徵。但對僅爲運送商品者，不適用之（同條第3項參照）。

3. 虛偽不實或引人錯誤之表示或表徵

依據公平法第21條第1項之規定，事業不得在商品或其廣告上，或以其他使公衆得知之方法，對於商品之價格、數量、品質、內容、製造方法、製造日期、有效期限、使用方法、用途、原產地、製造者、製造地、加工者、加工地等，爲虛僞不實或引人錯誤之表示或表徵。

而事業對於載有前項虛僞不實或引人錯誤表示之商品，不得販賣、運送、輸出或輸入（同條第2項參照）。且前二項之規定於事業之服務亦準用之（同條第3項參照）。

另依同條第4項之規定，廣告代理商在明知或可得知情形下，仍製作或設計有引人錯誤之廣告，與廣告主負連帶損害賠償責任。廣告媒體業在明知或可得知其所傳播或刊載之廣告有引人錯誤之虞，仍予傳播或刊載，亦與廣告主負連帶損害賠償責任。廣告薦證者明知或可得而知其所從事之薦證有引人錯誤之虞，而仍爲薦證者，與廣告主負連帶賠償責任。但廣告薦證者非屬知名公衆人物、專業人士或機構，僅於受廣告主報酬十倍之範圍內，與廣告主負連帶損害賠償責任。

4. 陳述或散布不實而為競爭

依據公平法第22條之規定，事業不得爲競爭之目的，而陳述或散布足以損害他人營業信譽之不實情事。

5. 概括條款

依據公平法第24條之規定，除本法另有規定者外，事業亦不得爲其他足以影響交易秩序之欺罔或顯失公平之行爲。

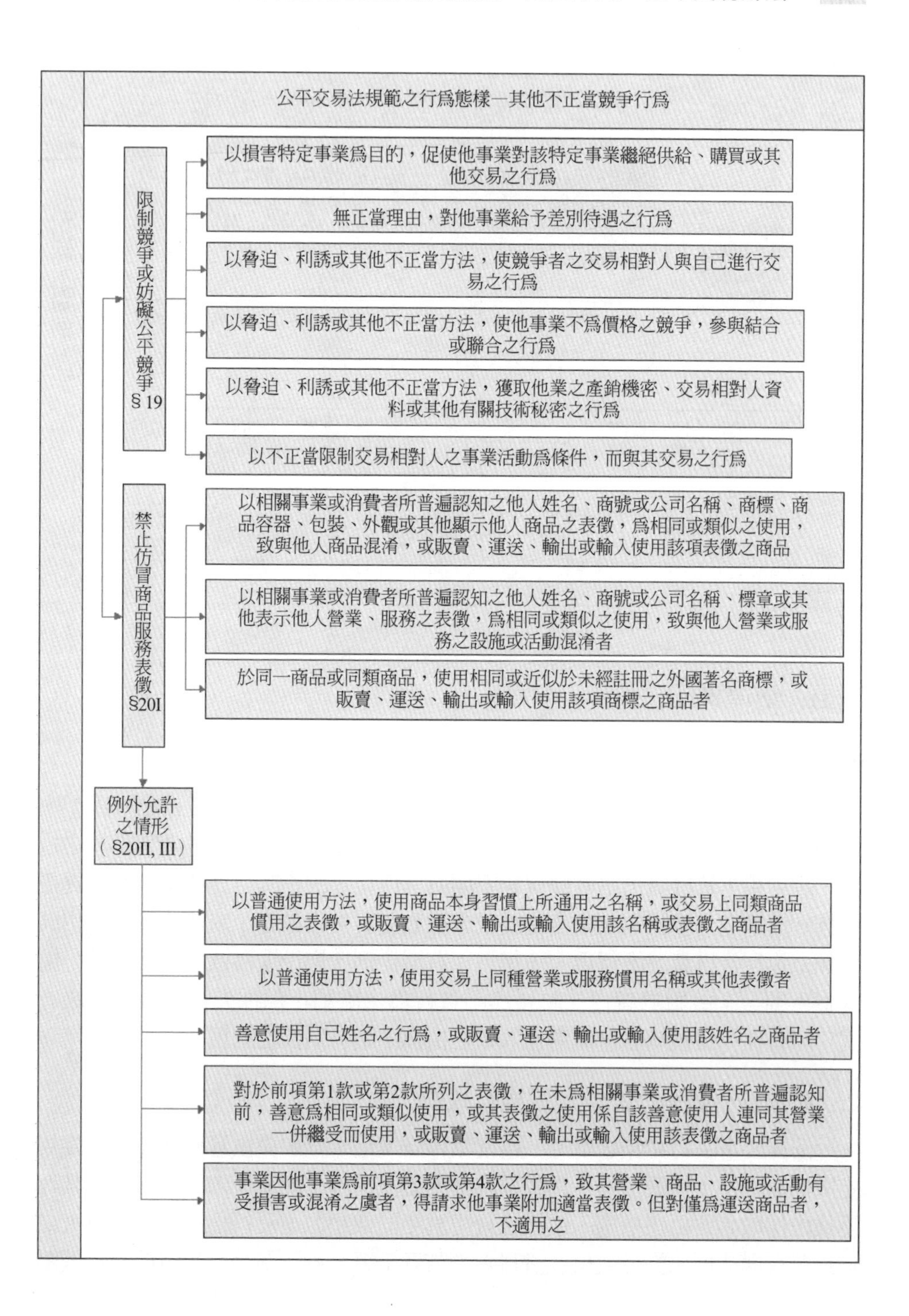
公平交易法規範之行爲態樣—其他不正當競爭行爲
限制競爭或妨礙公平競爭 §19
以損害特定事業爲目的，促使他事業對該特定事業斷絕供給、購買或其他交易之行爲
無正當理由，對他事業給予差別待遇之行爲
以脅迫、利誘或其他不正當方法，使競爭者之交易相對人與自己進行交易之行爲
以脅迫、利誘或其他不正當方法，使他事業不爲價格之競爭，參與結合或聯合之行爲
以脅迫、利誘或其他不正當方法，獲取他業之產銷機密、交易相對人資料或其他有關技術秘密之行爲
以不正當限制交易相對人之事業活動爲條件，而與其交易之行爲
禁止仿冒商品服務表徵 §20I
以相關事業或消費者所普遍認知之他人姓名、商號或公司名稱、商標、商品容器、包裝、外觀或其他顯示他人商品之表徵，爲相同或類似之使用，致與他人商品混淆，或販賣、運送、輸出或輸入使用該項表徵之商品
以相關事業或消費者所普遍認知之他人姓名、商號或公司名稱、標章或其他表示他人營業、服務之表徵，爲相同或類似之使用，致與他人營業或服務之設施或活動混淆者
於同一商品或同類商品，使用相同或近似於未經註冊之外國著名商標，或販賣、運送、輸出或輸入使用該項商標之商品者
例外允許之情形（§20II, III）
以普通使用方法，使用商品本身習慣上所通用之名稱，或交易上同類商品慣用之表徵，或販賣、運送、輸出或輸入使用該名稱或表徵之商品者
以普通使用方法，使用交易上同種營業或服務慣用名稱或其他表徵者
善意使用自己姓名之行爲，或販賣、運送、輸出或輸入使用該姓名之商品者
對於前項第1款或第2款所列之表徵，在未爲相關事業或消費者所普遍認知前，善意爲相同或類似使用，或其表徵之使用係自該善意使用人連同其營業一併繼受而使用，或販賣、運送、輸出或輸入使用該表徵之商品者
事業因他事業爲前項第3款或第4款之行爲，致其營業、商品、設施或活動有受損害或混淆之虞者，得請求他事業附加適當表徵。但對僅爲運送商品者，不適用之

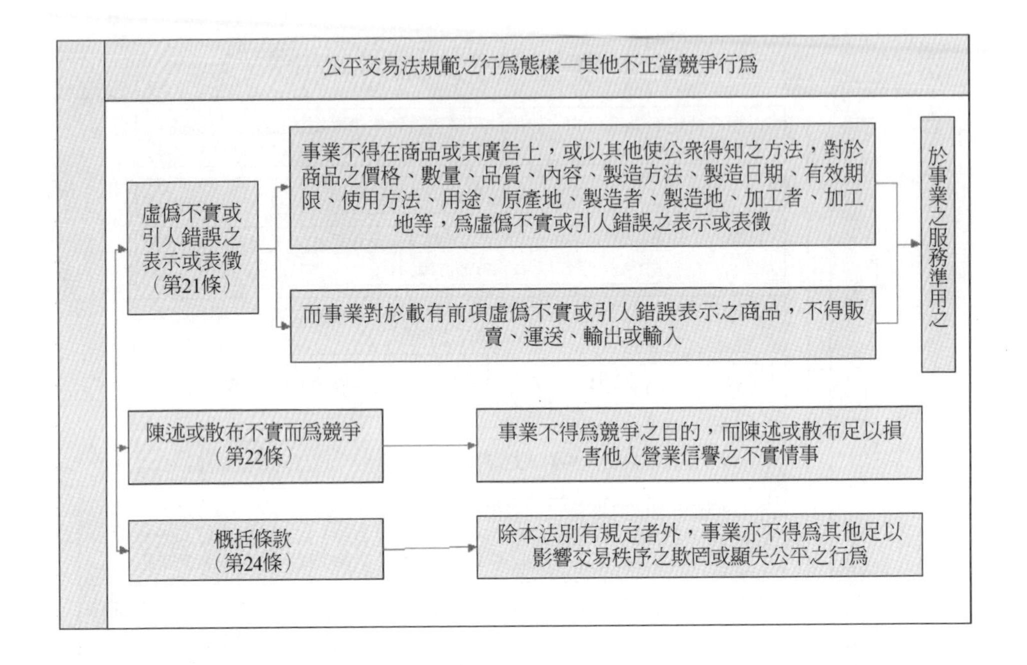

（五）法律責任

1. 獨占、聯合及仿冒行為之刑罰與行政罰

依據公平法第35條第1項之規定，違反第10條（獨占事業禁止之行爲）、第14條（不得爲聯合行爲及其例外）、第20條第1項（仿冒行爲之禁止）之規定，經中央主管機關依第41條規定限期命其停止、改正其行爲或採取必要更正措施，而逾期未停止、改正其行爲或未採取必要更正措施，或停止後再爲相同或類似違反行爲者，處行爲人三年以下有期徒刑、拘役或科或併科新臺幣一億元以下罰金。故對於獨占、聯合與仿冒行爲之處罰，係採先行政後刑事之方式，只有在行政罰無法達成遏止效果之情況下始有刑罰之適用。

2. 妨礙公平競爭行為之刑罰與行政罰

依據公平法第36條之規定，違反第19條規定，經中央主管機關依第41條規定限期命其停止、改正其行爲或採取必要更正措施，而逾期未停止、改正其行爲或未採取必要更正措施，或停止後再爲相同或類似違反行爲者，處行爲人二年以下有期徒刑、拘役或科或併科新臺幣五千萬元以下罰金。故對於妨礙公平競爭行爲之處罰亦係採取先行政後刑事之方式，只有在行政罰無法達成遏止效果之情況下始有刑罰之適用。

3. 虛偽不實或引人錯誤之表示或表徵之行政罰

依據公平法第41條之規定，公平交易委員會對於違反本法規定之事業，得限期命其停止、改正其行爲或採取必要更正措施，並得處新臺幣五萬元以上二千五百萬元以下罰鍰；逾期仍不停止、改正其行爲或未採取必要更正措施者，得繼續限期命其停止、改正其行爲或採取必要更正措施，並按次連續處新臺幣十萬元以上五千萬元以下罰鍰，至停止、改正其行爲或採取必要更正措施爲止。故對於違反公平法第21條之事業，應依公平法第41條之規定對之處以行政罰。

此外，依據公平交易法施行細則第28條之規定，事業有違反本法第21條第1項、第3項規定之行爲，中央主管機關得依本法第41條之規定，命其刊登更正廣告（公平交易法施行細則第28條第1項參照）。前項更正廣告方法、次數及期間，由中央主管機關審酌原廣告之影響程度定之（同條第2項參照）。

4. 陳述或散布不實而為競爭之刑罰

依據公平法第37條之規定，違反第22條規定者，處行爲人二年以下有期徒刑、拘役或科或併科新臺幣五千萬元以下罰金（公平法第37條第1項參照）。前項之罪，須告訴乃論（同條第2項參照）。故對於陳述或散布不實而爲競爭之事業，應依公平法第37條之規定對之處以刑罰。

5. 結合行為之行政罰

事業違反第11條第1項、第3項規定而爲結合，或申報後經中央主管機關禁止其結合而爲結合，或未履行第12條第2項對於結合所附加之負擔者，中央主管機關得禁止其結合、限期命其分設事業、處分全部或部分股份、轉讓部分營業、免除擔任職務或爲其他必要之處分（公平法第13條第1項參照）。事業違反中央主管機關依前項所爲之處分者，中央主管機關得命其解散、停止營業或勒令歇業（同條第2項參照）。

此外，依據公平法第40條第1項之規定，事業違反第11條第1項、第3項規定而爲結合，或申報後經中央主管機關禁止其結合而爲結合、或未履行第12條第2項對於結合所附加之負擔者，除依第13條規定處分外，處新臺幣十萬元以

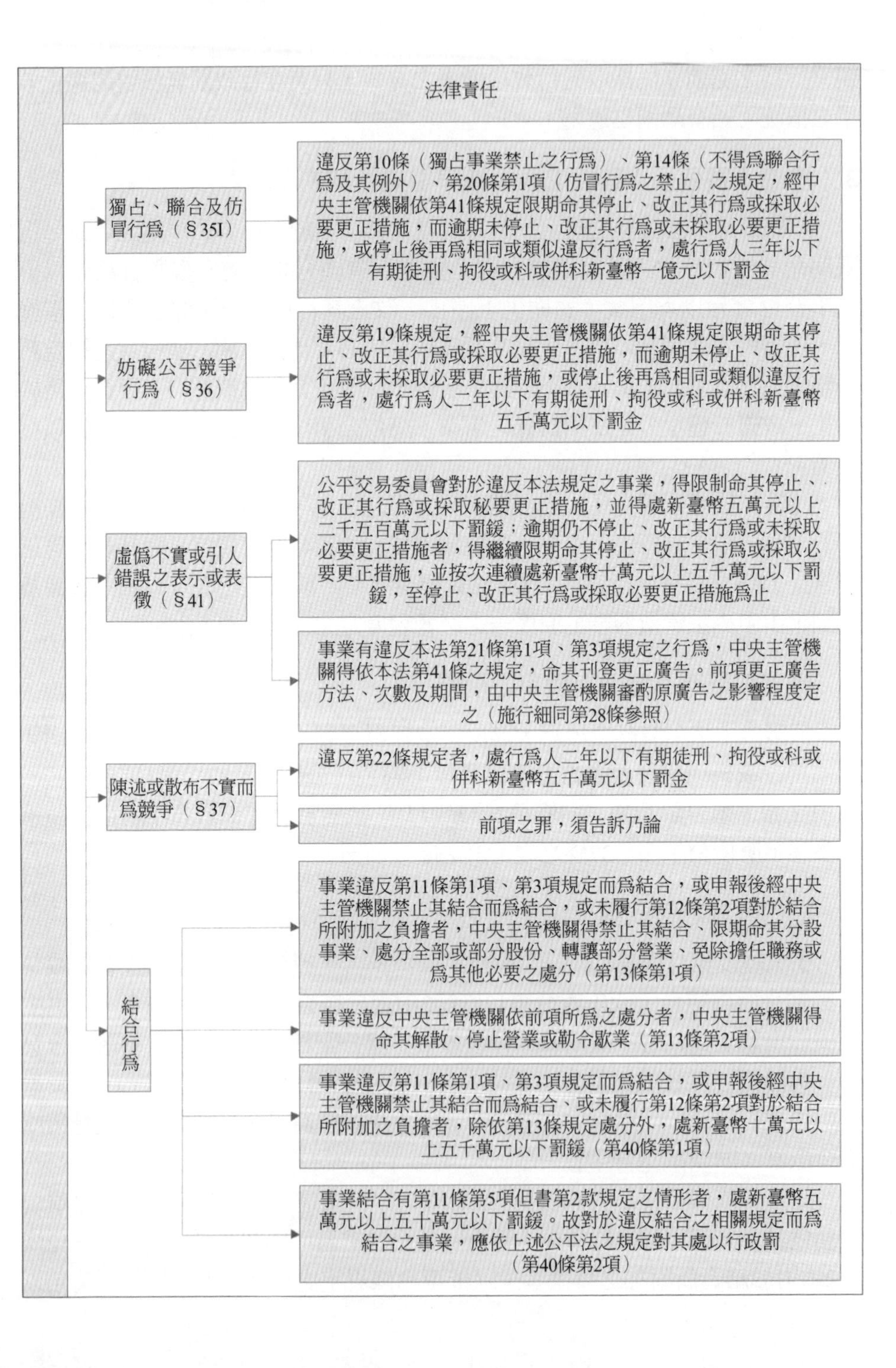
法律責任
獨占、聯合及仿冒行為（§35I）
違反第10條（獨占事業禁止之行為）、第14條（不得為聯合行為及其例外）、第20條第1項（仿冒行為之禁止）之規定，經中央主管機關依第41條規定限期命其停止、改正其行為或採取必要更正措施，而逾期未停止、改正其行為或未採取必要更正措施，或停止後再為相同或類似違反行為者，處行為人三年以下有期徒刑、拘役或科或併科新臺幣一億元以下罰金
妨礙公平競爭行為（§36）
違反第19條規定，經中央主管機關依第41條規定限期命其停止、改正其行為或採取必要更正措施，而逾期未停止、改正其行為或未採取必要更正措施，或停止後再為相同或類似違反行為者，處行為人二年以下有期徒刑、拘役或科或併科新臺幣五千萬元以下罰金
虛偽不實或引人錯誤之表示或表徵（§41）
公平交易委員會對於違反本法規定之事業，得限制命其停止、改正其行為或採取秘要更正措施，並得處新臺幣五萬元以上二千五百萬元以下罰鍰；逾期仍不停止、改正其行為或未採取必要更正措施者，得繼續限期命其停止、改正其行為或採取必要更正措施，並按次連續處新臺幣十萬元以上五千萬元以下罰鍰，至停止、改正其行為或採取必要更正措施為止
事業有違反本法第21條第1項、第3項規定之行為，中央主管機關得依本法第41條之規定，命其刊登更正廣告。前項更正廣告方法、次數及期間，由中央主管機關審酌原廣告之影響程度定之（施行細同第28條參照）
陳述或散布不實而為競爭（§37）
違反第22條規定者，處行為人二年以下有期徒刑、拘役或科或併科新臺幣五千萬元以下罰金
前項之罪，須告訴乃論
結合行為
事業違反第11條第1項、第3項規定而為結合，或申報後經中央主管機關禁止其結合而為結合，或未履行第12條第2項對於結合所附加之負擔者，中央主管機關得禁止其結合、限期命其分設事業、處分全部或部分股份、轉讓部分營業、免除擔任職務或為其他必要之處分（第13條第1項）
事業違反中央主管機關依前項所為之處分者，中央主管機關得命其解散、停止營業或勒令歇業（第13條第2項）
事業違反第11條第1項、第3項規定而為結合，或申報後經中央主管機關禁止其結合而為結合、或未履行第12條第2項對於結合所附加之負擔者，除依第13條規定處分外，處新臺幣十萬元以上五千萬元以下罰鍰（第40條第1項）
事業結合有第11條第5項但書第2款規定之情形者，處新臺幣五萬元以上五十萬元以下罰鍰。故對於違反結合之相關規定而為結合之事業，應依上述公平法之規定對其處以行政罰（第40條第2項）

上五千萬元以下罰鍰。而依據同條第2項規定，事業結合有第11條第5項但書第2款規定之情形者，處新臺幣五萬元以上五十萬元以下罰鍰。故對於違反結合之相關規定而爲結合之事業，應依上述公平法之規定對其處以行政罰。

相關法條

公平交易法第2條

本法所稱事業如下：

一、公司。

二、獨資或合夥之工商行號。

三、同業公會。

四、其他提供商品或服務從事交易之人或團體。

公平交易法第5條

本法所稱獨占，謂事業在特定市場處於無競爭狀態，或具有壓倒性地位，可排除競爭之能力者。

二以上事業，實際上不爲價格之競爭，而其全體之對外關係，具有前項規定之情形者，視爲獨占。

第一項所稱特定市場，係指事業就一定之商品或服務，從事競爭之區域或範圍。

公平交易法第5條之1

事業無下列各款情形者，不列入前條獨占事業認定範圍：

一、一事業在特定市場之占有率達二分之一。

二、二事業全體在特定市場之占有率達三分之二。

三、三事業全體在特定市場之占有率達四分之三。

有前項各款情形之一，其個別事業在該特定市場占有率未達十分之一或上一會計年度事業總銷售金額未達新臺幣十億元者，該事業不列入獨占事業之認定範圍。

事業之設立或事業所提供之商品或服務進入特定市場，受法令、技術之限制或有其他足以影響市場供需可排除競爭能力之情事者，雖有前二項不列入認定範圍之情形，中央主管機關仍得認定其爲獨占事業。

公平交易法第6條

本法所稱結合，謂事業有下列情形之一者而言：

一、與他事業合併者。

二、持有或取得他事業之股份或出資額，達到他事業有表決權股份或資本總額三分之一以上者。

三、受讓或承租他事業全部或主要部分之營業或財產者。

四、與他事業經常共同經營或受他事業委託經營者。

五、直接或間接控制他事業之業務經營或人事任免者。

計算前項第二款之股份或出資額時，應將與該事業具有控制與從屬關係之事業所持有或取得他事業之股份或出資額一併計入。

公平交易法第7條

本法所稱聯合行爲，謂事業以契約、協議或其他方式之合意，與有競爭關係之他事業共同決定商品或服務之價格，或限制數量、技術、產品、設備、交易對象、交易地區等，相互約束事業活動之行爲而言。

前項所稱聯合行爲，以事業在同一產銷階段之水平聯合，足以影響生產、商品交易或服務供需之市場功能者爲限。

第一項所稱其他方式之合意，指契約、協議以外之意思聯絡，不問有無法律拘束力，事實上可導致共同行爲者。

同業公會藉章程或會員大會、理、監事會議決議或其他方法所爲約束事業活動之行爲，亦爲第二項之水平聯合。

公平交易法第10條

獨占之事業，不得有下列行爲：

一、以不公平之方法，直接或間接阻礙他事業參與競爭。

二、對商品價格或服務報酬，爲不當之決定、維持或變更。

三、無正當理由，使交易相對人給予特別優惠。

四、其他濫用市場地位之行爲。

公平交易法第11條

事業結合時，有下列情形之一者，應先向中央主管機關提出申報：

一、事業因結合而使其市場占有率達三分之一者。

二、參與結合之一事業，其市場占有率達四分之一者。

三、參與結合之事業，其上一會計年度之銷售金額，超過中央主管機關所公告之金額者。

前項第三款之銷售金額，得由中央主管機關就金融機構事業與非金融機構事業分別公告之。

事業自中央主管機關受理其提出完整申報資料之日起三十日內，不得為結合。但中央主管機關認為必要時，得將該期間縮短或延長，並以書面通知申報事業。

中央主管機關依前項但書延長之期間，不得逾三十日；對於延長期間之申報案件，應依第十二條規定作成決定。

中央主管機關屆期未為第三項但書之延長通知或前項之決定者，事業得逕行結合。但有下列情形之一者，不得逕行結合：

一、經申報之事業同意再延長期間者。

二、事業之申報事項有虛偽不實者。

公平交易法第11條之1

前條第一項之規定，於下列情形不適用之：

一、參與結合之一事業已持有他事業達百分之五十以上之有表決權股份或出資額，再與該他事業結合者。

二、同一事業所持有有表決權股份或出資額達百分之五十以上之事業間結合者。

三、事業將其全部或主要部分之營業、財產或可獨立營運之全部或一部營業，讓與其獨自新設之他事業者。

四、事業依公司法第一百六十七條第一項但書或證券交易法第二十八條之二規定收回股東所持有之股份，致其原有股東符合第六條第一項第二款之情形者。

公平交易法第12條

對於事業結合之申報，如其結合，對整體經濟利益大於限制競爭之不利益者，中央主管機關不得禁止其結合。

中央主管機關對於第十一條第四項申報案件所為之決定，得附加條件或負擔，以確保整體經濟利益大於限制競爭之不利益。

公平交易法第13條

事業違反第十一條第一項、第三項規定而爲結合，或申報後經中央主管機關禁止其結合而爲結合，或未履行前條第二項對於結合所附加之負擔者，中央主管機關得禁止其結合、限期命其分設事業、處分全部或部分股份、轉讓部分營業、免除擔任職務或爲其他必要之處分。

事業違反中央主管機關依前項所爲之處分者，中央主管機關得命解散、停止營業或勒令歇業。

公平交易法第14條

事業不得爲聯合行爲。但有下列情形之一，而有益於整體經濟與公共利益，經申請中央主管機關許可者，不在此限：

一、爲降低成本、改良品質或增進效率，而統一商品規格或型式者。

二、爲提高技術、改良品質、降低成本或增進效率，而共同研究開發商品或市場者。

三、爲促進事業合理經營，而分別作專業發展者。

四、爲確保或促進輸出，而專就國外市場之競爭予以約定者。

五、爲加強貿易效能，而就國外商品之輸入採取共同行爲者。

六、經濟不景氣期間，商品市場價格低於平均生產成本，致該行業之事業，難以繼續維持或生產過剩，爲有計畫適應需求而限制產銷數量、設備或價格之共同行爲者。

七、爲增進中小企業之經營效率，或加強其競爭能力所爲之共同行爲者。

中央主管機關收受前項之申請，應於三個月內爲核駁之決定；必要時得延長一次。

公平交易法第15條

中央主管機關爲前條之許可時，得附加條件或負擔。

許可應附期限，其期限不得逾三年；事業如有正當理由，得於期限屆滿前三個月內，以書面向中央主管機關申請延展，其延展期限，每次不得逾三年。

公平交易法第16條

聯合行爲經許可後，如因許可事由消滅、經濟情況變更或事業逾越許可之範圍行爲者，中央主管機關得廢止許可、變更許可內容、命令停止、改正其行爲或採取必要更正措施。

公平交易法第17條

中央主管機關對於前三條之許可、條件、負擔、期限及有關處分，應設置專簿予以登記，並刊載政府公報。

公平交易法第19條

有下列各款行爲之一，而有限制競爭或妨礙公平競爭之虞者，事業不得爲之：

一、以損害特定事業爲目的，促使他事業對該特定事業斷絕供給、購買或其他交易之行爲。

二、無正當理由，對他事業給予差別待遇之行爲。

三、以脅迫、利誘或其他不正當方法，使競爭者之交易相對人與自己交易之行爲。

四、以脅迫、利誘或其他不正當方法，使他事業不爲價格之競爭、參與結合或聯合之行爲。

五、以脅迫、利誘或其他不正當方法，獲取他事業之產銷機密、交易相對人資料或其他有關技術秘密之行爲。

六、以不正當限制交易相對人之事業活動爲條件，而與其交易之行爲。

公平交易法第20條

事業就其營業所提供之商品或服務，不得有下列行爲：

一、以相關事業或消費者所普遍認知之他人姓名、商號或公司名稱、商標、商品容器、包裝、外觀或其他顯示他人商品之表徵，爲相同或類似之使用，致與他人商品混淆，或販賣、運送、輸出或輸入使用該項表徵之商品者。

二、以相關事業或消費者所普遍認知之他人姓名、商號或公司名稱、標章或其他表示他人營業、服務之表徵，爲相同或類似之使用，致與他人營業或服務之設施或活動混淆者。

三、於同一商品或同類商品，使用相同或近似於未經註冊之外國著名商標，或販賣、運送、輸出或輸入使用該項商標之商品者。

前項規定，於左列各款行爲不適用之：

一、以普通使用方法，使用商品本身習慣上所通用之名稱，或交易上同類商品慣用之表徵，或販賣、運送、輸出或輸入使用該名稱或表徵之商品者。

二、以普通使用方法，使用交易上同種營業或服務慣用名稱或其他表徵者。

三、善意使用自己姓名之行爲，或販賣、運送、輸出或輸入使用該姓名之商品者。

四、對於前項第一款或第二款所列之表徵，在未爲相關事業或消費者所普遍認知前，善意爲相同或類似使用，或其表徵之使用係自該善意使用人連同其營業一併繼受而使用，或販賣、運送、輸出或輸入使用該表徵之商品者。

事業因他事業爲前項第三款或第四款之行爲，致其營業、商品、設施或活動有受損害或混淆之虞者，得請求他事業附加適當表徵。但對僅爲運送商品者，不適用之。

公平交易法第21條

事業不得在商品或其廣告上，或以其他使公衆得知之方法，對於商品之價格、數量、品質、內容、製造方法、製造日期、有效期限、使用方法、用途、原產地、製造者、製造地、加工者、加工地等，爲虛僞不實或引人錯誤之表示或表徵。

事業對於載有前項虛僞不實或引人錯誤表示之商品，不得販賣、運送、輸出或輸入。

前二項規定於事業之服務準用之。

廣告代理業在明知或可得知情形下，仍製作或設計有引人錯誤之廣告，與廣告主負連帶損害賠償責任。廣告媒體業在明知或可得知其所傳播或刊載之廣告有引人錯誤之虞，仍予傳播或刊載，亦與廣告主負連帶損害賠償責任。廣告薦證者明知或可得而知其所從事之薦證有引人錯誤之虞，而仍爲薦證者，與廣告主負連帶損害賠償責任。廣告薦證者明知或可得而知其所從事之薦證有引人錯誤之虞，而仍爲薦證者，與廣告主負連帶賠償責任。但廣告薦證者非屬知名公衆人物、專業人士或機構，僅於受廣告主報酬十倍之範圍內，與廣告主負連帶損害賠償責任。

前項所稱廣告薦證者，指廣告主以外，於廣告中反映其對商品或服務之意見、信賴、發現或親身體驗結果之人或機構。

公平交易法第22條

事業不得爲競爭之目的，而陳述或散布足以損害他人營業信譽之不實情事。

公平交易法第24條

除本法另有規定者外，事業亦不得爲其他足以影響交易秩序之欺罔或顯失公平之行爲。

公平交易法第35條

違反第十條、第十四條、第二十條第一項規定，經中央主管機關依第四十一條規定限期命其停止、改正其行爲或採取必要更正措施，而逾期未停止、改正其行爲或未採取必要更正措施，或停止後再爲相同或類似違反行爲者，處行爲人三年以下有期徒刑、拘役或科或併科新台幣一億元以下罰金。

違反第二十三條規定者，處行爲人三年以下有期徒刑、拘役或科或併科新台幣一億元以下罰金。

公平交易法第36條

違反第十九條規定，經中央主管機關依第四十一條規定限期命其停止、改正其行爲或採取必要更正措施，而逾期未停止、改正其行爲或未採取必要更正措施，或停止後再爲相同或類似違反行爲者，處行爲人二年以下有期徒刑、拘役或科或併科新台幣五千萬元以下罰金。

公平交易法第37條

違反第二十二條規定者，處行爲人二年以下有期徒刑、拘役或科或併科新台幣五千萬元以下罰金。

前項之罪，須告訴乃論。

公平交易法第40條

事業違反第十一條第一項、第三項規定而爲結合，或申報後經中央主管機關禁止其結合而爲結合，或未履行第十二條第二項對於結合所附加之負擔者，除依第十三條規定處分外，處新臺幣十萬元以上五千萬元以下罰鍰。

事業結合有第十一條第五項但書第二款規定之情形者，處新臺幣五萬元以上五十萬元以下罰鍰。

公平交易法第41條

公平交易委員會對於違反本法規定之事業，得限期命其停止、改正其行為或採取必要更正措施，並得處新台幣五萬元以上二千五百萬元以下罰鍰；逾期仍不停止、改正其行為或未採取必要更正措施者，得繼續限期命其停止、改正其行為或採取必要更正措施，並按次連續處新台幣十萬元以上五千萬元以下罰鍰，至停止、改正其行為或採取必要更正措施為止。

公平交易法施行細則第3條

本法第五條所稱獨占，應審酌下列事項認定之：

一、事業在特定市場之占有率。

二、考量時間、空間等因素下，商品或服務在特定市場變化中之替代可能性。

三、事業影響特定市場價格之能力。

四、他事業加入特定市場有無不易克服之困難。

五、商品或服務之輸入、輸出情形。

公平交易法施行細則第4條

計算事業之市場占有率時，應先審酌該事業及該特定市場之生產、銷售、存貨、輸入及輸出值（量）之資料。

計算市場占有率所需之資料，得以中央主管機關調查所得資料或其他政府機關記載資料為基準。

公平交易法施行細則第8條

本法第十一條第一項之事業結合，應備下列文件，向中央主管機關提出申報：

一、申報書，載明下列事項：

（一）結合型態及內容。

（二）參與事業之姓名、住居所或公司、行號或團體之名稱、事務所或營業所。

（三）預定結合日期。

（四）設有代理人者，其代理人之姓名及其證明文件。

（五）其他必要事項。

二、參與事業之基本資料：

（一）事業設有代表人或管理人者，其代表人或管理人之姓名及住居所。

（二）參與事業之資本額及營業項目。

（三）參與事業及其具有控制與從屬關係之事業上一會計年度之營業額。

（四）每一參與事業之員工人數。

（五）參與事業設立證明文件。

三、參與事業上一會計年度之財務報表及營業報告書。

四、參與事業就該結合相關商品或服務之生產或經營成本、銷售價格及產銷值（量）等資料。

五、實施結合對整體經濟利益及限制競爭不利益之說明。

六、參與事業未來主要營運計畫。

七、參與事業轉投資之概況。

八、參與事業之股票在證券交易所上市，或於證券商營業處所買賣者，其最近一期之公開說明書或年報。

九、參與事業之水平競爭或其上下游事業之市場結構資料。

十、其他經中央主管機關指定之文件。

前項申報書格式，由中央主管機關定之。

公平交易法施行細則第27條

本法第十九條第六款所稱限制，指搭售、獨家交易、地域、顧客或使用之限制及其他限制事 業活動之情形。

前項限制是否不正當，應綜合當事人之意圖、目的、市場地位、所屬市場結構、商品特性及履行情況對市場競爭之影響等加以判斷。

公平交易法施行細則第28條

事業有違反本法第二十一條第一項、第三項規定之行爲，中央主管機關得依本法第四十一條 規定，命其刊登更正廣告。

前項更正廣告方法、次數及期間，由中央主管機關審酌原廣告之影響程度定之。

案例解析

1. 按公平交易法第24條規定，除本法另有規定者外，事業亦不得為其他足以影響交易秩序之欺罔或顯失公平之行為。甲公司既為美國○○肌膚保養產品股份有限公司在台灣唯一之合法授權銷售之代理商，乙公司未經甲公司之授權或同意，卻以積極行為企圖混淆消費者誤以為乙公司亦為美國○○公司之合法代理商，造成甲公司商業上之損失，故乙公司之行為違反公平交易法第24條之規定。甲公司得依民法第184條第1項前段、公平交易法第31條、第32條第2項規定向乙公司請求損害賠償。
2. 按消費者保護法第22條規定，企業經營者應確保廣告內容之真實，其對消費者所負之義務不得低於廣告之內容。故A報對於其夾帶DM內容有確保其真實之義務。A報在未為相當之查證之下，即同意乙公司以夾報廣告之方式刊登不實訊息，造成甲公司之商業損失，故A報之行為亦有違反公平交易法第24條之可能，故甲公司得依民法第184條第1項前段、公平交易法第31條、第32條第2項規定向A報請求損害賠償。
3. 惟甲公司應對其為「美國○○肌膚保養產品股份有限公司在台灣唯一之合法授權銷售之代理商」、「乙公司之行為將對其產生多少商業上之損失或影響」負舉證責任。

第三節　書狀撰寫要旨

審理流程

最高法院		最高行政法院
↑	↑	↑
智慧財產法院		
民事訴訟	刑事訴訟	行政訴訟
第二審 相關智慧財產權法所生民事訴訟事件	第二審 受理不服各地方法院對刑法、商標法、著作權法或公平交易法關於智慧財產權益保護刑事訴訟案件 ↑	第一審 相關智慧財產權法所生第一審行政訴訟事件及強制執行事件
	各地方法院	訴願
第一審 相關智慧財產權法所生民事訴訟事件	第一審 各地方法院刑事庭審理刑法、商標法、著作權法或公平交易法關於智慧財產權益保護刑事訴訟案件	經濟部訴願審議委員會對相關智慧財產權行政處分訴願審議 ↑ 經濟部智慧財產局對相關智慧財權行政處分

（資料來源：智慧財產法院網站「智慧財產案件審理模式」）

・原告起訴，法院受理，訴訟繫屬

・分案

・法官閱覽卷宗，批示：

　—定期

　—調閱卷證

　—命當事人提出涉嫌侵權之產品

・開庭審理

・言詞辯論終結

・宣示裁判

依據前述案例，本節提供原告所應撰擬之起訴書狀，以及被告之答辯書狀之撰寫要旨及範例：

一、原告起訴狀

公平交易法侵權民事訴訟之原告起訴狀，應載明訴之聲明、起訴之原因事實、請求權基礎及損害賠償之計算方式。（詳參第一章第三節有關民事侵權起訴狀之撰寫要旨）

二、被告答辯狀

公平交易法侵權民事訴訟之被告答辯狀，應載明答辯聲明、抗辯理由及其證據、對於原告主張否認之事項等。（詳參第一章第三節有關民事侵權答辯狀之撰寫要旨）

第四節　必備書狀

範例一　原告起訴狀

民事起訴狀			
案　　號	年度　　字第　　號	承辦股別	
稱　　謂	姓名或名稱	依序填寫：國民身分證統一編號或營利事業統一編號、性別、出生年月日、職業、住居所、就業處所、公務所、事務所或營業所、郵遞區號、電話、傳真、電子郵件位址、指定送達代收人及其送達處所。	
原　　告	甲公司	設台北市○○區○○路○○號○○樓 送達代收人：○○○律師	
法定代理人	○○○	住同上	
訴訟代理人	○○○律師	○○法律事務所 ○○市○○路○○號○○樓 電話：○○-○○○○○○○○	
被　　告	乙公司	設台北市○○區○○路○○號○○樓 送達代收人：○○○律師	
法定代理人	○○○	住同上	
訴訟代理人	○○○律師	○○法律事務所 ○○市○○路○○號○○樓 電話：○○-○○○○○○○○	

被　　告	A報	設台北市○○區○○路○○號○○樓 送達代收人：○○○律師
法定代理人	○○○	住同上
訴訟代理人	○○○律師	○○法律事務所 ○○市○○路○○號○○樓 電話：○○-○○○○○○○○

為請求損害賠償，依法起訴事：

訴之聲明

一、被告乙公司應給付原告新台幣（以下同）○○萬元及自起訴狀繕本送達翌日起至清償日止按年利率百分之五計算之利息。

二、被告A報應給付原告新台幣（以下同）○○萬元及自起訴狀繕本送達翌日起至清償日止按年利率百分之五計算之利息。

三、訴訟費用由被告負擔。

事實及理由

一、原告係美國○○肌膚保養產品股份有限公司在台灣唯一之合法授權銷售之代理商，被告乙公司與A報之行為侵害原告之權益，造成原告商業上之損失，茲分述如下：

（一）被告乙公司之行為：

1. 商品是否經原廠授權經銷代理，常為影響消費者決定購買與否之重要因素，原告為美國○○肌膚保養產品股份有限公司在台灣唯一之合法授權銷售之代理商，被告乙公司明知其非美國○○公司之代理商，卻在其夾報廣告中刊登系爭產品圖片（見原證1），並標示○○○○獨家授權之字樣，藉以銷售原告所代理之○○系列商品，以積極行為企圖混淆消費者誤以為被告亦係合法授權或取得代理銷售之權，即故意「搭便車」之行為，有違商業競爭倫理，並使交易相對人對於商品來源產生混淆，對於獲得美國原廠獨家授權之原告公司市場上效能競爭產生影響，違反公平交易法第24條之規定。

2. 被告乙公司利用原告苦心所建立之品牌形象及消費者對該品牌之信賴與忠誠度，從中牟取利益之行為，已嚴重妨礙市場機能，爰依公平交易法第31條、第32條第2項、民法第184條第1項前段故意之規定，向被告乙公司請求損害賠償。

<table>
<tr><td colspan="2">3. 本件可類推商標法之損害賠償計算方式，初步估計造成市場收益之短少至少有○○萬元。
（二）被告A報之行為：
1. 按消費者保護法第22條規定，企業經營者應確保廣告內容之真實，其對消費者所負之義務不得低於廣告之內容。故A報對於其夾帶DM內容有確保其真實之義務。A報在未為相當之查證之下，即同意乙公司以夾報廣告之方式刊登不實訊息，造成甲公司之商業損失，故A報之行為亦有違反公平交易法第24條之規定。
2. 本件可類推商標法之損害賠償計算方式，初步估計造成市場收益之短少至少有○○萬元，原告爰依公平交易法第31條、第32條第2項、民法第184條第1項前段過失之規定，向被告A報請求損害賠償○○萬元。
二、綜上所述，懇請　鈞院鑒核，賜判決如訴之聲明，以維權益，實感德便。
謹　狀
智慧財產法院民事庭　公鑒</td></tr>
<tr><td>證物名稱及件數</td><td>附件：委任狀正本。
原證1號：乙公司於廣告中所刊登之系爭產品圖片。</td></tr>
<tr><td colspan="2">中　華　民　國　○　○　年　○　○　月　○　○　日</td></tr>
<tr><td colspan="2">具狀人：甲公司
法定代理人：○○○</td></tr>
<tr><td colspan="2">訴訟代理人：○○○律師</td></tr>
</table>

範例二　被告答辯狀

<table>
<tr><td colspan="4">民事答辯狀</td></tr>
<tr><td>案　號</td><td>年度　字第　號</td><td>承辦股別</td><td></td></tr>
<tr><td>訴訟標的金額</td><td colspan="3"></td></tr>
<tr><td>被　告</td><td>乙公司</td><td colspan="2">設○○市○○路○○號○○樓
送達代收人：○○○律師</td></tr>
<tr><td>法定代理人</td><td>○○○</td><td colspan="2">住同上</td></tr>
<tr><td>訴訟代理人</td><td>○○○律師</td><td colspan="2">○○法律事務所
○○市○○路○○號○○樓
電話：○○-○○○○○○○○</td></tr>
</table>

被　　告	A報	住○○市○○路○○號○○樓 送達代收人：○○○律師
法定代理人	○○○	住同上
訴訟代理人	○○○律師	○○法律事務所 ○○市○○路○○號○○樓 電話：○○-○○○○○○○○
原　　告	甲公司	設○○市○○路○○號○○樓
法定代理人	○○○	住同上

為上列當事人間損害賠償事件，提出答辯事：

答辯聲明

一、原告之訴駁回。

二、訴訟費用由原告負擔。

事實及理由

一、被告乙公司並無任何仿冒行為或有任何欺罔消費大眾之行為：

（一）被告乙公司係進口「平行輸入之真品」販售，A報廣告刊物上亦有註明「真品平行輸入」之字樣（被證1號），並無任何仿冒行為或有任何欺罔消費大眾，使消費大眾誤以為係獨家代理商所進口商品。而被告乙公司提供予A報之廣告圖片，係拍攝真品，並非仿冒，亦無修改，且廣告圖片中並無○○○○等足以顯示被告B公司為獨家代理商之文字，任何一般消費大眾拿起廣告刊物，均可一眼看出係「真品平行輸入」商品，看不到原告所稱表彰總代理認證商標之標誌，消費大眾應無誤認之虞。故被告乙公司顯無以積極行為企圖使消費者誤認為所銷售之產品係代理商所進口的產品之「故意搭便車」之行為。

（二）公平交易法第24條「足以影響交易秩序」之調查及判斷，似應由主管機關公平交易委員會判斷為宜。又既然「真品平行輸入」之行為，不違反公平交易法第20條之規定，即應推認販賣平行輸入之真品，不具不法性，應難認有民法第184條之侵權行為可言。

二、原告並未證明其為美國○○肌膚保養產品股份有限公司在台灣唯一之合法授權銷售之代理商，且本件係「真品」，而非「仿冒」，自無侵害商標權之情事存在，當無援用或類推適用商標法損害賠償計算方式之處。

三、綜上所述，原告之訴實無理由，祈請　鈞院駁回原告之訴，以維權益，實為德感。 謹狀 智慧財產法院民事庭　公鑒	
中　華　民　國　○　○　年　○　○　月　○　○　日	
附件及證據列表	附件：委任狀正本。 被證1號：夾報之廣告刊物影本。
	具狀人：被告乙公司
	法定代理人：○○○
	撰狀人：訴訟代理人○○○律師

範例三　被告答辯狀

民事答辯狀				
案　　號	年度　　字第　　號		承辦股別	
訴訟標的金額				
被　　告	A報	設○○市○○路○○號○○樓 送達代收人：○○○律師		
法定代理人	○○○	住同上		
訴訟代理人	○○○律師	○○法律事務所 ○○市○○路○○號○○樓 電話：○○-○○○○○○○○		
被　　告	乙公司	住○○市○○路○○號○○樓 送達代收人：○○○律師		
法定代理人	○○○	住同上		
訴訟代理人	○○○律師	○○法律事務所 ○○市○○路○○號○○樓 電話：○○-○○○○○○○○		
原　　告	甲公司	設○○市○○路○○號○○樓		
法定代理人	○○○	住同上		

為上列當事人間損害賠償事件，提出答辯事：

答辯聲明

一、原告之訴駁回。

二、訴訟費用由原告負擔。

事實及理由

一、被告A報所刊登系爭產品之圖片，並無侵害原告任何權利，更無違反公平交易法第24條之規定：

（一）夾報廣告上所販售之系爭產品，係由被告乙公司向系爭商品原產地生產製造商美國○○公司直接購買後，以原裝方式進口，復在廣告上標明係「平行輸入」之真品，於被告A報之銷售通路上進行販售，並無任何仿冒之行為。

（二）被告A報與被告乙公司合作，由乙公司提供商品及廣告所需之圖樣，刊登於廣告，進行販售，且乙公司向被告A報保證絕無侵害他人權利之情事，被告A報信賴乙公司所提供之商品為真品，且所提供使用之廣告圖片係按照「真品」拍攝，既非仿冒，又無任何修改，要與侵害商標毫無關聯，自無違反公平交易法第24條規定之行為。

二、原告並未證明其為美國○○肌膚保養產品股份有限公司在台灣唯一之合法授權銷售之代理商，且本件係「真品」，而非「仿冒」，自無侵害商標權之情事存在，當無援用或類推適用商標法損害賠償計算方式之處。

三、綜上所述，原告之訴實無理由，祈請　鈞院駁回原告之訴，以維權益，實為德感。

謹狀

智慧財產法院民事庭　公鑒

中　華　民　國　○　○　年　○　○　月　○　○　日	
附件及證據列表	附件：委任狀正本。
	具狀人：被告A報
	法定代理人：○○○
	撰狀人：訴訟代理人○○○律師

第五節　實務判解

・「表示或表徵是否虛偽不實或引人錯誤」之判斷原則

台北高等行政法院98年度訴字第2278號判決

被告爲公平交易法之主管機關，爲確保事業公平競爭，保障消費者權益，有效執行公平交易法第21條，禁止事業於商品（服務）或其廣告上，或以其他使公衆得知之方法，爲虛僞不實或引人錯誤之表示或表徵，特訂定「行政院公平交易委員會對於公平交易法第二十一條案件之處理原則」以供遵循，其第5條規定：「本法第二十一條所稱虛僞不實，係指表示或表徵與事實不符，其差異難爲相當數量之一般或相關大衆所接受，而足以引起錯誤之認知或決定者。」第6條規定：「本法第二十一條所稱引人錯誤，係指表示或表徵不論是否與事實相符，足以引起相當數量之一般或相關大衆錯誤之認知或決定者。」第7條規定：「虛僞不實或引人錯誤之表示或表徵判斷原則如下：(1)表示或表徵應以交易相對人之認知，判斷有無虛僞不實或引人錯誤之情事。一般商品（服務）以一般大衆施以普通注意力爲準；專業性產品則以相關大衆之普通注意力爲準。(2)表示或表徵隔離觀察雖爲眞實，然合併觀察之整體印象及效果，倘足以引起相當數量之一般或相關大衆錯誤之認知或決定者，即屬引人錯誤。(3)表示或表徵之內容以對比或特別顯著方式爲之，而其特別顯著之主要部分易形成消費者決定是否交易之主要因素，故其是否虛僞不實或引人錯誤，得就該特別顯著之主要部分單獨加以觀察而判定。(4)表示或表徵客觀上具有多重合理的解釋時，其中一義爲眞者，即無不實。但其引人錯誤之意圖明顯者，不在此限。」第8條規定：「表示或表徵是否虛僞不實或引人錯誤應考量下列因素：(1)表示或表徵與實際狀況之差異程度。(2)表示或表徵之內容是否足以影響具有普通知識經驗之一般大衆爲合理判斷並作成交易決定。(3)對處於競爭之事業及交易相對人經濟利益之影響。」第9條規定：「廣告是否虛僞不實或引人錯誤，應以廣告主使用廣告時之客觀狀況予以判斷。廣告主使用廣告時，已預知或可得知其日後給付之內容無法與廣告相符，則其廣告有虛僞不實或引人錯誤。第一項所稱之客觀狀況，係指廣告主提供日後給付之能力、法令之規定、商品（或服務）之供給……等。」上開處理原則係公平交易法之主管機關即被告，於法定權限範圍內，就事業於商品（服務）或其廣告上，或以其他使公眾得知之方法，爲虛僞不實或引人錯誤之表示或表徵等事項，本於職權所爲細節性、技術性及解釋性之統一行政規則，爲法律所必要之補充，並未逾越公平交易法第21條所規定爲維護交易秩序與消費者利益，確保公平競爭等規範意旨，亦未增加法律所無之限制或負擔，核與公平交易法之立法意旨無違，自得予以適用。

・不實廣告之禁止

1. 台北高等行政法院98年度訴字第2320號判決

公平交易法第21條之立法理由謂「事業常爲競爭之目的，於商品或其廣告上或其他使公眾週知之方法，就商品之價格、數量、品質、內容、製造方法、用途、原產地、製造者、製造地、加工者、加工地等做虛僞不實或引人錯誤之表示，致他人誤信而與之交易遭受損害，故明定禁止」（參見立法院公報第79卷第96期第91頁），可知其規範目的在於防止事業利用不實廣告扭曲交易資訊，致交易相對人產生錯誤之認知或決定，交易秩序並因而遭受破壞。再參照公平交易法第1條之立法目的總說明五可知，公平交易法第21條第1項禁止不實廣告之保護有關競爭公益、消費者公益、受不利益之競爭同業、受不利益之交易相對人等四種法益；故本條之規範重點在於廣告是否客觀上有使具普通知識經驗之一般人陷於錯誤之虞（可能性），至於受宣傳之對象是否因而受欺騙或受有損害，並非本條考慮之問題；另交易相對人在實際交易磋商過程中，不論得否自契約書內容、銷售人員口頭說明，進一步查證廣告內容是否虛僞不實或引人錯誤等情，亦不能阻卻廣告主（事業主）依本條應負之責任。而對社會大眾（消費者）言，房屋銷售廣告會發生招徠效果，即吸引消費大眾注意及關心，故廣告對於房屋之銷售，會有絕對影響，而公寓大廈等建築內相關公共設施之興建與「合法」使用，亦爲社會大眾關注，且爲購屋消費者選購時之重要參考因素；綜上並參照上開公平交易法第21條等立法意旨（及下述行政院公平交易委員會對於公平交易法第21條案件之處理原則）可知，事業在廣告上對於建物設施之興建與其「合法性」爲虛僞不實或引人錯誤之表示或表徵，將導致購屋者有產生錯誤之認知與決定之可能性，特別是所謂未經申請或核准變更建築及使用之建築物，即俗稱之「違建」或「第二次施工」，因爲不合法之建築，至少潛存有被拆除之危險，自對競爭公益、消費者公益、受不利益之競爭同業、受不利益之交易相對人法益發生重大影響，實有依公平交易法第21條規範之必要。

2. 台北高等行政法院98年度訴字第1600號判決

查系爭廣告當時，係屬預售屋交易，消費者與建商進行交易時，並無成屋可供其實地參觀，也沒有實物可供比較廣告誇大之程度，消費者只能憑「廣告」來認識、模擬未來建物之各項條件，建商所為之預售屋「廣告」，係招攬買主之主要商業工具，對消費者而言，要去看那一個預售屋，常取決於預售屋廣告上之字樣，該廣告對消費者之影響，大於其他有實物存在之廣告，對從事預售屋銷售之同業而言，廣告之內容更與銷售成績息息相關。且預售屋之價格高於一般消費品甚多，消費者一生中購買預售屋之次數也不會太多，對「預售屋廣告」，應有更嚴格於一般廣告之「眞實性要求」。

本件原告雖主張消費者參觀時，現場銷售人員均提示銷售平面圖，並告知1樓之一部分為停車空間，且廣告所載參考營業項目亦註明「……以上需依相關法規申請設立」，惟原告若眞有意說明，何不於系爭廣告中直接明示「1樓停車空間20坪，僅4.75坪面積可不用申請變更使用執照直接供營業或其他使用」，並於廣告中說明「其餘停車位部分依相關法規申請變更使用執照十分困難」，反而由現場銷售人員口頭說明？系爭廣告顯然未達到預售屋於「廣告眞實性」之要求。且消費者先看到「2樓半金店面、1F約25坪」、「面寬6.6米、縱深12.5米……1樓25坪」之廣告方來看屋，其不實廣告已經發揮功能，消費者可能因原告銷售人員之誤導，不知道「1樓停車位申請變更使用執照」相當困難，亦不知1樓停車位作店面使用將遭罰鍰，因而購買系爭房屋，原告顯係以「不實廣告」引誘消費者看屋，給予其銷售人員展現銷售口才之機會，進而說服消費者簽訂買賣契約，此等不實廣告之登載，對於其他守法之事業而言，即屬不公平競爭行為，自不得以事後簽訂之買賣契約而主張在前之廣告並非不實，原告主張尚不足採。

3. 台北高等行政法院98年度訴字第1164號判決

查不斷電系統僅於「無預警斷電時」可發揮功能，應用之時機固然極少，且系爭不斷電系統縱無從發揮功能，使用者會損失之「（存放於機器內之）相紙數量、照片交貨時間、商譽」亦非鉅大，此較諸汽車安全配備之「備而不用」乃關係著「人身安全」，固難同日而語，但正如各種意外保險「備而不用」之功能，不斷電系統是附加於系爭機器主要功能上之一種類似於「保障」

之功用，於極少數無預警斷電之場合可以避免「相紙、交貨時間、商譽」之損失，縱非購買者決定購買與否之主要因素，但在其餘主要功能未見重大差距之時，此種「備而不用之保障功能」，無疑地，可以增強購買者之購買意願，且已足妨害同類機器未為相同虛偽廣告之競爭對手，此種妨害，本院認已到達法律上「可非難」之程度，該「不斷電」不實廣告部分，自難謂於機器之購買全無實質之重要性，原告主張尚不足採。

4. 台北高等行政法院98年度訴字第01583號判決

按預售屋廣告是否為虛偽不實或引人錯誤，應以廣告主使用廣告時之客觀狀況以予判斷，預售屋廣告之廣告主使用廣告時，已預知或可得知其日後給付內容無法與廣告相符，則其廣告有虛偽不實或引人錯誤。倘事業在廣告上對於建物設施之興建與其合法性為虛偽不實或引人錯誤之表示或表徵，將導致購屋者產生錯誤之認知與決定，進而影響其權益，當有依公平交易法第21條規範之必要。再者，公平交易法第21條之表示或表徵是否虛偽不實或引人錯誤，以該表示或表徵之內容合併觀察之整體印象及效果，足以影響具有普通知識經驗之一般大眾為合理判斷並作成交易決定為已足，故應考量表示或表徵與實際狀況之差異程度、表示或表徵之內容是否足以影響具有普通知識經驗之一般大眾為合理判斷並作成交易決定，以及對處於競爭之事業及交易相對人經濟利益之影響等。而一般消費者對廣告之認知，大皆以廣告中對商品內容所為之表示或表徵當與事實相符，且可合理期待其為合法等前提，作為決定交易與否之依據，因此，事業於建物銷售廣告上提供所售建物之相關資訊，以爭取交易相對人與其交易時，當負較高之注意義務妥為規劃，確保廣告之真實，以避免購屋者因其虛偽不實或引人錯誤之廣告內容，產生錯誤之認知與決定。故本件原告刊登系爭廣告，對象係針對不特定之消費者，具有一定之招徠效果，倘事業於商品或廣告上，對於商品之內容為虛偽不實或引人錯誤之表示者，即違反公平交易法第21條規定，至於是否違反該規定，則應以社會通念作為判斷之依據。

5. 台北高等行政法院98年訴字第1427號判決

按所謂「國家級肯定」、「國家背書」「國家支持」必也該技術或產品已經成熟而經主管機關核可或通過國家標準檢驗（例如正字標記），方可謂之。

本件原告雖就「人類臍帶間質幹細胞及其衍生之應用」，獲得經濟部主導性新產品開發計畫之認可與經費補助，但該補助僅係政府為促進產業技術研究發展，而對新產品輔導計畫之補助，該技術及產品因尚在研發階段，故無法對該產品或技術提供任何保證等情，有經濟部專業意見在卷可憑。可知國家對系爭「人類臍帶間質幹細胞及其衍生之應用」技術發展之補助，不等於對該技術或產品之「肯定、背書及支持」，更不代表國家對「臍帶間質幹細胞之儲存」有何「肯定、背書及支持」。故原告於系爭新產品開發完成並取得主管機關核准或許可之前，即以系爭廣告表示已獲國家背書保證云云，無論其所指獲國家背書保證者係臍帶間質幹細胞之「衍生應用」或「儲存」，均有不實，原告顯然利用人民信賴政府公信力之心理，攀附政府相關輔導計畫誤導消費者作為商品或服務之保證，足使人誤認該公司於臍帶間質幹細胞儲存之技術、應用，已獲得經濟部之認可，其有違反公平交易法第21條規定甚明。

原告雖主張「超級比一比」廣告傳單係業務員自行整理印製，其縱與之有僱傭關係，然不能預見該行為，不得歸責原告云云，惟查該廣告傳單係置放於公眾可自由取得地點，且與其他原告製作之廣告置放於印有原告外包裝袋內，其功用顯係對消費者介紹原告服務特色以吸引消費者與之交易，非僅用於客戶詢問時提示業務員回答問題，原告對有僱傭關係之員工為推廣並執行業務而為該廣告傳單，本應負有監督、管理之責，其就員工個人基於職務自行影印所為廣告，縱無故意亦有過失，原告亦應負廣告主責，原告主張尚不足採。

6. 台北高等行政法院98年度訴字第1070號判決

然公平交易法第21條規定則只重視「廣告內容」是否不實，至消費者與出賣人買賣契約如何約定，要非所問。且民事債務不履行之訴訟，基於當事人進行、辯論主義及處分權主義，其效力僅止於當事人，且僅係以當事人觀點來看有無債務不履行，而不及其他受廣告吸引而去看屋、購屋之大眾，亦不及於受不實廣告影響之建商同業，於民事訴訟時，為原告之買方是否有足夠之舉証能力，全力主張「廣告」中所主打之「溫泉功能」，用以作為出賣人「買賣契約債務不履行」之佐證，並促使民事法院於多數居民同時使用溫泉之高峰時期重為履勘，往往影響民事訴訟之成敗，前揭台灣士林地方法院97年度重訴字第147號判決雖以「溫泉供水量是否足夠，應以『實際住戶人數及需求量』為據，而非遽以全部戶數乘以每戶溫泉池體積作為計算標準，……原告復未舉證系爭大有因溫泉水量不足而限水、溫泉水龍頭無法出水等情事以實其說，則其主張系爭大樓有白磺溫泉水量不足之瑕疵，即非可採。」為由，認買受人未能舉証溫泉水量不足，因認出賣人並無債務不履行情事。但「廣告」是否不實，則要看系爭建物之溫泉設施是否能達到其廣告中所「假設之需求」（即住戶入住達相當程度，且依通常程度同時使用溫泉時，仍可有足量之溫泉水），不能以「目前住戶人數尚不足，溫泉需求量尚不高，買受人目前尚不能証明已達債務不履行之程度」，即謂其對所有消費大眾及建商同業絕不構成「廣告不實」。

7. 台北高等行政法院98年度訴字第990號判決

本件原告係獨資經營之商號，其於商品或其廣告上，或以其他使公眾得知之方法，爭取一般大眾與其交易時，本應負較高之注意義務妥爲規劃，以確保其內容之眞實性，並避免消費者因其虛僞不實或引人錯誤之表示，產生錯誤之認知與決定。惟原告明知系爭新聞稿內所宣稱「公平會要求市面上所有汽車省油器，必須通過國家公證測試單位，做耗能污染檢測，否則將以不實商品廣告開罰」「測試車輛裝設CSK省油器後……跑遠程並可省下15%的油費……」及「本產品獲美國准與豁免權正式在臺灣上市」等語，均屬不實，猶以召開記者會之形式在系爭新聞稿內爲上開宣稱，致工商時報、民眾日報及經濟日報爲相關之報導，自難謂無違反公平交易法第21條第1項之故意。而原告在系爭新聞稿內宣稱上開內容，係屬虛僞不實及引人錯誤之表示，已如前述，且其差異程度難爲相當數量之相關大眾所接受，並足以引起錯誤之認知或決定，自已違反公平交易法第21條第1項之規定甚明。

8. 最高行政法院99年度判字第54號判決

事業倘於廣告上或以其他使公眾得知之方法，就商品之品質及內容等爲虛僞不實及引人錯誤之表示，即違反上開公平交易法第21條規定。因廣告是商業活動中十分有效之交易媒介，事業利用廣告將商品或服務之資訊提供給消費者，吸引其購買，達到招徠或提高潛在交易機會之目的，故法律規範事業應克盡確保廣告內容眞實性之義務，以免導致市場不公平競爭情事發生。關於「爲虛僞不實或引人錯誤之表示或表徵」之行爲主體，應以實施廣告行爲之整體行爲綜合判斷，並不以直接表示或表徵之行爲人爲限。易言之，公平交易法21條所稱廣告行爲主體，並不以本身製作廣告爲限，而應就廣告內容之提供、製作至使公眾得知之過程中，各事業對於廣告行爲之參與程度而定，倘事業就製作、刊載廣告行爲、廣告商品交易流程有所參與且因而獲有利益，即難卸廣告主責任而應就廣告內容爲眞實表示。

·獨占事業

智慧財產法院100年度行公訴字第5號判決

原告及其他2家公司所共同制定之橘皮書雖僅係可錄式光碟之規格的一種，然此一橘皮書之規格業經消費者之選擇利用已成爲事實上市場生產可錄式光碟之標準規格（其可錄式光碟產品即稱爲CD-R），是以依原告及其他2家事業行爲時之市場狀況，從供給、需求、產銷及成本各方面考量，全球CD-R之製造必須循原告及其他2家事業制定之橘皮書規格，爲不爭之事實，然製造符合橘皮書規格之CD-R於技術上所不可或缺之專利分別爲原告及其他2家公司所擁有，此亦爲兩造所不爭，則原告及其他2家公司所擁有之專利即構成生產CD-R商品之關鍵技術／設施，倘相關事業係欲製造CD-R僅能選擇向原告及其他2家公司支付專利授權金，原告及其他2家公司即具絕對的優勢地位，其他事業欲爭取進入系爭CD-R光碟產品技術市場的機會，已因原告及其他2家公司制定統一規格而被限制。易言之，因全球CD-R規格已經統一，另推新規格將與原規格之CD-R寫錄設備無法相容，而CD-R光碟片作爲廠商與消費者儲存及傳遞資料之媒介，相容性實爲關鍵因素，因此他事業欲以另定規格進入該技術市場，甚爲困難，故而欲製造符合橘皮書規格之CD-R均須向原告及其他2家公司取得專利授權，倘缺乏原告及其他2家公司之任一公司之專利授權即無法製造符合規格之CD-R，技術需求者即可能被排除於CD-R光碟片之商品市場，則原告及其他2家公司就授權他人製造符合橘皮書規格之CD-R技術市場，即各具有優勢之經濟力量，而有壓倒性之地位，並均具有可排除其他事業參與CD-R技術市場競爭之能力，應可認定原告及其他2家公司已構成公平交易法第5條所稱之獨占事業。

按公平交易法第10條第2款規定：「獨占之事業，不得有左列行爲：……二、對商品價格或服務報酬，爲不當之決定、維持或變更。」其所稱之「商品價格」應不限有體財產之交易價格，不論有體財產或無體財產之交易均有其財產上之價值，故應包括有體財產及無體財產在內，否則倘特定市場爲「技術市場」時，因該市場並無有體財產之交易，若事業於特定技術市場已具備獨占地位並濫用其優勢地位而不當決定價格時，即可逸脫公平交易法之規範，實非合理，而專利權係屬無體財產權之一種，其以授權方式交易所收取之權利金，自應屬公平交易法第10條第2款所稱之「商品價格」。

其次，飛利浦公司於另案自承CD-R價格逐年下降之原因，與製造廠商之製造成本逐年下降亦有關連性，且因CD-R正如一般高科技產品，一開始推出時，因數量少、新奇，需求高於供給，故售價自然會比較高，但隨著科技之進步與新的光儲存產品不斷出現（如DVD等），再加以新的製造商見有利可圖加入製造行列，CD-R供給超過需求，其售價即可以預見逐年降低等語（見100年行公訴字第3號卷（一）第75頁反面），足見CD-R價格之滑落主要係與製造成本逐年攤提遞減、市場供需及創新產品之取代作用等市場正常運作機制均有關連性，並非單純可歸責於CD-R製造廠商之削價競爭所致。而飛利浦公司與CD-R製造廠商締約之時，係約定以日幣10圓或每片CD-R銷售價格3%取其高者計算權利金，依合理推論雙方於締約時CD-R之市場價格每片大約在330日圓左右（10圓除以3%），另由飛利浦公司於1999年1月6日致亞太智財科技服務公司（下稱亞太智財公司）之信函亦記載權利金比例3%及每片光碟片最低日幣10圓係為確保當每片光碟片之淨銷售價格低於日幣333圓時之最低權利金水準（見88年公平會卷（一）檢舉書附件3）亦得佐證。惟查，依工業技術研究院（下稱工研院）經資中心之資料顯示，CD-R平均出廠價格每片於88年為0.7美元左右，89年間為0.5美元左右（見88年公平會卷（十）附件10之2000年光電工業綜論第肆篇「我國光電工業現況與發展」節本），另查財團法人光電科技工業協進會（Photonics Industry & Technology Development Association，下稱PIDA）於90年3月「CD-R光碟片產業現況」一文內容亦記載86年CD-R光碟片單價當時由第1季的5美元快速下滑，86年第4季時CD-R光碟片單價為0.65美元，87年回升至0.8美元左右，89年第1季尚有0.4美元左右（見本院卷第35頁），核與工研院經資中心資料所載CD-R價格相近。倘依中央銀行所公布我國與主要貿易對手通貨之匯率年資料計算（美元兌換新臺幣之匯率於88年間為32.266元，89年間為31.225元，見http ://www.cbc.gov.tw/content.asp?mp=1&CuItem=36599），則88、89年間CD-R每片價格為新臺幣16至25元間，依上開中央銀行所公布資料計算（新台幣兌換日幣之匯率於88年為1:3.53，89年為1:3.45），88年至89年間CD-R之市場價格已自締約時之330日圓大幅下滑至90日圓以下，姑不論製造廠商銷售CD-R之毛利率高低，抑或是否符合民法上情事變更原則之適用，實無礙於CD-R商品之市場價格自締約後於客觀上確有顯著大幅下降之事實認定。另參以「光儲存媒體產業展望」乙文即記載「對CD-R來說，99年市場需求預估已由去年日本記錄媒體協會所推估的不到5億片，持續修正到年初之12-14億片，甚至目前台灣業界已因訂單及產能持續滿載，更樂觀的預估總需求有16億片以上的水準」（見88年公平會卷（一）

附件一，出版日期88年4月），另依工研院經資中心2000年5月之資料所示，全球CD-R光碟片市場之出貨量於1997年爲1億8千2百萬片、1998年爲6億9千9百萬片、1999年爲22億8千6百萬片、2000年爲50億4千萬片（見88年公平會卷（十）附件10），而依「CD-R光碟片產業現況」乙文所示，我國CD-R產業在全球市場之占有率於1997年爲28%、1998年爲43%、1999年爲69%、2000年爲72%（見本院卷第35頁），是以就我國廠商之出貨量而言，於88、89年即大幅成長爲30至70倍，足徵CD-R商品之市場需求及規模於我國被授權人締約後已超過市場之預期而遠遠大幅成長，其市場結構變化實不可謂不大。

按商品的價格或服務的報酬，原則上固然應由事業依據其所面臨之競爭狀況及成本結構自由決定，惟當該事業具有市場上之獨占地位時，爲避免其濫用獨占力不當決定價格以攫取超額利潤，公平交易法第10條第2款爰明文規定，獨占事業不得對商品價格或服務報酬，爲不當之決定、維持或變更。惟獨占事業之獨占性定價是否應受管制，應取決於獨占地位事業所決定之價格是否遠超過其所提供商品或服務之經濟價值，而造成濫用。在判斷價格之正當與否必須回歸價格機能之理性，即就獨占事業價格之決定是否出自於市場供需法則加以分析，否則，可推定其價格之決定係出自於獨占者之獨占地位與獨占力。就本件CD-R專利授權案件而言，專利權人固得與被授權人自由協商決定其授權金價格，然當其爲某一市場之獨占事業時，被告雖不得實質介入具體權利金數額之決定，以免干涉私人契約自由，惟倘專利權人恃其市場上之獨占地位，而無視於市場之供需法則，而逕自單方決定授權金之價格，迫使被授權人僅得選擇締約與否，毫無協商授權金之餘地，即構成獨占力之濫用。至於專利權人於締約後主張欲貫徹其契約之履行，而拒絕談判或調整價格，雖非必然構成獨占力之濫用，惟因原告及其他2家公司於CD-R技術市場具有獨占地位，且依系爭授權合約10.01之規定，飛利浦公司與被授權人所簽訂之定型化契約期間均爲10年（見88年公平會卷附檢舉人授權合約），參酌被授權人自85年起陸續向原告取得授權後，渠等爲提高產能俾以因應市場快速大幅成長之需求，已投入大量生產設備及製造成本，且因原告及其他2家公司已共同制訂橘皮書，設定CD-R標準規格，致被授權人於CD-R技術市場上已無其他合理可取代之交易對象，實難期待被授權人具有依契約自治原則與原告談判及協商調整授權金之平等地位與合理機會，而原告及其他2家公司於事實上亦挾其優勢地位而對於被授權人因市場價格及規模之顯著變化所提出協商調整權利金之請求，毫不給予協商談判之機會（詳如（四）4.所述），斯時其拒絕調整價格之行爲，將使被授權人陷入必須長久支付不合理對價之境，致使已締約之被授權人僅得選擇繼續履約支付原先約定之權利金或完全退出CD-R商品市場之競爭，即難謂原告及其他2家公司無濫用市場支配性力量不當維持價格之行爲，並使被授權人面臨不合理之剝削榨取，足以導致競爭秩序無法維持，而已違反公平交易法第10條第2款之規定。

・結合行為

台北高等行政法院97年度訴字第2191號判決

以公平交易法第6條規定，旨在事業結合之發展結果有導致獨占之可能，爲配合事業大型化之政策，及對事業之結合弊案預作防範，遂對事業之合併或其他方式取得他事業之財產、股份或控制他事業之業務經營、人事任免等予以規範；而事業結合達於何種程度始須事前審核，因各國產業結構不同，所訂標準不一，我國於公平交易法第11條第1項第1款明定其市場占有率達三分之一，於第2款規定，參與結合之一事業其原有之市場占有率四分之一者，始應申請許可。且所謂結合管制，係對市場「經濟力」集中之管制，大企業結合後，縱使某種產品之市占率尚低，但挾其雄厚財力及控制市場之地位，亦同有阻礙其他同業競爭、導致競爭效益減損或損及消費者利益之可能，故有加以規範之必要。本件被告原處分既以原告得間接控制中廣公司之業務經營及人事任免，符合公平交易法第6條第1項第5款「結合」之規定爲由，處罰原告，被告自應舉證證明原告之行爲已合致該要件。

・聯合行為

1. 台北高等行政法院95年度訴字第619號判決

復按公平交易法對於聯合行爲之規範，除以契約及協議達成合意者外，尚包含因意思聯絡而事實上可導致一致性行爲之「其他方式之合意」，故公平交易法對於聯合行爲之規範，係採實質之認定方式，除以契約及協議達成合意外，倘因意思聯絡而事實上可導致一致性行爲（或稱暗默勾結行爲）之「其他方式之合意」，亦應爲公平交易法「聯合行爲」規範之標的，即2個或2個以上事業，在明知且有意識的情況下，透過類似聚會等機會交換經營意見，以意思聯絡之方式就其未來的市場行爲達成不具法律拘束力的「共識」或「瞭解」，形成外在行爲的一致性，若經調查確實有「意思聯絡」或依其他間接證據（如誘因、經濟利益、類似的漲價時間或數量、不同行爲的替代可能性、發生次數、持續時間、行爲集中度及其一致性……等）判斷事業間已有意思聯絡，且爲其外部行爲一致性之合理解釋，即屬「聯合行爲」。

按聯合行爲，非指必同幅度或同一價格水平，始足爲之，只要業者間之合意，使得某特定期間之價格有異常之僵固或上揚趨勢，並因此影響該特定市場之供需功能即已足，又關於業者是否有以契約、協議方式取得合意行爲之直接證據，殊難取得，復參酌公平交易法對於聯合行爲之規範，除以契約及協議達成合意者外，尙包含因意思聯絡而事實上可導致一致性行爲之「其他方式之合意」，故除以契約及協議達成合意外，倘因意思聯絡而事實上可導致一致性行爲之「其他方式之合意」，亦應爲公平交易法「聯合行爲」規範之標的，是足以證明上開事實之間接證據，如經認定屬實，亦應可採。

2. 最高行政法院99年判字第184號判決

被上訴人爲維護教科書市場交易秩序，確保公平競爭，復訂有教科書規範說明，依贈品提供之對象分別臚列可能涉及違法之行爲態樣，俾利業者遵循辦理。可知公平交易法並未一律禁止教科書銷售事業之贈品促銷行爲，事業於符合相關規範之前提下，仍可依其經營成本、營業情形、行銷策略等，考量後自行決定是否以提供贈品之方式爲競爭，以及贈品之種類、項目、贈送時機、條件及對象等，而非採取聯合行爲方式，藉由與具有水平競爭關係之其他事業合作，實質限制各競爭主體本可採取之競爭手段，進而削弱市場競爭機能。倘事業間就該等競爭方式爲相互限制之合意，自屬約束事業活動，符合公平交易法第7條聯合行爲之構成要件而違反同法第14條第1項規定。本件上訴人若認贈送作業簿及測驗卷不合理或有違法之嫌，應可自行決定是否不予贈送，惟上訴人卻與其他具有水平競爭關係之事業就停止贈送學生作業簿及測驗卷等事宜進行討論並作成決議，合意相互限制各競爭主體本可採取之競爭手段，進而削弱市場競爭機能，自非公平交易法規範所許。

按公平交易法第7條係例示而非列舉各種聯合行爲態樣，舉凡各種可能發生限制競爭效果之合意內容，均屬聯合行爲規範之列。又公平交易法第7條所稱聯合行爲，須屬同一產銷階段之水平聯合，且須足以影響生產、商品交易或服務供需之市場功能爲限；所謂「足以」影響市場功能，解釋上僅需事業所爲之共同行爲，在客觀上得影響市場供需功能之危險可能性爲已足，非以市場供需功能實際受到影響爲必要，且與合意內容有無法律上拘束力、合意後有無實際執行或事業是否因聯合行爲獲得實際利益等無涉。

・公平交易法第24條「其他足以影響交易秩序之欺罔或顯失公平之行為」之判斷

1. 最高行政法院99年度判字第28號判決

按公平交易法第20條第1項第1款所稱表徵，係指某項具識別力或次要意義之特徵，得以表彰商品或服務來源，使相關事業或消費者用以區別不同之商品或服務者。識別力係指某項特徵特別顯著，使相關事業或消費者見該特徵即知該商品爲某特定事業所產製。次要意義係指某項原本不具識別力之特徵，因長期繼續使用，使消費者認知並將之與商品或服務來源產生聯想，因而產生具區別商品或服務來源之另一意義。所稱相同或類似之使用，相同係指文字、圖形、記號、商品容器、包裝、形狀或其聯合式外觀、排列、設色完全相同而言；類似則指購買者就商品主要部分施以普通注意，猶有混同誤認之虞而言。所稱混淆係指對商品之來源有誤認誤信；即他人需就事業具識別力或次要意義之特徵爲相同或類似之使用，致使交易相對人對商品來源有誤認誤信，始有違反公平交易法第20條第1項第1款規定。故事業倘就其營業所提供之商品，以相關事業或消費者所普遍認知之他人商品表徵，爲相同或類似之使用，致與他人商品混淆者，方得論以違反前開規定。又事業如有以抄襲他人商品之外觀或表徵，積極攀附他人商譽或榨取他人努力之成果，妨害市場之競爭效能，始構成公平交易法第24條足以影響交易秩序之顯失公平行爲。

2. 智慧財產法院101年度民公上字第2號判決

按除公平交易法另有規定者外，事業亦不得爲其他足以影響交易秩序之欺罔或顯失公平之行爲，公平交易法第24條定有明文。此規定係不公平競爭行爲禁止之概括規定，適用本條之規定，應符合「補充原則」，即本條僅能適用於公平交易法其他條文規定所未涵蓋之行爲；而此條規定之重點在於禁止事業有「足以影響交易秩序」之「欺罔或顯失公平」之行爲。是否足以影響交易秩序，應考量是否足以影響整體交易秩序、是否妨礙事業相互間自由競爭及是否影響將來潛在多數受害人效果之案件。本條所稱欺罔，係對於交易相對人，以積極欺瞞或消極隱匿重要交易資訊致引人錯誤之方式，從事交易之行爲。所稱顯失公平，係指以顯失公平之方法從事競爭或商業交易。公平交易委員會並據以訂定「行政院公平交易委員會對於公平交易法第24條案件之處理原則」（尤指上開處理規則第4、5、6、7點）。而判斷事業是否係以高度抄襲之顯失公平方法從事競爭行為，詐取他事業之努力成果，不符商業競爭倫理之行為，除考量高度抄襲之標的，是否係經由他事業投入相當程度之努力，於市場上擁有一定之經濟利益而被系爭行為所榨取外，尚須考量遭抄襲之標的於市場競爭上之獨特性，及抄襲之結果，有否使交易相對人誤以為兩者屬同一來源、同系列商品或關係企業之效果等不當競爭優勢。此外，依據公平交易法第30條之規定提起訴訟時，尚須證明上開違反公平交易法第24條之行為，已侵害他事業之權益，或有侵害之虞，始得請求排除侵害。再者，商品之外觀設計有無涉及違反公平交易法第24條之規定，審查之重點在於商品之整體外觀是否構成高度抄襲，而判斷是否構成高度抄襲，應就商品整體外觀為通體觀察，並非僅就商品外觀、形狀、顏色各個部分，或僅比對商品局部之商標或中英文說明文字予以割裂觀察比較（最高行政法院94年度判字第2032號判決參照）。此外，依據公平交易法第30條之規定提起民事侵權訴訟時，尚須證明上開違反公平交易法第24條之行為，已侵害他事業之權益，或有侵害之虞，始得請求排除侵害。

3. 智慧財產法院101年度民公上字第1號判決

按事業不得以損害特定事業為目的，促使他事業對該特定事業斷絕供給、購買或其他交易之行為，而有限制競爭或妨礙公平競爭之虞；事業亦不得以脅迫、利誘或其他不正當方法，使競爭者之交易相對人與自己交易，而有限制競爭或妨礙公平競爭之虞；公平交易法第19條第1款、第3款分別定有明文。再按事業不得為競爭之目的，而陳述或散布足以損害他人營業信譽之不實情事；又除本法另有規定者外，事業亦不得為其他足以影響交易秩序之欺罔或顯失公平之行為，同法第22條、第24條亦有明文規定。另按同法第45條規定：「依照著作權法、商標法或專利法行使權利之正當行為，不適用本法之規定。」此項排除公平交易法適用規定之要件有二，一是依照著作權法、商標法或專利法「行使權利行為」，二是該項行使權利行為係屬「正當」。準此，智慧財產權人對於有侵害其智慧財產權之虞者，得依智慧財產權相關法律正當行使其權利，而無公平交易法之適用。惟如以非正當之行為、濫用其權利或違反誠信原則為之，造成足以影響交易秩序之情事者，則屬濫用智慧財產權之行為，應受公平交易法之規範（最高行政法院98年度判字第1479號判決參照）。

次按行政院公平交易委員會對於是否屬於「行使權利之正當行爲」，曾訂定「行政院公平交易委員會對於事業發侵害著作權、商標權或專利權警告函案件之處理原則」（下稱處理原則），以供相關事業遵循。查本件被上訴人係於100年3月15日寄發系爭電郵，因此，判斷是否屬於「依照專利法行使權利」之正當行爲，自應依行政院公平交易委員會於99年1月28日以公法字第0990000718號令所發布之處理原則爲其依據。據上開處理原則第3點第1項第1款及第3款記載，事業踐行經法院一審判決確屬著作權、商標權或專利權受侵害，或將可能侵害專利權之標的物送請專業機構鑑定，取得鑑定報告，且發函前事先或同時通知可能侵害之製造商、進口商或代理商，請求排除侵害等確認權利受侵害程序之一，始發警告函者，爲依照著作權法、商標法或專利法行使權利之正當行爲。而有關行政院公平交易委員會警告函處理原則部份，僅需專利權人在形式上踐行處理原則之確認程序，即屬權利之正當行使，亦即僅就發函程序之正當性加以規範，並不及於鑑定內容之實質認定，故不以檢附完整鑑定報告爲必要（行政院公平交易委員會89年1月13日（89）公法字第00146號函同此見解）。

4. 智慧財產法院99年度民公上字第3號判決

按事業違反本法之規定，致侵害他人權益者，應負損害賠償責任；又法院因前條被害人之請求，如爲事業之故意行爲，得依侵害情節，酌定損害額以上之賠償，但不得超過已證明損害額之3倍，公平交易法第31條、第32條第1項分別定有明文。再事業不得爲競爭之目的，而陳述或散布足以損害他人營業信譽之不實情事；又除本法另有規定者外，事業亦不得爲其他足以影響交易秩序之欺罔或顯失公平之行爲，同法第22條、第24條亦有明文。上開所謂事業不得爲競爭之目的，而陳述或散布足以損害他人營業信譽之不實情事者，乃指事業爲競爭之目的，積極以媒介物傳播或宣傳之方式，陳述或散布足以損害他人營業信譽之不實情事而言，是以，此類行爲必須有傳播或宣傳之行爲爲其客觀外在事實，倘無此類事實，係因報章媒體以新聞事件方式報導，非由該競爭事業積極主導，自不能因此認爲有上開規定之適用。至公平交易法第24條規定目的，在於就該條前列規定之外，其他足以影響交易之欺罔或顯失公平之行爲，亦認爲應禁止之，其中所稱交易秩序，係指符合善良風俗之社會倫理及效能競爭之商業競爭倫理之交易行爲；所謂欺罔或顯失公平，係指事業從事競爭或商業交易行爲，以提供不實資訊或榨取他人努力成果等違反「效能競爭」本旨之手段，妨礙公平競爭或使交易相對人不能爲正確之交易決定之情形，例如攀附他人商譽、襲用他人著名之商品或服務表徵等不符合商業競爭倫理之不公平競爭行爲。而是否足以影響交易秩序，則應以其行爲是否妨礙事業相互間自由競爭，及是否足使交易相對人因而作對行爲人有利之選擇作爲判斷原則。又所謂欺罔或顯失公平，係自市場上效能競爭之觀點出發，係指事業從事競爭或商業交易行爲，以提供不實資訊或榨取他人努力成果等違反「效能競爭」本旨之手段，妨礙公平競爭或使交易相對人不能爲正確之交易決定之情形（最高行政法院94年度判字第1454號、95年度判字第444號判決參照）。另公平交易法第45條規定：「依照著作權法、商標法或專利法行使權利之正當行爲，不適用本法之規定。」此項排除公平交易法適用規定之要件有二，一是依照著作權法、商標法或專利法「行使權利行爲」，二是該項行使權利行爲係屬「正當」。是以智慧財產權人對於有侵害其智慧財產權之虞者，得依智慧財產權相關法律正當行使其權利，而無公平交易法之適用。惟如以非正當之行爲、濫用其權利或違反誠信原則爲之，造成足以影響交易秩序之情事者，則屬濫用智慧財產權之行爲，應受公平交易法之規範（最高行政法院98年度判字第1479號判決參照）。

・限制競爭

智慧財產法院100年度行公訴字第1號判決

原告主張其與區域承包商簽訂關於禁止經銷商不得代理、仲介或經銷其他品牌MIDI伴唱產品之約定，係爲避免區域獨家承包之經銷商因取得獨家承包之市場地位，而在特定區域內不正當搭售及聯賣未經弘音同意之伴唱產品，對於店家形成壟斷勢力，致店家或放台主被迫接受其他品牌之伴唱產品，故該約定並無任何負面經濟效果，自無違法公平交易法第19條第6款之規定，且此係爲激勵下游經銷商之忠誠度、維持原告伴唱產品之品質及供應商（即原告）之信譽等，故前開條款，對於原告而言，具有穩定經銷體系、降地交易風險及貫徹企業形象之功能，故前開約定實有其正面經濟效果，且可避免盜版問題等語云云。惟查區域承包商均係獨立法人或獨資商號等，基於自由意識，均可自行決定是否接受其他品牌之伴唱產品，原告僅係與區域承包商交易之相對人，並非行政機關，怎可藉由整頓市場秩序，爲限制交易相對人行爲之約定。此外，所謂穩定經銷體系、降地交易風險等，必對交易相對人均有助益及激勵，始可謂具正面經濟效果，倘僅對原告有利，即會造成不公平競爭之效果。原告將其對區域承包商所爲之限制約定，解釋爲無負面但有正面經濟效果之辯解，似是而非，顯不可採。原告上開限制約定，雖如原告所言，非全面封鎖，但必須得原告同意，同樣造成由原告決定何人得以進入競爭市場之大門，難謂不會逐漸造成市場封鎖之效果。另關於限制經銷商轉租MIDI伴唱產品價格之約定，原告主張此一彈性合理轉租價格交易模式，區域承包商亦知悉甚詳，實質上並未剝奪區域承包商自由決定MIDI伴唱產品轉租價格之空間，故MIDI伴唱產品經銷價格仍有區別，不致降低相同產品在不同經銷通路間之「品牌內競爭」等語云云。惟查伴唱帶市場之經銷體系中，區域承包商負責經銷出租權，其利潤來源取決於承租及轉租間之價差，如由原告限制轉租價格，即係剝奪區域承包商自由決定MIDI伴唱產品轉租價格之空間，且限制價格競爭，自然不利於區域承包商之下游消費者。原告等伴唱產品市場參與者，將有體財產權之產銷結構運用於權利內容易於重覆再現之無體財產權，隨著科技之發達，權利再現輕而易舉之情形下，層層剝削之經銷結構，自然是造成市場混亂及盜版猖獗的原因之一，原告不思改變產銷結構，僅以維護既得利益爲出發點，以匡正市場爲由所爲之限制約定，當然構成以不正當限制交易相對人之事業活動爲條件，而與其交易之行爲，且已生限制競爭之效果，至少亦有限制競爭之虞。

原告一再以被告關於市場界定錯誤，市場佔有率之認定亦有違誤，理由不備，違反行政程序法第5條、第43條及第96條第1項之規定等語云云。惟按行政訴訟法第201條規定：「行政機關依裁量權所爲之行政處分，以其作爲或不作爲逾越權限或濫用權力者爲限，行政法院得予撤銷」。行政法院對行政機關依裁量權所爲行政處分之司法審查範圍限於裁量之合法性，而不及於裁量行使之妥當性。至於不確定法律概念，行政法院以審查爲原則，但對於具有高度屬人性之評定（如國家考試評分、學生之品行考核、學業評量、教師升等前之學術能力評量等）、高度科技性之判斷（如與環保、醫藥、電機有關之風險效率預估或價值取捨）、計畫性政策之決定及獨立專家委員會之判斷，則基於尊重其不可替代性、專業性及法律授權之專屬性，而承認行政機關就此等事項之決定，有判斷餘地，對其判斷採取較低之審查密度，僅於行政機關之判斷有恣意濫用及其他違法情事時，得予撤銷或變更，其可資審查之情形包括：1.行政機關所爲之判斷，是否出於錯誤之事實認定或不完全之資訊。2.法律概念涉及事實關係時，其涵攝有無明顯錯誤。3.對法律概念之解釋有無明顯違背解釋法則或牴觸既存之上位規範。4.行政機關之判斷，是否有違一般公認之價值判斷標準。5.行政機關之判斷，是否出於與事物無關之考量，亦即違反不當連結之禁止。6.行政機關之判斷，是否違反法定之正當程序。7.作成判斷之行政機關，其組織是否合法且有判斷之權限。8.行政機關之判斷，是否違反相關法治國家應遵守之原理原則，如平等原則、公益原則等（司法院釋字第382號、第462號、第553號解釋理由參照）。被告係掌管國家商業交易競爭秩序之專業機關，其雖於本件言詞辯論後之101年2月6日始變更爲獨立機關，然關於爲維護經濟秩序時，有關市場之界定，仍屬高度專業性之判斷，故除非有上述可資審查之情形外，應尊重其不可替代性、專業性及法律授權之專屬性所爲之判斷。被告爲維護與原告同等地位包括美華影音科技股份有限公司等（見被證12，見本院卷（三）第46頁）之競爭市場秩序，所爲本件對市場範圍之界定，並無違誤，原告雖主張應加入盜版市場，家用轉商用市場，底歌加歌市場等語云云，保護對象不明，且各該非法或合法之商用行爲，可能係與承包經銷商同地位，甚至與所謂放台主同地位，不能因爲原告及瑞影公司係侵害伴唱帶著作權刑事案件之主要告訴人，即認各該商用行爲均應納入被告所欲維護競爭秩序之市場。此外，公平交易法第19條第6款，並未將市場佔有率之實際比例作爲判斷標準，其前提要件爲有限制競爭之虞，此要件當然與市場地位有關，惟其判斷依據非僅從交易數量、金額多寡或市場占有率作爲市場力量判斷基準，而應就個別具體事件，考量雙方在交易條件上是否對等。因此交易行爲不論在事業與事業間之競爭關係應受規範，即在事業與消費者間交易關係亦應同受規範，故禁止契約當事人利用地位之不對等，事實上與市場優勢地位之濫用禁止殊途同歸，皆在維護整體交易秩序。本件被告所謂原告與瑞影公司市場佔有率80%之認定，僅係作爲原告具有市場影響力的理由之一，縱實際佔有率非80%，惟依原告與承包經銷商間地位之不平等，上開限制約定既如前所述會影響與原告同等地位市場參與者之競爭，亦會影響承包經銷商彼此之間的競爭，已可認定該等限制約定影響競爭秩序。末按公平交易法第19條第6款之規定，係有限制競爭之虞即已構成，蓋被告對競爭市場秩序之維護不僅對於過去、現在已生之違反競爭秩序行爲，對於理論上可能發生限制競爭之行爲，亦可加以防範，故所謂區域承包商主觀上是否確實覺得行爲受到受到上開契約之限制，並不影響本件處分事實之認定，原告一再主張被告訪談調查有誤，被告以此爲認定基礎違法等語云云，並不可採。

第三單元　刑法

第一節　前言

案例

> 甲接受美國○○公司台灣代理商A公司之委託，製造商標名稱為「○○○」、「○○○○」等商標圖樣（係美國○○公司向經濟部智慧財產局申請註冊，取得商標專用權，指定使用於塑膠衣架等專用商品，目前仍在商標專用期間）之衣架模具。某天，警方接獲線報指出，位於○○市○○路○○號之公司（即甲之地址），有疑似製作侵害他人商標權產品之行為，警方抵達該地址時，當場查獲並扣得印有與美國○○公司所取得之商標權相同圖案之衣架○○支及衣架模具○個，警方隨即將甲帶回偵訊，試問：甲之行為可能觸犯何種刑責？

在專利侵權除罪化之後，於侵害智慧財產權之諸多行爲態樣中，僅剩部分之行爲應負刑事上之責任（如：侵害商標專用權、販賣仿冒商標商品以及侵害著作權等情形），惟除了在智慧財產權相關法律規定本身有關於刑事責任之明文規定外，普通刑法中之相關規定亦併予留意。又犯罪行爲如於特別法中即已訂有刑責，則特別法應優先適用，而不再論處普通刑法。

第二節　法令解說

一、仿冒商標

依據刑法第253條之規定，意圖欺騙他人而僞造或仿造已登記之商標、商號者，處二年以下有期徒刑、拘役或科或併科三千元以下罰金。實務上認爲，仿造商標，祇以製造類似之商標可使一般人誤認爲眞正商標爲已足（最高法院刑事判例25上7249參照）。

而依據刑法第254條之規定，明知爲僞造或仿造之商標、商號之貨物而販賣，或意圖販賣而陳列，或自外國輸入者，處二千元以下罰金。

另外，刑法第255條亦規定，意圖欺騙他人，而就商品之原產國或品質，爲虛僞之標記或其他表示者，處一年以下有期徒刑、拘役或一千元以下罰金（第1項參照）。明知爲前項商品而販賣，或意圖販賣而陳列，或自外國輸入者，亦同（第2項參照）。

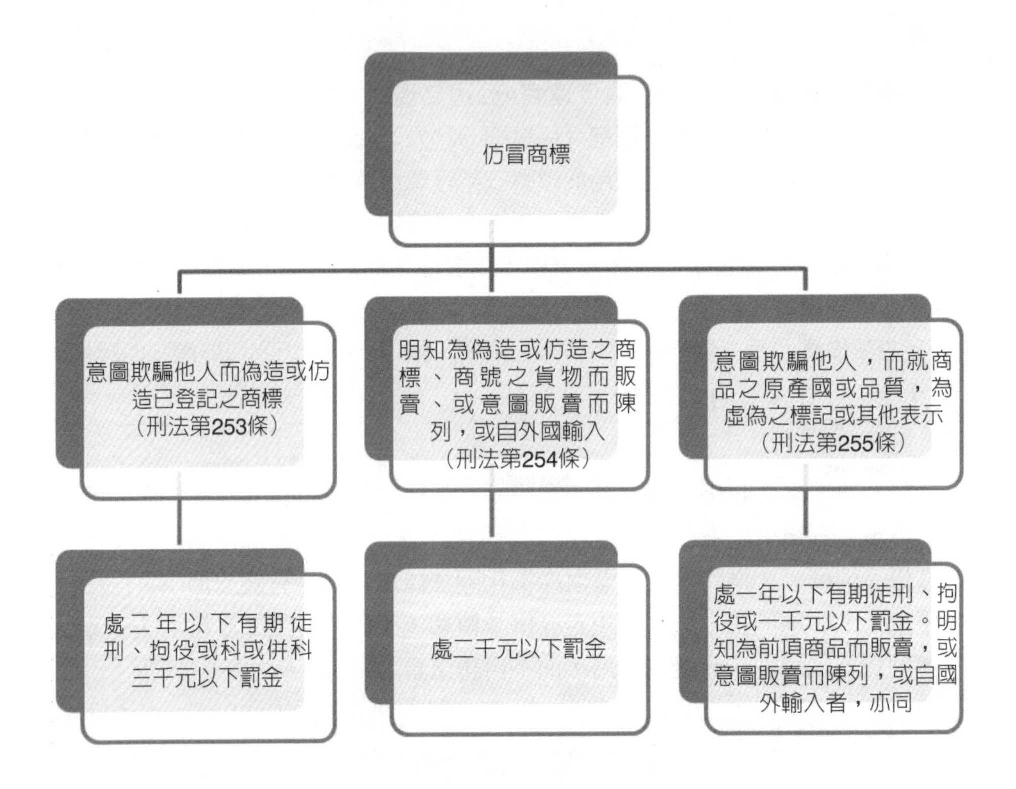

二、洩漏工商秘密

依據刑法第317條之規定，依法令或契約有守因業務知悉或持有工商秘密之義務，而無故洩漏者，處一年以下有期徒刑、拘役或一千元以下罰金。

而依據刑法第318條之規定，公務員或曾任公務員之人，無故洩漏因職務知悉或持有他人之工商秘密者，處二年以下有期徒刑、拘役或二千元以下罰金。

另外，刑法上對於公務員之定義為：（一）依法令服務於國家、地方自治團體所屬機關而具有法定職務權限，以及其他依法令從事於公共事務，而具有法定職務權限者（刑法第10條第2項第1款參照）；（二）受國家、地方自治團體所屬機關依法委託，從事與委託機關權限有關之公共事務者（刑法第10條第2項第2款參照），並予敘明。

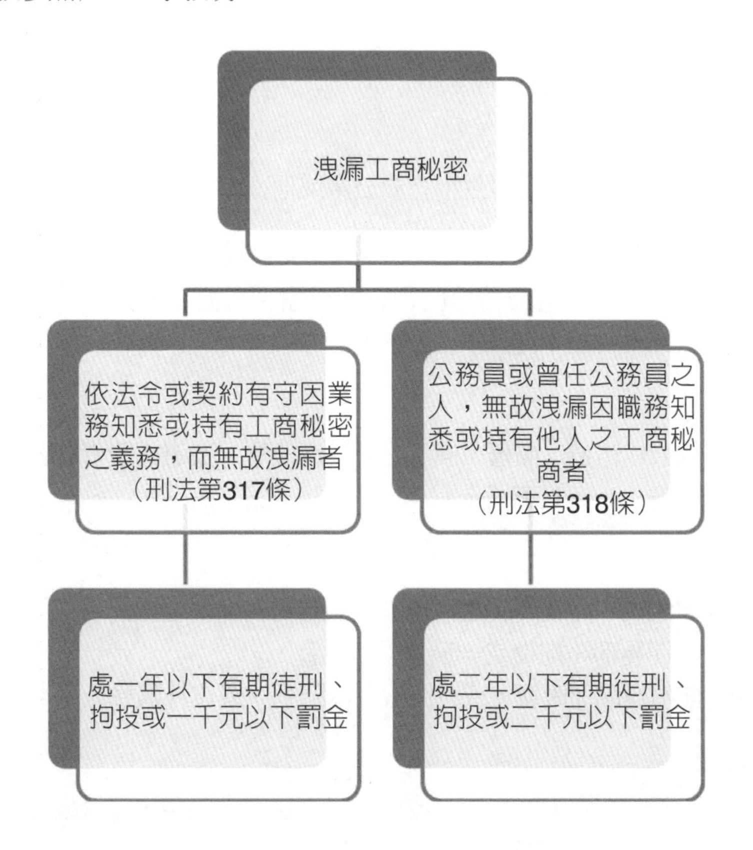

三、偽造私文書罪

依據刑法第210條之規定，偽造、變造私文書，足以生損害於公眾或他人者，處五年以下有期徒刑。

實務上有認為，「偽造或仿造他人已登記之商標，同時偽造仿單附於偽冒之商品內行使之行為，如偽造他人商品之仿單附加有偽造或仿造商標圖樣者，關於附加僞造或仿造之商標圖樣部分，適用商標法第六十二條之二處罰。關於文字部分仍屬僞造之私文書，爲一行爲觸犯二罪名，再與僞造商標行爲從一重處斷。」（最高法院刑事裁判75年度台上字第1051號參照）。是以，僞造之商標中若有文字之部分，亦可能有刑法第210條僞造私文書之適用，應一併注意。

相關法條

刑法第210條

僞造、變造私文書，足以生損害於公衆或他人者，處五年以下有期徒刑。

刑法第253條

意圖欺騙他人而僞造或仿造已登記之商標、商號者，處二年以下有期徒刑、拘役或科或併科三千元以下罰金。

刑法第254條

明知爲僞造或仿造之商標、商號之貨物而販賣，或意圖販賣而陳列，或自外國輸入者，處二千元以下罰金。

刑法第255條

意圖欺騙他人，而就商品之原產國或品質，爲虛僞之標記或其他表示者，處一年以下有期徒刑、拘役或一千元以下罰金。

明知爲前項商品而販賣，或意圖販賣而陳列，或自外國輸入者，亦同。

刑法第317條

依法令或契約有守因業務知悉或持有工商秘密之義務，而無故洩漏之者，處一年以下有期徒刑、拘役或一千元以下罰金。

刑法第318條

公務員或曾任公務員之人，無故洩漏因職務知悉或持有他人之工商秘密者，處二年以下有期徒刑、拘役或二千元以下罰金。

案例解說

甲之行為可能觸犯以下刑責：

1. 「未得商標權人或團體商標權人同意，為行銷目的，於同一商品或服務，使用相同於註冊商標或團體商標之商標者，處三年以下有期徒刑、拘役或科或併科新臺幣二十萬元以下罰金。」商標法第95條第1款有明文規定。甲受美國○○公司台灣代理商A公司之委託，製造衣架模具，然該委託事項並不包括製造衣架，故甲在未得美國○○公司同意之情況下，製造印有與美國○○公司所取得之商標權相同圖案之衣架，此行為可能違反商標法第95條第1款之規定。
2. 「意圖欺騙他人而偽造或仿造已登記之商標、商號者，處二年以下有期徒刑、拘役或科或併科三千元以下罰金。」刑法第253條訂有明文。如上所述，甲在未得美國○○公司同意之情況下，製造印有與美國○○公司所取得之商標權相同圖案之衣架，此行為可能違反刑法第253條之規定。

第三節　必備書狀及撰寫要旨

刑事案件進行流程（判決有罪之情形）

・權利人向管轄地方法院提起告訴
・檢察官進行偵查
・檢察官提起公訴
・地方法院刑事庭進行證據調查、言詞辯論、審判程序
・地方法院爲有罪判決
・不服地方法院有罪判決向智慧財產法院提起上訴
・智慧財產法院進行上訴審
・智慧財產法院爲有罪判決

依據前述案例，本節提供原告所應撰擬之提起告訴之書狀，以及被告之答辯書狀之撰寫要旨及範例：

一、被告答辯狀

刑事訴訟之被告答辯狀，應載明答辯理由及其證據、對於公訴檢察官公訴意旨否認之事項等。（詳參第三章第四單元有關刑事訴訟答辯狀之撰寫要旨）

第四節　書狀範例

範例一　被告答辯狀

<table>
<tr><td colspan="5">刑事答辯狀</td></tr>
<tr><td>案　　　號</td><td colspan="2">年度　　　字第　　　　號</td><td>承辦股別</td><td></td></tr>
<tr><td>訴訟標的金額</td><td colspan="4"></td></tr>
<tr><td>被　　　告</td><td>甲</td><td colspan="3">住○○市○○路○○號○○樓
送達代收人：○○○律師</td></tr>
<tr><td>訴訟代理人</td><td>○○○律師</td><td colspan="3">○○法律事務所
○○市○○路○○號○○樓
電話：○○-○○○○○○○○</td></tr>
<tr><td colspan="5">為被訴侵害商標權案件，提出答辯理由事：
一、被告涉嫌侵害美國○○公司商標權案件，正由　鈞院以○○年度○○字第○○○號審理中，因公訴人所指被告犯罪情形與事實不符，謹提出答辯如次，請　鈞院明察，以諭知無罪之判決。
二、被訴違反商標法第95條第1款之部分：
（一）按商標法第95條第1款「於同一商品或服務，使用相同於註冊商標或團體商標之商標者」，其所謂之使用，依同法第5條第1項第1款之規定，係指「為行銷之目的，而有下列情形之一，並足以使相關消費者認識其為商標：一、將商標用於商品或其包裝容器。二、持有、陳列、販賣、輸出或輸入前款之商品。三、將商標用於與提供服務有關之物品。四、將商標用於與商品或服務有關之商業文書或廣告。前項各款情形，以數位影音、電子媒體、網路或其他媒介物方式為之者，亦同。」又所稱「商品」係指具一定經濟價值，得為一般交易標的之貨物而言，故如非為「行銷」之目的，而於同一商品使用相同之註冊商標，自與該條款之構成要件有間。此有最高法院86年度台非字第148號（被證1號）、82年度台上字第3667號判決（被證2號）要旨可資參照。再參酌商標設立之意旨，在於保護商標權人並建立註冊商標制度，以鼓勵申請註冊，藉由商標權之保護，使商標權人得以專用其註冊商標，並使消費者易於辨識，不致產生混淆誤認。而本件被告甲所製造之物乃供生產仿冒商標衣架所用之衣架模具，該模具本身並未</td></tr>
</table>

在一般交易市場流通，並無致消費者混淆或有誤認之虞。

（二）至於扣案○○支衣架之部分，該衣架上確實有與美國○○公司取得商標權之商標相同之圖樣。惟查：除了當場查獲之○○支衣架外，並未查獲用以包裝衣架之物或其他與販賣衣架相關之物品，且一般衣架單價低廉，能賺取之利潤更屬微薄，倘若被告確實有販賣本件仿冒衣架之意，應大量生產衣架始為合理。是以，被告所稱：該等衣架係為供衣架模具試模之用，其並無販賣仿冒衣架之意等語，應足以採信。故該扣案衣架實為「衣架模具」試模之用，並非基於「行銷之目的所生產」。

（三）綜上，被告之行為並無違反商標法第95條第1款之規定。

三、被訴違反刑法第253條之部分：

（一）按刑法第253條「意圖欺騙他人而偽造或仿造已登記之商標」，其必以「意圖欺騙他人」為犯罪構成要件，承上所述，本件被告甲所製造之物乃供生產仿冒商標衣架所用之衣架模具，該模具本身並未在一般交易市場流通，並無致消費者混淆或有誤認之虞，自無「欺騙他人之意圖」；另外，就「扣案衣架」之部分，因該扣案衣架實為「衣架模具」試模之用，並非基於「行銷之目的所生產」，自無「欺騙他人之意圖」，與刑法第253條之法定構成要件不符。

（二）綜上，被告之行為與刑法第253條之法定構成要件不符，基於刑法罪刑法定主義，自不得以刑法第253條之罪將甲相繩。

四、綜上所述，在無其他積極證據足資證明被告有違反商標法第95條第1款或刑法第253條規定之情況下，揆諸前開說明，自不能證明被告有違反商標法第95條第1款或刑法第253條之情事，懇請　鈞院為對被告諭知無罪之判決。

謹狀

智慧財產法院刑事庭　公鑒

中	華	民	國	○	○	年	○	○	月	○	○	日

附件及證據列表	附件：委任狀正本。 被證1號：最高法院86年度台非字第148號判決影本。 被證2號：最高法院82年度台上字第3667號判決影本。
	具狀人：被告甲
	撰狀人：訴訟代理人○○○律師

第五節　實務判解

・刑法第253條「偽造仿造商標罪」之判斷

1. 台灣高等法院95年度上訴字第4163號判決

僅意圖欺騙他人，而僞造他人已登記之商標，如果未加以使用，固應論以刑法第253條之僞造仿造商標罪，但若進而使用前開商標圖樣於同一商品上，修正前商標法第62條第1款即有特別規定，自應論以該特別法所規定之罪，不再以刑法第253條之罪相繩。又擅用或冒用他人藥物之名稱、仿單，藥事法第86條第1項固亦有處罰規定，然該法所定刑期爲有期徒刑1年以下，較諸修正前商標法第62條第1款於同一商品，使用相同於他人註冊商標之圖樣罪所定3年以下有期徒刑之規定爲輕，亦應僅論以商標法之罪。

2. 台灣高等法院台中分院95年度上訴字第2985號判決

「PEUGEOT」係標緻公司之商標，且已向經濟部中央標準局（現已改制爲智慧財產局）申請註冊，取得商標專用權而指定使用於各種汽車及其零件組件等專用商品，現仍在專用期間內，有經濟部智慧財產局註冊資料（審定號00000000）在卷可稽。而被告既知悉「PEUGEOT」係標緻公司之商標，且其既非標緻汽車之零件商，亦未得到標緻汽車商標權人之授權，自無從授權梁志傑印製「PEUGEOT」貼紙，其有仿造登記之商標之故意甚明。

扣案85000張貼紙，數量之多，絕非僅供貼在倉庫架上，或貼在倉庫路徑標示使用，應係直接貼在商品外包裝上。而該「PEUGEOT」貼紙，並無「USE FOR」字樣， 無從辨別是「非原廠零件」，所以當消費者看到「PEUGEOT」字樣時，極容易混淆是原廠零件，此種使用方式顯有欺騙消費者之意圖。被告及原審選任辯護人雖辯稱：本件並未查獲被告欲另行黏貼，後來亦無使用情形，自與刑法第253條構成要件不相符云云。然刑法第253條，並不以「使用於商品上」爲要件，只要印製商標者有欺騙他人之意圖即可，本案被告有無使用於商品上，不影響犯罪成立。

・一行為觸犯數罪名之論處

1.　最高法院75年度台上字第1051號判決

僞造或仿造他人已登記之商標，同時僞造仿單附於僞冒之商品內行使之行爲，如僞造他人商品之仿單附加有僞造或仿造商標圖樣者，關於附加僞造或仿造之商標圖樣部分，適用商標法第62條之2處罰。關於文字部分仍屬僞造之私文書，爲一行爲觸犯二罪名，再與僞造商標行爲從一重處斷。

2.　台灣高等法院96年度上更（一）字第632號判決

被告甲○○、乙○○製造仿冒商標商品後再販售予不特定之人，所犯未經商標權人同意於同一商品使用相同之註冊商標及明知爲未經商標權人同意而使用相同註冊商標於同一商品而販賣等二罪，有方法結果之牽連關係，應從一重之未經商標權人同意於同一商品使用相同之註冊商標罪論處。被告甲○○、乙○○所犯刑法第二百五十五條第一項對商品爲虛僞標記罪與第二百五十五條第二項販賣有虛僞標記之商品罪間，亦具有方法結果之牽連關係，應從一情節重之前者處斷。

3.　台灣高等法院95年度上易字第2164號判決

又被告明知上開仿冒香菸其香菸盒上記載有效日期、煙包側英文字母、底部鋼模數字及原產國等準私文書而仍予販售交付行使，所行使者尚包含上開準文書部分，而非僅販賣仿冒商標之商品，此部分行爲另犯刑法第216條、第220條第1項、第210條之行使僞造準私文書罪及刑法第255條第2項之明知係就商品之原產國爲虛僞標記之商品而販賣罪。

4.　台灣高等法院95年度上更（一）字第128號判決

被告甲○○明知大陸盤商永泰興有限公司未得商標權人之同意，而於同一商品使用相同於上開註冊之商標圖樣並意圖欺騙他人，而就商品之原產國或品質，爲虛僞之標記「MITSUBISHI PENCIL CO.,LTD」、「MADE IN JAPAN」等足以表示係由日商三菱公司所製造用意之「三菱UM－151 0.38極細中性筆」係仿品，竟予輸入，另又向台灣本地之盤商購入三菱中性筆之眞品，將其所購入之仿品與眞品，以每包摻雜1或2枝仿品之方式，重新包裝爲5枝之塑膠袋包裝包後，再於包裝上貼上標示有「品名：日本三菱雙珠中性筆。規格：0.38m/

m雙珠鋼頭五入裝。特點：日本原裝進口」等就仿品商品之原產國或品質，爲虛僞標記之標帖（未附加相同或近似於上開註冊商標圖樣）予以販賣行使，核被告甲○○所爲係犯刑法第216條、第220條第1項（起訴書漏未記載）行使僞造（準）私文書罪、商標法第88條販賣仿冒商標商品罪及刑法第255條第1項虛僞標記商品罪（塑膠袋包裝上標帖）暨第2項之販賣虛僞標記商品罪（塑膠袋包裝上標帖及中性筆仿品上虛僞標記）。

5. 台灣高等法院93年度上易字第676號判決

按製作商品販售，須同時製作包裝盒，以利推廣、銷售，製作包裝盒係其業務上附隨行爲，被告丁○○、甲○○意圖欺騙他人，於渠等業務上所作成之「創樂養素健」包裝上之原產國及品質爲虛僞之標記，並對外銷售而行使，核渠等所爲，均係犯刑法第二百五十五條第一項對商品爲虛僞標記罪、第二百十五條行使業務上登載不實文書罪。

6. 台灣高等法院94年度上訴字第1169號判決

TOYOTA商標字樣，係告訴人日商豐田公司向我國經濟部中央標準局申請註冊，取得商標專用權，指定使用於各種客貨運送用之汽車、卡車、機動車及其機械器具等商品，現仍在商標專用期間內等情，有中央標準局第 25199號商標註冊證在卷可按（92年度他字第7858號偵查卷第5頁）。而商標法所稱之商標使用，指爲行銷之目的，將商標用於商品、服務或其有關之物件、或利用平面圖像、數位影音電子媒體或其他媒介物，足以使相關消費者認識其爲商標，商標法第 6條定有明文。是商標之使用在表彰自己之商品，並讓消費者藉以標誌區別商品來源、品質與信譽，將商標用於商品或其包裝或容器之上，均爲商標法所定商標之使用，不限於標示在商品上。

扣案物之包裝雖採用FOR TOYOTA USE與TOYOTA GENUINE PARTS等英文字樣，惟在排列上以TOYOTA字樣爲主體，故意將FOR與TOYOTA USE、TOYOTA與GENUINE PARTS等分行排列，各字體之用色、大小均有明顯差異，且故意突顯白底紅字之TOYOTA商標字樣，與一般說明文字係將商標字樣與其他敘述文字同行並列，且無故意將商標突顯放大標示的情形，顯不相同。被告主觀上有仿冒TOYOTA商標之意思，彰彰甚明。

7. 台灣高等法院台中分院98年度重上更（一）字第135號判決

按在口罩上標示「EN149 P1」文字者，依習慣表示該口罩經過歐盟標準EN149檢驗認證而具有P1等級之意，足以爲表示口罩防護級數品質用意之證明，性質上屬於刑法第220條第1項準私文書之一種。是被告刻製印模章戳，在口罩上僞造印製「C316 EN149 P1」字樣，並提供內容不實之商品型錄，而加以販賣行使，使消費者誤信該口罩具有該等級之防護效能，而購買上開口罩，核被告所爲，係犯刑法第255條第2項明知爲虛僞標記或其他表示之商品而販賣罪、刑法第339條第1項之詐欺取財罪、刑法第216條、第220條、第210條行使僞造私文書罪。

8. 台灣高等法院台中分院97年度上訴字第1116號判決

按在紙上或物品上之文字、符號、圖畫、照像，依習慣或特約，足以爲表示其用意之證明者，關於本章及本章以外各罪，以文書論，刑法第220條第1項定有明文。本件被告製作銀龍威士忌酒瓶上之標籤貼紙及外包裝盒虛僞標示製造商，上揭標示即足以表示該等酒品由該等公司所製造，而爲該等公司出品用意之證明，核屬刑法第220條第1項規定之準文書。又被告虛僞標示酒精成份，即就商品之品質爲虛僞之標記。是核被告所爲，係犯刑法第255條第1項之意圖欺騙他人，而就商品之品質，爲虛僞之標記罪以及刑法第216條、第210條之行使僞造私文書罪。

9. 台灣高等法院台中分院97年度上訴字第438號判決

本件被告等僞造貼於仿冒酒類酒瓶上之標籤，其上載有商品名稱、內容成分、製造商、進口商等，足以表彰該酒類之來源，自屬刑法第二百十條所規範之私文書。被告將貼有上開商品標籤之仿冒商標酒類出售他人，自足以生損害於上開各商標專用權人、進口商及社會大衆。是核被告丙○○、乙○○、丁○○、戊○○、己○○等人，就事實欄一、事實欄二，各次所爲，均係犯商標法第八十一條第一款（指附表、有取得商標專用權部分）之明知未得商標權人同意，於同一商品，使用相同註冊商標罪、刑法第二百五十五條第一項之意圖欺騙他人，而就商品之原產國、品質，爲虛僞之標記罪、刑法第二百十六條、第二百十條之行使僞造私文書罪。

10. 台灣高等法院台中分院96年度上訴字第2850號判決

按商品條碼係商品之編碼數字，改爲平行線條的符號代替，以便能使裝有掃描器之機器閱讀，經過電腦解碼，將線條符號之號碼轉爲數字號碼，而由電腦處理，主要係作爲商品從製造、批發、銷售一連串作業過程自動化管理之符號。故商品條碼如同商品之身分證，代表一定之用意，前2位數係國家代碼，第3位至第6位數係廠商代碼，第7位至第12位數，則爲商品之專用條碼。是商品條碼爲生產公司賦予商品之辨識標記，一經電腦判讀，即可辨識爲某國家某廠商所生產之何種商品，係在物品上之符號，依特約表示一定用意之證明即表示爲特定廠商所製造出品之表徵，且其縱未經電腦判讀而未顯現刑法第220條第2項之準私文書，然在上開仿品外包裝上之商品條碼本身，依刑法第220條第1項規定，應屬刑法上之準私文書無誤，則行爲人如於產品上擅自冒用他家廠商之商品條碼而販售，即屬對顧客主張該條碼之內容而令買受人誤認該產品爲被冒用廠商所生產，致影響被冒用廠商對外信譽，及該廠商對自身商品倉儲、流通管理之正確性與消費大衆之權益，且足使商品條碼管理組織對「國碼」、「廠商代碼」之控管、審核及發給程序失其功能，損害其對條碼管理之正確性。經查，扣案之仿冒外套、T恤上均有僞造之利惠公司字樣及其商品條碼，有照片附卷可參（見偵查卷第19至22頁）。被告丁○○、丙○○販售與不特定成年客戶以行使上開仿冒外套、T恤上之僞造私文書，足以生損害於中華民國商品條碼策進會對於條碼之管理、利惠公司對商品之控管及不特定成年客戶甚明。

核被告丁○○、丙○○所爲，係犯商標法第82條之明知爲仿冒商標商品而販賣罪、刑法第255條第2項之販賣虛僞標記商品罪、刑法第216條、第210條、第220條第1項之行使僞造私文書罪。

11. 台灣高等法院台南分院94年度上訴字第1253號判決

按廠商之內外銷產品，依商品檢驗法之規定，應請經濟部商品檢驗局檢驗合格，核發檢驗合格證書及粘貼商檢標識始能出售。此其檢驗合格證書及商檢標識，既係經濟部商品檢驗局之公務員，依法在其職務上製作之文書，爲表明該商品業經該局檢驗合格之證明文件，應屬刑法第二百十一條之公文書明文件，其與刑法第二百十二條之特種文書，迥然不同（最高法院七十七年三月一日第三次刑事庭會議決議參照）。復按九十一年一月九日經經濟部以經標字第

○九○○四六二八二四○號號令訂定發布，並自發布日施行之「商品檢驗標識使用辦法」第三條及第四條之規定，一般商品即字軌為「C」及流水號之商品檢驗標識，均應經標檢局印製，而無得由報驗義務人自行印製之情形。本案被告等偽造商品檢驗標識之時間係在九十二年九月間，且所偽造之商品檢驗標識為字軌為「C」及流水號之商品檢驗標識，是依「商品檢驗標識使用辦法」之規定，被告等所偽造之商品檢驗標識，即屬標檢局之公務員依法在其職務上製作之文書，並為表明該商品業經該局檢驗合格之證明文件，屬公文書無訛。是核被告乙○○、甲○○所為，均係犯刑法第二百十六條、第二百十一條行使偽造公文書罪及同法第二百五十五條第二項明知為虛偽標記之商品而販賣罪。

12. 台灣高等法院高雄分院97年度上更（一）字第235號判決

另甲○○、丁○○2人均明知上開保健食品係翰晟公司在台製造生產，並非美國原裝製造及進口，亦未取得美國「Fitness」公司授權製造，竟共同基於常業詐欺及虛偽標記商品與販賣虛偽標記商品之概括犯意聯絡，連續多次在保健食品之包裝盒、包裝瓶上浮貼標籤，虛偽標記「製造商：美國FITNESS LABO RATORIES（G.M.P）」（附表二編號3-B、7-B）、「總經銷：碧特有限公司」、「保證美國進口」及「輸入許可：衛署食字第00000000號函」等不實事項，偽稱該等保健食品係美國原裝製造進口之高科技生物產品（下稱高科技產品），並於該公司產品說明書及行銷手冊等宣傳資料內，偽稱美國「Fitness」公司及「Fitness（研發中心）」係碧特事業集團之「美洲區相關事業體」，以此詐術方法銷售該等產品，使不特定之消費者陷於錯誤，誤認該產品係美國「Fitness」公司產製及進口，而向該公司以直銷方式購買上開保健食品，因以等同進口產品之價格買受，致受有價差及購買意願等之損害。

被告甲○○、丁○○就事實三所為，均係犯刑法第255條第1項對商品為虛偽標記及同條第2項販賣虛偽標記商品罪，及行為時刑法第340條常業詐欺罪。被告甲○○、丁○○及顏貴芳就對商品為虛偽標記罪，被告甲○○與丁○○，就販賣虛偽標記商品罪、常業詐欺罪，均有犯意之聯絡及行為之分擔，皆應依行為時刑法第28條規定論以共同正犯。

13. 台灣高等法院高雄分院95年度上更（一）字第245號判決

又被告甲○○與共同被告張進成2人為自大陸地區輸入大陸產製之上釉陶瓷藝品、利用不知情的工人在上開陶瓷藝品底部，以紅漆蓋印上「MADEIN

THAILAND」（泰國製）之英文字樣，依一般生產業界習慣足以表彰該貨物產地證明，此部分行爲足以致人產生原產國係泰國之誤會，核此部分所爲，則係犯刑法第255條第1項、第2項之意圖欺騙他人，而就商品之原產國爲虛僞標記罪及輸入虛僞標記商品罪。被告等於商品自爲虛僞標記，進而由外國輸入，其輸入販賣之低度行爲爲高度之虛僞標記所吸收，應僅論以刑法第255條第1項之對於商品爲虛僞標記罪。

14. 智慧財產法院98年度刑智上更（一）字第44號判決

按冒用他人藥物名稱、仿單、標籤，及販賣此等藥物，藥事法第86條已有特別規定，應排除刑法第253條及同法第216條、第210條、第220條規定之適用（最高法院73年度臺上字第6584號、90年度臺上字第7106號、98年度臺上字第7970號刑事判決參照），自無成立行使僞造私文書罪或行使僞造準私文書罪。另按商標雖具刑法第220條準文書之性質，但商標法就僞造、仿造商標行爲，既有處罰之特別規定，自無從適用刑法第220條、第210條加以處罰（最高法院90年度臺上字第7106號、91年度臺上字第4088號、98年度臺上字第7970號刑事判決意旨參照）。且商標之使用，係指以行銷之目的，將商標用於商品、服務等物件，或利用平面圖像等其他媒介物足以使相關消費者認識其爲商標之舉。本件扣案附表二所示之物有仿冒如附表一所示之商標圖樣，雖表彰其商品來源之用意證明，具有準文書之性質。惟商標法就僞造、仿造商標行爲，已有處罰之特別規定，自無從適用刑法第220條、第210條僞造準私文書罪之規定加以處罰。

第四單元　積體電路電路布局保護法

第一節　前言

案例

> A公司主張B公司未經其同意或授權，即抄襲仿冒A公司所設計之「電腦主機板設計圖」，試問：
> 1. A公司之何種權利遭到B公司侵害？
> 2. A公司應如何救濟？

積體電路電路布局保護法（Integrated Circuit Layout Protection Act）之立法目的即在於保障積體電路布局，並調和社會公共利益，以促進國家科技及經濟之健全發展，該法為智慧財產權制度之一部，我國於民國84年8月11日公布積體電路電路布局保護法全文，並於民國91年6月12日作出第一次修正。101年2月3日行政院院臺規字第1010122318號公告第24條第2項所列屬「行政院公平交易委員會」之權責事項，自101年2月6日起改由「公平交易委員會」管轄。以下即針對積體電路電路布局保護法作一介紹。

第二節　法令解說

一、定義

（一）積體電路

積體電路係指將電晶體、電容器、電阻器或其他電子元件及其間之連接線路，集積在半導體材料上或材料中，而具有電子電路功能之成品或半成品（積體電路電路布局保護法第2條第1款參照）。

（二）電路布局

電路布局係指在積體電路上之電子元件及接續此元件之導線的平面或立體設計（積體電路電路布局保護法第2條第2款參照）。

二、保護要件與期限

積體電路電路布局保護法之主管機關爲經濟部，相關業務由經濟部指定專責機關辦理，目前係由智慧財產局辦理相關業務。必要時，得將部分事項委託相關之公益法人或團體（積體電路電路布局保護法第3條參照）。至於積體電路電路布局保護法之保護要件與期限，分述如下：

（一）保護要件

1. 具有原創性

積體電路電路布局保護法所保護之電路布局權，應係由於創作人之智慧努力而非抄襲之設計（積體電路電路布局保護法第16條第1項第1款參照）。

2. 非普遍性

積體電路電路布局保護法所保護之電路布局權，應係在創作時就積體電路產業及電路布局設計者而言非屬平凡、普通或習知者（積體電路電路布局保護法第16條第1項第2款參照）。以組合平凡、普通或習知之元件或連接線路所設計之電路布局，應僅就其整體組合符合前項要件者保護之（積體電路電路布局保護法第16條第2項參照）。

3. 登記

依據積體電路電路布局保護法第15條第1項之規定，電路布局非經登記，不得主張本法之保護。電路布局經登記者，應發給登記證書（積體電路電路布局保護法第15條第2項參照）。

（二）期限

依據積體電路電路布局保護法第19條之規定，電路布局權期間爲十年，自「電路布局登記之申請日」、「首次商業利用之日」二者發生較早之日起算。

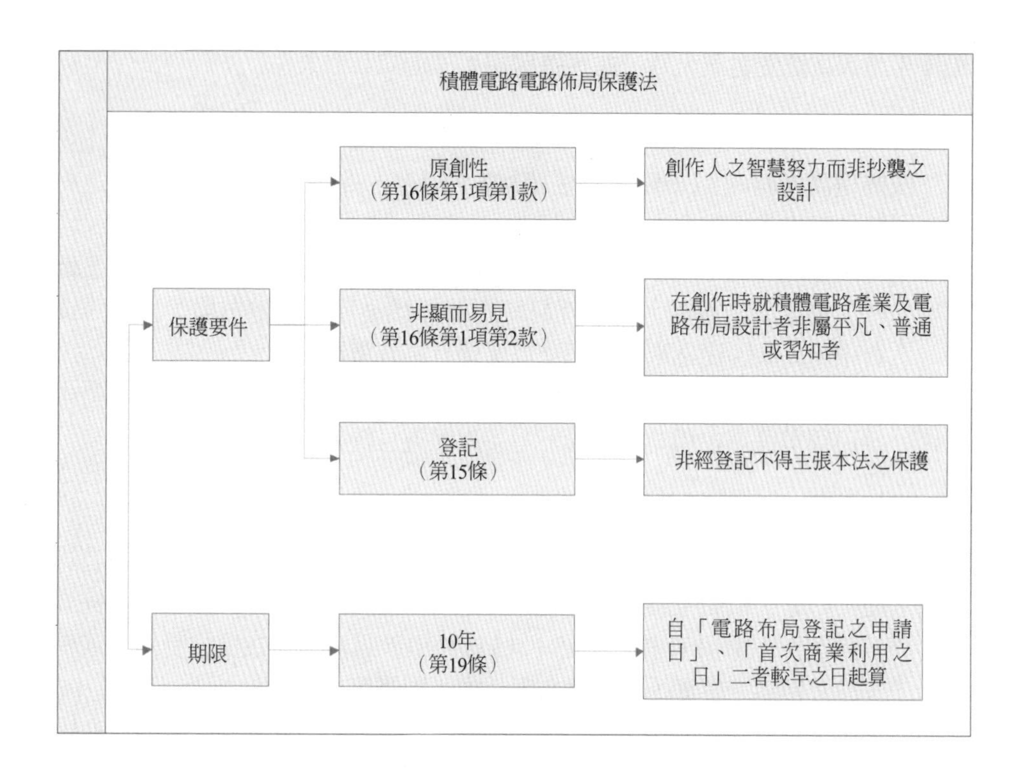

三、積體電路電路布局權之登記

（一）申請主體

1. 創作人或繼受人

依據積體電路電路布局保護法第6條之規定，電路布局之創作人或其繼受人，除本法另有規定外，就其電路布局得申請登記（第6條第1項參照）。前項創作人或繼受人爲數人時，應共同申請登記。但契約另有約定者，從其約定（第6條第2項參照）。

2. 二人以上共同申請

依據積體電路電路布局保護法第9條之規定，二人以上共同申請，或爲電路布局權之共有者，除約定有代表者外，辦理一切程序時，應共同連署，並指定其中一人爲應受送達人。未指定應受送達人者，電路布局專責機關除以第一順序申請人爲應受送達人外，並應將送達事項通知其他人。

3. 外國人

依據積體電路電路布局保護法第5條之規定，外國人合於下列各款之一者，得就其電路布局依本法申請登記：

(1)其所屬國家與中華民國共同參加國際條約或有相互保護電路布局之條約、協定或由團體、機構互訂經經濟部核准保護電路布局之協議，或對中華民國國民之電路布局予以保護且經查證屬實者。

(2)首次商業利用發生於中華民國管轄境內者。但以該外國人之本國對中華民國國民，在相同之情形下，予以保護且經查證屬實者爲限。

4. 職務上完成之電路布局

受雇人職務上完成之電路布局創作，由其雇用人申請登記。但契約另有約定者，從其約定（積體電路電路布局保護法第7條第1項參照）。出資聘人完成之電路布局創作，準用前項之規定（同條第2項參照）。前二項之受雇人或受聘人，本於其創作之事實，享有姓名表示權（同條第3項參照）。

另外，申請人申請電路布局登記及辦理電路布局有關事項，得委任在中華民國境內有住所之代理人辦理之（積體電路電路布局保護法第8條第1項參照）。在中華民國境內無住所或營業所者，申請電路布局登記及辦理電路布局有關事項，應委任在中華民國境內有住所之代理人辦理之（積體電路電路布局保護法第8條第2項參照）。

（二）申請登記之程序

1. 應備齊之文件

(1)申請電路布局登記，應備具申請書、說明書、圖式或照片，向電路布局專責機關爲之。申請時已商業利用而有積體電路成品者，應檢附該成品（積體電路電路布局保護法第10條第1項參照）。前項圖式、照片或積體電路成品，涉及積體電路製造方法之秘密者，申請人得以書面敘明理由，向電路布局專責機關申請以其他資料代之（積體電路電路布局保護法第10條第2項參照）。受讓人或繼承人申請時應敘明創作人姓名，並檢附證明文件（積體電路電路布局保護法第10條第3項參照）。而申請電路布局登記以規費繳納及第10條所規定之文件齊備之日爲申請日（積體電路電路布局保護法第12條參照）。另外，電路布局首次商業利用後逾二年者，不得申請登記（積體電路電路布局保護法第13條參照）。

(2)另外，依積體電路電路布局保護法第10條第1項規定之圖式或照片，係指：（積體電路電路布局保護法施行細則第9條第1項參照）

(i)利用繪圖機製作有關申請之電路布局之圖式或其複製品者。

(ii)利用有關申請之電路布局爲製造積體電路之光罩之照片，或記載光罩之形狀之圖式。

(iii)利用有關電路布局製造之積體電路之表面及表現在內部形狀之各層之照片。

2. 申請書應載明之事項

依據積體電路電路布局保護法第11條之規定，申請書應載明之事項包括：

(1)申請人姓名、國籍、住居所；如爲法人，其名稱、事務所及其代表人姓名。

(2)創作人姓名、國籍、住居所；如爲法人，其名稱、事務所及其代表人姓名。

(3)創作名稱及創作日。

(4)申請日前曾商業利用者，其首次商業利用之年、月、日。

3. 文件之審查及補正

凡申請人爲有關電路布局登記及其他程序，不合法定程式者，電路布局專責機關應通知限期補正；屆期未補正者，應不受理。但在處分前補正者，仍應受理（積體電路電路布局保護法第14條第1項參照）。申請人因天災或不可歸責於己之事由延誤法定期間者，於其原因消滅後三十日內，得以書面敘明理由向電路布局專責機關申請回復原狀。但延誤法定期間已逾一年者，不在此限（積體電路電路布局保護法第14條第2項參照）。申請回復原狀，應同時補行期間內應爲之行爲（積體電路電路布局保護法第14條第3項參照）。

積體電路布局權之登記

申請主題

- 創作人或繼受人§6
  - 創作人或其繼受人，除本法另有規定外，就其電路布局得申請登記
  - 創作人或繼受人爲數人時，應共同申請登記。但契約另有約定者，從其約定
- 二人以上共同申請§9
  - 二人以上共同申請，或爲電路布局權之共有者，除約定有代表者外，辦理一切程序時，應共同連署，並指定其中一人爲應受送達人
  - 未指定應受送達人者，電路布局專責機關除以第一順序申請人爲應受送達人外，並應將送達事項通知其他人
- 外國人§5
  - 其所屬國家與中華民國共同參加國際條約或有相互保護電路布局之條約、協定或由團體、機構互訂經經濟部核准保護電路布局之協議，或對中華民國國民之電路布局予以保護且經查證屬實者
  - 首次商業利用發生於中華民國管轄境內者。但以該外國人之本國對中華民國國民，在相同之情形下，予以保護且經查證屬實者爲限
- 服務上完成之電路布局§7
  - 由雇用人申請登記。但契約另有約定者，從其約定。出資聘人完成之電路布局創作，準用之
  - 受雇人或受聘人，本於其創作之事實，享有姓名表示權

申請登記之程序

- 應備齊之文件§10I
  - 申請電路布局登記，應備具申請書、說明書、圖式或照片，向電路布局專責機關爲之。申請時已商業利用而有積體電路成品者，應檢附該成品
- 申請書應載明之事項§11
  - 申請人姓名、國籍、住居所；如爲法人，其名稱、事務所及其代表人姓名
  - 創作人姓名、國籍、住居所；如爲法人，其名稱、事務所及其代表人姓名
  - 創作名稱及創作日
  - 申請日前曾商業利用者，其首次商業利用之年、月、日
- 文件之審查及補正§14
  - 申請人爲有關電路布局登記及其他程序，不合法定程式者，電路布局專責機關應通知限期補正；屆期未補正者，應不受理。但在處分前補正者，仍應受理
  - 申請人因天災或不可歸責於己之事由延誤法定期間者，於其原因消滅後三十日內，得以書面敘明理由向電路布局專責機關申請回復原狀。但延誤法定期間已逾一年者，不在此限
  - 申請回復原狀，應同時補行期間內應爲之行爲

四、積體電路電路布局權人之權利

（一）複製、輸入、散布權

依據積體電路電路布局保護法第17條之規定，電路布局權人專有排除他人未經其同意而為下列各款行為之權利：

1. 複製電路布局之一部或全部。
2. 為商業目的輸入、散布電路布局或含該電路布局之積體電路。

由上開法條可知，積體電路布局權人之權利包括：複製、輸入、散布權。其中，複製係指以光學、電子或其他方式，重複製作電路布局或含該電路布局之積體電路。亦即，積體電路電路布局保護法第17條第2款之立法目的在於防止確保電路布局權人關於電路布局或其製成積體電路之輸入、散布之專有排他權。

（二）讓與、授權、設定質權

數人共有電路布局權者，其讓與、授權或設定質權，應得共有人全體之同意（積體電路電路布局保護法第21條第1項參照）。電路布局權共有人未得其他共有人全體之同意，不得將其應有部分讓與、授權或設定質權。各共有人，無正當理由者，不得拒絕同意（積體電路電路布局保護法第21條第2項參照）。電路布局之共有人拋棄其應有部分者，其應有部分由其他共有人依其應有部分之比例分配之（積體電路電路布局保護法第21條第3項參照）。前項規定，於電路布局權之共有人中有死亡而無繼承人或解散後無承受人之情形者，準用之（積體電路電路布局保護法第21條第4項參照）。

電路布局權之讓與、授權、質權之設定、移轉、變更、消滅，應由各當事人署名，檢附契約或證明文件，向電路布局專責機關申請登記，非經登記，不得對抗善意第三人（積體電路電路布局保護法第22條第1項參照）。另外，電路布局之繼承，應檢附證明文件，向電路布局專責機關申請換發登記證書（積體電路電路布局保護法第22條第2項參照）。

另外，申請電路布局權之質權設定、移轉、變更或消滅登記者，除應依本法第22條第1項規定辦理外，並應備具申請書、證明文件及電路布局登記證書。申請書應載明之事項包括：（積體電路電路布局保護法施行細則第16條第1項參照）

積體電路布局權人之權利

複製、輸入、散布權
（第17條）

- 複製電路布局之一部或全部
- 爲商業目的輸入、散布電路布局或含該電路布局之積體電路

讓與、授權、設定質權
（第21、22、23條）

- 數人共有電路布局權者，其讓與、授權或設定質權，應得共有人全體之同意
- 電路布局權共有人未得其他共有人全體之同意，不得將其應有部分讓與、授權或設定質權。各共有人，無正當理由者，不得拒絕同意
- 電路布局之共有人拋棄其應有部分者，其應有部分由其他共有人依其應有部分之比例分配之
- 前項規定，於電路布局權之共有人中有死亡而無繼承人或解散後無承受人之情形者，準用之
- 電路布局權之讓與、授權、質權之設定、移轉、變更、消滅，應由各當事人署名，檢附契約或證明文件，向電路布局專責機關申請登記，非經登記，不得對抗善意第三人
- 電路布局之繼承，應檢附證明文件，向電路布局專責機關申請換發登記證書
- 以電路布局權爲標的而設定質權者，除另有約定外，質權人不得利用電路布局

1. 質權權利範圍。
2. 質權所擔保之債權金額。
3. 電路布局權號數。
4. 電路布局名稱或利用該布局所製造之積體電路名稱。
5. 積體電路分類。
6. 質權人及出質人之姓名、住居所；如為法人，其名稱、事務所及其代表人姓名。
7. 債務人之姓名、住居所；如為法人，其名稱、事務所及其代表人姓名。
8. 登記原因。如有存續期間、清償日期、利息、違約金或賠償額之約定者，其約定。

再者，以電路布局權為標的而設定質權者，除另有約定外，質權人不得利用電路布局（積體電路電路布局保護法第23條參照）。

五、電路布局權使用之限制

（一）電路布局權不及之情形

依據積體電路電路布局保護法第18條之規定，下列各款情形為電路布局權所不及：

1. 為研究、教學或還原工程之目的，分析或評估他人之電路布局，而加以複製者。此即屬合理使用之範圍，而所謂還原工程係指經分析、評估積體電路而得知其原電子電路圖或功能圖，並據以設計功能相容之積體電路之電路布局（積體電路電路布局保護法第2條第6款參照）。
2. 依前款分析或評估之結果，完成符合第16條之電路布局或據以製成積體電路者。
3. 合法複製之電路布局或積體電路所有者，輸出或散布其所合法持有之電路布局或積體電路。此即所謂權利耗盡原則。
4. 取得積體電路之所有人，不知該積體電路係侵害他人之電路布局權，而輸入、散布其所持有非法製造之積體電路者。
5. 由第三人自行創作之相同電路布局或積體電路。

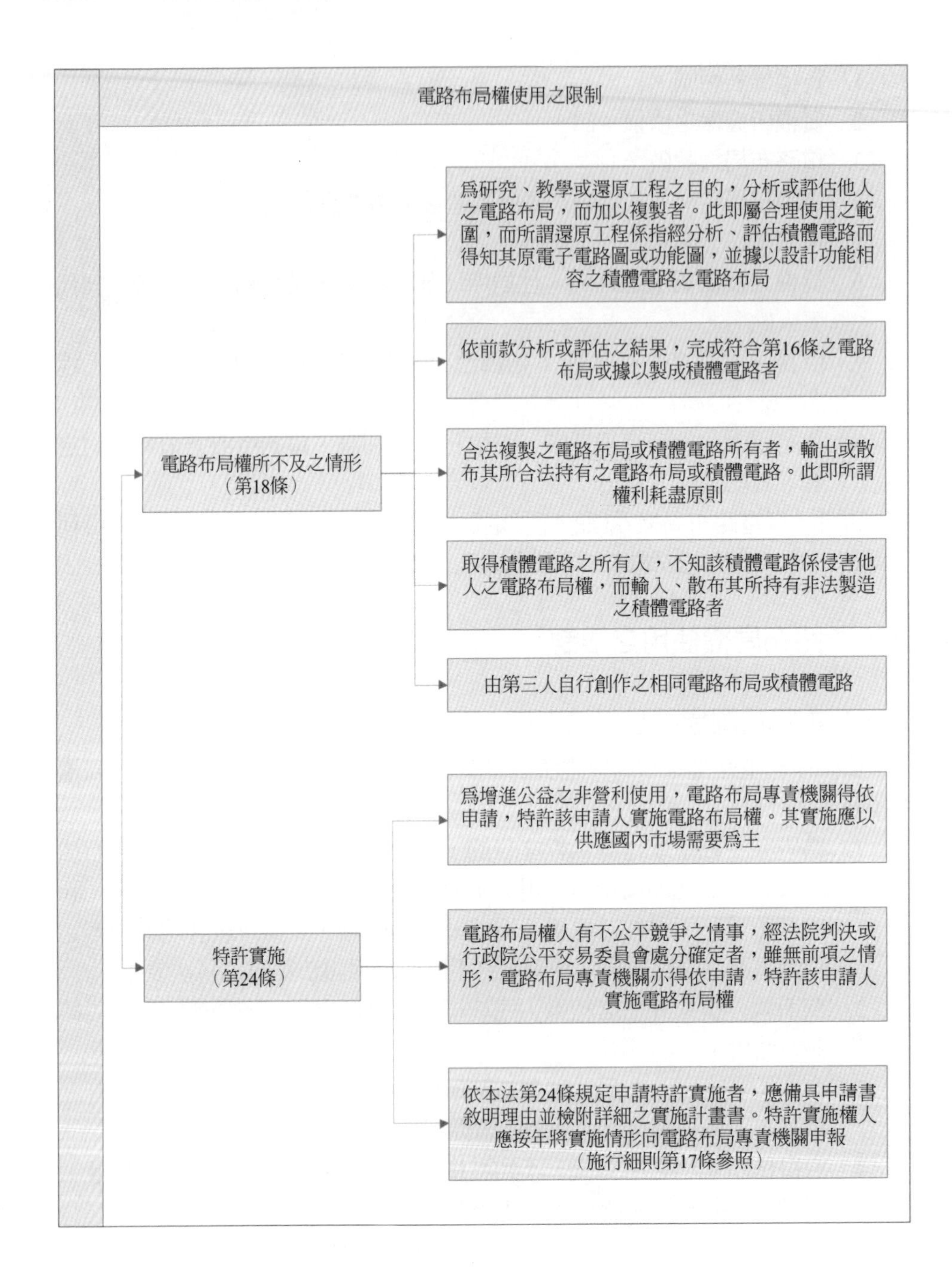
電路布局權使用之限制
電路布局權所不及之情形
（第18條）
為研究、教學或還原工程之目的，分析或評估他人之電路布局，而加以複製者。此即屬合理使用之範圍，而所謂還原工程係指經分析、評估積體電路而得知其原電子電路圖或功能圖，並據以設計功能相容之積體電路之電路布局
依前款分析或評估之結果，完成符合第16條之電路布局或據以製成積體電路者
合法複製之電路布局或積體電路所有者，輸出或散布其所合法持有之電路布局或積體電路。此即所謂權利耗盡原則
取得積體電路之所有人，不知該積體電路係侵害他人之電路布局權，而輸入、散布其所持有非法製造之積體電路者
由第三人自行創作之相同電路布局或積體電路
特許實施
（第24條）
為增進公益之非營利使用，電路布局專責機關得依申請，特許該申請人實施電路布局權。其實施應以供應國內市場需要為主
電路布局權人有不公平競爭之情事，經法院判決或行政院公平交易委員會處分確定者，雖無前項之情形，電路布局專責機關亦得依申請，特許該申請人實施電路布局權
依本法第24條規定申請特許實施者，應備具申請書敘明理由並檢附詳細之實施計畫書。特許實施權人應按年將實施情形向電路布局專責機關申報
（施行細則第17條參照）

（二）特許實施

依據積體電路電路布局保護法第24條第1項之規定，爲增進公益之非營利使用，電路布局專責機關得依申請，特許該申請人實施電路布局權。其實施應以供應國內市場需要爲主。此外，依據同條第2項之規定，電路布局權人有不公平競爭之情事，經法院判決或行政院公平交易委員會處分確定者，雖無前項之情形，電路布局專責機關亦得依申請，特許該申請人實施電路布局權。另依積體電路電路布局保護法施行細則第17條之規定，依本法第24條規定申請特許實施者，應備具申請書敘明理由並檢附詳細之實施計畫書（第1項參照）。特許實施權人應按年將實施情形向電路布局專責機關申報（第2項參照）。

六、積體電路布局權之消滅及撤銷

（一）依據積體電路電路布局保護法第25條之規定，積體電路布局權消滅之原因包括：

1. 電路布局權期滿者，自期滿之次日消滅。
2. 電路布局權人死亡，無人主張其爲繼承人者，電路布局權自依法應歸屬國庫之日消滅。
3. 法人解散者，電路布局權自依法應歸屬地方自治團體之日消滅。
4. 電路布局權人拋棄者，自其書面表示之日消滅。

（二）依據積體電路電路布局保護法第27條第1項之規定，電路布局專責機關應依職權或據利害關係人之申請，撤銷電路布局登記，並於撤銷確定後，限期追繳登記證書，無法追回者，應公告證書作廢：

1. 經法院判決確定無電路布局權者。
2. 電路布局之登記違反第5條至第7條、第10條、第13條、第38條或第39條之規定者。
3. 電路布局權違反第16條之規定者。

另外，有上述情形者，電路布局專責機關應將申請書副本或依職權審查理由書送達電路布局權人或其代理人，限期30日內答辯；屆期不答辯者，逕予審查（積體電路電路布局保護法第27條第2項參照）。前項答辯期間，電路布局權人得先行以書面敘明理由，申請展延。但以一次爲限（積體電路電路布局保護法第27條第3項參照）。

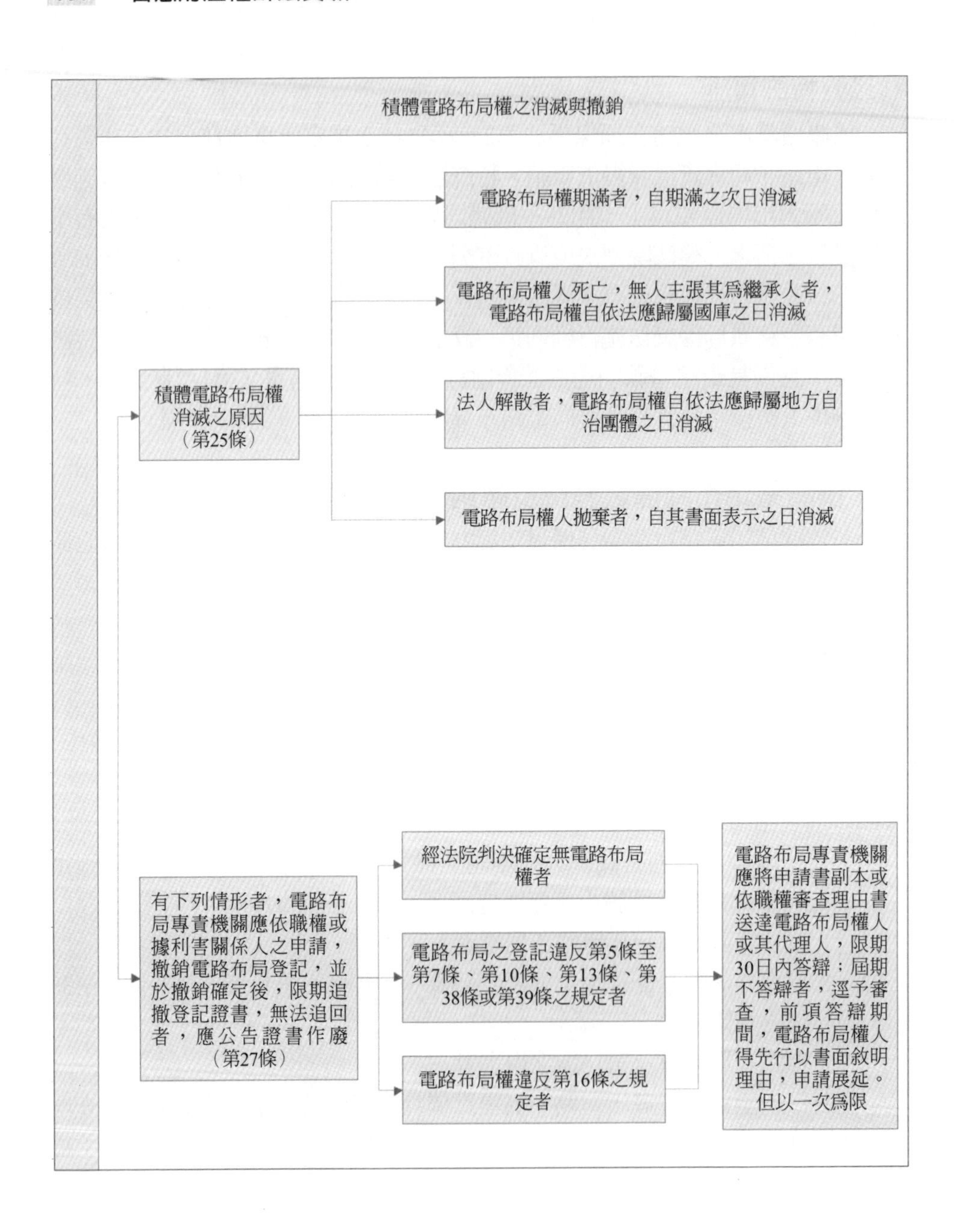
積體電路布局權之消滅與撤銷
積體電路布局權消滅之原因（第25條）
電路布局權期滿者，自期滿之次日消滅
電路布局權人死亡，無人主張其為繼承人者，電路布局權自依法應歸屬國庫之日消滅
法人解散者，電路布局權自依法應歸屬地方自治團體之日消滅
電路布局權人拋棄者，自其書面表示之日消滅
有下列情形者，電路布局專責機關應依職權或據利害關係人之申請，撤銷電路布局登記，並於撤銷確定後，限期追撤登記證書，無法追回者，應公告證書作廢（第27條）
經法院判決確定無電路布局權者
電路布局之登記違反第5條至第7條、第10條、第13條、第38條或第39條之規定者
電路布局權違反第16條之規定者
電路布局專責機關應將申請書副本或依職權審查理由書送達電路布局權人或其代理人，限期30日內答辯；屆期不答辯者，逕予審查，前項答辯期間，電路布局權人得先行以書面敘明理由，申請展延。但以一次為限

七、侵害電路布局權之法律責任

（一）民事責任

1. 請求權基礎

依據積體電路電路布局保護法第29條第1項之規定，電路布局權人對於侵害其電路布局權者，得請求損害賠償，並得請求排除其侵害；事實足證有侵害之虞者，得請求防止之。專屬被授權人亦得為前項請求。但以電路布局權人經通知後而不為前項請求，且契約無相反約定者為限（同條第2項參照）。前二項規定於第三人明知或有事實足證可得而知，為商業目的輸出或散布之物品含有不法複製之電路布局所製成之積體電路時，亦適用之。但侵害人將該積體電路與物品分離者，不在此限（同條第3項參照）。電路布局權人或專屬被授權人行使前項權利時，應檢附鑑定書（同條第4項參照）。數人共同不法侵害電路布局權者，連帶負損害賠償責任（同條第5項參照）。

2. 損害賠償之計算

依據積體電路電路布局保護法第30條之規定，依第29條請求損害賠償時，得就下列各款擇一計算其損害：

(1)依民法第216條之規定。但不能提供證據方法以證明其損害時，被侵害人得就其利用電路布局通常可獲得之利益，減除受侵害後利用同一電路布局所得之利益，以其差額為所受損害。

(2)侵害電路布局權者，因侵害所得之利益。侵害者不能就其成本或必要費用舉證時，以販賣該電路布局或含該電路布局之積體電路之全部收入為所得利益。

(3)請求法院依侵害情節，酌定新臺幣五百萬元以下之金額。

另外，依據積體電路電路布局保護法第31條之規定，第18條第4款之所有人於電路布局權人以書面通知侵害之事實並檢具鑑定書後，為商業目的繼續輸入、散布善意取得之積體電路者，電路布局權人得向其請求相當於電路布局通常利用可收取權利金之損害賠償。再者，第29條之被侵害人，得請求銷毀侵害電路布局權之積體電路及將判決書內容全部或一部登載新聞紙；其費用由敗訴人負擔（積體電路電路布局保護法第32條參照）。

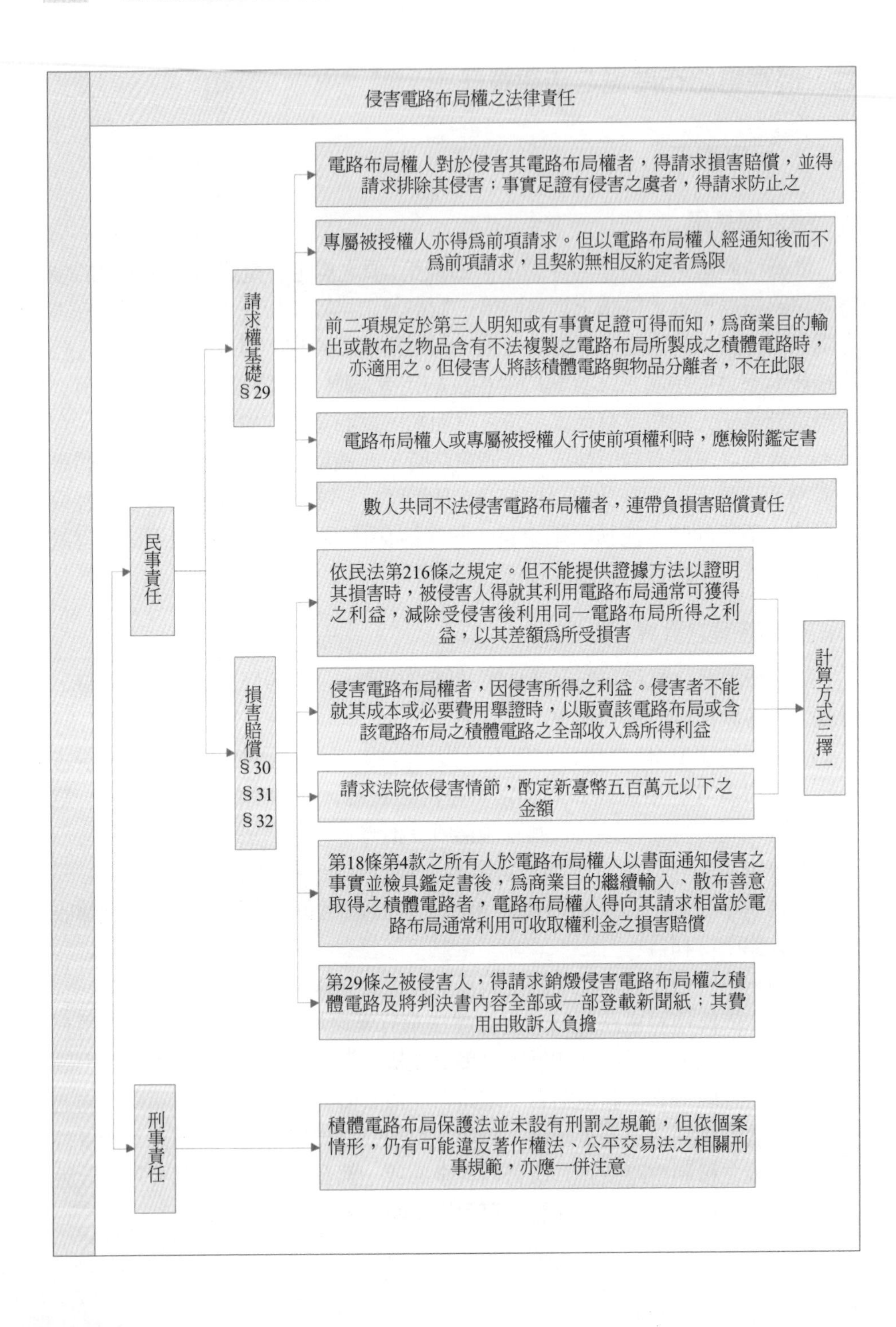
侵害電路布局權之法律責任
民事責任
請求權基礎 §29
電路布局權人對於侵害其電路布局權者，得請求損害賠償，並得請求排除其侵害；事實足證有侵害之虞者，得請求防止之
專屬被授權人亦得爲前項請求。但以電路布局權人經通知後而不爲前項請求，且契約無相反約定者爲限
前二項規定於第三人明知或有事實足證可得而知，爲商業目的輸出或散布之物品含有不法複製之電路布局所製成之積體電路時，亦適用之。但侵害人將該積體電路與物品分離者，不在此限
電路布局權人或專屬被授權人行使前項權利時，應檢附鑑定書
數人共同不法侵害電路布局權者，連帶負損害賠償責任
損害賠償 §30 §31 §32
依民法第216條之規定。但不能提供證據方法以證明其損害時，被侵害人得就其利用電路布局通常可獲得之利益，減除受侵害後利用同一電路布局所得之利益，以其差額爲所受損害
侵害電路布局權者，因侵害所得之利益。侵害者不能就其成本或必要費用舉證時，以販賣該電路布局或含該電路布局之積體電路之全部收入爲所得利益
請求法院依侵害情節，酌定新臺幣五百萬元以下之金額
計算方式三擇一
第18條第4款之所有人於電路布局權人以書面通知侵害之事實並檢具鑑定書後，爲商業目的繼續輸入、散布善意取得之積體電路者，電路布局權人得向其請求相當於電路布局通常利用可收取權利金之損害賠償
第29條之被侵害人，得請求銷燬侵害電路布局權之積體電路及將判決書內容全部或一部登載新聞紙；其費用由敗訴人負擔
刑事責任
積體電路布局保護法並未設有刑罰之規範，但依個案情形，仍有可能違反著作權法、公平交易法之相關刑事規範，亦應一併注意

3. 依據積體電路電路布局保護法之規定所提起之民事訴訟，外國法人或團體均得提起之，不以業經認許者為限（積體電路電路布局保護法第33條參照）。

（二）刑事責任

積體電路電路布局保護法並未設有刑罰之規範，但依個案情形，仍有可能違反著作權法、公平交易法之相關刑事規範，亦應一併注意。

相關法條

積體電路電路布局保護法第2條

本法用詞定義如左：

一、積體電路：將電晶體、電容器、電阻器或其他電子元件及其間之連接線路，集積在半導體材料上或材料中，而具有電子電路功能之成品或半成品。

二、電路布局：指在積體電路上之電子元件及接續此元件之導線的平面或立體設計。

三、散布：指買賣、授權、轉讓或為買賣、授權、轉讓而陳列。

四、商業利用：指為商業目的公開散布電路布局或含該電路布局之積體電路。

五、複製：以光學、電子或其他方式，重複製作電路布局或含該電路布局之積體電路。

六、還原工程：經分析、評估積體電路而得知其原電子電路圖或功能圖，並據以設計功能相容之積體電路之電路布局。

積體電路電路布局保護法第3條

本法主管機關為經濟部。

前項業務由經濟部指定專責機關辦理。必要時，得將部分事項委託相關之公益法人或團體。

積體電路電路布局保護法第5條

外國人合於左列各款之一者，得就其電路布局依本法申請登記：

一、其所屬國家與中華民國共同參加國際條約或有相互保護電路布局之條約、協定或由團體、機構互訂經經濟部核准保護電路布局之協議，或對中華民國國民之電路布局予以保護且經查證屬實者。

二、首次商業利用發生於中華民國管轄境內者。但以該外國人之本國對中華民國國民，在相同之情形下，予以保護且經查證屬實者爲限。

積體電路電路布局保護法第6條

電路布局之創作人或其繼受人，除本法另有規定外，就其電路布局得申請登記。

前項創作人或繼受人爲數人時，應共同申請登記。但契約另有訂定者，從其約定。

積體電路電路布局保護法第7條

受雇人職務上完成之電路布局創作，由其雇用人申請登記。但契約另有訂定者，從其約定。

出資聘人完成之電路布局創作，準用前項之規定。

前二項之受雇人或受聘人，本於其創作之事實，享有姓名表示權。

積體電路電路布局保護法第8條

申請人申請電路布局登記及辦理電路布局有關事項，得委任在中華民國境內有住所之代理人辦理之。

在中華民國境內無住所或營業所者，申請電路布局登記及辦理電路布局有關事項，應委任在中華民國境內有住所之代理人辦理之。

積體電路電路布局保護法第9條

二人以上共同申請，或爲電路布局權之共有者，除約定有代表者外，辦理一切程序時，應共同連署，並指定其中一人爲應受送達人。未指定應受送達人者，電路布局專責機關除以第一順序申請人爲應受送達人外，並應將送達事項通知其他人。

積體電路電路布局保護法第10條

申請電路布局登記，應備具申請書、說明書、圖式或照片，向電路布局專責機關爲之。申請時已商業利用而有積體電路成品者，應檢附該成品。

前項圖式、照片或積體電路成品，涉及積體電路製造方法之秘密者，申請人得以書面敘明理由，向電路布局專責機關申請以其他資料代之。

受讓人或繼承人申請時應敘明創作人姓名，並檢附證明文件。

積體電路電路布局保護法第11條

前條規定之申請書應載明左列事項：

一、申請人姓名、國籍、住居所；如爲法人，其名稱、事務所及其代表人姓名。

二、創作人姓名、國籍、住居所；如爲法人，其名稱、事務所及其代表人姓名。

三、創作名稱及創作日。

四、申請日前曾商業利用者，其首次商業利用之年、月、日。

積體電路電路布局保護法第14條

凡申請人爲有關電路布局登記及其他程序，不合法定程式者，電路布局專責機關應通知限期補正；屆期未補正者，應不受理。但在處分前補正者，仍應受理。

申請人因天災或不可歸責於己之事由延誤法定期間者，於其原因消滅後三十日內，得以書面敘明理由向電路布局專責機關申請回復原狀。但延誤法定期間已逾一年者，不在此限。

申請回復原狀，應同時補行期間內應爲之行爲。

積體電路電路布局保護法第15條

電路布局非經登記，不得主張本法之保護。

電路布局經登記者，應發給登記證書。

積體電路電路布局保護法第16條

本法保護之電路布局權，應具備左列各款要件：

一、由於創作人之智慧努力而非抄襲之設計。

二、在創作時就積體電路產業及電路布局設計者而言非屬平凡、普通或習知者。

以組合平凡、普通或習知之元件或連接線路所設計之電路布局，應僅就其整組合符合前項要件者保護之。

積體電路電路布局保護法第17條

電路布局權人專有排除他人未經其同意而爲左列各款行爲之權利：

一、複製電路布局之一部或全部。

二、爲商業目的輸入、散布電路布局或含該電路布局之積體電路。

積體電路電路布局保護法第18條

電路布局權不及於左列各款情形：

一、爲研究、教學或還原工程之目的，分析或評他人之電路布局，而加以複製者。

二、依前款分析或評估之結果，完成符合第十六條之電路布局或據以製成積體電路者。

三、合法複製之電路布局或積體電路所有者，輸入或散布其所合法持有之電路布局或積體電路。

四、取得積體電路之所有人，不知該積體電路係侵害他人之電路布局權，而輸入、散布其所持有非法製造之積體電路者。

五、由第三人自行創作之相同電路布局或積體電路。

積體電路電路布局保護法第19條

電路布局權期間爲十年、自左列二款中較早發生者起算：

一、電路布局登記之申請日。

二、首次商業利用之日。

積體電路電路布局保護法第21條

數人共有電路布局權者，其讓與、授權或設定質權，應得共有人全體之同意。

電路布局權共有人未得其他共有人全體之同意，不得將其應有部分讓與、授權或設定質權。各共有人，無正當理由者，不得拒絕同意。

電路布局權之共有人拋棄其應有部分者，其應有部分由其他共有人依其應有部分之比例分配之。

前項規定，於電路布局權之共有人中有死亡而無繼承人或解散後無承受人之情形者，準用之。

積體電路電路布局保護法第22條

電路布局權有左列各款情事之一者，應由各當事人署名，檢附契約或證明文件，向電路布局專責機關申請登記，非經登記，不得對抗善意第三人：

一、讓與。

二、授權。

三、質權之設定、移轉、變更、消滅。

電路布局權之繼承，應檢附證明文件，向電路布局專責機關申請換發登記證書。

積體電路電路布局保護法第23條

以電路布局權爲標的而設定質權者，除另有約定外，質權人不得利用電路布局。

積體電路電路布局保護法第24條

爲增進公益之非營利使用，電路布局專責機關得依申請，特許該申請人實施電路布局權。其實施應以供應國內市場需要爲主。

電路布局權人有不公平競爭之情事，經法院判決或行政院公平交易委員會處分確定者，雖無前項之情形，電路布局專責機關亦得依申請，特許該申請人實施電路布局權。

電路布局專責機關接到特許實施申請書後，應將申請書副本送達電路布局權人，限期三個月內答辯；逾期不答辯者，得逕行處理之。

特許實施權不妨礙他人就同一電路布局權再取得實施權。

特許實施權人應給與電路布局權人適當之補償金，有爭執時，由電路布局專責機關核定之。

特許實施權，除應與特許實施有關之營業一併移轉外，不得轉讓、授權或設定質權。

第一項或第二項所列舉特許實施之原因消滅時，電路布局專責機關得依申請終止特許實施。

特許實施權人違反特許實施之目的時，電路布局專責機關得依電路布局權人之申請或依職權撤銷其特許實施權。

積體電路電路布局保護法第25條

有左列情事之一者，除本法另有規定外，電路布局權當然消滅：

一、電路布局權期滿者，自期滿之次日消滅。

二、電路布局權人死亡，無人主張其爲繼承人者，電路布局權自依法應歸屬國庫之日消滅。

三、法人解散者，電路布局權自依法應歸屬地方自治團體之日消滅。

四、電路布局權人拋棄者，自其書面表示之日消滅。

積體電路電路布局保護法第27條

有左列情形之一者，電路布局專責機關應依職權或據利害關係人之申請，撤銷電路布局登記，並於撤銷確定後，限期追繳登記證書，無法追回者，應公告證書作廢：

一、經法院判決確定無電路布局權者。

二、電路布局之登記違反第五條至第七條、第十條、第十三條、第三十八條或第三十九條之規定者。

三、電路布局權違反第十六條之規定者。

前項情形，電路布局專責機關應將申請書副本或依職權審查理由書送達電路布局權人或其代理人，限期三十日內答辯；屆期不答辯者，逕予審查。

前項答辯期間，電路布局權人得先行以書面敘明理由，申請展延。但以一次爲限。

積體電路電路布局保護法第29條

電路布局權人對於侵害其電路布局權者，得請求損害賠償，並得請求排除其侵害；事實足證有侵害之虞者，得請求防止之。

專屬被授權人亦得爲前項請求。但以電路布局權人經通知後而不爲前項請求，且契約無相反約定者爲限。

前二項規定於第三人明知或有事實足證可得而知，爲商業目的輸入或散布之物品含有不法複製之電路布局所製成之積體電路時，亦適用之。但侵害人將該積體電路與物品分離者，不在此限。

電路布局權人或專屬被授權人行使前項權利時，應檢附鑑定書。

數人共同不法侵害電路布局權者，連帶負損害賠償責任。

積體電路電路布局保護法第31條

第十八條第四款之所有人於電路布局權人以書面通知侵害之事實並檢具鑑定書後，爲商業目的繼續輸入、散布善意取得之積體電路者，電路布局權人得向其請求相當於電路布局通常利用可收取權利金之損害賠償。

積體電路電路布局保護法第32條

第二十九條之被侵害人，得請求銷燬侵害電路布局權之積體電路及將判決書內容全部或一部登載新聞紙；其費用由敗訴人負擔。

積體電路電路布局保護法第33條

外國法人或團體就本法規定事項得提起民事訴訟，不以業經認許者爲限。

案例解析

1. 電腦主機板設計圖之性質：
   (1)電腦主機板設計圖屬於著作權法上之「科技或工程設計圖形著作之電路圖」，或係積體電路電路布局保護法規定之「積體電路之電路圖」？
      (i)著作權法上之「科技或工程設計圖」係指一般電子機械之電路圖，不包括半導體晶片或積體電路之電路圖，故半導體晶片或積體電路之電路圖不受著作權法「圖形著作」之保護。
      (ii)積體電路電路布局保護法中之「積體電路之電路圖」係指在積體電路上之電子元件及接續此元件導線之平面或立體設計。
      (iii)綜上，電腦主機板設計圖當屬積體電路電路布局保護法中之「積體電路之電路圖」。
   (2)故若該電腦主機板設計圖符合積體電路電路布局保護法之保護要件（積體電路電路布局保護法第15條、第16條參照），即應受到積體電路電路布局保護法之保護。故本案中，A公司之積體電路布局權遭B公司侵害。
2. A公司之救濟途徑：
   依積體電路電路布局保護法第29條第1項之規定，A公司得對B公司請求損害賠償（損害賠償之計算，依同法第30條之規定），並得請求排除其侵害。

第三節　必備書狀及撰寫要旨

審理流程

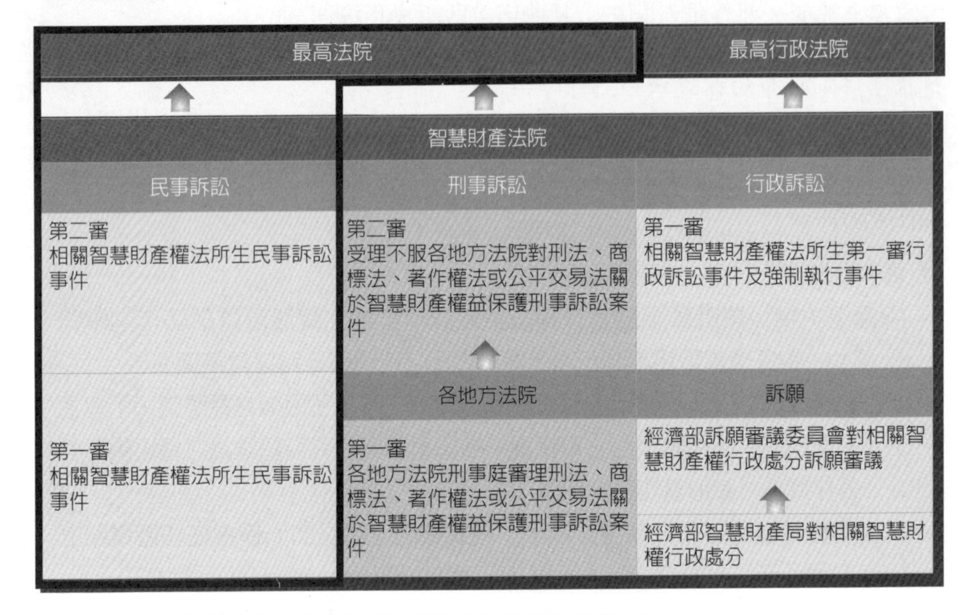

（資料來源：智慧財產法院網站「智慧財產案件審理模式」）

·原告起訴，法院受理，訴訟繫屬
·分案
·法官閱覽卷宗，批示：
　—定期
　—調閱卷證
　—命當事人提出涉嫌侵權之證據
·開庭審理
·言詞辯論終結
·宣示裁判

依據前述案例，本節提供原告所應撰擬之起訴書狀，以及被告之答辯書狀之撰寫要旨及範例：

一、原告起訴狀

電路布局權侵權民事訴訟之原告起訴狀，應載明訴之聲明、起訴之原因事實、請求權基礎及損害賠償之計算方式。（詳參第一章第三節有關民事侵權起訴狀之撰寫要旨）

二、被告答辯狀

電路布局權侵權民事訴訟之被告答辯狀，應載明答辯聲明、抗辯理由及其證據、對於原告主張否認之事項等。（詳參第一章第三節有關民事侵權答辯狀之撰寫要旨）

第四節　書狀範例

範例一　原告起訴狀

民事起訴狀				
案　　號	年度　　字第　　號		承辦股別	
稱　　謂	姓名或名稱	依序填寫：國民身分證統一編號或營利事業統一編號、性別、出生年月日、職業、住居所、就業處所、公務所、事務所或營業所、郵遞區號、電話、傳真、電子郵件位址、指定送達代收人及其送達處所。		
原　　告	A公司	設台北市○○區○○路○○號○○樓 送達代收人：○○○律師		
法定代理人	○○○	住同上		
訴訟代理人	○○○律師	○○法律事務所 ○○市○○路○○號○○樓 電話：○○-○○○○○○○○		
被　　告	B公司	設台北市○○區○○路○○號○○樓 送達代收人：○○○律師		
法定代理人	○○○	住同上		

為請求損害賠償與排除侵害，依法起訴事：

訴之聲明

一、被告B公司應給付原告新台幣（以下同）○○萬元及自起訴狀繕本送達翌日起至清償日止按年利率百分之五計算之利息。

二、被告不得再製造、販賣之要約、販賣、使用或為上述目的進口與原告積體電路布局權相同之產品。

三、訴訟費用由被告負擔。

事實及理由

一、原告享有「○○電腦主機板設計圖」（下稱：系爭設計圖）之積體電路布局權：

（一）系爭設計圖係由原告所設計，具有原創性及非顯而易見性，與積體電路電路布局保護法第16條之規定無違。

（二）再者，系爭設計圖經原告於○○年○○月○○日向電路布局專責機關申請登記在案，並有登記證書可稽（原證1號參照），亦與積體電路電路布局保護法第15條之意旨並無違背。

（三）綜上，原告享有系爭設計圖之積體電路布局權，並無疑義。

二、被告B公司未經原告之同意或授權，即抄襲仿冒原告所設計之「電腦主機板設計圖」：

（一）B公司所生產製造之○○型號電腦所使用之主機板，與系爭設計圖所示之主機板完全相同（原證2號參照）。

（二）B公司在未經原告同意或授權之情況下，以系爭設計圖為藍本，用以生產製造電腦主機板，侵害原告積體電路布局權。

（三）原告於發現B公司侵權行為之際，於○○年○○月○○日曾以存證信函告知B公司（原證3號參照），請求其停止生產製造該電腦主機板，惟B公司置之不理，仍繼續為侵權行為，是以，B公司確實有侵害原告積體電路布局權之故意。

三、按積體電路電路布局保護法第29條第1項、第30條之規定，原告得向被告B公司請求損害賠償○○萬元：

（一）按積體電路電路布局保護法第29條第1項規定，電路布局權人對於侵害其電路布局權者，得請求損害賠償，並得請求排除其侵害；事實足證有侵害之虞者，得請求防止之。

（二）關於損害賠償之計算方式，積體電路電路布局保護法第30條各款訂有明文：

1. 依民法第216條之規定。但不能提供證據方法以證明其損害時，被侵害人得就其利用電路布局通常可獲得之利益，減除受侵害後利用同一電路布局所得之利益，以其差額為所受損害。
2. 侵害電路布局權者，因侵害所得之利益。侵害者不能就其成本或必要費用舉證時，以販賣該電路布局或含該電路布局之積體電路之全部收入為所得利益。
3. 請求法院依侵害情節，酌定新臺幣五百萬元以下之金額。

（三）因被告B公司就其侵害原告之積體電路布局權之行為，所得利益有○○萬元，故原告遂依積體電路電路布局保護法第29條第1項、同法第30條第2款之規定，向被告B公司請求損害賠償○○萬元。

四、綜上所述，懇請　鈞院鑒核，賜判決如訴之聲明，以維權益，實感德便。

謹狀

智慧財產法院民事庭　公鑒

證物名稱及件數	附件：委任狀正本。 原證1號：系爭積體電路布局權之登記證書影本。 原證2號：B公司所生產製造之○○型號電腦所使用之主機板。 原證3號：原告○○年○○月○○日所寄發之存證信函影本。

中華民國○○年○○月○○日

具狀人：A公司

法定代理人：○○○

訴訟代理人：○○○律師

範例二　被告答辯狀

<table>
<tr><td colspan="5">民事答辯狀</td></tr>
<tr><td>案　　　號</td><td colspan="2">年度　　　字第　　　　號</td><td>承辦股別</td><td></td></tr>
<tr><td>訴訟標的金額</td><td colspan="4"></td></tr>
<tr><td>被　　　告</td><td>B公司</td><td colspan="3">設○○市○○路○○號○○樓
送達代收人：○○○律師</td></tr>
<tr><td>法定代理人</td><td>○○○</td><td colspan="3">住同上</td></tr>
<tr><td>訴訟代理人</td><td>○○○律師</td><td colspan="3">○○法律事務所
○○市○○路○○號○○樓
電話：○○-○○○○○○○○</td></tr>
<tr><td>原　　　告</td><td>A公司</td><td colspan="3">設○○市○○路○○號○○樓</td></tr>
<tr><td>法定代理人</td><td>○○○</td><td colspan="3">住同上</td></tr>
<tr><td>訴訟代理人</td><td>○○○律師</td><td colspan="3">○○法律事務所
○○市○○路○○號○○樓
電話：○○-○○○○○○○○</td></tr>
<tr><td colspan="5">為上列當事人間損害賠償事件，提出答辯事：

答辯聲明
一、原告之訴駁回。
二、訴訟費用由原告負擔。

事實及理由
一、「○○電腦主機板設計圖」（下稱：系爭設計圖）之積體電路布局權並非原告所有，應為原告A公司與被告所共有：
（一）按積體電路電路布局保護法第6條第2項規定：電路布局之創作人或繼受人為數人時，應共同申請登記。但契約另有約定者，從其約定。
（二）系爭設計圖係由原告A公司與被告B公司所共同完成之設計圖，有A公司與B公司之合作契約可稽（被證1號）。是以，按積體電路電路布局保護法第6條第2項之規定，該積體電路布局權應由A公司與B公司所共有，而非A公司所獨享。
（三）然原告竟單獨向積體電路布局專責機關申請登記，實已違背積體電路電路布局保護法第6條第2項之規定。積體電路布局專責機關之行政處分亦有違誤，不足為憑。</td></tr>
</table>

（四）綜上，被告亦屬系爭設計圖之積體電路布局權人，故被告據此生產製造主機板之行為，並無侵害原告之積體電路布局權，原告之主張，顯屬無據。

二、退萬步言，被告亦無侵害原告積體電路布局權之故意：

（一）承上所述，被告亦為該積體電路布局權之創作人，被告據此生產製造主機板之行為，自無侵害原告之積體電路布局權之「故意」可言。

（二）再者，原告稱「原告於發現B公司侵權行為之際，於○○年○○月○○日曾以存證信函告知B公司（原證3號參照），請求其停止生產製造該電腦主機板，惟B公司置之不理，仍繼續為侵權行為，是以，B公司確實有侵害原告積體電路布局權之故意」云云（原告起訴狀○頁第○行~第○行參照），顯屬無據：

1. 被告於○○年○○月○○日收受原告之存證信函後，於○○年○○月○○日亦以存證信函（被證2號參照）告知原告，其並無侵害原告之積體電路布局權之可能，並無原告所稱「B公司置之不理，仍繼續為侵權行為」之可言。

2. 再退萬步，若原告認為被告於收受存證信函之後，仍繼續為侵權行為（即：繼續生產製造該電腦主機板），原告亦應舉證以實其說，而非空言謂被告仍繼續為侵權行為云云。

三、再者，於損害賠償數額之部分，原告就損害賠償金額未為任何舉證，所述仍無可採：

查原告於起訴狀中對損害賠償金額之部分，原告僅空言陳稱「因被告B公司就其侵害原告之積體電路布局權之行為，所得利益有○○萬元，故原告遂依積體電路電路布局保護法第29條第1項、同法第30條第2款之規定，向被告B公司請求損害賠償○○萬元」云云（原告起訴狀○頁第○行~第○行參照），惟原告對此亦無提出任何證據予以佐證，故原告之主張純屬空言，毫無佐證，均無憑據，被告謹予否認之。

四、綜上所述，原告之訴實無理由，祈請　鈞院駁回原告之訴，以維權益，實為德感。

謹狀

智慧財產法院民事庭　公鑒

中　華　民　國　○　○　年　○　○　月　○　○　日

附件及證據列表	附件：委任狀正本。 被證1號：A公司與B公司之合作契約影本。 被證2號：被告○○年○○月○○日所寄發之存證信函影本。
	具狀人：被告B公司
	法定代理人：○○○
	撰狀人：訴訟代理人○○○律師

第五節　實務判解

．「積體電路之電路圖」之判斷

1. 台灣高等法院台南分院91年度上訴字第318號判決

被告於本院雖一度爭執扣案電路板非其所有（原審僅送二片告訴人所有之電路板），經本院向臺灣臺南地方法院檢察署調取其餘扣案電路板（即屬被告被扣案之電路板），於被告無爭議時（見本院卷第八十七、一○二至一○四、一○八頁），復將卷內扣案告訴人及被告之電路板暨上開鑑定報告，函請經濟部智慧財產局函釋：「附送之電路板，是否屬於著作權法上之『科技或工程設計圖形著作之電路圖』，或係積體電路電路布局保護法規定之『積體電路之電路圖』？並請函釋該電路板，能否由外表檢視出如附送之鑑定書內之鑑定結果『在軟體部分經比對兩者EPROM內之主程式碼或程式列表，兩者皆為百分之百相同。』」，嗣經濟部智慧財產局九十一年七月二十三日智著字第○九一○○○六六四二－○號函覆本案有關電路板部分，可轉洽臺灣大學機械工程系鍾添東、劉正良教授等人協助提供意見；另有關上述鑑定書針對電腦程式之部分，可另洽財團法人資訊工業策進會協助提供意見（見本院卷第一八○頁），本院乃分別函詢財團法人資訊工業策進會及函轉國立臺灣大學工學院請該校機械工程系鍾添東、劉正良教授等人協助提供意見，惟財團法人資訊工業策進會以九十一年八月十三日資法字第○○一五九三號函覆：「由於本會鑑定人力資源有限尚無法鑑定，復考量本案之時效性，為免影響訴訟案件之進行，本會歉難辦理，尚祈諒查。」（見本院卷第一八二頁），國立臺灣大學工學院九十一年八月二十七日九一校工字第○二一八一八號函則附該校鍾添東、劉正良教授意見：「　依函附之電路板，是屬於著作權法上之『科技或工程設計圖形著作之電路圖』，非屬積體電路電路布局保護法規定之『積體電路之電路圖』。　僅由函附之電路板，單依外表檢視，並不能看出『在軟體部分經比對兩者EPROM內之主程式碼或程式列表，兩者皆爲百分之百相同』。但若經由晶片讀碼機，當可讀出晶片內之程式內容，即可予比對，並判別二者是否相同。」（見本院卷第一九六至一九八頁），是被告電路板所附麗之「電路圖」與「EPROM內所含電腦控制程式」，侵害告訴人享有科技工程圖形及電腦程式之著作權無疑。被告辯護人辯稱：該電路板是電線圖，非電路圖，是按電路圖施作之立體產品，不屬於著作權法之標的等語，不足採信。

2.　最高法院96年度台上字第1046號判決

查積體電路電路布局之概念，係由積體電路電路布局法予以保護，至積體電路電路布局圖係其電路布局之唯一表達方法，故積體電路電路布局圖自不受著作權法保護。又積體電路電路布局保護法所保護者非該電路布局之圖形，而係該圖形所揭示之電路布局本身。易言之，積體電路電路布局之圖形不受著作權法之保護，亦不受積體電路電路布局法之保護，有該局九十四年七月二十七日智著字第〇九四〇〇〇五九七〇〇號函在卷可稽。則依主管機關之歷次函釋，禾普公司所製作「網路線測試器」、「面板」、「底板」、「積體電路布局圖」因均非著作，自不受著作權之保護。

第五單元　植物品種及種苗法

第一節　前言

案例

> A於民國90年1月1日取得「○○鬱金香」育種公司K公司之授權，代表該公司在台登記並取得該新品種鬱金香之植物品種權（行政院農業委員會植物品種權字第○○○○○○○號），而為「○○鬱金香」在台灣之品種權人。
>
> A於94年1月1日與B公司簽訂為期4年之生產合作契約，其後，B公司於94年5月1日與C公司簽訂繁殖授權合約書，約定自95年1月1日起至95年12月1日止之期間，授權C公司得在台灣繁殖「○○鬱金香」之種苗及生產切花銷售。
>
> 試問：A可否向C公司請求損害賠償？可能之法律依據為何？

「植物品種及種苗法」原名「植物種苗法」，其係爲保護植物品種之權利，促進品種改良，並實施種苗管理，以增進農民利益及促進農業發展，故於民國77年12月5日總統（77）華總一義字第5591號令制定公布該法，全文48條，其後歷經民國89年5月17日、民國91年1月30日、93年4月21日以及民國99年8月25日之四次修正，並於93年4月21日修正後將「植物種苗法」修正爲「植物品種及種苗法」，並於94年6月30日正式施行。嗣後於99年8月25日總統公布第17條條文，於99年9月12日施行，本法所稱主管機關：在中央爲行政院農業委員會；在直轄市爲直轄市政府；在縣（市）爲縣（市）政府。另行政院於101年2月3日公告第30條第3項所列屬「行政院公平交易委員會」之權責事項，自101年2月6日起改由「公平交易委員會」管轄。

第二節　法令解說

一、定義

（一）品種

品種係指最低植物分類群內之植物群體，其性狀由單一基因型或若干基因型組合所表現，能以至少一個性狀與任何其他植物群體區別，經指定繁殖方法下其主要性狀維持不變者（植物品種及種苗法第3條第1款參照）。

（二）基因轉殖

基因轉殖係指使用遺傳工程或分子生物等技術，將外源基因轉入植物細胞中，產生基因重組之現象，使表現具外源基因特性。但不包括傳統雜交、誘變、體外受精、植物分類學之科以下之細胞與原生質體融合、體細胞變異及染色體加倍等技術（植物品種及種苗法第3條第2款參照）。

（三）基因轉殖植物

基因轉殖植物係指應用基因轉殖技術獲得之植株、種子及其衍生之後代（植物品種及種苗法第3條第3款參照）。

（四）育種者

指育成品種或發現並開發品種之工作者（植物品種及種苗法第3條第4款參照）。

（五）種苗

指植物體之全部或部分可供繁殖或栽培之用者（植物品種及種苗法第3條第5款參照）。

（六）種苗業者

指從事育種、繁殖、輸出入或銷售種苗之事業者（植物品種及種苗法第3條第6款參照）。

二、適用範圍

適用「植物品種及種苗法」之植物種類由行政院農業委員會公告，將視國內產業發展需要，逐年開發各種植物試驗檢定方法後公告適用，目前已公告適用之植物種類共132種，包括：

（一）蔬菜

瓜類、豆類、馬鈴薯、蘿蔔、白菜、甘藍、花椰菜、洋蔥、大蒜……等55種。

（二）花卉

聖誕紅、長壽花、夜來香、玫瑰、非洲菊、滿天星、菊花、百合、海芋、文心蘭、蝴蝶蘭、火鶴花……等47種。

（三）果樹

香蕉、荔枝、鳳梨、木瓜、芒果、蓮霧、葡萄、梨、楊桃、番石榴、印度棗、枇杷……等22種。

（四）糧食作物

水稻、玉米、甘藷等3種。

（五）其他

大豆、紅豆、茶樹、落花生、綠豆等5種。

三、品種之申請

（一）品種申請權

1. 依據植物品種及種苗法第5條第1項之規定，品種申請權，指得依本法申請品種權之權利。
2. 品種申請權及品種權得讓與或繼承（植物品種及種苗法第6條第1項參照）。品種權由受讓人或繼承人申請者，應敘明育種者姓名，並附具受讓或繼承之證件（同條第2項參照）。品種申請權及品種權之讓與或繼承，非經登記，不得對抗善意第三人（同條第3項參照）。

3. 品種申請權不得爲質權之標的（植物品種及種苗法第7條第1項參照）。以品種權爲標的設定質權者，除契約另有約定外，質權人不得實施該品種權（同條第2項參照）。

（二）申請人

1. 育種者、受讓人、繼承人

依據植物品種及種苗法第5條第2項之規定，品種申請權人，除本法另有規定或契約另有約定外，指育種者或其受讓人、繼承人。

2. 育成品種或發現並開發品種之申請權與品種權歸屬

(1)職務上所育成或發現並開發之品種

依據植物品種及種苗法第8條第1項之規定，受僱人於職務上所育成之品種或發現並開發之品種，除契約另有約定外，其品種申請權及品種權屬於僱用人所有。但僱用人應給予受僱人適當之獎勵或報酬。前項所稱職務上所育成之品種或發現並開發之品種，指受僱人於僱傭關係中之工作所完成之品種（同條第2項參照）。另外，依第1項之規定，品種申請權及品種權歸屬於僱用人或出資人者，品種育種者享有姓名表示權（同條第4項參照）。

(2)一方出資聘請他人從事育種

一方出資聘請他人從事育種者，其品種申請權及品種權之歸屬，依雙方契約約定；契約未約定者，品種申請權及品種權屬於品種育種者。但出資人得利用其品種（植物品種及種苗法第8條第3項參照）。而依第3項之規定，品種申請權及品種權歸屬於僱用人或出資人者，品種育種者享有姓名表示權（同條第4項參照）。

(3)非職務上所育成或發現並開發之品種

(i)依據植物品種及種苗法第9條第1項之規定，受僱人於非職務上育成品種，或發現並開發品種者，取得其品種之申請權及品種權。但品種係利用僱用人之資源或經驗者，僱用人得於支付合理報酬後，於該事業利用其品種。受僱人完成非職務上之品種，應以書面通知僱用人；必要時，受僱人並應告知育成或發現並開發之過程（同條第2

品種之申請

品種申請權

品種申請權，指得依本法申請品種權之權利
（第5條第1項參照）

品種申請權及品種權得讓與或繼承
（第6條第1項參照）

品種申請權及品種權之讓與或繼承非經登記，不得對抗善意第三人
（第6條第3項參照）

品種申請權不得爲質權之標的
（第7條第1項參照）

以品種權爲標的設定質權者除契約另有約定外，質權人不得實施該品種權
（第7條第2項參照）

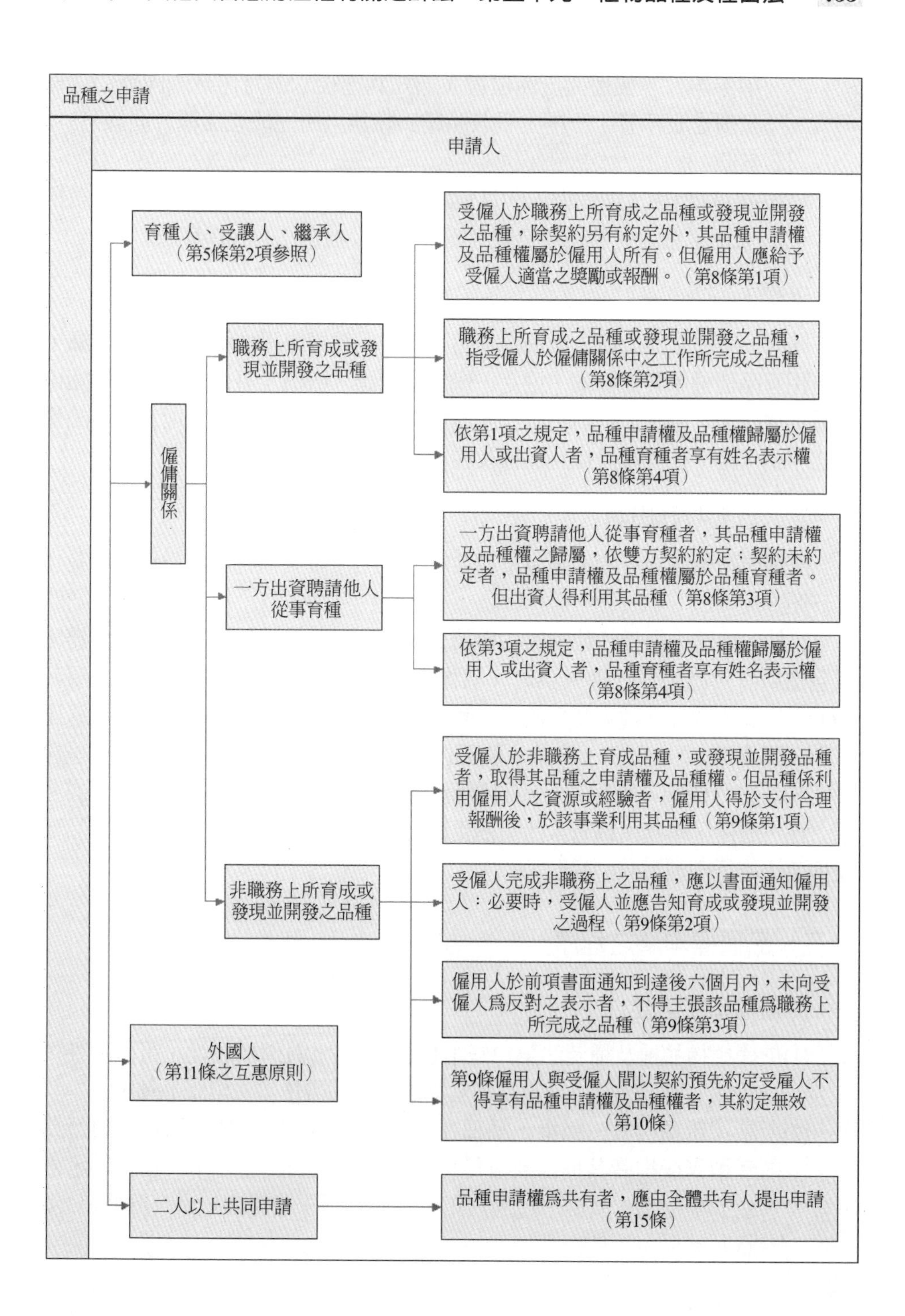
品種之申請
申請人
育種人、受讓人、繼承人（第5條第2項參照）
僱傭關係
職務上所育成或發現並開發之品種
受僱人於職務上所育成之品種或發現並開發之品種，除契約另有約定外，其品種申請權及品種權屬於僱用人所有。但僱用人應給予受僱人適當之獎勵或報酬。（第8條第1項）
職務上所育成之品種或發現並開發之品種，指受僱人於僱傭關係中之工作所完成之品種（第8條第2項）
依第1項之規定，品種申請權及品種權歸屬於僱用人或出資人者，品種育種者享有姓名表示權（第8條第4項）
一方出資聘請他人從事育種
一方出資聘請他人從事育種者，其品種申請權及品種權之歸屬，依雙方契約約定；契約未約定者，品種申請權及品種權屬於品種育種者。但出資人得利用其品種（第8條第3項）
依第3項之規定，品種申請權及品種權歸屬於僱用人或出資人者，品種育種者享有姓名表示權（第8條第4項）
非職務上所育成或發現並開發之品種
受僱人於非職務上育成品種，或發現並開發品種者，取得其品種之申請權及品種權。但品種係利用僱用人之資源或經驗者，僱用人得於支付合理報酬後，於該事業利用其品種（第9條第1項）
受僱人完成非職務上之品種，應以書面通知僱用人；必要時，受僱人並應告知育成或發現並開發之過程（第9條第2項）
僱用人於前項書面通知到達後六個月內，未向受僱人爲反對之表示者，不得主張該品種爲職務上所完成之品種（第9條第3項）
第9條僱用人與受僱人間以契約預先約定受雇人不得享有品種申請權及品種權者，其約定無效（第10條）
外國人（第11條之互惠原則）
二人以上共同申請
品種申請權爲共有者，應由全體共有人提出申請（第15條）

項參照）。僱用人於前項書面通知到達後六個月內，未向受僱人爲反對之表示者，不得主張該品種爲職務上所完成之品種（同條第3項參照）。

(ii)第9條僱用人與受僱人間以契約預先約定受僱人不得享有品種申請權及品種權者，其約定無效（植物品種及種苗法第10條參照）。

3. 外國人

外國人所屬之國家與中華民國未共同參加品種權保護之國際條約、組織，或無相互品種權保護之條約、協定，或無由團體、機構互訂經中央主管機關核准品種權保護之協議，或對中華民國國民申請品種權保護不予受理者，其品種權之申請，得不予受理（植物品種及種苗法第11條參照）。

4. 二人以上共同申請

品種申請權爲共有者，應由全體共有人提出申請（植物品種及種苗法第15條參照）。

另外，申請人得委任代理人；申請人在中華民國境內無住、居所、事務所或營業所者，應委任代理人爲之（植物品種及種苗法施行細則第3條第1項參照）。申請人委任代理人時，應向主管機關提出委任書，載明代理權限及送達處所（同條第2項參照）。申請人變更代理人之權限或更換代理人時，非以書面通知該主管機關，不生效力（同條第3項參照）。再者，申請人之姓名或名稱、住、居所、事務所或營業所有變更時，應向主管機關申請變更（植物品種及種苗法施行細則第4條參照）。

（三）品種權申請之程序

1. 品種權申請之要件

(1)依據植物品種及種苗法第12條第1項之規定，具備新穎性、可區別性、一致性、穩定性及一適當品種名稱之品種，得依本法申請品種權。

(2)所謂「新穎性」，係指一品種在申請日之前，經品種申請權人自行或同意銷售或推廣其種苗或收穫材料，在國內未超過一年；在國外，木本或多年生藤本植物未超過六年，其他品種未超過四年者（同條第2項參照）。

(3)所謂「可區別性」，係指一品種可用一個以上之性狀，和申請日之前已於國內或國外流通或已取得品種權之品種加以區別，且該性狀可加以辨認和敘述者（同條第3項參照）。

(4)所謂「一致性」，係指一品種特性除可預期之自然變異外，個體間表現一致者（同條第4項參照）。

(5)所謂「穩定性」，係指一品種在指定之繁殖方法下，經重覆繁殖或一特定繁殖週期後，其主要性狀能維持不變者（同條第5項參照）。

(6)另外，第12條規定之「適當品種名稱」，係指不得有下列情事之一：

(i)單獨以數字表示。

(ii)與同一或近緣物種下之品種名稱相同或近似。

(iii)對品種之性狀或育種者之身分有混淆誤認之虞。

(iv)違反公共秩序或善良風俗。

2. 品種權申請應備齊之文件

申請品種權，應填具申請書，並檢具品種說明書及有關證明文件，向中央主管機關提出（植物品種及種苗法第14條第1項參照）。另依據同條第2項之規定，品種說明書應載明下列事項：

(1)申請人之姓名、住、居所，如係法人或團體者，其名稱、事務所或營業所及代表人或管理人之姓名、住、居所。

(2)品種種類。

(3)品種名稱。

(4)品種來源。

(5)品種特性。

(6)育成或發現經過。

(7)栽培試驗報告。

(8)栽培應注意事項。

(9)其他有關事項。

其中，品種名稱應書以中文，並附上羅馬字母譯名。於國外育成之品種，應書以其羅馬字母品種名稱及中文名稱。

3. 申請日

(1)品種權申請案，以申請書、品種說明書及有關證明文件齊備之日爲申

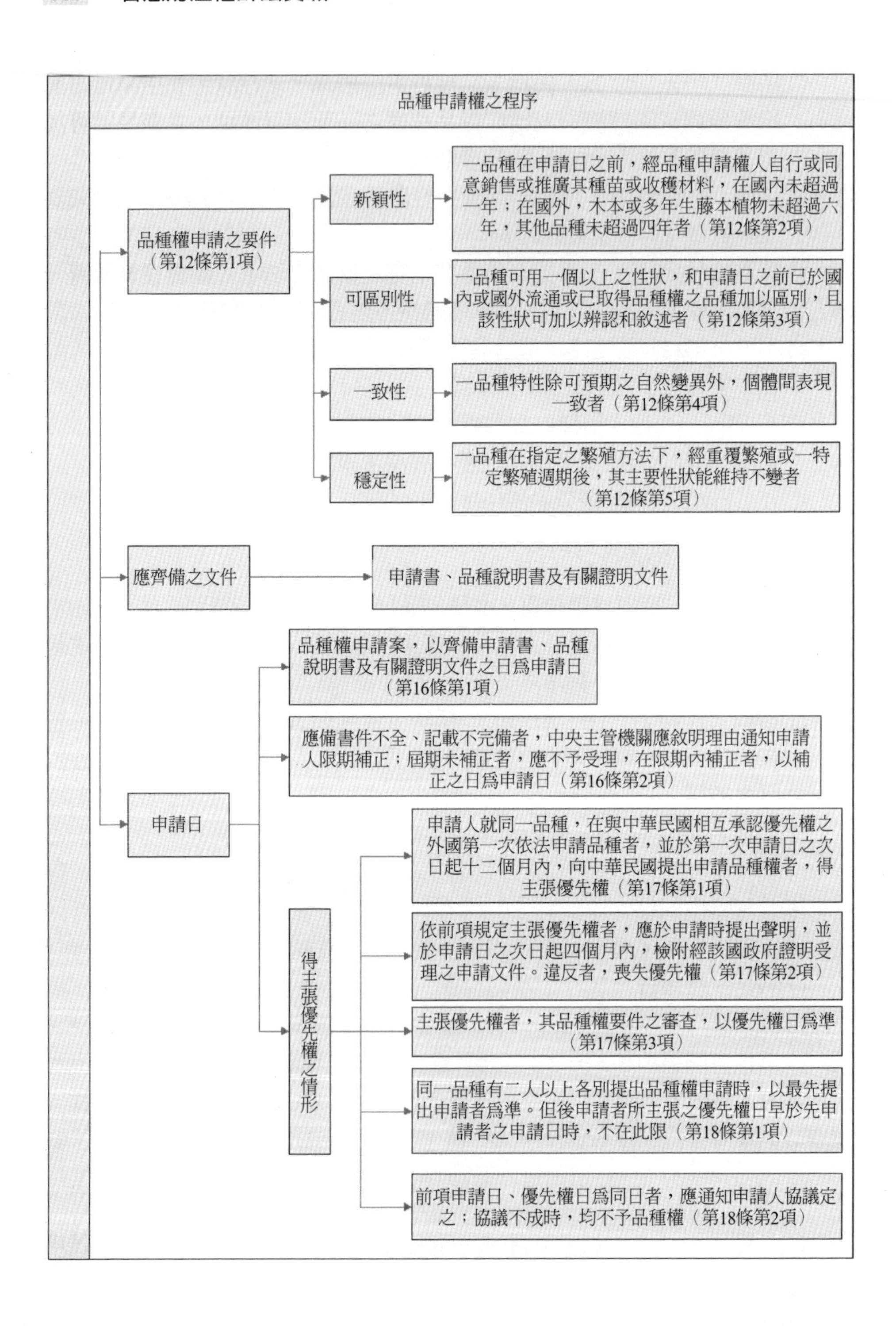
品種申請權之程序
品種權申請之要件（第12條第1項）
新穎性
一品種在申請日之前，經品種申請權人自行或同意銷售或推廣其種苗或收穫材料，在國內未超過一年；在國外，木本或多年生藤本植物未超過六年，其他品種未超過四年者（第12條第2項）
可區別性
一品種可用一個以上之性狀，和申請日之前已於國內或國外流通或已取得品種權之品種加以區別，且該性狀可加以辨認和敘述者（第12條第3項）
一致性
一品種特性除可預期之自然變異外，個體間表現一致者（第12條第4項）
穩定性
一品種在指定之繁殖方法下，經重覆繁殖或一特定繁殖週期後，其主要性狀能維持不變者（第12條第5項）
應齊備之文件
申請書、品種說明書及有關證明文件
申請日
品種權申請案，以齊備申請書、品種說明書及有關證明文件之日爲申請日（第16條第1項）
應備書件不全、記載不完備者，中央主管機關應敘明理由通知申請人限期補正；屆期未補正者，應不予受理，在限期內補正者，以補正之日爲申請日（第16條第2項）
得主張優先權之情形
申請人就同一品種，在與中華民國相互承認優先權之外國第一次依法申請品種者，並於第一次申請日之次日起十二個月內，向中華民國提出申請品種權者，得主張優先權（第17條第1項）
依前項規定主張優先權者，應於申請時提出聲明，並於申請日之次日起四個月內，檢附經該國政府證明受理之申請文件。違反者，喪失優先權（第17條第2項）
主張優先權者，其品種權要件之審查，以優先權日爲準（第17條第3項）
同一品種有二人以上各別提出品種權申請時，以最先提出申請者爲準。但後申請者所主張之優先權日早於先申請者之申請日時，不在此限（第18條第1項）
前項申請日、優先權日爲同日者，應通知申請人協議定之；協議不成時，均不予品種權（第18條第2項）

請日（植物品種及種苗法第16條第1項參照）。品種權申請案，其應備書件不全、記載不完備者，中央主管機關應敘明理由通知申請人限期補正；屆期未補正者，應不予受理。在限期內補正者，以補正之日為申請日（同條第2項參照）。

(2)得主張優先權之情形

(i)申請人就同一品種，在與中華民國相互承認優先權之國家或世界貿易組織會員第一次依法申請品種者，並於第一次申請日之次日起十二個月內，向中華民國提出申請品種權者，得主張優先權（植物品種及種苗法第17條第1項參照）。依前項規定主張優先權者，應於申請時提出聲明，並於申請日之次日起四個月內，檢附經前項國家或世界貿易組織會員證明受理之申請文件。違反者，喪失優先權（同條第2項參照）。主張優先權者，其品種權要件之審查，以優先權日為準（同條第3項參照）。

(ii)同一品種有二人以上各別提出品種權申請時，以最先提出申請者為準。但後申請者所主張之優先權日早於先申請者之申請日時，不在此限（植物品種及種苗法第18條第1項參照）。前項申請日、優先權日為同日者，應通知申請人協議定之；協議不成時，均不予品種權（同條第2項參照）。

4. 中央主管機關受理申請之程序

(1)依據植物品種及種苗法第19條第1項之規定，中央主管機關受理品種權申請時，應自申請日之次日起一個月內，將下列事項公開之：

(i)申請案之編號及日期。

(ii)申請人之姓名或名稱及地址。

(iii)申請品種權之品種所屬植物之種類及品種名稱。

(iv)其他必要事項。

(2)中央主管機關審查品種權之申請，必要時得通知申請人限期提供品種性狀檢定所需之材料或其他相關資料（植物品種及種苗法第20條第1項參照）。品種權申請案經審查後，中央主管機關應將審查結果，做成審定書，敘明審定理由，通知申請人；審查核准之品種，應為核准公告（同條第2項參照）。

四、品種權申請案公開後之補償金請求權

（一）要件

申請人對於品種權申請案公開後，曾經以書面通知，而於通知後核准公告前，就該品種仍繼續爲商業上利用之人，或對於明知品種權申請案已經公開，於核准公告前，就該品種仍繼續爲商業上利用之人，得於取得品種權後，請求適當之補償金（植物品種及種苗法第19條第2、3項參照）。

（二）請求時效

補償金請求權，自公告之日起，二年內不行使而消滅（植物品種及種苗法第19條第4項參照）。

五、品種權

（一）期間

木本或多年生藤本植物之品種權期間爲25年，其他植物物種之品種權期間爲20年，自核准公告之日起算（植物品種及種苗法第23條參照）。

（二）品種權人之權利

依據植物品種及種苗法第24條第1項之規定，品種權人專有排除他人未經其同意，而對取得品種權之種苗爲下列行爲：

1. 生產或繁殖。
2. 以繁殖爲目的而調製。
3. 爲銷售之要約。
4. 銷售或其他方式行銷。
5. 輸出、入。
6. 爲前5款之目的而持有。

另外，品種權人專有排除他人未經其同意，而利用該品種之種苗所得之收穫物，爲前項各款之行爲（同條第2項參照）。品種權人專有排除他人未經其同意，而利用前項收穫物所得之直接加工物，爲第一項各款之行爲。但以主管機關公告之植物物種爲限（同條第3項參照）。前二項權利之行使，以品種權

人對第一項各款之行為，無合理行使權利之機會時為限（同條第4項參照）。

（三）品種權之效力

1. 品種權之範圍

依據植物品種及種苗法第25條第1項之規定，第24條品種權範圍，及於下列從屬品種：

(1)實質衍生自具品種權之品種，且該品種應非屬其他品種之實質衍生品種。

(2)與具品種權之品種相較，不具明顯可區別性之品種。

(3)須重複使用具品種權之品種始可生產之品種。

而本法修正施行前，從屬品種之存在已成眾所周知者，不受品種權效力所及（同條第2項參照）。

另外，依據同條第3項之規定，第1項第1款所稱實質衍生品種，應具備下列要件：

(1)自起始品種或該起始品種之實質衍生品種所育成者。

(2)與起始品種相較，具明顯可區別性。

(3)除因育成行為所生之差異外，保留起始品種基因型或基因型組合所表現之特性。

2. 品種權之限制

(1)依據植物品種及種苗法第26條第1項之規定，品種權之效力，不及於下列各款行為：

(i)以個人非營利目的之行為。

(ii)以實驗、研究目的之行為。

(iii)以育成其他品種為目的之行為。但不包括育成前條第1項之從屬品種為目的之行為。

(iv)農民對種植該具品種權之品種或前條第1項第1款、第2款從屬品種之種苗取得之收穫物，留種自用之行為。

(v)受農民委託，以提供農民繁殖材料為目的，對該具品種權之品種或其從屬品種之繁殖材料取得之收穫物，從事調製育苗之行為。

(vi)針對已由品種權人自行或經其同意在國內銷售或以其他方式流通之

該具品種權之品種或其從屬品種之任何材料所爲之行爲。但不包括將該品種作進一步繁殖之行爲。

(vii)針對衍生自前款所列材料之任何材料所爲之行爲。但不包括將該品種作進一步繁殖之行爲。

另外，爲維護糧食安全，前項第4款、第5款之適用，以中央主管機關公告之植物物種爲限（同條第2項參照）。而第1項所稱之材料，指植物品種之任何繁殖材料、收穫物及收穫物之任何直接加工物，其中該收穫物包括植物之全部或部分（同條第3項參照）。再者，第1項第6款及第7款所列行爲，不包括將該品種之可繁殖材料輸出至未對該品種所屬之植物屬或種之品種予以保護之國家行爲。但以最終消費爲目的者，不在此限（同條第4項參照）。

(2)特許實施

(i)依據植物品種及種苗法第30條第1項之規定，爲因應國家重大情勢或增進公益之非營利使用或申請人曾以合理之商業條件在相當期間內仍不能協議授權時，中央主管機關得依申請，特許實施品種權；其實施，應以供內國內市場需要爲主。

(ii)特許實施，以非專屬即不可轉讓者爲限，且需明訂實施期間，期限不得超過4年（同條第2項參照）。

(iii)品種權人有限制競爭或不公平競爭之情事，經法院判決或行政院公平交易委員會處分確定者，雖無第1項所定之情形，中央主管機關亦得依申請，特許該申請人實施品種權（同條第3項參照）。

(iv)中央主管機關接到特許實施申請書後，應將申請書副本送達品種權人，限期三個月內答辯；屆期不答辯者，得逕行處理（同條第4項參照）。

(v)特許實施，不妨礙他人就同一品種權再取得實施權（同條第5項參照）。

(vi)特許實施權人應給與品種權人適當之補償金，有爭執時，由中央主管機關核定之（同條第6項參照）。

(vii)特許實施，應與特許實施有關之營業一併轉讓、繼承、授權或設定質權（同條第7項參照）。

(viii)特許實施之原因消滅時，中央主管機關得依申請，廢止其特許實施（同條第8項參照）。

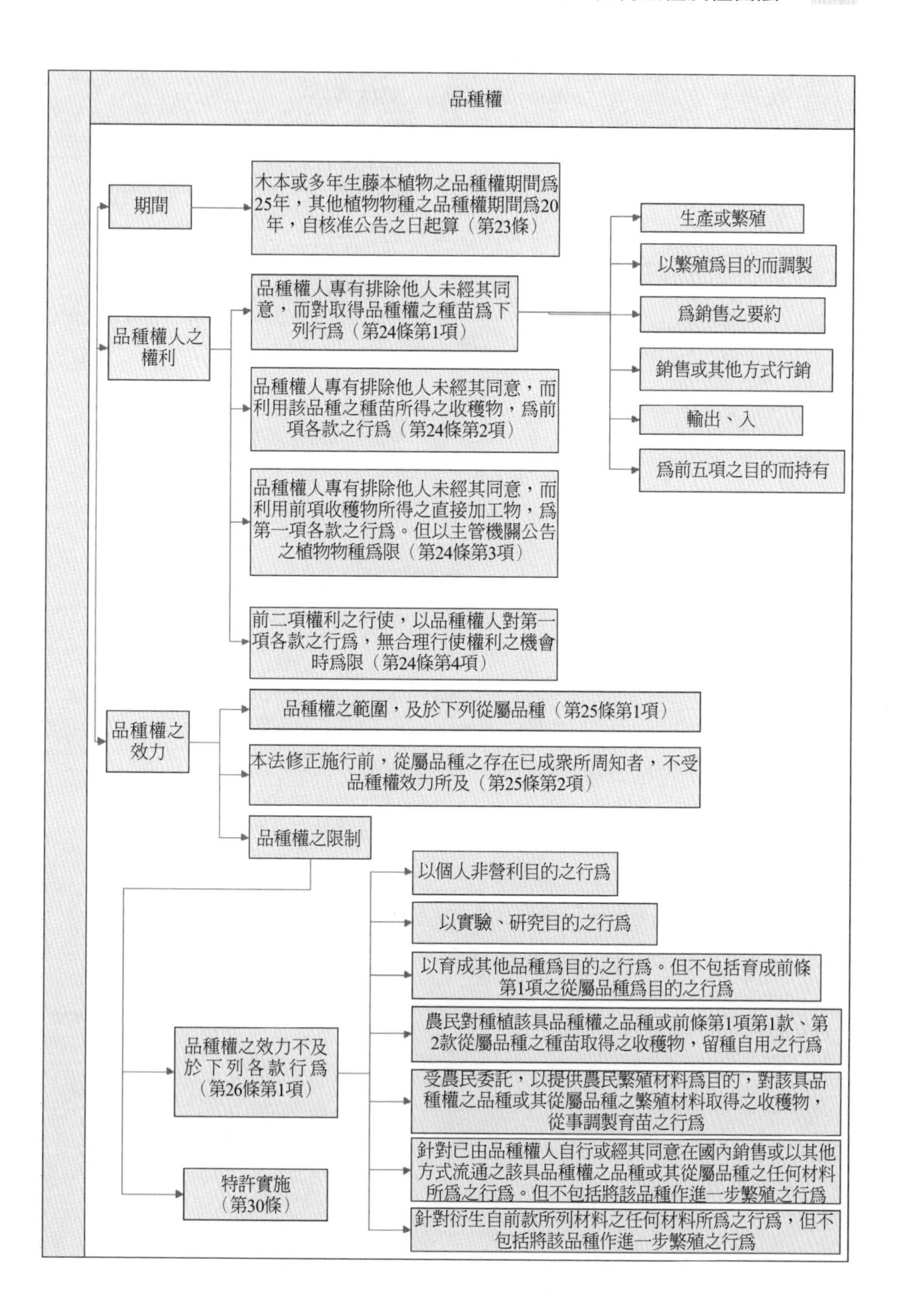
品種權
期間
木本或多年生藤本植物之品種權期間爲25年，其他植物物種之品種權期間爲20年，自核准公告之日起算（第23條）
品種權人之權利
品種權人專有排除他人未經其同意，而對取得品種權之種苗爲下列行爲（第24條第1項）
生產或繁殖
以繁殖爲目的而調製
爲銷售之要約
銷售或其他方式行銷
輸出、入
爲前五項之目的而持有
品種權人專有排除他人未經其同意，而利用該品種之種苗所得之收穫物，爲前項各款之行爲（第24條第2項）
品種權人專有排除他人未經其同意，而利用前項收穫物所得之直接加工物，爲第一項各款之行爲。但以主管機關公告之植物物種爲限（第24條第3項）
前二項權利之行使，以品種權人對第一項各款之行爲，無合理行使權利之機會時爲限（第24條第4項）
品種權之效力
品種權之範圍，及於下列從屬品種（第25條第1項）
本法修正施行前，從屬品種之存在已成衆所周知者，不受品種權效力所及（第25條第2項）
品種權之限制
品種權之效力不及於下列各款行爲（第26條第1項）
以個人非營利目的之行爲
以實驗、研究目的之行爲
以育成其他品種爲目的之行爲。但不包括育成前條第1項之從屬品種爲目的之行爲
農民對種植該具品種權之品種或前條第1項第1款、第2款從屬品種之種苗取得之收穫物，留種自用之行爲
受農民委託，以提供農民繁殖材料爲目的，對該具品種權之品種或其從屬品種之繁殖材料取得之收穫物，從事調製育苗之行爲
針對已由品種權人自行或經其同意在國內銷售或以其他方式流通之該具品種權之品種或其從屬品種之任何材料所爲之行爲。但不包括將該品種作進一步繁殖之行爲
針對衍生自前款所列材料之任何材料所爲之行爲，但不包括將該品種作進一步繁殖之行爲
特許實施（第30條）

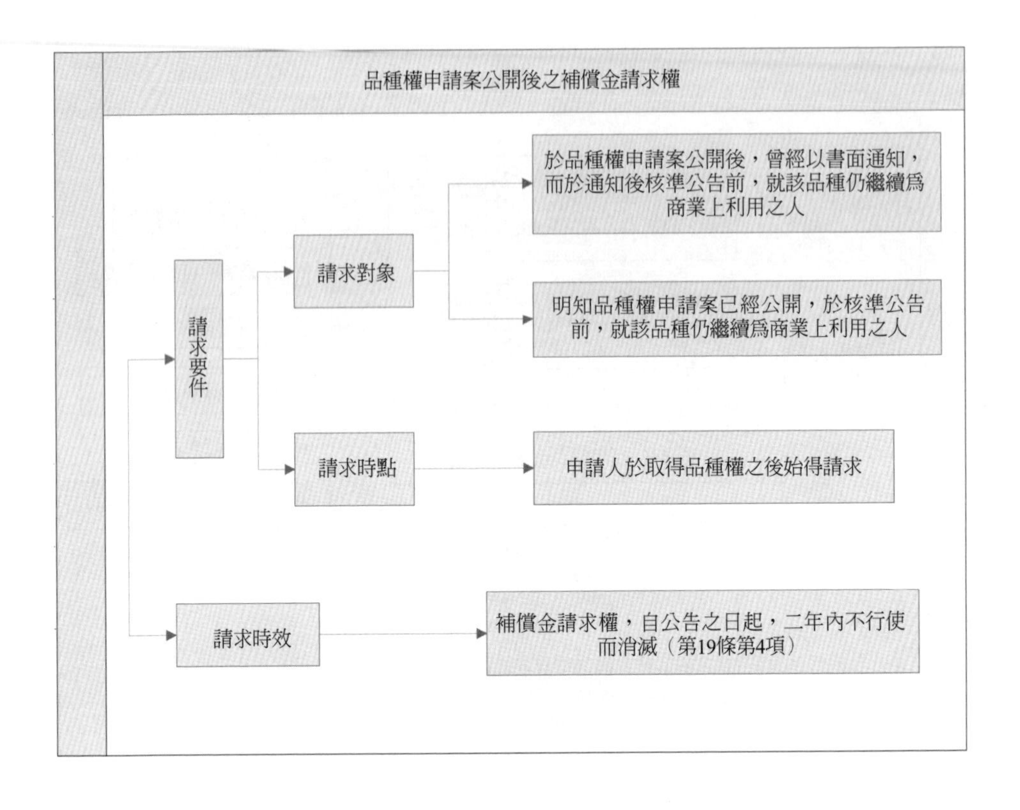
品種權申請案公開後之補償金請求權
請求要件
請求對象
於品種權申請案公開後，曾經以書面通知，而於通知後核準公告前，就該品種仍繼續爲商業上利用之人
明知品種權申請案已經公開，於核準公告前，就該品種仍繼續爲商業上利用之人
請求時點
申請人於取得品種權之後始得請求
請求時效
補償金請求權，自公告之日起，二年內不行使而消滅（第19條第4項）

特許實施

- 爲因應國家重大情勢或增進公益之非營利使用或申請人曾以合理之商業條件在相當期間內仍不能協議授權時，中央主管機關得依申請，特許實施品種權；其實施，應以供內國內市場需要爲主
- 特許實施，以非專屬即不可轉讓者爲限，且需明訂實施期間，期限不得超過4年
- 品種權人有限制競爭或不公平競爭之情事，經法院判決或行政院公平交易委員會處分確定者，雖無第1項所定之情形，中央主管機關亦得依申請，特許該申請人實施品種權
- 中央主管機關接到特許實施申請書後，應將申請書副本送達品種權人，限期三個月內答辯；屆期不答辯者，得逕行處理
- 特許實施，不妨礙他人就同一品種權再取得實施權
- 特許實施權人應給與品種權人適當之補償金，有爭執時，由中央主管機關核定之
- 特許實施，應與特許實施有關之營業一併轉讓、繼承、授權或設定質權
- 特許實施之原因消滅時，中央主管機關得依申請，廢止其特許實施

（四）品種權之讓與

1. 依據植物品種及種苗法第27條第1項之規定，品種權得授權他人實施。品種權授權他人實施或設定質權，應向中央主管機關登記。非經登記，不得對抗善意第三人（同條第2項參照）。
2. 品種權共有人未經擁有持分三分之二以上共有人之同意，不得以其應有部分讓與或授權他人實施或設定質權。但另有約定者，從其約定（植物品種及種苗法第28條參照）。另外，品種權人未經被授權人或質權人之同意，不得拋棄其權利（植物品種及種苗法第29條參照）。

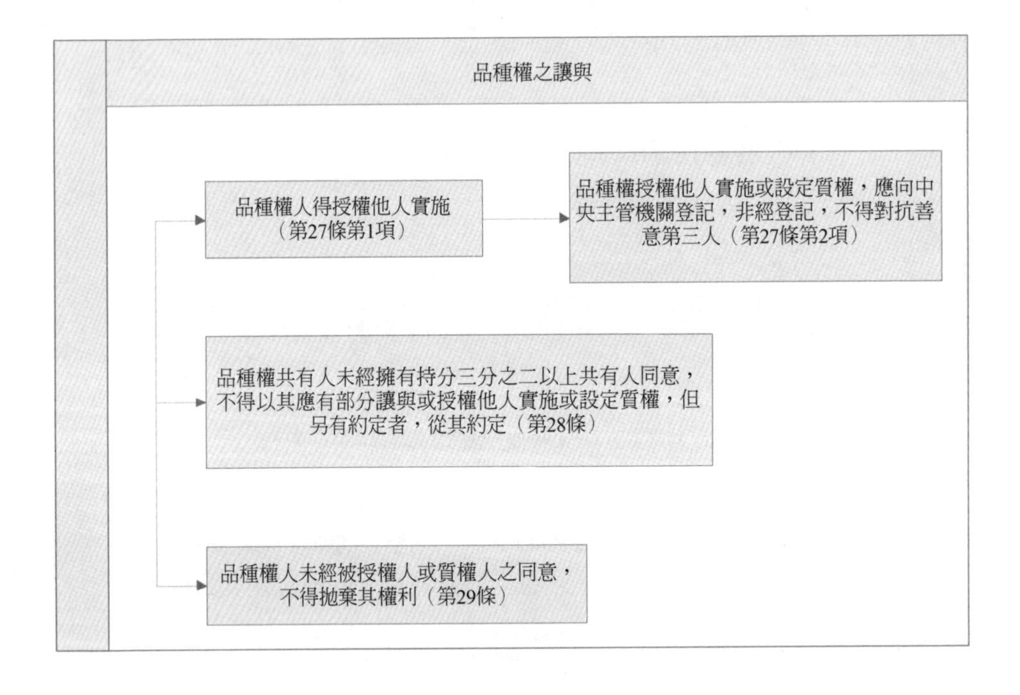

（五）品種權之消滅

依據植物品種及種苗法第36條第1項之規定，有下列情形之一者，品種權當然消滅：

1. 品種權期滿時，自期滿之次日起消滅。
2. 品種權人拋棄時，自其書面表示送達中央主管機關之日起；書面表示記載特定之日者，自該特定日起消滅。

3. 品種權人逾補繳年費期限仍不繳費時，品種權自原繳費期限屆滿之次日起消滅。

另外，品種權人死亡而無人主張其爲繼承人時，其品種權依民法第1185條規定歸屬國庫（同條第2項參照）。

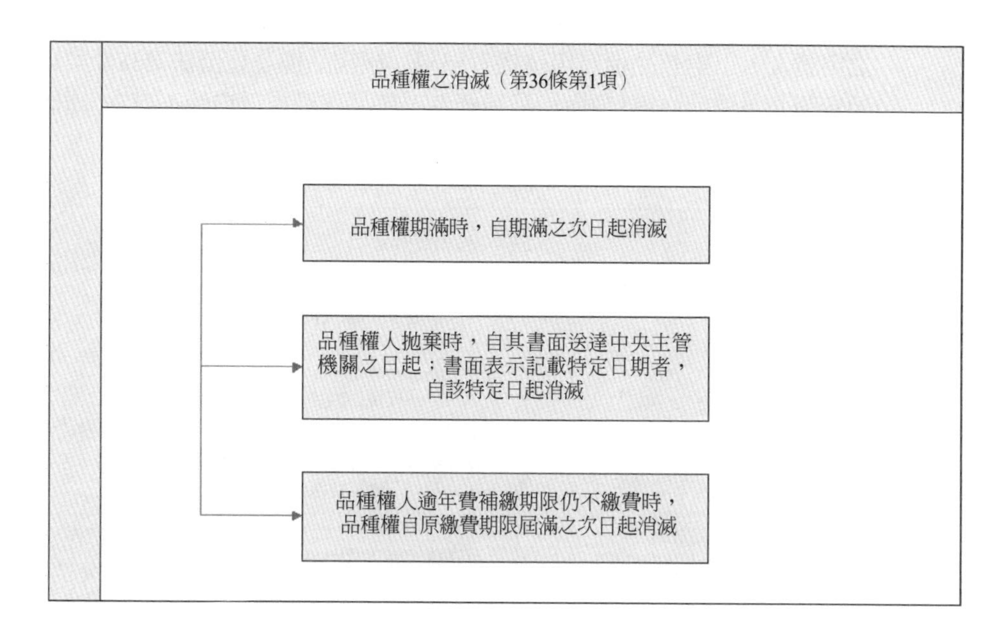

（六）品種權撤銷與廢止

1. 依據植物品種及種苗法第37條第1項之規定，有下列情形之一者，中央主管機關應依申請或依職權撤銷品種權：

   (1)具品種權之品種，不符第12條之規定。

   (2)品種權由無申請權之人取得。

2. 另依據同條第2項之規定，有下列情事之一者，中央主管機關應依申請或依職權廢止品種權：

   (1)經取得權利後，該具品種權之品種，不再符合第12條所定一致性或穩定性。

(2)品種權人未履行第33條規定之義務，而無正當理由。

(3)品種權人未依第35條提出適當名稱，而無正當理由。

另外，品種權經撤銷或廢止者，應限期追繳證書；無法追回者，應公告註銷（同條第2項參照）。

3. 任何人對於品種權認有第37條第1項或第2項規定之情事者，得附具理由及證據，向中央主管機關申請撤銷或廢止。但前條第1項第2款撤銷之申請人，以對該品種有申請權者爲限（植物品種及種苗法第38條第1項參照）。依前條第1項撤銷品種權者，該品種權視爲自始不存在（同條第2項參照）。

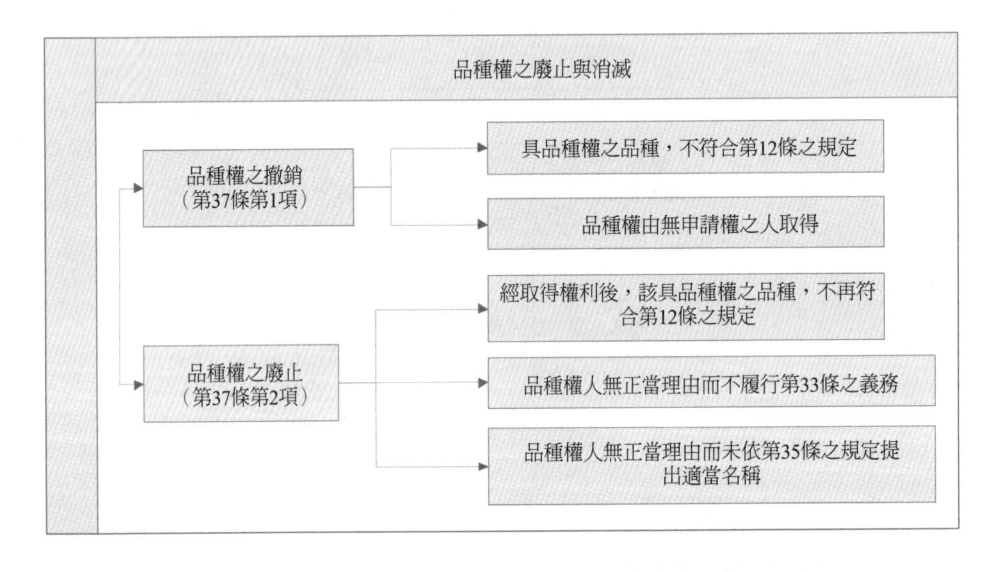

六、侵害品種權之法律責任

（一）請求權基礎

依據植物品種及種苗法第40條第1項之規定，品種權人或專屬被授權人於品種權受侵害時，得請求排除其侵害，有侵害之虞者，得請求防止之。對因故意或過失侵害品種權者，並得請求損害賠償。品種權人或專屬被授權人依前項規定爲請求時，對於侵害品種權之物或從事侵害行爲之原料或器具，得請求銷毀或為其他必要之處置（同條第2項參照）。育種者之姓名表示權受侵害時，得請求表示育種者之姓名或為其他回復名譽之必要處分（同條第3項參照）。本條所定之請求權，自請求權人知有行為及賠償義務人時起，二年不行使而消滅；自行為時起，逾十年者亦同（同條第4項參照）。

（二）損害賠償之計算

依據植物品種及種苗法第41條第1項之規定，依前條規定請求損害賠償時，得就下列各款擇一計算其損害：

1. 依民法第216條規定，不能提供證據方法以證明其損害時，品種權人或專屬被授權人得就其利用該品種或其從屬品種通常所可獲得之利益，減除受害後利用前述品種所得之利益，以其差額為所受損害。
2. 依侵害人因侵害行為所得之利益。侵害人不能就其成本或必要費用舉證時，以其因銷售所得之全部收入為所得利益。

除前項規定外，品種權人或專屬被授權人之業務上信譽，因侵害而致減損時，得另請求賠償相當金額（同條第2項參照）。

（三）停止審判

依據植物品種及種苗法第42條之規定，關於品種權之民事訴訟，在品種權撤銷或廢止案確定前，得停止審判。惟此一規定於民國97年7月1日智慧財產案件審理法正式施行後，已不再適用，民事法院就此應撤銷原因之有無理由，於民事侵權訴訟中應自為判斷。

（四）未經認許之外國法人或團體之互惠原則

未經認許之外國法人或團體，依條約、協定或其本國法令、慣例，中華民國國民或團體得在該國享受同等權利者，就本法規定事項得提起民事訴訟；其由團體或機構互訂保護之協議，經中央主管機關核准者，亦同（植物品種及種苗法第43條參照）。

七、種苗管理

（一）種苗業登記

1. 依據植物品種及種苗法第44條第1項之規定，經營種苗業者，非經直轄市或縣（市）主管機關核准，發給種苗業登記證，不得營業。種苗業者應具備條件及其設備標準，由中央主管機關訂之（同條第2項參照）。
2. 種苗業登記證應記載下列事項（植物品種及種苗法第45條第1項參照）：
   (1)登記證字號、登記年、月、日。
   (2)種苗業者名稱、地址及負責人姓名。
   (3)經營種苗種類範圍。
   (4)資本額。
   (5)從事種苗繁殖者，其附設繁殖場所之地址。
   (6)登記證有效期限。
   (7)其他有關事項。
   其中，第2款或第3款登記事項發生變更時，應自變更之日起30日內，向原核發登記證機關申請變更登記；未依限辦理變更登記者，主管機關得限期命其辦理（同條第2項參照）。
3. 種苗登記證有效期間爲10年，期滿後需要繼續營業者，應於期滿前三個月內，檢附原登記證申請換發。屆期未辦理或不符本法規定者，其原領之登記證由主管機關公告註銷（植物品種及種苗法第48條參照）。
4. 種苗業者於核准登記後滿1年尚未開始營業或開始營業後自行停止營業滿1年而無正當理由者，直轄市或縣（市）主管機關得廢止其登記（植物品種及種苗法第47條參照）。
5. 種苗業者廢止營業時，應於30日內向直轄市或縣（市）主管機關申請歇業登記，並繳銷登記證；其未申請或繳銷者，由主管機關依職權廢止之（植物品種及種苗法第49條參照）。
6. 本法修正施行前已領有種苗業登記證者，應自中央主管機關公告之日起2年內，重新辦理種苗業登記證之申請；屆期不辦理者，其種苗業登記證失效，並由主管機關予以註銷；未申請換發而繼續營業者，依第56條第1項第2款規定處罰（植物品種及種苗法第63條參照）。

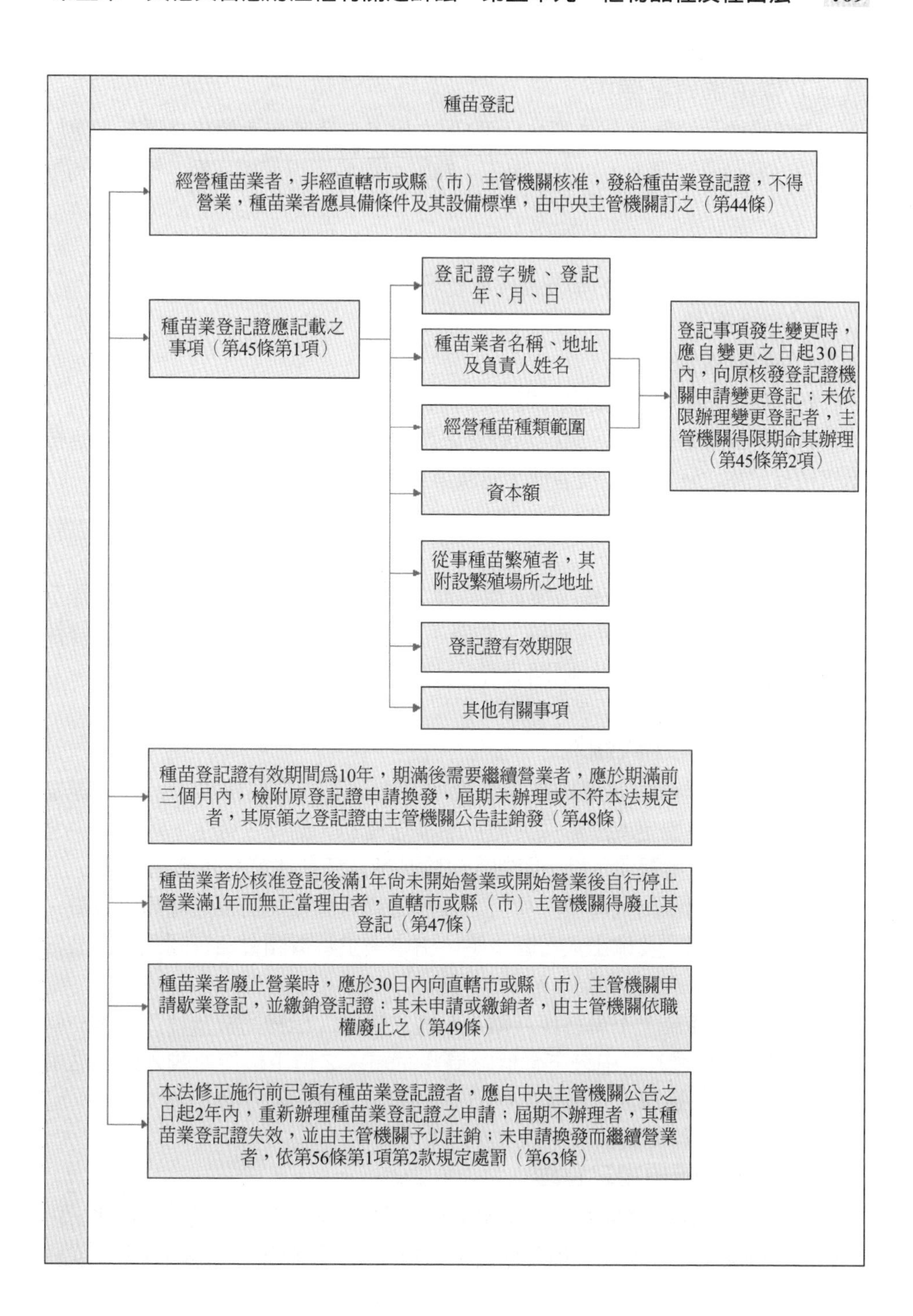
種苗登記
經營種苗業者，非經直轄市或縣（市）主管機關核准，發給種苗業登記證，不得營業，種苗業者應具備條件及其設備標準，由中央主管機關訂之（第44條）
種苗業登記證應記載之事項（第45條第1項）
登記證字號、登記年、月、日
種苗業者名稱、地址及負責人姓名
經營種苗種類範圍
資本額
從事種苗繁殖者，其附設繁殖場所之地址
登記證有效期限
其他有關事項
登記事項發生變更時，應自變更之日起30日內，向原核發登記證機關申請變更登記；未依限辦理變更登記者，主管機關得限期命其辦理（第45條第2項）
種苗登記證有效期間爲10年，期滿後需要繼續營業者，應於期滿前三個月內，檢附原登記證申請換發，屆期未辦理或不符本法規定者，其原領之登記證由主管機關公告註銷發（第48條）
種苗業者於核准登記後滿1年尚未開始營業或開始營業後自行停止營業滿1年而無正當理由者，直轄市或縣（市）主管機關得廢止其登記（第47條）
種苗業者廢止營業時，應於30日內向直轄市或縣（市）主管機關申請歇業登記，並繳銷登記證；其未申請或繳銷者，由主管機關依職權廢止之（第49條）
本法修正施行前已領有種苗業登記證者，應自中央主管機關公告之日起2年內，重新辦理種苗業登記證之申請；屆期不辦理者，其種苗業登記證失效，並由主管機關予以註銷；未申請換發而繼續營業者，依第56條第1項第2款規定處罰（第63條）

（二）種苗銷售之標示

依據植物品種及種苗法第46條第1項之規定，種苗業者銷售之種苗，應於其包裝、容器或標籤上，以中文爲主，並附上羅馬字母品種名稱，標示下列事項：

1. 種苗業者名稱及地址。
2. 種類及中文品種名稱或品種權登記證號。
3. 生產地。
4. 重量或數量。
5. 其他經中央主管機關所規定之事項。

前項第2款爲種子者，應標示發芽率及測定日期；爲嫁接之苗木者，應標示接穗及砧木之種類及品種名稱（同條第2項參照）。

（三）種苗檢查

主管機關得派員檢查種苗業者應具備之條件及設備標準，銷售種苗之標示事項，種苗業者不得拒絕、規避、妨礙；檢查結果不符第44條第2項所定條件及標準者，由主管機關通知限期改善（植物品種及種苗法第50條參照）。

（四）種苗之輸出與輸入

1. 種苗、種苗之收穫物或其直接加工物應准許自由輸出。但因國際條約、貿易協定或基於保護植物品種之權利、治安、衛生、環境與生態保護或政策需要，得予限制（植物品種及種苗法第51條第1項參照）。前項限制輸出入種苗、種苗之收穫物或其直接加工物之種類、數量、地區、期間及輸出入有關規定，由中央主管機關會商有關機關後公告之（同條第2項參照）。
2. 輸入之種苗，不得移作非輸入原因之用途（植物品種及種苗法第53條第1項參照）。中央主管機關爲避免輸入之種苗移作非輸入原因之用途，得令進口人先爲藥劑等必要之處理（同條第2項參照）。

（五）基因轉殖植物之管理

基因轉殖植物非經中央主管機關許可，不得輸入或輸出；其許可辦法，由中央主管機關定之（植物品種及種苗法第52條第1項參照）。由國外引進或於

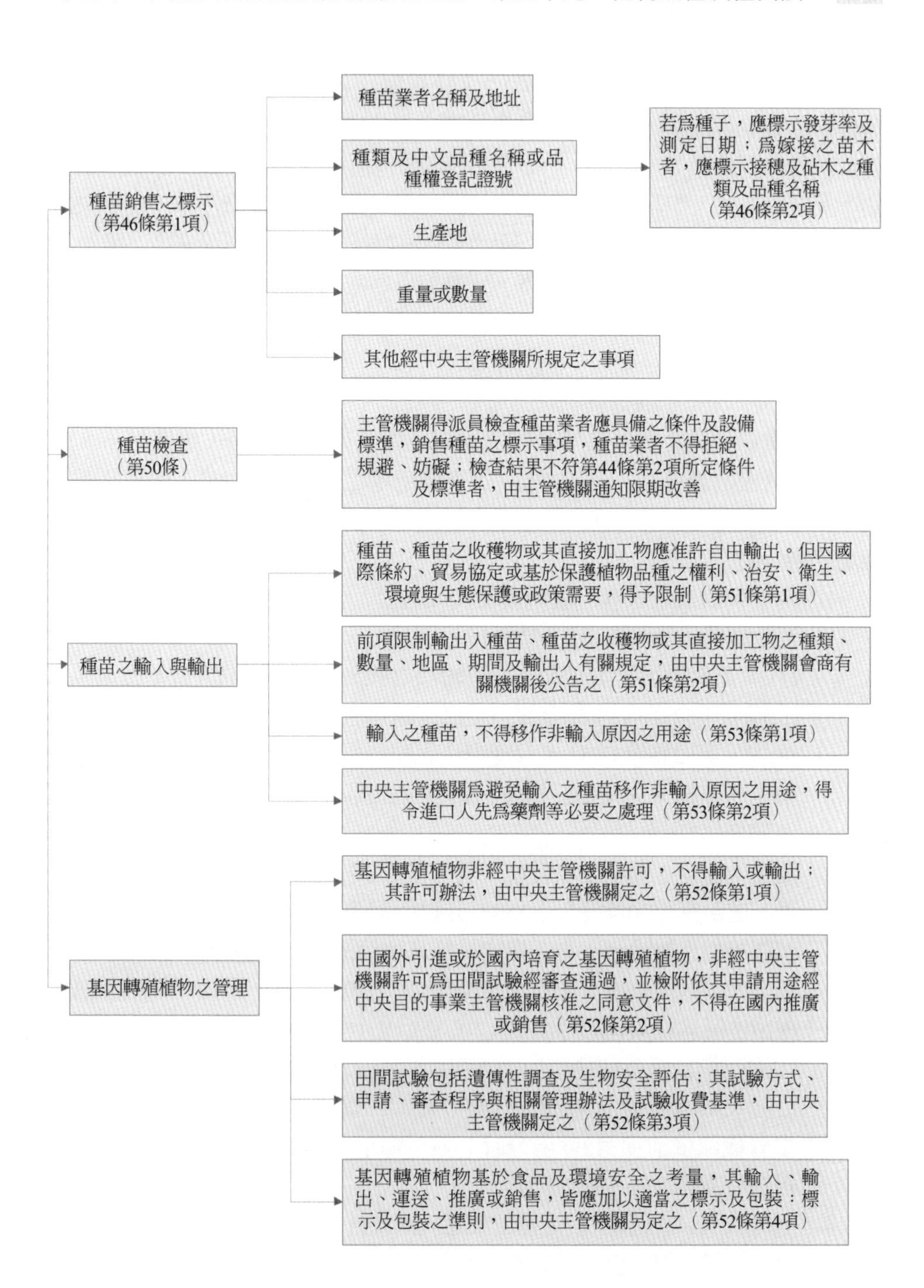
種苗銷售之標示（第46條第1項）
種苗業者名稱及地址
種類及中文品種名稱或品種權登記證號
若為種子，應標示發芽率及測定日期；為嫁接之苗木者，應標示接穗及砧木之種類及品種名稱（第46條第2項）
生產地
重量或數量
其他經中央主管機關所規定之事項
種苗檢查（第50條）
主管機關得派員檢查種苗業者應具備之條件及設備標準，銷售種苗之標示事項，種苗業者不得拒絕、規避、妨礙；檢查結果不符第44條第2項所定條件及標準者，由主管機關通知限期改善
種苗之輸入與輸出
種苗、種苗之收穫物或其直接加工物應准許自由輸出。但因國際條約、貿易協定或基於保護植物品種之權利、治安、衛生、環境與生態保護或政策需要，得予限制（第51條第1項）
前項限制輸出入種苗、種苗之收穫物或其直接加工物之種類、數量、地區、期間及輸出入有關規定，由中央主管機關會商有關機關後公告之（第51條第2項）
輸入之種苗，不得移作非輸入原因之用途（第53條第1項）
中央主管機關為避免輸入之種苗移作非輸入原因之用途，得令進口人先為藥劑等必要之處理（第53條第2項）
基因轉殖植物之管理
基因轉殖植物非經中央主管機關許可，不得輸入或輸出；其許可辦法，由中央主管機關定之（第52條第1項）
由國外引進或於國內培育之基因轉殖植物，非經中央主管機關許可為田間試驗經審查通過，並檢附依其申請用途經中央目的事業主管機關核准之同意文件，不得在國內推廣或銷售（第52條第2項）
田間試驗包括遺傳性調查及生物安全評估；其試驗方式、申請、審查程序與相關管理辦法及試驗收費基準，由中央主管機關定之（第52條第3項）
基因轉殖植物基於食品及環境安全之考量，其輸入、輸出、運送、推廣或銷售，皆應加以適當之標示及包裝；標示及包裝之準則，由中央主管機關另定之（第52條第4項）

國內培育之基因轉殖植物，非經中央主管機關許可為田間試驗經審查通過，並檢附依其申請用途經中央目的事業主管機關核准之同意文件，不得在國內推廣或銷售（同條第2項參照）。前項田間試驗包括遺傳特性調查及生物安全評估；其試驗方式、申請、審查程序與相關管理辦法及試驗收費基準，由中央主管機關定之（同條第3項參照）。基因轉殖植物基於食品及環境安全之考量，其輸入、輸出、運送、推廣或銷售，皆應加以適當之標示及包裝；標示及包裝之準則，由中央主管機關另定之（同條第4項參照）。

（六）罰則

依據植物品種及種苗法第60條之規定，本法所定之罰鍰，由直轄市、縣（市）主管機關處罰之。但第54條、第55條所定之罰鍰，由中央主管機關處罰之。依本法所處之罰鍰，經限期繳納，屆期不繳納者，依法移送強制執行（同條第2項參照）。以下針對本法所定之罰鍰分述之：

1. 有下列情事之一者，處新臺幣100萬元以上500萬元以下罰鍰（植物品種及種苗法第54條第1項參照）：
   (1)違反依第52條第1項所定許可辦法之強制規定，而輸入或輸出。
   (2)違反第52條第2項規定逕行推廣或銷售者。
   (3)違反第52條第3項所定管理辦法之強制規定，而進行田間試驗。
   前項非法輸入、輸出、推廣、銷售或田間試驗之植物，得沒入銷毀之（同條第2項參照）。
2. 輸出入種苗、種苗之收穫物或其直接加工物違反依第51條第2項之公告者，處新臺幣30萬元以上150萬元以下罰鍰；其種苗、種苗之收穫物或其直接加工物得沒入之（植物品種及種苗法第55條參照）。
3. 有下列情形之一者，處新臺幣6萬元以上30萬元以下罰鍰（植物品種及種苗法第56條第1項參照）：
   (1)違反第32條第1項規定，未使用該品種取得品種權之名稱。
   (2)違反第44條第1項規定，未經登記即行營業。
   主管機關依前項第2款處分時，並得命令行為人停業，拒不停業者，得按月處罰（同條第2項參照）。
4. 不符依第44條第2項所定種苗業應具備條件或設備標準，經主管機關依第50條第1項規定限期改善而屆期不改善者，處新臺幣3萬元以上15萬

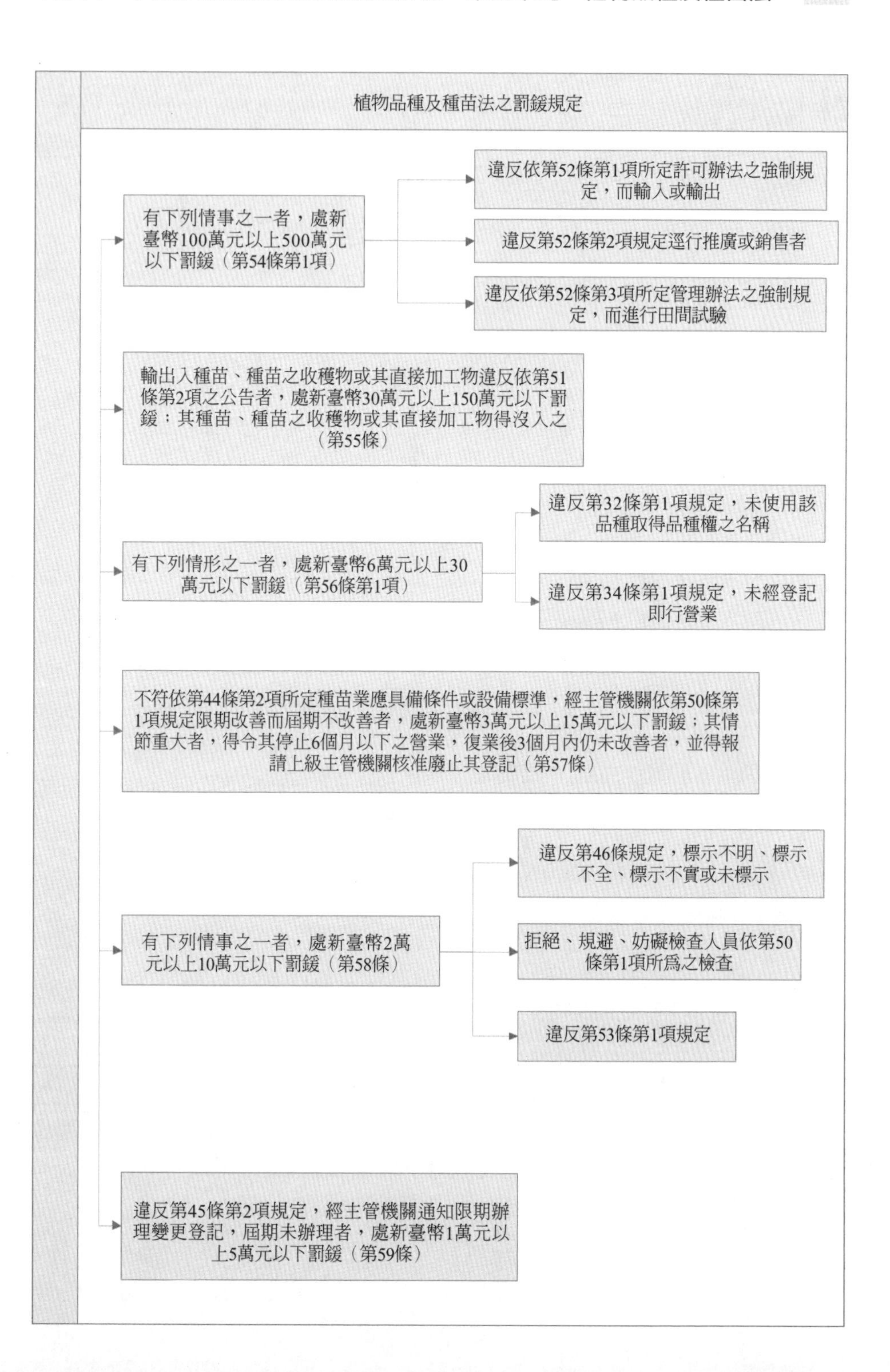
植物品種及種苗法之罰鍰規定
有下列情事之一者，處新臺幣100萬元以上500萬元以下罰鍰（第54條第1項）
違反依第52條第1項所定許可辦法之強制規定，而輸入或輸出
違反第52條第2項規定逕行推廣或銷售者
違反依第52條第3項所定管理辦法之強制規定，而進行田間試驗
輸出入種苗、種苗之收穫物或其直接加工物違反依第51條第2項之公告者，處新臺幣30萬元以上150萬元以下罰鍰；其種苗、種苗之收穫物或其直接加工物得沒入之（第55條）
有下列情形之一者，處新臺幣6萬元以上30萬元以下罰鍰（第56條第1項）
違反第32條第1項規定，未使用該品種取得品種權之名稱
違反第34條第1項規定，未經登記即行營業
不符依第44條第2項所定種苗業應具備條件或設備標準，經主管機關依第50條第1項規定限期改善而屆期不改善者，處新臺幣3萬元以上15萬元以下罰鍰；其情節重大者，得令其停止6個月以下之營業，復業後3個月內仍未改善者，並得報請上級主管機關核准廢止其登記（第57條）
有下列情事之一者，處新臺幣2萬元以上10萬元以下罰鍰（第58條）
違反第46條規定，標示不明、標示不全、標示不實或未標示
拒絕、規避、妨礙檢查人員依第50條第1項所為之檢查
違反第53條第1項規定
違反第45條第2項規定，經主管機關通知限期辦理變更登記，屆期未辦理者，處新臺幣1萬元以上5萬元以下罰鍰（第59條）

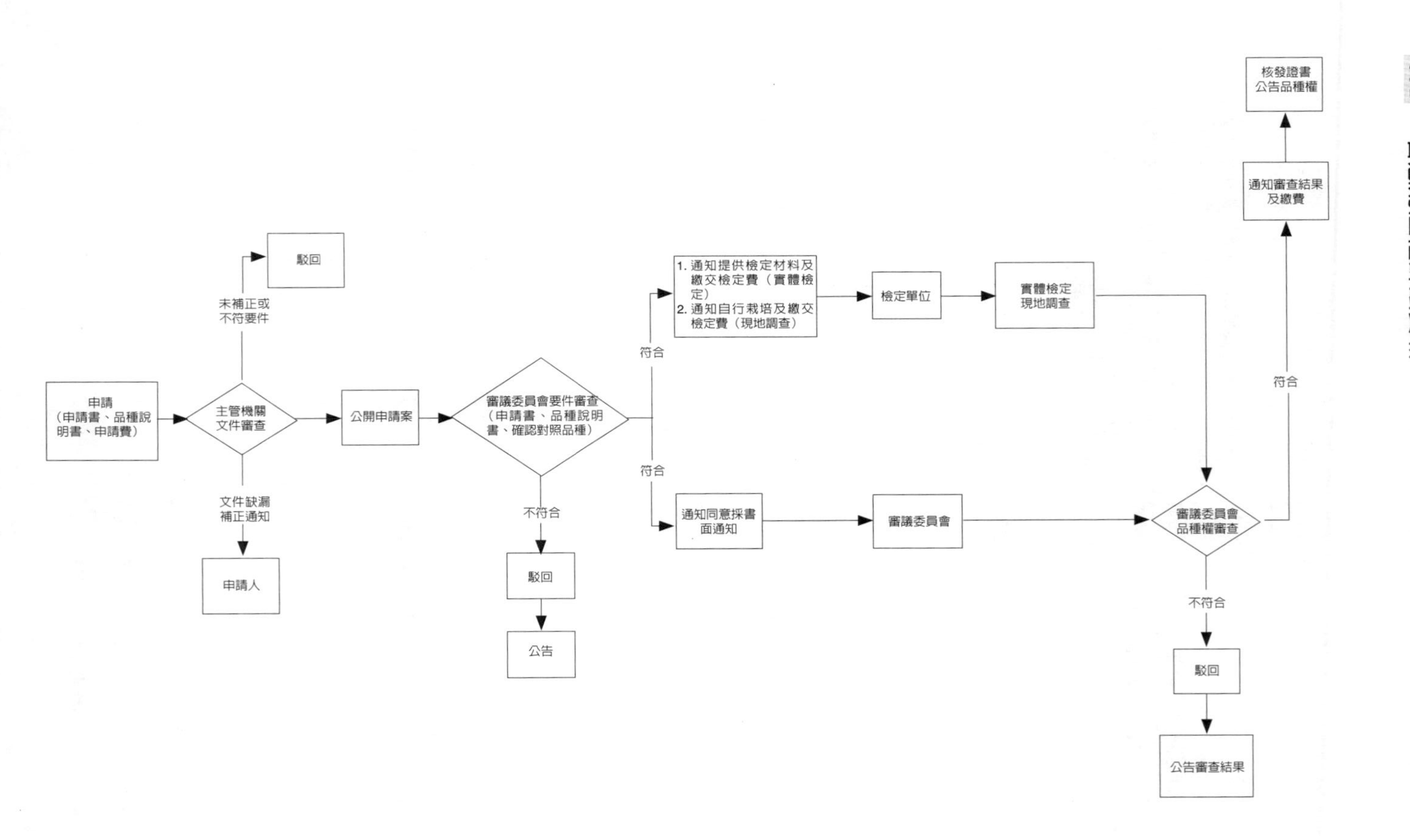
申請
（申請書、品種說明書、申請費）
主管機關
文件審查
未補正或
不符要件
駁回
文件缺漏
補正通知
申請人
公開申請案
審議委員會要件審查
（申請書、品種說明書、確認對照品種）
不符合
駁回
公告
符合
1. 通知提供檢定材料及繳交檢定費（實體檢定）
2. 通知自行栽培及繳交檢定費（現地調查）
檢定單位
實體檢定
現地調查
符合
通知同意採書面通知
審議委員會
審議委員會
品種權審查
符合
通知審查結果
及繳費
核發證書
公告品種權
不符合
駁回
公告審查結果

元以下罰鍰；其情節重大者，得令其停止6個月以下之營業，復業後3個月內仍未改善者，並得報請上級主管機關核准廢止其登記（植物品種及種苗法第57條參照）。

5. 有下列情事之一者，處新臺幣2萬元以上10萬元以下罰鍰（植物品種及種苗法第58條參照）：
   (1)違反第46條規定，標示不明、標示不全、標示不實或未標示。
   (2)拒絕、規避、妨礙檢查人員依第50條第1項所爲之檢查。
   (3)違反第53條第1項規定。
6. 違反第45條第2項規定，經主管機關通知限期辦理變更登記，屆期未辦理者，處新臺幣1萬元以上5萬元以下罰鍰（植物品種及種苗法第59條參照）。

相關法條

植物品種及種苗法第3條

本法用辭定義如下：

一、品種：指最低植物分類群內之植物群體，其性狀由單一基因型或若干基因型組合所表現，能以至少一個性狀與任何其他植物群體區別，經指定繁殖方法下其主要性狀維持不變者。

二、基因轉殖：使用遺傳工程或分子生物等技術，將外源基因轉入植物細胞中，產生基因重組之現象，使表現具外源基因特性。但不包括傳統雜交、誘變、體外受精、植物分類學之科以下之細胞與原生質體融合、體細胞變異及染色體加倍等技術。

三、基因轉殖植物：指應用基因轉殖技術獲得之植株、種子及其衍生之後代。

四、育種者：指育成品種或發現並開發品種之工作者。

五、種苗：指植物體之全部或部分可供繁殖或栽培之用者。

六、種苗業者：指從事育種、繁殖、輸出入或銷售種苗之事業者。

七、銷售：指以一定價格出售或實物交換之行爲。

八、推廣：指將種苗介紹、供應他人採用之行爲。

植物品種及種苗法第5條

品種申請權，指得依本法申請品種權之權利。

品種申請權人，除本法另有規定或契約另有約定外，指育種者或其受讓人、繼承人。

植物品種及種苗法第6條

品種申請權及品種權得讓與或繼承。

品種權由受讓人或繼承人申請者，應敘明育種者姓名，並附具受讓或繼承之證件。

品種申請權及品種權之讓與或繼承，非經登記，不得對抗善意第三人。

植物品種及種苗法第7條

品種申請權不得爲質權之標的。

以品種權爲標的設定質權者，除契約另有約定外，質權人不得實施該品種權。

植物品種及種苗法第8條

受僱人於職務上所育成之品種或發現並開發之品種，除契約另有約定外，其品種申請權及品種權屬於僱用人所有。但僱用人應給予受僱人適當之獎勵或報酬。

前項所稱職務上所育成之品種或發現並開發之品種，指受僱人於僱傭關係中之工作所完成之品種。

一方出資聘請他人從事育種者，其品種申請權及品種權之歸屬，依雙方契約約定；契約未約定者，品種申請權及品種權屬於品種育種者。但出資人得利用其品種。

依第一項、第三項之規定，品種申請權及品種權歸屬於僱用人或出資人者，品種育種者享有姓名表示權。

植物品種及種苗法第9條

受僱人於非職務上育成品種，或發現並開發品種者，取得其品種之申請權及品種權。但品種係利用僱用人之資源或經驗者，僱用人得於支付合理報酬後，於該事業利用其品種。

受僱人完成非職務上之品種，應以書面通知僱用人；必要時，受僱人並應告知育成或發現並開發之過程。

僱用人於前項書面通知到達後六個月內，未向受僱人爲反對之表示者，不得主張該品種爲職務上所完成之品種。

植物品種及種苗法第10條

前條僱用人與受僱人間以契約預先約定受僱人不得享有品種申請權及品種權者，其約定無效。

植物品種及種苗法第11條

外國人所屬之國家與中華民國未共同參加品種權保護之國際條約、組織，或無相互品種權保護之條約、協定，或無由團體、機構互訂經中央主管機關核准品種權保護之協議，或對中華民國國民申請品種權保護不予受理者，其品種權之申請，得不予受理。

植物品種及種苗法第12條

具備新穎性、可區別性、一致性、穩定性及一適當品種名稱之品種，得依本法申請品種權。

前項所稱新穎性，指一品種在申請日之前，經品種申請權人自行或同意銷售或推廣其種苗或收穫材料，在國內未超過一年；在國外，木本或多年生藤本植物未超過六年，其他物種未超過四年者。

第一項所稱可區別性，指一品種可用一個以上之性狀，和申請日之前已於國內或國外流通或已取得品種權之品種加以區別，且該性狀可加以辨認和敘述者。

第一項所稱一致性，指一品種特性除可預期之自然變異外，個體間表現一致者。

第一項所稱穩定性，指一品種在指定之繁殖方法下，經重覆繁殖或一特定繁殖週期後，其主要性狀能維持不變者。

植物品種及種苗法第14條

申請品種權，應塡具申請書，並檢具品種說明書及有關證明文件，向中央主管機關提出。

品種說明書應載明下列事項：

一、申請人之姓名、住、居所，如係法人或團體者，其名稱、事務所或營業所及代表人或管理人之姓名、住、居所。

二、品種種類。

三、品種名稱。

四、品種來源。

五、品種特性。

六、育成或發現經過。

七、栽培試驗報告。

八、栽培應注意事項。

九、其他有關事項。

品種名稱應書以中文，並附上羅馬字母譯名。於國外育成之品種，應書以其羅馬字母品種名稱及中文名稱。

植物品種及種苗法第15條

品種申請權爲共有者，應由全體共有人提出申請。

植物品種及種苗法第16條

品種權申請案，以齊備申請書、品種說明書及有關證明文件之日爲申請日。

品種權申請案，其應備書件不全、記載不完備者，中央主管機關應敘明理由通知申請人限期補正；屆期未補正者，應不予受理。在限期內補正者，以補正之日爲申請日。

植物品種及種苗法第17條

申請人就同一品種，在與中華民國相互承認優先權之國家或世界貿易組織會員第一次依法申請品種權，並於第一次申請日之次日起十二個月內，向中華民國提出申請品種權者，得主張優先權。

依前項規定主張優先權者，應於申請時提出聲明，並於申請日之次日起四個月內，檢附經前項國家或世界貿易組織會員證明受理之申請文件。違反者，喪失優先權。

主張優先權者，其品種權要件之審查，以優先權日爲準。

植物品種及種苗法第19條

中央主管機關受理品種權申請時，應自申請日之次日起一個月內，將下列事項公開之：

一、申請案之編號及日期。

二、申請人之姓名或名稱及地址。

三、申請品種權之品種所屬植物之種類及品種名稱。

四、其他必要事項。

申請人對於品種權申請案公開後，曾經以書面通知，而於通知後核准公告前，就該品種仍繼續爲商業上利用之人，得於取得品種權後，請求適當之補償金。

對於明知品種權申請案已經公開，於核准公告前，就該品種仍繼續爲商業上利用之人，亦得爲前項之請求。

前二項之補償金請求權，自公告之日起，二年內不行使而消滅。

植物品種及種苗法第20條

中央主管機關審查品種權之申請，必要時得通知申請人限期提供品種性狀檢定所需之材料或其他相關資料。

品種權申請案經審查後，中央主管機關應將審查結果，作成審定書，敘明審定理由，通知申請人；審查核准之品種，應爲核准公告。

植物品種及種苗法第23條

木本或多年生藤本植物之品種權期間爲二十五年，其他植物物種之品種權期間爲二十年，自核准公告之日起算。

植物品種及種苗法第24條

品種權人專有排除他人未經其同意，而對取得品種權之種苗爲下列行爲：

一、生產或繁殖。

二、以繁殖爲目的而調製。

三、爲銷售之要約。

四、銷售或其他方式行銷。

五、輸出、入。

六、爲前五款之目的而持有。

品種權人專有排除他人未經其同意，而利用該品種之種苗所得之收穫物，爲前項各款之行爲。

品種權人專有排除他人未經其同意，而利用前項收穫物所得之直接加工物，爲第一項各款之行爲。但以主管機關公告之植物物種爲限。

前二項權利之行使，以品種權人對第一項各款之行爲，無合理行使權利之機會時爲限。

植物品種及種苗法第25條

前條品種權範圍，及於下列從屬品種：

一、實質衍生自具品種權之品種，且該品種應非屬其他品種之實質衍生品種。

二、與具品種權之品種相較，不具明顯可區別性之品種。

三、須重複使用具品種權之品種始可生產之品種。

本法修正施行前，從屬品種之存在已成衆所周知者，不受品種權效力所及。

第一項第一款所稱之實質衍生品種，應具備下列要件：

一、自起始品種或該起始品種之實質衍生品種所育成者。

二、與起始品種相較，具明顯可區別性。

三、除因育成行爲所生之差異外，保留起始品種基因型或基因型組合所表現之特性。

植物品種及種苗法第26條

品種權之效力，不及於下列各款行爲：

一、以個人非營利目的之行爲。

二、以實驗、研究目的之行爲。

三、以育成其他品種爲目的之行爲。但不包括育成前條第一項之從屬品種爲目的之行爲。

四、農民對種植該具品種權之品種或前條第一項第一款、第二款從屬品種之種苗取得之收穫物，留種自用之行爲。

五、受農民委託，以提供農民繁殖材料爲目的，對該具品種權之品種或其從屬品種之繁殖材料取得之收穫物，從事調製育苗之行爲。

六、針對已由品種權人自行或經其同意在國內銷售或以其他方式流通之該具品種權之品種或其從屬品種之任何材料所爲之行爲。但不包括將該品種作進一步繁殖之行爲。

七、針對衍生自前款所列材料之任何材料所爲之行爲。但不包括將該品種作進一步繁殖之行爲。

爲維護糧食安全，前項第四款、第五款之適用，以中央主管機關公告之植物物種爲限。

第一項所稱之材料，指植物品種之任何繁殖材料、收穫物及收穫物之任何直接加工物，其中該收穫物包括植物之全部或部分。

第一項第六款及第七款所列行爲，不包括將該品種之可繁殖材料輸出至未對該品種所屬之植物屬或種之品種予以保護之國家之行爲。但以最終消費爲目的者，不在此限。

植物品種及種苗法第27條

品種權得授權他人實施。

品種權授權他人實施或設定質權，應向中央主管機關登記。非經登記，不得對抗善意第三人。

植物品種及種苗法第28條

品種權共有人未經擁有持分三分之二以上共有人之同意，不得以其應有部分讓與或授權他人實施或設定質權。但另有約定者，從其約定。

植物品種及種苗法第29條

品種權人未經被授權人或質權人之同意，不得拋棄其權利。

植物品種及種苗法第30條

爲因應國家重大情勢或增進公益之非營利使用或申請人曾以合理之商業條件在相當期間內仍不能協議授權時，中央主管機關得依申請，特許實施品種權；其實施，應以供應國內市場需要爲主。

特許實施，以非專屬及不可轉讓者爲限，且須明訂實施期間，期限不得超過四年。

品種權人有限制競爭或不公平競爭之情事，經法院判決或行政院公平交易委員會處分確定者，雖無第一項所定之情形，中央主管機關亦得依申請，特許該申請人實施品種權。

中央主管機關接到特許實施申請書後，應將申請書副本送達品種權人，限期三個月內答辯；屆期不答辯者，得逕行處理。

特許實施，不妨礙他人就同一品種權再取得實施權。

特許實施權人應給與品種權人適當之補償金，有爭執時，由中央主管機關核定之。

特許實施，應與特許實施有關之營業一併轉讓、繼承、授權或設定質權。

特許實施之原因消滅時，中央主管機關得依申請，廢止其特許實施。

植物品種及種苗法第36條

有下列情事之一者，品種權當然消滅：

一、品種權期滿時，自期滿之次日起消滅。

二、品種權人拋棄時，自其書面表示送達中央主管機關之日起；書面表示記載特定之日者，自該特定日起消滅。

三、品種權人逾補繳年費期限仍不繳費時，品種權自原繳費期限屆滿之次日起消滅。

品種權人死亡而無人主張其爲繼承人時，其品種權依民法第一千一百八十五條規定歸屬國庫。

植物品種及種苗法第37條

有下列情事之一者，中央主管機關應依申請或依職權撤銷品種權：

一、具品種權之品種，不符第十二條規定。

二、品種權由無申請權之人取得。

有下列情事之一者，中央主管機關應依申請或依職權廢止品種權：

一、經取得權利後，該具品種權之品種，不再符合第十二條所定一致性或穩定性。

二、品種權人未履行第三十三條規定之義務，而無正當理由。

三、品種權人未依第三十五條提出適當名稱，而無正當理由。

品種權經撤銷或廢止者，應限期追繳證書；無法追回者，應公告註銷。

植物品種及種苗法第40條

品種權人或專屬被授權人於品種權受侵害時，得請求排除其侵害，有侵害之虞者，得請求防止之。對因故意或過失侵害品種權者，並得請求損害賠償。

品種權人或專屬被授權人依前項規定爲請求時，對於侵害品種權之物或從事侵害行爲之原料或器具，得請求銷毀或爲其他必要之處置。

育種者之姓名表示權受侵害時，得請求表示育種者之姓名或爲其他回復名譽之必要處分。

本條所定之請求權，自請求權人知有行爲及賠償義務人時起，二年內不行使而消滅；自行爲時起，逾十年者亦同。

植物品種及種苗法第41條

依前條規定請求損害賠償時，得就下列各款擇一計算其損害：

一、依民法第二百十六條規定，不能提供證據方法以證明其損害時，品種權人或專屬被授權人得就其利用該品種或其從屬品種通常所可獲得之利益，減除受害後利用前述品種所得之利益，以其差額爲所受損害。

二、依侵害人因侵害行爲所得之利益。侵害人不能就其成本或必要費用舉證時，以其因銷售所得之全部收入爲所得利益。

除前項規定外，品種權人或專屬被授權人之業務上信譽，因侵害而致減損時，得另請求賠償相當金額。

植物品種及種苗法第42條

關於品種權之民事訴訟，在品種權撤銷或廢止案確定前，得停止審判。

植物品種及種苗法第43條

未經認許之外國法人或團體，依條約、協定或其本國法令、慣例，中華民國國民或團體得在該國享受同等權利者，就本法規定事項得提起民事訴訟；其由團體或機構互訂保護之協議，經中央主管機關核准者，亦同。

植物品種及種苗法第44條

經營種苗業者，非經直轄市或縣（市）主管機關核准，發給種苗業登記證，不得營業。

種苗業者應具備條件及其設備標準，由中央主管機關定之。

植物品種及種苗法第46條

種苗業者銷售之種苗，應於其包裝、容器或標籤上，以中文爲主，並附上羅馬字母品種名稱，標示下列事項：

一、種苗業者名稱及地址。

二、種類及中文品種名稱或品種權登記證號。

三、生產地。

四、重量或數量。

五、其他經中央主管機關所規定之事項。

前項第二款爲種子者，應標示發芽率及測定日期；爲嫁接之苗木者，應標示接穗及砧木之種類及品種名稱。

植物品種及種苗法第50條

主管機關得派員檢查種苗業者應具備之條件及設備標準，銷售種苗之標示事項，種苗業者不得拒絕、規避、妨礙；檢查結果不符依第四十四條第二項所定條件及標準者，由主管機關通知限期改善。

檢查人員執行職務時，應出示身分證明。

植物品種及種苗法第51條

種苗、種苗之收穫物或其直接加工物應准許自由輸出入。但因國際條約、貿易協定或基於保護植物品種之權利、治安、衛生、環境與生態保護或政策需要，得予限制。

前項限制輸出入種苗、種苗之收穫物或其直接加工物之種類、數量、地區、期間及輸出入有關規定，由中央主管機關會商有關機關後公告之。

植物品種及種苗法第52條

基因轉殖植物非經中央主管機關許可，不得輸入或輸出；其許可辦法，由中央主管機關定之。

由國外引進或於國內培育之基因轉殖植物，非經中央主管機關許可爲田間試驗經審查通過，並檢附依其申請用途經中央目的事業主管機關核准之同意文件，不得在國內推廣或銷售。

前項田間試驗包括遺傳特性調查及生物安全評估；其試驗方式、申請、審查程序與相關管理辦法及試驗收費基準，由中央主管機關定之。

基因轉殖植物基於食品及環境安全之考量，其輸入、輸出、運送、推廣或銷售，皆應加以適當之標示及包裝；標示及包裝之準則，由中央主管機關另定之。

植物品種及種苗法第60條

本法所定之罰鍰，由直轄市、縣（市）主管機關處罰之。但第五十四條、第五十五條所定之罰鍰，由中央主管機關處罰之。

依本法所處之罰鍰，經限期繳納，屆期不繳納者，依法移送強制執行。

案例解析

A可能之請求權基礎：

1. C公司在台灣繁殖「○○鬱金香」之種苗及生產切花銷售之行為，可能違反植物品種及種苗法第24條之規定，而侵害A之品種權：
   (1)「生產或繁殖」、「以繁殖為目的而調製」為品種權人專有之權利，品種權人有排除他人未經其同意而為該等行為之權利，此為植物品種及種苗法第24條所明文規定。
   (2)C公司與B公司間所簽定之「繁殖授權合約書」，可否視為品種權人A之同意，應考量之因素包括：
      (i)A與B公司所簽定「生產合作契約」中之授權，是否包括「再授權」之權利，若包括「再授權」之權利，則C與B公司所簽定之「繁殖授權合約書」可視為有取得A之同意，是以，A即不得以植物品種及種苗法第24條、第40條第1項、第41條之規定，向C公司請求侵權行為損害賠償。
      (ii)反之，若A與B公司所簽定「生產合作契約」中之授權，不包括「再授權」之權利，則C與B公司所簽定之「繁殖授權合約書」即不得視為有取得A之同意。是以，A得以植物品種及種苗法第24條、第40條第1項、第41條之規定，向C公司請求侵權行為損害賠償。
2. C公司在台灣繁殖「○○鬱金香」之種苗及生產切花銷售之行為，可能違反民法第184條第1項前段之規定，侵害A之權利：
   若有事實足認C公司有侵害A之品種權之故意或過失者，亦有構成民法第184條第1項前段之侵權行為之可能。然若A與B公司所簽定「生產合作契約」中之授權，包括「再授權」之權利，則C與B公司所簽定之「繁殖授權合約書」可視為有取得A之同意，此時，C公司即無侵害A之品種權之故意或過失，故不構成民法第184條第1項前段之侵權行為。

第三節　必備書狀及撰寫要旨

審理流程

最高法院		最高行政法院
智慧財產法院		
民事訴訟	刑事訴訟	行政訴訟
第二審 相關智慧財產權法所生民事訴訟事件	第二審 受理不服各地方法院對刑法、商標法、著作權法或公平交易法關於智慧財產權益保護刑事訴訟案件	第一審 相關智慧財產權法所生第一審行政訴訟事件及強制執行事件
	各地方法院	訴願
第一審 相關智慧財產權法所生民事訴訟事件	第一審 各地方法院刑事庭審理刑法、商標法、著作權法或公平交易法關於智慧財產權益保護刑事訴訟案件	經濟部訴願審議委員會對相關智慧財產權行政處分訴願審議 經濟部智慧財產局對相關智慧財權行政處分

（資料來源：智慧財產法院網站「智慧財產案件審理模式」）

- ‧原告起訴，法院受理，訴訟繫屬
- ‧分案
- ‧法官閱覽卷宗，批示：
  - —定期
  - —調閱卷證
  - —命當事人提出涉嫌侵權之證據
- ‧開庭審理
- ‧言詞辯論終結
- ‧宣示裁判

依據前述案例，本節提供原告所應撰擬之起訴書狀，以及被告之答辯書狀之撰寫要旨及範例：

一、原告起訴狀

品種權侵權民事訴訟之原告起訴狀，應載明訴之聲明、起訴之原因事實、請求權基礎及損害賠償之計算方式。（詳參第一章第三節有關民事侵權起訴狀之撰寫要旨）

二、被告答辯狀

品種權侵權民事訴訟之被告答辯狀，應載明答辯聲明、抗辯理由及其證據、對於原告主張否認之事項等。（詳參第一章第三節有關民事侵權答辯狀之撰寫要旨）

第四節　書狀範例

範例一　原告起訴狀

民事起訴狀				
案　　號	年度　　字第　　號		承辦股別	
稱　　謂	姓名或名稱	依序填寫：國民身分證統一編號或營利事業統一編號、性別、出生年月日、職業、住居所、就業處所、公務所、事務所或營業所、郵遞區號、電話、傳真、電子郵件位址、指定送達代收人及其送達處所。		
原　　告	A公司	設台北市○○區○○路○○號○○樓 送達代收人：○○○律師		
法定代理人	○○○	住同上		
訴訟代理人	○○○律師	○○法律事務所 ○○市○○路○○號○○樓 電話：○○-○○○○○○○○		
被　　告	C公司	設台北市○○區○○路○○號○○樓 送達代收人：○○○律師		
法定代理人	○○○	住同上		

<table>
<tr><td colspan="2">為請求損害賠償與排除侵害，依法起訴事：

訴之聲明
一、被告應給付原告新台幣（下同）○○萬元，及自起訴狀繕本送達之翌日（即民國○○年○○月○○日）起至清償日止，按週年利率百分之5計算之利息。
二、被告應將所種植坐落○○縣○○鄉○○段○○地號土地上之「○○鬱金香」種苗銷毀。
三、原告願供擔保，請准宣告假執行。
四、訴訟費用由被告負擔。

事實及理由
一、原告於○○年○月○日取得「○○鬱金香」育種公司K公司之授權，代該公司在台登記並取得該「○○鬱金香」之植物品種權（行政院農業委員會植物品種權字第○○○○○○號，原證1號參照），而為「○○鬱金香」在台灣之品種權人。
二、原告雖曾與訴外人B公司簽訂為期4年之生產合作契約，授權訴外人B公司得生產銷售「○○鬱金香」，惟查：原告與B公司所簽訂之生產合作契約中，並無授權B公司可再授權其他第三人為生產銷售等行為，此參原證2號即明。
三、被告未獲授權卻自行繁殖「○○鬱金香」之種苗，並生產切花銷售，其行為業已違反植物品種及種苗法第24條規定而構成侵權行為。
四、原告知悉被告該侵權行為後，於○○年○月○日即向被告寄發存證信函（原證3號），令其終止其侵權行為，詎被告仍置之不理，原告遂依法提起本訴訟。
五、損害賠償金額部分：
依植物品種及種苗法第41條規定，訴請被告賠償○○萬元〔計算依據：被告銷售所得利益○○萬元（參原證4號及計算統計表）〕。
六、綜上所述，懇請　鈞院鑒核，賜判決如訴之聲明，以維權益，實感德便。

謹狀
智慧財產法院民事庭　公鑒</td></tr>
<tr><td>證物名稱
及件數</td><td>附件：委任狀正本。
原證1號：系爭植物品種權之登記證書影本。
原證2號：原告與訴外人B公司之生產合作契約書影本。
原證3號：存證信函影本。
原證4號：被告銷售所得利益及計算統計表。</td></tr>
</table>

中	華	民	國	○	○	年	○	○	月	○	○	日
具狀人：A公司 法定代理人：○○○												
訴訟代理人：○○○律師												

範例二　被告答辯狀

民事答辯狀				
案號	年度　字第　號		承辦股別	
訴訟標的金額				
被告	C公司	設○○市○○路○○號○○樓 送達代收人：○○○律師		
法定代理人	○○○	住同上		
訴訟代理人	○○○律師	○○法律事務所 ○○市○○路○○號○○樓 電話：○○-○○○○○○○○○		
原告	A公司	設○○市○○路○○號○○樓		
法定代理人	○○○	住同上		
訴訟代理人	○○○律師	○○法律事務所 ○○市○○路○○號○○樓 電話：○○-○○○○○○○○○		

為上列當事人間損害賠償事件，提出答辯事：

答辯聲明

一、原告之訴駁回。

二、訴訟費用由原告負擔。

事實及理由

一、被告並無侵害原告之品種權之故意過失：

（一）被告合理信賴訴外人B公司確實已取得再授權之權利：

1. 被告與訴外人B公司簽訂契約時，曾要求訴外人B公司需出具保證函，保證其所授權之權利並無侵害他人權利之情形，且若因該契約之簽訂致使被告將面臨涉訟或一切損害賠償之情事，訴外人B公司願負擔一切損害賠償責任（被證1號參照）。

2. 是以，被告確實有合理之確信，認定訴外人B公司確實有獲得原告之授權，並無侵害他人權利之虞。再者，由訴外人B公司向被告所出具之保證函內容觀之，縱被告因此需對原告負擔損害賠償責任，該損害賠償責任亦應由訴外人B公司負擔。

（二）被告於接獲原告之存證信函後，即試圖與原告尋求和解之可能，亦擬訂和解契約供原告參酌（被證2號參照），未料原告全然不理會被告所提出之和解方案，即逕行提起本件訴訟，然被告確實有意與原告溝通協商，以解決本件紛爭，絕無原告所稱「被告對於原告所寄發之存證信函均置之不理」之情形，併予敘明。

二、由原告所提出之原證4號根本不足以證明被告之銷售所得利益有○○萬元：

原證4號之計算資料全為原告之單方臆測之詞，顯然未扣除被告之一切成本費用，故原證4號實不足以作為本件損害賠償金額之依據。

三、綜上所述，原告之訴實無理由，祈請　鈞院駁回原告之訴，以維權益，實為德感。

謹狀

智慧財產法院民事庭　公鑒

中　華　民　國　○　○　年　○　○　月　○　○　日

附件及證據列表	附件：委任狀正本。 被證1號：訴外人B公司所出具之保證函影本。 被證2號：被告所提出之和解方案。

具狀人：被告C公司

法定代理人：○○○

撰狀人：訴訟代理人○○○律師

第五節　實務判解

・有無「植物品種及種苗法」之適用

1.　台灣高等法院台中分院97年度上易字第404號判決

上訴人主張依「植物品種及種苗法」第24條及第40條、第41條之權利，基於被上訴人之種植及繁殖權利，來自於訴外人基因公司之合約授權，而基因公司則係基於與上訴人之授權合約，雖上訴人於嗣後終止其與基因公司之間之合約，但被上訴人之取得種植及繁殖之權利，係在基因公司與上訴人間之合約尚未終止前之有效期間內，且如上所述，上訴人於與基因公司間之合約，並未明文禁止基因公司之再授權，則基因公司在其與上訴人間之合約尚未終止前所為之授權，自不能於上訴人終止其與基因公司間之合約而失其效力，如上訴人有因基因公司之再授權而生損害亦屬上訴人是否得向基因公司主張之問題，與被上訴人無關。植物品種及種苗法所為規定，亦就未經合法授權者所為之規定，被上訴人既經基因公司之合法授權，亦無植物品種及種苗法規定之適用。

2.　台北高等行政法院97年度訴字第1746號判決

原告主張系爭木瓜種苗不屬植物品種及種苗法規範對象云云。惟按植物品種及種苗法第3條第2款固規定：「二、基因轉殖：使用遺傳工程或分子生物等技術，將外源基因轉入植物細胞中，產生基因重組之現象，使表現具外源基因特性。但不包括傳統雜交、誘變、體外受精、植物分類學之科以下之細胞與原生質體融合、體細胞變異及染色體加倍等技術。」惟其第3款亦規定：「三、基因轉殖植物：指應用基因轉殖技術獲得之植株、種子及其衍生之後代。……。」依文義解釋，應用基因轉殖技術獲得轉殖基因之植株、種子（第一代），進而以傳統雜交、誘變或體外受精等方式再繁殖取得者（第二代），乃其衍生之後代，仍屬「基因轉殖植物」無疑，蓋如果衍生之後代限於以直接運用轉殖技術獲得者始屬之，該運用轉殖技術獲得植株、種子本身就是植物品種及種苗法第3條第3款前段所規定的「應用基因轉殖技術獲得之植株、種子」，何須有第3款後段之「及其衍生之後代」。次就立法意旨而言可知當亦包含應用基因轉殖技術獲得帶有轉殖基因之植株，進行傳統雜交、誘變或體外受精等方式再繁殖取得之後代，要無疑義。蓋苟不做如此解釋，當形成防疫上之漏洞，有違植物品種及種苗法立法精神。從而，原告主張一旦植物細胞利用遺傳工程或分子生物等技術及植物基因之轉殖方法而帶有轉殖基因後，成苗植物之雄蕊或雌蕊即帶有轉殖基因，並可逕由傳統雜交、誘變或體外受精的方式，即將此一轉殖基因【按：遺傳物質（DNA）】遺傳給下一世代，而不須再透過遺傳工程或分子生物等基因轉殖技術，此種情形，即非植物品種及種苗法第3條第2、3款之規範對象乙節，洵不足採。告爲登記有案的種苗業者，且爲木瓜種苗之繁殖銷業者。　被告鑒於基因轉殖木瓜目前尚未准予推廣或銷售，爲免種苗業者及農民觸法，木瓜種苗抽檢措施啓動前，除辦理法規說明會外，亦針對木瓜種苗業者辦理全面抽檢地區宣導說明會，原告自承曾經參加被告舉辦的木瓜種苗相關的說明會。且曾申請木瓜種苗的檢測，經測出原告在屏東苗圃培育的木瓜種苗「紅龍」有抗輪點病毒鞘蛋白外源基因片段」，此有農糧署95年8月22日副知原告檢測結果函在卷可考（見本院卷第74頁原證9），足證原告對於培育之木瓜種苗若經檢測含有「抗輪點病毒鞘蛋白外源基因片段」，不得在國內推廣或銷售，已有明確的認知，從而，原告自當對其培育之系爭木瓜種苗是否含有「抗輪點病毒鞘蛋白外源基因片段」盡其應注意、能注意之義務，詎原告疏未注意，仍將其摘育而含有「抗輪點病毒鞘蛋白外源基因片段」之木瓜種苗陳列於花床架上，以供推廣及銷售，縱原告非有故意，亦難辭其過失之責甚明。揆諸行政罰法第7條「違反行政法上義務之行爲非出於故意或過失者，不罰。」之規定，被告裁處原告罰鍰下限之100萬元罰鍰，並予沒入系爭木瓜種苗，俾以防疫，要屬有據。

3. 高雄高等行政法院101年度訴字第206號判決

按「經營種苗業者，非經直轄市或縣（市）主管機關核准，發給種苗業登記證，不得營業。種苗業者應具備條件及其設備標準，由中央主管機關定之。」行爲時植物品種及種苗法（下簡稱種苗法）第44條定有明文。末按水稻係經農委會於95年7月6日農糧字第0951058211號公告爲適用種苗法之植物種類，亦有農委會前揭公告附於本院卷可稽（卷1第13頁）。依此，栽培水稻秧苗之種苗業者的營業區域如遭受徵收致營業終止或營業規模縮小時，如其欲請求營業損失補償，前提必先證明其已依種苗法第44條規定取得種苗業登記證，並正式營業之事實始可。

第六單元　光碟管理條例

第一節　前言

案例

> C公司擁有「○○○」、「○○○○○○○」、「○○○○」等10部日本卡通之著作權人專屬授權，享有在台灣地區獨家重製、發行、出租等之專屬權利。B公司以一香港人頭公司（b公司）所出具授權訂單之方式，並以B公司之名義向A公司下單，在台灣委託A公司製造侵害C公司著作財產權之光碟，A公司疏於注意，即在未經C公司同意之狀況下，接受B公司之訂單，重製前揭10部卡通。
>
> 試問：C公司可依據何規定向A公司主張權利？

我國之光碟管理條例於民國90年11月14日公布全文28條，並自公布日開始實施。其立法背景在於，我國係世界上光碟市場重要生產國家，但由於當時光碟侵權情事嚴重，屢次引起國際社會及國內智慧財產權權利人團體之關切，而當時管理光碟之法令散見於貿易法、商品檢驗法、商品標示法、貨物輸出管理辦法等法令，缺乏專法集中管理，為加強光碟之管理，兼顧業者與使用者之權益，爰參考國內外立法例，以制訂光碟管理辦法。

惟光碟管理條例自公布施行至今，經歷過兩次修正，分別是在94年6月15日（增訂公布第9之1條），並於98年5月27日修正公布第17條、第18條及第20條之條文。其中94年修法增訂第9條之1，其係為解決廠商於製造專供輸出之預錄式光碟，迭遭海關以觸犯刑法妨害風化罪為由加以查扣之困擾，故規定如事業取得國外合法授權製造預錄式光碟，並已依本條例標示來源識別碼，又無侵害著作財產權之情事且專供輸出，並不在國內散布、播送、販賣之情形下，許可廠商可於一定條件下於國內製造前述專供輸出之預錄式光碟，然而此一製造或持有之行為，將不得在國內散布、播送或販賣，如有違反仍有刑法規定之適用。光碟管理條例之訂定，即係為遏止國內盜版風氣之盛行，並使合法生產的業者能夠持續生存。

第二節　法令解說

依據光碟管理條例第1條之規定，光碟之管理，依本條例之規定；本條例未規定者，適用其他有關法律之規定，合先敘明。

一、定義

（一）光碟

指預錄式光碟及空白光碟。

（二）預錄式光碟

指預錄式之雷射碟（CD）、唯讀記憶光碟（CD-ROM）、數位影碟（DVD）、唯讀記憶數位影碟（DVD-ROM）、雷射影碟（LD）、迷你光碟（MD）、影音光碟（VCD）與其他經主管機關公告之預錄式光碟。

（三）空白光碟

指可錄式光碟（CD-R）、可寫式光碟（CD-W）及可重寫式光碟（CD-RW）。

（四）母版（Stamper）

指經由刻版機完成用於製造光碟之金屬碟。

（五）來源識別碼（SID Code）

指爲識別光碟或母版之製造來源，而由主管機關核發之識別碼。

（六）事業

指以製造光碟或母版爲業務之公司、獨資或合夥之工商行號及其他個人或團體。

（七）製造

指使用原料（光學級聚碳酸酯Poly Carbonate），經由製造機具產製光碟或母版之行為。

（八）製造機具

指製造光碟之射出成型機、模具、製造母版之刻版機及其他經主管機關公告之機具。

二、主管機關

依據光碟管理條例第3條之規定，本條例所稱主管機關為經濟部。

（一）向主管機關申請許可

依據光碟管理條例第4條第1項之規定，事業製造預錄式光碟應向主管機關申請許可，並經核發許可文件後，始得從事製造。也就是說，事業製造空白光碟，事前應向主管機關申報（同條第2項參照）。而前二項申請許可及申報之程序、內容、應備文件及其他應遵行事項之辦法，由主管機關定之（同條第3項參照）。為此，經濟部制訂有「光碟製造許可及申報辦法」，可資參考與遵循。

（二）主管機關應不予許可之情形

依據光碟管理條例第5條之規定，事業依第4條第1項申請許可，有下列各款情事之一者，主管機關應不予許可：

1. 事業負責人曾違反本條例或犯著作權法之罪，經法院判決有罪確定，尚未執行完畢或執行完畢後未滿五年者。
2. 曾受主管機關撤銷或廢止預錄式光碟製造許可未滿五年者。

（三）製造許可文件之應記載事項

依據光碟管理條例第6條第1項之規定，預錄式光碟製造許可文件，應記載之事項包括：

1. 許可字號。
2. 事業名稱、營業所及其負責人姓名、住所或居所。
3. 製造場所負責人之姓名、住所或居所。
4. 製造場址。

5. 其他經主管機關公告之事項。

另外，前項第2款至第5款記載事項有變更時，應事先申請變更（同條第2項參照）。另外，事業應將第1項製造許可文件，揭示於場址之明顯處所（同條第3項參照）。

（四）製造許可之撤銷

按依據光碟管理條例第7條之規定，事業依第4條第1項規定，取得預錄式光碟製造許可後，經發現其申請許可資料有重大不實情事者，主管機關得撤銷其許可。

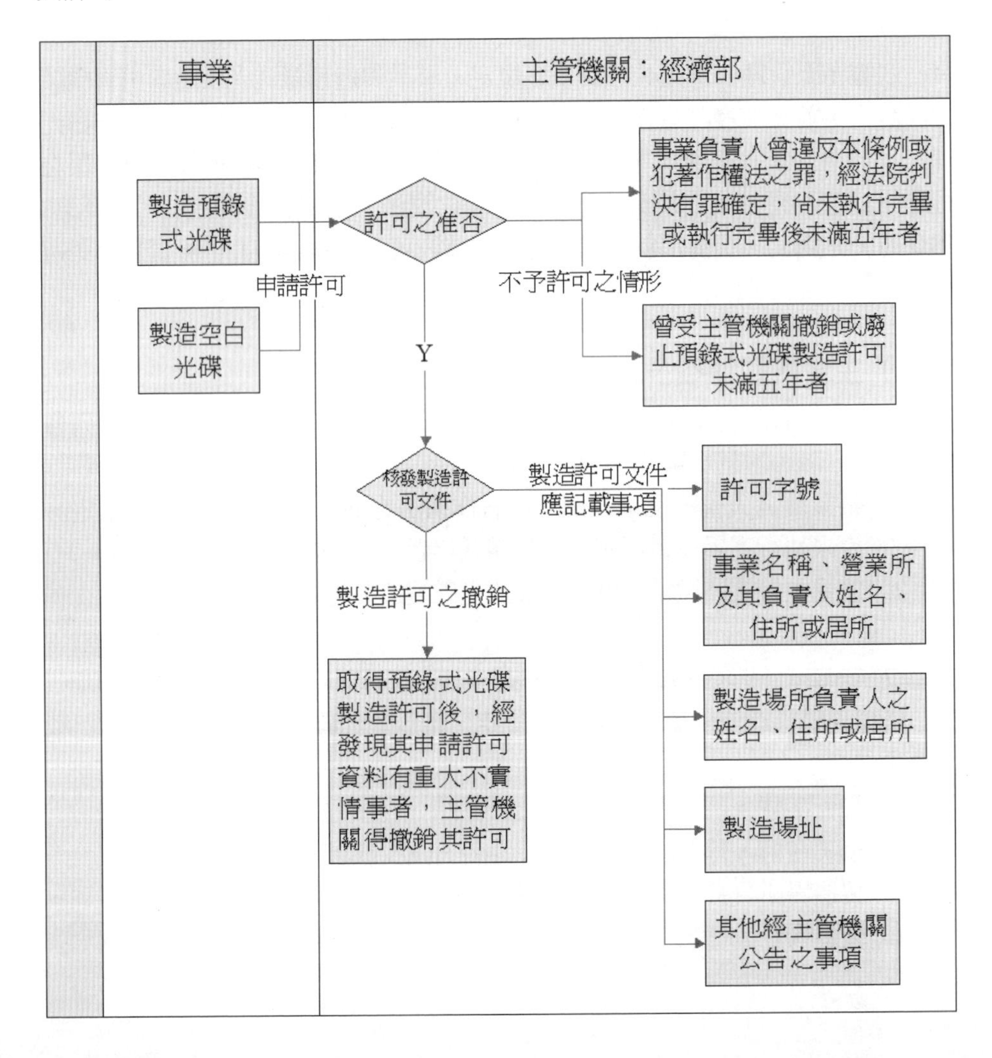

三、專供輸出之預錄式光碟

依據光碟管理條例第9條之1第1項之規定，事業經國外合法授權製造專供輸出之預錄式光碟，且符合下列規定者，得製造、持有或輸出，不適用刑法第235條之規定：

（一）已取得外國權利人授權之證明文件者。

（二）輸出人具結未違反輸入國法令之規定者。

應特別注意者，前開專供輸出之預錄式光碟，不得在我國散布、播送與販賣（第9條之1第2項參照），如有違反，經法院判決有罪確定者，經濟部得廢止其製造許可（第9條之1第3項參照）。

另外，前開專供輸出之預錄式光碟，除依第4條第1項規定取得製造許可外，應向主管機關申請核發來源識別碼，始得從事製造（第10條第1項參照）。依第1項核發之來源識別碼，不得交由他人使用於預錄式光碟之壓印標示。第1項及第2項來源識別碼之申請程序、壓印標示方式、應備文件及其他應遵行事項之辦法，由主管機關定之（同條第3項參照）。

四、事業製造預錄式光碟之應注意事項

（一）保存資料

依據光碟管理條例第8條之規定，事業應保存預錄式光碟之客戶訂單、權利人授權證明文件及所製造之預錄式光碟內容等資料，至少三年。

（二）製造場所

事業製造預錄式光碟，應於製造許可文件上所載之場址爲之（光碟管理條例第9條參照）。

（三）申請核發來源識別碼

1. 依據光碟管理條例第10條第1項之規定，事業製造預錄式光碟，除依第4條第1項規定取得製造許可外，應向主管機關申請核發來源識別碼，始得從事製造。前項預錄式光碟，應壓印標示來源識別碼，且不得爲虛僞不實標示（同條第2項參照）。依第1項核發之來源識別碼，不得交由他人使用於預錄式光碟之壓印標示。第1項及第2項來源識別碼之申請程序、壓印標示方式、應備文件及其他應遵行事項之辦法，由主

管機關定之（同條第3項參照）。應特別注意者，如僅製造非預錄式光碟（即空白光碟），則只要取得光碟製造許可文件即可製造，無庸申請光碟來源識別碼。

2. 事業製造第10條第1項預錄式光碟所需之母版，應向主管機關申請核發來源識別碼，始得從事製造（光碟管理條例第11條第1項參照）。前項預錄式光碟，應壓印標示來源識別碼，且不得為虛偽不實標示（同條第2項參照）。依第1項核發之來源識別碼，不得交由他人使用於母版之壓印標示。第1項及第2項來源識別碼之申請程序、壓印標示方式、應備文件及其他應遵行事項之辦法，由主管機關定之（同條第3項參照）。

（四）製造機具之輸入或輸出

1. 依據光碟管理條例第12條第1項之規定，製造機具之輸出或輸入，事前應向主管機關申報。前項製造機具之申報程序、應備文件及其他應遵行事項之辦法，由主管機關定之（同條第2項參照）。
2. 主管機關得出具查核公文，派員進入光碟、母版製造場所及其他有關處所，查核其有無依第4條第1項、第2項、第6條第2項、第3項、第8條至第12條規定辦理，並要求提供有關資料，場所負責人或從業人員不得規避、妨礙或拒絕；並得請求警察機關派員協助（光碟管理條例第13條參照）。

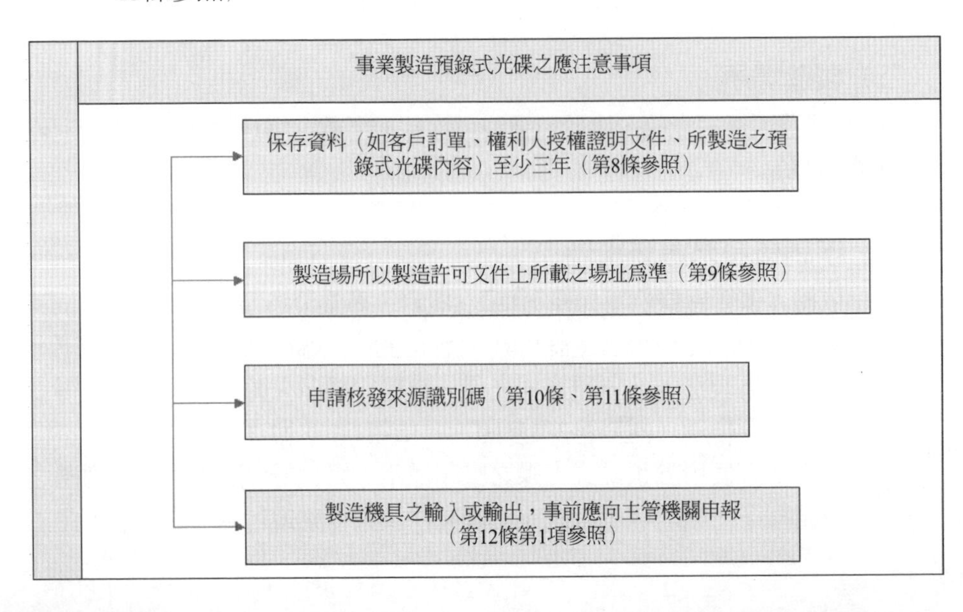

五、罰則

（一）未經許可從事光碟之製造

依據光碟管理條例第15條之規定，違反第4條第1項規定，未經許可從事預錄式光碟之製造者，應令其停工、限其於15日內申請許可，並處新臺幣150萬元以上300萬元以下罰鍰；未停工或屆期未申請許可者，應再次令其停工，並處新臺幣300萬元以上600萬元以下罰鍰；再不遵從者，處1年以上3年以下有期徒刑，得併科新臺幣300萬元以上600萬元以下罰金。而違反第4條第2項規定，未申報從事空白光碟之製造者，應限其於30日內申報，並處新臺幣30萬元以上60萬元以下罰鍰；屆期未申報者，應按次連續處罰至完成申報爲止（同條第2項參照）。至於專供製造第1項預錄式光碟之製造機具及其成品、半成品，不問屬於行爲人或犯人與否，均得沒入或沒收之（同條第3項參照）。

（二）未於製造許可文件所載之場址製造光碟

依據光碟管理條例第16條之規定，未於製造許可文件所載之場址製造預錄式光碟者，應令其停工，並處新臺幣100萬元以上200萬元以下罰鍰；拒不遵從者，應再次令其停工，並處新臺幣200萬元以上400萬元以下罰鍰；再不遵從者，處2年以下有期徒刑、拘役或科或併科新臺幣200萬元以上400萬元以下罰金。

（三）違反來源識別碼之相關規定

1. 依據光碟管理條例第17條第1項之規定，有下列情事之一，應令其停工，並處新臺幣150萬元以上300萬元以下罰鍰：
   (1)違反第10條第1項規定，未申請核發來源識別碼而製造預錄式光碟者。
   (2)違反第10條第2項規定，製造預錄式光碟未壓印標示來源識別碼或爲虛僞不實標示者。
   (3)違反第10條第3項規定，將來源識別碼交由他人使用於預錄式光碟之壓印標示者。

   經依前項規定，命令停工或處罰鍰後，另有前項所列情事之一者，應再命其停工，並處新臺幣300萬元以上600萬元以下罰鍰；再不遵從者，處2年以下有期徒刑、拘役或科或併科新臺幣300萬元以上600萬元以下罰金（同條第2項參照）。前2項查獲之預錄式光碟成品、半成品，不問屬於行為人或犯人與否，均沒入或沒收之（同條第3項參照）。事業因過失違反第10條第2項規定，且其能提出權利人授權證明文件者，減輕本罰至三分之一（同條第4項參照）。違反第1項、第2項規定，經法院判決有罪確定者，主管機關應廢止其製造許可（同條第5項參照）。

2. 而依據光碟管理條例第20條第1項之規定，有下列情事之一，處新臺幣150萬元以上300萬元以下罰鍰：
   (1)違反第11條第1項規定，未申請核發來源識別碼而製造母版者。
   (2)違反第11條第2項規定，製造母版未壓印標示來源識別碼或為虛偽不實標示者。
   (3)違反第11條第3項規定，將來源識別碼交由他人使用於母版之壓印標示者。

   事業因過失違反第11條第2項規定，且能提出權利人授權證明文件者，減輕本罰至三分之一（同條第2項參照）。

（四）製造許可文件之應記載事項有變更，而未申請變更

依據光碟管理條例第18條第1項之規定，違反第6條第2項規定者，應限其於15日內申請補辦；屆期未申請補辦者，應按次連續處罰並繼續限期申請補辦，至其申請補辦為止。違反第6條第3項規定，未將製造許可文件揭示於場址之明顯處所者，應限其於15日內改正；屆期未改正者，處新臺幣30萬元以上60萬元以下罰鍰，並再限其於15日內改正；屆期仍未改正者，應按次限期改正並連續處罰，至其完成改正為止（同條第2項參照）。

（五）違反保存資料之規定

依據光碟管理條例第19條之規定，違反第8條規定，未保存資料者，處新臺幣150萬元以上300萬元以下罰鍰，並限其於15日內改正；屆期未改正者，應按次限期改正並連續處罰，至其完成改正為止。

（六）違反製造機具之申報規定

依據光碟管理條例第21條之規定，違反第12條第1項規定，未申報或申報不實而輸出或輸入製造機具者，處新臺幣150萬元以上300萬元以下罰鍰，並限其於15日內補辦登記；屆期未補辦者，應按次限期補辦並連續處罰，至其完成補辦爲止。

（七）規避、妨礙或拒絕主管機關之查核

依據光碟管理條例第22條之規定，違反第13條規定，規避、妨礙或拒絕查核者，處新臺幣150萬元以上300萬元以下罰鍰。

（八）本條例施行前之違法行為

1. 依據光碟管理條例第23條規定，本條例施行前，已輸入之預錄式光碟製造機具，其所有權人應自本條例施行之日起6個月內，向主管機關申請備查；屆期未辦理者，處新臺幣30萬元以上60萬元以下罰鍰。
2. 而依據光碟管理條例第26條第1項規定，本條例施行前，已從事製造預錄式光碟之事業，應自本條例施行之日起6個月內，向主管機關申請領取製造許可文件；屆期未辦理者，視爲未經許可。本條例施行前，已從事製造空白光碟之事業，應自本條例施行之日起6個月內，向主管機關申報；屆期未申報者，視爲未申報（同條第2項參照）。
3. 另依據光碟管理條例第27條規定，本條例施行前，事業已有其他非主管機關所發之識別碼者，應自本條例施行之日起6個月內，向主管機關申請備查；屆期未辦理者，視爲未申請核發來源識別碼。

（九）強制執行

依本條例所處之罰鍰，應限期3個月內繳納；屆期不繳納者，依法移送強制執行（光碟管理條例第25條參照）。

光碟管理條例之罰則
未經許可從事光碟之製造（第15條參照）
未於製造許可文件所載之場所製造光碟（第16條參照）
違反來源識別碼之相關規定（第17條、第20條參照）
製造許可文件之應記載事項有變更，而未申請變更（第18條參照）
違反保存資料之規定（第19條參照）
違反製造機具之申報規定（第21條參照）
規避、妨礙或拒絕主管機關之查核（第22條參照）
本條例施行前之違法行爲（第23條、第26條、第27條參照）
強制執行（第25條參照）

相關法條

光碟管理條例第1條

光碟之管理，依本條例之規定；本條例未規定者，適用其他有關法律之規定。

光碟管理條例第3條

本條例所稱主管機關爲經濟部。

光碟管理條例第4條

事業製造預錄式光碟應向主管機關申請許可，並經核發許可文件後，始得從事製造。

事業製造空白光碟，事前應向主管機關申報。

前二項申請許可及申報之程序、內容、應備文件及其他應遵行事項之辦法，由主管機關定之。

光碟管理條例第5條

事業依前條第一項申請許可，有下列各款情事之一者，主管機關應不予許可：

一、事業負責人曾違反本條例或犯著作權法之罪，經法院判決有罪確定，尚未執行完畢或執行完畢後未滿五年者。

二、曾受主管機關撤銷或廢止預錄式光碟製造許可未滿五年者。

光碟管理條例第6條

預錄式光碟製造許可文件，應記載下列事項：

一、許可字號。

二、事業名稱、營業所及其負責人姓名、住所或居所。

三、製造場所負責人姓名、住所或居所。

四、製造場址。

五、其他經主管機關公告之事項。

前項第二款至第五款記載事項有變更時，應事先申請變更。

事業應將第一項製造許可文件，揭示於場址之明顯處所。

光碟管理條例第7條

事業依第四條第一項規定，取得預錄式光碟製造許可後，經發現其申請許可資料有重大不實情事者，主管機關得撤銷其許可。

光碟管理條例第8條

事業應保存預錄式光碟之客戶訂單、權利人授權證明文件及所製造之預錄式光碟內容等資料，至少三年。

光碟管理條例第9條

事業製造預錄式光碟，應於製造許可文件上所載之場址爲之。

光碟管理條例第9條之1

事業經國外合法授權製造專供輸出之預錄式光碟，且符合下列規定者，得製造、持有或輸出，不適用刑法第二百三十五條之規定：

一、已取得外國權利人授權之證明文件者。

二、輸出人具結未違反輸入國法令之規定者。

前項專供輸出之預錄式光碟，不得在我國散布、播送或販賣。

事業負責人違反前項規定，經法院判決有罪確定者，主管機關得廢止其製造許可。

光碟管理條例第10條

事業製造預錄式光碟，除依第四條第一項規定取得製造許可外，應向主管機關申請核發來源識別碼，始得從事製造。

前項預錄式光碟，應壓印標示來源識別碼，且不得爲虛僞不實標示。

依第一項核發之來源識別碼，不得交由他人使用於預錄式光碟之壓印標示。第一項及第二項來源識別碼之申請程序、壓印標示方式、應備文件及其他應遵行事項之辦法，由主管機關定之。

光碟管理條例第11條

事業製造前條第一項預錄式光碟所需之母版，應向主管機關申請核發來源識別碼，始得從事製造。

前項母版，應壓印標示來源識別碼，且不得爲虛僞不實標示。

依第一項核發之來源識別碼，不得交由他人使用於母版之壓印標示。

第一項及第二項來源識別碼之申請程序、壓印標示方式、應備文件及其他應遵行事項之辦法，由主管機關定之。

光碟管理條例第12條

製造機具之輸出或輸入，事前應向主管機關申報。

前項製造機具之申報程序、應備文件及其他應遵行事項之辦法，由主管機關定之。

光碟管理條例第13條

主管機關得出具查核公文，派員進入光碟、母版製造場所及其他有關處所，查核其有無依第四條第一項、第二項、第六條第二項、第三項、第八條至第十二條規定辦理，並要求提供有關資料，場所負責人或從業人員不得規避、妨礙或拒絕；並得請求警察機關派員協助。

光碟管理條例第15條

違反第四條第一項規定，未經許可從事預錄式光碟之製造者，應令其停工、限其於十五日內申請許可，並處新臺幣一百五十萬元以上三百萬元以下罰鍰；未停工或屆期未申請許可者，應再次令其停工，並處新臺幣三百萬元以上六百萬元以下罰鍰；再不遵從者，處一年以上三年以下有期徒刑，得併科新臺幣三百萬元以上六百萬元以下罰金。

違反第四條第二項規定，未申報從事空白光碟之製造者，應限其於三十日內申報，並處新臺幣三十萬元以上六十萬元以下罰鍰；屆期未申報者，應按次連續處罰至完成申報爲止。

專供製造第一項預錄式光碟之製造機具及其成品、半成品，不問屬於行爲人或犯人與否，均得沒入或沒收之。

光碟管理條例第16條

違反第九條規定，未於製造許可文件所載之場址製造預錄式光碟者，應令其停工，並處新臺幣一百萬元以上二百萬元以下罰鍰；拒不遵從者，應再次令其停工，並處新臺幣二百萬元以上四百萬元以下罰鍰；再不遵從者，處二年以下有期徒刑、拘役或科或併科新臺幣二百萬元以上四百萬元以下罰金。

光碟管理條例第17條

有下列情事之一，應令其停工，並處新臺幣一百五十萬元以上三百萬元以下罰鍰：

一、違反第十條第一項規定，未申請核發來源識別碼而製造預錄式光碟者。

二、違反第十條第二項規定，製造預錄式光碟未壓印標示來源識別碼或爲虛僞不實標示者。

三、違反第十條第三項規定，將來源識別碼交由他人使用於預錄式光碟之壓印標示者。

經依前項規定，命令停工或處罰鍰後，另有前項所列情事之一者，應再命其停工，並處新臺幣三百萬元以上六百萬元以下罰鍰；再不遵從者，處二年以下有期徒刑、拘役或科或併科新臺幣三百萬元以上六百萬元以下罰金。

前二項查獲之預錄式光碟成品、半成品，不問屬於行爲人或犯人與否，均沒入或沒收之。

事業因過失違反第十條第二項規定，且其能提出權利人授權證明文件者，減輕本罰至三分之一。

違反第一項、第二項規定，經法院判決有罪確定者，主管機關應廢止其製造許可。

光碟管理條例第18條

違反第六條第二項規定者，應限其於十五日內申請補辦；屆期未申請補辦者，處新臺幣一百五十萬元以上三百萬元以下罰鍰，並再限其於十五日內申請補辦；屆期仍未申請補辦者，應按次連續處罰並繼續限期申請補辦，至其申請補辦爲止。

違反第六條第三項規定，未將製造許可文件揭示於場址之明顯處所者，應限其於十五日內改正；屆期未改正者，處新臺幣三十萬元以上六十萬元以下罰鍰，並再限其於十五日內改正；屆期仍未改正者，應按次限期改正並連續處罰，至其完成改正爲止。

光碟管理條例第19條

違反第八條規定，未保存資料者，處新臺幣一百五十萬元以上三百萬元以下罰鍰，並限其於十五日內改正；屆期未改正者，應按次限期改正並連續處罰，至其完成改正爲止。

光碟管理條例第21條

違反第十二條第一項規定，未申報或申報不實而輸出或輸入製造機具者，處新臺幣一百五十萬元以上三百萬元以下罰鍰，並限其於十五日內補辦登記；屆期未補辦者，應按次限期補辦並連續處罰，至其完成補辦爲止。

光碟管理條例第22條

違反第十三條規定，規避、妨礙或拒絕查核者，處新臺幣一百五十萬元以上三百萬元以下罰鍰。

光碟管理條例第23條

本條例施行前，已輸入之預錄式光碟製造機具，其所有權人應自本條例施行之日起六個月內，向主管機關申請備查；屆期未辦理者，處新臺幣三十萬元以上六十萬元以下罰鍰。

光碟管理條例第25條

依本條例所處之罰鍰，應限期三個月內繳納；屆期不繳納者，依法移送強制執行。

光碟管理條例第26條

本條例施行前，已從事製造預錄式光碟之事業，應自本條例施行之日起六個月內，向主管機關申請領取製造許可文件；屆期未辦理者，視爲未經許可。

本條例施行前，已從事製造空白光碟之事業，應自本條例施行之日起六個月內，向主管機關申報；屆期未申報者，視爲未申報。

光碟管理條例第27條

本條例施行前，事業已有其他非主管機關所發之識別碼者，應自本條例施行之日起六個月內，向主管機關申請備查；屆期未辦理者，視爲未申請核發來源識別碼。

案例解析

依著作權法第37條第4項之規定，專屬授權之被授權人在被授權範圍內，得以著作財產權人之地位行使權利，並得以自己名義為訴訟上之行為。是以，C公司得以其名義向A公司為訴訟上之行為。

由光碟管理條例第4條第1項、第10條第1、2項之意旨可知，製造預錄式光碟，因涉及著作權之保護，對於大量製造者之注意義務，亦屬較高，且依光碟管理條例第9條之1第1項之規定，須取得外國權利人之證明文件，始可製造專供輸出之預錄式光碟，故A公司接單壓製影片光碟之行為，當有過失。

A公司所重製之10部卡通，侵害C公司之著作財產權，C公司得依民法第184條第1項前段及著作權法第88條第1項前段之規定，向A公司請求損害賠償。損害賠償金額則依著作權法第88條第2項之規定，擇一請求之。

第三節　必備書狀及撰寫要旨

審理流程

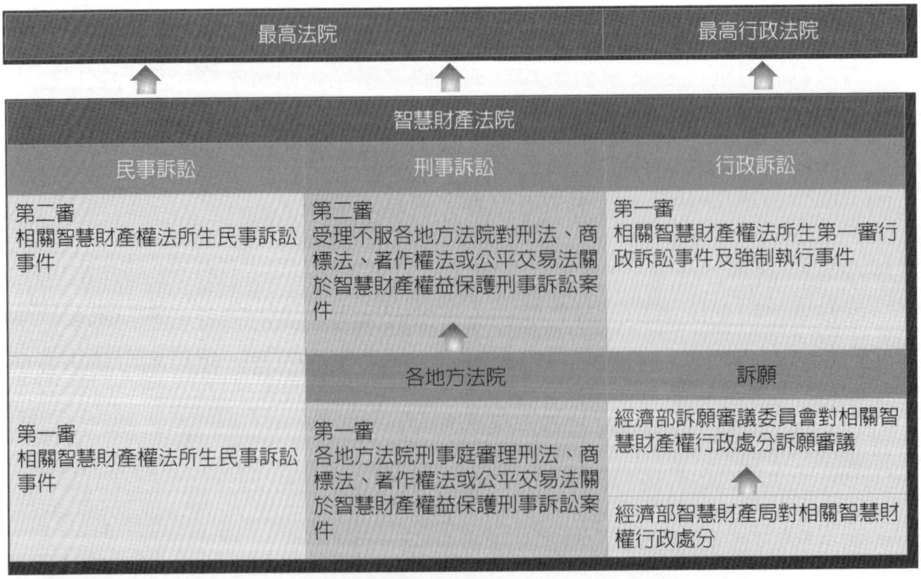

最高法院		最高行政法院
↑	↑	↑

智慧財產法院		
民事訴訟	刑事訴訟	行政訴訟
第二審 相關智慧財產權法所生民事訴訟事件	第二審 受理不服各地方法院對刑法、商標法、著作權法或公平交易法關於智慧財產權益保護刑事訴訟案件	第一審 相關智慧財產權法所生第一審行政訴訟事件及強制執行事件
	↑	
	各地方法院	訴願
第一審 相關智慧財產權法所生民事訴訟事件	第一審 各地方法院刑事庭審理刑法、商標法、著作權法或公平交易法關於智慧財產權益保護刑事訴訟案件	經濟部訴願審議委員會對相關智慧財產權行政處分訴願審議 ↑ 經濟部智慧財產局對相關智慧財產權行政處分

（資料來源：智慧財產法院網站「智慧財產案件審理模式」）

‧原告起訴，法院受理，訴訟繫屬
‧分案
‧法官閱覽卷宗，批示
‧開庭審理
‧言詞辯論終結
‧宣示裁判

依據前述案例，本節提供原告所應撰擬之起訴書狀，以及被告之答辯書狀，以及民事訴訟常用之書狀之撰擬要旨如後，並檢附範例於本單元第四節：

範例一：原告起訴狀

原告起訴狀，應載明訴之聲明、起訴之原因事實、請求權基礎及損害賠償之計算方式。（詳參第一章第三節有關民事侵權起訴狀之撰寫要旨）

範例二：被告答辯狀

被告答辯狀，應載明答辯聲明、抗辯理由及其證據、對於原告主張否認之事項等。（可參閱第一章第三節或第二章第一單元第三節有關民事答辯狀之撰寫要旨）

第四節　書狀範例

範例一　原告起訴狀

民事起訴狀				
案　　號	年度　　字第　　號		承辦股別	
稱　　謂	姓名或名稱	依序填寫：國民身分證統一編號或營利事業統一編號、性別、出生年月日、職業、住居所、就業處所、公務所、事務所或營業所、郵遞區號、電話、傳真、電子郵件位址、指定送達代收人及其送達處所。		
原　　告	C公司	設台北市○○區○○路○○號○○樓 送達代收人：○○○律師		
法定代理人	○○○	住同上		

訴訟代理人	○○○律師	○○法律事務所 ○○市○○路○○號○○樓 電話：○○-○○○○○○○○○
被　　告	A公司	設台北市○○區○○路○○號○○樓 送達代收人：○○○律師
法定代理人	○○○	住同上

為請求損害賠償與排除侵害，依法起訴事：

訴之聲明

一、被告應給付原告新台幣（下同）○○萬元，及自起訴狀繕本送達之翌日（即民國○○年○○月○○日）起至清償日止，按週年利率百分之5計算之利息。

二、被告不得再行製造、販賣之要約、販賣、使用或為上述目的進口侵害原告著作財產權之光碟。

三、訴訟費用由被告負擔。

事實及理由

一、被告接單壓製「○○○」、「○○○○○○」、「○○○○」等10部日本卡通（下稱：系爭光碟影片），侵害原告之著作財產權：

（一）C公司擁有之著作權人專屬授權（原證1號參照），享有在台灣地區獨家重製、發行、出租等之專屬權利，此亦為被告所不爭執。

（二）惟查：訴外人B公司未經原告之同意，以一人頭公司（b公司）所出具之授權訂單，並以其自身之名義向被告下單，在台灣委託被告製造侵害原告著作財產權之光碟，被告對此疏於注意，即在未經原告同意之下，接受訴外人B公司之訂單重製前揭10部卡通。故被告之行為確實已侵害原告之著作財產權，原告自得依法對被告請求損害賠償。

二、被告接單壓製系爭影片之光碟有故意過失：

（一）按「事業製造預錄式光碟應向主管機關申請許可，並經核發許可文件後，始得從事製造」、「事業製造預錄式光碟，除依第四條第一項規定取得製造許可外，應向主管機關申請核發來源識別碼，始得從事製造（第一項）。前項預錄式光碟，應壓印標示來源識別碼，且不得為虛偽不實標示（第二項），光碟管理條例第4條第1項、第10條第1項及第2項分別定有明文。堪認製造預錄式光碟，因涉及著作權之保護，對於大量製造者之注意義務要求，亦屬較高。

（二）再者，被告係經行政院經濟部許可從事預錄式光碟製造之專業公司及從業人員，因而足認渠等對此須負較高度之查證義務，始足以確保著作財產權人之應有權利。

（三）被告或謂「其已要求B公司提出權利人授權文件，復要求B公司擔保其委託壓製之預錄式光碟無侵權情事，且對委託壓製光碟之內容更無從查證，自難認有侵權行為之故意或過失」云云，惟查：

1. 被告公司擁有雄厚資力，且被告公司負責接洽及審核系爭影片訂單之人員，均為從事相關業務之專業人士，自有能力妥為查證，尚非形式審查及由委託人擔保即足，否則有意侵權之行為人，先行偽造虛偽公司之授權書，再出具委託人之保證書，即可利用專業製造光碟事業，大量製造侵權之預錄式光碟，將嚴重危害著作財產權人之權利，亦有失政府為有效管理預錄式光碟之初衷。

2. 光碟管理條例第9條之1第1項規定，上訴人就專供輸出之預錄式光碟，須「已取得外國權利人授權之證明文件」，即「經國外合法授權製造」時，始可製造預錄式光碟，本件被告既未取得「外國權利人授權之證明文件」，僅取得尚待查證之B公司之擔保，即大量製造侵害原告著作財產權之預錄式光碟，當屬有過失之情形。故其所稱已盡其注意義務云云，要非可採。

三、損害賠償金額之部分：

（一）依著作權法第88條第2項第2款之規定，被害人得請求侵害人因侵害行為所得之利益。但侵害人不能證明其成本或必要費用時，以其侵害行為所得之全部收入，為其所得利益。

（二）因被告至今尚未舉證證明其成本或必要費用為何，故原告爰依著作權法第88條第2項第2款但書之規定，以被告其侵害行為所得之全部收入，為其所得利益。

（三）被告所壓製侵害原告著作財產權之影片光碟共10部，其每片售價如附件二所示，而自○○年○月○日至○○年○月○日止，被告之銷售數據如附件三所示，故原告請求被告應給付○○萬元之損害賠償，及自起訴狀繕本送達之翌日（即民國○○年○○月○○日）起至清償日止，按週年利率百分之5計算之利息，核無違誤。

<table>
<tr><td colspan="2">四、綜上所述，懇請　鈞院鑒核，賜判決如訴之聲明，以維權益，實感德便。

謹狀
智慧財產法院民事庭　公鑒</td></tr>
<tr><td>證物名稱
及件數</td><td>附件一：委任狀正本。
附件二：系爭影片光碟之售價資料。
附件三：被告之銷售數據。
原證1號：專屬授權證明書。</td></tr>
<tr><td colspan="2">中華民國○○年○○月○○日</td></tr>
<tr><td colspan="2">具狀人：C公司
法定代理人：○○○</td></tr>
<tr><td colspan="2">訴訟代理人：○○○律師</td></tr>
</table>

範例二　被告答辯狀

<table>
<tr><td colspan="4">民事答辯狀</td></tr>
<tr><td>案　　號</td><td colspan="2">年度　　字第　　號</td><td>承辦股別</td></tr>
<tr><td>訴訟標的金額</td><td colspan="3"></td></tr>
<tr><td>被　　告</td><td>A公司</td><td colspan="2">設○○市○○路○○號○○樓
送達代收人：○○○律師</td></tr>
<tr><td>法定代理人</td><td>○○○</td><td colspan="2">住同上</td></tr>
<tr><td>訴訟代理人</td><td>○○○律師</td><td colspan="2">○○法律事務所
○○市○○路○○號○○樓
電話：○○-○○○○○○○○</td></tr>
<tr><td>原　　告</td><td>C公司</td><td colspan="2">設○○市○○路○○號○○樓</td></tr>
<tr><td>法定代理人</td><td>○○○</td><td colspan="2">住同上</td></tr>
<tr><td>訴訟代理人</td><td>○○○律師</td><td colspan="2">○○法律事務所
○○市○○路○○號○○樓
電話：○○-○○○○○○○○</td></tr>
<tr><td colspan="4">為上列當事人間損害賠償事件，提出答辯事：

答辯聲明
一、原告之訴駁回。
二、訴訟費用由原告負擔。</td></tr>
</table>

事實及理由

一、被告接獲訴外人B公司訂單壓製系爭影片光碟之時間，不在原告取得之著作權授權範圍內，故被告並無侵害原告著作財產權之虞：

被告接獲訴外人B公司之訂單之時間為民國（以下同）○○年○○月○○日（被證1號參照），另參原證1號，原告所取得專屬授權之期間係自○○年○○月○○日至○○年○○月○○日，故被告接獲訂單之時間明顯早於原告取得專屬授權之時間，是以，被告自無侵害原告著作財產權之虞。

二、被告所重製之系爭影片光碟均係銷售至香港，並未於台灣地區販賣使用，自未對原告於台灣地區之著作財產權有侵害之虞：

（一）根據B公司所提出之訂單資料，b公司享有系爭影片於香港地區之著作權，則被告顯非「未得系爭影片著作權人之同意」。

（二）被告所壓製之系爭影片光碟，未於台灣地區販賣使用，自無對原告於台灣地區之著作財產權有侵害之情形，且b公司既為系爭影片於香港地區之被授權人，則被告取得b公司之授權，為其壓製系爭影片光碟，且系爭影片光碟全數出口，依光碟管理條例第9條之1之立法意旨，並無侵害原告在台灣之專屬授權。故原告向被告請求損害賠償，顯屬無據。

三、被告並無侵害原告之著作財產權之故意過失：

（一）依b公司所提出之授權書（被證2號）載明，其委託壓製之影音光碟均係於香港販售，並且載明b公司為系爭光碟之著作權人，並據此授權生產。是以，被告對b公司是否有權委託其壓製系爭影音光碟，已盡其注意義務，並無侵害原告權利之故意或過失可言。

（二）再者，B公司係屬中間商，依商業習慣，被告不可能逾越B公司而直接與b公司聯繫，且被告依法亦不負「需自行上網查證b公司於香港是否已登記註冊」之義務，故原告實不應以此遽認被告有侵害其權利之過失。

四、原告所提出之附件二（即被告銷售數據），顯未扣除被告之成本及必要費用之開銷，自不得以此作為認定損害賠償數額之依據：

原告謂「被告遲遲不願舉證證明其成本及必要費用之數額，故應以其侵害行為所得之全部收入，為其所得利益」云云，惟查：

<table>
<tr><td colspan="2">關於被告之成本及每個月之必要費用支出，被告謹提出如被證3號之資料予以說明，由被證3號之數據所示，被告之成本及必要費用至少有○○萬元，由此觀之，原告僅以附件二之資料，在未扣除成本及必要費用之情況下，即認定被告應給付原告○○萬元之損害賠償，顯不足採。
五、綜上所述，原告之訴實無理由，祈請　鈞院駁回原告之訴，以維權益，實為德感。

謹狀
智慧財產法院民事庭　公鑒</td></tr>
<tr><td colspan="2">中　華　民　國　○　○　年　○　○　月　○　○　日</td></tr>
<tr><td>附件及
證據列表</td><td>附件：委任狀正本。
被證1號：被告向B公司所開立之收據。
被證2號：b公司提出之授權書。
被證3號：被告之成本及必要費用支出明細。</td></tr>
<tr><td colspan="2">具狀人：被告A公司</td></tr>
<tr><td colspan="2">法定代理人：○○○</td></tr>
<tr><td colspan="2">撰狀人：訴訟代理人○○○律師</td></tr>
</table>

第五節　實務判解

・來源識別碼

1. 最高行政法院98年度判字第1286號判決

上開光碟管理條例規範製造者就產製之光碟須壓印來源識別碼，係在管理光碟製造的過程，避免侵權的情事，並利於事後追蹤製造者之責任，是以藉來源識別碼之壓印以控管、追蹤所有流入市面販售或使用之光碟之製造來源。依光碟管理條例第10條第4項及第11條第4項規定授權訂定之來源識別碼管理辦法，其第2條規定：「本辦法所稱來源識別碼，包括：一、模具碼。二、母版碼。」第3條規定：「來源識別碼之壓印標示，其排列應由左至右，並以直線或輻射狀爲之，且以肉眼即能檢視。」並於第5條規定模具碼於光碟製造過程中壓印標示於光碟讀取面高壓區，於第6條規定母版碼於光碟製造過程中壓印標示於光碟正面上。

2. 最高行政法院98年度判字第1號判決

光碟管理條例第11條第2項明定預錄式光碟之母版壓印標示母版來源識別碼，其立法目的乃在利於查核母版製造來源，上訴人未予壓印標示母版來源識別碼，自有礙查核母版製造來源，而應受罰。上訴人雖提出授權文件，訴稱其係經權利人富翔文化事業股份有限公司合法授壓製系爭光碟，客觀上無侵害他人智慧財產權之可能，即可免罰等語，顯無可採。

3. 台北高等行政法院93年度訴字第00122號判決

光碟來源識別碼之性質具有專屬性，相當於個人身分證明，不容移轉他人使用，以作爲釐清事業製造責任及確實掌握來源識別碼之流向，以便管理機關得以加強管理，原告爲光碟製造業者，對於預錄式光碟，應壓印標示來源識別碼，且不得爲虛僞不實標示，自有注意義務，且應注意，原告能注意，而不注意而任令其員工將所壓製之光碟片，標示其來源識別碼爲東纖公司所有之IFPI E702，而非原告所有之IFPITAEXXXX，其製造之預錄式光碟所標示來源識別碼明顯虛僞不實，則原告製造預錄式光碟，壓印標示不實之來源識別碼，姑不論原告有無故意，依原告所述情節，係誤用他人之來源識別碼製造光碟，應有過失，自應受罰。原告所稱係員工誤用東纖公司置放於廠內之來源識別碼，是員工個人之過失行爲所致，不得認爲原告有故意標示不實之行爲云云，核不足採。

原告另主張所查獲該等來源辨識碼標示不實之光碟片，尚未經由原告之品管查核部門加以檢驗，不應以原告員工在產製過程中具有過失，便推論原告亦有過失云云，惟查，光碟片經由射出機射出成型即屬於光碟管理條例所稱之製作完成，故有關原告所稱光碟射出成型後後續之製作情況，並非光碟管理條例所規範之範圍，況查獲之光碟片高達2,636片，更可見原告之怠忽疏於監督員工之過失行爲，原告以此爲辯，應不足採。

4. 智慧財產法院97年度刑智上易字第00011號判決

光碟管理條例爲識別光碟及母版之製造來源，明文規定於預錄式光碟及其母版均應壓印標示來源識別碼，已於前述，故以來源識別碼判定光碟有無合法正當之重製權源，於法有據。被告徒以臺灣著作權保護基金會介紹識別非法DVD之數項方法，而質疑來源識別碼之用途，不足採信。

·有無「光碟管理條例」適用之判斷

1. 最高行政法院95年度判字第01993號判決

本件被上訴人及原判決均認定無模具碼及母版碼，即違反光碟管理條例之罪，惟上訴人一再陳稱僅不具模具碼，且被上訴人訴訟代理人於原審93年11月4日準備程序中陳稱：「被告處罰原告是因爲沒有模具碼，並不是沒有母碼」（原審卷第194頁），此一事實亦影響上訴人違反行政法上義務行爲之構成要件，判斷上訴人違反本件光碟管理條例管制目的之情節時，亦屬爲裁量時應調查之事項，原審未予調查清楚，遽維持原處分最高額罰鍰，亦有未合。再者原判決及被上訴人以系爭光碟是否爲廢品與本件違反行政法上義務行爲無關，而未調查是否爲廢品，但若系爭光碟爲廢品，顯未流入市場，則其對公衆損害較輕，爲何仍處以最高額罰鍰？其實是否廢片，卷證中有扣案之光碟，原審得予以勘驗制作筆錄後，予雙方辯論，即得爲合於事實之判斷，原審未作勘驗，即作成維持原處分最高額罰鍰之結論，自有判決理由不備之違法。此外，上訴人是否曾因違反光碟管理條例受罰而再犯，或僅係第1次查獲，原審未予調查，即維持被上訴人之最高額處罰，自屬有違。

2. 台北高等行政法院96年度訴更一字第00017號判決

本件查獲之光碟片爲預錄式光碟，就預錄式光碟之製程而言，於塑膠片射出成型時，該塑膠片上應已有模具碼，始符合光碟管理條例規定，如該光碟片射出成型時，無模具碼，即違反光碟管理條例之規定，該光碟是否爲廢品或未交付印刷，對原告依光碟管理條例所應負之責任並不生影響。又依光碟管理條例第10條第2項規定，並不以事業生產之光碟已對外交易流通爲必要，縱未爲散布或販賣等交易流通行爲，僅須事業所製造之預錄式光碟未壓印標示來源識別碼，即違反上開規定。該批查扣之64,750片光碟多爲色情光碟且非廢品已如前述，其有經濟上之價值，即有流通之可能，尙不能以其查獲時尙未流通進入市面即得主張免責。本件被查獲未壓印來源識別碼之光碟高達64,750片光碟，且多爲色情光碟，係光碟管理條例施行迄今，所查獲未壓印來源識別碼之最高片數案件，業據被告陳明在卷。按光碟管理條例規範製造者就產製之光碟須壓印來源識別碼係在管理光碟製造的過程，避免侵權的情事，並利於事後追蹤製造者的責任。本件未壓印來源識別碼光碟高達64,750片，且多爲色情光碟，如流入市面即難以追查。則被告以原告雖爲第1次違規查獲，但其查獲數量甚多，爲歷來之最，情節重大，且係故意爲之，因此處以最高額裁罰，經核尚無違比例原則或有權力濫用之違法。原告主張被告論以最高額之罰鍰，有違反比例原則或有權力濫用一節，仍非可採。

3. 台北高等行政法院94年度訴字第3271號判決

依上所述，光碟製造過程，於進行量產時，始將母版置於射出機上，而本件被告所查獲於射出機上之「模具」內之母版未刻印母版碼及未壓印母版碼之光碟，應屬進行量產階段之母版及光碟，已非原告所稱尚待品管程序之母版及光碟，此由母版包裝盒已蓋有品管人員之核章及其已有93年10月29日、同年11月12日二次射出各一千餘片可以證明。原告此部分主張核非可採。退步言之，縱然被告查獲之系爭光碟爲半成品尚待品管程序屬實，但該系爭母版業已完成品管，已蓋有品管人員之核章可憑。且該母版業已用於射出光碟，則原告亦已違反行爲時光碟管理條例第11條第2項，事業製造預錄式光碟所需之母版，應壓印標示來源識別碼之規定，其於製造母版時，未善盡注意母版上有無依規定刻印母版碼之義務，仍有過失。尚不能以被查獲之系爭光碟爲半成品尚待品管程序據以主張免責。

4. 台北高等行政法院93年度訴字第511號判決

涉案貨物若如原告所述係塑膠製半成品，而非預錄式光碟，擬運往中國大陸植入毛刷等加工整理，再銷售外國買主，則依渠所申報適用之稅則號別（3926.90.90.90-8），自無庸於貨物上壓印來源識別碼。本案出貨依現狀查核乃爲CD FOR LASER LENS CLEANER；另據原告所稱：爲維持產品之高品質，向將重要產製過程於我國境內完成。是則出貨業經完成壓製程序，僅係輸往國外植入毛刷，已非空白光碟，依光碟管理條例第2條第1項規定，顯爲已錄製之光碟片，自無庸置疑。被告就此涉及虛報貨名、規避管制事件，依據海關緝私條例論處，實無不合。原告無視於貨物之實際貨名，希冀以稅則歸類、經加工後貨物之功能等加以巧辯，顯係遁詞，自無足採。

5. 台北高等行政法院92年度訴字第2814號判決

製造預錄式光碟需申請核發來源識別碼，即指模具碼及母版碼，來源識別碼管理辦法第2條定有明文。所謂「母版」係指經由刻版機完成用於製造光碟之金屬碟，母版於其母版上刻有「母版碼」，裝置於射出機上之「模具」內，藉以區別由某刻版廠製造之母版，光碟片上則需刻製「模具碼」，模具則裝在射出機上，以區別由何光碟工廠製造，該模具碼應蝕刻於「模具」之鏡面上。本件查獲之光碟片是預錄式光碟，就預錄式光碟之製程而言，於塑膠片射出成型時（製造光碟片前須先將「母版」裝置於射出機上之「模具」內，再經由高溫將光碟片原料—塑膠粒—融化後，射入模具內成型爲透明塑膠片），該塑膠片上應已有模具碼及母版碼，始符合光碟管理條例規定，如該光碟片射出成型時，無模具碼及母版碼，即違反光碟管理條例之規定，與該光碟是否爲廢品或未交付印刷，應無任何關係；雖原告陳稱一片光碟的完成，尚需經過多道程序如：反射層濺鍍（供光碟機之雷射頭讀取資料反射用）、上保護膠、乾燥印刷等過程，惟此過程與光碟射出成型時就需標示來源識別碼，係屬二事，因所查獲之光碟片於射出成型時，並無模具碼及母版碼，所以違反光碟管理條例，是以原告辯稱該批光碟爲廢品，應無理由。

依光碟管理條例第17條第3項，預錄式光碟成品、半成品，若未壓印標示來源識別碼，即爲沒入或沒收之客體。本件該批預錄式光碟未壓印標示來源識別碼，爲不爭之事實，且原告於先前提起訴願時，於訴願書事實及理由欄第三點主張該批光碟係半成品，其仍有製成成品之可能，而非如原告所主張已爲廢片，被告依上開規定予以沒入處分，並無違誤。

・有無過失之判斷

1. 智慧財產法院99年度行光訴字第1號判決

按製造機具之輸出或輸入，事前應向主管機關申報，光碟管理條例第12條第1項定有明文。又違反本條項規定，未申報或申報不實而輸出或輸入製造機具者，處1,500,000元以上3,000,000元以下罰鍰，並限其於15日內補辦登記；屆期未補辦者，應按次限期補辦並連續處罰，至其完成補辦爲止，同條例第21條亦有明文。而行政罰法第7條第1項規定：「違反行政法上義務之行爲非出於故意或過失者，不予處罰。」準此，依光碟管理條例第21條規定之處罰，應以行爲人之故意或過失爲其責任條件（司法院釋字第275、521號解釋參照）。

當事人不得因不知法律而主張免責，原告就系爭光碟設備是否需事前申報，本應依法盡探知之義務，尙不能因事實認定及適用法律見解歧異，而主張免罰。況光碟查核小組前於97年2月13日前往原告之華亞廠進行查核相關光碟設備，且爲口頭宣導，並於翌日寄送「97.2.13經濟部光碟查核小組97年度業務宣導資料」予原告，其中第四項記載：「四、輸出或輸入射出成型機、模具及刻版機，請依法事前向本部國際貿易局申報。【光碟管理條例第12條、第21條】」，此有97年2月13日經濟部執行光碟管理條例查核紀錄表、經濟部光碟查核小組查核紀錄表、經濟部光碟查核小組查核紀錄簡表、經濟部光碟查核小組97年度業務宣導資料、掛號函件執據附卷可稽（見原處分《可閱覽》卷第1至7頁），復爲原告所不爭執（見本院卷第22頁）。是以於原告輸出系爭光碟設備之前，光碟查核小組業對原告進行光碟管理條例相關規定之宣導。而原告之前身即訊碟科技股份有限公司自84年4月14日設立，經營電腦多媒體系統設備及多媒體資訊產品（影音光碟片、電腦唯讀記憶光碟片、音樂光碟片等）之買賣業務、前項產品及材料之進出口貿易業務、前項產品之代理經銷報價及投標業務、電腦多媒體系統之設計研發業務；嗣於98年2月5日變更公司名稱爲「吉祥全球實業股份有限公司」（即原告），經營資料儲存媒體製造及複製業等業務迄今（見原處分《可閱覽》卷第40、44至45、48至50、102頁之公司設立登記事項卡、公司變更登記表，本院卷第10頁之公司基本資料）。足見原告長久以來經營相關光碟製造業務，爲專業光碟製造廠商，因此，原告對光碟管理條例及輸出光碟設備應事前申報之義務應知之甚稔，原告爲其自身權益，避免因觸法而受罰，本應就相關申報程序予以特別審愼注意，主動查明，再誠實申報，藉以防止未依法申報而輸出光碟設備之情事發生。至原告主張被告之相關宣導行政行爲，徒具形式，未盡宣導教示之義務云云，顯不可採。

原告已知悉輸出光碟製造機具之相關光碟管理條例規範，且原告身爲專業光碟製造廠商，對相關輸出光碟設備之法令及申報程序理應負事先查明與注意之責，然原告仍疏於注意，於輸出系爭光碟設備前未予詳加確認，若對是否須事前申報有所疑義，本得向主管機關申請釋示，原告捨此不爲，逕以不正確之貨品分類號列口頭詢問，遽採有利於己之解釋，未予申報而加以輸出，致有本件違章情事，除違反事前申報之義務外，其有應注意能注意卻不注意之過失，應負過失之責。故原告主張其非出於故意或過失而爲，應予免罰云云，自無可採。

· 罰則

1.　最高行政法院95年度判字第00566號判決

依前述光碟管理條例第15條規定，可知，只要有違反該條例第4條第1項規定之行爲，主管機關即應爲令其停工、限於15日內申請許可及處150萬元以上300萬元以下罰鍰之處分，並得爲將專供製造預錄式光碟之製造機具及其成品、半成品，爲沒入之處分；而依此法條整體規定觀之，亦無爲沒入專供製造預錄式光碟製造機具之處分，須以受處分人遭命令停工後，卻未依限申請許可仍繼續從事製造爲前提之規範；況光碟管理條例之立法目的乃爲進行光碟之管理，故該條例第15條第3項乃就未依該條例規定向主管機關申請許可即爲預錄式光碟之製造者，授與主管機關得沒入專供製造預錄式光碟之製造機具及其成品、半成品之裁量權；至於本條第1項爲限其於15日內申請許可之規範，則是爲期違章者能儘速依法申請許可，不要再次受罰；故爲應否依光碟管理條例第15條第3項沒入製造機具之裁量，所應斟酌者主要乃違章行爲人之整體違章行爲。

2.　台北高等行政法院92年度訴字第3422號判決

光碟管理條例係經立法制定，並刊登於總統府公報，自九十年十一月十四日公布後，被告機關已廣爲宣導，且人民有知法守法之義務，原告尚難以不知法律執爲免罰之論據。又依同條例第十五條第一項前段及第十七條第一項第一款規定，違反同條例第四條第一項及第十條第一項規定者，即應令停工，並處一百五十萬元以上三百萬元以下罰鍰，並無應先予以勸導告誡之規定。原告主張被告於裁罰前應先以勸導並告知相關法規之方式督促辦理云云，核不足採。再依光碟製造許可及申報辦法第五條規定，申請預錄式光碟製造許可時，應檢具之文件中，並未包括機器，原告陳稱被告將其製造預錄式光碟之機具沒入，使其無從「申請許可」，並執此主張上開沒入處分，有裁量濫用之違法云云，亦無足採。

3.　智慧財產法院97年度民著上更（一）字第2號判決

查光碟管理條例第8條固規定：「事業應保存預錄式光碟之客戶訂單、權利人授權證明文件及所製造之預錄式光碟內容等資料，至少三年」，然此僅係要求事業保存文件之規定，與製造預錄式光碟事業之查證義務無涉。況依同條例第9條之1第1項規定：「事業經國外合法授權製造專供輸出之預錄式光碟，且符合下列規定者，得製造、持有或輸出，不適用刑法第235條之規定：一、已取得外國權利人授權之證明文件者。二、輸出人具結未違反輸入國法令之規定者。」可知，以製造光碟爲業務之中環公司，須取得製造之「合法授權」，始可製造預錄式光碟，是光碟管理條例第8條之規定，尚非解免或減輕上訴人受託製造預錄式光碟之查證義務之規定，難爲上訴人有利之認定依據。又輸出視聽著作及代工鐳射唱片申請核驗著作權文件作業要點，係以「視聽著作及代工鐳射唱片」之「輸出」程序爲其規範對象，本件上訴人係「製造」系爭影片，並不負責「輸出」，自無該要點之適用餘地，上訴人據此所爲之抗辯，亦有誤會。再者，姑不論上訴人所謂形式審查授權文件之產業慣例一節是否確有其事，即令有之，事涉違反法律規定之「慣例」，即難作爲免責之藉口，是此部分之抗辯，仍非有據。

國家圖書館出版品預行編目資料

智慧財產權訴訟實戰／陳群顯著. ——二版.
——臺北市：五南, 2014.03
面； 公分
ISBN 978-957-11-7537-9（平裝）
1.智慧財產權 2.訴訟法
553.433 103002807

1SA4

智慧財產權訴訟實戰

作　　者— 陳群顯（270.9）
發 行 人— 楊榮川
總 編 輯— 王翠華
主　　編— 劉靜芬
責任編輯— 蔡惠芝
封面設計— 童安安
出 版 者— 五南圖書出版股份有限公司
地　　址：106台北市大安區和平東路二段339號4樓
電　　話：(02)2705-5066　傳　　真：(02)2706-6100
網　　址：http://www.wunan.com.tw
電子郵件：wunan@wunan.com.tw
劃撥帳號：01068953
戶　　名：五南圖書出版股份有限公司
台中市駐區辦公室/台中市中區中山路6號
電　　話：(04)2223-0891　傳　　真：(04)2223-3549
高雄市駐區辦公室/高雄市新興區中山一路290號
電　　話：(07)2358-702　傳　　真：(07)2350-236
法律顧問　林勝安律師事務所　林勝安律師
出版日期　2014年3月二版一刷
定　　價　新臺幣800元